펀드투자
권유자문인력

한권으로 끝내기

(주)시대고시기획

펀드투자
권유자문인력
한권으로 끝내기

Always **with you**

사람의 인연은 길에서 우연하게 만나거나 함께 살아가는 것만을 의미하지는 않습니다.
책을 펴내는 출판사와 그 책을 읽는 독자의 만남도 소중한 인연입니다.
SD에듀는 항상 독자의 마음을 헤아리기 위해 노력하고 있습니다.
늘 독자와 함께하겠습니다.

머리말 PREFACE

<펀드투자권유자문인력 한권으로 끝내기>로 수험생 여러분들을 만나게 되어 가슴 벅찬 기쁨과 보람을 느낍니다.

'펀드투자권유자문인력 적격성 인증시험'은 금융투자 판매·권유 전문인력 자격제도의 개편으로 2013년부터 새롭게 시행되어 온 시험입니다. 응시자격은 금융투자업 관련 회사의 현직자로 제한되며, 합격커트라인도 70점으로 상향조정되었습니다. 그만큼 투자업계에 종사하는 전문인력의 질적인 능력을 강화하고자 하는 것이므로, 시험을 준비하는 교재 역시 더 높아진 난이도에 맞추어져야 하겠습니다.

본서는 금융투자협회에서 발간하는 펀드투자권유자문인력 적격성 인증시험의 기본서에 준거한 문제집입니다. '적격성 인증시험'에 합격한다는 것은 판매인으로서의 법정자격을 취득하는 의미가 우선이겠으나, 펀드시험의 다양한 커리큘럼을 볼 때 금융 분야 전문가로서의 기본토대를 갖춘다는 측면도 크기 때문에 협회 기본서의 정독은 매우 중요한 과정이라고 하겠습니다.

다양한 문제풀이를 통해 기본서에 담긴 내용을 체계적으로 파악하고 시험장에서 고득점을 할 수 있도록 하는 것이 본서의 역할입니다. 금융기관 16년의 현장경력과 다수의 금융수험교재를 집필한 경험을 본서에 반영하여, 높아진 펀드투자권유자문인력 적격성 인증시험의 수준에 부응하고자 노력하였습니다.

'2배수의 핵심유형문제'로 해당 이슈의 핵심을 파악하고, '2배수의 보충문제'로 완성도를 높이며, '3배수의 출제예상문제'를 통해 응용력을 키우고, '최종모의고사 2회분'으로 최종정리가 되도록 구성하였습니다.

아무쪼록 본서로 학습하는 모든 분들이 소기의 목적을 달성하기를 바라며, 이를 바탕으로 더 높은 곳으로 도전하시기를 기원합니다. 다른 시험을 준비하면서도 본서를 찾아볼 수 있는 '탄탄한 참고서'가 되기를 소망합니다. 마지막으로 본서가 나오기까지 물심양면으로 격려와 배려를 아끼지 않으신 SD에듀 임직원 여러분께 진심으로 감사의 말씀을 드립니다.

유창호·강성국 씀

자격시험안내

펀드투자권유자문인력이란?

펀드투자권유자문인력은 투자자를 상대로 집합투자기구의 집합투자증권(펀드)에 대하여 투자권유 또는 투자
자문 업무를 수행하는 인력을 말합니다. 펀드투자권유자문인력은 금융투자업 관련 회사 현직자만 응시할 수
있으며, 관련 투자자보호교육을 사전 이수한 후 해당 자격시험에 합격한 자만이 업무 수행이 가능합니다.

시험구성

구 분	과목명	문항수		세부과목명	세부문항수
		총	과 락		
1과목	펀드일반	60	30	법 규	13
				직무윤리 · 투자자분쟁예방	15
				펀드영업실무	8
				펀드 구성 · 이해	16
				펀드 운용평가	8
2과목	파생상품펀드	25	13	파생상품펀드 법규	7
				파생상품펀드 영업	8
				파생상품펀드 투자 · 리스크관리	10
3과목	부동산펀드	15	8	부동산펀드 법규	5
				부동산펀드 영업	5
				부동산펀드 투자 · 리스크관리	5
합 계					100

시험안내

회 차	접수기간	시험일자	합격자 발표
27회	24.01.29(월)~24.02.02(금)	02.25(일)	03.07(목)
28회	24.06.03(월)~24.06.07(금)	06.30(일)	07.11(목)
29회	24.11.11(월)~24.11.15(금)	12.08(일)	12.19(목)

※ 상기 시험일정은 금융투자협회(www.kofia.or.kr) 사정 등에 따라 일부 변경될 수 있으며 응시인원에 따라 응시 지역이 축소될 수
있습니다.

응시원서 접수방법

접수기간 내에 인터넷(http://license.kofia.or.kr)에서 작성 및 접수

시험 관련 세부정보

시험주관처	응시자격	응시료	시험시간	문제형식
금융투자협회 (license.kofia.or.kr)	사전교육이수 (금융투자교육원) + 금융기관 종사자	50,000원	10:00 ~ 12:00 (1교시 : 120분)	객관식 4지선다형

합격기준

응시과목별 정답비율이 50% 이상인 자 중에서, 응시과목의 전체 정답비율이 70%(70문항) 이상인 자(과락 기준은 시험구성 참조)

과목면제대상 및 면제자 유의사항

과목면제대상

아래의 경우 각 대상자별로 특정 과목 시험 응시가 면제된다.

❶ 종전의 증권펀드투자상담사(간접투자증권판매인력)의 자격요건을 갖춘 자는 펀드일반 과목(제1과목) 면제

❷ 종전의 파생상품펀드투자상담사의 자격요건을 갖춘 자는 파생상품펀드 과목(제1,2과목) 면제

❸ 종전의 부동산펀드투자상담사의 자격요건을 갖춘 자는 부동산펀드 과목(제1,3과목) 면제

면제자 유의사항

❶ 과목별 쉬는 시간 없이 진행되며, 면제자는 해당 시험시간 동안에만 시험에 응시한 후 퇴실한다.

❷ 면제자의 경우, 면제가 의무사항은 아니며 원서접수 시 면제 또는 전과목 응시 중 선택할 수 있다.
   (단, 전과목 응시 선택 시 합격기준은 비면제자 합격기준과 동일하게 적용됨)

❸ 두 과목 응시자의 경우, 과목별 부분합격은 인정되지 않는다.

제1과목

펀드일반 (60문항)	내용
법규	전 범위에 걸친 법규를 먼저 다룬다. 암기 부담이 많아 학습에 어려움이 있겠지만, 펀드 구성·이해와 펀드영업실무 등 중복되는 부분이 향후 학습에 많은 도움이 된다.
직무윤리 및 투자자분쟁예방	난이도는 평이한 수준이나 비중이 강화된 만큼 좀 더 세밀한 학습이 요구된다. 특히 새롭게 추가된 금융소비자보호법에 대해 좀 더 주목할 필요가 있다.
펀드 구성·이해	집합투자기구 전반에 걸쳐 근간이 되는 파트이므로 매우 집중력 있는 학습이 요구된다. 법규 파트의 내용을 좀 더 세밀하게 이해하는 단계이며, 2과목과 3과목의 약 30%에 달하는 파생상품펀드와 부동산펀드의 내용을 다룬다. 합격을 위해서 가장 중요한 파트라고 할 수 있다.
펀드영업실무	펀드투자권유자문인으로서 실무능력을 키우기 위한 파트이다. 판매와 환매, 미래가격방식, 이익분배금, 수익증권저축, 집합투자기구세제 등 다양한 주제를 다루는데, 암기보다는 이해 위주의 학습을 해야 한다.
펀드운용 및 평가	난이도나 분량에 비해서 문항수가 적은 점이 어려운 부분이다. 다만, 채권·증권분석 등 타 금융 자격시험과의 연관성이 높으므로 장기적 관점에서 차분히 학습할 것을 권장한다.

제2과목

파생상품펀드 (25문항)	내 용
법 규	위험평가액 산정, 위험지표공시의무 등 시험범위는 매우 협소하므로 고득점이 가능하도록 집중학습을 해야 한다.
파생상품펀드 영업	주가연계, 금리연계, 상품연계, 환율연계 등 파생상품펀드의 주요 유형과 가장 비중이 높은 주가연계파생상품펀드의 4가지 유형 등에 주목하면 고득점이 가능한 파트이다. 펀드 구성ㆍ이해의 선행학습이 도움이 된다.
파생상품펀드 투자ㆍ리스크관리	선물, 옵션 등 파생상품 원론에 대해서 학습하는 파트이다. 난이도상 학습에 어려움이 있으나, 향후 파생상품분야의 시험에 많은 도움이 되므로 차근차근 학습할 것을 권장한다.

제3과목

부동산펀드 (15문항)	내 용
법 규	부동산펀드 법규 외에도 건폐율과 용적률, 용도지역 등의 부동산 기초법규에 대해서도 충분한 준비를 해야 한다.
부동산펀드 영업	부동산펀드는 크게 실물형과 대출형으로 구분되며, 실물형은 다시 임대형, 경공매형, 개량형, 개발형으로 구분된다. 즉 실물형의 4가지 유형 및 대출형의 유형별 특징을 비교할 수 있을 정도면 고득점이 가능하다. 제1과목 중 펀드 구성ㆍ이해에서의 선행학습이 도움이 된다.
부동산펀드 투자ㆍ리스크관리	부동산시장, 부동산경기국면, 부동산정책 그리고 부동산펀드 유형별 리스크관리를 다룬다. 난이도는 평이하나 생소한 분야에 대한 어려움이 있을 수 있으므로 문제풀이를 통해 확실히 이해하는 것이 중요하다.

이 책의 구성

STEP 1

해당 이슈의 핵심을 파악하는 핵심유형문제

핵심유형문제는 방대한 분량의 이론을 단기간에 개념정리할 수 있도록 엄선하여 출제되었습니다. 상세하고 친절한 해설로 중요이론을 정리하였으며, '더알아보기'로 확실하게 마무리할 수 있도록 구성했습니다.

CHAPTER

01 법규

1 집합투자기구의 개요

집합투자의 정의　　　핵심유형문제

집합투자의 속성에 해당되지 않는 것은?

① 집단성
③ 직접성
③ 실적배당원칙
④ 펀드자산의 분리

해설 집합투자는 직접성이 아닌 간접성의 속성이 있다.

더알아보기 집합투자의 정의

(1) 정의 : 자본시장법 제6조 제5항
집합투자란 2인 이상의 투자자로부터 모은 금 또는 각 기금관리주체로부터 일상적인 운용지 취득·처분, 그 밖의 방법으로 운용하고 그 결 는 것을 말한다.

STEP 2

학습 완성도를 높이는 보충문제

보충문제는 추가적으로 숙지해야 할 내용을 짚어주기 위한 것으로, 놓치기 쉬운 이론 및 개념을 다시 한 번 정리할 수 있도록 구성했습니다.

보충문제

01 공모와 사모에 대한 설명으로 적합하지 않은 것은?

① 50인 이상에게 신규로 발행되는 유가증권 취득의 청약을 권유하는 것을 모집이라 한다.
② 유가증권시장 또는 코스닥시장에서 이미 발행된 유가증권에 대해서 50인 이상의 자를 상대로 매수의 청약을 권유하는 것을 매출이라 한다.
③ 공모펀드란 공모방식(모집 또는 매출)으로 투자자를 모으는 펀드인데 청약의 권유대상자가 50인 이상이어야 한다.
④ 공모펀드는 공모방식(모집 또는 매출)으로 투자자를 모으는 펀드인데 투자자금을 모집한 대상자가 50인 이상이어야 한다.

해설 공모방식은 '모집 또는 매출' 방식을 말하며(① 모집, ② 매출), 청약권유대상자가 50인 이상인 경우를 말한다. 반드시 투자자금을 모집한 대상이 50인 이상이어야 하는 것은 아니다(자금모집대상은 2인 이상이면 됨).
정답 ④

집합투자기구의 법적인 형태의 분류에 대한 설명으로 옳지 않은 것은?

① 법적형태의 분류는 집합투자가 집합적·간접적 투자를 위한 도구라는 원리는 동일하나 그 도구를 설정·설립함에 있어서 법적인 형태가 다름을 의미한다.
② 집합투자의 법적인 형태는 크게 신탁형, 회사형, 조합형으로 구분된다.
③ 공모형이 가능한 법적인 형태는 투자신탁·투자회사·투자유한회사·투자합자회사·투자유한책임회사·투자합자조합·투자익명조합 등 7가지이다.
④ 자본시장법상 공모형으로는 투자신탁과 투자회사만 인정된다.

해설 과거 간접투자법에서는 투자신탁과 투자회사의 형태만을 공모펀드로 인정했으나 자본시장법에서는 ③의 일 곱가지 형태가 모두 가능한 것으로 변경되었다(현실적으로 가장 널리 사용되는 형태 역시 투자신탁과 투자회 사이다).
정답 ④

보충문제

01 공모와 사모에 대한 설명으로 적합하

① 50인 이상에게 신규로 발행되는
② 유가증권시장 또는 코스닥시장에서
　 매수의 청약을 권유하는 것을 매를
③ 공모펀드란 공모방식(모집 또는 마

STEP 3

문제의 응용력을 키우는 출제예상문제

실제 시험에 출제되는 유형을 수록한 출제예상문제는 난이도 있는 시험에 대비할 수 있도록 응용문제 및 심화문제만을 엄선했습니다. 출제경향을 면밀하게 분석한 수준 높은 문제로 응용력을 키울 수 있습니다.

CHAPTER 01 법 규
단원별 출제예상문제

01 자본시장법상 집합투자기구의 정의이다. 가장 적절하지 않은 것은?

① 2인 이상의 자에게 판매할 것
② 투자자로부터 모은 금전 등을 집합하여 운용할 것
③ 집합투자업자로부터 일상적인 운용지시를 받지 아니할 것
④ 재산적 가치가 있는 투자대상자산을 취득, 처분 그 밖의 방법으로 운용할 것

해설 투자자로부터 일상적인 운용지시를 받지 아니할 것

정답 ③

02 투자신탁의 수익자총회에 대한 설명이다. 가장 적절한 것은?

① 수익자총회의 의장은 집합투자업자의 대표이사가 맡는다.
② 수익자총회는 일반 주주총회와는 달리 총회에 출석해야만 의결권을 행사할 수 있다.
③ 수익자총회가 성립되지 않을 경우 6주 이내에 연기수익자총회를 소집해야 한다.
④ 총회 결의사항에 반대하는 반대수익자는 총회결의일로부터 20일 이내에 서면으로 수익자매수청구권을 행사할 수 있다.

해설 ① 수익자 중에서 선출된다.
② 서면행사도 가능하다.
③ 2주 이내에 소집해야 한다.

정답 ④

STEP 4

실전감각을 익히는 최종모의고사

어떤 부분이 취약하고 어느 부분을 보완해야 하는지 점검할 수 있는 최종모의고사 2회분을 수록하였습니다. 수험생들이 헷갈릴 수 있는 문제만을 엄선했으므로 모르는 내용들은 꼭 체크하여 복습할 것을 권장합니다.

부 록
제1회 최종모의고사

01 집합투자의 속성에 해당하지 않는 것은?

① 투자자로부터 일상적인 운용지시를 받지 않을 것
② 재산적 가치가 있는 투자대상 자산을 취득·처분 등으로 운용할 것
③ 2인 이상의 자에게 권유할 것
④ 운용결과를 투자자에게 실적배당할 것

02 개방형펀드에 대한 설명이다. 틀린 것은?

① 환매청구를 통해 투자자금을 회수할 수 있다.
② 환매청구를 통해 신탁업자에 대한 간접적인 견제를 할 수 있다.
③ 폐쇄형펀드에 비해 운용제약이 크다.
④ 개방형펀드는 주로 추가형이다.

03 수익자총회에 대한 설명이다. 옳은 것은?

① 3% 이상의 좌분을 가진 수익자는 수익자총회를 소집할 수 있다.
② 보수 및 수수료의 지급은 수익자총회 의결사항이다.
③ 법에서 정한 수익자총회 결의사항 외에,

04 투자회사에 대한 설명이다. 틀린 것은?

① 투자회사는 발기설립의 방법으로만 설립해야 한다.
② 오직 보통주만을 발행할 수 있다.
③ 법인이사 1인, 감독이사 2인 이상을 두어야 한다.
④ 투자회사는 서류상의 회사이므로, 일반회사에서 두는 이사·이사회·주주총회를 두지 않아도 된다.

05 공모발행 절차에 대한 설명이다. 가장 거리가 먼 것은?

① 증권신고서는 공모의 경우에만 제출의무가 있다.
② 증권신고서의 효력발생기간은 개방형과 폐쇄형 모두 원칙적으로 15일이다.
③ 개방형과 폐쇄형 모두 일괄신고서를 제출할 수 있다.
④ 증권을 공모함에 있어 청약을 권유하고자 하는 경우에는 반드시 투자설명서에 의해야 한다.

6주 완성 학습플랜

LEARNING PLAN

1주

1일차	2일차	3일차	4일차	5일차	6일차	7일차
워밍업! 핵심정리노트			제1편			
제1편	제2편	제3편	1장			2장
달성 ☐	달성 ☐	달성 ☐	달성 ☐	달성 ☐	달성 ☐	달성 ☐

2주

1일차	2일차	3일차	4일차	5일차	6일차	7일차
제1편						
2장		3장			4장	
달성 ☐	달성 ☐	달성 ☐	달성 ☐	달성 ☐	달성 ☐	달성 ☐

3주

1일차	2일차	3일차	4일차	5일차	6일차	7일차
제1편						제2편
5장			제1편 복습			1장
달성 ☐	달성 ☐	달성 ☐	달성 ☐	달성 ☐	달성 ☐	달성 ☐

4주

1일차	2일차	3일차	4일차	5일차	6일차	7일차
제2편						
1장	2장			3장		
달성 ☐	달성 ☐	달성 ☐	달성 ☐	달성 ☐	달성 ☐	달성 ☐

5주

1일차	2일차	3일차	4일차	5일차	6일차	7일차
제2편			제3편			
제2편 복습			1장	2장		3장
달성 ☐	달성 ☐	달성 ☐	달성 ☐	달성 ☐	달성 ☐	달성 ☐

6주

1일차	2일차	3일차	4일차	5일차	6일차	7일차
제3편		최종모의고사		최종마무리		
3장	제3편 복습	1회	2회	전체 복습		
달성 ☐	달성 ☐	달성 ☐	달성 ☐	달성 ☐	달성 ☐	달성 ☐

8주 완성 학습플랜

LEARNING PLAN

1주

1일차	2일차	3일차	4일차	5일차	6일차	7일차
워밍업! 핵심정리노트			제1편			
제1편	제2편	제3편	1장			1장 복습
달성 ☐	달성 ☐	달성 ☐	달성 ☐	달성 ☐	달성 ☐	달성 ☐

2주

1일차	2일차	3일차	4일차	5일차	6일차	7일차
제1편						
	2장		2장 복습		3장	
달성 ☐	달성 ☐	달성 ☐	달성 ☐	달성 ☐	달성 ☐	달성 ☐

3주

1일차	2일차	3일차	4일차	5일차	6일차	7일차
제1편						
3장 복습	4장		4장 복습		5장	
달성 ☐	달성 ☐	달성 ☐	달성 ☐	달성 ☐	달성 ☐	달성 ☐

4주

1일차	2일차	3일차	4일차	5일차	6일차	7일차
제1편			제2편			
5장 복습	제1편 복습		1장		1장 복습	2장
달성 ☐	달성 ☐	달성 ☐	달성 ☐	달성 ☐	달성 ☐	달성 ☐

5주

1일차	2일차	3일차	4일차	5일차	6일차	7일차
제2편						
2장	2장 복습	3장			3장 복습	제2편 복습
달성 ☐	달성 ☐	달성 ☐	달성 ☐	달성 ☐	달성 ☐	달성 ☐

6주

1일차	2일차	3일차	4일차	5일차	6일차	7일차
제3편						
1장		1장 복습	2장		2장 복습	3장
달성 ☐	달성 ☐	달성 ☐	달성 ☐	달성 ☐	달성 ☐	달성 ☐

7주

1일차	2일차	3일차	4일차	5일차	6일차	7일차
제3편				복습		
3장		3장 복습	제3편 복습	제1편	제2편	제3편
달성 ☐	달성 ☐	달성 ☐	달성 ☐	달성 ☐	달성 ☐	달성 ☐

8주

1일차	2일차	3일차	4일차	5일차	6일차	7일차
최종모의고사		최종마무리				
1회	2회	전체 복습				
달성 ☐	달성 ☐	달성 ☐	달성 ☐	달성 ☐	달성 ☐	달성 ☐

이 책의 목차

CONTENTS

워밍업!

핵심정리노트

교육은 우리 자신의 무지를 점차 발견해 가는 과정이다.

– 윌 듀란트 –

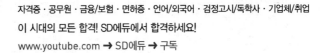

제1편 펀드일반

01 투자펀드(집합투자)는 '집단성, (   ), (   ), 투자자평등원칙, 펀드자산의 분리'의 속성을 지닌다.

02 집합투자의 개념요소
'① 2인 이상의 자에게 판매할 것 ② 2인 이상의 투자자로부터 모은 금전 등을 집합하여 운용할 것, ③ (   ), ④ 재산적 가치가 있는 투자대상자산을 취득, 처분 그 밖의 방법으로 운용할 것, ⑤ 운용 결과의 투자자 귀속'

03 집합투자기구의 형태는 신탁형, 회사형, 조합형으로 구분되는데 공모형으로 가장 많이 설정 · 설립되는 형태는 (   )과 (   )이다.

04 투자신탁의 세 당사자는 (   ), (   ), (   )이며, 자산의 보관 및 관리를 담당하는 자는 (   )이다.

05 투자회사는 서류상의 회사(Paper Company)이므로 투자업무 이외의 업무는 할 수 없고 본점 이외의 영업소도 둘 수 없다. 따라서 모든 업무는 외부전문가에 위임을 해야 하는데 자산운용은 (   )에게, 자산보관은 (   )에게, 판매 및 환매는 (   )에게, 기타 업무는 (   )에게 위탁해야 한다.

06 수익자총회의 의결사항은 크게 '합병 / 환매연기 / 신탁계약 중요내용 변경'으로 구분할 수 있는데 '집합투자 또는 신탁보수의 지급, 집합투자 또는 신탁보수의 인상, 집합투자업자의 변경, 신탁업자의 변경, 판매업자의 변경' 중에서 수익자총회의 의결사항에 포함되지 않는 것은 (   ), (   )이다.

정답   **01**   **간접성, 실적배당원칙** ▶ 펀드자산의 분리란 집합투자업자의 고유재산과 고객자산(집합투자재산)은 엄격하게 구분해서 관리해야 함을 말한다.

       02   **일상적인 운용지시를 받지 않을 것** ▶ '일상적인 운용지시를 받지 아니하면서'의 의미 → 펀드매니저가 전문적으로 운용 (투자자 입장에서는 직접투자가 아닌 간접투자, 즉 간접성을 의미함)

       03   **투자신탁, 투자회사** ▶ 투자신탁이 가장 많다.

       04   **위탁자, 수탁자, 수익자, 수탁자** ▶ 위탁자 = 집합투자업자(자산운용사), 수탁자 = 신탁업자(은행), 수익자 = 투자자

       05   **집합투자업자, 수탁자, 판매사, 일반사무관리회사** ▶ 투자회사의 운용 → 집합투자업자, 투자회사의 운영 → 일반사무관리회사

       06   **보수의 지급, 판매업자의 변경** ▶ 보수의 지급, 판매업자의 변경은 이사회결의(∵ 일반적 사항이므로)를, 보수의 인상, 집합투자업자나 신탁업자의 변경은 수익자총회결의(∵ 중요사항이므로)를 요구한다.

07 수익자총회의 소집은 집합투자업자, (　　　　), 그리고 수익증권 총좌수의 (　　　) 이상 보유 수익자가 서면으로 요청하면 집합투자업자가 1개월 이내에 수익자총회를 소집해야 하며, 수익자총회의 의결은 '출석수익자의 2분의 1 이상과 전체의 (　　　) 이상의 찬성'으로 의결한다.

08 투자신탁을 설정한 집합투자업자는 수익자총회의 결의가 이루어지지 아니한 경우 그날부터 (　　　) 이내에 연기된 수익자총회를 소집해야 하며, 연기수익자총회의 결의는 수익자총회와 달리 출석한 수익자의 의결권 과반수와 발행된 수익증권 총좌수의 (　　　) 이상으로 결의할 수 있다.

09 투자회사는 (　　　) 1인과 (　　　) 2인 이상을 선임하여야 하며, 당해 투자회사의 집합투자업자가 (　　　)가 된다.

10 투자신탁은 집합투자업자와 (　　　) 간의 신탁계약에 의해 설정되며, 신탁계약을 변경하고자 하는 경우에도 집합투자업자와 (　　　) 간의 변경계약이 있어야 한다. 또한 신탁계약 변경 시 중요사항은 사전에 (　　　)의 결의를 거치고 그 내용을 공시해야 하며 공시 외에도 수익자에게 개별통지를 하여야 한다.

11 투자신탁 이외의 형태의 펀드(회사형, 조합형 펀드)는 등록신청 당시 자본금 또는 출자금이 (　　　) 이상이어야 한다.

12 펀드매입을 위한 납입은 금전으로 하는 것이 원칙이나, (　　　)(으)로서 다른 수익자 전원의 동의를 얻은 경우에 한해 실물자산으로 납입이 가능하다.

13 집합투자증권은 (　　　/　　　)으로 발행해야 한다.

14 투자회사의 주식은 (　　　/　　　)으로 발행해야 하며, 오로지 보통주로만 발행해야 한다.

---

15 증권신고서의 효력발생기간은 개방형, 폐쇄형 모두 최장 (   )일이며, 정정신고서의 효력발생기간은 원칙적으로 (   )일이다.

16 증권신고서의 효력이 발생한 집합투자증권을 취득하고자 하는 자에게는 반드시 (   )를 교부해야 한다(전문투자자 및 서면 등으로 수령거부의사를 표시한 일반투자자에게는 교부하지 않아도 됨).

17 개방형펀드는 최초 투자설명서 제출 후 매년 (   )회 이상 정기적으로 투자설명서를 갱신해야하며, 집합투자기구의 변경등록시에는 그 통지를 받은 날로부터 (   )일 이내에 투자설명서를 갱신해야 한다.

18 투자자가 일반투자자인 경우에는 집합투자증권의 투자를 권유하기 전에 투자자의 특성을 파악하기 위해(   ), (   ), (   ) 등을 투자자와의 면담 등을 통해 파악하고, 이를 그 투자자로부터 확인을 받아 유지·관리해야 하며, 확인받은 내용을 투자자에게 지체 없이 제공해야 한다(확인방법은 서명, 기명날인, 녹취, ARS 등 다양한 방법으로 가능함).

19 KYC Rule, 적합성의 원칙, 설명의무, 적정성의 원칙 중에서 그 위반시 자본시장법상 손해배상책임을 지는 것은 (   )이다.

20 투자자로부터 투자권유 요청을 받지 않고 방문, 전화 등 실시간 대화의 방법으로 투자권유를 하는 것을(   )라고 한다.

21 투자자가 투자권유에 대한 거부의사를 나타낸 동일 상품에 대해서 1개월이 지나서 다시 투자권유를 한다면 (   )의 예외가 적용된다.

22 금융투자회사가 투자권유대행인으로 하여금 투자권유를 하게 하려면, 먼저 금융위 등록업무를 위탁받은(   )에 그 투자권유대행인을 등록해야 한다.

정답
15 15, 3
16 투자설명서 ▸ 투자설명서는 일반투자자에게 반드시 교부해야 하는 법정투자권유문서이다.
17 1, 5
18 투자목적, 재산상황, 투자경험 ▸ KYC Rule을 말한다.
19 설명의무 ▸ 참고로 자본시장법상 손해배상책임은 설명의무가 유일하나 나머지도 위반시 민법상 손해배상책임의 대상은 될 수 있다.
20 불초청권유(Unsolicited Call)
21 재권유금지원칙 ▸ 재권유금지원칙의 2가지 예외를 숙지하도록 한다.
22 금융투자협회

23 금융소비자보호법상 광고규제의 특징적인 점은 광고주체를 제한하는 것인데, 특히 (   ) 상품의 경우 금융상품판매대리 · 중개업자는 금융상품뿐 아니라 금융상품판매업자등의 업무에 관한 광고도 수행할 수 없다.

24 판매수수료는 납입금액 또는 환매금액의 (   )가 한도이고, 판매보수는 집합투자재산의 연평균 가액의 (   )이 한도이며, 이는 공모형펀드에 한한다.

25 환매기간은 (   )을 초과하지 않는 범위 내에서 집합투자기구가 정할 수 있으며, 다만 '펀드재산의 (   )를 초과하여 시장성 없는 자산에 투자하는 경우 또는 (   )를 초과하여 해외자산에 투자하는 경우'에는 법정환매기간을 초과하여 정할 수 있다.

26 투자자의 환매요청시 집합투자업자나 신탁업자나 판매업자가 자기 또는 제3자의 계산으로 매입을 할 수 없는데, 이는 '자기거래금지의 원칙'에 입각한 것이다. 그런데 MMF를 판매한 투자매매업자, 투자중개업자가 전체의 (   ) 상당금액과 (   ) 중 큰 금액의 범위 내에서 개인투자자로부터 환매청구를 받은 경우에는 환매청구일에 공고되는 기준 가격으로 매입할 수 있다.

27 (   )란 집합투자재산의 일부가 환매연기사유에 해당하는 경우 그 일부에 대해서는 환매를 연기하고 나머지에 대해서는 집합투자자가 보유하고 있는 집합투자증권의 지분에 따라 환매에 응하는 것을 말한다.

28 자본시장법은 투자자로부터 집합투자증권의 매수 또는 환매청구를 받은 이후 최초로 산정된 순자산가치로 판매 또는 환매가격을 정하는데, 이 방식을 (   )이라 한다.

29 투자자가 금융투자상품의 매도나 환매에 따라 수취한 결제대금으로 결제일에 (   )를 매수하기로 미리 약정한 경우는, 미래가격방식의 예외로서 당일의 기준가격을 적용할 수 있다.

정답　**23**　**투자성** ▶ 투자성 상품과 관련된 금융상품판매대리 · 중개업자는 자본시장법상 투자권유대행인에 해당하는데 이들은 금융상품직접판매업자에 1사 전속으로 소속되어 활동하는 개인이므로 별다른 투자광고의 필요성이 없을 뿐만 아니라, 만약 허용되더라도 개인이 활동하는 업무특성상 광고규제가 원활히 작동하지 않는 문제점을 감안한 조치로 자본시장법상 특성을 반영한 것이다.

　24　100분의 2, 100분의 1

　25　15일, 10%, 50% ▶ 법정환매기간은 15일이며, 환매연기 결정시에는 6주 이내 총회를 열어야 한다(참고 : 수익자총회의 결 사항 – 합병 / 환매연기 / 신탁내용의 중요사항 변경).

　26　5%, 100억원 ▶ 개인이 MMF를 전체의 5% 또는 100억원 중 큰 금액을 환매시에는 원활한 유동성의 제공을 위하여 판매업자가 매입할 수 있도록 하고 있다(이는 자기거래금지원칙의 예외가 됨).

　27　**부분환매연기제도** ▶ 이와 유사한 것으로 펀드분리제도가 있다[펀드 내에서 환매가 가능한 부분(정상자산)과 환매가 안되는 부분(비정상자산)을 분리하는 것을 말함].

　28　**미래가격방식(Forward Pricing)** ▶ 미래가격방식은 과거가격방식(Backward Pricing)에서 발생하는 무임승차의 문제를 해소하기 위한 것이다.

　29　MMF

30 투자신탁은 그 자체로는 법인격이 없으므로 신탁재산 운용시 (   )가 필요한 운용지시를 하고 (   )가 그 지시에 따라 거래를 집행하는 구조를 취한다.

31 공모펀드는 동일종목에 대해 펀드재산의 10%를 초과하여 투자할 수 없으나, 국채의 경우 (   ), 지방채나 특수채는 (   )까지 예외적으로 투자할 수 있다.

32 동일법인이 발행한 지분증권에 대해서는 '각 집합투자기구는 지분증권총수의 (   ), 동일한 집합투자업자가 운용하는 전체 집합투자기구는 지분증권총수의 (   )'까지 투자할 수 있다.

33 집합투자업자는 파생상품매매에 따른 위험평가액이 집합투자기구 자산총액의 (   )를 초과하여 투자할 경우, 그 위험지표를 인터넷 홈페이지 등을 이용하여 공시해야 한다.

34 집합투자기구에서 국내 소재 부동산(주택법에 의한 주택의 경우)을 취득한 경우에는 그 취득일로부터 (   ) 이내에는 처분하지 못한다.

35 집합투자기구가 다른 집합투자증권에 투자할 경우, 동일한 집합투자기구에 대한 투자는 해당집합투자기구 자산총액의 (   )를, 동일한 집합투자업자가 운용하는 전체 집합투자기구들에 대한 투자는 자산총액의 (   )를 초과할 수 없다.

36 다른 집합투자기구에 주로 투자하는 펀드(재간접펀드 : FOFs)의 집합투자증권 투자는 원칙적으로 금지되는데, 이 재간접펀드란 집합투자재산의 (   ) 이상을 타집합투자기구에 투자하는 펀드를 말한다.

37 각 집합투자기구는 자산총액의 (   )까지 증권차입을 할 수 있으며, 증권대여는 보유하고 있는 증권총액의 (   )까지 가능하다.

정답 30 **집합투자업자, 수탁자(신탁업자)** ▶ 집합투자업자가 신탁업자에게 운용지시를 한다. 다만 운용의 효율성과 적시성을 위하여 집합투자업자가 직접 거래할 수 있도록 예외를 두고 있다(상장주권의 매매 / 단기대출 / CD의 매매 / 장내파생상품 매매 / 위험회피목적에 한정된 장외파생상품).

31 **100%, 30%** ▶ 안전하므로 예외를 허용하는 것이다.

32 **10%, 20%** ▶ 지분증권에 대한 취득제한은 ① 분산투자강제 ② 무분별한 경영권위협문제의 억제를 위한 것임

33 **10%** ▶ 공시대상의 위험지표는 2과목 파생상품펀드 참조

34 **1년** ▶ 2015년 개정으로 3년에서 1년으로 변경됨

35 **20%, 50%** ▶ '각 펀드 20%, 전체 펀드 50%'

36 **40%** ▶ 참고로 재재간접투자기구는 존재하지 않는다(∵ 전문성이 지나치게 희석).

37 **20%, 50%** ▶ '차입 20%, 대여 50%'이며, 참고로 환매조건부매도는 증권총액의 50%를 초과할 수 없다.

38 공모펀드는 부실화 방지를 위하여 집합투자기구의 금전차입과 대여를 원칙적으로 금지한다. 그러나 대량 환매로 인해 환매자금이 부족한 경우에는 예외적으로 차입을 허용하는데, 이 경우에도 차입의 대상이 (   )이어야 하며, 순자산총액의 (   )까지만 차입이 허용된다.

39 집합투자업자는 이해관계인과 거래를 할 수 없는데, 집합투자재산의 (   ) 이상을 보관하는 신탁업자나 집합투자증권을 (   ) 이상 판매하는 판매업자는 이해관계인으로 간주된다.

40 집합투자에서 취득한 주식에 대한 의결권행사는 운용의 한 부분에 해당하므로 (   )가 의결권을 행사하게 된다.

41 집합투자업자가 의결권행사여부를 공시해야 하는 의결권 공시대상법인은 '펀드가 펀드재산의 (   )% 이상 또는 (   )억원 이상의 주식을 소유할 경우 그 주식을 발행한 법인'을 말한다.

42 집합투자업자는 자산운용보고서를 (   )에 (   ) 이상 투자자에게 교부해야 한다.

43 수시공시사항이 발생하면 ① 판매업자 및 협회의 인터넷 홈페이지에 공시하는 방법, ② 판매회사가 투자자에게 전자우편으로 알리는 방법, ③ 집합투자업자나 판매업자의 본·지점 등에 게시하는 방법에서 (①, ②, ③ 중 하나를 / ①, ②, ③ 모두를) 공시하는 방법으로 이행해야 한다.

44 투자자는 집합투자업자에게 영업시간 내에 이유를 기재한 서면으로 그 집합투자재산에 관한 장부·서류의 열람이나 등·초본의 교부를 청구할 수 있고, 집합투자업자는 정당한 사유 없이는 요구를 거부할 수 없으며, 이때 투자자는 집합투자증권 (   ) 이상을 가진 자를 말한다.

정답 **38** 금융기관, 10%

39 30%, 30% ▶ 이해관계인의 정의 및 거래제한 내용을 숙지하도록 한다.

40 **집합투자업자** ▶ 운용의 주체는 집합투자업자이다.

41 5, 100 ▶ 5% 이상 또는 100억원 이상의 주식을 소유할 경우 공시대상법인이 됨

42 3개월, 1회 ▶ 집합투자재산을 10만원 이하 보유하고 있는 투자자에게는 '자산운용보고서를 교부하지 않는다는 집합투자규약이 있다면' 교부를 하지 않아도 된다(아래 표 참조).

자산운용보고서	자산보관·관리보고서
집합투자업자 → 투자자, 분기별 1회 이상	신탁업자 → 투자자, 사유발생일로부터 2개월 이내

43 ①, ②, ③ 모두를

44 1좌 ▶ 수량 제한 없이 행사가 가능하다. 거부할 수 있는 '정당한 사유'는 본문참조

45 집합투자업자는 집합투자재산에 관한 매분기 영업보고서를 작성하여 매분기 종료 후 (   ) 이내에 금융투자협회에 제출해야 한다.

46 공모형부동산펀드는 특례로서 순자산총액의 (   )까지 차입이 가능하며, 대여는 순자산총액의 (   )까지 가능하다. 부동산펀드가 아니라도 펀드재산에 부동산을 보유하고 있다면 그 가액의 (   )까지 차입이 가능하며, 차입한 금액은 부동산 취득에만 사용해야 한다.

47 부동산의 (개발 / 관리 및 개량 / 임대 / 취득 및 처분) 업무 중 제3자에게 위탁할 수 없는 것은 (   ) 업무이다.

48 집합투자재산의 50%를 초과하여 부동산투자회사의 주식에 투자하면 (   )집합투자기구가 된다.

49 개인MMF는 편입한 자산의 가중평균 잔존만기가 (   ) 이내이어야 한다.

50 원칙적으로 환매금지형으로 설정·설립해야 하는 펀드는 (   ), (   ), (   ) 집합투자기구이며, 이들은 설정·설립일로부터 (   ) 이내에 증권시장에 상장할 의무가 있다.

51 (   )에 편입된 여러 클래스의 펀드는 판매수수료체계는 서로 다르되, 운용보수 및 신탁보수는 반드시 동일해야 한다.

52 모자형집합투자기구에서 투자자에게 공모하는 대상은 (모 / 자) 집합투자기구이다.

53 ETF는 설정일로부터 (   ) 이내에 상장해야 한다.

정답 45 **2개월** ▶ 영업보고서, 수시보고서, 자산보관관리보고서의 제출(교부)기한은 해당 기준일로부터 '2개월 이내'이다.
46 **200%, 100%, 70%**
47 **취득 및 처분** ▶ 본질적 업무(운용업무 등)는 제3자 위탁이 불가능하다.
48 **부동산** ▶ 부동산집합투자기구 중 증권형 부동산집합투자기구에 해당한다.
49 **75일** ▶ 종전 90일에서 75일로 변경되었다(2013.5 자본시장법 개정사항).
　　 • MMF편입가능자산 : 남은 만기가 6개월 이내인 CD, 남은 만기가 5년 이내인 국채, 남은 만기가 1년 이내인 지방채, 특수채, CP, 다른 MMF(본문참조)
50 **부동산, 특별자산, 혼합자산, 90일**
51 **종류형집합투자기구** ▶ Multi-class Fund이다. 뒤에 나오는 Multi-asset Fund와 구분해야 한다.
52 **자(子)**
53 **30일**

54 ETF는 운용제한의 예외로서 자산총액의 (   )까지 동일종목에, 동일법인이 발행한 지분증권 총수의 (   )까지 동일지분증권에 투자할 수 있다.

55 집합투자재산은 원칙적으로 시가로 평가하고, 시가를 구할 수 없는 경우에는 (   )으로 평가해야 한다. 다만, (   )에 대하여는 장부가평가를 허용하고 있다.

56 기준가격은 기준가격 공고·게시일 전일의 집합투자기구 대차대조표상에 계상된 (   )에서 (   )을 뺀 금액을 그 공고·게시일 전일의 집합투자증권 총수로 나누어서 산정한다.

57 집합투자업자 또는 투자회사 등은 각 집합투자재산에 대해 회계기간의 말일 등부터 (   ) 이내에 회계감사인의 감사를 받아야 한다. 단, 자산총액이 (   ) 이하인 집합투자기구 등은 외부감사가 면제된다.

58 집합투자재산의 운용에 따라 발생한 이익금을 투자자에게 (   ) 또는 새로 발행하는 집합투자증 권으로 분배해야 한다. 다만, 집합투자규약에 정함이 있으면 이익금의 분배를 유보할 수 있으며 또는 초과분배도 가능하다. 다만, (   )의 경우 순자산액에서 최저순자산액을 뺀 금액을 초과하여 분배할 수 없다.

59 (   )의 경우 신탁업자가 신탁재산의 법적소유인이 되어 신탁재산을 보관하며, (   )는 신탁업자가 민법상 위임법리에 따라 보관대리인이 되어 신탁재산을 보관한다.

60 집합투자재산을 보관·관리하는 신탁업자는 집합투자업자의 운용행위를 감시하는 기능도 있는데 여기서 말하는 감시기능이란 예를 들어 (시장을 능가하는 수익률의 달성 여부 / 집합투자규약에서 정하는 편입비중을 준수하는지의 여부)를 감시하는 것을 말한다.

61 (   )가 산정한 기준가격과 (   )가 산정한 기준가격의 편차가 1000분의 3을 초과하는 경우에는 지체 없이 집합투자업자에게 또는 투자회사의 감독이사에게 그 시정을 요구해야 한다.

정답 **54** **30%, 20%** ▸ ETF가 편입하는 것은 지수의 구성을 위한 것이므로 경영권 위협과 관련이 없으며, 또한 ETF는 Shadow Voting만 가능하기 때문에 지분증권투자한도(각 10%, 전체 20%)의 예외가 적용된다.

55 **공정가액, MMF**

56 **자산총액, 부채금액** ▸ 기준가격 = 순자산총액/발행증권총수. 공모펀드는 기준가격을 매일 공시해야 하며, 잘못 계산시 (MMF의 경우 그 차이가 1만분의 5를 초과시) 기준가격을 변경, 재공고·게시해야 한다.

57 **2개월, 300억원**

58 **금전, 투자회사** ▸ 이익금은 유보나 초과분배가 모두 가능하다. 단, MMF의 경우 유보가 불가하며 투자회사의 경우 최저순자산액은 초과분배의 대상이 될 수 없다.

59 **투자신탁, 투자회사**

60 **집합투자규약에서 정하는 편입비중을 준수하는지의 여부** ▸ 소극적 감시기능이라 한다.

61 **집합투자업자, 신탁업자**

62 집합투자재산을 보관, 관리하는 신탁업자는 펀드의 회계기간 종료, 존속기간 종료 등 사유 발생일로부터 (   ) 이내에 자산보관·관리보고서를 투자자에게 제공해야 한다.

63 집합투자업자는 (   ) 사유가 발생하면 지체 없이 투자신탁을 해지하고 그 사실을 금융위에 보고해야 하며(사후보고), 임의로 해지를 하려면 사전에 금융위 승인을 얻어야 한다. 다만, 공모개방형펀드로서 설정 후 1년이 되는 날에 원본액이 (   ) 미만인 경우나 수익자 전원이 동의하는 등의 경우에는(특정 임의해지 사유) 사전승인을 받지 않고도 해지할 수 있다.

64 집합투자업자는 투자신탁 해지로 인해 투자신탁관계가 종료되면 투자신탁재산을 결산하여 (   )과 이익분배금을 수익자에게 지급해야 한다.

65 합병계획서를 작성하여 합병하는 투자신탁은 (   )의 승인을 얻어야 한다.

66 ○× 집합투자기구의 합병은 법적형태가 같은 집합투자기구 간에만 허용된다.

67 공모집합투자기구는 설립 전에 금융위에 등록해야 하지만, 사모집합투자기구는 설립 후 (   ) 내로 금융위에 등록하면 된다.

68 자본시장법상의 사모집합투자기구는 2021년 4월 20일 사모펀드 체계개편을 통하여 '(   ) 사모펀드'와 '기관전용 사모펀드'로 구분하였다.

69 자본시장법상 일반 사모펀드는 적격투자자의 요건을 전문투자자와 최소투자금액이 (   ) 이상의 일반투자자로 정하고 있다.

정답 **62** 2개월
63 법정해지, 50억원 ▶ 아래 표 참조
법정해지 vs 임의해지

법정해지	임의해지
사유 발생시(신탁계약의 종료 등), 즉시 해지하고 금융위에 사후보고	금융위의 사전승인을 얻어야 해지가 가능하나, 특별임의해지 사유 발생시(수익자 전원이 동의한 경우 등), 사전승인 없이 해지가 가능

64 상환금 ▶ 원금 = 상환금, 수익금 = 이익분배금
65 수익자총회 ▶ 수익자총회 의결사항 : 합병 / 환매연기 / 신탁계약 중요내용 변경
66 ○
67 2주일 ▶ 2015년 자본시장법 개정으로 1주일에서 2주일로 변경되었다.
68 일반
69 3억원

70 사모집합투자기구란 집합투자증권을 사모로만 발행하는 펀드로서 기관투자자 등을 제외한 투자자의 총수가 ( ) 이하인 것을 말한다.

71 집합투자재산 중 파생결합증권에 운용하는 비중과 파생상품매매에 따른 위험평가액이 펀드자산 총액에서 차지하는 비중의 합계가 ( )를 초과하는 펀드를 '고난도 펀드'로 규정한다.

72 ○× 기관전용 사모펀드는 전문성과 위험관리능력을 고려하여 자본시장법령에서 정한 투자자만 투자할 수 있도록 투자자가 제한된 사모펀드로서 비금융투자업자인 GP가 설정·운용한다.

73 기관전용 사모집합투자기구는 설립등기일로부터 2주일 이내에 법정등기사항, 펀드재산의 운용에 관한 사항 등을 기재한 보고서를 ( )에 제출하여야 한다.

74 외국집합투자기구의 등록요건은 외국집합투자업자 요건과 외국집합투자증권 요건으로 나누어져 있는데, 외국집합투자업자는 최근 사업연도말 현재의 운용자산규모가 ( ) 이상이어야 하며, 외국집합투자증권은 OECD 가맹국, 홍콩, 싱가폴 법률에 의해 발행되어야 하는 등의 요건이 있다.

75 일반사무관리회사, 집합투자기구평가회사, 채권평가회사는 그 업을 영위하려면 금융위에 요건을 갖추어 (인가 / 등록)를/을 받으면 된다.

76 금융투자전문인력에는 ( ), ( ), ( ), ( ), ( ), ( )이 있다.

---

77 금융소비자보호법상 금융상품을 판매하는 자는 금융상품직접판매업자(금융회사), 금융상품판매대리·중개업자 그리고 (   )로 그 유형을 재분류하였으며, 집합투자업자도 직접판매업을 영위하는 경우에는 금융상품직접판매업자에 해당한다.

78 카드·대출모집인은 금융상품 (직접판매업자 / 판매대리·중개업자 / 자문업자)에 속한다.

79 ☐◯☒ 부동산투자회사법, 선박투자회사법, 벤처투자 촉진에 관한 법률 등 개별 법률에 따라 사모의 방법으로 금전을 모아 운용·배분하는 상품에도 금융소비자보호법을 적용한다.

80 대출성 상품의 경우, 상시 근로자 (   ) 이상의 법인·조합·단체는 전문금융소비자이다.

81 6대 판매원칙은 적합성의 원칙, 적정성의 원칙, (   ), (   ), (   ), (   )이다.

82 금융소비자보호법상 투자성 상품은 자본시장법상의 금융투자상품, 투자일임계약 그리고 (   )이 있다.

83 금융투자전문인력이 퇴직할 경우에는 (   ) 이내로 협회에 보고해야 한다.

84 금융투자전문인력이 횡령이나 배임, 보수교육미이수 등의 제재사유가 발생할 경우 협회의 (분쟁조정위원회 / 자율규제위원회)에서 제재를 부과할 수 있다.

85 ☐◯☒ 협회의 자율규제위원회에서 자격취소의 제재를 부과할 경우 해당 직원이 보유하고 있는 모든 금융투자전문인력의 합격이 취소된다.

정답
77 금융상품자문업자
78 판매대리·중개업자
79 X ▸ 금소법을 적용하지 않는 예외이다.
80 5인
81 설명의무, 불공정영업행위 금지, 부당권유 금지, 광고규제
82 신탁계약(단, 관리형 신탁 및 투자성 없는 신탁은 제외)
83 10일 ▸ 금융투자회사가 협회에 보고한다.
84 자율규제위원회
85 O ▸ 모든 자격의 합격이 취소된다.

01 윤리에 합당한 법, 정의에 좀 더 부합하는 법은 (있는 그대로의 법 / 있어야 할 법)이다.

02 기업윤리가 (거시적 / 미시적) 개념이라면 직무윤리는 (거시적 / 미시적) 개념이다.

03 기업윤리는 (윤리강령 / 임직원 행동강령)으로 반영되는 것이 일반적이다.

04 '경영의 적법성뿐만 아니라 법과 제도의 취지 및 직무윤리를 경영에 적용하는 경영방식'으로 경제적 책임, 법적 책임 및 윤리적 책임을 부담하는 경영방식을 (   )이라 한다.

05 직무윤리는 오늘날과 같은 포스트 산업사회에서는 신용 또는 믿음이라는 (   )으로 인식된다.

06 ⃞O⃞X 윤리는 경제적으로 이득이 되지는 않지만 신뢰(Reliability)나 평판(Reputation)에 중대한 영향을 주므로 최대한 준수하는 것이 좋다.

07 (   )에서 직무윤리의 중요성이 더 큰 이유는 판매대상인 금융투자상품의 원본손실가능성, 고객 자산의 수탁, 불특정다수와의 비대면거래 등의 산업특성 때문이다.

08 ⃞O⃞X 직무윤리준수가 자기보호(Safeguard)의 역할을 하는 것은 모든 산업에 해당된다.

09 ⃞O⃞X 직무윤리는 강행규정이 아니다.

정답 01 **있어야 할 법** ▸법은 최소한의 윤리이며, 윤리를 최대한 반영하는 법은 '있어야 할 법'이다.
02 **거시적, 미시적**
03 **윤리강령** ▸임직원 행동강령은 직무윤리이다.
04 **윤리경영**
05 **무형의 자본** ▸직무윤리는 무형의 자본이자 기업의 지속성장을 위한 윤리인프라이기도 하다.
06 **X** ▸윤리는 결과적으로는 경제적으로도 이득이 된다(Ethics Does Pay).
07 **금융투자산업** ▸산업특성상 이해상충발생가능성이 높아 직무윤리 준수의 필요성이 더 강조된다.
08 **O** ▸금융투자산업에 좀 더 크게 작용하지만 모든 산업에 공통된다.
09 **X** ▸강행규정이 맞다. 직무윤리 위반시에는 강행법 위반이 되어 법적처벌을 받을 수 있는데, 이에는 형사처벌도 포함된다.

10 '금욕적인 생활윤리에 기반한 노동과 직업은 신성한 것이다'라는 사상으로 초기 자본주의 발전의 토대를 마련한 사람은 **(칼뱅 / 베버)**이다.

11 국제투명성기구(TI)가 평가한 국가별 부패인식지수를 볼 때, 한국은 경제규모에 비해 윤리 수준이 **(높게 / 낮게)** 평가되고 있다.

12 윤리경영을 평가하는 국제적인 지표 중 사회적 책임을 평가하는 것은 **(BITC / CR Index)**이다.

13 2016년 9월 28일부터 시행된 법률로서 소위 '김영란법'이라고도 불리는 법은 (   )이다.

14 ☐○☐× 직무윤리는 직무행위에 종사하는 일체의 자를 대상으로 하는데, 여기에서 '일체의 자'란 회사와의 고용관계에 있지 않는 자, 무보수로 일하는 자, 금융투자전문인력 자격이 없는 자 등을 포함한다.

15 (   )는, 금융투자업과 관련된 일체의 직무활동으로서 투자정보의 제공, 투자의 권유, 금융투자상품의 매매 또는 그 밖의 거래, 투자관리 등과 이에 직접 또는 간접으로 관련된 일체의 행위를 말한다.

16 2015년 12월에 개정된 '금융투자회사의 표준윤리준칙'은 16개의 조항으로 구성되어 있는데, 윤리준수의 대상이 어디인가에 따라 분류를 하면 (   ), (   ), (   ), (   )의 4가지로 분류할 수 있다.

17 직무윤리에서 가장 기본적이고 핵심이 되는 2가지 원칙은 (   ), (   )이다.

정답
10 **칼뱅** ▸ 베버는 '프로테스탄티즘의 윤리와 자본주의정신'이라는 사상으로 근대 자본주의 발전의 동인이 되었다고 평가된다.
11 **낮게** ▸ 또한 2006년 이래로 부패인식지수가 정체된 모습을 보여 상당기간 개선이 되지 않고 있음을 보여 준다.
12 **CR Index** ▸ Corporate Responsibility Index는 사회적 책임을 평가하는 지표이다.
13 **청탁금지법** ▸ 공직자 등이 동일인으로부터 '1회 100만원, 1년에 300만원'을 초과하는 금품을 받으면 대가성과 직무관련성을 따지지 않고 법적처벌을 하는 법률이다.
14 **O** ▸ 정식의 고용관계여부, 보수의 유무 등을 불문하고 오직 관련 직무에 종사할 경우 직무윤리의 준수대상이 된다.
15 **직무행위**
16 **고객에 대한 의무, 본인에 대한 의무, 회사에 대한 의무, 사회에 대한 의무** ▸ 고객에 대한 의무의 예로는 '제2조 고객우선, 제4조 신의성실'이 있다.
17 **고객우선의 원칙, 신의성실의 원칙** ▸ 이 두 가지는 금융투자회사의 표준윤리준칙 제2조와 제4조에 해당되기도 한다.

18 금융투자업에서 준수해야 할 가장 중요한 2가지 직무윤리인 '고객우선의 원칙'과 '신의성실의 원칙'의 기본적인 근거가 되는 의무를 (   )라/이라 한다.

19 '회사와 임직원은 항상 고객의 입장에서 생각하고 고객에게 보다 나은 금융서비스를 제공하기 위해 노력해야 한다'는 내용은 금융투자회사의 표준윤리준칙 제2조인 (   )에 해당된다.

20 '회사의 임직원은 (   )과/와 (   )를/을 가장 중요한 가치관으로 삼고, 신의성실의 원칙에 입각하여 맡은 업무를 충실히 수행해야 한다'는 내용은 금융투자회사의 표준윤리준칙 제4조인 '신의성실의 원칙'에 해당된다.

21 (   )은 금융투자회사의 임직원이 준수해야 할 직무윤리이면서 동시에 법적 의무이기도 하다.

22 금융투자업 직무윤리의 기본원칙에 따라 발생하는 의무를 법제화시킨 것은, (   ), (   )이다.

23 금융투자업을 영위하는 회사 내에서 (공적업무 / 사적업무)에서 얻은 정보를 (공적업무 / 사적업무)에 이용할 경우 이해상충이 발생한다.

24 이해상충이 발생하는 대표적인 예는 (과당매매 / 과잉권유)이다.

25 ☐O☐X☐ 이해상충발생가능성이 있다고 판단되는 경우 먼저 해당 고객에게 알려야 하고, 거래를 하기 전에 이해상충발생가능성을 투자자보호에 문제가 없는 수준까지 낮추어야 하며, 낮추는 것이 곤란하다고 판단되는 경우에는 해당 거래를 하지 말아야 한다.

26 고유자산운용업무와 집합투자업 간에는 정보교류를 차단해야 하는데, 이때의 정보 차단벽을 (   )이라고 한다.

정답 18 **선량한 관리자로서의 주의의무** ▶ 즉 '선관주의 의무'라고 한다.
　　　19 **고객우선의 원칙**
　　　20 **정직, 신뢰**
　　　21 **신의성실의 원칙** ▶ 신의성실원칙의 양면성이라고 한다.
　　　22 **이해상충방지의무, 금융소비자보호의무**
　　　23 **사적업무, 공적업무** ▶ 사적업무란 미공개중요정보를 얻을 수 있는 M&A 관련 업무를 말한다.
　　　24 **과당매매** ▶ 과잉권유는 적합성원칙에 위배되는 사항이다.
　　　25 **O** ▶ 이해상충의 '공시 또는 회피의 원칙'이라고도 한다. Disclosure → Control → Avoid.
　　　26 **Chinese Wall** ▶ 만리장성처럼 견고한 벽을 쌓아야 한다는 의미이다. 이해상충방지의무의 일환이며 충실의무의 개념에 속한다.

27 고객이익, 회사이익, 직원이익이 충돌할 경우 올바른 업무처리순서는 (　　　　) → (　　　　) → (　　　　)의 순서이다.

28 투자매매업자 또는 투자중개업자는 금융투자상품에 관한 매매에 있어서, 자신이 본인이 됨과 동시에 상대방의 투자중개업자가 되어서는 안 되는데, 이를 (　　　　)라 한다.

29 자기거래금지의무는 (증권 / 장내파생상품 / 장외파생상품)만을 대상으로 적용된다.

30 금융소비자보호의무는 신중한 투자자의 원칙과 (　　　　)에 그 바탕을 둔다.

31 ○× 신중한 투자자의 원칙(Prudent Investor Rule)과 전문가로서의 주의의무는, 금융투자업종사자에게 금융소비자보호의무를 준수하는 차원에서 부과되는 원칙과 의무이다.

32 ○× 전문가로서의 주의의무는 금융회사가 금융소비자에게 판매할 상품을 개발하는 단계에서부터 판매이후 단계까지 전 단계에 걸쳐 적용되는 의무이다.

33 금융투자업종사자가 고객 등의 업무를 수행함에 있어서 '① 그때마다 구체적인 상황에서 ② 전문가로서의 ③ 주의를 기울여야 한다'는 주의의무 중에서 결과론적으로 판단하지 말아야 한다는 것은 (① / ② / ③)에 해당하는 의미이다.

34 금융회사는 관련 규정에 따라 금융소비자보호업무를 총괄하는 금융소비자보호 총괄책임자인 (CEO / CFO / CCO)를 지정해야 한다.

35 '요청하지 않는 투자권유의 금지, 부당한 투자권유의 금지 등 준수'는 (상품판매절차 구축 단계 / 상품판매 단계 / 상품판매이후 단계)의 금융소비자보호의무 이행사항이다.

정답　**27**　고객이익, 회사이익, 직원이익 ▶ 금융투자회사 내부통제기준 제50조의 내용이다.
　　　28　자기거래금지의무
　　　29　**장외파생상품** ▶ 증권과 장내파생상품은 의도한다고 해도 상대방을 특정할 수 없으므로 자기거래를 한다고 해도 투자자 이익을 해칠 수 없으므로 허용된다(장내시장의 개념이 전산의 발달로 '다자간 매매체결회사를 통한 거래'의 개념으로 확대됨).
　　　30　전문가로서의 주의의무
　　　31　○
　　　32　○
　　　33　① ▶ 주의의무에 대한 설명이다. ② '일반인 이상의 수준으로' ③ '사전적으로 주의(Care)'해야 한다는 의미이다.
　　　34　CCO ▶ Chief Consumer Officer이다.
　　　35　상품판매 단계

36 '미스터리쇼핑, 판매 후 모니터링제도(해피콜서비스), 고객의 소리(VOC : Voice of Consumer), 위법계약해지권, 소액분쟁 이탈금지 등'은 (**상품판매절차 구축 단계 / 상품판매 단계 / 상품판매이후 단계**)의 금융소비자보호의무 이행사항이다.

37 ELS가 포함된 특정금전신탁은 파생상품투자권유자문인력 자격증이 있는 임직원이 권유할 수 있는데, 이처럼 임직원의 자격의 적격성을 확보하는 것은 (**상품개발 단계 / 상품판매절차 구축 단계 / 상품판매 단계 / 상품판매이후 단계**)의 금융소비자보호 조치에 해당된다.

38 KYC Rule(Know Your Customer Rule)은 투자자의 (   ), (   ), (   ) 등을 면담·설문조사 등을 통해 파악하고 이를 투자자로부터 서명·기명날인·녹취·ARS 등의 방식으로 확인받아 이를 투자자에게 제공하고 유지·관리하는 것을 말한다.

39 적합성의 원칙은 '고객에게 적합하지 않은 상품을 권유하지 않을 것'이라는 (   )인 적합성원칙과 '고객에게 가장 적합한 상품을 권유할 것'이라는 (   )인 적합성원칙을 모두 포함한다.

40 설명의무란 '중요한 내용'에 대해서는 일반투자자가 (   ) 설명하여야 하고, 허위나 누락해서는 안 되며, 위반시 손해배상책임을 지는 것을 말한다.

41 ○× 금융소비자에게 제공하는 정보는 알아보기 쉽도록 글자크기가 크고, 읽기 쉽게 제작하여야 하며, 이해도를 높이기 위해 그림이나 기호등 시각적인 요소를 적극 활용해야 한다.

42 금융투자상품의 취득으로 인하여 일반투자자가 지급하였거나 지급하여야 할 금전 등의 총액에서 그 금융투자상품의 처분, 그 밖의 방법으로 그 일반투자자가 회수하였거나 회수할 수 있는 금전 등의 총액을 뺀 금액을 제1항에 따른 손해액으로 추정하는데, 이는 금융소비자보호법상 (   ) 위반 시의 손해배상책임의 추정금액을 말한다.

정답　**36**　상품판매이후 단계
　　　　37　상품판매절차 구축 단계
　　　　38　**투자목적, 투자경험, 재산상황** ▶ 참고로 자료의 유지기간은 10년이다.
　　　　39　**소극적, 적극적** ▶ 과잉권유(Boiler Room)의 경우 적합성원칙을 위배한다.
　　　　40　**이해할 수 있도록** ▶ 종전보다 강화된 부분으로 투자권유관련 자본시장법상 손해배상책임이 명시된 것은 설명의무가 유일하다.
　　　　41　○ ▶ 금융소비자에게 제공하는 자료의 '접근성과 용이성'에 해당되는 내용이다.
　　　　42　**설명의무** ▶ 금융소비자보호법 제19조에 해당한다.

43 금융투자업자는 일반투자자에게 투자권유를 하지 않고 파생상품, 그 밖에 대통령령으로 정하는 금융투자상품('파생상품 등')을 판매하려는 경우에는 면담·질문 등을 통하여 그 일반투자자의 투자목적·재산상황 및 투자경험 등의 정보를 파악해야 하는데, 이를 (   )이라고 한다.

44 투자권유대행인은 파생상품 등을 권유할 수 (있다 / 없다).

45 ○× 고객에게 제공하는 정보는 객관적인 사실과 미래의 예측을 포함한 담당자의 의견을 명확히 구분하여 제공해야 한다.

46 중요한 사실이 아닐 경우, 그것을 설명함으로 인해 고객의 판단에 혼선을 가져올 수 있는 사항은 (설명을 생략해도 된다 / 설명을 생략할 수 없다).

47 투자자로부터 투자권유의 요청을 받지 아니하고 방문·전화 등 실시간 대화의 방법을 이용하는 행위는 금지되는데 이를 (   )이라고 한다.

48 투자권유를 받은 자가 거부의사표시를 한 후 1개월이 지나 다시 투자권유를 하는 행위, 다른 종류의 금융투자상품에 대하여 투자권유를 하는 행위는 (   )의 예외가 된다.

49 ○× A회사 주식에 대한 투자권유를 거부한 투자자에게 다음 날에 B회사 채권을 투자권유하는 행위는 재권유금지원칙의 예외가 된다.

50 ○× 금융투자업종사자가 허위·과장·부실표시를 하지 않음에 있어 '부실표시'는 문서에 의한 표시만을 제약한다.

51 ○× 업무수행과정에서 알게 된 고객의 정보를 누설하거나 부당하게 이용하는 것은 예외 없이 금지된다.

정답
43 적정성의 원칙 ▸ 금융소비자보호법 제18조에 해당한다.
44 없다.
45 ○ ▸ 주의의무 중 판매 전 단계인 '합리적 근거의 제공 및 적정한 표시의무'에 속하는 내용이다.
46 설명을 생략해도 된다 ▸ '중요한' 사실은 반드시 설명해야 한다.
47 불초청권유금지 원칙
48 재권유금지 원칙 ▸ 참고로 투자성이 있는 보험계약(변액보험)은 예외대상에서 제외되었다.
49 ○ ▸ 다른 종류의 금융투자상품은 자본시장법상의 분류를 적용한다(지분증권과 채무증권은 다른 상품이다).
50 × ▸ 구두와 문서를 불문하고 허위·과장·부실표시를 해서는 안 된다.
51 × ▸ 법원명령이나 영장에 의한 정보 제공은 가능한데 이 경우에도 최소한의 범위 내에서 이루어져야 한다.

52 임의매매와 일임매매를 구분하는 것은 투자일임약정이 실제 존재하는가의 여부인데, 이는 보고 및 기록 의무와 관련이 있으며 금융투자업종사자의 의무 중 (상품판매 단계 / 상품판매이후 단계)에 해당된다.

53 판매 후 모니터링제도상, 금융회사는 판매계약을 맺은 날로부터 (   ) 이내에 금융소비자와 통화하여 불완전판매가 없었는지를 확인해야 한다.

54 금융소비자는 금융상품의 계약체결일로부터 (   ) 이내, 위법계약 사실을 안 날로부터 (   ) 이내인 경우 서면 등으로 계약의 해지를 청구할 수 있다.

55 금융투자회사의 표준윤리준칙 제3조 법규준수는 (고객에 대한 의무 / 본인에 대한 의무)이다.

56 금융투자회사의 표준윤리준칙 제8조 상호존중은 (본인에 대한 의무 / 회사에 대한 의무)이다.

57 금융투자회사의 표준윤리준칙 제9조 주주가치 극대화는 (회사에 대한 의무 / 사회에 대한 의무)이다.

58 법규를 모르고 위반했을 경우 관련 당사자에게 구속력이 (있다 / 없다).

59 '금융투자산업은 글로벌 경제환경의 변화를 많이 받는 산업으로서 그 변화의 속도가 매우 빠르므로, 금융투자업종사자는 이에 맞추어 전문성을 갖추기 위한 노력을 해야 한다'는 것은 금융투자회사의 표준윤리준칙 중 (   )에 해당한다.

60 '하급자는 상급자의 부당한 명령이나 지시를 거부해야 한다'는 것은 금융투자회사의 표준윤리준칙 중 (   )에 해당한다.

정답
52 상품판매이후 단계
53 7영업일 ▶ 해피콜서비스라고도 한다.
54 5년, 1년 ▶ 위법계약해지권에 대한 설명이다.
55 본인에 대한 의무 ▶ 본인에 대한 의무에는 '법규준수(제3조), 자기혁신(제7조), 품위유지(제13조), 사적이익 추구금지(제14조)'가 있다.
56 회사에 대한 의무 ▶ 회사에 대한 의무로는 '정보보호(제6조), 상호존중(제8조), 경영진의 책임(제11조), 위반행위의 보고(제12조), 고용계약 종료 후의 의무(제15조), 대외활동(제16조)'이 있다.
57 사회에 대한 의무 ▶ 사회에 대한 의무로는 '시장질서 존중(제5조), 주주가치 극대화(제9조), 사회적 책임(제10조)'이 있다.
58 있다 ▶ 법규는 알고 모르고를 떠나서 준수해야 하는 것이다. 금융투자회사의 표준윤리준칙 제3조 법규준수에 해당한다.
59 자기혁신 ▶ 금융투자회사의 표준윤리준칙 제7조 자기혁신에 해당한다.
60 품위유지 ▶ 넓은 의미의 품위유지는 공정성과 독립성의 의미를 지닌다.

61 동일 거래상대방에게 최근 5년간 제공한 재산상의 이익이 (   )을 초과할 경우 인터넷 홈페이지를 통해 즉시 공시해야 하는데, 이는 금융투자회사의 표준윤리준칙 제14조 사적이익 추구금지에 해당되는 사항이다.

62 ☐O☐X☐ 거래상대방만이 참석한 여가 및 오락활동 등에 수반되는 비용을 제공하는 것은 부당한 재산상의 이익이 되어 제공 및 수수가 금지된다.

63 ☐O☐X☐ 금융투자업개정(2017.3)으로 재산상이익의 1인당 제공한도, 회사별 한도가 모두 폐지되었다.

64 상명하복(上命下服)이라는 조직문화는 금융투자회사의 표준윤리준칙 제8조 (   )을 저해하는 요소라고 할 수 있다.

65 회사와 중간책임자가 소속직원에 대한 지도지원의무를 이행하지 못하여 소속직원이 고객에 대한 손해배상책임을 질 경우, 회사는 사용자책임을 지고 중간책임자는 일반 불법행위책임을 지는데, 이는 금융투자회사의 표준윤리준칙 중 (   )에 해당한다.

66 회사의 비밀정보를 제공해야 할 경우에는 (   )의 사전승인과 (   )의 요건을 충족할 경우 제공할 수 있다.

67 ☐O☐X☐ 비밀정보 여부가 불투명할 경우 준법감시인의 사전확인을 받아야 하는데, 사전확인절차가 결정되기 전까지는 비밀정보로 추정된다.

68 내부제보제도(Whistle Blower)는 금융투자회사의 표준윤리준칙 제12조 (   )에 해당되며, 동시에 금융투자회사의 내부통제기준상 준수사항이기도 하다.

정답 61 10억원
    62 O
    63 O ▸ 금융투자회사의 영업자율성 보장을 위하여 위의 한도가 폐지되었다.
    64 상호존중
    65 경영진의 책임 ▸ 금융투자회사의 표준윤리준칙 제11조에 해당한다.
    66 준법감시인, 필요성에 의한 제공원칙(Need to Know Rule)
    67 O
    68 위반행위의 보고

69 ☐○☐× 금융투자회사의 표준윤리준칙 제16조의 대외활동 조항에 의거하여, 금융투자업종사자는 대외활동으로 인하여 회사의 업무수행에 어떠한 지장도 주어서는 안 된다.

70 임직원이 웹사이트나 인터넷게시판에 특정 금융투자상품을 분석한 내용 또는 투자권유를 하는 내용을 게시하고자 할 경우 사전에 준법감시인의 사전승인을 받아야 한다. 단, 자료 출처를 명시하고 인용하는 경우나 (   )에 따른 투자권유는 준법감시인의 사전승인을 받지 않아도 된다.

71 ☐○☐× 시장질서교란행위 규제는 미공개정보임을 알면서도 이를 수령하거나 전달한 2차 수령자 이상 모든 자를 대상으로 한다.

72 ☐○☐× 시장질서교란행위에 대한 규제는 불공정거래의 목적성이 인정되어야 적용된다.

73 금융투자업종사자의 직무윤리준수를 독려하고 감독하는 내부통제의 수단에는 (   ), (   )가/이 있다.

74 내부통제기준의 제정과 변경은 (이사회결의 / 주총 보통결의)로 한다.

75 (   )는 회사의 임직원 모두가 선량한 관리자로서의 의무에 입각하여 금융소비자의 이익을 위해 최선을 다했는지, 업무를 수행함에 있어 윤리기준을 포함한 제반 법규를 엄격히 준수하고 있는지에 대하여 사전적으로 또는 상시적으로 통제, 감독하는 장치를 말한다.

76 준법감시인을 임면할 경우 (   )를 거쳐야 하며, 특히 해임시에는 이사 총수의 (   ) 이상의 찬성으로 의결한다.

77 최근 사업연도말 자산총액이 (   ) 미만인 금융투자회사, 보험회사, 여신전문금융회사와 7천억 원 미만의 상호저축은행은 내부통제위원회를 설치하지 않아도 된다.

정답
69 × ▸ 주된 업무수행에 지장을 주어서는 안 된다.
70 기술적 분석
71 ○ ▸ 종전에는 내부자, 준내부자, 1차 수령자까지만 처벌이 가능하였다.
72 × ▸ 목적성 요건을 제외한 포괄주의를 적용한다.
73 내부통제기준, 준법감시인제도
74 이사회결의
75 준법감시인제도 ▸ 사전적·상시적으로 통제·감독하는 장치이다.
76 이사회결의, 2/3
77 5조원 ▸ 단, 금융투자회사의 경우 운용재산이 20조원 이상인 경우는 예외가 인정되지 않는다.

78 (위험관리업무 / 자산운용업무 / 회사의 겸영업무 / 회사의 부수업무) 중 준법감시인의 겸임금지대상에 속하지 않는 것은 (   )이다.

79 ☐○ ☐× 내부제보제도의 운영상 내부제보자에게 인사상, 금전적인 혜택을 줄 수는 있어도 미제보자에 대한 불이익을 줄 수는 없다.

80 준법감시체계의 하나로서 금융사고의 우려가 높은 업무를 담당하는 직원에게 일정기간 휴가를 명령하고 당해기간에 해당직원의 업무적정성을 평가, 점검하는 제도는 (   )이다.

81 직무윤리 위반시 가해지는 제재 중에서 자율규제는 (금융투자회사 / 금융투자협회)의 제재를 말한다.

82 감독권, 등록취소권, 6개월 이내의 업무의 전부 또는 일부의 정지명령권은 외부통제의 하나로서 (   )가 (   )에 가하는 제재의 수단이다.

83 ☐○ ☐× 금융투자회사의 임직원에 대한 해임요구나 면직요구, 정직요구는 청문의 대상이 된다.

84 청문 및 이의신청권이 인정되는 외부통제의 종류는 (   )이다.

85 민사상 책임에는 (   ), (   )의 두 가지 종류가 있다.

86 민사책임을 부담하는 방법의 하나로서, 중요한 부분에 중대한 하자가 있을 경우에는 (   ), 경미한 하자가 있을 경우에는 (   )로서 법률행위의 효력을 실효시킬 수 있다.

정답 78 **회사의 부수업무**
　　　 79 **×** ▸ 내부제보제도는 미제보자에 대한 불이익부과의 규정까지 포함해야 한다.
　　　 80 **명령휴가제도**
　　　 81 **금융투자협회** ▸ 협회가 자율규제기관이므로 자율규제라 한다.
　　　 82 **금융위원회, 금융투자회사** ▸ 행정제재에 속한다.
　　　 83 **×** ▸ 정직요구는 청문의 대상이 아니다(정직은 해임이나 면직에 비해 사안이 중대하지 않음).
　　　 84 **행정제재**
　　　 85 **손해배상책임, 실효**
　　　 86 **무효, 취소**

87 고객이나 시장으로부터 신뢰상실과 명예실추, 고객과의 관계단절 등은 (   )통제라고 하는데, 직접적인 외부통제는 아니지만 가장 무섭고 어려운 제재라고 할 수 있다.

88 보호되어야 하는 고객의 정보 중에서 계좌개설시 얻게 되는 금융거래정보는 (   )인 정보이며, 매매주문동향을 통해 알게 되는 정보는 (   )인 정보이다.

89 (   )은 개인정보를 대량으로 처리하는 기관 등에서 대규모 개인정보가 유출되는 사고의 예방 및 개인정보의 수집·유출·남용으로부터 사생활의 비밀 등을 보호하기 위해 만든 법률이다.

90 O X 개인정보 중 정보주체와의 계약 체결 및 이행에 불가피한 정보는 정보주체의 동의를 받지 않아도 수집 가능하다.

91 개인정보는 (실명처리 / 익명처리)를 우선으로 한다.

92 개인정보보호법에는 징벌적 손해배상제도가 도입되어 있는데, 고의 또는 중과실로 개인정보를 유출한 기관에 대해서는 피해액의 최대 (   )까지 가중책임이 부과되며, 피해자 입장에서는 피해액을 입증하지 못하더라도 (   ) 이내에서 법원판결금액을 보상받을 수 있다.

93 고객의 개인정보보호를 위한 법령근거 중에서 가장 후순위로 적용되는 것은 (금융실명법 / 신용정보법 / 전자금융거래법 / 개인정보보호법)이다.

94 회원사 간의 영업 관련 분쟁이나 착오매매로 인한 분쟁은 (   )의 분쟁조정기구에서 조정한다.

95 금융분쟁조정위원회는 신청일로부터 (   ) 내로 회부하며, 회부일로부터 (   ) 내로 심의·의결한다.

정답 87 시 장
        88 정적, 동적
        89 개인정보보호법
        90 O
        91 익명처리
        92 5배, 300만원
        93 개인정보보호법 ▸ 나머지는 개인정보보호법의 특별법이다.
        94 한국금융투자협회
        95 30일, 60일 ▸ 협회나 거래소의 분쟁조정기구는 '30일-30일'이 적용된다.

96 금융감독원의 분쟁조정기구에서 쌍방 간에 조정안이 수락되면 (**재판상화해** / 민법상화해)의 효력을 가진다.

97 당초 체결한 일임계약의 취지를 위반하여 과도한 매매(수수료수입 증대 목적)를 하여 고객에게 피해를 입힌 경우는 (   )로 인한 금융분쟁유형이라 할 수 있다.

98 금융투자회사의 직원이 고객의 주문을 받지 않았음에도 불구하고 고객의 예탁자산을 마음대로 매매하여 발생하는 분쟁유형은 (**임의매매** / 일임매매)이다.

99 [분쟁사례] 고객이 증권사직원에게 주식매매를 일임한 기간의 일부 기간에 월매매 회전율이 약 1,400%에 달했고 단기매매를 했어야 할 특별한 사정이 없었던 점 등을 고려컨대 (   )가 인정된다. 또한 고객의 당일 '전부 처분 지시'에도 불구하고 직원의 지정가주문으로 일부 수량만 매도되었다면 (   )를 해태한 것으로 본다.

100 [분쟁사례] 직원이 '혼자만 알고 있는 호재인데 소문이 날까 봐 이를 밝힐 수 없다. 지금 당장 투자하지 않으면 시기를 놓친다'는 등의 말로 매매를 권유한 것은 (임의매매 / 일임매매 / **부당권유**)로 인정되는 사례이다.

101 ○× 적극적인 적합성의 원칙을 준수할 경우 자금세탁을 방지하기 위한 의심거래보고(STR)는 필요하지 않을 수 있다.

102 미국 관세청의 3단계 모델이론에 따르는 자금세탁의 절차는 (   ) → (   ) → (   )이다.

103 자금세탁과정에서 성공하기가 가장 어려운 단계는 (   )이다.

정답 96 **재판상화해** ▶ 민법상화해와 달리 재판상화해가 성립되면 이후 어떠한 법적 다툼도 인정되지 않는다.
97 **일임매매** ▶ 금융분쟁의 유형은 '임의매매, 일임매매, 부당권유, 불완전판매, 주문관련 횡령 등'이 있다.
98 **임의매매** ▶ 임의매매는 형사상책임까지 부과되는 무거운 사안이다.
99 **과당매매, 선관주의의무** ▶ 일임매매로 인한 분쟁사례의 하나이다.
100 **부당권유** ▶ 부당권유란 '거짓의 내용을 알리는 행위 및 불확실한 사항에 대해 단정적인 판단을 제공하는 행위, 불초청권유금지의 위반, 재권유금지의 위반' 등을 말한다.
101 **○** ▶ 적극적인 적합성원칙은 자금세탁방지효과가 있다.
102 **예치, 은폐, 합법화** ▶ Placement → Layering → Integration
103 **예치단계**

104 자금세탁방지제도의 하나로서 금융회사직원의 주관적 판단에 의존하는 것은 (   )이다.

105 고액현금거래보고제도(CTR)는 1거래일 동안의 거래가 (   )일 경우에 금융정보분석원에 의무적으로 보고하는 제도를 말한다.

106 고객확인제도(CDD / EDD)에 해당되는 세 가지 경우는 (   ), (   ), (   )이다.

107 고객확인제도(CDD / EDD)의 3가지 경우 중 '금융거래목적'까지 파악해야 하는 것은 (   )이다.

108 강화된 고객확인제도(EDD)는 위반기반접근법에 의해 고위험군으로 분류된 고객에 대해서 (   )과 (   )을 파악하는 제도이다.

109 금융기관 등 임직원의 판단에 의존하는 의심스러운 거래보고제도를 보완하기 위한 것으로 비정상적인 금융거래를 효율적으로 규제하기 위해 도입한 자금세탁방지제도의 종류는 (   )이다.

110 회사의 임직원이 자금세탁 등에 이용되지 않도록 채용시 임직원의 신원사항을 확인하고 관련 정보를 지속적으로 파악·관리하는 것을 (고객확인제도 / 직원알기제도)라 한다.

111 ○✕ FATF 40 권고사항은 자금세탁방지를 위한 국제협력을 권장하는 사항이며, 법적·실질적 구속력이 없는 다자간 협력체계라고 할 수 있다.

112 원화 (   )을 초과하는 모든 전신송금에 대해서는 고객관련 정보를 확인하고 보관해야 한다.

정답 **104** 의심거래보고제도(STR)
105 1천만원 ▸ 이 경우 일단 온라인보고를 하고 금융거래발생 후 30일 이내에 보고해야 한다.
106 계좌의 신규개설, 일회성 거래가 1,000만원 이상, 자금세탁의 우려가 있는 경우
107 자금세탁의 우려가 있는 경우
108 금융거래목적, 자금의 원천
109 고액현금거래보고제도(CTR)
110 직원알기제도(Know Your Employee)
111 ✕ ▸ 실질적인 구속력이 있다.
112 100만원

113 ○|× 금융실명제는 해당 거래고객에 대해서 실명확인(실지명의)을 하지만 자금세탁방지제도는 신원확인과 함께 금융거래목적과 자금의 원천까지 확인을 할 수 있다.

114 ○|× 차명거래금지제도(2014.11~)에 의해 모든 차명거래는 금지된다.

115 (   )란/이란 개인의 경우 성명과 주민등록번호, 법인의 경우 법인 명칭과 사업자등록번호를 말하며, (   )란/이란 실지명의에 추가하여 주소와 연락처를 확인하는 것을 말한다.

116 해외금융계좌 납세자협력법(FATCA)은 미국시민권자, 영주권자, 세법상 미국거주자를 적용대상으로 하며, 개인의 경우 기존계좌잔액이 (   )를 초과하는 경우를 신고대상으로 한다.

117 해외금융계좌신고제도(FBAR)는 미국의 납세의무자가 1여 년 동안 어느 시점이든 모든 금융계좌잔고의 합계액이 (   )를 초과하는 경우 미국 재무부에 해외금융계좌 잔액을 신고해야 한다.

정답 113 ○ ▸ 자금세탁방지제도의 법적근거가 되는 주요법률은 특정금융거래보고법이다.
114 × ▸ 합법적인 차명거래는 허용된다.
115 실지명의, 신원확인
116 5만달러
117 1만달러

01 집합투자기구의 설정절차는 (　　　　　)의 제출로 효력이 발생함과 동시에 금융위에 집합투자기구 (　　　　　)신청을 해야 한다.

02 집합투자기구의 종류별 효력발생기간은 상장형 환매금지형 집합투자기구는 (　　　　　), 비상장형 환매금지형 집합투자기구는 (　　　　　), 그 외의 집합투자기구는 (　　　　　)이다.

03 국채, 지방채, 특수채, 그리고 공모금액이 (　　　　　) 미만인 경우 증권신고서를 제출하지 않아도 된다.

04 일괄신고서는 (개방형 / 폐쇄형) 집합투자기구에만 적용된다.

05 투자설명서는 효력발생일 전에 사용할 수 있는 (　　　　　)투자설명서, 효력발생 후에 사용할 수 있는 (　　　　　)투자설명서, 그리고 효력발생 전후에 모두 사용이 가능한 (　　　　　)투자설명서 3종류가 있다.

06 투자자가 펀드를 매입하면 매입자금은 (　　　　　)를 거쳐 신탁업자가 보관하게 되며, 신탁업자가 보관하는 재산에 대해서 집합투자업자가 운용을 한다.

07 ○× 수익자는 총회에 참석하지 않고는 의결권을 행사할 수 없다.

08 간주의결권제도는 수익자총회의 개최에도 불구하고 의결권을 행사하지 않은 수익자에 대해 총회의 결의 방향대로 의결권을 행사한 것으로 간주하는 것을 말하는데, 동 제도의 오남용을 막기 위해 수익자총회에서 최소 (　　　　　) 이상의 의결권이 행사되었을 경우에만 적용할 수 있다.

정답
01 **증권신고서, 등록** ▶ 등록신청을 하면 금융위는 20일 이내에 등록여부를 결정해야 한다.
02 **10일, 7일, 15일**
03 **10억원**
04 **개방형**
05 **예비, 정식, 간이** ▶ 투자설명서는 일반투자자에게 반드시 교부해야 하는 법정투자권유문서인데, 받기를 거부하는 의사를 서면 등으로 표시한 자에게는 교부를 하지 않아도 된다.
06 **판매회사**
07 × ▶ 서면행사가 가능하다.
08 $\frac{1}{10}$

09 (　　　　　　)는 집합투자업자가 무한책임사원이며, 다수의 유한책임사원으로 이루어진 상법상의 회사이다.

10 (**투자합자조합 / 투자익명조합**)은 영업자 1인과 그 조합원 1인이 기명날인 또는 서명함으로써 설립하며, 영업자 1인이 조합재산의 운용을 담당한다.

11 자본시장법상의 집합투자기구 분류는 증권펀드, 부동산펀드, 특별자산펀드, (　　　　　　), (　　　　　　)의 5가지로 분류된다.

12 부동산 등이 신탁재산의 50% 이상을 차지할 경우, 해당 신탁을 50%를 초과해서 편입한 집합투자기구는 (　　　　　　)집합투자기구가 된다.

13 특별자산은 증권과 부동산과는 달리 (**포괄주의 / 열거주의**)로 정의하는데, 특별자산이라 함은 증권과 부동산이 아닌 경제적 가치가 있는 대상을 말한다.

14 자본시장법상의 5가지 펀드유형 중에서 '운용대상이 사전에 특정되지 않기 때문에 보다 많은 투자기회를 찾고 그만큼 수익을 향유할 수 있다는 장점이 있으나, 반면 그로 인한 투자손실 가능성도 높다'고 할 수 있는 것은 (　　　　　　)이다.

15 MMF는 증권의 차입이나 대여를 할 수 없으며, 남은 만기가 1년 이상인 국채에는 (　　　　　　) 이내에서 운용해야 하며, 환매조건부매도는 펀드가 보유하는 증권총액의 (　　　　　　) 이내여야 하며, 펀드재산의 (　　　　　　) 이상을 채무증권에 투자해야 한다.

16 시장성 없는 자산에 펀드자산의 (　　　　　　)를 초과해서 투자할 경우 환매연기를 할 수 있지만, 시장성 없는 자산에 펀드자산의 (　　　　　　)를 초과해서 투자할 경우에는 환매금지형 집합투자기구로 설정·설립해야 한다.

정답 **09** 투자합자회사
　　　　10 투자익명조합 ▸ 참고로 종전에 민법에 기초하던 투자조합이 상법에 기초하는 투자합자조합으로 변경되었다(2013.5 자본시장법 개정).
　　　　11 혼합자산펀드, 단기금융펀드(MMF)
　　　　12 부동산 ▸ 신탁재산, 집합투자재산, 유동화자산과 관련해서는 '50% 이상 – 50% 초과'의 패턴을 보임에 주목해야 한다.
　　　　13 포괄주의
　　　　14 혼합자산집합투자기구
　　　　15 5%, 5%, 40%
　　　　16 10%, 20%

17 다양한 자산과 투자전략을 가진 투자기구를 묶어 하나의 투자기구세트를 만들고 투자자는 그 세트 내에 속하는 다양한 투자기구 간에 교체투자를 할 수 있는 것은 (   )이다.

18 모자형펀드와 재간접펀드(FOFs)의 차이는 (   )는 운용의 효율성을 위해 도입된 것이나 (   )는 운용능력의 아웃소싱을 위한 것이라는 점이다.

19 (   )펀드에서는 펀드 간 이동을 하여도 포트폴리오의 변경은 없으나, (   )펀드의 경우 펀드 간 전환을 하면 포트폴리오가 변한다는 차이점이 있다.

20 특수한 형태의 집합투자기구 중에서 운용의 효율성을 위한 집합투자기구는 (   )집합투자기구와 (   )집합투자기구가 있다.

21 ETF는 (상장형 / 비상장형)이며, (인덱스형 / 개별주식형)이며, (추가형 / 단위형)이며, (개방형 / 폐쇄형)이며, 일반펀드와는 달리 증권실물로 설정 및 해지를 할 수 (있다 / 없다).

22 ETF에는 2가지 시장이 있는데 (   )에서 지정참가회사(AP)를 통해 ETF의 설정과 해지 또는 환매가 이루어지면, (   )에서는 일반투자자와 지정참가회사 간 ETF수익증권의 매매를 한다.

23 ETF는 회계결산시점과 무관하게 (   )을 투자자에게 지급하는데, 이는 ETF 추적오차를 최소화하기 위한 지정참가회사(AP)의 차익거래 활동을 통해 발생한 이익을 투자자에게 분배하는 것이다.

24 ETF는 그 특성상 이해관계인인 대주주와 거래할 수 (있다 / 없다). 또한 ETF는 의결권 행사시 Shadow Voting을 (해야 한다 / 하지 않아도 된다).

정답
17 전환형집합투자기구
18 모자형집합투자기구, 재간접집합투자기구
19 종류형, 전환형
20 종류형, 모자형
21 상장형, 인덱스형, 추가형, 개방형, 있다 ▸ETF는 그 특수성으로 금전납입원칙의 예외가 적용된다(납입한 금전으로 증권을 매입해야 하므로 증권납입을 허용함).
22 발행시장, 유통시장 ▸ETF를 개방형이라고 하는 것은 기관투자가는 발행시장에서 매입하고 환매하기 때문이다.
23 신탁분배금 ▸신탁분배금과 이익분배금의 개념 차이를 이해할 수 있어야 한다.
24 있다, 해야 한다

25 증권형펀드 중에서 주식비중이 펀드재산의 50% 미만인 펀드를 (　　　　)펀드라 하고, 주식비중이 50% 이상 60% 미만인 펀드를 (　　　　)펀드라 한다.

26 다음 중 상장형이 아닌 펀드는 (ETF / 환매금지형펀드(공모형) / 부동산투자회사(REITs) / MMF)이다.

27 판매회사의 보유현금으로 자금을 납입하여 펀드를 설정한 후 설정된 펀드의 수익증권을 보유하고 있던 판매회사가 고객의 수익증권 매입청구에 대응하여 보유 중인 수익증권을 고객에게 매각하는 펀드를 (**모집식 / 매출식**)펀드라고 한다.

28 해외투자펀드는 투자지역을 기준으로 전세계투자펀드(Global Fund), 지역펀드(Regional Fund), 특정국가펀드(Single Country Fund)로 구분된다. 이 중에서 기대수익과 위험이 가장 높은 펀드는 (　　　　)이다.

29 인덱스펀드는 대표적인 (　　　　)펀드이며, 스타일펀드는 대표적인 (　　　　)펀드이다.

30 주식 운용에 있어 자산 간·섹터 간 투자의사 결정을 함에 있어 거시경제 및 금융변수에 대한 예측을 하지 않고 투자대상종목의 저평가 여부만을 투자의 기준으로 판단하는 것을 (Top down Approach / Bottom up Approach)라고 하고, 이는 (**액티브 / 패시브**)전략으로 분류한다.

31 알파추구전략이나 차익거래전략을 통하여 '인덱스수익률+알파'의 수익률을 추구하는 펀드를 (　　　　)라고 하며, KOSPI200을 추종하는 인덱스펀드는 대부분 여기에 해당된다.

32 인덱스펀드가 추적하는 지수를 완전복제하였다고 해도 거래비용이나 운용보수, 신탁보수 등이 존재하기 때문에 (　　　　)는 완전히 제거되지 않는다.

정답 **25** **채권혼합형, 주식혼합형** ▶ 참고로 주식형펀드는 주식비중이 60% 이상, 채권형펀드는 채권비중이 60% 이상이다.

26 **MMF** ▶ REITs도 상장이 가능함(현재 상장종목). MMF는 개방형펀드로 상장형이 아니다.

27 **매출식** ▶ 현재 대부분은 모집식으로 하고 있다(매출식은 판매사의 자금부담이 크기 때문).

28 **특정국가펀드**

29 **패시브(Passive), 액티브(Active)**

30 **Bottom up Approach, 액티브** ▶ 탑다운과 바텀업 모두 액티브전략에 속한다.

31 **인핸스드인덱스펀드** ▶ Enhanced Index Fund는 액티브와 패시브의 중간 정도의 위치라고 할 수 있다.

32 **추적오차** ▶ 완전복제의 경우 '대상지수와 포트폴리오의 차이'는 없게 되나 그렇다고 해서 추적오차(Tracking Error)가 완전히 제거되는 것은 아니다. 완전복제와 유사한 ETF의 추적오차가 제일 작다.

33 자본시장법상 정의로 '금융투자상품으로서 투자자가 취득과 동시에 지급한 금전 외의 어떠한 명목으로든지 추가로 지급의무를 부담하지 아니하는 것'은 (비금융투자상품 / 증권 / 장내파생상품 / 장외파생상품)이다.

34 파생결합증권은 자본시장법상 분류로 (증권 / 파생상품)이다.

35 파생결합증권(ELS)은 증권사가 발행하며 (확정수익률 / 실적배당형) 상품이다.

36 처음 투자를 하는 투자자에게 상품을 권유하는 판매사는 가급적 (일반적이고 표준화된 / 수익률이 높은) 파생상품펀드 구조를 선택하게 하는 것이 바람직하다.

37 파생결합증권의 수익구조가 배리어(Barrier)를 기준으로 '만기에 한 번이라도 터치한다면'의 형식으로 설계되어 있다면 (Knock-out형 / Knock-in형)이다.

38 파생결합증권의 수익구조가 배리어(Barrier)를 기준으로 '만기일에만 평가하여'의 형식으로 설계되어 있다면 (Knock-out형 / Knock-in형)이다.

39 투스타형 주가연계 파생결합증권에서 상환조건의 달성여부를 두 종목 중에서 나쁜 종목을 기준으로 평가하는 것을 (Best Performer / Worst Performer)구조라고 한다.

40 원금보존구조이긴 하지만 기초자산의 변동성이 낮아 기대수익률이 높지 않고 판매사 입장에서도 매력적인 구조 제시와 최소한의 보수를 확보하기 어려워 공모펀드로 만들기 어려운 것은 (금리연계 파생결합증권 / 상품연계 파생결합증권)이다.

41 (금리연계 파생결합증권 / 환율연계 파생결합증권)에서 쿠폰을 상향시키기 위한 방법으로 만기를 장기로 하거나 레버리지형으로 설계하기도 한다.

정답 33 증권
34 증권
35 확정수익률 ▶ 확정수익률(제시수익률 = Coupon) 상품이며, 확정수익에 대해서는 배당과세한다.
36 일반적이고 표준화된
37 Knock-out형
38 Knock-in형
39 Worst Performer ▶ 부분의 상품은 W.P.구조로 설계되어 있다(∵ 상품성이 더 좋기 때문).
40 금리연계 파생결합증권
41 금리연계 파생결합증권

42 기초자산을 국내 CD 91일물로 하고, 레인지(Range)에 머문 일수에 따라 수익률이 결정되는 금리연계 파생결합증권을 (**CD레인지형** / 투스탁형)이라 한다.

43 상당히 안정적인 흐름을 보이다가도 갑작스런 변동성이 나타날 수 있어 섣부른 예측시 자칫하면 큰 손실로 이어질 수 있는 것은 (금리연계 파생결합증권 / **환율연계 파생결합증권**)이다.

44 전통자산과의 낮은 상관관계로 높은 분산투자효과를 기대할 수 있으며, 인플레헤지효과도 뛰어나지만, 기초자산이 선물인 경우가 많아 Roll Over Risk에 노출될 수 있는 파생결합증권은 (주가연계 파생결합증권 / **상품연계 파생결합증권**)이다.

45 기초자산이 특정 구간에 있을 때에는 지속적으로 수익이 상승하고 특정 구간을 넘어서면 일정한 수익만을 받는 구조의 워런트는 (Digital형 / **Spread형**)이다.

46 일반적인 콜옵션이나 풋옵션보다 가격이 저렴하여 시장전망이 맞는 경우 효율적인 투자가 가능하며, 배리어를 터치하면 리베이트(Rebate)를 지급하고 계약이 소멸하는 형태의 워런트는 (**Knock Out형** / Knock In형)이다.

47 배리어가 150%이고 제시수익률의 최고수익이 연 20%라면 참여율은 (   )이다.

48 원금비보존형 또는 조건부 원금보존형은 투자시점에서는 상당히 높은 확률로 안정적 수익을 얻을 것으로 예상되는 기초자산과 구조를 이용하되, 낮은 확률로 원금손실도 가능하게 함으로써 (옵션매수 / **옵션매도**)의 프리미엄을 이용하여 상품의 수익을 제고시켜 투자자에게 제공하는 상품이다.

49 원금비보존형에서는 변동성이 클수록, 상환조건이 높을수록, KO / KI 수준이 높을수록, 상관관계가 낮을수록 쿠폰이 (**올라간다** / 내려간다).

정답　42　CD레인지형
　　　　43　환율연계 파생결합증권
　　　　44　상품연계 파생결합증권
　　　　45　Spread형
　　　　46　Knock-out형
　　　　47　40% ▸ 워런트 최고수익(20%) = 배리어의 상승률(50%) × 참여율
　　　　48　옵션매도
　　　　49　올라간다 ▸ 상관관계만 반대방향임에 유의한다.

50 장내파생상품운용형에서 포트폴리오 보험전략은 (**콜옵션매수** / 풋옵션매도)를 복제한 것이며, 리버스컨 버터블은 (콜옵션매수 / **풋옵션매도**)를 복제한 것이다.

51 집합투자기구의 법적형태에 따른 분류로 볼 때, 신탁계약에 의해 설정되는 펀드는 (   )이며, 발기인이 설립하는 형태는 (   )이다.

52 부동산펀드의 투자대상으로서의 '부동산에 투자한다'의 의미에 해당하지 않는 것은 (**취득 및 처분** / **관리 및 개량** / **임대** / **개발** / **매매중개**)이다.

53 부동산개발과 관련된 법인에게 대출을 하는 투자행위는 부동산 관련 펀드로 (**인정된다** / 인정되지 않는다).

54 부동산투자목적회사란 해당회사와 그 종속회사가 소유하고 있는 자산을 합한 금액 중 부동산 또는 부동산 관련 자산(부동산권리)을 합한 금액이 100분의 (   ) 이상인 회사를 말한다.

55 부동산펀드에서 토지를 취득한 후 그 토지에 대하여 부동산개발사업을 시행하기 전에 해당 토지를 처분하는 행위를 할 수 없다. 다만, 해당펀드가 합병되거나 관련법령의 개정 등으로 인해 사업성이 (   ) 떨어진 경우에는 예외가 적용된다.

56 부동산펀드는 (**은행** / **상호저축은행** / **투자매매업자·투자중개업자** / **보험회사** / **다른 부동산펀드** / **새마을금고**)에서는 차입을 할 수 없다.

57 집합투자업자는 펀드재산으로 부동산개발사업에 투자하고자 하는 경우에는 (   )를 작성해야 하며, 부동산의 취득이나 처분을 했을 경우에는 (   )를 작성해야 한다.

정답　50　콜옵션매수, 풋옵션매도
　　　　　51　투자신탁, 투자회사
　　　　　52　매매중개
　　　　　53　인정된다　▸ 대출형부동산펀드(PF형 펀드)를 말한다. 부동산개발과 관련된 법인 = 시행법인
　　　　　54　90　▸ 전체 자산 중 부동산 비중이 90% 이상을 말한다.
　　　　　55　현저하게 또는 명백하게
　　　　　56　새마을금고　▸ 상호저축은행은 가능하나 신용협동기구는 불가하다.
　　　　　57　사업계획서, 실사보고서　▸ 사업계획서는 작성 후 감정평가업자로부터 그 적정성에 대해 확인을 받고 공시해야 한다.

58 집합투자업자는 부동산펀드의 펀드재산을 (　　　　　)에 따라 평가하되, 평가일 현재 신뢰할 만한 (　　　　)가 없는 경우에는 (　　　　)으로 평가해야 한다.

59 실물형부동산펀드의 종류에는 (　　　　), (　　　　), (　　　　), (　　　　), (　　　　) 부동산펀드가 있다.

60 Buy&Lease형이라고 할 수 있는 것은 (　　　　) 부동산펀드, 자본적 지출을 하는 펀드는 (　　　　) 부동산펀드이고, 부동산물건을 저가매수하는 것이 주목적인 것은 (　　　　) 부동산펀드이며, 가장 높은 기대수익률과 위험을 안고 있는 것은 (　　　　) 부동산펀드이다.

61 실물형부동산펀드 중에서 임대수익(Income Gain)을 전혀 얻을 수 없는 펀드는 (　　　　) 부동산펀드이다.

62 일반적으로 PF형 부동산펀드라고 하며, 우리나라에서 가장 먼저 개발된 부동산펀드는 (　　　　) 부동산펀드이다.

63 권리형 부동산펀드의 투자대상 권리로 인정되지 않는 것은 (지상권 / 지역권 / 전세권 / 임차권 / 분양권 / 부동산을 담보로 한 금전채권 / 부동산 신탁수익권 / 저당권)이다.

64 부동산투자회사(REITs)가 발행한 주식에 펀드재산의 50%를 초과해서 투자하는 펀드는 (증권집합투자기구 / 부동산집합투자기구)이다.

65 부동산을 많이 보유하고 있는 상장기업의 주식에 펀드재산의 50%를 초과해서 투자하는 펀드는 (증권집합투자기구 / 부동산집합투자기구)이다.

정답 **58** **시가, 시가, 공정가액** ▶ 공정가액은 감정평가업자가 제공한 가격을 기초로 하여 집합투자재산평가위원회가 충실업무를 준수하고 평가의 일관성을 유지하여 평가한 가격을 말한다.
59 **매매형, 임대형, 개량형, 경공매형, 개발형**
60 **임대형, 개량형, 경공매형, 개발형**
61 **매매형**
62 **대출형**
63 **저당권**
64 **부동산집합투자기구** ▶ 증권형부동산펀드의 대상이 되는 부동산 관련 회사 3가지 : ① 부동산투자회사, ② 부동산개발회사, ③ 부동산투자목적회사
65 **증권집합투자기구** ▶ '부동산보유비중이 높은 상장주식'은 부동산펀드의 투자대상인 '부동산 등'이 아니다. 이는 내용상 준부동산펀드이며, 형식요건상 증권펀드가 된다.

66 선박투자회사법에 따른 선박투자회사가 발행한 주식에 펀드재산의 50%를 초과해서 투자하는 펀드는 (**증권집합투자기구** / 특별자산집합투자기구)이다.

67 특별자산집합투자기구의 투자대상이 될 수 없는 것은 (일반상품 / 선박·항공기 / 미술품 / 사회기반시설사업의 시행을 목적으로 하는 법인의 발행증권 / **부동산을 담보로 한 금전채권**)이다.

68 공모특별자산펀드임에도 불구하고 '사회기반시설에 대한 민간투자법'에 따른 사회기반시설사업의 시행을 목적으로 하는 법인이 발행한 주식과 채권에는 각 펀드 자산총액의 100분의 (   )까지 투자할 수 있다.

69 (특별자산집합투자기구 / 부동산집합투자기구)를 금융위에 등록하는 경우에는 등록신청서에 추가하여 특별자산의 평가방법을 기재한 서류를 별도로 첨부해야 한다.

70 집합투자업자는 특별자산펀드에 투자하는 특별자산을 (가)에 따라 평가하되, 평가일 현재 신뢰할 만한 (가)가 없는 경우에는 (나)으로 평가해야 한다.

71 신탁(信託)은 신탁계약이나 유언에 의해 설정되는데, 신탁계약은 (   )와 (   ) 간에 체결되는 계약을 말한다.

72 신탁의 3면관계 당사자는 위탁자 / 수탁자 / 수익자인데, 수탁자에 갈음하여 신탁재산을 관리할 수 있는 자를 (   )이라 하며, 수익자에 갈음하여 수익권을 관리 및 행사할 수 있는 자를 (   )이라 한다.

73 신탁이 설정되면 신탁재산은 법률적으로는 수탁자의 재산이 되나 실질적으로는 수익자의 재산이 된다. 즉, 신탁재산은 위탁자나 수탁자의 고유재산으로부터 독립된 재산이 되는데 이를 신탁재산의 (**독립성** / 혼동)이라 한다.

정답 66 특별자산집합투자기구
　　　67 부동산을 담보로 한 금전채권
　　　68 100 ▸ 사회기반시설에 투자할 경우 그 공익성도 있음을 감안하여 공모형펀드의 분산투자규정인 10% 한도 제한의 예외로 인정하고 있다(100% 투자가능).
　　　69 **특별자산집합투자기구** ▸ 특별자산은 그 자산의 다양한 특수성이 있으므로 별도의 평가방법이 있어야 함을 말한다.
　　　70 가 - 시가, 나 - 공정가액
　　　71 위탁자, 수탁자 ▸ 신탁이나 집합투자는 3면관계인데 3면관계의 주요 당사자는 위탁자와 수탁자이다.
　　　72 신탁재산관리인, 신탁관리인
　　　73 독립성

74 신탁재산 독립성에 따라 신탁재산에 대해 강제집행 및 상계가 금지되고, (수탁자 / 수익자)의 상속인이 상속할 수 없으며, (수탁자 / 수익자)의 파산재단에 포함되지 않는다.

75 신탁의 기본원칙에는 '수탁자의 선관의무 및 충실의무, 신탁재산의 분별관리의무, (   )'의 3가지가 있다.

76 신탁은 (금융투자상품 / 비금융투자상품)이며, 더 세분하면 (증권 / 파생상품)이다.

77 위탁자인 고객이 신탁재산의 운용방법을 수탁자인 수탁회사에게 지시하고, 신탁회사는 위탁자의 운용지시에 따라 신탁재산을 운용한 후 실적배당하는 단독운용상품을 (특정금전신탁 / 불특정금전신탁)이라고 한다.

78 신연금저축(2013.2.15이후)은 가입자연령이 폐지되었으며 최소가입기간은 (   ), 연금개시연령은 (   ) 이후, 최소 연금수령기간은 (   )이며, 연금수령한도를 초과하여 수령할 경우에는 16.5%의 기타소득세가 부과된다.

79 신탁재산을 금전으로 맡기면 (   ), 재산으로 맡기면 (   )이라고 한다.

80 원금보전신탁에는 자본시장법이 요구하는 투자권유절차가 적용(된다 / 되지 않는다).

81 투자권유를 희망하는 일반투자자에게는 신탁상품을 권유하기 전에 (   )를 통하여, 투자자의 투자목적, 재산상황, 투자경험 등을 파악한다.

82 투자권유를 희망하지 않는 일반투자자에게는 (   )로 확인을 받은 후, 적합성원칙 등의 투자자 보호절차를 생략할 수 있다.

정답
- **74** 수탁자, 수탁자
- **75** 실적배당의 원칙
- **76** 금융투자상품, 증권 ▶ 단, 원금보전신탁과 관리신탁은 비금융투자상품으로 분류된다.
- **77** 특정금전신탁 ▶ 금전신탁의 대부분은 특정금전신탁이다(연금신탁은 불특정금전신탁).
- **78** 5년, 55세, 10년
- **79** 금전신탁, 재산신탁 ▶ 재산신탁에는 '증권신탁 – 금전채권신탁 – 동산신탁 – 부동산신탁'이 있다.
- **80** 되지 않는다 ▶ 원금보전신탁은 자본시장법 분류상 금융투자상품이 아니다. 따라서 투자권유절차를 준수할 필요가 없다.
- **81** 투자자정보확인서
- **82** '투자성향에 적합하지 않은 투자성 상품거래 확인' 내용이 포함된 확인서

83 ☐× 위탁자인 투자자가 자신에게 적합하지 않은 것으로 판단되는 신탁상품에 투자하고자 할 경우에는 해당 투자가 적합성에 위배된다는 사실과 해당 신탁상품의 위험성을 고객에게 알린 후 서명 등의 방법으로 이를 고지하였다는 사실을 확인받아야 한다.

84 신탁상품 중 (　　　　), (　　　　), (　　　　　)의 경우, 투자자가 자신의 정보를 제공하지 않으면 신탁상품의 거래가 불가하다.

85 ☐× 비지정형 특정금전신탁의 경우 고객이 자신의 성향보다 투자위험도가 높은 신탁상품에 투자하고자 할 경우에는, 고객에게 그 위험성을 알리고 신탁계약을 체결할 수 있다.

86 신탁회사는 (　　　　　)의 경우, 하나 이상의 자산배분유형군을 마련해야 하며, 하나의 자산배분유형군은 둘 이상의 세부자산배분유형으로 구분하여야 한다.

정답 83 ○ ▶ 참고로 '비지정형 금전신탁'의 경우는 이상의 방법으로 고지하고 확인을 받았다 하더라도 계약을 체결할 수 없다.
　　84 불특정금전신탁, 비지정형 금전신탁, 파생상품
　　85 × ▶ 비지정형 특정금전신탁에서는 위험도보다 높은 계약을 체결할 수 없다.
　　86 비지정형 금전신탁 ▶ 또는 비지정형 특정금전신탁

01 금융투자업자는 투자권유를 함에 있어서 그 임직원이 준수해야 할 구체적인 기준 및 절차인 (　　　　)을 정하여야 한다. 다만, 파생상품 등에 대해서는 일반투자자의 투자목적, 재산상황 및 투자경험 등을 고려하여 투자자 등급별로 차등화된 (　　　　)을 정하여야 한다.

02 ☐○☐× 금융투자업자는 투자권유준칙을 제정하거나 변경한 경우 인터넷 홈페이지 등을 이용하여 공시해야 한다.

03 ☐○☐× 금융투자협회가 정한 표준투자권유준칙은 영업점방문판매는 물론, 온라인판매나 전화판매에서도 동일하게 적용된다.

04 파생상품매매에 따른 위험평가액이 집합투자기구 자산총액의 (　　　　)를 초과하는 펀드, 집합투자기구 자산총액의 (　　　　)를 초과하여 파생결합증권에 운용하는 펀드는 '파생상품 등'으로 분류된다.

05 금융투자상품의 매매 또는 계약체결의 권유가 수반되지 않는 정보제공 등은 투자권유로 보기 어려우며, 이 경우에는 (　　　　)를 작성할 필요가 없다.

06 주권상장법인은 (　　　　)을 매매하고자 할 경우에는 일반투자자로 간주된다.

07 ☐○☐× 임직원 등은, 투자자가 투자권유를 받지 않고 투자하고자 하는 경우에는 원금손실가능성, 투자결과 그 손익이 모두 투자자에게 귀속된다는 사실 등의 투자에 수반되는 유의사항을 알리지 않아도 된다.

08 ☐○☐× 투자권유를 희망하지 않는 일반투자자에게는 어떠한 종류의 투자자정보확인서라도 작성하지 않는다.

09 ☐○☐× 투자자정보는 투자자가 반드시 자필로 작성해야 한다.

정답　**01**　투자권유준칙, 투자권유준칙
　　　02　○
　　　03　×　▶ 표준투자권유준칙은 일반투자자가 영업점을 방문한 경우의 판매를 기준으로 정한 것이므로, 온라인판매나 전화판매의 경우 다르게 적용될 수 있다.
　　　04　10%, 50%
　　　05　투자자정보확인서
　　　06　장외파생상품
　　　07　×　▶ 투자권유불원고객에게도 원금손실가능성 등 투자 유의사항을 알려야 한다.
　　　08　×　▶ '투자권유 희망 및 투자정보 제공여부 확인' 내용이 포함된 확인서를 받은 뒤 후속 판매절차를 진행할 수 있다.
　　　09　×

10 임직원 등은 파악한 투자자정보에 비추어 해당 파생상품 등이 그 투자자에게 적정하지 않다고 판단되는 경우에는, 해당 파생상품 등에 투자하는 것이 적정하지 않다는 사실을 투자자에게 알려야 한다. 이때 알리는 방법은 (   ) 내용이 포함된 확인서를 받고 판매절차를 진행할 수 있다.

11 ☐O☐X MMF, 국채, 지방채, 특수채 등 저위험 금융투자상품에 대해서는 별도의 투자자정보확인서를 통해 투자자정보를 간략히 파악해도 된다.

12 ☐O☐X 임직원 등은 파악한 투자자정보의 내용 및 분류된 투자자의 성향을 투자자에게 지체 없이 제공해야 한다.

13 적합성판단을 위해서 투자자가 제공한 투자자정보를 통해 투자자의 유형을 분류하는 방식은 (   ), (   ), (   ), (   )의 4가지가 있다.

14 부적합 상품을 순차적으로 추출해 냄으로써 점수화방식에 비해 불완전판매가능성을 낮출 수 있으나, 정교한 설문과 프로세스를 갖추어야 하는 단점이 있는 것은 (   )이다.

15 점수화방식보다는 불완전판매가능성이 낮고, 추출방식보다는 절차가 덜 복잡한 적합성판단 방식은 (   )이다.

16 적합성을 판단하는 4가지 방식 중 투자자유형을 특정유형으로 분류할 필요가 없는 것은 (   ), (   )이다.

17 임직원 등은 투자자가 장외파생상품을 거래하고자 하는 경우 투자권유와 관계없이 (   )를 이용하여 투자자정보를 파악해야 한다.

18 적합성보고서는 파생상품이 포함된 상품(ELS, ELF, ELT, DLS, DLF, DLT)에 대해서 추천사유와 유의사항을 기재한 보고서를 말하는데, 이 보고서의 교부대상자는 (   ), (   ), (   )이다.

정답 10 '투자성향에 적합하지 않은 투자성 상품거래 확인'
　　　 11 O
　　　 12 O
　　　 13 점수화방식, 추출방식, 혼합방식, 상담보고서방식
　　　 14 추출방식
　　　 15 혼합방식
　　　 16 추출방식, 상담보고서방식
　　　 17 장외파생상품 투자자정보확인서
　　　 18 신규투자자, 고령투자자, 초고령투자자

19 ☐○☐× 임직원 등은 일반투자자의 위험회피목적 거래에 한하여, 일반투자자와 장외파생상품 거래를 할 수 있다.

20 장외파생상품은 주의, 경고, 위험의 3단계로 구분하는데 주의단계의 상품에는 (   ), (   )이 있다.

21 위험회피목적일 경우 모든 종류의 장외파생상품을 거래할 수 있는 자는, 만 65세 이상인 개인투자자는 투자기간이 (   )이며, 만 65세 미만인 개인투자자는 투자기간이 (   )이다.

22 금융상품직접판매업자 및 금융상품자문업자가 계약서류를 제공하는 때에는 서면교부, 우편 또는 전자우편, 휴대전화 문자메시지 또는 이에 준하는 전자적 의사표시로 (지체 없이 / 3영업일 이내) 제공하여야 한다. 다만, 금융소비자가 이 중에서 특정 방법으로 제공해 줄 것을 요청하는 경우에는 그 방법으로 제공해야 한다.

23 회사는 투자자가 투자성 상품 중 청약철회가 가능한 대상상품에 대하여 계약서류를 받은 날, 또는 계약체결일 중 어느 하나에 해당하는 날로부터 (7일 이내 / 7영업일 이내)에 (서면 / 서면 등)의 방법으로 청약철회의 의사를 표시하는 경우 이를 (수락하여야 한다 / 수락할 수 있다).

24 회사는 청약의 철회를 접수한 날로부터 (3일 / 3영업일) 이내에 이미 받은 금전 등을 반환하고, 반환이 늦어지는 경우에는 해당 금융상품의 계약에서 정해진 연체이자율을 금전·재화·용역의 대금에 곱한 금액을 (일 단위 / 주 단위)로 계산해서 지급하여야 한다.

25 금융소비자가 (청약의 철회 / 위법계약의 해지)를 할 경우에는 (1) 계약의 형태가 계속적일 것, (2) 계약기간 종료 전 금융소비자가 계약을 해지할 경우 그 계약에 따라 금융소비자의 재산에 불이익이 발생할 것의 요건을 전부 충족하여야 한다.

26 ☐○☐× 임직원 등은 투자자의 투자경험 및 인식능력을 고려하여 투자자가 이해할 수 있도록 충분히 설명하였음에도 불구하고 투자자가 주요 손익구조 및 손실위험을 인지하지 못한 경우에는 설명의무를 이행한 것으로 본다.

정답　19　○
　　　20　옵션매수, 금리스왑
　　　21　1년 이상, 1년 미만
　　　22　지체 없이
　　　23　7일 이내, 서면 등, 수락하여야 한다
　　　24　3영업일, 일 단위
　　　25　위법계약의 해지
　　　26　×　▶투자권유를 계속 해서는 아니 된다.

27 임직원 등은 투자자의 투자목적, 재산상황 및 투자경험 등을 고려하지 아니하고 일반투자자에게 빈번한 금융투자상품의 매매거래 또는 과도한 규모의 금융투자상품의 매매거래를 권유해서는 아니 된다. 이는 (**과당매매 권유금지** / **부당한 권유금지**)에 해당된다.

28 임직원 등은 금융투자상품의 가치에 중대한 영향을 미치는 사항을 미리 알고 있으면서 이를 투자자에게 알리지 않고 해당 금융투자상품의 매수나 매도를 권유하여 해당 금융투자상품을 매도하거나 매수하여서는 아니 된다. 이는 (**과당매매 권유금지** / **부당한 권유금지**)에 해당된다.

29 (**임의식** / **목표식**) 저축은 편리하게 납입하고 인출할 수 있는 장점이 있으나 대신 인출시 환매수수료 면제혜택이 없다.

30 저축기간 중 일정금액을 인출시 환매수수료가 면제되는 저축은 (**임의식** / **거치식**)이다.

31 정액적립식의 저축자가 계속하여 (   ) 이상 소정의 저축금을 납입하지 않을 경우 판매회사는 저축을 해지할 수 있다.

32 2023년 8월 31일에 가입하고 만기를 6개월로 한다면 만기지급일은 (**2024년 2월 말일** / **2024년 3월 1일**)이다.

33 2023년 5월 15일에 가입하고 저축기간을 10일로 하면 만기지급일은 (   )이다.

34 투자자가 일부환매를 요청시 저축재산의 인출순서는 재투자분의 유무와 상관없이 (**선입선출법** / **후입선출법**)을 원칙으로 한다.

정답 27 과당매매 권유금지
28 부당한 권유금지
29 임의식
30 거치식
임의식, 거치식, 적립식 환매수수료 혜택 분류

임의식	거치식	적립식
인출시 환매수수료 징구	저축기간 중 일부인출시 환매수수료 면제	저축기간 종료 후 인출시 환매수수료 면제

31 6개월
32 2024년 2월 말일 ▶ 저축기간을 월 또는 연단위로 정한 경우 저축기간이 만료되는 월의 최초 납입상당일을 만기지급일로 한다. 다만, 만료되는 월에 그 해당일이 없을 때는 그 월의 말일을 만기지급일로 한다.
33 5월 25일
34 선입선출법

35 저축기간을 (   ) 이상으로 하는 목적식저축에서 저축기간 종료 후 수익증권을 환매하는 경우에는 환매수수료를 면제한다.

36 2023.10.20에 저축기간 1년의 월정액적립식으로 A펀드에 가입한 후 매월 20일에 10만원씩 매수한 경우, 2024년 6월 10일에 전액환매청구시 (   ), (   ), (   ) 매수 분에 대해 환매수수료가 징구된다(환매수수료 징구기간 90일 미만으로 가정).

37 저축재산에서 발생한 이익분배금으로 재투자한 다음 재투자분의 수익증권을 환매하는 경우에는 환매수수료를 (징구한다 / 징구하지 않는다).

38 출금거래 유형 중 가장 일반적인 출금거래형태는 (금액출금 / 좌수출금 / 이익금출금 / 이익분배금 및 상환금출금 / 현물출금)이다.

39 '환매시 출금금액 = 환매시 평가금액 - (   ) - 세액'이다.

40 조세의 전가성으로 조세를 분류할 경우 (   )와 (   )이다.

41 소득세는 (국세 / 지방세), (직접세 / 간접세), (보통세 / 목적세), (종가세 / 종량세), (비례세 / 누진세)이다.

42 송달이 곤란할 때 서류의 요지를 공고한 날로부터 (   )이 경과하면 서류송달로 인정하는 것을 공시송달이라 한다.

43 소득세와 법인세, 부가가치세의 납세의무 성립일은 (   )이다.

정답 **35** 1년

36 3/20, 4/20, 5/20

37 **징구하지 않는다** ▸ 재투자분 외에도 소규모 집합투자기구를 해지하고 그 상환금으로 해당 판매회사의 다른 펀드를 매입할 경우 수수료를 면제한다(간접투자 장려 차원).

38 **금액출금** ▸ 금액출금의 예시 : 878,541좌를 기준가격 1,138.25에 환매할 경우 그 지급금액 → 878,541좌 × 1,138.25/1,000 = 999,999.29원. 금액절상이므로 지급금액은 1,000,000원이다. '좌수절상 / 금액절사'제도 : 절상이나 절사는 고객에게 유리한 방향으로 정하는 것이 원칙인데 수납기준으로 볼 때 '좌수절상 / 금액절사'가 된다. 38번의 예시는 '지급시'이므로 수납기준의 반대인 '좌수절사 / 금액절상'이 된다.

39 **환매수수료**

40 직접세, 간접세

41 국세, 직접세, 보통세, 종가세, 누진세

42 14일

43 과세기간이 종료하는 때

44 상속세의 납세의무 성립일은 (　　　　　)이며, 증여세의 납세의무성립일은 (　　　　　)이다.

45 국세를 부과할 수 있는 법정기간을 (　　　　　), 부과된 국세를 징수하는 기간을 (　　　　　)라 한다.

46 5억원 이상의 국세채권의 소멸시효는 (5년 / 10년)이다.

47 거주자는 국내에 주소를 두거나 (　　　　　) 이상 거소를 둔 개인을 말한다.

48 소득세법은 거주자에 대해서는 (　　　　　)에 대해 과세를 하고, 비거주자에 대해서는 (　　　　)에 대해서만 과세한다.

49 분류과세의 대상이 되는 소득은 (　　　　　), (　　　　　)이다.

50 우리나라 상속세와 증여세는 과세표준이 (　　　　　) 미만이면 면세이다.

51 2024년에 귀속되는 상속세와 증여세에 대한 신고세액공제율은 (　　　　　)이다.

52 증여세의 신고와 납부기한은 증여취득이 속한 달의 말일로부터 (　　　　　) 이내에, 상속세는 상속개시가 속한 달의 말일로부터 (　　　　　) 이내에, 단 상속인이 국외거주시에는 (　　　　　) 이내에 신고 및 납부를 해야 한다.

53 소득의 종류에는 '이자소득 / 배당소득 / 근로소득 / 사업소득 / 연금소득 / 기타소득 / 양도소득 / 퇴직소득'이 있는데, 이 중 양도소득과 퇴직소득은 (　　　　　)과세를 하며, 나머지 소득은 합산하여 (　　　　　)과세한다.

정답　**44**　상속이 개시되는 때, 증여재산을 취득하는 때
　　　　45　제척기간, 소멸시효
　　　　46　10년
　　　　47　183일
　　　　48　국내외 모든 원천소득, 국내원천소득
　　　　49　양도소득, 퇴직소득
　　　　50　50만원
　　　　51　3% ▸ 2019년 귀속분부터 3%가 적용된다.
　　　　52　3개월, 6개월, 9개월
　　　　53　분류, 종합 ▸ '양도소득·퇴직소득'과 달리 나머지 6개의 소득은 경상소득으로서 합산하여 종합과세한다.

54 (   )란 기준금액(2013년부터 2천만원 적용)까지는 원천징수율(14%)로 과세의무를 종결하고 기준금액을 초과하는 금액은 종합소득에 합산하여 종합과세하는 것을 말한다.

55 금융소득 종합과세는 '무조건 분리과세, 조건부 분리과세, 무조건 종합과세'의 세 종류가 있는데 국외에서 거둔 소득으로서 원천징수대상이 아닌 경우는 (   )를 한다.

56 직장공제회 초과반환금은 (**이자소득** / **배당소득**)에 해당한다.

57 집합투자기구로부터의 이익은 (**이자소득** / **배당소득**)에 해당한다.

58 2017년 4월부터 적용되는 저축성보험 보험차익의 비과세 요건 중에서, '납입보험료는 (   ) 이하, 월납보험료는 (   ) 이하'의 요건이 적용된다.

59 ⃞○⃞× KOSPI200주가지수선물에 대한 양도차익은 비열거소득이므로 과세가 되지 않는다.

60 ⃞○⃞× ELS는 배당소득세로 과세되지만 ELW(코스피200을 기초자산으로 한 ELW는 제외)는 비과세이다.

61 세법상 적격집합투자기구는 비적격과는 달리 일부손익과세제외 제도가 (**적용된다** / **적용되지 않는다**).

62 세법상 적격집합투자기구 요건을 충족할 경우 '운용보수·수탁보수 등'의 보수가 비용으로 (**인정되어** / **인정되지 않아**) 비적격에 비해 절세효과가 크다.

정답 **54** 금융소득 종합과세
55 **무조건 종합과세** ▸ 국외에서의 이자·배당소득으로서 원천징수대상이 아닌 소득의 경우 무조건 종합과세를 하지 않으면 세금을 전혀 부담하지 않을 수도 있기 때문이다.
56 이자소득
57 배당소득
58 **1억원, 150만원** ▸ 종전기준은 각각 2억원, 500만원이다.
59 × ▸ 2016년부터 과세가 시작되었다(2018년부터 탄력세율 10% 적용).
60 × ▸ '코스피200을 기초자산으로 하는 지수선물, 지수옵션, ELW'는 양도소득세가 부과된다(2016년부터 부과됨).
61 적용된다
62 인정되어

63 세법상 적격집합투자기구 요건을 충족하지 못하면 비적격집합투자기구가 되는데 이때는 집합투자기구의 법적 형태에 따라 과세방법이 다르다. 즉, 투자회사 등은 (   )으로 과세하며, 투자신탁 및 투자조합은 (   )으로 과세한다.

64 (   )제도는 직접투자와 간접투자의 과세형평을 고려한 것인데, 채권의 매매차익은 직접투자에서 비과세이지만 간접투자에서는 과세가 되는 점에서 과세형평이 완전히 실현되는 것은 아니다.

65 집합투자기구 외의 신탁(자본시장법상의 투자신탁이 아닌 특정금전신탁 등을 말함)은 원칙적으로 소득이 신탁재산에 귀속되는 때가 수입시기가 된다. 다만, 귀속시마다 원천징수하는 불편함을 덜기 위하여 귀속된 날로부터 (   ) 이내의 특정일을 과세시기로 한다.

66 ☐O☐X 투자자가 집합투자증권을 환매하지 않고 양도하여 얻은 이익에 대해서는 양도소득세로 과세한다.

67 ☐O☐X 펀드가 부동산을 보유하고 있을 경우 발생할 수 있는 과세는 취득세와 등록세이다.

68 ☐O☐X 펀드 내의 부동산을 양도하여 얻은 이익에 대해서는 양도소득세가 과세되지 않고, 투자자가 환매 또는 이익분배금으로 수령할 때 배당소득으로 과세된다.

정답 **63** 배당소득, '집합투자기구 외의 신탁'의 이익 ▶ '집합투자기구 외의 신탁'의 이익으로 과세한다는 것은 신탁이익의 종류에 따라 이자소득과세 또는 배당소득과세한다는 것이다.
64 일부손익과세제외
65 3개월
과세방법 및 시기

집합투자기구로부터의 이익 (적격집합투자기구)	집합투자기구의 이익 (비적격집합투자기구 중, 집합투자기구 외의 신탁)
집합투자기구의 이익이 투자자에게 분배되는 날에 과세한다.	집합투자기구(또는 신탁)의 이익이 신탁재산에 귀속하는 날에 과세한다. – 다만, 번거로움 해소를 위해 귀속된 날로부터 3개월 이내의 특정일에 과세한다.

66 X ▶ 집합투자증권을 양도하여 얻은 이익에 대해서도 '집합투자기구로부터의 이익'으로 간주하여 배당소득으로 과세한다.
67 X ▶ 보유중일 때는 '재산세와 종합부동산세'가 과세될 수 있다.
68 O

01 액면금액 10,000원, 발행금리 4%, 잔존만기 3년, 3개월 단위 복리식 채권의 만기상환금액은?

02 '복리채 / 할인채 / 이표채 등'으로 분류하는 것은 (   )에 따른 채권의 분류이며, 회사채는 3가지 종류 중 대부분 (   )에 속한다.

03 채권보유로부터 발생하는 미래현금흐름의 현재가치와 채권의 현재가격을 일치시키는 할인율을 (   )이라 한다.

04 액면금액 10,000원, 발행금리 4%, 만기 3년인 연단위복리채를 만기수익률 6%로 발행일에 매입한다면 채권가격 공식은?

05 4번 문제에서 나머지 조건은 동일하며 잔존만기가 2년 50일이라고 할 때의 채권가격 공식은? (관행적 복할인 방식으로 구할 것)

06 91일 후 5천만원을 지급받는 은행 CD를 만기수익률 5.5%로 발행일에 매입했을 때의 가격은?

07 신용도가 동일한 무이표채 채권의 만기수익률과 만기와의 관계를 표시한 곡선을 (   )이라고 한다.

08 3년만기 국채수익률이 4%, 3년만기 회사채수익률이 7%라고 할 때 수익률스프레드는 (   )이다. 그리고 이러한 수익률스프레드는 경기가 (   )일 때 더욱 확대된다.

정답 **01** $S = 10,000(1 + \dfrac{0.04}{4})^{3 \times 4}$ ▸ 연복리, 6개월복리, 3개월복리식을 구분할 수 있어야 한다.

02 이자지급방식, 이표채

03 만기수익률 ▸ Yield To Maturity(YTM) 또는 유통수익률, 시장수익률, 내부수익률이라고도 한다.

04 $P = \dfrac{10,000(1 + 0.04)^3}{(1 + 0.06)^3}$ ▸ 분자에는 발행금리(CR)가 들어가고 분모에는 만기수익률(YTM)이 들어간다.

05 $P = \dfrac{10,000(1 + 0.04)^3}{(1 + 0.06)^2(1 + 0.06 \times \frac{50}{365})}$ ▸ 1년 미만의 할인기간이 있을 때는 관행적 복할인 방식으로 구한다.

06 $P = \dfrac{50,000,000}{(1 + 0.055 \times \frac{91}{365})}$ ▸ 할인채는 분자가 원금이다(액면금액이 특별히 표시되지 않으면 1만원).

07 수익률곡선(Yield Curve) ▸ '동일한 채권의 만기수익률의 기간구조'도 같은 의미이다.

08 3%, 불황 ▸ 이를 채권의 위험구조라고 한다. 불황기에 신용스프레드는 확대되는데 이는 신용경색이 발생하기 때문이다.

09 채권수익률곡선의 4가지 형태는 상승형(Upward), 하강형(Downward), 수평형(Flat), 낙타형(Humped)인데 이 중 가장 일반적인 형태는 (   )이다.

10 우상향하는 수익률곡선을 활용한 대표적인 운용전략은 숄더효과와 (   )가 있다.

11 100bps(Basis Points)는 1%이므로, 1bps는 (   )를 말한다.

12 (   )은 채권투자시 금리변동위험을 일일이 계산하는 불편함을 개선하기 위해 개발한 것으로, 채권금리변화에 따른 채권가격의 변동성을 간편하게 계산할 수 있다.

13 '현재가치로 환산된 가중평균상환기간' 또는 '투자원금의 가중평균회수기간'을 말하는 것은 (   )이다.

14 표면이자가 낮을수록, 잔존만기가 길어질수록, 만기수익률이 낮을수록 듀레이션은 (   ).

15 잔존만기가 3년인 할인채의 듀레이션은 (   )이다.

16 3년만기 회사채의 듀레이션이 2.85이고 채권수익률이 하루동안 1% 하락하였다면 채권가격은 (   ) 상승할 것이다.

17 실제 채권가격은 듀레이션으로 측정하는 채권가격보다 항상 (**위에 / 아래에**) 있다.

정답 **09** 상승형
10 **롤링효과** ▶ Shoulder Effect는 단기채에서, Rolling Effect는 장기채에서 나타나는 효과이다.
11 0.01%
12 듀레이션(Duration)
13 **듀레이션** ▶ 듀레이션의 2가지 의미 : ① 투자원금의 가중평균회수기간, ② 채권가격의 변동성(민감도지표)
14 **상승한다** ▶ 듀레이션↑ = f(표면이자↓, 잔존기간↑, 만기수익률↓)
15 **3년** ▶ 듀레이션은 이표채에서만 존재한다. 무이표채(만기일시상환채 = 복리채/할인채)에서는 듀레이션이 잔존만기와 동일하다.
16 **2.85%** ▶ 듀레이션측정치 : dP = (−) × 듀레이션 × dY = (−) × 2.85 × (−)1% = +2.85%. 즉 2.85% 상승한다.
17 **위에** ▶ 듀레이션으로 측정하는 채권가격은 직선으로 나타나지만 실제 채권가격은 볼록한(Convex) 곡선으로 나타나기 때문이다(본문 그림참조).

18 듀레이션이 2, 컨벡시티가 60인 은행채의 경우 채권수익률이 1% 하락하면 채권가격은 2%보다 (**더 크게** / 더 작게) 상승한다.

19 채권수익률이 상승하면 채권가격이 하락한다. 이러한 위험을 채권의 (**가격위험** / 신용위험 / 유동성위험 / 콜위험)이라 한다.

20 차입자가 (**금리상승위험** / 금리하락위험)을 회피하기 위해서는 고정금리 지급포지션을 취하면 된다.

21 채권의 신용등급이 하락하면 채권수익률이 상승하여 채권가격이 하락하게 된다. 이는 신용위험 중 (**신용등급 하향위험** / 신용스프레드 확대위험)을 말한다.

22 채권의 신용평가 등급표에서 투자적격등급은 AAA+에서 (   )까지를 말한다.

23 유동성위험(Liquidity Risk)이 클수록 Bid-ask Spread가 (**크게** / 작게) 나타난다.

24 정부가 직·간접적으로 보증하고 있는 국공채를 제외한 채권을 (   )이라 하며, 이들은 신용평가회사로부터 신용등급을 평가받는다.

25 회사채의 투자적격등급은 (   ) 이상이며, 기업어음의 투자적격등급은 (   ) 이상이다.

26 (   ) = 일만기의 신용채권금리 − 무위험채권금리

정답

18 **더 크게** ▸ 채권의 볼록성은 동일한 수익률 변동에 대해 '더 상승하고 덜 하락한다'. 즉 듀레이션 측정치가 +2%이고 볼록성만큼 더 상승하므로 +2.3%이다(1/2 × 60 × 0.01 × 0.01 = 0.3%).

19 **가격위험** ▸ 채권투자자는 ① 만기에서 원리금을 수령하는 방법, ② 중도에 매각하는 방법의 2가지 전략을 취할 수 있는데 ①에서는 신용위험(Default Risk)에 ②에서는 가격변동위험(Price Risk 또는 Market Risk)에 노출된다.

20 **금리상승위험** ▸ 금리상승이 예상되면, 차입자는 고정금리지불이 유리하고 대여자는 변동금리수령이 유리하다.

21 **신용등급 하향위험** ▸ 신용스프레드 확대위험(Credit Spread Risk)은 경기가 불황일수록 신용스프레드가 상승하는 것을 말하며, 이 경우 위험채권(Credit Bond)의 가격이 상대적으로 더 많이 하락하게 된다.

22 **BBB⁻** ▸ 채권은 'AAA-AA-A-BBB'까지, 기업어음은 'A1-A2-A3'까지 투자적격이다.

23 **크게** ▸ 일반적으로 신용위험이 높으면 유동성위험도 동반한다.

24 **신용채권(Credit Bond) 또는 위험물채권**

25 **BBB⁻, A3⁻**

26 **신용스프레드(Credit Spread)**

27 '선순위채권, 후순위채권, 주식' 중에서 발행회사 부도시 청구권의 우선순위는 (   ), (   ), (   )의 순서이다.

28 일반적으로 '소비증가, 투자증가, 통화량감소, 환율상승'이 나타나면 채권수익률이 (**상승** / **하락**)한다.

29 일반적으로 물가가 상승하면 채권수익률은 (**상승** / **하락**)한다.

30 일반적으로 이자율이 상승하면 주가가 (**상승** / **하락**)한다.

31 완만한 인플레이션하에서는 주가가 (**상승** / **하락**)하고, 급격한 인플레이션하에서는 주가가 (**상승** / **하락**)하는 것이 일반적이다.

32 '경기호전, 정부지출의 확대, 이자율의 상승' 중 주식의 수요곡선(Demand Curve)을 좌측으로 이동(Shift)시키는 것은 (   )이다.

33 '진입장벽이 높을수록, 대체가능성이 낮을수록, 기존 경쟁업체 간의 경쟁치열도가 낮을수록' 해당 산업의 경쟁력은 (**강해진다** / **약해진다**).

34 현금할인모형(DCF법)은 '$P_0 = \sum PV(DCF_t)$'로 기업가치를 구하지만, (   )은 '$P_0 = \sum PV(FCF_t)$ + 잔여가치'로 기업가치를 구한다.

정답 **27** 선순위채권, 후순위채권, 주식
28 **상승** ▶ Y = C + I + G에서 'Y↑'의 방향이라면 '채권수익률↑'이다.
29 **상승** ▶ 물가가 상승하면 채권투자자는 실질구매력 감소를 우려하여 더 높은 수익률을 요구한다. 따라서 채권수익률이 상승한다(물가와 금리는 정의 관계이다).
30 **하락** ▶ 이자율상승 → 투자감소 → 기업실적감소 → 주가하락
31 **상승, 하락** ▶ 완만한 인플레이션은 기업의 매출증가로 이어지지만 급격한 물가상승은 제품원가의 급등과 소비자의 실질구매력 급락으로 기업의 매출감소, 주가하락으로 이어진다.
32 **이자율의 상승** ▶ 이자율의 상승은 투자를 감소시켜 총수요(C + I + G)를 후퇴시킨다(즉 좌측으로 shift). 나머지는 모두 총수요를 증가시킨다(우측으로 이동).
33 **강해진다** ▶ M. Porter의 산업구조의 경쟁력 요인(본문 참조).
34 **잉여현금흐름모형(FCF법)** ▶ 현금흐름할인모형(DCF법)이 미래 모든 기간의 현금흐름을 추정하여 할인한 데 반하여, 잉여현금흐름모형(FCF법)은 추정가능한 기간만 할인하고 나머지 기간은 잔여가치로 추정한다. 즉, 현금흐름할인모형(배당평가모형이나 이익평가모형)의 비현실적인 부분을 보완하는 점에서 의미가 있다.

35 '잉여현금흐름(FCF) = 세후영업이익 − 신규투자액(투하자본증가액)'으로서 기업의 3가지 현금흐름 중에서 (   )이 반영되지 않는다.

36 자산가치가 급등락하는 경제상황이나 자원개발업체와 같은 업종에서는 (수익가치 / 자산가치)가 더 중요해진다.

37 주당순자산가치는 장부가를 기준으로 한다는 점에서 실제의 주가와 큰 차이를 보일 수 있다는 문제점이 있다. (   )는 이러한 한계점을 보완한다는 점에서 의미가 있으며, $\dfrac{주식의\ 시장가격}{순자산의\ 대체원가}$로 구한다.

38 PER이 주가와 일정기간 동안 수익이라는 (   ) 관계를 나타내는 데 비하여, PBR은 주가와 특정시점 순자산의 (   ) 관계를 나타낸다.

39 어떤 기업의 주당순이익(EPS)이 10,000원이고, 적정 PER이 15배라면, 이 기업의 적정주가는 (   )이라고 할 수 있다.

40 (   )평가모형은 기업 본연의 가치라고 할 수 있는 수익가치를 가장 잘 반영하나 계속 기업의 전제가 필요하고 적자기업에는 평가가 불가하다는 단점이 있다.

41 (   )평가모형은 적자기업에도 적용할 수 있다는 장점이 있으며 유동자산이 많은 기업의 평가에 유용하나, 인적자본과 같은 무형의 자산이 큰 기업은 적절하게 평가할 수 없다는 단점과 장부가를 근거로 평가해서 실제가격과의 괴리도가 크다는 문제점이 있다.

42 (   )평가모형은 기술력이 있음에도 처음에 수익을 내지 못하는 신생벤처기업의 평가에 적절하고 적자기업의 평가도 가능하다는 장점이 있으나, 저부가가치기업의 평가에는 부적절하다.

정답 **35** 재무활동현금흐름 ▸ 'FCF = 영업활동현금흐름 − 투자활동현금흐름'으로 표현가능하다.

36 자산가치

37 토빈의 q ▸ 토빈의 q = $\dfrac{주식의\ 시장가격}{순자산의\ 대체원가}$ → 분모의 순자산대체원가가 실물대체비용의 개념으로서 BPS가 장부가를 기초한 점을 보완한다(q비율이 1보다 작은 경우에는 기업인수의 표적이 된다).

38 유량, 저량

39 150,000원 ▸ PER = 주가/EPS, 따라서 적정주가 = EPS × 적정PER

40 PER

41 PBR ▸ PBR은 청산을 전제로 한 평가모형으로, 보수적인 평가의 특성이 있다.

42 PSR ▸ PSR = 주가/SPS, 매출액은 왜곡이나 조작가능성이 상대적으로 낮다는 점도 장점의 하나이다.

43 (   )는 감가상각방법 등의 회계처리방법과 영업외적요인에 의해 영향을 받지 않으며, 철강업 등 자본집약적인 산업의 평가에 유용성이 높다.

44 최근 형성된 추세를 바탕으로 상승추세이면 매수전략을 택하고, 하락추세로 전환된 경우에는 매도전략을 수행하는 전략을 (   )이라 한다.

45 일반적으로 추세순응전략을 (   ) 이내, 역추세순응전략은 (   ) 이상으로 사용한다.

46 헤드앤쇼울더형, 이중삼중천정(바닥)형, 원형천정(바닥)형, V자형 등은 (**반전형패턴** / **지속형패턴**)에 속한다.

47 펀드운용의 3단계는 '계획단계 – 실행단계 – 성과평가단계'를 말하는데, 자산배분전략에 따라 거래비용을 최소화하는 노력을 하는 가운데 포트폴리오를 구성하는 단계는 (   )이다.

48 펀드운용의 3단계 중 성과평가단계에서, 펀드의 성과를 '종목선정능력과 마켓타이밍포착능력'으로 배분하는 것을 (**성과측정** / **성과배분**)이라 한다.

49 '수익률곡선타기전략 / 탄환형 채권운용전략' 등은 (**적극적** / **소극적**) 채권운용전략이다.

정답

43 **EV/EBITDA** ▶ EV는 '시가총액＋순차입금'이며 EBITDA는 '감가상각비, 이자, 세금을 차감하기 전의 영업이익'이다. 즉 감가상각비 등을 반영하므로 기업의 현금흐름가치를 잘 반영한다는 의미가 있으므로, 특히 감가상각의 규모가 큰 대형 장치산업(자본집약적 산업)의 평가에 유용하다.

44 **추세순응전략** ▶ 추세순응전략(Trend Following)과 역추세순응전략(Counter Trend Following)의 개념을 구분할 수 있어야 한다.

45 **1년, 3년** ▶ 추세순응전략은 단기 모멘텀(Momemtum) 전략으로서 단기는 1년 이내를 의미하고, 역추세순응전략은 장기 Contrarian 전략으로서 장기는 3년 이상을 의미한다.

46 **반전형패턴** ▶ 지속형패턴 – 삼각형 / 쐐기형 / 깃발형 / 직사각형 등

47 **실행단계**

펀드운용의 3단계

계획단계	실행단계	성과평가단계
기대수익률과 위험을 측정 → 자산배분 결정(전략적 / 전술적)	결정한 전략에 따라 포트폴리오 구성(거래비용 최소화 주력)	성과측정과 성과배분

48 **성과배분**

49 **적극적**

50 수익률곡선타기전략은 (**우상향** / 우하향)의 기울기를 가진 경우에만 사용할 수 있고, 잔존만기가 5년 이상인 채권에서는 (숄더효과 / **롤링효과**)를 얻을 수 있으며, 잔존만기가 2~3년인 단기채에서는 (**숄더효과** / 롤링효과)를 얻을 수 있다.

51 (바벨형 / **불릿형**) 운용전략은 중기채 중심의 채권으로 포트폴리오를 구성하는 것을 말한다.

52 단기채와 중기채, 장기채를 골고루 편입하여 위험을 평준화시키고 수익성도 적정 수준으로 활용하는 전략은 (바벨형 / 불릿형 / **사다리형**) 전략을 말한다.

53 가치주투자자는 (   ), (   ), (   )에 투자초점을 두고 있다.

54 성장주투자자는 (   ), (   ), (   )에 투자초점을 두고 있다.

55 ☐○☐× 중소형주투자(Small Cap)는 대형주투자(Large Cap)에 비해서 'High Risk, High Return'이다.

56 VaR로 대표되는 리스크는 (**시장리스크** / 신용리스크 / 운영리스크 / 유동성리스크)이다.

57 시장리스크 측정방식에는 표준방식과 내부모형법이 있는데, 실행이 간편하나 각 리스크를 단순합산하게 되어 분산투자효과를 감안하지 못한다는 단점이 있는 것은 (   )이다.

정답 **50** 우상향, 롤링효과, 숄더효과
51 불릿형(또는 탄환형)
52 사다리형
53 저PER주, 저PBR주, 고배당주
54 고PER주, 고PBR주, 저배당주
55 ○
56 시장리스크 ▶ VaR는 시장리스크를 측정하는 지표이며, Operational VaR는 운영리스크를 측정하는 지표이다.
57 표준방식
시장리스크 측정방식

표준방식	내부모형법
각각의 리스크를 단순합산하는 방식 → 실행이 간편하나 분산투자효과가 감안되지 않는 단점	VaR로 측정하는 방법 → 감독당국의 승인을 얻어야 사용할 수 있음

58 표준방식에서 옵션의 시장리스크를 측정하는 방식에는 '간편법, 델타플러스법, 시나리오법'의 3가지가 있는데, 이 중에서 옵션 매도포지션의 측정에 활용되는 것은 (   )이다.

59 신용리스크(Credit Risk)를 측정하는 방식에는 표준방식과 내부등급법이 있는데 시장리스크와 마찬가지로 금융기관의 대부분은 (   )을 사용하고 있다.

60 내부절차의 불완전성, 인력과 시스템, 외부사건 등으로 손실을 입을 리스크로 정의되는 것은 (   )이다.

61 지금까지는 내부통제시스템과 감사기능을 통해 관리되어 왔으나, 바젤2협약에서는 운영리스크에 대해서도 일정의 가이드라인을 통해 (   )을 쌓도록 하고 있다.

62 유동성리스크에는 자금유동성리스크와 상품유동성리스크가 있는데, 'Tightness / Depth / Resilency'로 측정되는 것은 (   )이다.

63 파생상품거래시 담보부거래를 한다면 (   )리스크는 축소시킬 수 있으나, 담보물관리 및 현금관리 수요가 늘어나 (   )리스크와 (   )리스크를 증가시킬 수 있다.

64 펀드운용자와 운용회사의 운용능력을 평가하고자 하는 것은 (**투자자관점 / 펀드관점**)의 성과평가이다.

정답 **58** 델타플러스법
옵션에 대한 시장리스크 측정방식(표준방식)

간편법	델타플러스법	시나리오법
옵션 매수포지션 측정	옵션 매도포지션 측정	옵션 합성포지션 측정

59 표준방식
60 운영리스크 ▶ BIS에서 정하는 3대위험은 '시장위험 / 신용위험 / 운영위험'이며, 운영위험에 대해서는 지금까지는 내부통제시스템과 감시기능을 통해 관리되어 왔으나, 바젤2협약에서 운영리스크에 대해서도 일정한 가이드라인을 제시해 자기자본을 쌓도록 하고 있다.
61 자기자본 ▶ 위험에 대해 자기자본을 쌓도록 하는 것이 자기자본규제이다.
62 상품유동성리스크
63 신용, 운영, 유동성 ▶ 담보부거래(또는 Unfunded Swap)는 신용리스크를 줄이고자 하는 것이나, 그 과정에서 운영위험과 유동성리스크에 노출될 수 있다.
64 펀드관점
관점에 따른 성과평가의 종류

투자자관점의 평가	펀드관점의 평가
• 자산배분의 선택 • 투자시점의 선택 • 좋은 펀드의 선택	펀드운용자와 운용회사의 운용능력을 평가하고자 하는 것

65 '펀드관점의 성과평가'는 투자자가 해당펀드에 일시불로 투자한 이후 평가기간 말까지 그대로 유지했을 경우의 '투자자관점 성과평가'와 (**동일하다** / 동일하지 않다).

66 수익률과 위험, 위험조정성과지표의 측정을 통해 등급평가(Rating)를 하는 것을 (**정량적** / 정성적) 평가라고 한다.

67 집합투자기구평가회사는 계량적인 성과에 대한 분석과 함께 성과의 원인이 운용사 또는 운용자의 의사결정과정의 체계적인 프로세스로 인한 것인지, 아니면 단순한 운(Luck)에 의한 것인지를 평가하는데 이를 (정량적 / **정성적**)인 평가라고 한다.

68 집합투자기구의 평가 프로세스는 '성과평가의 기준 정하기 / 성과우열 가리기 / 성과의 질적 특성 파악하기'의 3가지이다. 그렇다면 성과의 요인을 '종목선정능력과 마켓타이밍능력'으로 배분하는 것은 (   )에 속한다.

69 벤치마크 수익률이 +10%이고, 동류그룹(Peer Group)펀드의 수익률이 +15%이며, 평가대상 펀드의 수익률이 +13%라면, 해당 펀드는 (   )으로 우수하나 (   )으로 열위하다.

70 집합투자기구의 운용목표와 운용전략을 가장 잘 나타내는 것이 (**벤치마크** / 스타일)이며, 이는 집합투자업자가 정한다.

71 집합투자기구평가회사는 운용사가 정한 벤치마크를 (그대로 사용해야 한다 / **다르게 정하여 사용할 수 있다**).

정답 65 **동일하다** ▸ 펀드운용시 중도에 현금흐름이 없다면 투자자관점이나 펀드관점의 성과평가는 동일하다.
  66 **정량적**(계량적인 것과 같은 의미)
  67 **정성적**

정량평가	정성평가
성과의 우열을 가리기 위함 → 수익률, 위험, RAPM 평가	운용성과가 지속될 수 있는지의 여부를 평가 → 운용사 또는 운용자의 프로세스 평가

  68 **성과의 질적 특성 파악하기**(세분하면 성과요인분석)
  펀드평가 프로세스

성과평가의 기준 정하기	성과우열 가리기	성과의 질적 특성 파악하기
집합투자기구의 유형분류 / 벤치마크의 설정	수익률측정 / 위험측정 / 위험조정성과측정(RAPM) / Rating	성과요인분석 / 포트폴리오분석 / 운용회사·운용자 정성평가

  69 **절대적, 상대적**
  70 **벤치마크**
  71 **다르게 정하여 사용할 수 있다** ▸ 정보입수의 한계, 평가대상펀드의 수가 제한되어 있을 경우 벤치마크를 다르게 정할 수 있다.

72 투자가능한 종목만으로 포트폴리오를 구성하는 벤치마크이며 채권형 벤치마크로 많이 활용되는 것을 (**정상포트폴리오** / 맞춤형 포트폴리오)라고 한다.

73 집합투자기구의 기준가격은 펀드로의 자금 유출입을 조정하여 집합투자기구의 자산가치를 측정하여 산출한 것이기 때문에 기준가격에는 (**시간가중수익률** / 금액가중수익률)의 측정방식이 반영되어 있다.

74 운용회사의 수익률을 산출하는 이유의 하나는 '성과가 나빠서 중단된 집합투자기구를 제외하고 현재시점에서 존재하는 집합투자기구만을 대상으로 평가함으로써 부실한 고객이탈이 많은 회사의 운용수익률이 상대적으로 높게 표시되는 (   )'를 제거하기 위함이다.

75 VaR, 표준편차는 (**절대적** / 상대적) 위험지표에 속한다.

76 수익률의 변동성을 말하며 가장 일반적인 위험지표는 (   )이다.

77 집합투자기구 수익률과 벤치마크 수익률 간의 상대적인 관계로 파악하는 위험지표 중 가장 대표적인 지표로서, (   )가 1보다 큰 경우 공격적인 투자, 1보다 작은 경우는 방어적인 투자라고 할 수 있다.

78 성과평가를 위해 수익률과 위험을 결합하여 하나의 값으로 나타낸 지표를 (   )라고 하는데, 이를 사용하는 이유는 지배원리하에 있지 않은 증권을 평가하기 위함이다.

79 펀드수익률에서 무위험수익률을 차감한 초과수익률을 총위험으로 나눈 지표가 (   )인데, 위험조정성과지표로서 가장 많이 쓰이는 지표이며 높을수록 좋다.

정답 **72** 정상포트폴리오 ▶ KOBI 30, KOBI 120 등이 그 예이다.
73 시간가중수익률 ▶ 금액가중수익률이 '내부수익률 / 투자자관점의 수익률 방식'이라면, 시간가중수익률은 '기하평균식 / 운용자관점의 수익률 방식'이다.
74 생존계정의 오류 ▶ 운용사수익률 산출이유 : 대표계정의 오류, 생존계정의 오류, 운용사 간의 성과비교
75 절대적 ▶ 상대적 위험지표의 종류 : 공분산, 베타, 초과수익률, 상대VaR
76 표준편차 ▶ 일반적으로 좋은 펀드는 '샤프비율이 높고 표준편차가 낮다'.
77 베타 ▶ 민감도지표 : 주식 = 베타, 채권 = 듀레이션, 옵션 = 델타
78 위험조정성과지표 ▶ 샤프비율 / 트레이너비율 / 젠센의 알파 등을 위험조정성과지표라고 한다.
79 샤프비율
위험조정성과지표의 종류

샤프비율	트레이너비율	젠센의 알파	정보비율
$S_p = \dfrac{R_P - R_f}{\sigma_p}$	$T_p = \dfrac{R_P - R_f}{\beta_p}$	$a_p = (R_p - R_f) - \beta_p(R_m - R_f)$	$= \dfrac{R_P - R_B}{S_d(R_P - R_B)}$

80 부(-)의 수익률을 보이는 펀드를 평가할 경우 샤프비율은 (더욱 정확해진다 / **왜곡이 발생한다**).

81 전체자산을 충분히 분산투자하고 있는 경우에는 샤프비율과 트레이너비율은 매우 (다르다 / **흡사하다**).

82 젠센의 알파가 (   )보다 크다는 것은 시장균형하에서 베타 위험을 가지는 집합투자기구의 기대수익률보다 해당 집합투자기구의 수익률이 더 높다는 것을 의미한다.

83 (   )이란 적극적 투자활동의 결과로 발생한 초과수익률과 집합투자기구의 초과수익률에 대한 표준편차(트래킹에러)의 비율로 나타내며, 평가비율(Appraisal Ratio)이라고도 한다.

84 샤프비율과 트레이너비율의 초과수익은 무위험수익률대비 초과수익이지만, 정보비율의 초과수익은 (   ) 대비 초과수익을 말한다.

85 짧은 기간 동안 계산된 정보비율일수록 신뢰도가 (높다 / **낮다**).

86 (   )은 집합투자기구평가회사의 평가철학과 방법론이 집약되어 집합투자기구 순위를 결정하는 데 상당한 의미가 있으나, 이를 절대적인 것으로 맹신하는 것은 옳지 않다.

87 ⃞O⃞X⃞ 성과요인은 크게 시장예측능력과 종목선정능력으로 나눌 수 있는데, 2가지 능력을 구분할 수 있는 것은 젠센의 알파이다.

정답 **80** 왜곡이 발생한다

81 **흡사하다** ▸ 샤프비율과 트레이너비율은 분모가 총위험과 베타(체계적 위험)인 점이 다른데, 충분히 분산될 경우 총위험과 체계적 위험이 비슷하기 때문에 샤프비율과 트레이너비율도 유사하게 나타난다.

82 **0(제로)** ▸ 젠센의 알파는 운용자의 운용능력(또는 정보분석능력)을 평가하는 유용한 지표이기는 하나, 종목선택정보와 시차예측정보를 정확히 구분하지 못하는 단점을 지닌다.

83 **정보비율**

84 **벤치마크** ▸ 집합투자기구 수익률이 벤치마크 수익률보다 높을수록 좋다는 분자의 개념과, 집합투자기구 수익률이 벤치마크 수익률과 큰 차이를 보이면 곤란하다는 분모의 개념이 결합된 것이다.

85 **낮다** ▸ 일반적으로 높은 정보비율은 집합투자기구 운용자의 능력이 탁월한 것을 의미하지만, 짧은 기간 동안에 계산된 정보비율에는 운용자의 능력 외에 운(Luck) 등이 반영될 수 있다.

86 **집합투자기구등급(Rating)** ▸ 모닝스타에서는 별표로, 제로인에서는 태극문양으로 Rating을 표시한다.

87 **X** ▸ 젠센의 알파는 2가지 능력을 구분할 수 없다는 단점이 있으며 → Treynor-Mazuy모형과 Henrikson-Merton모형은 '젠센의 알파와는 달리' 2가지 능력의 존재여부를 판정할 수 있으나, 2가지 능력 각각의 기여정도는 산출할 수 없으며 → 각각의 기여도의 산출은 가상포트폴리오방법으로 가능하다.

88 포트폴리오분석은 포트폴리오의 결과물이 아닌 포트폴리오 자체의 특성을 분석하는 것으로서 (**정량적** / **정성적**) 분석에 속한다.

89 포트폴리오 분석상, 주식편입비중이 최소 60%인 집합투자기구의 실제 주식편입비중이 95%라면 이 펀드는 시장전망을 (**낙관적** / **비관적**)으로 하고 있는 것이다.

90 집합투자기구의 (**단기적** / **장기적**) 성과는 해당 집합투자기구를 운용하는 운용자와 운용회사의 질적인 특성의 결과로 나타난다.

정답 **88** 정성적
89 낙관적
90 **장기적** ▶ 단기적인 성과는 운(Luck)에 의해 나타날 수 있지만 장기적인 성과는 운용사의 체계적인 운용 프로세스 등 질적인 특성에 의해 나타난다.

제2편 파생상품펀드

01 자본시장법의 금융상품에 대한 포괄적 정의상, 금융투자상품과 비금융투자상품을 구분하는 기준은 ( )이며, 증권과 파생상품을 구분하는 기준은 ( )이다.

02 기초자산의 가격, 이자율, 지표, 단위 또는 이를 기초로 하는 지수 등의 변동에 연계하여 미리 정해진 방법에 따라 지급금액 또는 회수금액이 결정되는 권리가 표시된 것은 (**파생결합증권 / 파생상품**)이다.

03 일반적으로 파생상품이란 그 가치가 기초자산으로부터 파생되는 상품을 말하며, 파생상품의 특성에 따라 ( ), ( ), ( )로 구분하며, 파생상품시장에서의 거래여부에 따라 ( ), ( )로 구분한다.

04 ELS(주가연계증권)는 (**장내파생상품 / 장외파생상품**)의 성격을 지닌다.

05 자본시장법상 파생상품펀드는 ① 파생상품매매에 따른 위험평가액이 ( )를 초과하는 펀드와 ② 펀드재산의 ( )를 초과해서 파생결합증권에 운용하는 펀드를 말한다.

06 ○× 파생상품펀드는 자본시장법상 주된 투자대상에 따른 5가지 분류 중에 하나에 해당한다.

정답 **01** 원본손실가능성(투자성), 원본초과손실가능성(추가지급의무)
02 파생결합증권
03 선도(선물), 옵션, 스왑, 장내파생상품, 장외파생상품.
04 **장외파생상품** ▶ ELS는 자본시장법상으로 파생결합증권이나 거래의 특성상 장외파생상품의 성격을 지닌다. 파생결합증권에는 ELS(ELD·ELF 포함)와 DLS가 있다.
장내파생상품의 종류(5대 기초자산별)

주 식	금 리	통 화	상 품	신 용
• KOSPI200지수 선물 · 옵션 • 개별주식선물 · 옵션	• 국채금리선물 (3년 / 5년 / 10년)	• 미국달러선물 · 옵션 • 유로선물 • 일본엔선물 • 위안화선물	• 금선물 • 돈육선물	없 음

05 10%, 50% ▶ 종전 간투법에서는 ①로서만 정의했으나 자본시장법은 ①, ②의 2가지로 정의하고 있다.
06 × ▶ 5가지 유형에 포함되지 않으며, 파생상품의 기초자산이 무엇인가에 따라 5가지 유형이 하나로 분류된다. 자본시장법상의 5가지 펀드유형 : 증권·부동산·특별자산·혼합자산·MMF

07 자본시장법상의 집합투자기구 5가지 종류 중에서 파생상품에 투자할 수 없는 펀드는 (   )이다.

08 파생상품펀드는 일반펀드와 마찬가지로 동일증권에 대해 자산총액의 10%를 초과해서 투자할 수 없지만 예외적으로 파생결합증권에 대해서는 자산총액의 (   )까지 동일증권에 투자할 수 있다.

09 〇✕ 적격요건을 갖추지 못한 자와의 장외파생상품 거래금지는 공모에만 적용된다.

10 파생상품 매매에 따른 위험평가액이 펀드순자산총액의 100분의 100을 초과하여 투자하는 행위는 금지된다. 다만, 사모펀드는 위험평가액 기준이 100분의 (   )이다.

11 파생상품 매매와 관련된 기초자산 중 동일법인 등이 발행한 증권의 가격변동 위험평가액이 펀드자산총액의 100분의 (   )을 초과하여 투자하는 행위는 금지된다.

12 같은 거래상대방과의 (**장내파생상품 / 장외파생상품**) 매매에 따른 거래상대방 위험평가액이 각 펀드자산총액의 100분의 10을 초과하여 투자하는 행위는 금지된다.

13 자본시장법상 파생상품매매에 따른 위험평가액이 (   )를 초과하면 파생상품펀드로 규정하는데 파생상품 매매에 따른 위험평가액은 장내파생상품 또는 장외파생상품의 거래에 따른 (**명목계약금액 / 실질계약금액**)으로 한다.

14 '기초자산 가격 × 계약수 × 승수'로 위험평가액이 산정되는 파생상품 거래는 (   )이다.

15 (**옵션매수 / 옵션매도**)는 기초자산의 가격에 계약수와 승수 및 델타를 각각 곱한 금액으로 위험평가액을 산정한다.

정답 **07** MMF ▸ 증권·부동산·특별자산·혼합자산 집합투자기구는 재산의 일부로 파생상품을 편입할 수 있으나, 단기금융집합투자기구(MMF)는 펀드재산의 전부를 단기금융상품에 투자해야 한다.
　　　 08 30%
　　　 09 ✕ ▸ 장외파생상품은 위험이 높아서 비적격자와의 거래는 공모·사모 모두 금지된다.
　　　 10 400
　　　 11 10 ▸ 분산투자를 강제하는 차원이다.
　　　 12 **장외파생상품** ▸ 거래상대방책임은 신용위험이 있는 장외파생상품에서만 부과된다(장내상품은 거래소가 결제).
　　　 13 **10%, 명목계약금액** ▸ 명목(名目)금액이다. 실질금액은 물가를 반영한 금리로서 이론상으로만 존재한다.
　　　 14 **선도거래 또는 선물거래**
　　　 15 **옵션매수** ▸ 옵션매도는 '델타위험액 + 감마위험액 + 베가위험액'이다.

16 금리스왑에서의 위험평가액 산정방법은, (   )를 지급하는 경우 만기까지로 지급하기로 한 금전 총액, (   )를 지급하는 경우 만기까지 지급할 것으로 예상되는 금전총액의 시가평가금액으로 한다.

17 (**신용부도스왑 / 총수익스왑**)의 위험평가액은, 보장매수자의 경우 지급하기로 한 금전총액, 보장매도자 의 경우 신용사건 발생시 지급하기로 한 명목금액으로 한다.

18 ☐O☐X☐ 선도, 옵션, 스왑거래가 혼합된 경우는, 각각의 위험평가액 산정방법을 준용하여 산정한다.

19 ☐O☐X☐ 만기손익구조의 최대손실금액이 제한되어 있는 합성거래의 경우 그 최대손실금액을 명목계약금 액으로 하여 위험평가액을 산정한다.

20 ☐O☐X☐ 장외파생상품의 경우, 각각의 위험평가액 산정방법을 적용하지 않고 거래 당사자 간의 거래체결 시 합의하는 명목원금으로 위험평가액을 산정할 수 있다.

21 ☐O☐X☐ 위험회피회계가 적용되는 거래는 위험평가액 산정에서 제외된다.

22 자본시장법상의 파생상품펀드로 분류되면 투자자에게 파생상품투자의 위험을 알리는 측면에서 위험지표 의 공시의무를 부과하는데, 이때 위험지표는 (   ), (   ), (   ), (   )의 4가지이다.

23 파생상품펀드가 공시해야 하는 4가지 위험지표 중 거래가 없다고 하더라도 매일 공시해야 하는 것은 (   ), (   )이다.

정답
16 고정금리, 변동금리
17 신용부도스왑(CDS) ▸ Credit Default Swap
18 O
19 O
20 O
21 O
22 계약금액, 만기시점의 손익구조변동, 시나리오별 손익구조변동, 최대손실예상금액 ▸ 최대손실예상금액은 VaR를 말한다.
23 시나리오별 손익구조변동, 최대손실예상금액(VaR)

위험지표 공시대상별 공시방법

거래 익일 공시	매일 공시
① 계약금액	③ 시나리오별 손익구조변동
② 만기시점의 손익구조변동	④ 최대손실예상금액(VaR)

24 최대손실예상금액(VaR)은 (   )영업일의 보유기간 및 (   )%의 단측 신뢰구간을 적용하여 일일단위로 측정되어야 한다.

25 VaR는 (   ) 이상의 자료관측기간을 기초로 하여 측정되어야 하고, 시장상황에 따라 최소한 (   )에 (   ) 이상 자료구성이 보완·측정되어야 하며, 시장가격의 중대한 변동이 있는 경우에는 수정보완기간을 (**확대 / 단축**)해야 한다.

26 ☐○☐× 벤치마크 지수를 추종하는 ETF를 투자자가 직접 매매하는 경우에는 고난도 펀드에서 제외한다.

27 ☐○☐× 금융소비자보호법상의 적합성원칙, 설명의무, 부당권유금지 등은 파생상품펀드에도 동일하게 적용되는 투자자보호제도이다.

28 ☐○☐× 일반투자자는 장외파생상품 거래를 할 수 없다.

29 금융투자업자가 일반투자자에게 투자권유를 하지 않고 파생상품펀드를 판매하려는 경우에는 면담·질문 등을 통하여 그 일반투자자의 투자목적·재산상황 및 투자경험 등의 정보를 파악해야 한다. 이는 (**적합성의 원칙 / 적정성의 원칙**)을 말한다.

30 투자권유대행인은 파생상품의 투자권유가 (**가능하다 / 불가능하다**).

정답　24　10, 99
　　　　25　1년, 3개월, 1회, 단축
　　　　26　○ ▶ 고난도 펀드는 파생결합증권 및 파생상품에 '운용하는 비중'이 펀드자산총액의 20%를 초과하는 경우이지만, ETF · 인덱스펀드(레버리지·인버스 미해당 펀드)를 투자자가 직접 매매하는 경우에는 고난도 펀드에서 제외된다.
　　　　27　○
　　　　28　✕ ▶ 전문투자형 위험회피거래는 가능하다(일반투자자에 대한 장외파생상품거래는 위험회피거래에 국한되어야 함).
　　　　29　적정성의 원칙
　　　　30　불가능하다

01 우리나라에서 가장 대표적인 파생상품펀드로 자리매김하고 있는 것은 (주가연계 / 금리연계 / 환율연계 / 상품연계) 파생상품펀드이다.

02 주가연계파생상품은 (장내파생상품 / 장외파생상품)처럼 거래소에서 거래하거나, (장내파생상품 / 장외파생상품)처럼 계약의 형태로 거래할 수 있다.

03 은행은 워런트를 예금에 편입하여 주가에 연동시킨 (ELD / ELS / ELF)를 제공하고, 투자매매업자는 직접 고객들에게 (ELD / ELS / ELF)를 발행하며, 집합투자업자는 주가연계증권을 편입하여 (ELD / ELS / ELF)를 제공하거나 장내외 파생상품을 활용한 파생상품펀드를 제공한다.

04 'ELD, ELS, ELF' 중에서 약속된 수익률(쿠폰)을 지급하는 것은 (   ), (   )이다.

05 워런트(Warrant)의 가격을 프리미엄(Premium)이라고 하며, 워런트의 프리미엄은 일반적으로 (   ) ~ (   )%이다.

06 워런트는 장외파생상품으로서 (   )위험과 (   )위험에 동시에 노출된다.

07 현재 2,000point인 주가지수가 향후 1년간 1,600 ~ 2,400point에서 등락을 보일 것으로 예상한다면 (디지털형 / 스프레드형 / 레인지형) 워런트에 투자하는 것이 유리하다.

08 기초자산 가격이 일정 수준(Barrier)에 도달하면 기존의 수익구조가 사라지는 것을 (Knock-out / Knock-in)구조라 하고, 일정 수준에 도달하면 새로운 수익구조가 생기는 것을 (Knock-out / Knock-in)구조라 한다.

정답 **01** **주가연계** ▸주가연계파생상품의 종류 : 주가지수선물 · 옵션, 개별주식선물 · 옵션, ELS, ELW 등
02 **장내파생상품, 장외파생상품** ▸장내에서 거래되는 파생상품은 KOSPI200지수선물 · 옵션, ELW 등을 말하며 장외에서 거래되는 파생상품은 다양한 형태가 있겠으나 투자매매업자가 발행하는 ELS가 대표적이다.
03 ELD, ELS, ELF
04 ELD, ELS
05 3, 5 ▸프리미엄이 5%라면 한 계약의 원금대비 5%의 가격으로 워런트를 매입할 수 있다는 것이며, 이 경우 20배의 레버리지 효과를 거둘 수 있다(현물 · 선물 · 옵션 중 레버리지 효과가 가장 높은 것은 옵션이다).
06 시장, 신용 ▸모든 금융투자상품은 가격위험이 있으며, 장외파생상품은 결제위험인 신용위험에 노출된다.
07 레인지(Range)형 ▸일정범위(또는 특정구간)에 있을 때에만 수익이 있는 구조를 매입하는 것이 유리하다.
08 Knock-out, Knock-in

09 낙아웃, 낙인 옵션은 표준 콜옵션, 풋옵션에 비해 프리미엄이 (**저렴하므로** / 비싸므로) 시장 전망이 맞는 경우 효율적인 투자가 가능하다.

10 워런트의 대부분은 (**유럽형** / 미국형 / 아시아형)이며, 낙아웃·낙인·레인지의 일부에서 (유럽형 / **미국형** / 아시아형)으로 발행되며, 원자재상품에 연계된 파생상품에 주로 이용되는 것은 (유럽형 / 미국형 / **아시아형**)이다.

11 일반적으로 워런트편입 펀드의 경우 중도상환이 (있는 / **없는**) 구조이다.

12 원금보존추구형 펀드의 수익률은 기초자산의 가격변동과 투자한 (주식 / **채권**)의 운용결과로 결정되는 경향이 강하다.

13 국내 시장에서 가장 대표적인 구조화펀드는 (원금보존형 / **원금비보존형**)이다.

14 원금비보존형 구조에서 쿠폰(제시수익률)에 가장 크게 영향을 주는 것은 (**변동성** / 상환조건 / KO·KI 수준 / 상관관계)이다.

15 원금비보존형의 쿠폰은 '변동성·상환조건·KO배리어·KI배리어'가 (**높을수록** / 낮을수록) 올라가며, 상관관계는 (높을수록 / **낮을수록**) 올라간다.

16 장내파생상품 운용형 펀드는 주로 절대수익을 추구하는데, 절대수익을 추구하는 과정에서 옵션의 수익구조를 복제하는데 이러한 펀드를 ( )펀드라고 한다.

정답 09 **저렴하므로** ▸ '낙아웃옵션 + 낙인옵션 = 일반(표준)옵션'. 따라서 낙아웃이나 낙인옵션은 일반옵션에 비해 저렴하다.
10 **유럽형, 미국형, 아시아형** ▸ 아시아형은 가격이 낮아 참여율은 좋으나, 주가연계상품에서는 일반적이지 않고 원자재와 연계된 파생상품에서 주로 이용된다.
11 **없는** ▸ 워런트편입 펀드는 만기에 도달해야 원금이 보전되는 구조로 설계가 되는 것이 일반적이므로, 만기 전에 환매 (중도환매)할 경우 일정한 손실이 불가피하다. 다만, 중도상환이 가능한 조건으로 발행할 수도 있음에 유의하도록 한다.
12 **채권** ▸ 원금보존추구형 펀드는 안전자산인 채권을 대부분 편입하므로 채권의 운용결과가 수익률에 미치는 영향이 크다.
13 **원금비보존형** ▸ ELS 등 구조화상품은 저금리기조에서 수익률을 제고하기 위한 차원에서 개발된 상품으로 국내에서는 원금비보존형이 더 많이 판매되고 있다.
14 **변동성** ▸ 변동성은 파생상품의 중요한 수익원이다(예 변동성전략 – 스트래들, 스트랭글전략 등).
15 **높을수록, 낮을수록** ▸ 상관관계는 '낮을수록' 상환조건 달성이 어려우므로 쿠폰이 올라간다.
16 **델타복제** ▸ 옵션을 복제한다고 해서 델타복제펀드라고 부르는데, 광의의 개념에서 '구조화펀드 / 금융공학펀드 / 델타헤징펀드'와 같은 개념으로 통용된다. 절대수익(Absolute Return)이란 시장의 방향과 관계없이 무위험으로 얻을 수 있는 수익, 즉 '작지만 안전한 수익'을 말한다.

17 대표적인 델타복제펀드에는, (   )의 성과를 복제하는 포트폴리오보험 전략과 (   )의 성과를 복제하는 Reverse Convertible 전략이 있다.

18 장내파생상품 운용형 펀드 중에서 지수의 움직임과 반대의 수익률을 추구하는 펀드를 (레버리지 / 리버스 인덱스) 펀드라고 하며, 이 펀드의 수익률은 (일일지수수익률의 반대 / 특정구간수익률의 반대)로 산정한다.

19 장내파생상품 운용형 펀드에서 지수가 크게 하락할 경우 손실위험이 가장 크게 나타나는 것은(Reverse Index Fund / Portfolio Insurance Fund / Reverse Convertible Fund)이다.

20 일반적으로 (주가연계 / 금리연계) 파생상품펀드는 만기가 길고 발행사의 중도상환옵션이 내재되어 있다. 그리고 경제에 대한 이해가 수반되어야 한다.

21 CD91일물 금리와 통안채 금리를 이용한 (Range Accrual / Spread) 상품은 금리가 일정범위 안에 머문 날짜를 계산하여 쿠폰이 결정되는 구조이다.

22 펀드수익에 대해서 과세부담이 작다는 것은 (ELS편입펀드 / 델타복제펀드)의 장점이다.

정답 17 **콜옵션매수, 풋옵션매도** ▶ 주식매수 + 풋옵션매수 = 콜옵션매수를 복제, 주식매수 + 콜옵션매도 = 풋옵션매도를 복제한다.

18 **리버스인덱스, 일일지수수익률의 반대** ▶ Reverse Index Fund 또는 Inverse Index Fund는 일일지수수익률의 반대일 뿐이며, 특정구간수익률과 정확하게 반비례해서 움직이는 것은 아니라는 점에 유의해야 한다.

19 **Reverse Convertible Fund** ▶ R.C.형은 지수가 크게 하락시 손실도 크게 발생한다. Reverse형은 오히려 수익이 크게 난다. P.I.형은 손실위험을 일정 수준으로 제한한다.

20 **금리연계**

21 **Range Accrual**

22 **델타복제펀드** ▶ 델타복제형은 쿠폰을 지급하는 것이 아니라 운용결과를 귀속하는 펀드로서 배당과세를 한다. 이때 주식매매로 인한 수익은 비과세되므로 ELS편입펀드에 비해 절세면에서 유리하다.

주가연계파생상품펀드(ELF)의 종류

ELF의 종류				
워런트 편입형	ELS 편입형	장외파생상품 계약형		장내파생상품 운용형
		하나의 상품을 계약		장내파생상품을 활용
채권 + 워런트 매수	펀드 내 다수의 ELS를 편입	원금부거래 (Funded Swap)	이자부거래 (Unfunded Swap)	레버리지・리버스 인덱스펀드 등	P.I.형 펀드, R.C.형 펀드 등 델타복제펀드

23 환율은 안정적으로 움직이다가도 짧은 기간에 큰 폭의 등락을 보이기 때문에 위험 관리에 신중해야 한다. 만일 환율이 큰 폭으로 움직일 것으로 예상되지만 방향성에 대한 확신이 없을 경우에는 (**양방향 낙아웃매수 / 양방향 낙인매수**)가 적절하다.

24 '디지털형 / 레인지형 / 낙아웃형 / 낙인형' 중에서, 환율이 제한적으로 움직일 것으로 예상될 경우 가장 적합하지 않은 구조는 (　　　　)이다.

25 (**금리연계 / 상품연계**) 파생상품펀드는 뛰어난 인플레이션 헤지 효과 및 타자산과의 낮은 상관관계로 분산투자효과가 뛰어나다는 장점이 있으나, 가격예측이 어렵고 변동성이 매우 크다는 단점이 있다.

26 롤오버 리스크(Roll-over Risk)에 주로 노출되는 펀드는 (**주가연계 / 금리연계 / 환율연계 / 상품연계**) 파생상품펀드이다.

27 상품지수 중에서 가장 분산이 잘 되어 있는 지수는 (**Dow Jones-UBS / S&P GSCI**)이고, 에너지 비중이 가장 높은 지수는 (**Dow Jones-UBS / S&P GSCI**)이다.

28 멀티에셋펀드(Multi Asset Fund)는 (**고수익추구 / 안정적 투자**)에 적합한 펀드이다.

29 KOSPI200을 추종하는 인덱스를 현물(주식)로 구성한다면 (**일반 인덱스펀드 / 파생형 인덱스펀드**)가 되며, KOSPI200지수선물을 매입하여 추종한다면 (**일반 인덱스펀드 / 파생형 인덱스펀드**)가 된다.

정답

23 양방향 낙인매수 ▸ 낙아웃과 낙인의 개념을 이해하고 있는가에 대한 질문. 변동성이 제한될 것으로 예상되면 낙아웃매수, 변동성이 클 것으로 예상되면 낙인매수가 적절하다.

24 낙인(Knock-in)형 ▸ 낙인구조의 매수는 환율이 큰 폭으로 움직일 것으로 예상될 경우 적합하다.

25 상품연계

26 상품연계 ▸ 상품연계파생상품펀드의 기초자산은 주로 선물(장내파생상품)을 사용하므로, 선물만기(보통 만기 3개월물) 를 지속적으로 이월(Roll-over)시켜야 한다. 이때 발생하는 위험이 롤오버 리스크이다.

27 Dow Jones-UBS, S&P GSCI

28 안정적 투자 ▸ 안정성을 중시하거나 처음 펀드에 투자하는 투자자에게 적합한 펀드이다.

29 일반 인덱스펀드, 파생형 인덱스펀드 ▸ 인덱스의 추종을 파생상품을 매입하여 추종하는 펀드를 파생형 인덱스펀드라 하고, 이 펀드는 일반 인덱스펀드보다 거래비용이 작다는 장점이 있으나 롤오버 리스크에 노출되는 단점이 있다.

30 인덱스펀드는 운용목표에 따라 순수(Pure)인덱스펀드와 알파추구형(Enhanced)인덱스펀드로 나눌 수 있는데, KOSPI200을 추종하는 펀드는 대부분 (Pure Index Fund / Enhanced Index Fund)라고 할 수 있다.

31 P.I. 전략에는 '방어적 풋 전략, 콜옵션을 이용하는 전략, 옵션복제전략'이 있는데 '주식을 매수하고 풋옵션을 매수하는 전략'을 (   )(이)라고 한다.

32 채권과 주식을 편입하고 지수의 상승 또는 하락에 따라 주식편입비중을 조절하는 전략을 (   )라고 한다.

33 P.I. 전략의 용어 중에서 포트폴리오의 최저가치를 (   )라고 한다.

34 옵션복제전략에는 CPPI와 TIPP, 두 전략이 있는데 상승장에서는 (   )전략이 우수하며 횡보장이나 하락장에서는 (   )전략이 우수하다.

35 (시장중립펀드 / 시스템운용형펀드)는 대부분의 전략을 차익거래에 의존하는데, 차익거래의 기회가 상당기간 발생하지 않거나 또는 일정한 위험을 감수해야 하는 준차익거래를 하기 때문에 무위험수익률 이하의 수익률이 실현될 수도 있다는 점에 유의해야 한다.

36 (시장중립펀드 / 시스템운용형펀드)는 펀드매니저의 주관을 배제한 채 시스템에서 보내 주는 매매신호에 따라 기계적으로 거래해서 안정적인 수익을 노리는 전략이다.

37 시스템운용형 전략은 대부분 (**모멘텀전략 / 역발상전략**)에 기반하므로, 시장이 추세를 보이고 있는 구간에서는 성과가 양호할 수 있으나, 시장이 등락을 반복하거나 하락구간에서 성과가 부진할 수 있다.

정답 **30** Enhanced Index Fund ▸ KOSPI200을 추종하는 펀드들은 차익거래가 가능하므로 인핸스드인덱스펀드에 해당한다.
31 방어적 풋 전략(Protective Put)
32 옵션복제전략(또는 동적자산배분전략) ▸ 주가상승시 주식편입비중을 늘려 상승수익을 확보하고, 주가하락시에는 최소편입비중을 통한 최소보장치(Floor)를 확보할 수 있다. 즉 콜옵션매수와 동일한 효과를 내므로, 이를 옵션복제전략이라고 한다.
33 보장치(Floor) ▸ Exposure, Floor, Cushion, Multiplier의 용어를 구분해야 한다.
34 CPPI, TIPP ▸ CPPI는 Floor에 무위험이자율을 반영하는데(다소 복잡함), TIPP는 이를 단순화하였다(TIPP는 순자산의 일정비율로 보장치를 설정함, 단 TIPP는 원금보장형 설계가 불가하다는 단점이 있음).
35 시장중립펀드
36 시스템운용형펀드
37 모멘텀전략 ▸ 모멘텀전략은 추세순응전략이다.

38 (Worst Performer / Best Performer)구조는 기초자산이 두 개 이상일 때 수익률이 낮은 자산을 기준으로 상품의 수익을 결정하는 것이다.

39 '시장위험, 신용위험, 운영위험, 변동성위험, 베이시스위험' 중 파생상품에만 존재하는 위험은 (   )위험, (   )위험이다.

40 사전에 정한 규칙에 따라 주로 선물을 활용하여 방향성 또는 모멘텀(Momentum) 투자기법을 활용하여 매매하는 펀드를 (시스템운용형 펀드 / 시장중립형 펀드)라고 한다.

41 KRX의 (   )는 KOSPI200 옵션가격을 이용하여 옵션투자자들이 예상하는 KOSPI200지수의 미래변동성을 측정한 지수로서, 옵션가격에 향후 시장의 기대변동성이 내재되어 있다는 옵션가격결정이론을 토대로 하고 있다.

42 파생상품은 다양한 매매전략, 특히 (   )의 등장으로 시장의 효율성, 가격의 효율성 및 안정성이 확대되었다.

43 파생상품을 펀드에 포함시킬 경우 현물로만 구성된 일반펀드에 비해 효율적 투자기회선이 (개선된다 / 개선되지 않는다).

44 펀드를 판매할 때에는 투자자와의 의사소통 및 투자자의 이해 등을 감안하여 (고수익에 우선하는 구조 / 가급적 단순한 구조)로 투자자 입장에서 결정하는 것이 좋다.

45 채권형펀드에 대한 환리스크를 헤지하는 경우 (투자원금의 전액에 대해서 / 투자원금의 50% ~ 70%에 대해서) 헤지하는 것이 일반적이다.

정답 **38** Worst Performer(W.P) ▸ W.P구조가 상품성이 높은 것으로 평가되는 구조이며, B.P구조는 사실상 시장에 없다.

39 변동성, 베이시스 ▸ 현물의 수익구조는 방향성으로만 결정되나 파생상품은 방향성뿐만 아니라 변동성도 수익구조에 영향을 준다. 베이시스는 파생상품에만 존재한다(베이시스 = 현·선물간의 가격 차이).

40 시스템운용형 펀드

41 변동성지수(V-KOSPI)

42 차익거래

43 개선된다 ▸ 파생상품은 변동성도 수익원이 되기 때문이다.

44 가급적 단순한 구조 ▸ 고수익구조는 위험 또한 크다는 것이므로 무조건적인 고수익구조보다는 투자자가 이해하기 쉬운 단순한 구조로 하는 것이 바람직하다.

45 투자원금의 전액에 대해서 ▸ 채권형은 원금보존성향이 강하므로 전액 헤지하고, 주식형은 환리스크 자체를 수익의 기회로도 활용하려는 경향이 있으므로 원금의 50% ~ 70% 정도를 헤지하는 것이 일반적이다.

01 개시증거금이 1,500만원이고, 유지증거금이 1,000만원인데 계좌증거금이 800만원으로 하락하여 마진콜(Margin Call)이 발생하였다. 이 경우 계좌에 추가로 입금해야 하는 추가증거금은 ( )이다.

02 신규매수와 신규매도의 거래가 체결된다면 미결제약정은 (+1 / 0 / −1)계약이 된다.

03 선도거래의 '사후적 제로섬'이라는 특성은 (시장위험 / 신용위험)이 발생할 수 있음을 말한다.

04 현물가격이 100point, 차입이자(r) = 4%, 배당률(d) = 2%, 잔여만기가 3개월일 때, 주가지수선물가격은 ( )이다.

05 '선물(F) − 현물(S)'을 시장베이시스라 하고, '시장베이시스 > 0'일 경우 (Contango / Backwardation)시장이라 하며, 이 경우 (매수차익거래 / 매도차익거래)가 가능하다.

06 미국에 수출계약을 한 수출업자가 달러변동위험을 헤지를 한다면, 달러에 대해 ( )를 해야 한다.

07 시장위험을 회피하기 위해 베이시스위험을 취한다는 것은 (랜덤베이시스헤지 / 제로베이시스헤지)를 말하며, 헤지포지션을 만기에서 청산하는 것은 (랜덤베이시스헤지 / 제로베이시스헤지)를 말한다.

08 시가 100억원의 현물포트폴리오에 대해서 주가지수선물로 헤지하고자 한다. 주가지수선물가격이 200point(승수는 50만원 가정)일 때 단순 헤지를 한다면 ( )을 매도하면 된다.

정답 **01** 700만원 ▶ 마진콜 발생시 개시증거금까지의 부족금액을 추가증거금으로 납부해야 한다.

02 +1

03 신용위험 ▶ 손실을 본 당사자의 계약불이행(Default Risk) 위험이 존재한다.

04 100.5 ▶ $F = S[1 + (0.04 - 0.02) \times \frac{3}{12}] = S \times 1.005 = 100.5$

05 Contago, 매수차익거래 ▶ F − S = B(시장베이시스) = 보유비용. B > 0 → F가 고평가 → 선물매도 / 현물매수 → 매수차익거래

06 매도헤지 ▶ 수출업자는 달러에 대해 Long Position이므로, 달러하락위험을 헤지하고자 하며, 이는 매도헤지가 된다(수입업자는 Short Position, 매수헤지).

07 랜덤베이시스헤지, 제로베이시스헤지

08 100계약 ▶ $h = \dfrac{100억원}{200 \times 500,000} = 100$(계약). 베타헤지의 경우, 포트폴리오의 베타가 1.5라면 150계약을 매도하면 된다.

09 근월물의 가격이 100이고 원월물의 가격이 103이다. 두 월물 간 스프레드가 향후 더 (**확대** / **축소**)될 것으로 예상한다면 근월물을 매도하고 원월물을 매수한다.

10 미재무성채권(Treasury Bond)과 유로달러(Euro Dollar)에 대해 서로 반대포지션을 취하는 스프레드 포지션을 (**상품 간 스프레드** / **상품 내 스프레드**)라 한다.

11 기초자산 가격(S)이 100이고 행사가격(X)이 80이라면 콜옵션의 내재가치는 (   )이고, 풋옵션의 내재가치는 (   )이다.

12 옵션이 낙첨될 경우 수령한 프리미엄이 모두 수입이 되고, 옵션이 당첨이 되면 기초자산 가격과 행사가격의 차이만큼 지급해야 하는 의무를 가진 자는 (**옵션매수자** / **옵션매도자**)이다.

13 기초자산 가격(S)이 150이고, 행사가격이 120인 콜옵션의 프리미엄이 36이라면, 시간가치는 (   )이다.

14 내재가치가 양(+)인 상태를 (OTM / ATM / ITM)이라 한다.

15 예를 들어, '근월물매수 + 원월물매도'는 (**수평스프레드** / **수직스프레드**)이며, 'C(80)매수 + C(90)매도'는 (**수평스프레드** / **수직스프레드**)이다.

16 행사가격이 낮은 콜옵션을 매수하고 행사가격이 높은 콜옵션을 매도하면 (   ) 포지션이 된다 (매수와 매도의 비율은 동일).

정답 09 확대 ▶ 스프레드 매수 = 롱스프레드 = 비싼가격물 매수 / 싼가격물 매도 = 스프레드확대전략
　　　 10 **상품 간 스프레드** ▶ 상품 간 스프레드(Inter Commodity Spread)는 이종상품 간의 스프레드를 말하며, 상품 내 스프레드(Intercommodity Spread)는 동종상품 간의 스프레드를 말한다. 참고로 TED스프레드는 대표적인 상품 간 스프레드를 말한다(상품 내 스프레드에는 수평스프레드, 수직스프레드가 있다).
　　　 11 20, 0 ▶ 콜옵션의 내재가치 = Max(0, S − X), 풋옵션의 내재가치 = Max(0, X − S).
　　　 12 **옵션매도자(옵션발행자)** ▶ 옵션계약은 선물계약과는 달리 불평등하다. 즉 옵션매수자에게 일방적으로 유리하므로 옵션매수자는 프리미엄을 지불하고 옵션매도자는 프리미엄을 받고 옵션을 매도(발행)한다.
　　　 13 6 ▶ 옵션의 프리미엄(36) = 내재가치(30) + 시간가치(6)
　　　 14 ITM
　　　 15 **수평스프레드, 수직스프레드** ▶ 참고로 '근월물 C(90)매수 + 원월물 C(90)매도'는 대각스프레드의 예가 된다.
　　　 16 **콜강세스프레드** ▶ 예를 들어 'C(80)매수 + C(100)매도'는 콜강세스프레드이다. 비싼 옵션을 매수하고 싼 옵션을 매도하였으므로 스프레드확대전략이며, 지수가 상승시 수익이 발생하므로 강세스프레드, 콜옵션으로 구성되었기에 종합하여 '콜강세스프레드'이다. 콜강세스프레드는 비싼 옵션을 매수하고 싼 옵션을 매도했으므로 초기지불상태가 된다. 즉, 돈을 내고 시작한다.

17 아래의 포지션은?

① C(80) 1개 매수 + P(80) 1개 매수 → (   )포지션

② P(70) 1개 매수 + C(90) 1개 매수 → (   )포지션

③ C(80) 1개 매수 + C(90) 1개 매도 → (   )포지션

④ C(80) 1개 매수 + C(90) 2개 매도 → (   )포지션

⑤ C(80) 2개 매수 + C(90) 1개 매도 → (   )포지션

18 시장이 크게 변동할 것으로 예상된다면 가장 유리한 변동성전략은 (   )이며, 가장 불리한 변동성전략은 (   )이다.

19 블랙숄즈모형에 따르면, 콜옵션의 델타가 +0.6이라면 풋옵션의 델타는 (   )이다.

20 콜옵션의 델타는 ATM에서 (   )이고, ITM이 강화될수록 (   )에 가까워지며, OTM이 강화될수록 (   )에 가까워진다.

21 감마는 (OTM / ATM / ITM)에서 가장 크다.

22 옵션의 시간가치 감소현상(Time Decayed)을 (   )라고 한다.

23 콜옵션매수의 쎄타는 (   )이나, 콜옵션매도의 쎄타는 (   )이다.

24 금리가 올라가면 콜옵션가격은 (상승 / 하락)하며 풋옵션의 가격은 (상승 / 하락)한다.

25 3개월 후에 발표되는 6개월 금리에 대한 FRA계약을 (   ) FRA라고 한다.

정답

17 스트래들, 스트랭글, 콜강세스프레드, 콜레이쇼버티칼스프레드, 콜백스프레드

18 스트래들매수, 스트래들매도

19 −0.4 ▸ 예를 들어 콜옵션의 델타가 +0.7이라면 풋옵션의 델타는 −0.30이다.

20 0.5, 1, −1

21 ATM ▸ 감마는 곡률(곡선의 구부러진 정도)을 말하는데 ATM에서 가장 크다.

22 쎄타 ▸ 옵션매수의 가장 큰 적은 시간가치 감소현상(쎄타)이다.

23 −, + ▸ 콜옵션매수의 감마는 (+)이나 콜옵션매도의 감마는 (−)이다. 쎄타가 (−)라는 것은 시간과 옵션가격과의 관계가 (−)관계, 즉 역의 관계임을 말한다.

24 상승, 하락

25 3×9 ▸ 예를 들어 1개월 후에 발표되는 3개월 금리에 대한 FRA계약을 1×4 FRA라고 한다.

26 FRA매수자는 자금의 (차입자 / 대여자)이다.

27 금리하락위험을 헤지하기 위해서는 FRA (매수 / 매도) 포지션을 취하면 된다.

28 FRA(Free Rate Agreement)는 (장내파생상품 / 장외파생상품)이다.

29 스왑의 거래대상이 금리이면 (   ), 통화이면 (   )이라 한다.

30 고정금리를 지불하고 변동금리를 수취하면 (Payer's Swap / Receiver's Swap)이 된다.

31 (   )의 가장 큰 특징은 금리스왑과는 달리 실제 원금이 교환된다는 점이다.

32 통화스왑의 3단계 중 신용위험이 가장 커지는 단계는 (   )이다.

33 CDS(Credit Default Swap)은 (   )가 (   )에게 보장에 대한 프리미엄을 지불하고, 기준채권의 부도발생시 미회수금액을 보장금액으로 지급받는 계약을 말한다.

34 기준채권의 채무불이행 가능성이 높을수록 CDS프리미엄이 (올라가고 / 내려가고), 보장매도자의 신용도 가 높을수록 CDS프리미엄이 (올라간다 / 내려간다).

35 CLN의 발행자는 (보장매수자 / 보장매도자)이다.

36 준거자산에서 발생하는 모든 총수익을 일정한 현금흐름으로 교환하는 계약을 (CLN / TRS)라고 한다.

정답 26 차입자
  27 매도
  28 장외파생상품
  29 금리스왑, 통화스왑
  30 Payer's Swap ▶ Payer's Swap(고정지불 / 변동수취)은 금리상승에 대비하는 것으로서 Long Swap이 된다.
  31 통화스왑 ▶ 금리스왑은 같은 통화이므로 금리차액만을 결제하면 되지만, 통화스왑은 '원금교환 – 이자교환 – 원금재교 환'의 3단계를 거친다.
  32 원금재교환단계(3단계) ▶ 환율리스크에 가장 크게 노출되는 원금재교환단계에서 신용위험이 가장 확대된다(스왑은 모 두 장외거래이므로 신용위험에 노출됨).
  33 보장매수자, 보장매도자 ▶ 위험회피자 = 보장매수자(Protection Buyer), 미회수금액 = 채권금액 – 회수금액
  34 올라가고, 올라간다 ▶ 보장매도자가 신용도가 높아지면 더 확실하게 보장을 받으므로 프리미엄이 올라간다.
  35 보장매수자 ▶ 위험회피자 = 보장매수자 = CLN발행자 = TRS지급자
  36 TRS ▶ CDS나 CLN이 신용위험만 전가하는 것에 비해 TRS는 신용위험과 가격위험까지도 전가한다.

37 TRS계약을 체결하게 되면 TRS지급자는 준거자산을 매각하지 않고도 자산을 사실상 매각한 것과 같은 효과를 얻게 되며, TRS수취자는 준거자산을 매입하지 않고도 매입한 것과 같은 효과를 누리는데 이를 TRS의 (   )라고 한다.

38 낙아웃이나 낙인옵션은 표준옵션보다 (**저렴하다** / **비싸다**).

39 룩백옵션(Look Back Option)은 미국식옵션보다 더 (**저렴하다** / **비싸다**).

40 래더(Ladder)옵션은 룩백옵션보다 (**저렴하다** / **비싸다**).

41 해당 기간 내에 최저가격이 콜옵션의 행사가격이 되는 것을 (   ), 해당 기간 내에 미리 정해진 가격수준 중에서 가장 낮은 가격수준이 콜옵션의 행사가격이 되는 것을 (   )이라고 한다.

42 배리어옵션, 룩백옵션, 래더옵션, 샤우트옵션은 (**경로의존형** / **첨점수익구조형** / **시간의존형** / **다중변수형**) 옵션이다.

43 일반 옵션은 처음부터 프리미엄을 지불하나 (   )은 내가격이 되어야 비로소 프리미엄을 지불한다.

44 만기 두 달 전에는 스트래들 포지션을 구축하고 있다가 만기 한 달 전에 콜이든 풋이든 선택하는 옵션을 (   )이라 한다.

정답 **37** **현금흐름 복제효과**

38 **저렴하다** ▶ 낙아웃 + 낙인 = 표준옵션. 낙아웃과 낙인 모두 양의 프리미엄으로 거래하므로, 낙아웃이나 낙인옵션은 표준옵션보다 저렴한 것이 당연하다.

39 **비싸다** ▶ 룩백옵션에 투자하면 옵션행사의 최적기를 놓칠 염려가 없으므로 미국식에 비해 훨씬 비싸다.

40 **저렴하다** ▶ 룩백은 해당 기간 내 최저가격 또는 최고가격으로 행사가격이 정해지지만, 래더는 미리 설정한 일정한 가격수준(래더) 중에서 최저 또는 최고가격으로 행사가격을 결정한다. 즉, 래더는 룩백옵션이 완화된 것으로 볼 수 있다.

41 **룩백콜옵션, 래더콜옵션**

42 **경로의존형**

43 **조건부 프리미엄 옵션(후불옵션)** ▶ 조건부 프리미엄 옵션(후불옵션)은 내가격이 되어야 프리미엄을 지불하는데 ATM에서 가장 손실이 크게 된다.

44 **선택옵션** ▶ 선택(Chooser)옵션은 비용 면에서는 스트래들보다 유리하나, 일단 선택을 하면 수익가능성 면에서 스트래들보다 불리하게 된다.

45 (　　　　　　　)을 행사하면 만기일의 기초자산 가격이 행사가격이 되는 새로운 등가격 옵션을 받게 된다.

46 수익구조가 $Max[0, Max(S_1, S_2, .. S_n) - X]$인 옵션을 (　　　　　)이라고 한다.

47 수익은 하나의 기초자산에 의해 결정되지만 위험에 노출된 정도나 크기는 다른 자산의 가격에 의해 결정되는 옵션을 (　　　　　)이라고 한다. 이 옵션은 보통 기초자산의 통화단위와 수익결정이 되는 통화단위가 다르게 표시되는 것이 일반적이다.

48 무지개옵션, 포트폴리오옵션, 바스켓옵션, 스프레드옵션, 퀀토옵션은 **(경로의존형 / 첨점수익구조형 / 시간의존형 / 다중변수형)** 옵션이다.

49 $MaX(S_T, X)$는 (　　　　　)의 수익구조이다.

50 포트폴리오 보험전략 중 ELS의 구조와 가장 밀접한 전략은 (　　　　　)이다.

51 포트폴리오 보험전략에서 '보호적 풋'의 방어자산은 (　　　　　)이고, 이자추출전략의 방어자산은 (　　　　　)이며, 옵션복제전략의 방어자산은 (　　　　　)이다.

52 옵션복제전략에서는 주가가 오르면 주식의 편입비율을 **(증가 / 감소)**시키고, 주가가 내리면 주식의 편입비율을 **(증가 / 감소)**시킨다.

정답　**45**　**행사가격결정유예옵션(Delayed Option)** ▶ 정상적인 상황이 아닌 특수한 상황을 전제로 한 Delayed Option이다.
　　　46　**무지개옵션(Rainbow Option)** ▶ 기초자산이 여러 개인 옵션, 무지개옵션(Rainbow Option)이다.
　　　47　**퀀토옵션** ▶ 퀀토옵션(Quanto Option)으로 수량조절옵션(Quantity-adjusted Option)의 약어이다.
　　　48　**다중변수형**
　　　49　**포트폴리오 보험전략** ▶ 기초자산 가격이나 행사가격 중 큰 것이 수익이 되므로 최소행사가격을 보장하는 것 → 포트폴리오 보험전략의 수익구조이다(이에 대한 증명은 본문 참조).
　　　50　**이자추출전략** ▶ ELS의 구조는 '채권 + 워런트매입'인데 채권에서 이자가 가산되어 원금보존이 되도록 설계할 경우 이자만 가지고 워런트에 투자하는 셈이 되는데, 이를 이자추출전략(Cash Extraction)이라고 하고 P.I. 전략의 이자추출전략과도 동일하다.
　　　51　**풋옵션, 채권, 채권**
　　　　　포트폴리오 보험전략

보호적 풋	이자추출전략	옵션복제전략
주식 + 풋옵션매수	채권 + 콜옵션매수	채권 + 주식
방어자산 : 풋옵션(매수)	방어자산 : 채권	방어자산 : 채권

　　　52　**증가, 감소** ▶ 주가가 오르면 주식비중을 증가시켜 수익에 동참하고, 주가가 하락하면 주식비중을 감소시켜 보험전략을 실행한다.

53 포트폴리오 보험전략은 (Positive / Negative) Feedback 전략이다.

54 포트폴리오 보험전략 세 가지 중 프리미엄을 따로 지불할 필요가 없는 것은 (   )전략이다.

55 ELS를 발행한 금융투자회사가 ELS의 시장위험을 완벽하게 헤지하기 위해 동일한 구조의 ELS를 글로벌 IB로부터 매입하는 것을 (   )거래라고 한다.

56 BTB거래를 한 금융투자회사는 (   )을 완벽하게 제거하나, (   )과 (   )에 새롭게 노출된다.

57 Fully Funded Swap일수록 BTB거래의 필요성이 (증가한다 / 감소한다).

58 BTB거래와는 달리 ELS의 발행사의 헤징 자체가 수익원이 될 수 있는 거래를 (   )이라 한다.

59 BTB거래와 자체헤징 중에서 자금유동성리스크에 노출될 수 있는 것은 (   )이다.

60 파생상품펀드에 대해 부담하는 운용사의 리스크는 발행사의 리스크와 (같다 / 다르다).

61 파생상품펀드의 위험지표 공시의무는 (발행사 / 운용사)가 진다.

정답 53 Positive ▶ '주가상승시 매수, 주가하락시 매도'였으므로 Positive 전략이다.

54 옵션복제

55 BTB(Back To Back)

56 시장위험, 신용위험, 유동성위험 ▶ BTB거래는 장외거래이므로 글로벌IB에 대한 신용위험(예) 2008년 리먼브라더스의 파산), 거래량부족에 따른 유동성위험에 노출된다.

57 증가한다 ▶ 원금부거래를 Funded Swap, 내재된 파생상품 부분만 떼어서 하는 거래를 Unfunded Swap이라고 하는데 Fully Funded Swap일수록 시장리스크도 확대되므로 BTB의 필요성이 커진다.

58 자체헤징(Dynamic Hedging) ▶ 일반적으로 BTB가 여의치 않을 경우 자체헤징을 한다.

59 자체헤징 ▶ BTB는 시장위험과 자금유동성리스크를 완벽히 제거할 수 있다. 자체헤징을 장내시장에서 할 경우 시장위험과 자금유동성리스크에 노출된다.

60 다르다 ▶ 운용사의 경우 펀드투자자가 펀드의 리스크를 부담하고 있으므로, 발행사가 부담하는 위험(시장위험 / 신용위험 / 유동성위험)과 본질적인 차이가 있다. 다만, 투자자에 대한 충실의무를 이행하기 위해 선관주의의무를 다해서 리스크 관리를 해야 한다.

61 운용사 ▶ 발행사는 ELS를 발행한 후 유동성공급자로서의 의무를 부담하나, 위험지표공지의무(계약금액 / 만기시 손익구조변동 / 시나리오별 손익구조변동 / VaR)는 펀드를 운용하는 자산운용사가 부담한다.

62 자본시장법상 파생상품펀드는 파생결합증권에 100분의 (   )까지 투자할 수 있다.

63 ☐ⓞ☐ⓧ 파생상품펀드는 그 가격을 매일 공시하여야 하며, 2개 이상의 채권평가회사가 제공하는 가격을 기준으로 하여 공정가액을 산정하도록 하고 있다.

64 파생결합증권의 매입일 경우에는 유가증권발행신고서, (   ) 거래일 경우 ISDA계약서 등이 파생상품펀드의 투자설명서 내용과 상충되지 않도록 유의해야 한다.

65 ☐ⓞ☐ⓧ 이론적으로 백워데이션 상태일 때 주가지수선물을 매입하고 주식포트폴리오를 매도한다.

66 ☐ⓞ☐ⓧ 시장침체기에 주가지수선물을 매도하여 보유하고 있는 현물(주식)에 대한 위험을 헤지할 수 있는데, 이는 고객이 적극적으로 요청하는 경우가 아니라면 자제하는 것이 좋다.

67 판매사의 리스크는 (하자상품 / 불완전판매의 방지)의 문제로 귀결된다.

68 파생상품펀드에 대해 상환 이전에 환매(Unwinding)를 요청하는 경우 환매금액의 (   )에서 (   )에 이르는 높은 환매수수료를 부담하는 것이 일반적이다.

69 파생상품펀드의 투자유인이 될 수 없는 것은 (선형의 수익구조 / 기초자산의 범위확대 / 무위험수익의 추구 가능)이다.

70 (발행사 / 운용사)에 대한 평판리스크에 주의해야 한다.

정답 **62** **30** ▸ 일반공모펀드의 경우 분산투자제한으로 동일증권에 100분의 10까지만 투자할 수 있으나 파생결합증권은 지방채 / 특수채와 함께 30%까지 투자가 가능하다. 단, 4개 이상의 회사가 발행하는 파생결합증권에 투자해야 한다.

      63 **O** ▸ 2개 이상의 채권평가사에 유의한다.

      64 **장외파생상품** ▸ 장외파생상품은 법률적 위험에 노출된다.

      65 **O** ▸ 백워데이션에서는 'F<S'이므로 '선물매수 / 현물매도'이다. 즉 옳은 내용이다.

      66 **O** ▸ 선물매도에서 손실이 발생할 경우 민원이 발생할 수 있기 때문이다.

      67 **불완전판매의 방지** ▸ 하자상품에 대한 리스크는 발행사가 부담하는 것이며 판매회사의 리스크는 불완전판매방지의 문제로 귀결된다.

      68 **3%, 7%** ▸ 만기 또는 중간 평가일에 요건을 충족하여 상환조건을 만족하여 상환을 받게 되는데, 그렇지 않고 중도에 환매를 할 경우에는 환매금액의 3% ~ 7% 정도의 높은 환매수수료를 부담한다(→ ELS의 중도환매시 높은 수수료를 부담하는 것과 같은 맥락).

      69 **선형의 수익구조** ▸ 파생상품을 구조화상품에 포함시킬 경우 '비선형의 수익구조', 즉 다양한 수익구조를 만들 수 있다는 장점이 있다.

      70 **운용사** ▸ '고위험고수익'의 운용정책을 가진 운용사는 피하는 것이 좋다.

제3편 부동산펀드

01 자본시장법은 집합투자업자 등이 부동산펀드를 설정·설립하는 경우에는 (개방형 / 환매금지형)으로 설정·설립하는 것이 원칙이다.

02 부동산펀드는 환매금지형으로 설정·설립되는 것이 원칙이므로, 투자자에게 환매수단을 제공하기 위해 설정·설립일로부터 (   ) 이내에 상장해야 한다.

03 자본시장법상의 법적 요건을 충족한 부동산펀드는 나머지 펀드재산으로 다른 자산, 즉 '증권 및 특별자산'에 자유롭게 투자할 수 (있다 / 없다).

04 부동산투자목적회사는 당해사(社)와 그 종속회사가 소유하고 있는 자산총액 중 부동산 관련 자산의 합계액이 100분의 (   ) 이상인 회사를 말한다.

05 부동산펀드에서 취득한 국내부동산은 (   ) 이내에는 처분할 수 없다. 단, 부동산펀드가 합병·해산하거나 부동산개발사업에 따라 조성한 건축물 또는 토지를 분양하는 경우는 예외이다.

06 부동산을 기초자산으로 하는 파생상품에 투자하는 경우 파생상품이 헤지목적이 아니라면 파생상품위험평가액이 펀드순자산액의 (   )를 초과할 수 없다.

07 사모펀드가 파생상품에 투자할 경우 파생상품매매에 따른 위험액이 순자산의 (   )를 초과할 수 없다.

정답 **01** **환매금지형** ▶ 종전에는 부동산펀드는 반드시 환매금지형으로 설정해야 했으나, 개정 후에는 부동산펀드라도 시장성이 있는 경우에는 환매금지형으로 설정하지 않아도 된다는 예외를 인정하고 있다(즉 '반드시 → 원칙적'으로 바뀜).
02 **90일**
03 **있다** ▶ 펀드재산의 50%를 초과해서 '부동산 관련 자산'에 투자하고 나머지는 증권 및 특별자산에 투자할 수 있다.
04 **90** ▶ 부동산과 관련된 증권으로는 ① 부동산투자회사(REITs), ② 부동산개발회사(존속기간을 정하여 설립된 회사), ③ 부동산투자목적회사(자산총액 중 부동산의 비중이 90% 이상인 회사)가 발행한 증권이 있다.
05 **1년**
06 **100%**
07 **400%**

08 부동산 관련 자산에 (   ) 이상 투자하는 집합투자기구의 집합투자증권이나 신탁의 신탁증권은 부동산집합투자기구로 인정된다.

09 ☐○☐×☐ 부동산개발과 관련된 법인에 대한 대출은 '부동산 등'에 포함된다.

10 공모부동산펀드는 동일종목에 투자할 수 있는 한도는 자산총액의 100분의 10이다. 그러나 예외적으로 부동산개발회사 또는 부동산투자목적회사가 발행한 지분증권에 대해서는 100분의 (   )까지 투자할 수 있다.

11 집합투자업자는 펀드재산을 부동산을 취득하거나 처분하는 경우 (사업계획서 / 실사보고서)를 작성하고 비치해야 한다.

12 집합투자업자가 펀드재산으로 부동산개발사업에 투자하고자 하는 경우에는 (사업계획서 / 실사보고서)를 작성하여야 한다.

13 공모부동산펀드의 차입한도는 (자산총액 / 순자산총액)의 200%이고, 대여한도는 (자산총액 / 순자산총액)의 100%이다.

14 부동산펀드가 아닌 펀드에서 부동산을 취득함에 있어 금전을 차입하고자 하는 경우에는 해당 부동산가액의 100분의 (   )까지 차입할 수 있다.

15 부동산의 취득 및 처분업무는 제3자에게 위탁이 (가능하다 / 가능하지 않다).

정답
08 50%
09 ○
10 100

공모부동산펀드의 투자제한

(원칙) 자산총액의 100분의 10	(예외) 자산총액의 100분의 30	(예외) 자산총액의 100분의 100
• 동일종목 • 동일법인이 발행한 동일지분 증권 　(각 10% / 전체 20%)	주택저당증권 또는 주택저당증권담보부채권(단, 집합투자규약으로 정할 경우 100분의 100까지 가능)	부동산개발회사 / 부동산투자목적회사가 발행한 지분증권

11 실사보고서
12 사업계획서
13 순자산총액, 순자산총액 ▶ 차입·대여한도는 순자산액을 기준으로 한다. 참고로 공모부동산펀드의 차입기관은 '은행, 증권사, 증권금융, 종금사, 상호저축은행' 그리고 보험사, 기금, 타 부동산펀드 등이다.
14 70
15 가능하지 않다

위탁불가능 VS 위탁가능

위탁이 불가능한 본질적 업무	위탁이 가능한 업무(운용특례)
신탁계약의 체결·해지업무 / 펀드재산의 운용·운용지시업무 / 펀드재산의 평가업무 등	부동산개발 및 부수업무 / 부동산의 관리·개량 및 부수업무 / 부동산의 임대 및 부수업무 등

01   펀드재산의 50%를 초과하여 '부동산개발과 관련된 법인에 대한 대출' 형태의 투자를 하는 부동산펀드는 (   )이다.

02   실물형부동산펀드에는 매매형부동산펀드, (   )부동산펀드, 개량형부동산펀드, 경공매형부동산펀드, 개발형부동산펀드 등 5가지 종류가 있다.

03   실물형부동산펀드는 (   ), (   ), (   ), (   ) 부동산펀드로 분류하는 것이 일반적이다.

04   부동산은 주식 등 다른 자산과의 상관관계가 (**높기 / 낮기**) 때문에 부동산과 주식 등 다른 자산과 함께 포트폴리오를 구성하면 (**높은 / 낮은**) 분산투자효과를 기대할 수 있다.

05   펀드투자자들로부터 펀드자금을 모집하기 이전에 사전적으로 펀드의 투자대상자산 또는 투자행위를 특정하고, 펀드자금을 모집한 후에 사전에 특정된 투자대상자산에 투자하거나 투자행위를 하는 방식의 펀드를 (**사전특정형 / 사전불특정형**) 펀드라고 한다.

06   대부분의 경공매형부동산펀드는 (**사전특정형 / 사전불특정형**)이다.

07   임대형부동산펀드에서 공실률이 높을수록 임대수익은 (**증가 / 감소**)한다.

08   임대형부동산펀드는 임대료 이외의 기타소득도 병행하여 수령할 필요가 있는데 기타소득 중 가장 임대수익에 기여도가 높은 것은 (**관리비 / 주차료 / 전용선임대료**)이다.

정답   01   대출형부동산펀드
02   임대형
03   임대형, 개량형, 경공매형, 개발형
04   낮기, 높은 ▶ 부동산 등 대안투자상품과 전통자산과의 상관관계는 낮아서 분산투자효과가 크다.
05   사전특정형(Designated)
06   사전불특정형(Blind형)
07   감 소
08   관리비

09 개량형펀드에서의 개량비용에는 광열비, 전기 및 수도료 등의 일반적 경비는 (**포함된다** / **포함되지 않는다**).

10 Blind형 자금모집방식, 미운용자금(Idle Money)의 존재, 유동화방안(Exit Plan)을 마련하기가 쉽지 않다는 특성을 가진 부동산펀드는 (**개발형** / **경공매형**) 부동산펀드이다.

11 가치투자형 부동산펀드라고 할 수 있는 것은 (**매매형** / **임대형** / **개량형** / **경공매형**) 부동산펀드이다.

12 프로젝트파이낸싱(PF)은 기업금융에 비해 대출규모가 (**크고** / **적고**), (**소구금융** / **비소구금융**), (**부내금융** / **부외금융**)의 특성을 가지고 있다.

13 일반적으로 대출형부동산펀드는 지급보증 또는 채무인수 등 신용보강을 하는 (**시행사** / **시공사**)의 신용평가등급으로 투자적격이상의 등급을 요구하고 있다.

14 PF형 부동산펀드라고 불리는 것은 (   )부동산펀드이다.

15 대출형부동산펀드는 차입을 할 수 (**있다** / **없다**).

16 엄격한 대출채권담보장치를 요구하는 대출형부동산펀드는 그렇지 않은 대출형부동산펀드에 비해 기대하는 대출이자가 (**높을** / **낮을**) 것이다.

정답 **09** **포함되지 않는다** ▶ 개량비용은 일반적 경비가 아니라 부동산의 가치를 증가시키는 자본적 지출(Capital Expenditure)이다.
10 **경공매형** ▶ 경공매형의 펀드규모가 너무 크면 미운용자금(Idle Money)의 비중이 높아 수익률이 높아지기 어려우며, 펀드규모가 너무 작을 경우 소수의 경공매부동산에 의해 전체 수익률이 결정되는 집중투자의 위험이 있다(→ 즉, 경공매형의 펀드규모는 적당한 것이 좋다).
11 **경공매형**
12 **크고, 비소구금융, 부외금융** ▶ PF는 비소구금융 또는 제한적 소구금융이며, 부외금융(Off Balance)이다.
13 **시공사** ▶ 시행사는 규모가 작고 신용등급이 없는 편이라, 시공사의 신용보강을 요구한다.
14 **대출형** ▶ 대출형부동산펀드는 기존의 간투법에 따라 자산운용사에서 최초로 개발하여 판매한 부동산펀드이다.
15 **없다** ▶ 대출형부동산펀드는 차입으로 자금을 조달할 수 없다.
16 **낮을** ▶ 안전할수록 대출이자는 낮아질 것이다.

01 부동산시장에는 (   ), (   ), 개발시장의 3가지 하부시장이 존재하는데 이들은 서로 유기적으로 연결되어 움직인다.

02 (   )이란 공간 이용에 대한 권리를 사고파는 시장을 말하는데 흔히 임대(Rent)시장이 라고도 한다.

03 자산으로서의 부동산을 사고파는 시장을 (**공간시장 / 자산시장 / 개발시장**)이라고 한다.

04 공간시장에서 (   )가 결정되고, 자산시장에서 (   )이 결정되는데 이 둘을 알면 수익 환원법(직접환원법)을 통해 부동산의 가격을 추정할 수 있다.

05 월임대료가 100만원(공간시장을 통해 구함), 자본환원율이 10%(자산시장을 통해 구함)라고 할 때 부동산 시장가격을 직접환원법을 통해 추정하면 (   )이다.

06 일반적으로 통화량이 증가하면 부동산가격이 (   )한다.

07 일반적으로 부동산가격이 상승하면 국가경제에 (**긍정적 / 부정적**)인 영향을 미친다.

정답
01 공간시장, 자산시장
02 **공간시장** ▶ 공간시장의 수요는 지역 및 국가경제의 영향을 받으며, 공급은 건축완공량에 영향을 받는다.
03 **자산시장**
04 **임대료, 자본환원율** ▶ 수익환원법으로 추정하는 부동산의 가치 = $\dfrac{영업소득}{자본환원율}$
05 **1억 2천만원**
    ▶ • 추정부동산가치 = $\dfrac{12,000만원}{0.1}$ = 1억 2천만원(순영업소득 = 월임대료 × 12 = 1,200만원)
    • 공간시장과 자산시장을 통해 부동산가치를 추정한 결과, 부동산을 개발하게 되면(개발시장) 자산시장에 신규로 공급되는 동시에 공간시장의 임대공간으로 제공되게 된다.
06 **상승** ▶ 통화량증가 → 금리하락 → 주식 / 부동산 수요 증가 → 주식이나 부동산가격의 상승
    • Y = C + I + G + (X − M), Y를 증가시키는 C, I, G, (X − M)의 증가는 모두 부동산가격을 상승시킨다(Y가 증가하면 부동산가격이 상승하므로).
07 **부정적** ▶ 부동산가격이 상승하면 소비가 증가한다는 부분은 긍정적이나, 제조원가상승 / 근로의욕저하 등으로 경제를 위축시키는 부정적 측면이 있다(부정적 측면 우세).

08 부동산경기변동 4국면에서 확연한 매도자우위의 시장이 형성되는 국면은 (   )이다.

09 매수자우위에서 매도자우위로 전환되어가는 국면은 (**회복** / **호황** / **후퇴** / **불황**) 국면이다.

10 부동산 가격이 지속적으로 하락하면서 거래가 거의 이루어지고 있지 않고, 금리가 높아지는 경향이 있으며, 부동산시장에서 매수인우위가 더욱 강해지는 국면은 (**후퇴** / **불황**) 국면이다.

11 부동산경기는 일반경기에 비해서 (**후행** / **선행**)하거나 동행하는 것으로 알려져 있다.

12 부동산의 (**수요** / **공급**)에 영향을 미치는 요인으로는 건설비용, 기술수준, 기대, 금리, 공급자의 수, 부동산의 가격 등이 있다.

13 부동산가격이 오를 것이라는 기대감이 형성되면 부동산수요는 (**증가** / **감소**)하고, 부동산공급은 (**증가** / **감소**)한다.

14 부동산의 수요증가 요인에 속하지 않는 것은 (**인구증가** / **대체부동산의 하락** / **LTV규제의 완화** / **부동산 가격상승에 대한 기대감**)이다.

15 부동산시장의 특징에는 수요자와 공급자의 수의 제약, 부동산상품의 (**동질성** / **비동질성**), 정보의 (**공개성** / **비공개성**), 그리고 (**높은** / **낮은**) 거래비용 등이 있다.

정답   **08**   **호황기** ▸ 호황기에는 부동산매수가 강해지므로 매도자(공급자)우위의 시장이 형성되며, 반대로 불황기에는 공급 과잉(미분양아파트의 발생 등) 등으로 매수자우위의 시장이 형성된다. 투자자의 입장에서는 매수자우위의 시장에서 매입하는 것이 좋다.

     09   **회복** ▸ 아래 표 참조

매수자우위 VS 매도자우위

회 복	호 황	후 퇴	불 황
매수자 → 매도자 전환	매도자우위	매도자 → 매수자 전환	매수자우위

     10   **불 황**
     11   **후 행** ▸ 주가 > 일반경기 > 부동산경기
     12   **공 급**
     13   **증가, 증가** ▸ 아래 표 참조

부동산수요 요인	부동산공급 요인
소득 / 인구변화 / 소비자기호 / 부동산가격 / 기대 등	건설비용 / 기술수준 / 공급자 수 / 부동산가격 / 기대 등

→ 부동산가격상승에 대한 기대감은 부동산 수요와 공급 모두를 증가시킨다.

     14   **대체부동산의 하락** ▸ 대체부동산인 B의 가격이 하락하면 B부동산에게 수요가 몰리며, A부동산의 수요는 감소할 것이다. 대체부동산(B) 가격이 상승해야 대체관계에 있는 타부동산(A)의 수요가 증가한다.
     15   **비동질성, 비공개성, 높은**

16 (부동산시장의 실패 / 정부의 실패)는 독과점, 외부효과, 정보의 비대칭성 등으로 인해 발생한다.

17 부동산 정책에는 정부가 부동산시장의 수요와 공급에 영향을 주어서 정책목표를 달성하는 수요정책 및 공급정책이 있고, 부동산시장의 가격에 직접적으로 영향을 주는 (   )이 있다.

18 LTV와 DTI비율을 올리면 부동산의 수요가 (증가한다 / 감소한다).

19 부동산시장에 직접적인 개입을 하여 즉각적인 영향을 줄 수 있으나, 시장 본래의 가격기능을 훼손할 우려가 있는 정책은 (가격정책 / 조세정책)이다.

20 정부가 부동산 관련 조세를 인상할 경우, 조세부담의 탄력도가 (탄력적 / 비탄력적)인 측에서 조세를 더 많이 부담하게 된다.

21 전통적인 부동산투자방식의 4가지는 (   ), (   ), (   ), (   )이다.

22 전통적인 부동산투자방식 4가지 중에서 가장 낮은 리스크를 감수하며 가장 낮은 기대수익을 추구하는 전략은 (   )이며, 고위험을 감수하며 고수익을 추구하는 전략은 (   )이다.

정답 **16** **부동산시장의 실패** ▶ 정부실패는 부동산시장의 실패를 보정하기 위해 정부개입시, '정부조직 내부의 특성 / 파생적인 외부효과 / 비용과 수익의 분리 / 독점성 / 권력에 의한 배분의 불공정성' 등에 의해 발생하는 것이다.

17 **가격정책** ▶ 아래 표 참조
부동산정책의 종류

수요정책	공급정책	조세정책	가격정책
LTV / DTI 규제, 기준금리 조정, 대출비용소득공제, 임대료보조 등	지역지구제, 택지공급제도, 그린벨트제도, 도시환경정비사업 등	취득세, 보유세, 양도소득세, 개발이익환수제도 등	분양가상한제, 임대료상한제
간접적인 개입			직접적인 개입

18 **증가한다** ▶ LTV와 DTI의 비율을 상향하는 것은 규제를 완화하는 의미와 동일하다.
19 **가격정책**
20 **비탄력적** ▶ '수요자가 비탄력적인 시장에서 조세를 인상할 경우' 시장을 탄력적으로 만들어주는 대안을 세우는 정책이 동반되어야 한다.
21 **핵심전략, 핵심플러스전략, 가치부가전략, 기회추구전략**
22 **핵심전략, 기회추구전략** ▶ 핵심전략은 입지여건이 좋은 부동산에 투자하는 것이며, 기회추구전략은 개발사업에 투자하는 것이다.

23 전통적인 부동산투자방식 4가지 중에서 핵심(Core)전략에 비해 다소 높은 리스크를 감수하며 다소 높은 수익을 추구하는 전략은 (   )이다.

24 전통적인 부동산 투자방식 4가지 중에서 '중위험, 고수익'을 추구하는 전략은 (   )이다.

25 (전통투자 / 대안투자)는 장기간 환매불가기간이 있고 유동성이 낮은 것이 특징이다.

26 부동산투자시의 위험은 사업위험, (   ), 법적위험, (   ), 유동성위험이 있다.

27 부동산의 관리, 근로자의 파업, 영업경비의 변동 등으로 인해 야기될 수 있는 수익성의 불확실성은 부동산투자시의 사업위험 중 (시장위험 / 운영위험)에 해당한다.

28 사전옵션계약이나 풋백옵션은 (시장위험 / 유동성위험 / 관리운영과 임대위험)을 관리하는 방안이다.

29 아웃소싱, 리싱패키지는 (시장위험 / 유동성위험 / 관리운영과 임대위험)을 관리하는 방안이다.

30 부동산투자는 투자규모가 매우 크기 때문에 분산투자의 어려움이 있는데, 글로벌 리츠에 투자하는 재간접부동산펀드가 (체계적 / 비체계적) 위험을 최소화하는 데 유력한 수단이 될 수 있다.

정답　**23**　**핵심플러스전략**　▶ 입지여건이 개선될 것으로 예상되는 부동산에 투자하는 방식이다.

24　**가치부가전략**　▶ 부동산개량이나 일정 수준의 재개발투자에 해당된다.

25　**대안투자**　▶ 대안투자의 특징 : 투자대상으로는 짧은 역사 / 보편적이지 않은 투자형태 / 장기간 환매불가기간 / 유동성이 낮음 / 높은 수수료 / 일반투자자보다는 기관투자자의 투자수단으로 활용 / 공정가치평가의 어려움 / 적절한 벤치마크가 없음 / 운용역의 전문성에 의존

26　**금융위험, 인플레이션위험**

27　**운영위험(Operating Risk)**

28　**유동성위험**　▶ 아래 표 참조

위험의 종류별 관리방안

시장위험	유동성위험	관리운영·임대위험	개발위험
파생금융상품을 활용한 헤지	사전옵션계약, 풋백옵션	장기임대계약, 아웃 소싱, 리싱패키지	일괄도급계약 (턴키베이스계약)

29　**관리운영과 임대위험**

30　**비체계적**　▶ 글로벌 리츠는 글로벌 해외부동산에 분산투자하는 리츠를 말한다.

31 부동산개발사업에 대한 현금흐름추정시 사용되는 용어 중에 '연간 원리금 상환능력'을 나타내는 지표는 (DSCR / IRR / ROE)이다.

32 대출형부동산펀드가 (공모펀드 / 사모펀드)일 경우 높은 금융비용과 융통성의 결여로부터 오는 위험에 노출된다.

33 대출형부동산펀드에서 발생할 수 없는 위험은 (인허가위험 / 시행사 또는 시공사의 부도위험 / 분양위험 / 차입위험)이다.

34 대출형부동산펀드에 있어서 부동산개발사업의 높은 분양율은 (분양위험으로 간주된다 / 분양위험으로 간주되지 않는다).

35 부동산펀드를 운용함에 있어 조건변경이 필요할 경우 (공모펀드 / 사모펀드)에서는 융통성이 결여되어 의견 도출이 쉽지 않은 것이 현실이다.

36 프로젝트 파이낸싱(PF)는 (소구 / 비소구 또는 제한적소구)금융이며, (부내금융 / 부외금융)에 해당한다.

37 리스크유형을 '매입단계(건설 중인 부동산매입위험 포함), 운용단계, 청산단계'로 구분하여 파악하는 것은 (대출형 / 임대형 / 경공매형)부동산펀드이다.

정답 **31** DSCR ▶ 아래 표 참조
현금흐름추정시의 주요용어

DSCR	IRR	ROE
연간 원리금 상환능력을 뜻함 $$DSCR = \frac{영업현금흐름}{원리금상환액}$$ → 통상 1.2~1.30이 적정함	내부수익률 또는 만기수익률 또는 요구수익률	자기자본이익률 $= \dfrac{당기순이익}{자기자본}$

32 공모펀드
33 차입위험 ▶ 대출형부동산펀드는 차입이 불가하다.
34 분양위험으로 간주된다 ▶ 아래 표 참조
대출형펀드의 분양위험

낮은 분양률	높은 분양률
분양지연 → 원리금상환 지연	조기분양 → 조기상환위험 노출

35 공모펀드
36 비소구 또는 제한적소구, 부외금융
37 임대형

38 대출형부동산펀드의 입장에서는 부동산개발사업을 추진하는 시행사의 사업이익이 낮을수록 (**바람직하다** / 바람직하지 못하다).

39 임대형부동산펀드가 '개발사업 위험, 부동산권리확보 위험, 기타공사관련 위험'에 노출되는 것은 (완공한 부동산 / **건설 중인 부동산**)을 매입할 때 발생하는 위험이다.

40 건설 중인 부동산을 매입하고 잔금을 지급함에 있어서, 가급적 잔금비율을 (**높여서** / 낮추어서) 건축기간 중 발생하는 위험에 노출되는 금액을 최소화해야 한다.

41 임대형부동산펀드가 건설 중인 부동산을 매입할 경우 공사기간 중에는 사업대상 토지에 대해 계약금 및 중도금의 (   ) ~ (   ) 정도의 채권최고액으로 하는 담보신탁을 설정하는 것이 바람직하다.

42 임대형부동산펀드가 부동산매각금액을 추정시에는 연간순영업이익에 환원이율(Cap Rate)로 할인하여 추정하는데 환원이율은 통상 부동산매입시의 환원이율 수준보다 약간 (**높게** / 낮게) 적용한다.

43 다음 중 임대형부동산펀드에서 노출되지 않는 위험은 (임차인위험 / 공실위험 / 매각위험 / **조기상환위험**)이다.

44 경공매형부동산펀드가 양호한 수익을 실현하기 위해서는 (아파트 또는 토지 / **상업용부동산 또는 업무용부동산**) 입찰에 참여하는 것이 바람직하다.

45 운용인력의 전문성이 가장 요구되는 부동산펀드는 (   )부동산펀드이다.

정답 **38** **바람직하지 못하다** ▸ 사업이익은 위험에 대한 버퍼(Buffer)로 작용하는데, 지나치게 낮은 사업이익은 시행자의 사업추진에 동기부여가 되지 않으며 대출금의 부당이용 등이 발생할 수 있다.

39 **건설 중인 부동산** ▸ 완공된 부동산매입시에는 발생하지 않는 위험이다.

40 **높여서**

41 **120%, 130%**

42 **높게** ▸ 보수적으로 평가하기 위해 높게 적용한다(부동산매각추정가격 = $\dfrac{\text{순운용수입}}{\text{환원이율}}$).

43 **조기상환위험** ▸ 조기상환위험은 부동산개발사업에 투자하는 대출형부동산펀드에서 노출되는 리스크이다.

44 **상업용부동산 또는 업무용부동산** ▸ 일반인들의 참여가 용이한 아파트, 토지의 경우 입찰과열시 낙찰가가 상승할 수 있다.

45 **경공매형** ▸ 경공매형부동산펀드의 경우 경공매물건의 낙찰에서 관리까지 가장 어렵다고 평가되므로 운용인력의 전문성이 가장 요구된다.

46 공실위험에 전혀 노출되지 않는 부동산실물펀드는 (매매형 / 임대형 / 개량형 / 경공매형 / 개발형)부동 산펀드이다.

47 (부동산개발사업 / 부동산임대사업)에서 가장 통제하기 어려운 위험은 사업초기의 예상 분양율인 반면에 (부동산개발사업 / 부동산임대사업)에서 가장 큰 위험은 미래 청산시점에서의 부동산매각가액이다.

48 해외부동산투자시 노출되는 위험이 아닌 것은 (인허가위험 / 현지인위험 / 환율위험 / 환매유동성위험) 이다.

49 환헤지방법으로 부동산의 매입금액과 동일한 금액으로 FX SWAP을 했을 경우 과도헤지나 과소헤지의 문제가 (발생하지 않는다 / 발생할 수 있다).

50 (글로벌 리츠 / 특정프로젝트에 투자하는 리츠)에 투자할 경우 환위험 노출이 더 크다.

51 ⃞O⃞X⃞ 국내 자산운용사가 운용하는 펀드는 펀드 내 환헤지를 하는 경우가 많으나, 역외 펀드는 개인투자 가가 직접 환헤지를 해야 하는 경우가 많다.

정답 **46** **매매형** ▸ 공실위험에 전혀 노출되지 않는다는 것은 임대수입(Income Gain)이 전혀 없다는 것과 동일한 의미이다. 즉 매매형의 경우 임대수입이 전혀 없다.
47 **부동산개발사업, 부동산임대사업**
48 **인허가위험** ▸ 인허가위험은 대출형부동산펀드나 완공 전의 부동산을 취득할 경우 매매형부동산펀드, 임대형부동산펀 드에서 노출되는 위험이다.
49 **발생할 수 있다** ▸ 매입가격과 동일하게 헤지를 했다고 하더라도 이후 부동산가격이 크게 오르거나 하락하면 과소헤지 또는 과다헤지의 문제가 발생하게 된다.
50 **특정프로젝트에 투자하는 리츠**
51 O

우리는 삶의 모든 측면에서 항상 '내가 가치있는 사람일까?'
'내가 무슨 가치가 있을까?'라는 질문을 끊임없이 던지곤 합니다.
하지만 저는 우리가 날 때부터 가치있다 생각합니다.

– 오프라 윈프리 –

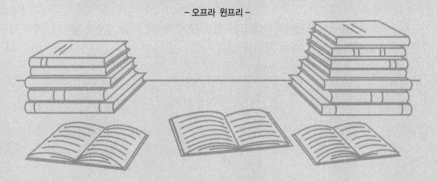

제1편

펀드일반

많이 보고 많이 겪고 많이 공부하는 것은 배움의 세 기둥이다.

− 벤자민 디즈라엘리 −

01 법 규

1 집합투자기구의 개요

집합투자의 정의 | 핵심유형문제 |

집합투자의 속성에 해당되지 않는 것은?

① 집단성
② 직접성
③ 실적배당원칙
④ 펀드자산의 분리

해설 집합투자는 직접성이 아니라 간접성의 속성이 있다.

정답 ②

더알아보기 집합투자의 정의

(1) **정의** : 자본시장법 제6조 제5항
집합투자란 2인 이상의 투자자로부터 모은 금전 등 또는 '국가재정법' 제81조에 따른 여유자금을 투자자 또는 각 기금관리주체로부터 일상적인 운용지시를 받지 아니하면서 재산적 가치가 있는 투자대상자산을 취득·처분, 그 밖의 방법으로 운용하고 그 결과를 투자자 또는 각 기금관리주체에게 배분하여 귀속시키는 것을 말한다.
※ '2인 이상의 투자자에게 투자권유를 하여' → '2인 이상의 투자자로부터 모은'으로 개정(2015.1.1 이후 시행).

(2) **집합투자의 속성**
① 집단성 : 금전을 모아서(Pooling) 운용함
② 간접성 : 투자자로부터 일상적인 지시를 받지 아니함
③ 실적배당과 투자자평등원칙 : 운용하고 그 결과를 투자자에게 배분·귀속함(투자자 지분에 따른 배분)
④ 펀드자산의 분리 : 회사재산(고유재산)과 고객자산은 엄격하게 분리·관리해야 함
⑤ 분산투자 : 위험관리와 합리적인 운용을 위해 분산투자의 제한을 두고 있음

01 집합투자의 장점이라고 볼 수 없는 것은?

① 전문가가 펀드를 운용한다.

② 소액으로도 분산투자가 가능하다.

③ 절세측면에서 직접투자보다 유리하다.

④ 투자자는 자신의 위험수용도에 적합한 투자를 선택할 수 있다.

해설 절세측면에서 직접투자보다 특별히 유리한 것은 없다.
① 전문가가 대신 펀드를 운용하는 것은 간접투자의 대표적 장점이다.
② 공모펀드는 분산투자를 위한 운용상의 제한을 둔다.
④ 투자자는 다양한 펀드를 선택할 수 있다.

정답 ③

02 집합투자의 속성에 해당하지 않는 것은?

① 간접투자　　　　　　　　② 분산투자

③ 절세효과　　　　　　　　④ 실적배당

해설 펀드에 투자한다고 해서 직접투자보다 절세효과가 더 큰 것이 아니므로, 절세효과가 펀드투자의 속성(특성)이라고 할 수 없다.

정답 ③

집합투자기구의 분류

개방형펀드와 폐쇄형펀드에 대한 설명으로 잘못된 것은?

① 펀드지분에 대해 환매청구권을 부여하면 개방형펀드, 환매청구권을 부여하지 않으면 폐쇄형펀드가 된다.

② 개방형펀드는 환매청구권이 있으며 펀드지분의 추가발행도 자유로운 펀드를 말한다.

③ 폐쇄형펀드는 원칙적으로 추가발행이 안 되지만 요건을 갖출 경우 예외적으로 허용된다.

④ 폐쇄형펀드는 개방형펀드에 비해 운용의 제약이 크다.

해설 폐쇄형펀드는 환매청구권을 부여하지 않으므로 개방형과는 달리 비유동성자산에도 투자할 수 있는 등 운용의 제약이 개방형보다 작다. 개방형펀드는 언제든지 가입과 환매가 가능한 펀드를 말한다.

정답 ④

더알아보기 집합투자기구의 분류

50인 기준		환매여부	
공모(50인 이상)	사모(50인 미만)	개방형펀드(환매O)	폐쇄형펀드(환매×)

• 50인 이상은 '불특정다수'를 의미하고 이를 보호하기 위해 증권신고서 제출의무가 부과된다.
• 폐쇄형은 비유동성자산에도 투자할 수 있는 등, 개방형에 비해 투자제약이 작다.

법적형태에 따른 분류(공모형 7가지) + 사모투자 전문회사							
투자신탁	투자회사	투자유한회사	투자합자회사	투자유한책임회사	투자합자조합	투자익명조합	사모투자전문회사

[2014 개정 : 공모형 6가지 → 공모형 7가지]

• 공모형 7가지 중 가장 일반적인 형태는 투자신탁과 투자회사이다.

01 공모와 사모에 대한 설명으로 적합하지 않은 것은?

① 50인 이상에게 신규로 발행되는 유가증권 취득의 청약을 권유하는 것을 모집이라 한다.

② 유가증권시장 또는 코스닥시장에서 이미 발행된 유가증권에 대해서 50인 이상의 자를 상대로 매수의 청약을 권유하는 것을 매출이라 한다.

③ 공모펀드란 공모방식(모집 또는 매출)으로 투자자를 모으는 펀드인데 청약의 권유대상자가 50인 이상이어야 한다.

④ 공모펀드란 공모방식(모집 또는 매출)으로 투자자를 모으는 펀드인데 투자자금을 모집한 대상자가 50인 이상이어야 한다.

> **해설** 공모방식은 '모집 또는 매출' 방식을 말하며(① 모집, ② 매출), 청약권유대상자가 50인 이상인 경우를 말한다. 반드시 투자자금을 모집한 대상이 50인 이상이어야 하는 것은 아니다(자금모집대상은 2인 이상이면 됨).
>
> **정답** ④

02 집합투자기구의 법적인 형태의 분류에 대한 설명으로 옳지 않은 것은?

① 법적형태의 분류는 집합투자가 집합적·간접적 투자를 위한 도구라는 원리는 동일하나 그 도구를 설정·설립함에 있어서 법적인 형태가 다름을 의미한다.

② 집합투자의 법적인 형태는 크게 신탁형, 회사형, 조합형으로 구분된다.

③ 공모형이 가능한 법적인 형태는 투자신탁·투자회사·투자유한회사·투자합자회사·투자유한 책임회사·투자합자조합·투자익명조합 등 7가지이다.

④ 자본시장법상 공모형으로는 투자신탁과 투자회사만 인정된다.

> **해설** 과거 간접투자법에서는 투자신탁과 투자회사의 형태만을 공모펀드로 인정했으나 자본시장법에서는 ③의 일곱가지 형태가 모두 가능한 것으로 변경되었다(현실적으로 가장 널리 사용되는 형태 역시 투자신탁과 투자회사이다).
>
> **정답** ④

03 (   )에서의 환매는 투자자금의 회수뿐만 아니라 운용업자에 대한 통제수단으로서의 역할도 한다. 다음 중 (   )에 알맞은 말은?

① 개방형펀드   ② 공모펀드

③ 폐쇄형펀드   ④ 사모펀드

> **해설** 환매는 운용자산의 감소로 이어지므로 운용업자에 대한 통제수단 또는 견제수단의 역할을 한다(환매여부에 따른 구분은 개방형과 폐쇄형).
>
> **정답** ①

투자신탁관계에서의 3면관계를 잘못 설명한 것은?

① 투자신탁은 위탁자(집합투자업자)와 수익자(투자자) 간의 신탁계약을 통해 설정된다.
② 위탁자(집합투자업자)는 펀드의 설정·해지와 자산을 운용·지시한다.
③ 수탁자(신탁업자·자산보관업자)는 펀드재산의 보관과 위탁자의 운용지시에 따른 자산의 취득·처분, 투자결과를 투자자에게 배분한다.
④ 수익자(투자자)는 위탁자가 설정한 펀드에 투자를 하지만 운용지시는 할 수 없다.

해설 투자신탁은 집합투자업자(위탁자)와 신탁업자(수탁자) 간의 '신탁계약'에 의해 성립된다.

정답 ①

더알아보기 집합투자기구의 3면관계

위탁자(집합투자업자)	수탁자(신탁업자)	수익자(투자자)
펀드의 설정과 해지, 운용지시	자산의 보관, 관리, 감시기능	실적의 투자자 귀속

① 투자신탁은 위탁자와 수탁자 간의 신탁계약에 의해 설정된다.
② 신탁업자의 감시기능은 소극적인 의미이다(집합투자규약에서 정한 투자한도의 초과여부 감시).
③ 투자신탁의 3면관계

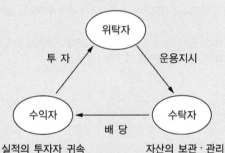

- 집합투자기구는 위탁자, 수탁자, 수익자의 3면관계로 구성된다. 위탁자(자산운용사 = 집합투자업자)는 펀드를 설정·설립하고 투자자로부터 모은 투자자금을 수탁자에게 운용·지시한다. 펀드의 재산을 별도로 보관·관리하는 수탁자(은행)는 위탁자로부터 운용의 지시를 받아 관리하고 그 결과에 대해서 수익자(투자자)에게 배당을 한다. 이러한 3면의 투자관계를 통해 이루어지는 투자시스템, 투자도구(Vehicle)를 집합투자기구라 한다.

01 집합투자업자(위탁자)의 업무에 속하지 않는 것은?

① 투자신탁의 설정 및 해지
② 투자신탁재산의 운용 및 운용지시
③ 투자신탁재산의 보관
④ 수익증권의 발행

해설 투자신탁재산의 보관은 신탁업자의 업무이다.

정답 ③

02 신탁업자(수탁자)의 역할에 해당되지 않는 것은?

① 투자신탁재산을 보관·관리한다.
② 집합투자업자의 운용지시에 따라 자산을 취득하고 처분한다.
③ 환매대금이나 이익금을 지급한다.
④ 집합투자업자가 최선의 수익률을 올리고 있는지에 대한 관점에서 운용과정을 감시한다.

해설 신탁업자는 집합투자업자의 운용지시를 받아 실제 자산의 취득과 처분을 담당하는 과정에서 운용업자를 감시하는 기능이 있다. 여기서 말하는 '감시기능'은 운용업자의 운용과정이나 운용능력 등을 보는 '적극적인 감시'가 아니라 운용지시가 법령이나 신탁계약, 투자설명서 등에 위배되는 것이 없는지를 보는 '소극적인 감시'를 뜻한다.
   예 신탁업자의 '소극적인 감시기능' : 주식비중의 최대한도가 30%인 혼합형펀드에서 주식비중이 30%를 초과한다면 운용업자에게 비중의 준수를 요구한다.

정답 ④

03 투자신탁관계에서의 '3면관계 당사자'가 될 수 없는 자는?

① 위탁자(집합투자업자)
② 수탁자(신탁업자)
③ 수익자(투자자)
④ 판매업자

해설 투자신탁은 '위탁자 – 수탁자 – 수익자'의 '3면관계 당사자'에 의해 성립된다. 판매업자는 설정된 집합투자기구의 판매를 담당하는 자로서 집합투자기구의 발전에 기여하고 있으나 신탁계약관계를 규정하는 핵심 당사자에는 포함되지 않는다.

정답 ④

투자회사의 구조에 대한 설명으로 적합하지 않은 것은?

① 투자회사는 집합투자기구를 구성하는 원리에 있어서 투자신탁과 동일하나 설정·설립의 법적인 근거가 다르다.
② 투자회사는 신탁업자가 발기인이 되어 주식회사를 설립한다.
③ 투자회사는 법적으로 주식회사이지만 집합적·간접적 투자의 수단으로서 존재하므로 일반적인 주식회사와는 달리 실체가 없는 서류상의 회사(Paper Company)이다.
④ 투자회사는 주식회사이지만 투자업무 이외의 업무는 할 수 없다.

해설 투자회사는 집합투자업자가 발기인이 되어 설립한다.

정답 ②

더알아보기 투자회사의 특징

① 집합투자업자가 발기인이 되어 주식회사를 설립
  • 투자신탁 외의 펀드(회사형과 조합형)는 자본금 또는 출자금이 1억원 이상이어야 함
② 서류상의 회사이므로 모든 업무를 외부에 위임(운용 → 집합투자업자, 자산보관 → 신탁업자, 기타업무 → 일반사무관리회사)
  • 일반사무관리회사의 업무 : 주식의 발행 및 명의개서, 펀드재산의 계산, 주총소집통지 등
③ 법인이사 1인(투자회사의 대표권자로서 집합투자업자가 됨)과 감독이사 2인으로 구성

보충문제

01 투자회사의 조직에 대한 설명으로 잘못 설명된 것은?

① 투자회사는 2인 이상의 법인이사와 1인 이상의 감독이사가 있어야 한다.
② 공정하고 독립적인 감독을 위해 집합투자업자와 일정한 관계에 있으면 감독이사가 될 수 없도록 하고 있다.
③ 집합투자업자의 업무집행 감독과 투자회사의 재산상황과 업무를 감독하는 이사를 감독이사라 한다.
④ 법인이사는 집합투자업자가 된다.

해설 법인이사는 투자회사의 대표권자로서 1인이 된다(투자회사 업무집행). 감독이사는 공정한 감독을 위해 2인 이상이 되도록 하고 있다. 투자회사의 이사, 이사회, 주주총회제도는 일반 주식회사와 동일하지만 법인이사와 감독이사로 구분하고 있는 것은 차이점이다.

정답 ①

02 투자회사는 서류상의 회사이므로 모든 업무를 외부에 위임을 하게 된다. 그렇다면 위임업무와 위임 받는 자의 연결이 바르지 않은 것은?

① 자산운용업무 – 집합투자업자

② 자산보관업무 – 신탁업자

③ 집합투자기구의 판매 및 환매 – 판매업자(투자매매·중개업자)

④ 기타업무 – 예탁결제원

> **해설** 기타업무는 '일반사무관리회사'에 위임을 한다. 투자회사는 서류상의 회사이므로 법인이사와 감독이사(2인 이 상)를 제외하고 상근임직원을 둘 수 없다. 따라서 투자회사 운영에 필요한 최소한의 기타업무를 일반사무관리 회사에 위임한다.
>
> 정답 ④

03 투자회사의 주식 발행이나 주식 명의개서 업무를 수행하는 자는?

① 법인이사

② 감독이사

③ 신탁회사

④ 일반사무관리회사

> **해설** 투자회사는 서류상의 회사이므로 회사의 운영(펀드재산의 계산, 주식 발행, 명의개서 업무 등)은 일반사무관리 회사에게 위탁한다.
>
> 정답 ④

04 집합투자기구의 설정·설립 등에 대한 설명이다. 가장 적절하지 않은 것은?

① 투자신탁은 집합투자업자와 신탁업자의 신탁계약의 체결로 설정이 된다.

② 투자회사는 발기설립의 방법으로만 설립해야 한다.

③ 해당 집합투자기구의 집합투자업자, 회사, 조합이 금융위에 등록을 해야 하고, 만일 등록사항의 변경이 있을 경우 2주 이내에 금융위에 변경등록을 해야 한다.

④ 투자신탁은 내부감사가 없는 대신 외부감사가 의무화되어 있다.

> **해설** 내부감사가 없는 대신 외부감사가 의무화되어 있는 것은 투자회사이다(∵ 투자회사는 실체가 없는 Paper Company이므로 내부감사가 없음).
>
> 정답 ④

수익자총회의 절차에 대한 설명으로 적합하지 않은 것은?

① 집합투자업자나 신탁업자 그리고 5% 이상의 수익증권 소유자가 수익자총회소집을 요구할 수 있다.

② 총회결의가 안 된 날로부터 2주일 이내 연기수익자총회를 열어야 한다.

③ 출석한 수익자의 과반수 이상의 찬성이 있어야 하고 그 과반수 이상이 전체 수익증권 총좌수의 1/4 이상이 되어야 총회 의결이 된다.

④ 수익자는 수익자총회에 출석하지 않으면 의결권을 행사할 수 없다.

해설 수익자총회에 출석하지 않아도 서면으로 의결권 행사가 가능하다.

정답 ④

더알아보기 수익자총회

소 집	의 결	미의결시
집합투자업자, 신탁업자 또는 5% 이상의 수익자가 소집 요구	'출석의 과반수 & 전체의 1/4'의 수로 결의 가능	2주 내에 연기수익자총회 소집

① 수익자총회와 주주총회의 의결요건은 동일하며, 법에서 정한 수익자총회(주주총회) 결의사항외 신탁계약(정관)에서 정한 결의사항에 대해서는 '출석의 과반수 & 전체의 1/5' 이상의 수로 결의 가능

② 수익자총회의 의결사항 : ㉠ 합병, ㉡ 환매연기, ㉢ 신탁계약 중요내용 변경사항
 • '보수의 인상 / 집합투자업자·신탁업자의 변경'은 총회 의결사항이나, '보수의 지급 / 판매업자의 변경'은 총회 의결사항이 아님(보충문제 2 참조). 또한 ㉠, ㉡, ㉢ 중에 환매연기는 수익자매수청구권의 대상이 아님

③ 연기수익자총회의 성립과 의결 : 총회 결의가 안 될 경우 ⇒ 향후 2주 내에 연기수익자총회 소집 ⇒ '출석한 수익자의 과반수 & 전체수익자의 1/8 이상의 수'로 의결 가능

④ 총회 의결요건의 완화 : 법에서 정한 총회 결의사항 이외의 결의사항을 수익자총회 또는 연기수익자총회에서 결의할 경우, ㉠ 수익자총회(주주총회)는 '출석한 수익자(주주)의 과반수 & 전체 1/5'의 수로, ㉡ 연기수익자총회는 '출석한 수익자의 과반수 & 전체 1/10'의 수로 의결할 수 있다.

⑤ 기타 : 2주 전에 수익자에 대해 서면으로 총회소집통보하며, 의결권은 서면행사가 가능하며, 수익자총회의 의장은 수익자 중에서 선출함(집합투자업자가 아님)

01 연기수익자총회에 대한 설명으로 옳지 않은 것은?

① 수익자들의 무관심으로 수익자총회가 성립이 안 되면 중요한 의사결정이 이루어지지 않게 되며 이로 인한 수익자의 이익을 보호하기 위해 연기수익자총회제도를 도입하였다.

② 수익자총회의 결의가 이루어지지 않은 경우 그 날부터 2주 이내에 연기된 수익자총회를 열어야 한다.

③ 연기수익자총회를 소집할 경우 총회일 1주 전까지 소집을 통지해야 한다.

④ 연기수익자총회의 결의는 출석한 수익자의 과반수의 수로 결의할 수 있다.

> **해설** '출석수익자의 과반수 & 전체수익자의 1/8 이상'으로 결의할 수 있다. 만일 법으로 정한 사항이 아닌 신탁계약에서 정한 총회 결의사항은 이보다 완화된 '출석수익자의 과반수 & 전체수익자의 1/10 이상'으로 결의할 수 있다.
>
> **정답** ④

02 사전에 수익자총회 의결을 거쳐야 하는 사항에 해당되지 않는 것은?

① 자산의 운용·보관 등에 따르는 보수의 지급

② 운용보수·수탁보수 등 보수, 기타 수수료의 인상

③ 집합투자업자 또는 신탁업자 변경

④ 환매대금 지급일의 연장

> **해설** 수익자총회(또는 투자회사의 주주총회)의 의결사항은 합병, 환매연기, 신탁계약 중요내용 변경 등인데, 약관에 따른 보수의 지급은 '신탁계약 중요내용 변경'에 포함되지 않는다.
> *신탁계약 중요내용 변경사항 : 보수의 인상, 신탁계약기간의 변경, 주된 투자대상자산의 변경, 개방형에서 폐쇄형으로의 변경 등
>
> **정답** ①

03 투자회사의 주주총회 절차에 대한 설명으로 적합하지 않은 것은?

① 이사회 또는 5% 이상의 보유 주주가 주주총회의 소집을 요구할 수 있다.

② 주주는 주주총회에 출석하지 않고 서면에 의하여 의결권을 행사할 수 있다.

③ 출석한 주주의 1/2 이상의 찬성과 그 1/2 이상이 발행주식총수의 1/4 이상이 되어야 총회 의결이 된다.

④ 일반 주식회사와 달리 투자회사의 경우 주식매수청구권이 인정되지 않는다.

> **해설** 수익증권매수청구권이나 투자회사의 주식매수청구권은 모두 존재한다. 즉 총회 의결사항에 반대하는 수익자(주주)는 '환매연기'를 제외하고는 매수청구권을 행사할 수 있다.
>
> **정답** ④

04 투자신탁이나 투자회사의 결의사항 중에서 반대수익자 또는 반대주주가 매수청구권을 행사할 수 없는 것은?

① 합병결의
② 환매연기
③ 집합투자업자의 변경
④ 신탁계약기간의 변경

해설 수익자총회의 결의사항은 크게 '합병 – 환매연기 – 신탁계약 중요내용의 변경'의 세 가지로 분류되는데 환매연기는 수익증권매수청구권의 대상에서 제외된다.
*수익자(주식)매수청구권의 매수청구기간은 총회결의일로부터 20일 이내에 청구해야 한다.

정답 ②

05 투자회사와 가장 거리가 먼 것은?

① 일반사무관리회사
② 수익자총회
③ 법인이사
④ 정 관

해설 투자회사는 주주총회를 연다. 투자회사는 법인이사와 2인 이상의 감독이사를 두어야 하며, 서류상의 회사이므로 회사운영에 필요한 기타업무는 일반사무관리회사에 위탁을 한다. 투자신탁은 신탁계약이, 투자회사는 정관이 집합투자규약이 된다.

정답 ②

수익증권의 발행에 대한 설명으로 잘못된 것은?

① 집합투자업자는 투자자로부터 수익증권의 발행가액이 납입된 경우 신탁업자의 확인을 받아 수익증권을 발행한다.

② 투자자는 투자대금을 금전으로만 납입해야 하며, 이에 대한 예외는 없다.

③ 투자신탁 수익증권은 실물발행의 문제점을 제거하기 위해 예탁결제원의 명의로 일괄예탁 발행한다.

④ 수익자는 수익증권 실물이 필요할 경우 언제든지 투자매매업자·투자중개업자에게 실물의 반환을 요청할 수 있다.

해설 수익증권 발행가액의 납입은 금전납입이 원칙이나, 사모투자신탁으로서 다른 수익자 전원의 동의를 받은 경우에는 증권·부동산 또는 실물자산으로 납입이 가능하다.

정답 ②

더알아보기 집합투자증권의 발행

(1) 투자자의 금전납입 원칙 : 집합투자업자는 집합투자증권을 무액면 / 기명식으로 발행해야 한다.
① 투자회사의 주식은 무액면 / 기명식에 보통주로만 발행해야 한다.
② 금전납입 원칙의 예외 : 사모투자신탁으로서 다른 수익자전원의 동의를 받은 경우 실물납입이 가능하다.

(2) 공모발행 FLOW

증권신고서 제출 ⇒ 금융위 수리 ⇒ (효력발생기간 후) 효력발생 ⇒ 투자설명서 교부 ⇒ 공모

① 효력발생 즉시('수리하는 즉시'가 아님) 투자설명서를 교부할 수 있다.
② 투자설명서를 교부하지 않고서는 공모를 할 수 없다(법정투자권유문서).

(정식) 투자설명서	예비투자설명서	간이투자설명서
효력발생 후 사용 가능	효력발생 전임을 명시하고 사용 가능	효력발생 전·후 모두 가능

㉠ 투자설명서는 일반투자자에게만 교부함(교부대상제외는 보충문제 6 참조)
㉡ 투자설명서는 1년 1회 이상 갱신해야 하며(개방형의 경우), 펀드등록사항 변경시 5일 이내 투자설명서도 변경해야 함

01 투자신탁의 수익증권과 투자회사의 주권에 대한 설명으로 잘못된 것은?

① 투자신탁의 수익증권은 무액면, 기명식으로 발행한다.

② 수익증권의 발행가액은 기준가격에 기초하여 정한다.

③ 투자회사의 주권은 투자신탁과는 달리 무액면·무기명식으로 발행한다.

④ 투자회사는 우선주·후배주·혼합주·상환주·전환주 등 보통주 이외의 주식은 발행할 수 없다.

> **해설** 투자회사의 주권도 투자신탁의 수익증권과 마찬가지로 무액면·기명식으로 발행하고, 매일 변동하는 기준가격으로 발행가액이 정해진다. 또한 투자회사의 주식은 보통주의 형태로만 발행된다.
>
> **정답** ③

더알아보기 수익증권을 '무액면–기명식'으로 발행하는 이유

(1) 무액면 발행 : 액면가는 자본금의 금액을 결정하는 의미가 있다. 즉 '자본금 = 액면가 × 주식수'이다. 수익증권은 자본금을 구성하지도 않을뿐더러 매일 기준가격을 산정하므로 액면가격이 의미가 없다. 따라서 무액면으로 발행한다.

*기준가격 = 순자산가치 / 총수익증권 좌수(→ '주가'와 유사한 개념)

(2) 기명식 발행 : 기명주는 주권과 주주명부에 주주의 이름이 표시된 주식(혹은 수익증권)이며, 그렇지 않은 것이 무기명식이다. 기명주식은 회사가 현주주의 현황을 명확히 파악할 수 있다는 장점이 있고, 무기명주는 명의변경 없이 거래할 수 있다는 거래의 편리성이 장점이다. 수익증권은 실적배당상품이므로 주주(수익자)에게 수익을 배당하기 편리한 제도가 더 필요하므로 기명식으로 발행한다.

---

02 집합투자증권의 공모발행에 대한 설명 중 적절하지 않은 것은?

① 50인 이상에게 청약의 권유를 하여 발행하는 것을 공모발행이라 한다.

② 공모발행은 자본시장법상의 일반투자자 보호차원에서 증권신고서 규정을 적용받게 된다.

③ 집합투자업자가 증권신고서를 제출하고 금융위가 이를 수리하는 즉시 집합투자증권을 모집·매출할 수 있다.

④ 집합투자증권의 투자권유는 투자설명서만을 통해야 하며, 공모발행을 한 후에는 발행실적보고서를 제출해야 한다.

> **해설** '수리하는 즉시'가 아니라 '수리 후 효력발생이 되면' 공모를 할 수 있다.
>
> **정답** ③

03 증권신고서에 대한 설명으로 잘못된 것은?

① 증권신고서는 집합투자증권을 공모하려는 집합투자업자가 그 수리를 받기 위해 금융위원회에 제출하는 것이다.

② 어떤 집합투자기구라도 증권신고서의 수리가 없이는 모집이나 매출을 할 수 없다.

③ 증권신고서를 제출해야 하는 자는 당해 증권의 발행인이다.

④ 계속적으로 집합투자증권을 발행하는 개방형집합투자기구에 대해서는 일괄신고서를 제출할 수 있다.

> 해설 증권신고서는 '공모'의 경우에만 제출 의무가 있다. 사모집합투자기구는 증권신고서 제출 의무가 면제된다. 자본시장법은 불특정다수('50인 이상'의 개념)의 일반투자자만을 보호하기 때문이다. 증권신고서의 발행인은 보통 집합투자업자이다.
>
> > 참고 **일괄신고서의 개념**
> > 개방형펀드는 수시로 모집을 할 수 있는데, 이미 증권신고서를 발행해 본 상태에서 공모시마다 증권신고서를 다시 제출하게 하는 것은 매우 비효율적이다. 이러한 비효율성과 업무의 번잡성을 감안하여 일괄신고서를 제출하게 하고 일정기간 동안 증권신고서 제출없이도 공모가 가능하도록 하고 있다.
>
> 정답 ②

04 투자설명서에 대한 설명으로 옳은 것은?

① 투자설명서는 법정투자권유문서이므로 공모와 사모에서 모두 투자설명서의 교부 없이는 모집 또는 매출을 할 수 없다.

② 모든 투자설명서는 증권신고서의 효력이 발생한 후에 사용할 수 있다.

③ 증권신고서와 투자설명서는 원칙적으로 내용도 같고 그 교부목적도 같다.

④ 투자설명서는 최초 투자설명서를 제출한 이후에 매년 1회 이상 정기적으로 투자설명서를 갱신해야 한다.

> 해설 투자설명서는 정기적으로 업데이트를 해야 한다(매년 1회 이상). 또한 집합투자기구의 등록사항을 변경하게 되면 그 통지를 받은 날로부터 5일 이내에 투자설명서의 내용도 변경(갱신)해야 한다.
> ① 사모의 경우는 증권신고서 제출의무가 없으므로 투자설명서를 교부하지 않아도 된다.
> ② 예비투자설명서는 효력발생 전, 간이투자설명서는 효력발생 전후에 사용 가능하다.
> ③ 증권신고서와 투자설명서의 내용은 원칙적으로 같으나 교부목적은 다르다. 증권신고서는 '발행의 진실성을 확보'하는 차원에서 금융위원회의 수리를 받기 위해 제출하는 것이며, 투자설명서는 투자권유를 하기 위해 투자자에게 제공하는 것이다.
>
> 정답 ④

05 다음 빈칸에 들어갈 말을 옳게 연결한 것은?

> 증권신고서의 효력발생기간은 개방형, 폐쇄형 모두 원칙적으로 (   )이며, 정정신고서의 효력발생 기간은 원칙적으로 (   )이다.

① 15일, 7일
② 15일, 3일
③ 10일, 3일
④ 7일, 1일

해설 '15일 – 3일'이다.

정답 ②

06 투자설명서의 교부대상에서 제외되는 자가 아닌 자는?

① 10억원 이상의 고액투자자
② 모집매출기준인 50인 산정대상에서 제외되는 자
③ 투자설명서 수령을 거부한다는 의사를 서면·전화·전자우편 등의 방법으로 표시한 자
④ 이미 취득한 것과 동일한 집합투자증권을 계속하여 추가로 취득하려는 자

해설 전문투자자와 ②·③·④를 대상으로는 투자설명서를 교부하지 않아도 된다.
※ 전문투자자(정의 : 스스로 투자위험을 감수할 수 있는 자)
(1) 국가, 한국은행, 금융기관(→ '절대적 전문투자자')
  • 금융기관 중 '새마을금고, 신협'의 경우 연합회·중앙회만 해당됨
(2) 지자체, 주권상장법인(→ '상대적 전문투자자') *상대적 전문투자자는 원할 경우 일반투자자로의 전환이 가능함
(3) 금융투자상품잔고가 100억원 이상인 일반법인[→ '자발적 전문투자자(법인)']
(4) '최근 5년 중 1년 이상의 기간 동안 금융투자상품(MMF 등 저위험상품 제외)을 월말평균잔고 기준으로 5천만원 이상 보유한 경험'이 있는 가운데 '소득기준, 자산기준, 전문성기준' 중의 하나를 충족하는 자 [→ '자발적 전문투자자(개인)']
  • 소득기준 : 본인소득 1억원 또는 배우자합산 1억 5천만원 이상
  • 자산기준 : 5억원(거주부동산을 제외한 순자산 기준) 이상
  • 전문성기준 : 해당 분야에서 1년 이상 종사한 '전문자격자(회계사, 변호사 등) 또는 투자운용인력·재무위험관리사 등 시험합격자 또는 금융투자업주요직무종사자'[→ '자발적 전문투자자(개인)']

정답 ①

투자권유의 순서가 올바르게 연결된 것은?

> ⊙ 해당 고객이 투자권유를 원하는 고객인지 투자권유를 원하지 않는 고객인지 확인한다.
> ⓒ 해당 고객이 일반투자자인지 전문투자자인지를 확인한다.
> ⓒ 해당 고객의 투자목적, 투자경험, 재산상황 등을 파악한다.
> ⓔ 해당 고객의 투자성향에 맞는 금융투자상품을 권유하고 해당 상품에 대한 중요내용 등을 일반투 자자가 이해할 수 있도록 설명을 해야 한다.

① ⊙ → ⓒ → ⓒ → ⓔ
② ⓒ → ⓒ → ⓔ → ⊙
③ ⓒ → ⊙ → ⓒ → ⓔ
④ ⓒ → ⊙ → ⓒ → ⓔ

해설   전문투자자도 투자권유를 희망할 수 있으므로 '투자권유 희망여부'를 먼저 확인한다. 그리고 적합성원칙, 설명 의무 등의 투자권유준칙은 일반투자자에게만 적용되므로, 일반투자자인지를 확인한 후 ⓒ, ⓔ의 순서로 진행 한다.

정답 ①

더알아보기   집합투자증권의 투자권유

(1) 투자권유준칙 FLOW : 그림 참조

KYC Rule	적합성의 원칙	설명의무
투자목적, 재산상황, 투자경험 등을 조사 후 고객의 확인 필요	KYC Rule에 따라 고객에게 적합한 금융투자상품을 권유	'이해할 수 있도록' 설명, 중요사항은 허위 또는 누락금지

① 적정성의 원칙이란 '투자권유불원고객이 파생상품 등을 매매하고자 할 경우' KYC Rule을 이행해야 하는 것을 말함(고객이 정보제공을 거부한다면 매매가 불가함)
② 투자권유준칙은 일반투자자에게만 적용됨
③ 일반투자자를 '투자권유희망고객 / 투자권유불원고객'으로 분류하여 투자권유희망고객에 한하여 'KYC Rule-적합성의 원칙-설명의무'를 이행해야 함
④ 위반시 자본시장법상의 손해배상책임이 부과되는 것은 설명의무가 유일함

(2) 부당권유금지 원칙 : ①, ②, ③ 등을 금지하는 것
① 거짓의 내용을 알리거나, 불확실한 사항에 대해 단정적 판단을 제공하는 등의 경우
② 불초청권유(방문판매 등)
③ 거부의사를 표시하였음에도 투자권유를 계속하는 행위(재권유)
*재권유금지의 예외 : ⓐ 1개월이 지난 후 동일상품을 다시 권유하는 행위, ⓑ 다른 종류의 상품을 권유하는 행위

(3) 불건전영업행위 금지(아래의 행위 금지)

일반투자자에게 빈번하거나 과도하게 투자권유하는 행위 / 한도를 초과하는 재산상이익을 제공하거나 제공받는 행위 / 일반투자자를 상대로 한 차별적인 판매촉진노력(단, 합리적 근거가 있을 경우는 예외) / 판매대가로 매매주문을 강요하는 행위 / 손실보전, 이익보장행위 등

(4) 투자권유대행인 : 금융투자회사로부터 위탁을 받아 금융투자상품의 투자권유를 수행하는 자. 단, 투자권유대행인은 파생상품을 권유할 수 없다. 또한 투자권유대행인이 설명의무 위반으로 손해배상책임을 질 경우 위탁한 금융투자회사도 사용자책임을 진다.

→ 투자권유대행인의 금지행위 : 위탁한 금융투자업자 또는 투자자를 대리하여 계약을 체결하는 행위 / 투자권유대행업무를 제3자에게 재위탁하는 행위 / 둘 이상의 금융투자업자와 투자권유 위탁계약을 체결하는 행위 / 투자자로부터 금전·증권, 그 밖의 재산을 수취하는 행위 등

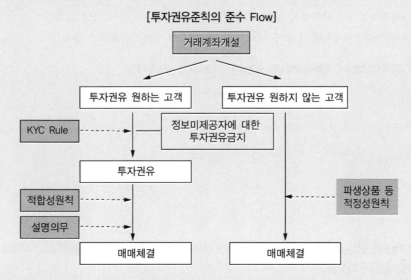

[투자권유준칙의 준수 Flow]

*KYC Rule(Know Your Customer Rule) : 투자자의 투자목적, 투자경험, 재산상황 등을 면담·설문조사 등을 통해 파악하고 이를 투자자로부터 서명·기명날인·녹취·ARS등의 방식으로 확인받아 이를 투자자에게 제공하고 유지·관리하는 것을 말함
*Know Your Customer Rule, 적합성원칙, 설명의무는 일반투자자에게만 적용됨

01 투자권유준칙에 대한 다음의 설명 중 잘못된 것은?

① Know Your Customer Rule에서 파악한 고객의 성향에 적합한 금융투자상품을 권유하는 것을 적합성의 원칙이라 한다.

② Know Your Customer Rule에서 파악한 고객의 성향에 비추어 해당 파생상품 등이 그 일반투자자에게 적정하지 않다고 판단되는 경우 해당 사실을 알리고 서명·기명날인·녹취 등의 방법으로 확인을 받는 것을 적정성의 원칙이라 한다.

③ 금융투자업자가 일반투자자를 상대로 투자권유를 하는 경우에 해당 금융투자상품의 내용, 투자 위험 등의 내용을 일반투자자가 이해할 수 있도록 설명해야 하는 것을 설명의무라고 한다.

④ 금융투자업자는 적합성의 원칙, 적정성의 원칙, 설명의무 중 하나라도 위반한 경우 이로 인해 발생한 일반투자자의 손해에 대해 자본시장법상의 손해배상책임을 진다.

> **해설** 자본시장법상의 손해배상책임은 설명의무 위반시에만 해당된다.
>
> 정답 ④

02 다음 내용은 금융소비자의 투자요청이 없는 경우의 투자권유에 대한 설명이다. (A)에 공통으로 들어갈 금융투자상품은?

> 투자자로부터 투자권유의 요청을 받지 아니하고 방문, 전화 등 실시간 대화의 방법을 이용하는 행위를 하여서는 아니 된다. 다만, 다음 a, b의 경우를 제외하고 투자권유를 하기 전에 금융소비자의 개인 정보 취득경로, 권유하려는 금융상품의 종류와 내용 등을 금융소비자에게 미리 안내하고 해당 금융소비자가 투자권유를 받을 의사를 표시한 경우에는 예외이다.
> a. 일반금융소비자의 경우 : 고난도금융투자상품, 고난도투자일임계약, 고난도금전신탁계약, 사모펀드, 장내파생상품, (A)
> b. 전문금융소비자의 경우 : (A)

① 공모펀드
② 투자계약증권
③ 장외파생상품
④ MMF

> **해설** 법 개정(금융소비자보호법의 출범)으로 장외파생상품은 일반 및 전문금융소비자에게 불초청권유의 금지 대상 금융투자상품이 되었다.
>
> 정답 ③

03 금융투자업자의 투자권유준칙에 대한 설명으로 잘못된 것은?

① 금융투자업자는 투자권유를 할 때에 임직원이 준수해야 할 구체적인 기준 및 절차를 정하여야 하며 파생상품 등에 대하여는 일반투자자의 투자목적·재산상황 및 투자경험을 고려하여 투자자 등급별로 차등화된 투자권유준칙을 마련해야 한다.

② 금융투자업자는 투자권유준칙을 정한 경우 이를 인터넷 홈페이지 등을 이용하여 공시하여야 한다.

③ 협회는 투자권유준칙과 관련하여 금융투자업자가 공통으로 사용할 수 있는 표준투자권유준칙을 제정할 수 있다.

④ 금융투자업자는 협회가 제정한 표준투자권유준칙을 의무적으로 사용해야 한다.

> **해설** 표준투자권유준칙은 금융투자회사의 필요에 따라 단순화하거나 세분화하여 사용할 수 있다. ①·②·③은 '자본시장법 제50조 투자권유준칙'의 내용이다.
>
> > **참고** 표준과 법정의 개념 구분 : 표준(Standard)이라 함은 말그대로 '표준으로 권장되는 것'이지 사용을 의무화해야 하는 '법정'의 개념이 아니다.
>
> **정답** ④

04 투자권유대행인의 금지행위에 속하지 않는 것은?

① 위탁한 금융투자업자를 대리하여 계약을 체결하는 행위

② 투자자로부터 금전, 증권, 그 밖의 재산을 수취하는 행위

③ 투자자를 대리하여 계약을 체결하는 행위

④ 투자목적·재산상황 및 투자경험 등을 감안하여 고객별로 다르게 권유하는 행위

> **해설** ④는 적합성의 원칙이다. KYC Rule에 의해 고객의 성향을 조사하고, 그 고객에게 적합한 투자상품을 권유하는 행위는 의무사항이다(고객별로 성향은 다를 수 있으므로 '고객별로 다르게 권유하는 행위'는 적법한 행위이다).
>
> ※ 투자권유대행인이 투자권유대행시 투자자에게 알려야 하는 사실
>   (1) 투자권유를 위탁한 금융투자업자의 명칭
>   (2) 투자권유를 위탁한 금융투자업자를 대리하여 계약을 체결할 수 없다는 사실
>   (3) 투자자를 대리하여 계약을 체결할 수 없다는 사실
>   (4) 투자자로부터 금전·증권, 그 밖의 재산을 수취할 수 없다는 사실
>   (5) 자신이 투자권유대행인이라는 사실을 나타내는 표지를 게시하거나 증표를 투자자에게 내보여야 함
> ※ 투자권유대행인이 투자권유를 대행함에 있어서 설명의무 등 각종의무를 위반함으로써 고객에 대한 손해배상책임이 발생할 경우, 투자권유대행을 위탁한 금융투자업자도 사용자책임을 진다.
>
> **정답** ④

집합투자증권의 광고

집합투자증권의 광고시 반드시 포함시켜야 할 사항이 아닌 것은?

① 집합투자증권을 취득하기 전에 투자설명서를 읽어볼 것을 권유하는 사항
② 집합투자기구는 운용결과에 따라 투자원금의 손실이 발생할 수 있으며, 그 손실은 투자자에게 귀속된다는 사실
③ 집합투자기구의 운용실적을 포함하여 투자광고를 할 경우 그 운용실적이 미래의 수익률을 보장하는 것은 아니라는 사실
④ 과거 운용실적이 있는 경우 그 운용실적

해설　①·②·③은 금융소비자보호법 제22조(금융상품등에 관한 광고 관련 준수사항)의 의무포함사항이다. ④는 의무포함사항이 아니라 '포함할 수 있는 사항'이다.

정답 ④

더알아보기　집합투자증권의 광고

(1) 집합투자증권의 광고시 의무포함사항 VS 포함시킬 수 있는 사항

의무포함사항	의무포함 이외의 사항
• 투자설명서를 읽어볼 것을 권유하는 사항 • 운용결과가 투자자에게 귀속된다는 사실 • 과거운용실적이 미래를 보장하지 않는다는 사실	• 집합투자업자 등의 상호 • 보수나 수수료에 관한 사항 • 과거 운용실적이 있는 경우 그 운용실적

(2) 금융투자상품의 광고시 준수사항
① 좋은 기간의 수익률이나 운용실적만을 표시하지 말 것(→ Cherry Picking 금지)
② 명확한 근거없이 다른 금융투자상품을 열등하거나 불리하게 표시하지 말 것

01 **금융소비자보호법상 금융투자상품에 대한 광고규제의 설명으로 옳지 않은 것은?**

① 금융상품판매대리·중개업자는 금융투자상품의 광고뿐만 아니라 자신이 전속된 금융상품판매업자의 업무에 관한 광고도 할 수 없다.

② 집합투자업자는 금융투자상품의 개발자이므로 광고주체가 될 수 없다.

③ 광고주체는 금융상품에 대한 광고를 하는 경우 내부 준법감시인의 심의를 받아야 한다.

④ 수익률이나 운용실적을 표시하는 경우 수익률이나 운용실적이 좋은 기간의 수익률이나 운용실적만을 광고에 표시할 수 없다.

> **해설** 금융투자상품을 개발한 집합투자업자도 직접 판매가 가능하므로 광고주체가 될 수 있다.
> ① 금융소비자보호법상 광고규제의 특징은 광고주체를 제한하고 있다는 점이다. 특히 투자성 상품의 경우 금융상품판매대리·중개업자는 금융투자상품의 광고뿐만 아니라 자신이 전속된 금융상품판매업자의 업무에 관한 광고도 수행할 수 없다.

> **정답** ②

02 **집합투자증권의 광고에 대한 다음 설명 중 가장 거리가 먼 것은?**

① 투자광고는 광의의 투자권유라고 할 수 있으므로 적합성의 원칙, 적정성의 원칙 등의 투자권유준칙을 준수해야만 가능하다.

② 투자광고안에 대한 심사는 금융투자협회에서 한다.

③ 한국금융투자협회는 금융상품판매중개·대리업자의 금융투자상품에 대한 광고심사는 하지 않는다.

④ 금융투자업자가 일반 사모펀드의 집합투자증권을 판매하는 경우 광고규제를 받는다.

> **해설** 투자광고는 불특정다수에 대한 투자권유로서 광의의 투자권유라고 할 수 있지만 투자권유준칙을 준수하게 할 경우 투자광고 자체가 불가능하므로 투자권유준칙의 준수는 면제된다. 다만, 몇가지 투자광고 규제를 두고 있다.
> ③ 금융상품판매중개·대리업자는 광고를 할 수 없기에 당연히 협회의 광고심사는 존재하지 않는다.
> ④ 금융투자업자가 일반 사모펀드의 집합투자증권을 판매하는 경우 광고규제를 받아야 한다.

> **정답** ①

집합투자증권의 판매

집합투자증권의 판매수수료 및 판매보수 규제에 대한 설명으로 잘못된 것은?

① 집합투자증권을 판매하는 행위에 대한 대가로 투자자로부터 직접 받는 금전을 판매수수료라고 한다.
② 투자매매업자·투자중개업자(판매업자)는 공모형 집합투자증권의 판매와 관련하여 집합투자기구의 운용실적에 연동하여 판매수수료 및 판매보수를 받아서는 아니 된다.
③ 판매수수료는 납입금액의 100분의 2, 판매보수는 환매금액의 100분의 1을 한도로 한다.
④ 사모집합투자기구는 판매수수료 및 판매보수의 한도를 적용하지 않는다.

해설 판매보수는 집합투자재산의 연평균가액의 100분의 1을 한도로 한다.

정답 ③

더알아보기 집합투자증권의 판매수수료 및 판매보수 규제

구 분	판매수수료	판매보수
개 념	판매행위에 대한 대가 (투자자 → 판매회사)	지속적으로 제공하는 용역의 대가 (집합투자기구 → 판매회사)
한 도	납입 또는 환매금액의 100분의 2	집합투자재산 연평균가액의 100분의 1

• 사모펀드는 판매수수료나 판매보수의 한도가 없음
• 판매수수료 : 납입금액 기준이면 선취판매수수료, 환매금액 기준이면 후취판매수수료
• 연평균가액 = Σ집합투자재산의 매일의 순자산총액 / 연간일수

01 다음 빈칸에 들어갈 말을 옳게 연결한 것은?(차례대로)

> • 판매수수료는 (   )로부터 받고 판매업자에게 귀속된다.
> • 판매보수는 (   )로부터 받고 판매업자에게 귀속된다.

① 투자자, 투자자
② 투자자, 집합투자기구
③ 집합투자기구, 집합투자기구
④ 집합투자기구, 투자자

해설 '투자자 – 집합투자기구'이다. 판매수수료와 판매보수는 판매서비스 제공의 대가로서 판매업자에게 귀속된다.

정답 ②

02 다음 빈칸에 들어갈 수 있는 말은?

> 투자자의 투자기간에 따라 판매보수율이 감소하는 경우로서, 금융위원회가 정하여 고시하는 기간 (2년)을 넘는 시점에 적용되는 판매보수율이 100분의 1 미만이 되는 경우에는, 판매보수율을 (   ) 까지 부과할 수 있다.

① 1천분의 5
② 1천분의 15
③ 100분의 2
④ 100분의 3

해설 '이연판매보수제도'에 대한 설명이다. 보기의 요건을 갖출 경우 1천분의 15까지 부과할 수 있다.

정답 ②

집합투자증권의 환매

환매의 개념에 대한 다음의 설명 중 적절하지 않은 것은?

① 집합투자증권의 환매제도는 펀드투자자가 투자지분의 전부 또는 일부를 회수하는 것을 말한다.

② 환매청구가 가능한 펀드는 개방형펀드이다.

③ 폐쇄형펀드의 경우 환매청구가 불가능하므로 투자자는 펀드의 만기시점까지 투자자금을 회수할 수 없는 불편함이 있다.

④ 일반적으로 환매수수료가 판매수수료보다 더 많다.

해설 환매청구권이 없는 폐쇄형펀드의 경우 투자자의 자금회수 수단의 제공을 위해 증권시장에 상장을 해야 할 의무가 있다(공모펀드의 경우 환매금지형인 경우 펀드의 최초 설정일로부터 90일 이내에 증권시장상장의 의무가 있다).

정답 ③

더알아보기 집합투자증권의 환매

(1) 판매는 펀드 매입, 환매는 펀드 매도를 말함. 환매가 불가능한 폐쇄형펀드는 설정(설립)일로부터 90일 이내 증권시장에 상장해야 함

(2) **환매 FLOW**
판매업자에게 환매청구 ⇒ 판매업자는 집합투자업자에게 환매청구 ⇒ 집합투자업자는 펀드 재산을 처분하여 환매대금 조성 ⇒ 조성한 대금을 신탁업자가 판매업자를 통해 투자자에게 지급함
• 인가취소, 업무정지 등의 사유로 환매청구에 응할 수 없는 경우에는 '판매업자 → 집합투자업자 → 신탁업자'의 순으로 청구할 수 있다.

(3) 환매시 금전지급이 원칙이나, 투자자 전원의 동의가 있을 경우는 실물지급이 가능

(4) 환매청구시 15일 이내에 환매대금을 지급해야 한다. 다만, 다음의 경우에는 환매연기 또는 환매에 응하지 않을 수 있다.

환매연기사유(보충문제 6 참조)	환매거부사유
처분불가능으로 환매에 응할 수 없는 경우 등(대량환매청구 자체는 환매연기사유가 아님)	투자회사의 순자산액이 최저순자산액에 미달하는 경우 등

① 환매연기시에는 6주 이내에 총회에서 환매에 관한 사항을 결의해야 함
   참고 수익자총회 의결사항 = 합병 / 환매연기 / 신탁계약중요내용 변경
② 15일을 초과하여 환매일을 정할 수 있는 사유
   ㉠ 시장성 없는 자산에 자산총액의 10%를 초과하여 투자한 경우
   ㉡ 외화자산에 자산총액의 50%를 초과하여 투자한 경우
   ㉢ 사모재간접투자기구의 경우

(5) 자기거래금지의 원칙

① 환매청구시 '판매업자 / 집합투자업자 / 신탁업자' 등이 자기의 계산으로 매수할 경우 환매청구자가 손실을 볼 가능성이 있으므로 이를 금지함

② 자기거래금지원칙의 예외 : 원활한 환매를 위해 불가피하게 매수할 필요가 있는 경우 또는 MMF를 판매한 판매업자가 해당 MMF규모의 100분의 5와 100억원 중 큰 금액 범위 내에서 개인투자자의 환매물량을 자기거래로 매수할 수 있음

(6) 일부환매연기제도 또는 펀드분리제도

① 집합투자재산의 일부가 환매연기사유에 해당될 경우 일부에 대해서만 환매연기가 가능함

② 펀드 내에서 환매불가능한 부실자산이 있을 경우 '정상자산 펀드'와 '부실자산 펀드'로 펀드를 분리할 수 있으며, 펀드분리시 정상자산 수익자의 동의를 구할 필요가 없다.

(7) 환매수수료

[환매수수료 예시] 가입 후 3개월 내 환매시 이익금의 70% → 가입 후 조기에 환매청구시 구성된 포트폴리오를 매도 후 재구성해야 하므로 비용이 발생함. 이 부분에 대한 징벌적 차원의 징구로서, 징구한 환매수수료는 집합투자기구에 귀속됨

보충문제

01   다음 빈칸이 올바르게 연결된 것은?

> 펀드투자자가 (㉠)에게 환매청구 → (㉠)는 (㉡)에게 지체없이 환매에 응할 것을 요구 → (㉡)는 보유 중인 금전 또는 집합투자재산을 처분하여 환매대금을 조성 → (㉢)는 (㉡)가 조성한 환매대금을 (㉠)를 통하여 투자자에게 지급

	㉠	㉡	㉢
①	판매업자	집합투자업자	신탁업자
②	판매업자	신탁업자	집합투자업자
③	신탁업자	집합투자업자	판매업자
④	집합투자업자	신탁업자	판매업자

해설   펀드투자자는 자신이 펀드를 매입한 판매업자(투자매매업자 · 투자중개업자)에게 환매를 요청한다. 집합투자업자는 처분 등을 통해 환매대금을 조성하고 그 대금을 관리하고 있는 신탁업자가 판매업자를 통해 환매대금을 지급한다.

정답 ①

02 환매원칙에 대한 다음 설명 중 옳지 않은 것은?

① 투자자는 언제든지 집합투자증권의 환매를 요청할 수 있다.

② 투자자는 집합투자증권의 환매를 청구하고자 할 경우 그 집합투자증권을 설정·설립한 집합투자업자에게 우선적으로 청구해야 한다.

③ 투자신탁이나 투자회사 등은 집합투자재산으로 소유 중인 금전 또는 집합투자재산을 처분하여 조성한 금전으로만 환매대금을 지급하여야 한다. 다만, 집합투자기구의 투자자 전원의 동의를 얻은 경우에는 해당 집합투자지구가 소유하고 있는 집합투자재산으로 지급할 수 있다.

④ 투자신탁이나 투자회사 등은 집합투자증권을 환매한 경우에는 그 집합투자증권을 소각해야 한다.

> **해설** ①·③·④는 옳은 내용이다(자본시장법 제235조 환매청구 및 방법 등). ②에서 환매의 청구는 집합투자업자가 아니라 '판매업자'에게 우선적으로 한다.
>
> 정답 ②

03 다음 빈칸에 알맞은 것은?

> 환매의 청구를 요구받은 투자신탁이나 투자회사 등은 그 집합투자기구의 투자대상자산의 환금성을 고려하여 대통령이 정하는 경우를 제외하고는 투자자가 환매를 청구한 날로부터 (   ) 이내에 집합투자규약에서 정한 환매일에 환매대금을 지급해야 한다.

① 3일

② 7일

③ 15일

④ 1개월

> **해설** 지문의 내용은 자본시장법 제235조(환매청구 및 방법 등) 제4항의 내용이다. '시장성 없는 자산에 펀드재산의 10% 초과, 외화자산에 50%를 초과'한 경우는 환매일을 연기할 수 있다.
>
> 정답 ③

04 환매청구를 받거나 환매에 응할 것을 요구받은 집합투자증권을 자기의 계산으로 취득하거나 타인에게 취득하게 할 수 없는 것을 '자기거래금지의 원칙'이라 한다. 그렇다면 다음 중 '자기거래금지의 원칙'이 적용되는 자가 아닌 것은?

① 집합투자증권을 판매한 투자매매업자·투자중개업자

② 집합투자재산을 운용하는 집합투자업자

③ 집합투자재산을 보관·관리하는 신탁업자

④ 투자회사의 업무수행을 위탁받은 일반사무관리회사

> **해설** 일반사무관리회사는 투자회사의 단순업무를 위탁받아 수행하는 자로 '자기거래금지의 원칙'과는 관련이 없다.
>
> 정답 ④

05 다음 빈칸을 가장 바르게 연결한 것은?

> MMF를 판매한 판매업자가 해당 MMF 판매규모의 100분의 (　　)에 상당하는 금액 또는 금융위가 정하여 고시하는 금액 (　　) 중 큰 금액의 범위 내에서, 개인투자자로부터 환매청구일에 공고된 기준가격으로 환매청구일에 그 집합투자증권을 매수하는 경우에는 자기거래를 할 수 있다.

① 5, 50억원   ② 5, 100억원

③ 10, 50억원   ④ 10, 100억원

해설 MMF의 경우 무위험수익률에 가까우므로 자기거래를 해도 투자자피해의 가능성이 거의 없기 때문에 투자자편의를 위해서 자기거래를 허용하는 것이다.
　　• '보기'의 사유에 추가하여 '불가피할 경우'에 자기거래금지의 예외가 적용된다.

정답 ②

06 자본시장법에서 정하는 환매연기사유에 속하지 않는 것은?

① 집합투자재산의 처분이 불가능하여 사실상 환매에 응할 수 없는 경우
② 투자자 간의 형평성을 해칠 염려가 있는 경우
③ 환매를 청구받거나 요구받은 투자매매업자·투자중개업자, 집합투자업자, 신탁업자, 투자회사 등의 해산 등으로 인해 집합투자증권을 환매할 수 없는 경우
④ 대량의 환매청구가 발생한 경우

해설 대량의 환매청구가 발생한 자체로는 환매연기사유가 될 수 없다. '대량의 환매청구에 응하는 것이 투자자 간의 형평성을 해칠 염려가 있는 경우' 환매연기가 가능하다.

정답 ④

07 다음 빈칸에 알맞은 것은?

> 투자신탁이나 투자익명조합의 집합투자업자 또는 투자회사 등은 환매연기를 결정한 날부터 (　　) 이내에 집합투자자총회에서 집합투자증권의 환매에 관한 사항(대통령령이 정하는 사항)을 결의하여야 한다.

① 2주   ② 3주

③ 6주   ④ 2개월

해설 6주 이내에 결의해야 한다.

정답 ③

08 집합투자재산의 일부환매연기에 대한 설명으로 잘못된 것은?

① 투자신탁 등은 집합투자재산의 일부가 자본시장법상의 환매연기사유에 해당될 경우 그 일부에 대해서 환매를 연기할 수 있다.

② 집합투자재산의 일부에 대해서 환매를 연기할 경우 나머지에 대해서는 투자자지분에 따라 환매에 응할 수 있다.

③ 투자신탁 등은 집합투자재산의 일부에 대해서 환매를 연기할 경우 연기된 집합투자재산만으로 별도의 집합투자기구를 설정·설립할 수 있는데 이때 금전납입의 방식으로 해야 한다.

④ 투자신탁 등은 집합투자재산의 일부로 별도의 집합투자기구를 설정·설립한 경우에는 정상자산 (연기된 일부를 제외한 나머지 자산)으로 구성된 집합투자기구의 집합투자증권을 계속하여 발행·판매·환매할 수 있다.

> **해설** 일부자산에 대해서 환매연기가 가능하고, 일부자산으로 별도의 펀드를 설정·설립할 수 있는데 이때 해당 일부 자산을 현물로 납입하여 설정·설립하게 된다(따라서 금전납입 방식이 아니다). ③처럼 펀드를 분리할 경우(펀드분리제도), 펀드는 정상자산펀드와 부실자산펀드로 구분되는데 펀드분리시 정상자산 수익자의 동의를 구할 필요가 없다는 점에 유의하도록 한다.
>
> 정답 ③

09 판매수수료와 환매수수료를 비교한 것으로 잘못 연결된 것은?

번호	구 분	판매수수료	환매수수료
①	수수료 납부이유	펀드 판매행위에 대한 대가	환매에 대한 대가
②	수수료 한도	판매금액 또는 환매금액의 2%	환매금액의 1%
③	수수료 귀속	판매업자(투자매매·중개업자)	집합투자기구
④	기준가격에의 영향	영향을 미치지 않음	영향을 미침

> **해설** 공모형펀드의 경우 판매수수료 한도는 판매금액 또는 환매금액의 100분의 20이다. 판매보수 한도는 집합투자재산의 연평균가액의 100분의 1인데, 환매수수료는 별도의 한도가 없다.
>
> 정답 ②

10 환매수수료에 대한 설명으로 가장 적절한 것은?

① 환매수수료는 집합투자기구로부터 징수한다.

② 환매는 펀드자금을 회수하는 수단으로서 투자자가 환매청구를 할 경우 환매수수료를 무조건 부담할 수밖에 없다.

③ 환매수수료는 징벌적으로 부과하는 성격으로 볼 수 있다.

④ 투자자가 부담한 환매수수료는 판매회사에게 귀속된다.

> **해설** 환매수수료는 단기간에 환매를 청구하면 포트폴리오를 재조정해야 하는 등 손실이 발생하고 이는 기존투자자의 부담이 된다. 따라서 지나친 단기매매에 대한 징벌적 성격으로 부과된다고 할 수 있으며, 투자자로부터 징구된 환매수수료는 집합투자기구에 귀속된다.
> ① 투자자로부터 징수한다, ② '(단기간의) 일정 기간'이 지나면 환매수수료가 부과되지 않는다, ④ 집합투자재산에 귀속된다.
>
> 정답 ③

집합투자증권의 거래가격

미래가격(Forward Pricing)의 개념에 해당하는 것은?

① 집합투자증권의 매입 또는 환매청구를 한 시점 이전에 이미 산정된 순자산가치
② 집합투자증권의 매입 또는 환매청구를 한 시점 당일에 적용되는 순자산가치
③ 집합투자증권의 매입 또는 환매청구를 한 시점 당일 종가에 적용되는 순자산가치
④ 집합투자증권의 매입 또는 환매청구를 한 시점 이후에 최초로 산정되는 순자산가치

해설 ①은 과거가격(Backward Pricing)의 개념이고, ④는 미래가격의 개념이다.

정답 ④

더알아보기 집합투자증권의 거래가격

(1) 순자산가치 = (집합투자자산총액 − 부채총액)/집합투자증권총수
- 모든 펀드의 거래는 순자산가치를 기준으로 한다(거래가격 : 주식-주가, 펀드-순자산가치).

(2) 미래가격방식(Forward Pricing) : '집합투자증권의 매입 또는 환매청구를 한 시점 이후에 최초로 산정되는 순자산가치를 거래가격으로 하는 것'을 말함
- 펀드의 무임승차를 방지하고 기존 투자자를 보호하는 차원에서 미래가격방식을 채택하고 있으며 영어로 Forward Pricing 혹은 Blind Pricing이라 한다.

(3) 집합투자증권 매수시 미래가격 적용 방식(T일에 매입청구시, T+1일의 기준가가 적용되는 것)

구 분			T일	T+1일	T+2일
주식비중 50% 이상 펀드	15시 30분	이 전	매입청구	기준가적용일	–
		이 후		–	기준가적용일
주식비중 50% 미만 펀드, 채권형, MMF	17시	이 전		기준가적용일	–
		이 후		–	기준가적용일

→ 기준시간(15시 30분 또는 17시)을 조금이라도 지나서 매입청구를 하면, 그 다음 날에 청구한 것과 동일함(즉, 하루 늦게 기준가가 적용되는데 이는 불법거래인 Late Trading을 방지하는 차원)

(4) 미래가격방식의 예외 : 보충문제 1, 2

01 집합투자증권 판매시에 '미래가격적용 원칙'에 따르지 않고 당일의 기준가격이 적용될 수 있는 경우가 아닌 것은?

① 투자자가 금융투자상품의 매도나 환매에 따라 수취한 결제대금으로 결제일에 MMF를 매수하기로 판매업자와 미리 약정한 경우

② 투자자가 급여 등 정기적으로 받는 금전으로 수취일에 MMF를 매수하기로 판매업자와 미리 약정한 경우

③ 외국환평형기금이나 연기금에 MMF를 판매하는 경우

④ 투자자가 금융투자상품의 매도나 환매에 따라 수취한 결제대금으로 결제일에 MMF 및 그 외의 펀드를 매수하기로 판매업자와 미리 약정한 경우

> **해설** 예정된 자금으로 MMF(단기금융펀드)를 매수하기로 미리 약정한 경우에만 당일의 기준가격을 적용할 수 있다. 이때 MMF 외의 다른 집합투자기구는 해당되지 않는다.
>
> 정답 ④

02 다음은 집합투자증권 환매시에 '미래가격적용 원칙'과 달리 당일의 기준가격이 적용될 수 있는 조항이다. 이에 해당되지 않는 것은?

① 투자자가 금융투자상품의 매수에 따른 결제대금을 지급하기 위해 MMF를 환매하기로 판매업자와 미리 약정한 경우

② 투자자가 공과금 납부 등 정기적으로 발생하는 채무의 변제를 이행하기 위해 MMF를 환매하기로 판매업자와 미리 약정한 경우

③ 외국환평형기금이나 연기금에 판매한 MMF를 환매하는 경우

④ 투자자가 금융투자상품의 매수에 따른 결제대금을 지급하기 위해 특정한 집합투자기구(종류의 제한없음)를 환매하기로 판매업자와 미리 약정한 경우

> **해설** 예정된 결제를 위해 MMF(단기금융펀드)를 환매하기로 미리 약정한 경우에만 당일의 기준가격을 적용할 수 있다. 이때 MMF 외의 다른 집합투자기구는 해당되지 않는다('보충문제 1'과 해석 방식이 동일함).
>
> 정답 ④

03 다음 빈칸에 들어갈 말로 알맞은 것은?(판매업자 : 투자매매업자 또는 투자중개업자)

> 투자자가 집합투자기구를 변경하지 않고 판매업자를 변경할 목적으로 집합투자증권을 환매한 후 다른 판매업자를 통해 해당 집합투자증권을 매수하는 경우에는, 집합투자증권을 환매한 후 (　　) 이내에 집합투자규약에서 정하는 판매업자 변경의 효력이 발생하는 날에 공고되는 기준가격으로 한다.

① 3영업일
② 7일
③ 15일
④ 30일

해설　15일이다. 판매업자의 변경목적으로 환매한 집합투자증권을 재매수할 경우 어떤 날의 기준가격을 적용하는가를 묻는 문제이다.

정답 ③

04 다음 각각에 해당하는 용어가 가장 바르게 연결된 것은?

구 분	내 용
주식거래	주식거래는 주가를 기준으로 매수와 매도를 한다.
펀드거래	펀드거래는 (㉠)을/를 기준으로 (㉡)와 (㉢)를 한다.

	㉠	㉡	㉢
①	순자산가치	판 매	환 매
②	순자산가치	환 매	판 매
③	자산총액	판 매	환 매
④	자산총액	환 매	판 매

해설　• 순자산가치(기준가격) = (자산총액 − 부채총액) / 집합투자증권총수
　　　• 펀드매수 = 판매
　　　• 펀드매도 = 환매

정답 ①

집합투자증권의 보관 및 관리

핵심유형문제

집합투자재산을 보관하는 법리에 관한 설명으로 옳지 않은 것은?

① 투자신탁은 신탁법리에 따라 신탁업자가 투자신탁재산의 법적 소유인으로서 보관한다.
② 투자회사는 신탁업자가 민법상의 위임법리에 따라 수임인으로서 보관한다.
③ 투자신탁은 집합투자업자의 명의로, 투자회사는 투자회사의 명의로 집합투자재산을 보관한다.
④ 투자신탁이든 투자회사든 집합투자재산의 보관에 대한 법리가 다르나 신탁업자가 집합투자재산을 보관하고 관리하는 주체라는 것은 동일하다.

해설 투자신탁은 수탁자(신탁업자)의 명의로, 투자회사는 투자회사의 명의로 보관한다.

정답 ③

더알아보기 집합투자재산의 보관법리

(1) 집합투자재산의 보관법리

투자신탁(신탁법리)	투자회사(위임법리)
신탁업자의 명의로 신탁업자가 소유인으로서 보관	투자회사 명의로 신탁업자가 보관대리인으로서 보관

• 신탁업자가 실질 보관한다는 것은 동일하나, 보관의 법리가 다름

(2) 신탁업자의 업무제한 : 계열사에서의 보관·관리 금지, 집합투자기구별 자산관리, 고유재산 등과의 거래 제한, 이해관계인과의 거래 제한, 집합투자재산의 정보이용 제한
→ 고유재산과의 거래 제한은 예외가 있음(필요시 이해관계인인 금융기관 예치 등은 허용)

(3) 신탁업자의 감시기능
① 운용에 대한 감시 : 운용이 집합투자규약을 준수하고 있는가?(소극적 감시기능)
② 기준가격 평가 : 집합투자업자의 산정가격과 신탁업자의 산정가격의 편차가 1,000분의 3을 초과시에는 시정을 요구함(투자신탁 : 집합투자업자에게, 투자회사 : 감독이사에게)

(4) 자산보관·관리보고서 VS 자산운용보고서

자산운용보고서	자산보관·관리보고서
집합투자업자 → 투자자, 3개월에 1회 이상	신탁업자 → 투자자, 사유발생일로부터 2개월 이내
기준가격, 자산과 부채, 매매회전율 등	규약의 변경사항, 운용인력의 변경 등

① 자산운용보고서는 '운용에 관한 사항', 자산보관·관리보고서는 '보관, 관리에 관한 사항'이다(세부내용은 본문 참조).
② 자산보관·관리보고서를 투자자에게 제공하지 않아도 되는 이유 : ㉠ 투자자에게 수령의사를 서면으로 거부한 경우, ㉡ 10만원 이하의 투자자(단, 이 경우 규약에서 정함이 있어야 함)

01 신탁업자의 운용행위 감시에 대한 설명으로 잘못된 것은?

① 신탁업자는 집합투자업자의 운용지시가 법령, 집합투자규약, 투자설명서 등을 위반하는지 여부에 대해 확인하고, 위반사항이 있는 경우 운용지시의 철회 또는 시정을 요구해야 한다.

② 투자회사의 경우 신탁업자는 법인이사에게 위반사항을 보고하고, 법인이사는 집합투자업자에게 해당사항의 시정을 요구해야 한다.

③ 집합투자업자는 운용지시 등의 시정요구사항에 대해 3영업일 이내에 이행해야 한다.

④ 집합투자업자는 신탁업자 등의 요구에 대해 금융위에 이의를 신청할 수 있으며, 이 경우 관련당사자는 금융위의 결정에 따라야 한다.

> **해설** 투자회사는 법인이사와 2인 이상의 감독이사로 구성되는데, 운용행위 감시 등의 사항은 감독이사의 소관이다.
> ※ 위반사항에 대한 시정요구와 시정절차(투자회사의 경우)
> 신탁업자가 감독이사에게 위반사항 보고 → 감독이사는 집합투자업자(법인이사)에게 시정을 요구 → 집합투자업자가 시정함. 만일 집합투자업자가 3영업일 내로 시정이행을 하지 않을 경우 신탁업자나 감독이사는 그 사실을 금융위에 보고 및 공시함
>
> **정답** ②

02 다음 빈칸에 알맞은 것은?

> 기준가격 산정의 적정성의 경우 집합투자업자가 산정한 기준가격과 신탁업자가 산정한 기준가격의 편차가 (   ) 이내이면 적정한 것으로 본다.

① 1,000분의 1   ② 1,000분의 3
③ 1,000분의 5   ④ 10,000분의 5

> **해설** 집합투자업자와 신탁업자의 기준가격 산정이 차이가 1,000분의 3을 초과할 경우 신탁업자는 집합투자업자에게 지체 없이 그 시정을 요구해야 한다.
>
> **정답** ②

03 신탁업자가 집합투자업자의 운용행위에 대해 감시하는 대상이 아닌 것은?

① 집합투자업자가 작성한 투자설명서가 적법하게 작성되었는지의 여부
② 집합투자업자의 운용방침이 시장상황에 적합한지의 여부
③ 주식형·채권형 등을 운용함에 있어 편입자산의 비중이 규약을 준수하고 있는지의 여부
④ 자산운용보고서의 작성이 적정한지의 여부

> **해설** 신탁업자의 운용행위 감시는 ③처럼 운용과정에서 규약에 어긋나는 것이 없는지를 체크하는 일종의 '소극적인 감시' 행위이다. 장세 판단에 따른 운용방침 등은 집합투자업자의 고유의 권한이다.
>
> **정답** ②

04 신탁업자가 자산보관·관리보고서를 투자자에게 제공하지 않아도 되는 경우에 속하지 않는 것은?

① 투자자가 수령거부의사를 서면으로 표시한 경우

② MMF, ETF의 자산보관·관리보고서를 인터넷 홈페이지 등을 통해 공시하는 경우

③ 폐쇄형펀드에 대한 자산보관·관리보고서를 인터넷 홈페이지 등을 통해 공시하는 경우

④ 10만원 이하의 투자자인 경우

> **해설** 10만원 이하의 투자자로서 집합투자규약에 미교부를 정하고 있는 경우에 한한다.

정답 ④

05 다음 빈칸이 가장 바르게 연결된 것은?

> 자산운용보고서는 (   )가(이) 투자자에게 제공하는 것이고, 자산보관·관리보고서는 (   )가(이) 투자자에게 제공하는 것이다.

① 집합투자업자 – 신탁업자

② 투자회사 – 투자신탁

③ 신탁업자 – 집합투자업자

④ 투자신탁 – 투자회사

> **해설** 자산운용보고서는 3개월에 1회 이상 운용업자가 투자자에게, 자산보관·관리보고서는 사유발생일로부터 2개월 이내에 신탁업자가 투자자에게 제공해야 한다.

정답 ①

06 자산보관·관리보고서에 기재되는 사항이 아닌 것은?

① 집합투자규약의 주요 변경사항

② 투자운용인력의 변경

③ 신탁업자의 확인사항

④ 보유자산의 종류별 평가액과 비율

> **해설** ④는 자산운용보고서의 내용이다.
> - 자산보관·관리보고서는 ①·②·③에 추가하여 '집합투자자총회 결의사항', '회계감사인의 선임사항' 등이 있다.
> - 자산운용보고서는 ④에 추가해 '기준가격, 자산·부채, 매매금액 및 회전율' 등이 있다.

정답 ④

집합투자재산의 평가

다음 빈칸이 가장 바르게 연결된 것은?

> 집합투자재산은 원칙적으로 (㉠)(으)로 평가하고, (㉠)을/를 구할 수 없는 경우에는 (㉡)(으)로 평가해야 한다. 다만, MMF에 대해서는 (㉢)평가를 허용하고 있다.

	㉠	㉡	㉢
①	시 가	공정가액	장부가
②	시 가	공정가액	순자산가치
③	공정가액	시 가	순자산가치
④	공정가액	시 가	장부가

해설 '시가(Market Price) – 공정가액(Fair Value) – 장부가(Book Value)'이다.

정답 ①

더알아보기 집합투자재산의 평가

(1) 집합투자재산의 평가는 시가평가가 원칙임. 단, 시가를 구할 수 없는 경우 공정가액을 평가해야 하며, MMF는 장부가평가를 함
   • 공정가액(Fair Value) : 집합투자재산평가위원회가 충실의무를 준수하고 일관성을 유지하며 평가한 가격

(2) 기준가격이 잘못 계산된 경우의 재공고·게시의무(아래의 차이를 초과시)

지분증권(국내시장)	지분증권(해외시장)	MMF	그 외
1천분의 2	1천분의 3	1만분의 5	1천분의 1

→ 기준가격의 변경·공시의 경우 집합투자업자의 준법감시인과 신탁업자의 확인을 받아야 함

01 집합투자재산의 평가 및 기준가격 산정과 관련한 다음의 설명 중에서 적절하지 않은 것은?

① 집합투자업자는 집합투자재산을 시가에 따라 평가하되, 평가일 현재 신뢰할 만한 시가가 없는 경우에는 공정가액으로 평가해야 한다.

② 집합투자업자는 집합투자재산에 대한 평가가 공정하고 정확하게 이루어질 수 있도록 수익자의 확인을 받아 집합투자재산의 평가와 절차에 관한 기준을 마련해야 한다.

③ 집합투자재산평가위원회는 평가업무 담당임원, 운용업무 담당임원, 준법감시인과 그 밖에 공정한 평가를 위해 금융위가 인정한 자로 구성하여야 한다.

④ 집합투자업자는 평가위원회가 집합투자재산을 평가하는 경우 그 평가명세를 지체 없이 그 집합투자재산을 보관·관리하는 신탁업자에게 통보해야 하고, 신탁업자는 해당 평가가 평가기준에 따라 공정하게 이루어졌는지 확인하여야 한다.

> **해설** 수익자의 확인이 아니라 신탁업자의 확인을 받아야 한다.
>
> **정답** ②

02 다음 내용은 무엇을 말하는 것인가?

> 집합투자재산에 속한 자산의 종류별로 집합투자재산평가위원회가 충실의무를 준수하고 평가의 일관성을 유지하며 평가한 가격을 말한다.

① 시가(Market Price) 　　② 공정가액(Fair Value)
③ 장부가격(취득원가) 　　④ 균형가격(Parity)

> **해설** 공정가액(Fair Value)의 개념이다.
>
> **정답** ②

03 기준가격 산정과 관련한 다음의 설명 중 적절하지 않은 것은?

① 투자신탁이나 투자익명조합의 집합투자업자 또는 투자회사 등은 기준가격을 매일 공고·게시해야 한다.

② 기준가격을 매일 공고·게시하기 곤란한 경우에는 해당 집합투자규약에서 기준가격의 공고·게시주기를 15일 이내의 범위에서 별도로 정할 수 있다.

③ MMF의 시가와 장부가의 차이가 1,000분의 5를 초과할 경우 집합투자규약에서 정하는 바에 따라 필요한 조치를 해야 한다.

④ MMF의 경우 처음 공시·게시한 기준가격과의 차이가 1,000분의 3을 초과할 경우 지체없이 기준가격을 변경하고 재공시·게시해야 한다.

> **해설** MMF의 기준가격 수정(2가지 경우) : 시가와 장부가의 차이는 1,000분의 5(보기 ③), 기준가격을 잘못 계산한 경우에는 10,000분의 5(보기 ④)를 초과시 재산정해야 한다.
>
> **정답** ④

집합투자재산의 회계

집합투자기구의 회계감사의무와 관련된 설명 중 옳지 않은 것은?

① 집합투자업자 등은 집합투자재산에 대하여 회계기간 말일 등으로부터 3개월 이내에 회계감사인의 감사를 받아야 한다.

② 각 집합투자기구 자산총액이 300억원 이하인 경우에는 회계감사의무가 면제된다.

③ 집합투자기구의 자산총액이 300억원 초과 500억원 이하인 경우로서 기준일 이전 6개월간 집합투자증권을 추가로 발행하지 아니한 경우에는 회계감사의무가 면제된다.

④ 집합투자업자 등은 회계감사인을 선임하거나 교체한 경우에는 지체없이 해당 신탁업자에게 통지하고 그 선임일 혹은 교체일로부터 1주일 이내에 금융위에 보고해야 한다.

> 해설 3개월이 아니라 2개월이다. ②·③·④는 '자본시장법 제240조와 동법 시행령 제264조(회계감사 적용면제)'의 내용이다.

> 정답 ①

더알아보기 집합투자재산의 회계(일반회계와 다름)

(1) 결산기마다 '대차대조표 / 손익계산서 / 자산운용보고서 및 그 부속명세서'를 작성해야 함

(2) 펀드투자자나 채권자는 영업시간 중에 언제든지 비치된 서류를 열람 및 그 서류의 등본 또는 초본의 교부를 청구할 수 있음

(3) 회계감사의무 집합투자재산에 대해 회계기간의 말일로부터 2개월 이내에 회계감사인의 감사를 받아야 함
  • 회계감사의무의 예외

자산총액이 300억원 이하인 집합투자기구	자산총액이 300억원 초과 500억원 이하인 펀드로서 기준일 이전 6개월 동안 집합투자 증권을 추가로 발행하지 않은 집합투자기구

(4) 이익금의 분배원칙 이익금은 금전 또는 새로 발행하는 집합투자증권으로 분배하는 것이 원칙이나, 규약에서 정할 경우 유보나 초과분배가 가능하다. 단, MMF는 유보가 불가하다.

01 집합투자기구의 결산서류 작성과 관련된 설명으로 옳지 않은 것은?

① 투자회사의 감독이사는 결산서류의 승인을 위하여 이사회 개최 1주 전까지 그 결산서류를 이사회에 제출하여 그 승인을 받아야 한다.

② 집합투자업자 등은 결산서류 및 회계감사보고서를 본점과 판매영업소에 비치해야 하며 비치일로부터 5년간 보존해야 한다.

③ 집합투자기구의 투자자 및 채권자는 영업시간 중 언제든지 비치된 서류를 열람할 수 있으며 그 서류의 등본 또는 초본의 교부를 청구할 수 있다.

④ 집합투자업자 등은 집합투자재산에 관하여 회계처리를 하는 경우 증권선물위원회의 심의를 거쳐 정하여 고시한 회계처리기준에 따라야 한다.

> **해설** 투자회사의 경우 결산서류의 승인업무 등은 법인이사가 한다(법인이사와 감독이사의 역할을 구분할 것).
>
> **정답** ①

02 이익금의 분배와 관련한 다음 설명 중 옳지 않은 것은?

① 집합투자업자 등은 집합투자재산의 운용에 따라 발생한 이익금을 투자자에게 금전 또는 새로 발행하는 집합투자증권으로 분배해야 한다.

② MMF를 포함하여 모든 집합투자기구의 경우 집합투자규약이 정하는 바에 따라 이익금의 분배를 집합투자기구에 유보할 수 있다.

③ 투자회사의 경우 순자산액에서 최저순자산액을 뺀 금액을 초과하여 분배할 수 없다.

④ 집합투자업자 등은 이익금을 초과하여 금전으로 분배하려는 경우에는 집합투자규약에 그 뜻을 기재하고 이익금의 분배방법 및 시기, 그 밖에 필요한 사항을 미리 정해야 한다.

> **해설** MMF는 제외된다. 즉 MMF는 이익금의 분배를 유보할 수 없고 나머지 집합투자기구는 규약에서 정할 경우 유보할 수 있다.
>
> **정답** ②

집합투자기구의 해지ㆍ해산

투자신탁을 설정한 집합투자업자는 법정해지 사유가 발생하면 지체없이 투자신탁을 해지하여야 한다. 다음 중 법정해지 사유에 속하지 않은 것은?

① 투자신탁의 수익자 전원이 동의하는 경우
② 신탁계약에서 정한 신탁계약기간의 종료
③ 수익자총회에서의 투자신탁 해지 결의
④ 투자신탁의 피흡수합병

해설 ①은 '사전승인이 필요 없는 임의해지 사유'에 속한다.

정답 ①

더알아보기 집합투자기구의 해지ㆍ해산

(1) 투자신탁의 해지

법정해지	임의해지
아래의 사유가 발생하면, 지체없이 투자신탁을 해지하고 금융위에 보고(사후보고)해야 함	사전승인을 받아야 하나, 아래에 해당하는 사유는 사전승인 없이 해지가 가능함
① 신탁계약에서 정한 신탁계약의 종료 ② 수익자총회에서의 투자신탁 해지결의 ③ 투자신탁의 피흡수합병 ④ 투자신탁의 등록취소 ⑤ 전체 수익자의 수가 1인인 경우(단, 예외가 있을 수 있음) ⑥ 투자신탁인 일반 사모펀드가 요건을 갖추지 못해 해지명령을 받은 경우	① 수익자 전원이 동의한 경우 ② 수익증권 전부에 대한 환매청구시 ③ 설정 후 1년이 되는 날에 원본액이 50억원 미만인 경우 ④ 설정 후 1년이 지난 후 1개월간 계속하여 투자원본액이 50억원 미만인 경우

(2) 투자회사의 해산
① 일반적인 경우(존속기간만료, 주총의 해산결의), 법인이사가 청산인, 감독이사가 청산감독인이 됨
② 해산시 청산인은 해산일로부터 30일 이내에 해산사유 등을 금융위에 보고해야 함
③ 채권자에 대한 청산공고 : 청산인은 취임한 날부터 1개월 이내에 투자회사의 채권자에 대하여 일정 기간 이내에 그 채권을 신고할 것과 그 기간 이내에 신고하지 아니하면 청산에서 제외된다는 뜻을 2회 이상 공고함으로써 최고하여야 한다. 이 경우 그 신고기간은 1개월 이상으로 하여야 한다.

01 투자신탁이 집합투자기구를 해지하려면 사전에 금융위의 승인을 받아야 한다. 그러나 수익자의 이익을 해할 우려가 없는 경우로서 '대통령령이 정하는 경우'에는 금융위의 승인 없이 해지할 수 있다. 다음 중 '대통령령이 정하는 경우'에 해당되지 않는 것은?

① 수익자 전원이 동의한 경우
② 해당 투자신탁의 수익증권 전부에 대한 환매의 청구를 받아 신탁계약을 해지하려는 경우
③ 공모·추가형펀드로서 설정한 후 1년이 되는 날에 원본액이 50억원 미만인 경우
④ 공모·추가형펀드로서 설정한 후 1년이 지난 후 3개월간 계속하여 투자신탁의 원본액이 50억원 미만인 경우

해설 3개월이 아니라 1개월이다.

정답 ④

02 다음은 투자회사의 해산 및 청산에 관련한 설명이다. 빈칸에 들어갈 수 없는 것은?

• 투자회사가 정관에서 정한 존속기간의 만료 등으로 해산하게 되면, 청산인은 해산일로부터 (   ) 이내에 해산사유 등을 금융위에 보고하여야 한다.
• 청산인은 취임한 날부터 1월 이내에 투자회사의 채권자에 대하여 일정기간 이내에 그 채권을 신고할 것과 그 기간 이내에 신고하지 않으면 청산에서 제외된다는 뜻을 (   ) 이상 공고함으로써 최고하여야 한다. 이 경우 그 신고기간은 (   ) 이상으로 해야 한다.

① 2회   ② 2주
③ 30일   ④ 1개월

해설 차례대로 '30일 − 2회 − 1개월'이다.

정답 ②

집합투자기구의 합병

투자신탁 등 집합투자기구의 합병과 관련한 다음 설명 중 잘못된 것은?

① 투자신탁은 투자신탁과 투자회사는 투자회사하고만 합병이 가능하다.

② 합병을 위해서는 수익자총회 또는 주주총회의 승인을 얻어야 한다.

③ 존속하는 투자신탁 또는 투자회사는 그 집합투자업자가 금융위에 합병보고를 함으로써 효력이 발생한다.

④ 합병으로 소멸하는 투자신탁이나 투자회사는 청산절차를 거쳐야 한다.

> **해설** 합병으로 소멸하는 경우는 청산절차를 거치지 않는다. ②에서 소규모합병의 경우에는 총회결의의무가 생략된다.

정답 ④

더알아보기 집합투자기구의 합병

(1) **합병절차** : 합병계획서 → 수익자총회 승인 → 합병가능(투자신탁 ↔ 투자신탁, 투자회사 ↔ 투자회사)
  • 합병은 수익자총회 결의사항이나, 소규모합병의 경우 총회결의의무가 면제됨

(2) 합병이 있을 경우 '수익자총회일 2주 전부터 합병일 이후 6개월의 기간'까지 합병 재무상태표 등을 공시해야 한다(집합투자업자 본점 + 판매회사 영업점).

(3) 합병으로 소멸하는 투자신탁(투자회사)은 청산절차 없이 소멸된다.

2 집합투자기구의 운용

자산운용의 지시와 실행

다음 빈칸이 알맞게 연결된 것은?

- (㉠)은 그 자체로는 법인격이 없으므로 (㉡)는 운용지시만을 하고 (㉢)가 그 지시에 따라 거래를 집행한다.
- (㉣)는 그 자체로 법인격이 있으므로 (㉡)는 집합투자기구의 명의로 취득·처분을 하고 (㉢) 에게 해당 자산의 보관·관리를 지시한다.

	㉠	㉡	㉢	㉣
①	투자신탁	집합투자업자	신탁업자	투자회사
②	투자신탁	신탁업자	집합투자업자	투자신탁
③	투자회사	집합투자업자	신탁업자	투자신탁
④	투자회사	신탁업자	집합투자업자	투자신탁

해설 법적인 형태에 따른 운용형태의 차이점이다. 투자신탁은 법인격이 없으므로 집합투자기구의 명의로 취득·처분을 할 수 없다. 그래서 '집합투자업자의 운용지시 → 신탁업자의 취득·처분'의 형태가 된다. 반면 투자회사는 법인격이 있으므로 집합투자기구의 명의로 취득·처분을 할 수 있고 직접취득·처분한 자산에 대해서 신탁업자에게 보관·관리를 지시한다.

정답 ①

더알아보기 자산운용의 지시와 실행

구 분	투자신탁	투자회사
운용의 실질주체	집합투자업자	집합투자업자
운용의 명의	집합투자기구 명의×(수탁자 명의)	집합투자기구 명의 ○
취득 / 처분 수행	수탁자[주1]	집합투자업자
보관 / 관리 수행	수탁자	수탁자

*주1) 투자신탁의 경우 그 자체로 법인격이 없으므로 집합투자업자가 지시, 신탁업자가 거래를 집행하는 구조이다. 그러나, 투자운용의 효율성과 적시성 확보를 위해 집합투자업자가 직접 거래를 수행하는 예외를 인정하고 있다(예외 인정 : 상장증권 매매 / 장내파생상품 매매 / 단기대출 / CD매매 / 위험회피 목적의 장외파생상품매매 등).

01 투자신탁의 집합투자업자가 운용자산을 직접 취득·처분할 수 있는 자산과 가장 거리가 먼 것은?

① 상장증권의 매매   ② 장내파생상품의 매매

③ 장외파생상품의 매매   ④ 단기대출

해설   장외파생상품은 위험회피목적에 한해서 직접 처분·취득이 가능하다.

정답 ③

자산운용의 제한   핵심유형문제

다음 빈칸에 알맞은 것은?

> 각각의 집합투자기구는 동일종목 증권에 자산총액의 (   )를 초과하여 투자할 수 없다.

① 10%   ② 20%

③ 30%   ④ 40%

해설   동일종목 증권의 투자한도는 10%이다. 집합투자기구는 전문가에 의한 간접투자상품으로서 안정성을 제고하기 위해 분산투자를 강제하고 있다.

정답 ①

더알아보기   자산운용의 제한

증 권	파생상품	집합투자증권	부동산
• 동일종목 투자한도 → 자산총액의 10% [예외] 국채 100%, 지방채 / 특수채 30% • 동일법인 지분증권 → 각 10%, 전체 20%	• 위험평가액 한도 → 순자산액의 100%(전문사모 400%) • 동일법인 발행증권의 위험평가액한도 → 자산총액의 10%	• 펀드투자한도 → 단일펀드에 20%, 전체펀드에 50% • 재간접펀드에 투자불가 • 사모펀드투자한도 : 자산총액의 5%	국내부동산 취득 후 1년 이내 처분불가(국외부동산은 규약이 정하는 기간 내 처분 불가

① 증권 : '국채 / 통안채(한국은행발행 특수채) / 정부가 원리금을 보증하는 채권'은 100% 운용이 가능하다.

② 파생상품 : 비적격투자자와는 장외파생상품거래를 할 수 없다(공모·사모 모두 적용됨).

③ 집합투자증권 : 단일펀드를 대상으로 20%, 동일업자가 운용하는 전체펀드를 대상으로는 50%[주1]를 초과하여 투자할 수 없다.

  *주1 : 사모펀드에 투자하는 재간접투자기구(2017.5 자본시장법 개정으로 허용)는 100%까지 투자가 가능하다.

01 동일종목 투자한도의 예외를 설명한 것이다. 잘못된 것은?

번 호	동일종목	동일종목 투자한도
①	국채 · 통화안정증권 · 정부 원리금보증채권	100%
②	지방채	100%
③	특수채 · 파생결합증권 · OECD회원국 또는 중국 정부발행채권	30%
④	지분증권	10%

해설 지방채의 동일종목 투자한도는 30%이다(③과 동일함).
　※ 추가예외사항
　　(1) 특정시장에서의 시가총액이 10%가 넘는 지분증권의 경우, 해당 시가총액비중까지 투자가 가능함
　　(2) 50% 이상을 5% 이하씩 나누어 투자하는 등 법령에서 정한 요건을 갖춘 펀드의 경우 25%까지 투자가 가능함

정답 ②

02 다음 빈칸에 알맞은 것은?

> • 각각의 집합투자기구는 자산총액으로 동일법인이 발행한 지분증권 총수의 (㉠)를 초과하여 투자할 수 없다.
> • 동일한 집합투자업자가 운용 중인 다수의 집합투자기구의 자산총액으로 동일법인이 발행한 지분증권에 투자할 경우 (㉡)를 초과할 수 없다.

	㉠	㉡
①	10%	20%
②	10%	30%
③	20%	30%
④	20%	50%

해설 동일법인 발행 지분증권에 대해서 각각의 집합투자기구는 지분증권 총수의 10%, 전체 집합투자기구의 경우 지분증권 총수의 20%까지 투자할 수 있다.
　참고 동일법인이 발행한 지분증권에 대한 투자한도 제한의 이유는?
　　• 첫째, 분산투자를 강제하기 위한 차원이다(동일종목 투자한도 10%).
　　• 둘째, 경영권 위협의 문제가 발생하기 때문이다.
　　집합투자재산은 운용업자(집합투자업자)의 재산이 아니라 고객의 재산이다. 따라서 고객의 재산으로 특정회사의 지분증권을 과도하게 매입할 경우 고객의 재산으로 회사를 지배할 수 있다는 문제점이 발생한다.

정답 ①

03 파생상품의 운용제한에 대한 설명으로 옳지 않은 것은?

① 일정한 적격요건을 갖추지 못한 자와 장외파생상품을 거래할 수 없다.

② 파생상품 매매에 따른 위험평가액은 공모집합투자기구의 경우 순자산액의 100%를 초과할 수 없다.

③ 기초자산 중 동일법인이 발행한 증권의 가격변동으로 인한 위험평가액이 각 집합투자기구 자산총액의 10%를 초과할 수 없다.

④ 동일 거래상대방에 대한 장내파생상품 매매에 따른 위험평가액이 각 집합투자기구 자산총액의 10%를 초과할 수 없다.

> **해설** 동일 거래상대방에 대해 위험평가액의 제한을 두는 것은 신용위험(Default Risk) 때문이고, 신용위험은 장외거래에서 발생한다(장내거래에서는 거래소의 청산소가 결제이행을 책임지므로 신용위험이 발생하지 않는다).
>
> **정답** ④

더알아보기 **집합투자증권의 운용제한**

파생상품 매매에 따른 위험평가액 한도 → 순자산가액의 100%
집합투자기구의 순자산가액 = 자산총액 − 부채총액. 즉, 순자산가액은 '자산총액에서 부채총액을 뺀 가액'이고 순자산가액의 100%를 초과할 수 없도록 하는 것은 과도한 위험(자기자본을 초과하는 위험)을 부담하지 못하게 하는 차원이다.

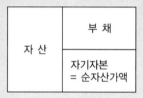

공모형펀드는 파생상품 매매에 따른 위험한도액이 순자산가액의 100%이나 사모형펀드는 400%까지 허용된다.

---

04 다음은 집합투자증권의 운용제한에 대한 설명이다. 잘못된 것은?

① 동일한 집합투자기구에 대한 투자는 집합투자기구 자산총액의 20%를 초과할 수 없다.

② 동일한 집합투자업자가 운용하는 집합투자기구들에 대한 투자는 집합투자기구 자산총액의 50%를 초과할 수 없다.

③ Fund of Funds, 즉 재간접투자기구에 대한 투자는 원칙적으로 금지된다.

④ 공모재간접펀드가 사모집합투자기구에 투자할 경우 집합투자기구 자산총액의 10%를 초과할 수 없다.

> **해설** 사모집합투자기구에 대한 투자한도는 5%이다.
>
> **정답** ④

• 상기(보충문제 4) ①, ②는 아래 그림과 같다.

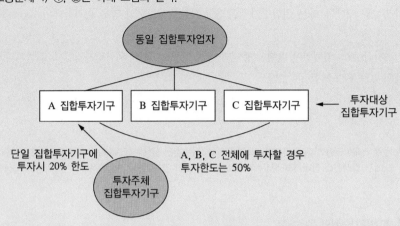

• 펀드 오브 펀드(Fund of Funds)란 다른 집합투자기구에 자산총액의 40% 이상을 투자할 수 있는 집합투자 기구를 말한다. 펀드는 본질적으로 간접투자기구인데, 다른 간접투자기구에 투자한다고 해서 재간접투자기 구라고 하는 것이다.

– '펀드 오브 펀드에 투자할 수 없다'는 운용제한은, 'Fund of Funds'에 투자하는 펀드는 재재간접투자기구 가 되는데 이 경우 펀드의 본질인 전문투자성이 지나치게 희석되기 때문이라고 할 수 있다.

---

05 다음은 집합투자기구의 투자대상으로서 부동산의 운용제한에 대한 설명이다. 가장 거리가 먼 것은?

① 집합투자기구에서는 주택법상 국내소재 부동산을 취득한 경우에는 취득일부터 1년 이내에는 처분이 금지된다.

② 집합투자기구의 합병, 해산의 경우에는 취득일로부터 1년 제한이 있더라도 부동산의 처분이 가능하다.

③ 공작물이 없는 토지를 취득한 후 개발사업 시행 전의 상태로 처분할 수 없다.

④ 토지상태로 취득한 후에 사업성이 떨어진 경우에는 개발사업 시행 전의 상태라도 처분이 가능하다.

> 해설 만일 사업성이 현저하게(뚜렷하게) 떨어진 경우에는 시행 전의 상태라도 처분을 할 수 있다. 1년 제한과 같은 규제를 두는 이유는 펀드에 부여되는 혜택을 이용해서 단기매매(투기)로 악용할 여지가 있기 때문이다.
>
> 정답 ④

집합투자기구의 금전차입 및 대여 제한

다음 빈칸에 알맞은 것은?

- 집합투자기구에 속하는 증권총액의 (㉠)를 초과하여 환매조건부매도를 할 수 없다.
- 각 집합투자기구에 속하는 증권의 (㉡)를 초과하여 증권을 차입할 수 없으며 (㉢)를 초과하여 대여할 수 없다.

	㉠	㉡	㉢
①	50%	200%	100%
②	100%	200%	100%
③	50%	20%	50%
④	100%	20%	50%

해설 차례대로 '50% – 20% – 50%'이다. 환매조건부매도(RP)는 일정한 기간 후에 되사는 것을 전제로 매도하는 거래를 말하는데, 환매조건부매도는 차입의 일종이므로 일정한 비율규제를 받는 것이다.

정답 ③

더알아보기 증권차입·대여 VS 금전차입·대여

구분(공모형펀드)	증 권		금 전	
	차 입	대 여	차 입	대 여
허용한도	20%	50%	×	×

- [추가사항–환매조건부매매제한] 각 펀드는 보유한 증권총액의 50%를 초과하여 RP매도를 할 수 없다.
- 금전차입불가의 예외 : 일시적 환매대금 지급 곤란시 순자산총액의 10%까지 차입이 가능하다(단, 금융기관으로부터). 그리고 차입을 한 경우에는 해당 차입금을 전액 변제하기 전까지는 투자대상자산을 추가로 매수할 수 없다.
- 공모형펀드에서 펀드의 부실화를 방지하기 위해서 금전의 차입과 대여를 금지한다. 그러나 증권의 대여는 수수료 수입 등 수익성 제고차원에서 차입은 대주거래 등 거래의 필요성으로 허용하되, 지나친 차입은 부실을 초래할 수 있으므로 대여보다는 낮은 비율이 적용되는 것이다.

01 집합투자기구의 금전차입에 대한 설명으로 잘못된 것은?

① 환매청구가 대량으로 발생하여 일시적으로 환매대금 지급이 곤란하게 된 경우 금전차입이 가능하다.

② 집합투자자총회 안건에 반대하는 투자자의 매수청구가 대량으로 발생하여 일시적으로 매수대금 지급이 곤란한 경우 금전차입이 가능하다.

③ 차입이 허용될 경우 차입상대방은 금융기관이어야 한다.

④ 차입이 허용될 경우 차입금은 차입 당시 집합투자재산 순자산총액의 20%를 넘을 수 없다.

> **해설** 예외적으로 차입이 허용된다 하더라도 차입 당시의 집합투자재산 순자산총액의 10%를 초과할 수 없다(금융기관으로부터 차입해야 함).
>
> > **참고** 공모형펀드에서의 금전차입·대여와 증권차입·대여 규제가 다른 이유 : 공모형펀드에서 펀드의 부실화를 방지하기 위해서 금전의 차입과 대여를 금지한다. 반면에 증권의 대여는 수수료 수입 등 수익성 제고 차원, 차입은 대주거래 등 거래의 필요성이 있어 제한적으로 허용된다.
>
> **정답** ④

02 다음 중 옳은 설명은?

① 집합투자업자는 집합투자재산을 운용함에 있어 채무보증이나 담보제공을 할 수 없다.

② 집합투자업자는 집합투자재산을 운용함에 있어 어떠한 경우에도 금전을 타인에게 제공할 수 없다.

③ 집합투자업자는 집합투자재산을 운용함에 있어 어떠한 경우에도 금전을 차입할 수 없다.

④ 집합투자업자는 집합투자재산을 운용함에 있어 증권의 차입과 대여도 금지된다.

> **해설** 펀드부실화를 막기 위해 금전차입과 대여가 제한되는 것과 같은 맥락으로, 채무보증과 담보제공은 불가하다.
> ② '콜론, 금융기관 등에 대한 30일 이내의 단기대출'은 허용된다(안전하므로).
> ③ 일시적인 자금부족의 경우 예외를 두고 있다.
> ④ 금전차입·대여는 원칙적 금지이나 증권의 대여(50%)·차입(20%)는 제한적으로 가능하다.
>
> **정답** ①

다음 빈칸에 순서대로 들어갈 말을 가장 바르게 연결한 것은?

> • 집합투자업자가 운용하는 전체 집합투자기구의 집합투자증권을 (   ) 이상 판매한 판매업자나, 집합투자재산의 (   ) 이상 보관·관리하는 신탁업자는 이해관계인이다.
> • 이해관계인이 되기 전 (   ) 이전에 체결한 계약은 이해관계인과의 거래금지대상이 아니다.

① 30%, 30%, 3개월
② 30%, 30%, 6개월
③ 10%, 10%, 3개월
④ 10%, 10%, 6개월

`해설` 차례대로 '30% – 30% – 6개월'이다. 이해관계인이 되기 전 6개월 이전에 체결한 계약에 의한 거래는 금지대상에서 제외된다.

`정답` ②

`더알아보기` 집합투자기구의 거래제한

(1) 이해관계인과의 거래제한

이해관계인의 범위	이해관계인과의 거래제한 예외
• 집합투자업자의 대주주, 임직원 및 그 배우자(계열사도 포함) • 집합투자증권을 30% 이상 판매한 판매업자 • 집합투자증권을 30% 이상 보관하는 수탁업자	• 이해관계인이 되기 6개월 이전 체결한 거래 • 장내시장(공개시장)에서 하는 거래 • 집합투자기구에 유리한 거래

(2) 집합투자업자의 계열사발행증권에 대한 투자 제한
  ① 집합투자업자는 자기가 운용하는 펀드재산으로 해당 집합투자업자가 발행한 증권은 취득할 수 없다.
    ([예] 삼성투신이 발행한 주식을 삼성투신이 운용하는 펀드재산으로 취득불가)
  ② 그러나, 계열사가 발행한 증권은 일정한도까지 취득이 가능하다(보충문제 1 참조).

(3) 집합투자기구의 불건전영업행위 제한 : 보충문제 2 참조

01 다음 빈칸에 들어갈 말을 순서대로 가장 바르게 연결한 것은?

> 집합투자업자는 계열사가 발행한 지분증권에 투자하고자 하는 경우, 자신이 운용하는 전체 집합투자기구가 지분증권에 투자가능한 금액의 (   ) 및 각 집합투자기구 자산총액의 (   )를 초과할 수 없다.

① 10%, 30%

② 5%, 25%

③ 30%, 30%

④ 30%, 50%

해설 차례대로 '5% - 25%'이다.
Cf. 계열사가 아닌 집합투자업자가 발행한 증권은 취득불가

정답 ②

02 집합투자기구의 불건전영업행위에 대한 설명으로 잘못된 것은?

① 특정 집합투자기구의 이익을 해하면서 자기 또는 제3자의 이익을 도모하는 행위

② 투자운용인력이 아닌 자에게 집합투자재산을 운용하게 하는 행위

③ 특정 집합투자재산을 고유재산 또는 그 집합투자기구가 운용하는 다른 집합투자재산 또는 신탁재산과 거래하는 행위

④ 증권시장과 파생상품시장 간의 가격차이를 이용한 차익거래를 하는 행위

해설 ① · ② · ③은 집합투자기구의 불건전영업행위로서 금지된다. 단, ④는 정상적인 무위험거래이다. 참고로 ③은 자전거래를 말하는데 금지되는 것이 원칙이다.

정답 ④

공모형펀드가 성과보수를 받을 수 있는 요건을 나열한 것이다. 잘못된 것은?

① 성과보수가 금융위가 정하는 일정한 기준지표에 의해 연동될 것
② 운용성과가 기준지표의 성과를 초과하면 성과보수를 받을 수 있는 체계를 갖출 것
③ 금융위가 정하는 최소투자금액 이상을 투자한 투자자로만 구성될 것
④ 최소 존속기간이 1년 이상이어야 하고, 폐쇄형펀드 형태여야 하며, 집합투자증권을 추가로 발행하지 않을 것

> **해설** 기준지표의 성과를 초과한다고 하더라도 해당 운용성과가 부(−)의 수익률을 나타내거나 성과보수 지급 후 부(−)의 수익률이 되는 경우는 성과보수를 지급할 수 없다.
> ④에서 폐쇄형펀드 형태이어야 한다는 것은 개방형의 경우 운용성과의 측정이 어렵기 때문이다.
>
> **정답** ②

더알아보기 공모펀드에서 성과보수를 받을 수 있는 요건

원칙적으로 불가하나, 투자자보호 및 건전한 거래질서를 해할 우려가 없는 경우로서 아래의 요건을 충족하는 경우 가능하다.
① 성과보수가 금융위가 정하는 일정한 기준지표에 연동될 것
② 운용성과가 기준지표의 성과를 초과해야 함
　[단, (−)의 수익률이거나, 성과보수 지급 후 (−)의 수익률이 되는 경우는 불가함]
③ 최소 존속기간 1년 이상, 폐쇄형펀드, 집합투자증권을 추가로 발행하지 않을 것
④ 성과보수의 상한선을 정할 것(2017.5 자본시장법 개정사항)
　※ 성과보수를 받는 펀드는 투자설명서 및 집합투자규약에 성과보수에 관한 사항(산정방식, 지급시기 등)
　을 기재해야 한다.

보충문제

01 다음 중 성과보수를 받을 수 있는 것은?(기준지표 등 나머지 요건은 성과보수요건에 충족된다고 가정함)

번 호	운용성과(%)	기준지표(%)
①	15%	18%
②	7%	2%
③	−2%	−10%
④	0%	−3%

> **해설** 일단, 운용성과가 기준지표의 성과를 초과해야 하고, 운용성과가 기준지표를 초과한다 하더라도 부의 수익률(③의 경우)이 아니어야 하며, 성과보수를 지급하고 난 후 부의 수익률(④의 경우)이 되어서는 안 된다.
>
> **정답** ②

의결권 제한에 대한 설명이다. 틀린 것은?

① 집합투자기구가 취득한 주식에 대해 의결권을 행사하는 것은 운용의 일부분에 해당하며, 수탁업자가 의결권을 행사하게 된다.

② 집합투자업자는 의결권 행사시 선관주의 의무와 충실의무를 지켜야 한다.

③ 집합투자업자는 의결권 공시대상법인에 대한 의결권 행사여부 및 그 내용을 영업보고서에 기재해야 한다.

④ 의결권 행사 내용에 대한 공시방법은 직전연도 4월 1일부터 1년간 의결권행사 내용을 4월 30일까지 증권시장을 통하여 공시해야 한다.

해설 수탁업자가 아니라 집합투자업자이다.

정답 ①

더알아보기 의결권의 제한

(1) 집합투자업자의 의결권 행사 : 핵심문제 참조

(2) 의결권행사여부의 공시 : 의결권공시대상법인의 요건(보충문제 1)

보충문제

01 의결권 공시대상법인은 각 집합투자기구에서 소유하는 주식이 그 집합투자기구 자산총액의 ( )% 이상이거나 ( )억원 이상인 경우 그 주식발행법인을 말한다. 빈칸에 들어갈 내용을 차례대로 나열한 것은?

① 5, 50

② 5, 100

③ 10, 100

④ 10, 200

해설 차례대로 '5% - 100억원'이다.

정답 ②

자산운용과 장부서류 등에 관한 공시

다음은 자산운용의 공시 등에 관한 사항이다. 잘못 설명된 것은?

① 집합투자업자는 자산운용보고서를 3개월에 1회 이상 보고해야 한다.

② 해당 집합투자기구의 투자자에게 직접 또는 전자우편의 방법으로 교부해야 한다.

③ 자산운용보고서의 작성·교부비용은 투자자가 부담한다.

④ 투자자가 수시로 변동되는 등 투자자의 이익을 해할 우려가 없는 경우 등은 자산운용보고서를 교부하지 않을 수 있다.

해설 집합투자업자가 부담한다. 자산운용보고서는 3개월에 1회 이상 보고한다.

정답 ③

더알아보기 자산운용과 장부서류에 관한 공시

(1) 자산운용보고서는 집합투자업자가 투자자에게 3개월에 1회 이상 보고하며, 교부비용은 집합투자업자가 부담한다.

(2) 수시공시는 아래 3가지 방법을 모두 이행해야 함
인터넷 홈페이지에 공시 & 전자우편으로 투자자에게 공지 & 본·지점에 게시한다.

(3) 장부서류의 열람 및 공시
투자자는 영업시간 내에 서면으로 집합투자재산에 대한 장부서류의 열람 또는 등초본의 교부를 청구할 수 있다(1좌만 있어도 가능, 집합투자업자는 정당한 사유 없이는 거부할 수 없음).

(4) 영업보고서는 분기종료 후 2개월 이내, 수시보고사항은 사유발생 후 2개월 이내에 제출한다.

(5) 공시내용의 구분

자산운용보고서	수시공시	수시보고사항
펀드의 자산·부채, 기준가격, 매매회전율 등 운용 관련 사항	투자운용인력 변경, 기준가격 변경 등 중요사항 변경시	펀드의 회계기간 종료, 펀드의 해지 시 결산서류 제출

01 수시공시는 다음 중 세 가지의 방법을 모두 이행해야 한다. 다음 중 '세 가지 방법'에 해당하지 않은 것은?

① 집합투자업자, 집합투자증권을 판매한 판매회사 및 금융투자협회의 인터넷 홈페이지를 이용하여 공시하는 방법

② 집합투자증권을 판매한 판매회사로 하여금 전자우편을 이용하여 투자자에게 알리는 방법

③ 집합투자업자, 집합투자증권을 판매한 본점과 지점, 그 밖의 영업소에 게시하는 방법

④ 수시공시사항에 대해 보고서를 교부하는 방법

> **해설** 수시공시는 보고서가 필요하지 않다.
>
> **정답** ④

02 수시공시사항이 아닌 것은?

① 투자운용인력의 변경

② 환매연기

③ 집합투자재산의 10%를 초과하는 대량환매의 청구

④ 부실자산이 발생한 경우 그 명세 및 상각률

> **해설** 대량환매자체는 수시공시사항이 아니다. 대량환매청구로 환매연기가 불가피하다면 수시공시사항이 된다.
>
> **정답** ③

03 장부서류의 열람 및 공시에 관한 사항으로 적절하지 않은 것은?

① 투자자는 영업시간 내에 서면으로 집합투자재산에 관한 장부·서류의 열람이나 등·초본의 교부를 청구할 수 있다.

② 집합투자업자는 정당한 사유가 없는 한 청구에 응해야 한다.

③ 집합투자재산에 관한 장부·서류열람권은 상법상의 회계장부열람권과 마찬가지로 일정한 지분 이상의 소유가 있어야 청구가 가능하다.

④ 열람청구의 대상이 되는 장부는 집합투자재산명세서, 집합투자증권기준가격대장, 재무제표 및 그 부속명세서, 집합투자재산 운용내역서이다.

> **해설** 상법상의 회계장부열람권은 5% 이상의 소수주주권이나 집합투자재산의 장부서류열람권은 한주(한좌)만 있어도 청구가 가능하다는 점에서 차이가 있다.
> ②에서 말하는 '정당한 사유'는 아래와 같다.

〈집합투자업자가 장부·서류열람을 거부할 수 있는 '정당한 사유'〉
- 매매주문내역 등이 포함된 장부·서류를 제공함으로써 제공받은 자가 그 정보를 거래나 업무에 이용하거나 타인에게 제공할 것이 뚜렷하게 염려되는 경우
- 집합투자재산의 매매주문내역 등이 포함된 장부·서류를 제공함으로써 다른 투자자에게 손해를 야기할 가능성이 명백히 인정된 경우
- 해지·해산된 집합투자기구에 관한 장부·서류로서 보존기한 경과 등의 사유로 열람 제공 요청에 불가능한 경우

정답 ③

04 장부서류의 열람청구 대상이 되는 서류가 아닌 것은?

① 집합투자재산명세서
② 재무제표 및 그 부속명세서
③ 집합투자업자의 투자회의록
④ 집합투자증권 운용내역서

해설 투자회의록은 집합투자업자의 고유권한상 서류이므로 열람대상이 되지 않는다.
Cf. 집합투자증권 운용내역서는 열람대상이 됨

정답 ③

05 다음 빈칸에 알맞은 것은?

집합투자업자는 집합투자재산에 관한 (㉠) 영업보고서를 작성하여 (㉠) 종료 후 (㉡) 이내에 금융위 및 금융투자협회에 제출해야 한다.

	㉠	㉡
①	매분기	45일
②	매분기	2개월
③	매반기	45일
④	매반기	2개월

해설 영업보고서는 매분기 종료 후 2개월 이내 작성하여 제출한다(분기별 영업보고서).
- 집합투자재산에 관한 3가지 보고사항 : 정기보고사항(영업보고서), 수시보고사항, 운용 실적 비교공시

정답 ②

다음 빈칸이 올바르게 채워진 것은(순서대로)?

> • 집합투자업자는 파생상품 매매에 따른 위험평가액이 집합투자기구 자산총액의 (   )%를 초과하
>   여 운용할 경우 그 계약금액, 위험 지표를 인터넷 홈페이지를 통해 공시해야 한다.
> • 장외파생상품 매매에 따른 위험평가액이 집합투자기구 자산총액의 (   )%를 초과하여 운용할
>   경우 위험관리방법을 작성하여 신탁업자의 확인을 받아 금융위에 신고해야 한다.

① 10, 10   ② 10, 20

③ 20, 10   ④ 20, 20

해설   10%이다. 파생상품 매매에 따른 위험평가액이 10%를 초과하면 파생상품펀드로 간주하고 투자자보호를 위해
위험 지표 등의 공시의무를 갖는다.

정답 ①

더알아보기   파생상품 · 부동산운용 특례

(1) 파생상품운용특례 : 파생상품매매에 따른 위험평가액이 자산총액의 10% 초과시 위험 지표 공시의무 부과
(→ 이 경우 투자설명서에 위험 지표 공시 사실을 기재해야 함)

(2) 부동산집합투자기구에 대한 부동산운용특례

금전차입과 대여	사업계획서 / 실사보고서	업무위탁
차입은 순자산액의 200%, 대여는 순자산액의 100%[주1]	개발사업시 사업계획서 공시, 취득 · 처분시 실사보고서 작성 의무	부동산의 개발 / 관리 · 개량 / 임대 및 그 부수업무는 위탁 가능(본질적 업무는 위탁 불가능)

*주1 : 금전대여의 요건
    ㉠ 집합투자규약에서 금전대여에 관한 사항을 정하고 있을 것
    ㉡ 대여금회수를 위한 적절한 수단(부동산에 대한 담보권설정, 시공사의 지급보증 등)을 확보할 것
    ① 부동산펀드가 아닌 경우에는, 해당 펀드가 보유하고 있는 부동산가액의 70%까지 차입 가능
    ② 업무위탁이 불가능한 본질적 업무는 '운용업무, 평가업무' 등

(3) 부동산운용특례 : 취득 후 단기간 내 처분제한
    ① 국내에 있는 부동산 중 주택법에 따른 주택은 1년 이내, 주택법에 해당하지 않는 부동산은 1년 이내
       처분이 금지됨. 단, 펀드의 합병, 해지 등의 경우에는 예외가 적용됨
    ② 토지를 매입한 후 개발사업 시행 전에 처분할 수 없다. 단, 펀드의 합병, 해지나 '사업성이 현저하게
       떨어져 사업시행이 곤란하다고 객관적으로 증명되는 경우'에는 예외가 적용됨

01 부동산운용특례에 관한 설명으로 옳지 않은 것은?

① 부동산집합투자기구는 순자산액의 200%까지 자금을 차입할 수 있다.

② 부동산집합투자기구가 아닌 경우에는 예외 없이 금전의 차입·대여가 금지된다.

③ 부동산집합투자기구의 집합투자재산으로 주택법상의 국내 부동산을 취득한 경우에는 1년 이내에 처분할 수 없다.

④ 부동산개발사업을 시행할 목적으로 건축물 기타 공작물이 없는 토지를 매입한 후 사업 시행 전에 처분하는 것은 제한된다.

> **해설** 일반 공모펀드의 경우 금전의 차입과 대여가 금지되나, 해당 펀드에 부동산자산이 있을 경우 그 가액의 70%까지는 차입을 할 수 있다. 이때 차입금은 부동산 취득에만 사용해야 한다.
>
> 정답 ②

02 부동산펀드의 자산총액이 1천억원, 부채총액이 400억원이다. 이 부동산펀드가 받을 수 있는 차입금한도와 대여금한도는 순서대로 얼마인가?

① 600억원, 400억원

② 1,200억원, 600억원

③ 400억원, 600억원

④ 800억원, 1,200억원

> **해설** 순자산가액 = 자산총액 - 부채총액
> 차입금한도 = 순자산액 × 2배
> 대여금한도 = 순자산액 × 1배
>
> 정답 ②

03 부동산펀드의 집합투자업자가 위탁가능한 운용 관련 업무에 해당하지 않는 것은?

① 부동산의 취득·처분 및 그 부수업무

② 부동산의 개발 및 그 부수업무

③ 부동산의 관리·개량 및 그 부수업무

④ 부동산의 임대 및 그 부수업무

> **해설** 취득·처분은 위탁이 불가능한 본질적 업무(운용업무, 평가업무 등)에 속한다.
>
> 정답 ①

3 집합투자기구의 종류

다음은 자본시장법상의 펀드 분류를 설명한 것이다. 잘못된 것은?

① 집합투자재산의 50%를 초과하여 증권에 투자하는 집합투자기구를 증권집합투자기구라고 한다.

② 집합투자재산의 50%를 초과하여 특별자산에 투자하는 집합투자기구를 특별자산집합투자기구라고 하며, 여기서 특별자산이라 함은 증권과 부동산을 제외한 자산을 말한다.

③ 집합투자재산의 50%를 초과하여 단기금융상품에 투자하는 집합투자기구를 단기금융펀드(MMF)라고 한다.

④ 집합투자재산을 운용함에 있어 투자대상자산의 제한을 받지 않는 집합투자기구를 혼합자산집합투자기구라고 한다.

해설　단기금융펀드는 집합투자재산의 전부를 단기금융상품에 투자하는 펀드를 말한다.

정답 ③

더알아보기　자본시장법상의 집합투자기구 5유형

내 용			펀드의 구분
펀드재산의 50%를 초과하여	증 권	에 투자하면	증권집합투자기구
	부동산		부동산집합투자기구
	특별자산		특별자산집합투자기구
펀드재산을 투자함에 있어 투자대상의 비중제한이 없으면			혼합자산집합투자기구
펀드재산의 전부를 단기금융상품에 투자하면			단기금융집합투자기구

(1) 특별자산의 포괄적 정의 : 증권과 부동산을 제외한 투자대상자산을 말함

(2) 단기금융펀드(MMF)에서 '단기'는 잔존만기를 의미하며, MMF의 가중평균 잔존만기는 75일 이내
  ① MMF 편입대상 : 남은 만기가 6개월 이내인 CD / 남은 만기가 1년 이내인 지방채, 특수채, 회사채 / 남은 만기가 5년 이내인 국채 / 단기대출 / 다른 MMF
  • 환매조건부채권 매수의 경우 남은 만기의 제한이 없다.
  ② MMF 운용제한(1) : 채무증권의 신용평가등급이 상위 2개 등급이어야 함(최상위등급은 5%, 차상위등급은 2%까지 투자 가능), 그리고 펀드재산의 40% 이상을 채무증권으로 편입해야 함
  　　주의　편입한 채무증권의 신용등급이 상위 2개 등급에 미달할 경우에는, 해당 채무증권을 처분해야 한다(비중을 줄이는 것이 아님).
  ③ MMF 운용제한(2) : 아래의 대상에는 10% 이상 투자해야 함(최고한도는 30%)
   － 현금, 국채, 통안증권, RP매수, 단기대출, 수시입출금이 가능한 금융기관 예치 등
  ④ 환매조건부매도(RP매도)는 증권총액의 5%를 초과할 수 없음
  ⑤ MMF는 현금등가물로 취급하며 이를 위해 장부가로 평가함
  ⑥ MMF는 증권에만 투자할 수 있음(파생상품, 부동산, 특별자산에는 투자할 수 없다)

01 부동산자산으로 인정되지 않는 것은?

① 부동산개발회사가 발행한 증권

② 국공채가 신탁재산·집합투자재산·유동화자산의 50% 이상을 차지하는 경우의 그 수익증권·
집합투자재산·유동화증권

③ 부동산투자회사가 발행한 주식

④ 유동화자산의 70% 이상이 부동산·부동산관련자산인 유동화증권

> **해설** ②는 증권자산이다. 증권집합투자기구는 세부 편입대상에 따라 주식형, 채권형, 혼합형으로 구분된다.
>
> **정답** ②

더알아보기 형식은 증권이지만 내용상 부동산에 속하는 자산

(1) 부동산투자회사가 발행한 주식, 부동산개발회사가 발행한 지분증권, 부동산투자목적회사가 발행한 지분
증권

(2) 부동산, 지상권, 금전채권(부동산을 담보로 한 경우에만 해당) 등의 자산이 신탁재산·집합투자재산·유
동화자산의 50% 이상을 차지하는 경우의 해당 수익증권·집합투자재산·유동화증권

(3) 유동화자산의 70% 이상이 부동산·부동산관련자산인 부동산전문 유동화증권

(4) 주택저당담보부채권 또는 금융기관 등이 보증한 주택저당증권

신탁재산 or
집합투자재산
or 유동화자산

이러한 수익증권·집합투자증권·유동화증권을
50%를 초과하여 집합투자기구에 편입하면
부동산집합투자기구가 된다.

02 외화MMF에 대한 설명으로 적절하지 않은 것은?

① 각 MMF별 통화는 복수의 통화로 포트폴리오를 하여야 한다.

② OECD가입국 및 중국통화가 그 대상이다.

③ 잔존만기 1년 이내의 채무증권과 잔존만기 6개월 이내의 해당통화국 은행예금 및 CD는 편입가능하다.

④ 최상위 2개 신용등급 이내이어야 한다. 단, 해외 주요 신용평가기관 평가등급도 국내 등급으로 전환하여 활용할 수 있다.

> **해설** 외화MMF의 자산은 외화 중 하나의 통화로 구성하도록 하고 있으며, 외화MMF의 부실 운용을 방지하기 위하여 집합투자업자는 집합투자재산을 일정 수준(개인MMF는 1,500억원, 법인MMF는 2,500억원) 이상으로 설정·설립하여야 한다.

정답 ①

더알아보기 원화MMF와 외화MMF 규제 비교

구 분		원화MMF	외화MMF
운용대상 자산	표시화폐	원 화	OECD가입국 및 중국통화 (단, 각 MMF별 단일통화이어야 함)
	편입자산	잔존만기 5년 내 국채	잔존만기 5년 내 해당통화국 국채
		잔존만기 1년 내 지방채·특수채·회사채 CP(1년) 등	잔존만기 1년 내 채무증권
		잔존만기 6개월 내 금융기관·우체국 예치, CD	잔존만기 6개월 내 해당통화국 은행예금·CD
		RP매수, 타 MMF 등	외화RP매수, 타 외화MMF 등
	신용등급	최상위 2개 신용등급 이내	좌동(단, 해외 주요 신용평가기관 평가 등급도 국내등급으로 전환하여 활용 가능함)
분산투자		동일인 발행 채무증권 등 투자한도 (0.5% ~ 5%), 채무증권 40% 이상 편입	좌 동
유동성 요건		자산 가중평균 잔존만기 75일 내	좌 동
기 타		개인(3천억원)·법인(5천억원) 별로 일정금액 초과시까지 신규MMF 설정금지	신규MMF 설정요건 완화 (개인은 1,500억원, 법인은 2,500억원 이상으로 설정·설립하여야 함)

환매금지형으로 설정·설립해야 하는 것이 원칙인 펀드가 아닌 것은?

① 부동산펀드

② 특별자산펀드

③ 혼합자산펀드

④ 시장성 없는 자산에 펀드총액의 15%를 투자하고 있는 펀드

해설   시장성 없는 자산에 20%를 초과하여 투자할 때 환매금지형 집합투자기구로 설정·설립해야 한다. 나머지 ①·②·③은 유동성이 부족하기 때문에 환매금지형이 원칙이다.

정답 ④

더알아보기   특수한 형태의 집합투자기구 분류(5유형)

환매금지형	종류형	전환형	모자형	ETF
90일 이내 상장의무 (부동산 / 특별자산 / 혼합자산펀드)	판매수수료 체계는 다르나 운용·신탁보수는 동일해야 함	타 펀드로 전환할 수 있는 권리(환매수수료가 부과되지 않음)	母펀드에 子펀드만 투자가 가능함, 공모대상은 子펀드	30일 이내 상장의무 (상장형 / 실물형 / 개방형 / 인덱스형)

- '시장성 없는 자산'이 20% 초과시 환매금지형으로 설정해야 함(10% 초과시에는 연기사유가 됨)
- 판매회사가 종류형펀드를 판매시에는, 판매보수나 판매수수료 체계가 다른 여러 종류의 집합투자증권이 있다는 사실과 그 차이를 설명해야 함
- 판매업자는 모집합투자기구의 집합투자증권을 투자자에게 판매할 수 없음

[ETF(Exchanged Traded Fund ; 상장지수펀드) 개요]

(1) 지수(인덱스)의 변화에 연동하여 운용하는 것을 목표로 하는 집합투자기구 → 상장된 인덱스펀드

(2) 증권실물의 설정과 환매가 가능하며, 일반투자자들은 증권시장에서 거래할 수 있다(30일 내 상장의무).

(3) ETF는 자산총액의 30%까지 동일종목(동일법인이 발행한 지분증권에 대해서는 지분증권총수의 20%)에 투자가능하다.

(4) ETF 특례 → ETF가 편입하는 주식은 지수구성차원의 편입일 뿐이므로 여러 가지 의무가 면제됨 / 이해관계인과 거래할 수 있음 / 중립투표의무를 지님 / 자산운용보고서를 교부하지 않아도 됨

01 환매금지형 집합투자기구에 대한 설명으로 잘못된 것은?

① 폐쇄형펀드는 환매자금 마련을 위한 불필요한 포트폴리오 처분을 하지 않아도 되도록 안정적인 운용을 할 수 있다.

② 폐쇄형펀드(공모형)는 집합투자증권을 최초로 발행한 날로부터 90일 이내에 그 집합투자증권을 증권시장에 상장해야 한다.

③ 존속기간을 정한 집합투자기구에 한하여 폐쇄형으로 만들 수 있다.

④ 폐쇄형펀드는 단위형이므로 어떠한 경우에도 집합투자증권을 추가로 발행할 수 없다.

> 해설 폐쇄형펀드는 집합투자증권을 추가로 발행할 수 없는 것이 원칙이지만 예외가 있다.

정답 ④

더알아보기 폐쇄형펀드에서 집합투자증권의 추가발행이 가능한 경우

(1) 기존 집합투자자의 이익을 해할 우려가 없는 경우로서 신탁업자의 확인을 받은 경우
(2) 이익분배금 범위 내에서 집합투자증권을 추가로 발행하는 경우
(3) 기존투자자 전원의 동의를 받은 경우
(4) 기존투자자에게 집합투자증권의 보유비율에 따라 추가로 발행되는 집합투자증권의 우선 매수기회를 부여하는 경우

02 종류형 집합투자기구(Multi-class Fund)에 대한 설명으로 잘못된 것은?

① 종류형 집합투자기구란 하나의 펀드 내에 판매보수, 판매수수료 등 판매수수료 체계가 다른 수종의 집합투자증권이 존재하는 것을 말한다.

② 종류형펀드는 판매수수료를 관리하는 차원에서 판매회사(투자매매·중개업자)의 편의를 제고하기 위해 만들어진 것이다.

③ 종류형펀드에서는 특정 종류의 집합투자자만으로 구성된 종류형 집합투자자총회 개최가 가능하다.

④ 종류형펀드에서 판매수수료와 판매보수 체계는 서로 다를 수 있지만 운용보수, 신탁보수 등은 반드시 동일해야 한다.

> 해설 종류형펀드는 동일한 펀드 내에서 다양한 판매보수 또는 판매수수료 구조를 가진 클래스(Class)를 만들어, 판매보수 또는 판매수수료 차이에서 발생하는 신규펀드 설정을 억제하고 여러 클래스에 투자된 자산을 합쳐 운용하여 규모의 경제를 달성할 수 있다.

정답 ②

(1) 판매수수료 체계만 다른 여러 클래스의 펀드가 남발될 경우 그 자산규모가 작아서 효율적인 운용이 어렵게 된다. 따라서 동일한 집합투자업자가 발행하고 판매수수료 체계만 다른 여러 클래스의 펀드를 하나로 합쳐 (Multi-class Fund), 펀드자산의 '규모의 경제(Economy of Scale)' 효과를 가져올 수 있도록 한 것이다.

(2) 주의할 것은 운용보수, 신탁보수는 같아야 한다는 것이다. 운용보수와 신탁보수 등 판매수수료 체계를 제외한 나머지는 동일해야 동일한 운용이 가능하다.

(3) 판매회사가 종류형 집합투자증권을 판매할 경우에는 판매보수나 판매수수료가 다른 여러 종류의 집합투자증권이 있다는 사실과 그 차이를 설명해야 한다.

03 전환형 집합투자기구(Umbrella Fund)에 대한 설명으로 잘못된 것은?

① 복수의 집합투자기구 간에 미리 정해진 다른 집합투자기구로 전환할 수 있는 권리가 부여된 것을 말한다.
② 전환이 가능한 복수의 펀드 간에는 공통으로 적용되는 집합투자규약이 있어야 한다.
③ 전환시에는 환매수수료가 부과된다.
④ 종류형펀드에서는 다른 클래스로 전환하면 포트폴리오가 변경되지 않으나 전환형펀드에서 다른 펀드로 전환하면 포트폴리오가 변경된다는 차이점이 있다.

해설 전환시 환매수수료를 부과한다면 굳이 전환형펀드에 가입할 이유가 없다.

정답 ③

더알아보기 엄브렐러 펀드 VS 카멜레온 펀드

전환대상의 펀드가 두 개만 존재할 경우 카멜레온 펀드라고 하고, 세 개 이상의 복수의 펀드가 존재할 경우 엄브렐러 펀드라고 한다.

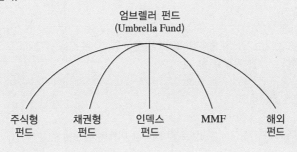

04 모자형 집합투자기구(Master Feeder Fund)에 대한 규제의 내용으로 옳지 않은 것은?

① 자펀드와 모펀드의 집합투자업자가 동일할 것
② 자펀드가 모펀드 외의 다른 펀드에 투자하지 말 것
③ 자펀드 외의 자가 모펀드에 투자하지 말 것
④ 자펀드와 모펀드 모두 공모로 설정할 것

해설 모펀드는 타 펀드의 투자대상이 될 수 없으므로 모펀드는 공모대상이 될 수 없다.

정답 ④

더알아보기 모자형펀드에 대한 규제

상기 ①, ②, ③이 모자형펀드의 규제에 해당되는데 그림으로 설명하면 아래와 같다.

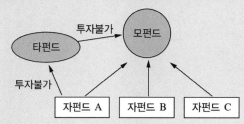

*모자형 집합투자기구(Mater Feeder Fund) : 다른 집합투자기구(모펀드)가 발행하는 집합투자증권을 취득하는 구조의 집합투자기구(자펀드)를 말한다.

---

05 상장지수집합투자기구(ETF)에 대한 설명으로 옳지 않은 것은?

① 기초자산의 가격 또는 기초자산의 종류에 따라 다수 종목의 가격수준을 종합적으로 표시하는 지수의 변화에 연동하여 운용하는 것을 목표로 하는 집합투자기구를 말한다.
② ETF는 인덱스펀드의 일종이지만 반드시 상장을 해야 하는 점에서 일반 인덱스펀드와 다르다.
③ ETF는 증권 실물로 펀드의 설정·설립과 환매를 할 수 있다.
④ ETF는 집합투자기구의 설정·설립일로부터 90일 이내에 상장이 되어야 한다.

해설 ETF는 설정·설립일로부터 30일 이내에 상장되어야 한다(공모형 환매금지형 펀드가 그 설정·설립일로부터 90일 이내에 상장이 되어야 하는 것과 차이가 있다).

정답 ④

더알아보기 ETF의 요건

(1) 기초자산의 가격 또는 기초자산의 종류에 따라 다수종목의 가격수준을 종합적으로 표시하는 지수의 변화에 연동하여 운용하는 것을 목표로 할 것

(2) 당해 ETF의 환매가 허용될 것

(3) 당해 ETF가 집합투자기구 설정·설립일로부터 30일 이내에 상장될 것

06 다음 빈칸에 들어갈 말을 순서대로 나열한 것으로 옳은 것은?

> 일반 공모형 집합투자기구는 동일종목 증권에 대한 투자한도가 (   )이나 ETF는 자산총액의 (   )까지 동일종목의 증권에 운용할 수 있다.

① 10% - 20%

② 10% - 30%

③ 20% - 30%

④ 20% - 50%

해설 10% - 30%이다. ETF는 동일종목의 증권에 펀드자산총액의 30%(10%)까지 투자할 수 있으며 동일법인이 발행한 지분증권 총수의 20%(10%)까지 투자할 수 있다(괄호는 일반 공모형펀드의 투자한도).

정답 ②

07 상장형 집합투자기구에 대한 설명으로 잘못된 것은?

① 펀드의 수익증권을 증권시장 등에 상장하여 증권시장에서 거래할 수 있도록 한 펀드를 상장형 펀드라고 한다.

② 수익증권을 상장하는 이유는 대부분은 펀드자체가 환매를 허용하지 않기 때문에 투자자의 자금회수 수단을 마련하는 차원이나, 환매가 가능해도 특수한 목적으로 상장을 하는 경우도 있다.

③ 사모펀드라도 폐쇄형펀드라면 투자자의 자금회수수단을 위해서 상장을 해야 한다.

④ 현재 대부분의 부동산투자회사, 신탁투자회사, 부동산투자신탁, ETF 등이 증권시장에 상장이 되어 있다.

해설 사모펀드의 경우 상장의무가 면제된다. 만일 사모펀드가 상장이 된다면 일반 대중을 상대로 모집 또는 매출의 금지요건이 지켜지기 어렵기 때문에 현실적으로 상장을 할 수 없다.
② ETF에 대한 설명이다. ETF는 환매가 가능하지만(법인투자자의 경우) 펀드의 속성상 상장을 하는 경우이다.
*상장형 집합투자기구 ≠ 상장집합투자기구

정답 ③

사모집합투자기구에 대한 특례

사모펀드에 대한 설명이다. 가장 거리가 먼 것은?

① 사모집합투자기구를 설정·설립한 경우에는 그 날로부터 2주 이내에 금융위에 보고해야 한다.

② 사모펀드에 대한 규제는 공모펀드에 적용되는 일부규정을 면제하고 특례를 인정해 주는 방식을 취한다.

③ 사모집합투자기구란 집합투자증권을 사모로만 발행하는 집합투자기구로 기관투자자 등을 제외한 투자자의 총수가 49인 이하인 것을 말한다.

④ 자본시장법상 사모펀드는 일반 사모집합투자기구와 기관전용 사모집합투자기구로 구분된다.

> **해설** 사모집합투자기구란 집합투자증권을 사모로만 발행하는 집합투자기구로 기관투자자 등을 제외한 투자자의 총수가 100인 이하인 것을 말한다. 이때 100인이란 3억원 이상 투자하는 일반투자자와 개인인 전문투자자의 합을 말한다. 즉 기존의 49인에 (기관이 아닌) 개인인 전문투자자를 합한 값이다.
>
> **정답** ③

더알아보기 2021년 사모펀드 개편 내용

(1) 용어정리

① 기관전용 사모펀드 : 전문성·위험관리능력을 고려하여 자본시장법령에서 정한 투자자만 투자할 수 있도록 투자자가 제한된 사모펀드(법 제9조 제19항 제1호)
- 기관전용 사모펀드는 업무집행사원(GP, 비금융투자업자)이 설립·운용

② 일반 사모펀드 : 자본시장법령에서 정한 적격투자자(전문투자자 + 최소투자금액(3억원) 이상 투자하는 일반투자자)가 투자할 수 있는 사모펀드(법 제9조 제19항 제2호)
- 일반 사모펀드는 사모운용사(금융투자업자)가 설정·운용

③ 일반투자자 대상 일반 사모펀드 : 일반투자자(전문투자자가 아닌 자)가 투자할 수 있는 일반 사모펀드로, 개정법령은 일반투자자 대상 일반 사모펀드에 강화된 투자자 보호장치를 도입
- 핵심상품설명서 교부, 자산운용보고서 교부, 외부감사, 판매사·수탁사의 운용감시 등

(2) 투자자보호장치 강화

> 사모펀드 개편에 따라 일반투자자(3억 이상 투자자)는 '일반 사모펀드'에만 투자 가능
> ⇒ '일반투자자 대상 일반 사모펀드'에 대해 투자자 보호장치 강화

① 사모펀드 판매절차 강화 : 일반투자자에게 사모펀드를 투자권유·판매하는 경우 "핵심상품설명서"를 교부해야 함
- 판매사는 운용사가 작성한 "핵심상품설명서"를 투자자 입장에서 사전검증해야 함에 따라, 사전검증 방법[주1]을 정함
  - *주1 : 설명서가 집합투자규약에 부합하는지, 투자자가 이해할 수 있도록 기재되었는지 등
- 투자자의 투자판단에 필요한 사항이 "핵심상품설명서"에 모두 반영될 수 있도록 필수 기재사항[주2]을 정함
  - *주2 : 펀드·운용사 명칭, 투자목적·투자전략, 투자대상자산, 운용위험, 환매 관련사항 등

(3) 기관전용 사모펀드 관련

① (유한책임사원(투자자) 범위) 기관전용 사모펀드의 투자자 범위가 전문성·위험관리능력을 갖춘 기관투자자[주3] 등으로 제한함

  *주3 : 개인(외국인, GP 임직원 제외)이 아닌 자로서 전문성 등을 갖춘 재(법 제249조의11 제6항)
  • 이와 같은 법 개정 취지를 반영하여 투자자 범위를 다음과 같이 구체화함

기관전용 사모펀드의 유한책임사원 범위

▶ **전문투자자로서 전문성·위험관리능력이 인정되는 투자자**(법 제249조의11 제6항 제1호)
  − 국가, 한국은행, 금융회사, 특수법인, 법률에 따라 설립된 기금·공제회
  − 기관전용 사모펀드, 기관전용 사모펀드와 동일한 투자자로 구성된 일반 사모펀드
  − 주권상장법인(코넥스 제외) 중 일정요건[주4]을 갖추고 협회에 등록한 자
    *주4 : 법인전문투자자 수준의 투자경험(금융투자상품 잔고 100억원(외감법인 50억원) 이상)
  − 전문투자자에 준하는 외국인(개인 포함)

▶ **그 밖에 전문성·위험감수능력을 갖춘 자**(법 제249조의11 제6항 제2호)
  − GP 임원·운용인력 및 GP의 모기업(해당 GP가 설립한 펀드에 1억 이상 시딩투자만 가능)
  − 기관전용 사모펀드와 동일한 투자자로 구성된 신기술사업투자조합
  − 일정요건을 갖추고 협회에 등록한 금융권 재단[주5] 및 비상장법인[주6]
    *주5 : 자본시장법상 전문투자자에 해당하는 금융회사·특수법인이 설립(90% 이상 출연)한 재단법인
    *주6 : 투자경험 및 전문성(최근 1년 이상 500억 이상의 금융투자상품 잔고)을 갖춘 비상장법인
  − 공적목적 달성을 위해 법률 등에 따라 설립된 기관·단체(모태펀드, 해양진흥공사)
  − 기관전용 사모펀드에 100억 이상 투자하는 외국법인

---

② (투자운용전문인력 세부요건) 기관전용 사모펀드의 업무집행사원 등록요건으로 투자운용전문인력이 신설됨
  • 이에 따라, 투자운용전문인력의 자격요건을 구체화[주7]하고, 투자운용전문인력이 기관전용 사모펀드를 운용하도록 함
  *주7 : 증권전문인력·부동산전문인력 또는 기관전용 사모펀드 전문인력 요건을 갖춘 자(기관전용 사모펀드 운용업무에 3년 이상 종사한 자 등)

사모펀드 제도개편		제도개편 前		제도개편 後	
		전문투자형	경영참여형	일 반	기관전용
운용주체		전문사모운용사 (금융투자업자)	업무집행사원 (非금융투자업자)	일반사모운용사 (금융투자업자)	업무집행사원 (非금융투자업자)
투자자 범위		전문투자자 + 최소투자금액(3억원[주8]) 이상 투자하는 일반투자자		현행 유지[주9]	기관투자자 및 이에 준하는 자[주10]
사모펀드 설정 · 설립 보고		사후보고 (2주 이내)	사후보고 (2주 이내) 단, 일정한 경우[주11] 설립즉시 보고	사후보고(2주 이내) 단, "경영참여 목적 펀드"가 일정한 요건[주12]을 갖춘 경우 설립즉시 보고	
투자자 보호장치		공모펀드에 비해 완화된 투자자 보호장치 적용[주13]		• 일반투자자 대상 : 투자자 보호 강화(판매사 · 수탁사 운용감시 등) • 전문투자자 대상 : 현행 수준을 유지	현행 수준을 유지
운용목적		경영참여 목적 外	경영참여 목적	모두 가능 (경영참여 목적 / 경영참여 목적 外)	
운용 방법	차 입	400% 이내	10% 이내[주14]	400% 이내	
	대 출	가 능 (단, 개인대출 금지)	불 가	가 능 (단, 개인대출 금지)	
	의결권 제한	10% 초과 보유주식 의결권행사 제한	해당 없음	의결권 제한 폐지	
	지분 투자	해당 없음	펀드자산의 50% 이상 지분투자, 의결권 있는 주식 10% 이상 취득 & 6개월 이상 보유	지분투자 의무 폐지	
운용사의 직판		가 능	가 능	가 능	가 능

*주8 : 레버리지 200% 초과시 5억원
*주9 : 전문투자자 + 최소투자 금액(3억원, 레버리지 200% 초과시 5억원) 이상 일반투자자
*주10 : 금융회사, 연기금, 공제회, 특수법인, 일정 요건을 갖춘 주권상장법인 등
*주11 : 상호출자제한기업집단 계열사가 30% 이상 투자하는 경우 등
*주12 : 상출제한집단 계열사가 30% 이상 투자 등(현행 PEF 즉시보고 사유와 동일)
*주13 : 표준화된 설명서 작성 · 교부 의무 없음, 자산운용보고서 교부의무 없음 등
*주14 : 단, SPC는 300% 이내

출처 : 금융위원회

01 일반 사모집합투자기구의 등록요건에 대한 설명으로 옳지 않은 것은?

① 10억원 이상의 자기자본을 갖추어야 한다.

② 상근 임직원인 투자운용인력을 3인 이상 확보하는 등의 인력요건을 갖추어야 한다.

③ 이해상충방지체계를 갖추어야 한다.

④ 매 회계연도 말 자기자본은 최저자기자본인 10억원 이상으로 유지해야 한다.

해설   유지요건에는 등록요건에 비해 완화된 기준이 적용된다. 등록요건인 최저자기자본의 70% 이상을 유지하면 된다.

정답 ④

02 기관전용 사모집합투자기구에 대한 설명으로 가장 거리가 먼 것은?

① 사원의 수는 1인 이상의 무한책임사원과 1인 이상의 유한책임사원으로 하되 사원의 총수는 100인 이하로 한다.

② 무한책임사원 중에서 업무집행사원을 지정해야 하며, 업무집행사원은 자기자본 1억원 이상, 2인 이상의 투자운용인력 등의 요건을 갖추어야 한다.

③ 업무집행사원에게 성과보수를 지급할 수 없는 것이 원칙이다.

④ 유한책임사원은 전문투자자로서 업무집행사원의 임원 또는 운용인력이 그 기관전용 사모펀드에 투자하는 경우에는 1억원, 그 외의 자가 기관전용 사모펀드에 투자하는 경우는 3억원 이상을 투자하는 개인 또는 법인이어야 한다.

해설   사모펀드이므로 공모펀드와는 달리 성과보수의 제한을 받지 않는다(공모펀드의 경우에는 일정요건을 충족해야 성과보수 지급이 가능함).

정답 ③

외국집합투자업자의 등록요건으로 잘못된 것은?

① 최근 사업연도 말 현재의 운용자산규모가 1조원 이상일 것
② 국내에서 판매하려는 외국집합투자기구의 종류에 따라 집합투자업 인가업무 단위별 최저자기자본 이상일 것
③ 최근 3년간 본국 또는 국내감독기관으로부터 업무정지 이상에 해당되는 행정처분을 받거나 벌금형 이상에 상당하는 형사처벌을 받은 사실이 없을 것
④ 적격 연락책임자(집합투자업자, 판매회사, 회계법인 등)를 국외에 둘 것

해설   적격 연락책임자는 국내에 두어야 한다.

정답 ④

더알아보기   외국집합투자업자와 외국집합투자증권의 등록요건

외국집합투자업자의 등록요건	외국집합투자증권의 등록요건
① 운용자산규모가 1조원 이상일 것	① OECD가맹국, 홍콩, 싱가폴 법률에 의해 발행될 것
② 인가업무 단위별 최저자기자본 이상일 것	② 보수, 수수료 등이 지나치게 높지 않을 것
③ 최근 3년간 행정처분 또는 형사처벌을 받은 사실이 없을 것	③ 환매 등 직간접적으로 투자회수가 가능할 것
④ 적격 연락책임자를 국내에 둘 것	④ 기타 금융위가 정하는 요건을 충족할 것

→ 자산운용보고서 제공의무, 장부서류 열람권, 기준가격 공시·게시의무 등은 일반펀드와 동일적용
→ 판매광고의 일부규정은 외국집합투자증권의 국내 판매에 대해서도 적용

보충문제

01   외국집합투자증권의 국내 판매방법 등에 관한 설명으로 잘못된 것은?

① 외국집합투자업자는 국내 집합투자업자와 달리 자산운용보고서를 6개월마다 1회 이상 투자자에게 제공해야 한다.
② 외국집합투자증권을 매수한 투자자는 국내 집합투자증권과 마찬가지로 장부·서류 열람이나 등본 또는 초본의 교부를 청구할 수 있다.
③ 외국집합투자업자는 외국집합투자증권의 국내 판매현황을 매월 말일을 기준으로 다음달 20일까지 판매를 대행한 판매회사를 통하여 금융투자협회에 보고해야 한다.
④ 외국집합투자증권의 매매거래계약의 체결은 금융투자협회가 제정하는 외국집합투자증권 매매거래에 관한 표준약관에 따라야 한다.

해설   국내 집합투자기구와 마찬가지로 3개월에 1회 이상 제공해야 한다.

정답 ①

금융소비자보호법

금융소비자보호법에서 규정하는 4가지 금융상품에 해당하지 않는 것은?

① 예금성 상품

② 투자성 상품

③ 보장성 상품

④ 연금성 상품

해설 '예금성 상품 / 투자성 상품 / 보장성 상품 / 대출성 상품'의 4가지이다.

정답 ④

더알아보기 금융소비자보호법의 주요 내용

(1) 개 요

① KIKO사태, 은행의 DLF사태, 일부 운용사의 사모펀드 불완전판매 사태 등의 금융사건과 관련하여 금융소비자보호의 필요성이 증가하였고, 2020.3.5에 '금융소비자보호에 관한 법률'이 최초 발의 8년 만에 국회본회의를 통과함(2021.3.25 시행)

② 금융소비자란 '금융거래의 상대방으로서 금융업자와 금융상품을 거래하는 자'를 말하는데, 전문금융소비자가 아닌 일반금융소비자를 동 법률의 보호대상으로 함

(2) 금융소비자보호법의 주요내용

① '4×3 매트릭스' 규제

금융상품유형		판매유형(금융상품판매업자의 종류)
예금성 상품 (원본손실 없음)		직접판매업자 (은행 등 금융회사)
투자성 상품 (원본손실 가능)	×	판매대리 · 중개업자 (보험대리점, 투자권유대행인 등)
보장성 상품 (위험보장)		자문업자 (투자자문업자)
대출성 상품		

→ 상품유형과 판매유형을 각각 연결하면 12개의 기능(4×3＝12)이 나오는데, 각각의 동일기능에 대해 동일규제가 적용되도록 함(기능별 규제체계)

② 6대 판매원칙 적용 : 개별법에서 일부 금융상품에 대해 적용하는 것을 모든 금융상품으로 확대 적용함을 원칙으로 함

   ㉠ 적합성원칙 준수 : 금융투자상품뿐 아니라 모든 금융상품으로 확대적용

   ㉡ 적정성원칙 준수 : 자본시장법상의 '파생상품 등'에서 '보장성 상품, 대출성 상품'으로 확대적용

   ㉢ 설명의무 준수 : 자본시장법, 은행법, 보험법, 여신전문금융법 등에 규정된 설명의무를 금융소비자보호법으로 통합 이관함

   ㉣ 불공정영업행위 금지 : 구속성상품계약체결('꺽기')의 금지 등

   ㉤ 부당권유행위 금지 : 불확실한 사항에 대한 단정적 판단 제공행위 등

   ㉥ 허위 · 과장광고 금지 : 허위 · 과장을 방지하기 위한 필수사항과 금지사항을 준수

③ 금융소비자 권익보호를 위한 제도
  ㉠ 청약철회권 확대 : 기존의 보험상품, 투자자문계약에서만 인정되는 청약철회권을 '투자성/보장성/대출성 상품'에도 확대 적용함(아래 표)

구 분	청약철회기간(숙려기간)
보장성	보험증권을 받은 날로부터 15일 이내(단, 청약일로부터 30일을 초과할 수 없음)
투자성(자문계약 포함)	계약서류제공일 또는 계약체결일로부터 7일 이내
대출성	계약서류제공일(계약체결일, 계약에 따른 금전제공일 등)로부터 14일 이내

  • 소비자의 청약철회 시, 판매업자는 조건 없이 소비자가 납입한 금액을 반환함
  ㉡ 사후구제방안 강화
    • 금융회사의 소 제기를 통한 분쟁조정제도 무력화 방지 : 금융회사가 분쟁의 불리한 결과를 회피하기 위한 수단으로 소 제기를 할 경우, 법원이 그 소송을 중지할 수 있는 소송중지제도를 도입함
      – 이는 소송을 진행하고 있는 법원의 권리이므로 반드시 소송을 중지해야 하는 의무를 갖는 것은 아님. 그리고 2천만원 이하의 소액분쟁사건은 해당되지 않는다는 점에서 '소액분쟁사건의 분쟁조정 이탈금지'와는 다름
    • 분쟁조정 또는 소송 시 금융회사 정보에 대한 소비자 열람요구 가능
  ㉢ 금융상품자문업 신설
    • 소비자가 상품선택 시 중립적이고 전문적인 자문서비스를 받을 수 있도록 함
    • 판매와 자문 간의 겸영이 금지되는 독립자문업을 원칙으로 하고, 독립자문업자가 준수해야 하는 소비자보호원칙을 규정함
  ㉣ 금융상품판매업자에 대한 책임강화
    • 금융상품판매업자의 위법한 행위로 체결된 금융상품계약에 대해서는 계약체결일로부터 5년의 범위 내에서 계약해지 가능
    • 설명의무 위반에 따른 손해배상청구 소송시 고의·과실에 대한 입증책임을 금융회사가 부담하는 것으로 변경
    • 금융상품직접판매업자의 금융상품판매대리·중개업자에 대한 관리책임부과
    • 과태료는 최대 1억원이며, 징벌적 과징금 제도를 도입함
    • 대출모집인을 법상 감독대상으로 포함

01 금융소비자보호법에 대한 내용이다. 가장 거리가 먼 것은?

① 금융소비자보호법은 금융상품을 보장성 상품, 투자성 상품, 예금성 상품, 대출성 상품의 4가지로 분류한다.
② 자본시장법상의 투자권유대행인은 금융소비자보호법상 금융상품판매대리·중개업자에 해당한다.
③ 금융소비자가 자발적으로 구매하려는 금융상품이 소비자의 재산 등에 비추어 부적절할 경우 이를 고지하고 확인을 받은 것은 적합성의 원칙이다.
④ 적합성의 원칙은 보장성 상품, 투자성 상품, 대출성 상품을 대상으로 적용되지만, 설명의무는 보장성 상품, 투자성 상품, 예금성 상품, 대출성 상품 모두를 대상으로 이행해야 한다.

해설 ③은 적정성의 원칙을 말한다.

정답 ③

02 금융소비자보호법상 금융상품판매 6대 원칙을 설명한 것이다. 가장 거리가 먼 것은?

① 적합성원칙, 적정성원칙, 설명의무는 일반금융소비자만을 대상으로 한다.
② 자본시장법상 적합성원칙은 금융투자상품(변액보험 포함)만을 대상으로 하였으나, 금융소비자보호법은 보장성 상품·투자성 상품·대출성 상품을 대상으로 하는 것을 원칙으로 하며 예금성 상품의 경우 수익률 등의 변동가능성이 있는 상품에 한하여 적용된다.
③ 적정성원칙은 일반금융소비자에게 계약체결권유를 하지 않고 금융상품판매계약을 체결하려는 경우에 적용되며, 해당 계약의 체결이 해당 소비자에게 적정하지 않다고 판단될 경우 판매를 중단하도록 하는 원칙이다.
④ 대출성 상품의 계약체결을 권유시 다른 금융상품의 계약을 강요하는 행위는 6대 원칙 중 불공정 영업행위 금지에 해당한다.

해설 적정하지 않다고 판단될 경우 판매를 중지하는 것이 아니라, 적정하지 않음을 일반금융소비자에게 알리고 서명 등으로 확인받고 제공하는 것을 말한다(판매중지가 아니라 '적정하지 않음'을 주지하는 것이 목적).
※ 자본시장법과 금융소비자보호법상의 용어 비교

법 률	판매주체	판매상품	판매대상		권유행위
자본시장법	금융투자회사	금융투자상품	일반투자자	전문투자자	투자권유
금융소비자보호법	금융상품직접 판매업자 등	금융상품 (4가지)	일반 금융소비자	전문 금융소비자	계약체결권유

정답 ③

03 금융소비자보호법 제20조 '불공정영업행위'에 속하지 않는 것은?

① 대출과 관련하여 다른 금융상품의 계약을 강요하는 행위

② 대출과 관련하여 부당한 담보를 요구하는 행위

③ 업무와 관련하여 편익을 요구하는 행위

④ 불확실한 사항에 대하여 단정적인 판단을 제공하는 행위

> **해설** ① · ② · ③은 불공정영업행위의 금지대상에 속하며(금소법 제20조), ④는 부당권유행위의 금지대상에 속한다 (금소법 제21조).
> ※ 불공정영업행위 금지(금소법 제20조) : 금융소비자보호법상 '6대 판매원칙'의 하나
> ▶ 제20조(불공정영업행위 금지) : ① 금융상품판매업자는 우월적 지위를 이용하여 금융소비자의 권익을 침해 하는 다음 각 호의 어느 하나에 해당하는 행위(이하 '불공정영업행위'라 함)를 해서는 아니 된다.
>   1. 대출성 상품의 계약체결과 관련하여 금융소비자의 의사에 반하여 다른 금융상품의 계약체결을 강요하는 행위
>   2. 대출성 상품의 계약체결과 관련하여 부당하게 담보를 요구하거나 보증을 요구하는 행위
>   3. 금융상품판매업자 또는 그 임직원이 업무와 관련하여 편익을 요구하거나 제공받는 행위
>   4. 대출성 상품의 경우 다음 각 목의 어느 하나에 해당하는 행위
>   가. 자기 또는 제3자의 이익을 위하여 금융소비자에게 특정 대출상환방식을 강요하는 행위
>   나. 1)부터 3)까지의 경우를 제외하고 수수료, 위약금 또는 그 밖에 어떤 명목이든 중도상환 수수료를 부과하는 행위
>   1) 대출계약이 성립한 날부터 3년 이내에 상환하는 경우
>   2) 다른 법령에 따라 중도상환수수료 부과가 허용되는 경우
>   3) 금융소비자보호 및 건전한 거래질서를 해칠 우려가 없는 경우로서 대통령령으로 정하는 경우
>   다. 개인에 대한 대출상품계약과 관련하여 제3자의 연대보증을 요구하는 행위
>   5. 연계 · 제휴서비스 등이 있는 경우 연계 · 제휴서비스 등을 부당하게 축소하거나 변경하는 행위
>   6. 그 밖에 금융상품판매업자의 우월적 지위를 이용하여 금융소비자의 권익을 침해하는 행위
>
> **정답** ④

04 금융소비자보호법 제21조 '부당권유행위 금지' 조항에 해당하지 않는 것은?

① 금융상품의 가치에 중대한 영향을 미치는 사항을 미리 알고 있으면서 금융소비자에게 알리지 않는 행위

② 금융상품 내용의 일부에 대하여 비교대상 및 기준을 밝히지 아니하거나 객관적인 근거 없이 다른 금융상품과 비교하여 해당 금융상품이 우수하거나 유리하다고 알리는 행위

③ 대출성 상품의 계약체결과 관련하여 금융소비자의 의사에 반하여 다른 금융상품의 계약체결을 강요하는 행위

④ 보장성 상품의 경우, 금융소비자가 보장성 상품계약의 중요한 사항에 대하여 부실하게 금융상품 직접판매업자에게 알릴 것을 권유하는 행위

> **해설** ③은 불공정영업행위 금지(금소법 제20조 ; 보충문제3 해설 참조)에 해당한다.
>
> **정답** ③

05 금융소비자보호법상 판매원칙 위반시의 제재사항과 관련하여 빈칸을 옳게 연결한 것은?

> • 금융소비자가 금융상품판매업자 등의 위법한 행위로 금융상품에 대한 계약을 체결한 경우 계약체결일로부터 (　　)의 범위 내에서 서면 등으로 계약을 해지할 수 있다.
> • 주요 판매원칙 위반 시에는 관련 수입 등의 (　　)까지 과징금을 부과한다.

① 3년, 50%   ② 5년, 50%

③ 5년, 100%   ④ 10년, 300%

해설　'5년, 50%'이다.

정답 ②

06 금융소비자보호법상 청약철회기간에 대한 설명이다. 틀린 것은?

① 보장성 상품은 보험증권 수령일로부터 15일 내로 청약을 철회할 수 있는데, 청약일로부터 30일까지를 한도로 한다.
② 투자성 상품은 계약서류제공일 또는 계약체결일로부터 7일 이내로 청약을 철회할 수 있다.
③ 대출성 상품은 계약서류제공일, 계약체결일 또는 계약에 따른 금전·재화 제공일로부터 14일 이내로 청약을 철회할 수 있다.
④ 예금성 상품은 계약서류작성일로부터 3일 내로 청약을 철회할 수 있다.

해설　예금성 상품은 청약철회권이 인정되지 않는다.

정답 ④

07 금융상품의 4가지 유형 중 대출성 상품에 대한 내용이다. 가장 적절하지 않은 것은?

① 대출성 상품에도 적합성원칙과 적정성원칙이 적용된다.
② 대출이자를 일단위로 표시하여 저렴한 것으로 오인하게 하는 행위는 금지된다.
③ 계약서류제공일, 계약체결일 또는 계약에 따른 금전·재화 등 제공일로부터 7일 이내에 청약철회권을 행사할 수 있다.
④ 대출모집인은 기존 법률상 감독의 대상이 되지 않았으나, 금융소비자보호법에 의해 대출모집인도 법상 관리, 감독이 가능하게 되었다.

해설　7일은 투자성 상품에 해당하며, 대출성 상품은 14일이다.
　　① 대출성 상품 관련 기존 법률상으로는 적합성원칙과 적정성원칙 규제가 없으나, 금융소비자보호법상으로 동 규제가 적용된다.
　　② 6대 판매원칙 중 대출성 상품에 대한 '허위·과장금지'에 해당한다.
　　④ 대출모집인에 대한 감독은 그간은 모범규준으로 하였으나 동법상 감독의 근거가 마련되었다.

정답 ③

08 상품판매 단계에서의 일반금융소비자에 대한 설명의무로 적절하지 않은 것은?

① 투자성 상품의 경우 그 내용, 투자위험, 위험등급 및 중요사항을 일반금융소비자가 이해할 수 있도록 설명하여야 한다.

② 계약의 해제·해지에 관한 사항은 설명해야 할 중요사항이다.

③ 설명서를 제공하여야 하며, 설명한 내용을 이해하였음을 서명, 기명날인, 녹취 등의 방법으로 확인받아야 한다.

④ 설명하였음을 확인받지 아니한 경우 해당 금융상품의 계약으로부터 얻는 수입의 최대 50% 이내의 과징금 부과 또는 최대 1천만원 이내의 과태료를 부과받을 수 있다.

해설 설명하였음을 확인받지 아니한 경우, 해당 금융상품의 계약으로부터 얻는 수입의 최대 50% 이내의 과징금 부과 또는 1억원 이내의 과태료를 부과받을 수 있다.

※ 6대 판매원칙 위반에 대한 과징금과 과태료 비교

구 분	과징금(수입등의 50%)	과태료	
부과목적	부당이득 환수	의무 위반	
부과사유	• 설명의무 위반 • 불공정영업행위금지 위반 • 부당권유금지 위반 • 광고규제 위반	1억원 이하	• 설명의무 위반 • 불공정영업행위금지 위반 • 부당권유금지 위반 • 광고규제 위반
► 적합성·적정성원칙 위반은 징벌적 과징금 대상이 아님에 유의		3천만원 이하	적합성·적정성원칙 위반

정답 ④

09 금융소비자보호법에서 정하고 있는 내용과 상이한 것은?

① 적합성원칙과 적정성원칙 위반은 징벌적 과징금의 대상이다.

② 위법계약해지권은 금융소비자에게 해지수수료 위약금 등의 불이익 없이 위법계약으로부터 탈퇴할 수 있는 기회를 부여한 것으로 소급적용이 아닌 장래에 대해서만 효력이 있다.

③ 금융위원회는 금융상품으로 인하여 금융소비자의 재산상 현저한 피해가 발생할 우려가 있다고 명백히 인정되는 경우 판매업자에게 해당 금융상품 계약 체결의 권유금지를 명할 수 있다.

④ 금융감독원의 분쟁조정위원회 회의시 구성위원은 위원장이 회의마다 지명하는데 소비자단체와 금융업권 추천위원은 동수(同數)로 지명한다.

해설 적합성원칙과 적정성원칙 위반은 징벌적 과징금의 대상이 아니다. 다만, 과태료(3천만원 이하) 부과대상이 될 수 있다.

정답 ①

단원별 출제예상문제

01 자본시장법상 집합투자기구의 정의이다. 가장 적절하지 않은 것은?

① 2인 이상의 자에게 판매할 것

② 투자자로부터 모은 금전 등을 집합하여 운용할 것

③ 집합투자업자로부터 일상적인 운용지시를 받지 아니할 것

④ 재산적 가치가 있는 투자대상자산을 취득, 처분 그 밖의 방법으로 운용할 것

> **해설** 투자자로부터 일상적인 운용지시를 받지 아니할 것

정답 ③

02 투자신탁의 수익자총회에 대한 설명이다. 가장 적절한 것은?

① 수익자총회의 의장은 집합투자업자의 대표이사가 맡는다.

② 수익자총회는 일반 주주총회와는 달리 총회에 출석해야만 의결권을 행사할 수 있다.

③ 수익자총회가 성립되지 않을 경우 6주 이내에 연기수익자총회를 소집해야 한다.

④ 총회 결의사항에 반대하는 반대수익자는 총회결의일로부터 20일 이내에 서면으로 수익자매수청구권을 행사할 수 있다.

> **해설** ① 수익자 중에서 선출된다.
> ② 서면행사도 가능하다.
> ③ 2주 이내에 소집해야 한다.

정답 ④

03 연기수익자총회에서, 법정결의사항이 아닌 신탁계약에서 정한 결의사항의 결의를 위해 필요한 의결권의 수는?

① 출석과반수와 전체수익자의 1/4 이상의 수

② 출석과반수와 전체수익자의 1/5 이상의 수

③ 출석과반수와 전체수익자의 1/8 이상의 수

④ 출석과반수와 전체수익자의 1/10 이상의 수

> **해설** 법정결의사항의 경우 수익자총회는 ①, 연기수익자총회는 ③이며, 법정결의사항이 아닌 경우 수익자총회는 ②, 연기수익자총회는 ④의 의결권 수를 충족해야 한다.

정답 ④

04 투자회사의 기관에 대한 설명으로 옳은 것은?

① 투자회사에는 이사, 이사회, 수익자총회가 있다.

② 투자회사는 신탁업자가 법인이사 1인과 2인 이상의 감독이사를 두어야 한다.

③ 투자회사는 외부감사가 없는 대신 내부감사가 의무화되어 있다.

④ 이사회소집은 각 이사가 하며, 과반수의 출석과 출석이사 과반수의 찬성으로 의결한다.

> **해설** ① 수익자총회가 아닌 주주총회이다.
> ② 신탁업자가 아닌 집합투자업자이다.
> ③ 내부감사가 없는 대신 외부감사가 의무화되어 있다.
>
> **정답** ④

05 집합투자기구의 발행과 관련된 설명 중 잘못된 것은?

① 집합투자기구는 금전납입이 원칙인데 공모펀드라도 수익자 전원의 동의를 얻은 경우에는 현물납입이 가능하다.

② 투자신탁의 수익증권은 무액면 기명식으로 발행한다.

③ 투자회사의 주식은 오로지 보통주로만 발행해야 한다.

④ 증권신고서의 효력이 발생하는 즉시 정식 투자설명서를 투자자에게 제공할 수 있다.

> **해설** 사모펀드로서 수익자 전원의 동의를 얻는 경우에 한해 가능하다. 이는 사모펀드의 자율성을 보장하기 위함이다. 또한 현물납입을 할 경우 집합투자재산평가위원회가 정한 가격으로 납입해야 한다.
>
> **정답** ①

06 판매수수료와 판매보수에 대한 설명으로 가장 적합한 것은?

① 판매수수료는 납입금액 또는 환매금액의 100분의 1을 초과해서 받을 수 없다.

② 집합투자업자는 판매보수와 판매수수료 두 가지를 모두 받을 수는 없다.

③ 판매보수는 투자자에게 지속적으로 제공하는 용역의 대가이며 연평균가액의 100분의 2를 초과하여 받을 수 없다.

④ 판매수수료, 판매보수, 환매수수료 중에서 집합투자기구의 기준가격에 영향을 주는 것은 판매보수뿐이다.

> **해설** 판매보수는 집합투자재산에서 차감하므로 기준가격에 영향을 주게 된다. 나머지 판매수수료와 환매수수료는 투자자가 별도로 부담하기 때문에 기준가격에 영향을 주지 않는다.
> ① 100분의 2를 초과할 수 없다.
> ② 판매보수와 판매수수료는 그 징구근거가 다르기 때문에 두 가지를 모두 받을 수도 있고 판매보수만을 받거나 판매수수료만을 받을 수도 있다.
> ③ 100분의 1을 초과할 수 없다.
>
> **정답** ④

07 신탁업자에 대한 설명으로 가장 거리가 먼 것은?

① 집합투자업자재산을 보관·관리하는 신탁업자는 당해 집합투자기구의 집합투자업자와 계열관계에 있지 않아야 한다.

② 신탁업자는 어떠한 경우라도 자신이 보관·관리하는 집합투자재산을 자신의 고유재산과 거래해서는 아니 된다.

③ 집합투자업자의 운용지시가 법령이나 집합투자규약 등에 위배됨이 없는지에 대해 감시한다.

④ 집합투자업자가 산정한 기준가격과 신탁업자가 산정한 기준가격의 편차가 1000분의 3 이내이면 적정한 것으로 본다.

> **해설** 집합투자재산을 효율적으로 운용하기 위하여 필요한 경우로서 금융기관 예치, 단기대출 등으로 운용하는 경우에는 고유재산과의 거래가 예외적으로 허용된다.
>
> **정답** ②

---

08 신탁업자의 확인사항에 해당하지 않는 것은?

① 투자설명서가 법령이나 집합투자규약에 부합하는지 여부

② 기준가격의 산정 여부가 적정한지 여부

③ 집합투자업자의 운용프로세스가 적정한지 여부

④ 장외파생상품 운용에 따른 위험관리방법 작성이 적정한지 여부

> **해설** 운용절차나 운용수익률에 대한 적정 여부는 적극적인 감시로서 신탁업자의 확인사항이 아니다(운용에 대한 신탁업자의 감시는 소극적인 감시).
>
> **정답** ③

---

09 자산운용의 제한에 대한 내용이다. 빈칸이 올바르게 연결된 것은?

> 각각의 집합투자기구는 동일종목 증권에 자산총액의 (㉠)를 초과하여 투자할 수 없으나, 지방채는 자산총액의 (㉡)까지 투자할 수 있다.

	㉠	㉡
①	10%	20%
②	10%	30%
③	20%	50%
④	20%	100%

> **해설** 동일종목 투자한도는 10% / 지방채·특수채 등은 30% / 국채·통안채는 100%
>
> **정답** ②

10 집합투자업자가 투자신탁의 효율적 운용을 위하여 자신의 명의로 직접 투자대상 자산을 취득·처분하는 방법 등을 설명한 것으로 적절하지 않은 것은?

① 직접 취득·처분 등을 하려는 투자대상 자산에 대하여 투자신탁 재산별로 주문금액, 가격, 수량 등을 기재한 주문서와 배분내역을 기재한 자산배분명세서를 작성하여야 한다.

② 주식관련 DR, 위험회피목적의 장외파생상품의 매매, 외국환거래법에 의한 대외지급수단의 매매, 거래상대방과 기본계약을 체결한 금리스왑 등의 거래는 집합투자업자가 직접 거래할 수 없으므로 신탁업자가 수행하여야 한다.

③ 상장채권의 취득처분 시 상장채권의 운용을 담당하는 직원과 취득·처분 등의 실행을 담당하는 직원을 구분하여야 한다.

④ 집합투자업자의 준법감시인은 투자신탁재산의 취득처분 등의 주문서와 자산배분명세서의 적정성 및 그 이행 여부를 확인하여야 한다.

해설 주식관련 DR, 위험회피목적의 장외파생상품의 매매, 외국환거래법에 의한 대외지급수단의 매매, 거래상대방과 기본계약을 체결한 금리스왑 등은 집합투자업자가 직접 거래할 수 있다.

정답 ②

---

11 다음 빈칸에 들어갈 수 없는 것은?

> • 투자신탁 이외의 펀드는 등록 당시 자본금 혹은 출자금이 (　　) 이상이어야 한다.
> • 투자설명서는 최초 투자설명서 제출 후 매년 (　　) 이상 갱신해야 하고, 변경등록의 경우 그 통지를 받은 날로부터 5일 이내에 갱신해야 한다.
> • 금융투자상품 잔고가 (　　) 이상인 일반법인은 전문투자자로 전환할 수 있다.
> • 집합투자업자 등은 환매연기를 결정한 날로부터 (　　) 이내에 집합투자자총회에서 환매에 관한 사항을 의결한다.

① 1회 　　　　　　　　　② 1억원
③ 50억원 　　　　　　　④ 6주

해설 차례대로, '1억원 – 1회 – 100억원 – 6주'이다. 일반법인은 잔고가 100억원 이상이면 전문투자자로 전환할 수 있다.

정답 ③

---

12 전문투자자 중 일부는 일반투자자와 동일한 대우를 받겠다는 의사를 서면으로 금융투자업자에게 통지하면 일반투자자로서 보호를 받을 수 있다. 이에 해당하지 않는 투자자는?

① 주권상장법인 　　　　　② 지방자치단체
③ 신용보증기금 　　　　　④ 해외증권시장에 상장된 주권을 발행한 법인

해설 상대적 전문투자자로서 '주권상장법인 등(①·②·④ 등)'은 일반투자자로 전환할 수 있다. 법률에 의해 설립된 기금도 해당되나 신용보증기금, 기술신용보증기금은 절대적 전문투자자로서 일반투자자 전환이 불가능하다.

정답 ③

13 다음 내용에서 법정해지 사유가 아닌 것을 모두 고르면?

> ㉠ 수익자 전원이 해지에 동의하는 경우
> ㉡ 수익자 총수가 1인이 되는 경우
> ㉢ 수익증권 전부에 대해 환매청구가 있는 경우
> ㉣ 수익자총회에서 해지를 결의하는 경우

① ㉠, ㉡
② ㉡, ㉢
③ ㉠, ㉢
④ ㉡, ㉣

해설 ㉠·㉢은 임의해지, ㉡·㉣은 법정해지 사유이다.
*임의해지 : '임·동(수익자전원 동의)·환(수익증권전부에 대한 환매청구)'으로 암기

정답 ③

14 수수료 및 보수의 납부주체와 귀속주체를 짝지은 것이다. 옳지 않은 것은?

번 호	구 분	납부 주체	귀속 주체
①	판매수수료	투자자	판매업자
②	판매보수	집합투자기구	판매업자
③	환매수수료	투자자	집합투자업자
④	운용보수	집합투자기구	집합투자업자

해설 환매수수료는 환매를 청구하는 투자자가 납부하고, 납부한 금액은 집합투자기구에 귀속된다.
*②와 ④에서 집합투자기구가 납부 주체라는 것은 '집합투자재산 × 일정비율'로 보수를 징구한다는 것을 의미한다.

정답 ③

15 다음은 공모형 펀드가 성과보수를 받을 수 있는 요건 중 하나에 대한 설명이다. 빈칸이 올바르게 채워진 것은?

> 최소 존속기간이 (㉠) 이상이어야 하고, (㉡) 형태이어야 하며, (㉢)이어야 한다.

	㉠	㉡	㉢
①	1년	개방형펀드	추가형펀드
②	1년	폐쇄형펀드	단위형펀드
③	2년	개방형펀드	추가형펀드
④	2년	폐쇄형펀드	단위형펀드

해설 최소 존속기간이 1년 이상이어야 하고, 폐쇄형펀드 형태이어야 하며, 집합투자증권을 추가로 발행하지 않는 단위형펀드여야 한다.

정답 ②

16 다음은 자산운용의 제한에 대한 설명이다. 옳은 것은?

① 집합투자재산의 부실화를 막기 위해 금전의 차입과 대여는 금지되고 이에 대한 예외는 없다.

② 집합투자기구는 다른 펀드에 자산의 40% 이상을 투자하는 펀드에 투자할 수 없고 이에 대한 예외는 없다.

③ 집합투자기구는 동일법인이 발행한 지분증권 총수의 10%를 초과해서 투자할 수 없고 이에 대한 예외는 없다.

④ 집합투자업자는 집합투자재산을 운용함에 있어 이해관계인과 거래할 수 없으며 이에 대한 예외는 없다.

> 해설　재간접투자기구(Fund of Funds)에 투자하면 재재간접투자기구가 되고 이 경우 집합투자의 전문성이 지나치게 희석되어 금지된다(예외 없음).
> ① 대량환매청구 등 일시적인 자금부족을 해소하기 위해 예외 허용(10%까지), 또한 부동산펀드특례 적용(차입 200%, 대여 100%)
> ③ 삼성전자처럼 시가총액 비중이 10%가 넘을 경우 해당 비중까지 매입 가능
> ④ 이해관계인이 되기 전 6개월 이전에 체결한 거래 등의 경우는 예외
>
> 정답 ②

17 집합투자기구에 대한 다음 설명 중 옳은 것은?

① 특별자산집합투자기구는 집합투자재산의 50%를 초과하여 특별자산에 투자하는 펀드를 말하고 여기서 특별자산이라 함은 증권, 부동산, 혼합자산을 제외한 자산을 말한다.

② 혼합자산집합투자기구는 집합투자재산의 50%를 초과하여 혼합자산에 투자하는 펀드를 말한다.

③ 단기금융펀드는 집합투자재산의 50%를 초과하여 단기금융상품에 투자하는 펀드를 말한다.

④ 부동산집합투자기구는 집합투자재산의 50%를 초과하여 부동산자산에 투자하는 펀드를 말하는데 여기서 부동산자산이라 함은 실물부동산만을 의미하는 것이 아니라 부동산증권, 부동산권리, 부동산대출 등도 포함한다.

> 해설　① 증권, 부동산을 제외한 투자대상자산을 특별자산이라 한다.
> ② 혼합자산집합투자기구는 투자대상자산의 제한을 받지 않는 것을 말한다.
> ③ 단기금융펀드는 펀드자산의 전부를 단기금융상품에 투자하는 것을 말한다.
>
> 정답 ④

18 단기금융집합투자기구(MMF)의 운용제한을 설명한 것이다. 가장 거리가 먼 것은?

① 증권을 대여하거나 차입하는 것은 절대 금지된다.

② 금전의 차입과 대여는 금지가 원칙이나, 요건을 갖춘 단기대출은 허용된다.

③ 남은 만기가 1년 이상인 국채증권에 투자할 경우 펀드자산의 5%를 초과할 수 없다.

④ 환매조건부매수는 펀드가 보유하고 있는 증권총액의 5% 이내에서 운용할 수 있다.

> 해설　환매조건부매도는 증권총액의 5% 이내에서 가능하다.
>
> 정답 ④

19 환매금지형 집합투자기구(폐쇄형펀드)에 대한 설명이다. 가장 거리가 먼 것은?

① 집합투자증권을 설정일로부터 90일 이내에 증권시장에 상장해야 한다.
② 펀드 존속기간을 정해야 폐쇄형으로 설정할 수 있다.
③ 폐쇄형펀드로서 추가발행이 안 되는 것이 원칙이지만, 이익분배금 범위 이내이거나 기존투자자 전원의 동의를 받은 경우 집합투자증권을 추가로 발행할 수 있다.
④ 매일 기준가격을 산정하여 공고해야 한다.

> **해설** 폐쇄형펀드는 기준가격산정 및 공고에 대한 규정이 적용되지 않는다(∵ 환매가 불가하고 상장해서 매매하므로 기준가격 공고가 필요하지 않다).
>
> **정답** ④

20 전환형펀드의 특징이라고 볼 수 없는 것은?

① 시장상황에 적극적으로 대응할 수 있다.
② 투자한 돈 전부를 옮길 수도 있고 일부를 옮길 수도 있다.
③ 다른 펀드로 전환시에 수수료가 들지 않는다.
④ 초보투자자일수록 전환형펀드가 바람직하다.

> **해설** 엄브렐러 펀드는 시장상황에 대한 적극적인 대응이고, 엄브렐러 펀드 투자의 성공포인트는 전환시점을 포착하는 것이다. 초보투자자에게는 전환시점 포착이 어렵다.
>
> **정답** ④

21 다음 빈칸에 들어갈 말을 순서대로 나열한 것으로 옳은 것은?

> • 집합투자업자는 각 집합투자재산에 대해 회계기간의 말일부터 (   ) 이내에 회계감사인의 감사를 받아야 한다.
> • 다만, 자산총액이 (   ) 이하인 집합투자기구는 회계감사의무가 면제된다.

① 2개월 – 200억원
② 2개월 – 300억원
③ 3개월 – 200억원
④ 3개월 – 300억원

> **해설** 차례대로 '2개월 – 300억원'이다. 그리고 자산총액이 300억원을 초과하더라도, 자산총액이 500억원 이하로서 기준일 이전 6개월 동안 추가로 집합투자증권을 발행하지 않은 경우에도 회계감사의무가 면제된다.
>
> **정답** ②

22 다음 빈칸에 들어갈 말을 순서대로 나열한 것으로 옳은 것은?

> 일반 사모집합투자기구를 영위하려는 자는 금융위원회에 일반 사모집합투자업의 (   ). 그리고
> 이를 위해 (   ) 이상의 자기자본을 갖추고, (   ) 이상의 투자운용인력을 확보하는 등의 요건을
> 갖추어야 한다.

① 인가를 받아야 한다 – 10억원 – 2인
② 인가를 받아야 한다 – 20억원 – 3인
③ 등록을 해야 한다 – 10억원 – 3인
④ 등록을 해야 한다 – 30억원 – 3인

해설 일반사모형 사모집합투자업은 등록대상이다. 등록요건은 '자기자본 10억원 이상, 투자운용인력 3인 이상, 이해
상충방지체계를 갖출 것 등'이다.

정답 ③

23 (가)와 (나)에 각각 들어갈 말을 짝지은 것으로 옳은 것은?

구 분	자 산	부 채	파생상품투자에 따른 위험평가액 한도
공모펀드	1,000억원	400억원	(가)
사모펀드	500억원	200억원	(나)

〈출처 : 한국투자자보호재단 홈페이지 인용〉

	가	나
①	600억원	300억원
②	600억원	900억원
③	600억원	1,200억원
④	2,400억원	1,200억원

해설 공모펀드는 순자산액의 100%(600억원), 사모펀드는 순자산액의 400%(300억원 × 4 = 1,200억원)가 한도
이다.

정답 ③

24 금융소비자보호법에 의한 부당권유행위 금지와 관련한 내용으로 틀린 것은?

① 보호받을 수 있는 대상은 일반금융소비자와 전문금융소비자이다.

② 증권 또는 장내파생상품을 금융소비자로부터 요청받지 아니하고 방문 또는 전화 등 실시간 대화의 방법으로 계약권유를 할 수 없다.

③ 적합성의 원칙을 적용받지 않고 권유하기 위해 일반금융소비자로부터 계약 체결의 권유를 원하지 않는다는 의사를 서면 등으로 받을 수 없다.

④ 투자성 상품에 관한 계약 체결을 권유하면서 일반금융소비자가 요청하지 않은 다른 대출성 상품을 안내하거나 관련 정보를 제공할 수 없다.

> **해설** 투자성 상품의 경우 금융소비자로부터 계약 체결을 해줄 것을 요청받지 아니하고 방문·전화 등 실시간 대화의 방법을 이용하는 행위는 금지된다(불초청권유금지). 다만, 자본시장법에 따른 증권 또는 장내파생상품의 경우는 적용되지 아니한다.

정답 ②

25 투자성 상품에 대한 각종 설명서 내역이 바르게 연결되지 못한 것은?

① 공모 집합투자증권 : 투자설명서 또는 간이투자설명서

② 공모 집합투자증권 외 : 투자설명서

③ 공·사모 고난도금융투자상품 : 상품요약설명서

④ 사모펀드 : 투자설명서

> **해설** 사모펀드에 대한 불완전판매를 막기 위하여 "핵심상품설명서" 교부 제도가 생겼다.
>
> **참고** **자본시장법 제249조의4 제②항 ~ 제④항**
> ② 일반 사모집합투자기구의 집합투자증권을 발행하는 집합투자업자는 금융소비자보호에 관한 법률 제19조(설명의무)에도 불구하고 대통령령으로 정하는 사항이 포함된 설명서("핵심상품설명서"라 한다)를 작성하여 그 일반 사모집합투자기구의 집합투자증권을 투자권유 또는 판매하는 자에게 제공하여야 한다. 그 핵심상품설명서에 기재된 사항이 변경된 경우에도 이와 같다.
> ③ 일반 사모집합투자기구의 집합투자증권을 투자권유 또는 판매하는 자는 핵심상품설명서가 그 일반 사모집합투자기구의 집합투자규약과 부합하는지 여부 등 대통령령으로 정하는 사항을 미리 검증하여야 한다(과거와 달리 판매업자에게도 일정 책임을 부여함).
> ④ 일반 사모집합투자기구의 집합투자증권을 투자권유 또는 판매하는 자는 그 일반 사모집합투자기구의 집합투자증권을 발행하는 자가 작성하여 제공한 핵심상품설명서를 투자자(전문투자자는 제외한다)에게 교부하고, 그 핵심상품설명서를 사용하여 투자권유 또는 판매하여야 한다. 다만, 일반 사모집합투자기구의 집합투자증권을 투자권유 또는 판매하는 자가 투자자가 이해하기 쉽도록 핵심상품설명서의 내용 중 중요한 사항을 발췌하여 기재 또는 표시한 경우로서 그 일반 사모집합투자기구의 집합투자증권을 발행한 집합투자업자와 미리 합의한 경우에는 해당 자료를 사용하여 투자권유 또는 판매할 수 있다.

정답 ④

26 고난도 금융투자상품에 대한 설명서와 관련이 있는 것은?

① 간이투자설명서
② 투자설명서
③ 상품요약설명서
④ 핵심상품설명서

해설 (공모·사모를 불문하고) 고난도 금융투자상품을 판매 시 "요약설명서"를 교부하여야 한다. 개인인 투자자에게 고난도 금융투자상품의 내용, 투자에 따르는 위험 및 그 밖에 금융위원회가 정하여 고시하는 사항을 해당 투자자가 쉽게 이해할 수 있도록 요약한 설명서(요약설명서)를 내어 주지 않는 행위는 불건전영업행위에 해당한다. 다만, 다음의 어느 하나에 해당하는 경우는 제외한다(고난도 상품요약설명서 교부의무 면제).

1) 투자자가 해당 설명서를 받지 않겠다는 의사를 서면, 전신, 전화, 팩스, 전자우편 또는 그 밖에 금융위원회가 정하여 고시하는 방법으로 표시한 경우
2) 집합투자증권의 판매 시 간이투자설명서 또는 핵심상품설명서를 교부한 경우

※ 투자성 상품의 각종 설명서의 명칭

구 분		설명서		고난도 금융투자상품
공 모	집합투자증권	간이투자설명서 → (정식)투자설명서	금소법상 설명서	(고난도 상품) 요약설명서
	집합투자증권 이외	투자설명서		
기 타	사모집합투자기구	핵심상품설명서		
	일임, 신탁	금소법상 설명서		

▶ 자본시장법상의 투자설명서 또는 간이투자설명서를 금융소비자에게 '제공'하는 경우에는 동 투자설명서와 간이설명서의 내용은 금소법상의 설명서에서는 (중복되므로) 해당내용을 제외할 수 있다. 또한 공모펀드의 경우 간이투자설명서 교부 시, 사모펀드의 경우에는 핵심상품설명서의 제공 시에는 고난도 상품 요약설명서의 교부의무를 면제한다.

정답 ③

27 금융소비자보호를 위한 위법계약해지권에 대한 설명으로 옳지 않은 것은?

① 6대 판매원칙 규제를 위반한 경우에 적용된다.
② 계약체결일로부터 5년 이내 범위의 기간 내에 해지요구가 가능하되, 금융소비자가 위법사실을 인지한 경우에는 위법사실을 안 날로부터 1년 이내에 해지요구가 가능하다.
③ 금융소비자의 해지요구를 수락한 경우 해당 계약은 장래에 대하여 효력이 상실하므로 금융상품판매업자의 원상회복의무는 없다.
④ 금융상품판매업자등은 금융소비자의 해지요구권으로 인한 해지관련비용(수수료, 위약금 등)을 요구할 수 없다.

해설 5대 판매원칙 규제를 위반한 경우에 적용된다. 즉 6대 판매원칙(적합성의 원칙, 적정성의 원칙, 설명의무, 불공정영업행위 금지, 부당권유행위 금지, 광고규제 위반) 중에서 광고규제 위반을 제외한다.

정답 ①

02 직무윤리 및 투자자분쟁예방

1 직무윤리 개요

법과 윤리 `핵심유형문제`

법과 윤리를 비교한 설명이다. 가장 거리가 먼 것은?

① 법은 사회질서를 지키는 것이 가장 큰 목적이지만, 윤리는 개인의 도덕심을 지키는 것이 가장 큰 목적이다.

② 법은 인간의 외면적인 행위를 평가하지만, 윤리는 내면의 행위를 평가한다.

③ 법은 결과를 문제 삼지만, 윤리는 동기를 중요시한다.

④ 법이 '있어야 할 법'이라면 윤리는 '있는 그대로의 법'에 해당된다.

해설 법 – 있는 그대로의 법, 윤리 – 있어야 할 법(더알아보기 참조)

`정답` ④

더알아보기

(1) 법과 윤리의 차이점 : 핵심문제

법(Law)	윤리(Ethics)
법은 사회질서 유지를 목적으로 한다(법이 지키고자 하는 것은 정의).	윤리는 개인의 도덕심(양심)을 지키는 것을 목적으로 한다.
법은 외면적 행위를 평가하고, 결과를 문제 삼는다.	윤리는 내면의 행위를 평가하고, 동기를 중시한다.
모든 사회에 존재하는 '있는 그대로의 법'을 말한다.	윤리에 부합하는 법, 즉 정당한 법을 '있어야 할 법'이라 한다.[주1]

*주1 : '있는 그대로의 법'은 현실을 반영하는 법을 말하며, '있어야 할 법'은 윤리를 최대한 반영할 수 있는 이상적인 법이라 할 수 있다.

(2) 법과 윤리 개요 : 보충문제 1
① 법과 윤리는 모두 인간의 사회적 관계에 있어서 필요한 규범이다(공통점).
② 법은 기본적으로 윤리를 바탕으로 하며, 윤리에서 용납될 수 없는 반윤리적 행위를 억제하는 데 목적을 둔다(법은 최소한의 윤리이다).
③ 윤리를 지나치게 강조하여 실정법을 무조건 배척하거나, 합법적이기만 하다면 비윤리적 행위라도 문제 삼지 않는 법만능주의 모두 잘못된 것이다(법과 윤리의 상호보완성).
④ 법은 기본적으로 보수적인 것이므로, 법은 윤리를 반영하되 후행하며 반영한다(보충문제 1 지문 ④).

01 법(Law)에 대한 다음 설명 중 가장 적절하지 않은 것은?

① 법은 법전에 나와 있는 법만을 말하는 것이 아니라 법전에 나와 있지 않은 법도 포함한다.

② 인간의 내면적인 규범을 도덕(또는 윤리)이라 하며, 내면적 규범이 사회적인 범위로 확장되면 정의(또는 법)라고 한다.

③ 법은 최소한의 윤리이다.

④ 과학기술이 급속도로 발달하는 현대사회에서 '낡은 법'과 '새로운 윤리'가 충돌할 수 있으므로, 법도 시류에 따라 신속하게 변경될 필요가 있다.

> **해설** 법은 사회구성원 다수가 합의한 후에 제정되므로 기본적으로 보수적인 성격을 지닌다. 시대상에 맞게 변화할 필요는 있지만, 시류에 따라 신속하게 변경되다 보면 오히려 사회의 법질서가 혼란에 빠질 수 있다.
>
> 정답 ④

기업윤리와 직무윤리에 대한 설명이다. 옳은 것은?

① 통상적으로 국내 기업에서는 기업윤리는 '윤리강령'으로, 직무윤리는 '임직원 행동 강령'의 형태로 반영되고 있다.

② 경영환경에서 발생할 수 있는 모든 도덕적, 윤리적 문제들에 대한 판단기준으로, 경영 전반에 걸쳐 모든 조직구성원에게 요구되는 포괄적 개념으로서의 윤리를 직무윤리라 한다.

③ 조직 구성원 개개인들이 자신이 맡은 업무를 수행하면서 지켜야 하는 윤리적 행동과 태도를 구체화한 것을 기업윤리라 한다.

④ 기업윤리와 직무윤리는 엄격히 구분된다.

해설 ② 기업윤리에 해당된다.
③ 직무윤리에 해당된다.
④ 기업윤리와 직무윤리는 혼용되어 사용되는 경우가 많다.

정답 ①

더알아보기

(1) 기업윤리와 직무윤리의 개념 비교(핵심문제)

기업윤리와 직무윤리는 통상적으로 혼용되어 사용되지만, 엄격히 구분하자면 아래의 표와 같이 볼 수 있다.

기업윤리	직무윤리
기업의 관점에서 조직구성원에게 요구하는 윤리에 대한 포괄적 개념	조직구성원 개개인들이 맡은 업무를 수행시에 준수해야 하는 구체적 개념
거시적 개념	미시적 개념
'윤리강령'의 형태로 반영	'임직원 행동강령'으로 반영

(2) 윤리경영의 개념

① 기업경영에 직무윤리를 접목한 경영으로 정의된다.

② 이익상충이 발생한 경우 또는 기업의 사회적 책임 이행의무 등 기업의 이익목표와 윤리기준이 충돌할 경우, 윤리기준을 준수하면서 장기적으로 기업의 이익극대화 목표를 동시에 달성하고자 하는 경영방침을 말한다.

오늘날 직무윤리와 윤리경영이 강조되는 이유로 보기 어려운 것은?

① 직무윤리는 오늘날과 같은 포스트 산업사회에서 새로운 무형의 자본이 되고 있다.

② 고도의 정보와 기술, 시스템이 잘못 사용될 경우 엄청난 재난을 가져올 수도 있기 때문에 구성원들에게 고도의 직무윤리가 요구되고 있다.

③ 기업윤리는 공정하고 자유로운 경쟁의 전제조건이 된다.

④ 윤리는 경제적으로 이득이 되지는 않지만 신뢰(Reliability)나 평판(Reputation)에 중대한 영향을 주므로 최대한 준수하는 것이 좋다.

해설　윤리는 결과적으로는 경제적으로도 이득이 된다(Ethics Does Pay). 기업이 높은 수준의 윤리성을 유지하면 기업과 기업구성원, 사회 모두에게 이득을 주는 결과를 가져온다는 실용적인 측면을 말한다.

정답 ④

더알아보기

(1) 직무윤리가 강조되는 이유

① Era of Ethics(윤리의 시대) : 비윤리적 기업은 결국 퇴출된다.
  • 시대의 변화로 윤리경영은 단순히 '선한 기업의 추구'가 아니라, 장기적으로 생존기반이 된다.

② Rule of Game(게임의 룰) : 기업윤리는 공정하고 자유로운 경쟁의 전제조건이다.
  • 올바른 기업윤리의 구축은 기업성장의 튼튼한 인프라가 된다.

③ Ethics Does Pay : 윤리는 결과적으로 경제적 이득을 가져다준다.
  • 윤리경영을 실천할 경우 조직과 구성원의 만족도가 상승하므로 생산성이 증가하여 경영성과가 개선되는 실용적인 이득과도 연결된다.

④ Agency Problem(대리인비용) : 윤리는 대리인비용을 사전에 예방하는 유용한 수단이다.

⑤ Reputation(평판) : 기업이나 개인이 비윤리적인 행동으로 평판이 나빠진다면 경쟁력을 상실한다(회복에는 더 많은 비용이 소요).

⑥ Credit(신용) : 오늘날과 같은 포스트산업사회에서는 윤리가 무형의 자본이 되고 있다. 즉, 높은 수준의 직무윤리 구축을 통한 상대방으로부터의 믿음과 신용은 기업경영에도 도움이 되므로 이를 무형의 자본, 신종자본이라 할 수 있다.

⑦ Transaction Cost(거래비용) : 금융투자산업에서 임직원의 위험은 거래비용의 증가로 나타날 수 있는데(예를 들어 임의매매를 하여 손해배상책임을 지는 경우), 직무윤리는 이러한 위험을 사전에 예방하여 거래비용을 줄이는 역할을 한다.

⑧ Technology(기술) : 기술이 고도로 발전될수록 직무윤리의 수준도 고도화되어야 한다(기술을 잘못 사용할 경우 그 부작용도 클 수밖에 없기 때문).

(2) 금융투자산업에서 직무윤리가 더욱 강조되는 이유 : 보충문제 1

① 금융투자산업은 불특정다수와의 비대면거래라는 특성상 불공정성이 크다.

② 금융투자상품은 본질적으로 원본손실가능성이 있으므로 이로 인한 분쟁가능성이 타 산업에 비해 훨씬 크다.

③ 금융투자산업은 고객의 자산을 위탁받게 되는 바, 높은 수준의 직무윤리가 뒷받침되지 않는다면 고객의 이익침해가능성이 발생할 수 있다.

④ 직무윤리의 준수는 그 자체로 자기보호(Safeguard)가 된다. 직무윤리의 'Safeguard' 역할은 타 산업에 비해 분쟁여지가 많은 금융투자산업에 더욱 필요하지만, 근본적으로 모든 산업에 공통된다.

(3) 직무윤리의 성격

① 사전예방기능 : 아무리 법이 잘 만들어져도 빠져나갈 여지가 있는데(회색지대 ; Grey Area), 이러한 법의 맹점을 보완하는 훌륭한 수단이 직무윤리를 통한 사전예방이다.

회색지대(Grey Area)

② 강제적 제재수단의 성격을 포함 : 직무윤리는 자율규제로서의 성격이 강하지만, 직무윤리를 위반시 강제적 제제수단(민사적, 형사적, 행정책임)의 대상이 될 수 있다.

01 직무윤리가 더욱 강조되는 금융투자산업만의 이유로써 가장 거리가 먼 것은?

① 금융투자상품은 정보의 비대칭면에서 볼 때 불공정성이 내재되어 있어서 타 상품에 비해 더 많은 규제가 필요하다.

② 금융투자산업은 고객의 자산을 위탁받아 운영·관리하는 것을 주요 업무로 하기 때문에 그 속성상 고객의 이익을 침해할 가능성이 다른 산업에 비해 훨씬 높다.

③ 자본시장에서 취급하는 금융투자상품은 대부분 원본손실가능성(투자성)을 띠고 있기 때문에 고객과의 분쟁가능성이 상존한다.

④ 직무윤리를 준수하는 것은 금융소비자를 보호하는 안전장치(Safeguard)로서의 역할을 한다.

해설   직무윤리를 준수하는 것은 금융투자업 종사자들을 보호하는 안전장치(Safeguard)로서의 역할을 한다.

정답 ④

02 금융투자회사의 직무윤리 특성에 대한 설명이다. 가장 거리가 먼 것은?

① 직무윤리는 자율규제의 성격이 강하다.

② 금융투자회사의 내부통제기준으로 직무윤리준수를 요구한다.

③ 금융투자회사의 준법감시인은 내부적인 직무윤리준수를 감독한다.

④ 직무윤리위반시 강제적 제재수단이 미흡한 편인데, 예를 들어 손해배상책임과 같은 민사책임은 인정되나 형사책임은 인정되지 않는 것이다.

해설   행정책임, 민사책임, 형사책임 모두 해당될 수 있다(법규에 비해서 강제적 제재수단이 미흡하다고 할 수 있지만, 강제적 제재수단이 없는 것은 아님).

정답 ④

직무윤리의 사상적 배경과 윤리경영의 국제적 환경

다음은 직무윤리의 사상적 배경 중 어디에 해당하는가?

> 금욕적인 생활윤리에 기반한 노동과 직업은 신성한 것이다.

① 루터(Martin Luther)의 소명적 직업관
② 칼뱅(Jean Calvin)의 금욕적 생활윤리
③ 마르크스(Karl Marx)의 유물사관
④ 막스 베버(Max Weber)의 프로테스탄티즘 윤리와 자본주의 정신

해설 칼뱅의 '금욕적 생활윤리'로서, 초기 자본주의가 발전하는 토대가 되었다.

정답 ②

더알아보기

(1) 직무윤리의 사상적 배경

① 칼뱅(Jean Calvin, 1509 ~ 1564)의 금욕적 생활윤리 : 세속적인 일(직업, 직무)이라도 금욕적 생활윤리에 기반을 둔다면 신성한 것이다. → 초기 자본주의 발전의 정신적 토대가 되었다.

② 베버(Max Weber)의 프로테스탄티즘의 윤리와 자본주의 정신 : 자본주의의 합리성·체계성 등은 금욕적인 생활과 직업윤리에 의해 형성되었다. → 근대 자본주의 발전의 동인을 설명한다.

> 직무윤리의 사상적 배경의 변천
> 루터의 소명적 직업관 → 칼뱅의 금욕적 생활윤리 → 마르크스의 유물론 → 막스베버의 프로테스탄티즘의 윤리와 자본주의 정신

(2) 직무윤리의 국제적인 환경 : 보충문제 1

※ 국제적으로 윤리경영을 평가하는 지수

1) 국제투명성기구(TI)에서 발표하는 부패인식지수(CPI)
2) 영국 BITC(Business In The Community)
3) CR Index(Composite Responsibility Index) : 사회적 책임을 평가하는 것이 특징

01 직무윤리의 국내외적인 환경에 대한 설명이다. 적절치 않은 것은?

① 국제적으로 강한 기업(Strong Company)은 윤리적으로 선한 기업(Good Company)이라는 인식이 수용되고 있다.

② 우리나라의 전국경제인연합회는 윤리경영자율진단표(FKI-Business Ethics Index)를 개발하였는데 자율진단영역은 윤리경영제도 및 시스템, 고객, 종업원, 주주 및 투자자, 경쟁업체, 협력업체 및 사업파트너, 지역 및 국제사회 등 7개 부문으로 구성된다.

③ OECD는 2000년에 국제공통의 '기업윤리강령'을 발표하고 각국의 기업으로 하여금 이에 준하는 윤리강령을 제정하도록 요구하였다.

④ 우리나라는 경제규모에 비하여 윤리수준이 높게 평가됨으로써 국제신인도와 국제경쟁력에 긍정적인 영향을 미치고 있다.

> **해설** 우리나라는 경제규모에 비하여 윤리수준이 낮게 평가됨으로써 국제신인도에 부정적인 영향을 미치고 있는 실정이다.
>
> ※ 부패인식지수(CPI)는 국제투명성기구(TI)가 매년 발표하는 각 나라별 부패인식지수로 정부를 포함한 공공부문 부패수준에 대한 인식지수이다. 국제투명성기구(Transparency International, TI)가 1995년부터 세계은행(World Bank) 등 13개 국제기관의 국가분석 전문가들을 대상으로 각국의 공공부문 부패수준에 대해 어떻게 인식하는지를 조사하여 매년 작성한다. 점수가 낮을수록 부패함을 의미하고 높을수록 청렴함을 의미하며 우리나라의 2021년도 CPI는 62점으로, 180개국 중에서 32위(상위 17.7% 수준)이다.
>
> **정답** ④

국내의 윤리경영 환경

윤리경영을 촉진하기 위한 국내의 제도나 법률에서 가장 최근에 도입된 것은?

① 부패방지법 및 부패방지위원회의 출범

② 공직자윤리강령 제정

③ 국민권익위원회의 출범

④ 청탁금지법(김영란법) 제정

해설 청탁금지법(2016.9.28), 일명 '김영란법'이다.

정답 ④

더알아보기

(1) 윤리경영 촉진을 위한 국내의 제도 및 법률

① 부패방지법 제정 및 부패방지위원회 도입(2003.1)

② 공직자윤리강령(2003.5)

③ 국민권익위원회(2008.2)

④ 청탁금지법(2016.9.28)

※ 전경련의 '윤리경영에 대한 기업인식의 변화' 조사(2008)

우리 기업들은 초창기(1999년)에는 윤리경영추진을 사회적 책임의 이행 차원에서 접근하였으나, 10년 후(2008)에는 윤리경영을 기업의 매출과도 직결되는 중요한 경영전략으로 인식하고 있음을 보여준다.

(2) 청탁금지법 : 부정청탁 및 금품 등 수수금지에 관한 법률(일명 '김영란법') : 보충문제 1

공직자 등이 동일인으로부터 '1회 100만원, 1년에 300만원의 초과금품 등'을 받으면 대가성과 직무관련성을 따지지 않고 '3년 이하의 징역 또는 3천만원 이하의 벌금'의 처벌을 받는다.

(3) 윤리경영실천의 정도를 평가하는 척도 : 보충문제 2

① KoBEX(Korea Business Ethics Index, 산업정책연구원, 2003)의 CI지표, SI지표

CI지표(Common Index ; 공통지표)	SI지표(Supplementary Index ; 추가지표)
공기업과 민간기업 구분없이 모든 조직에 공통적으로 적용되는 지표	공기업과 민간기업의 특성을 반영하여 개발된 지표

② FKI-BEX(FKI-Business Ethics Index ; 전경련, 2007) : 윤리경영을 추진할 수 있는 종합적 지침서 역할을 하기 위해 개발된 지표. 공통항목 외에 5대 업종별로 특화된 지표가 있는 점이 특징이다.

③ Sobex(서강대 윤리경영지표, 2010) : 학계에서 개발된 지표

01 다음 내용에 해당하는 것은?

> 우리 사회의 고질적인 병폐인 연고주의(혈연·학연·지연)와 온정주의가 부정부패를 양산한다고 보
> 고, 그 연결고리가 되는 청탁을 금지하여 부정부패를 근절하고자 제정된 법률이다.

① 부패방지법(2003.1)
② 청탁금지법(2016.9)
③ 자금세탁방지법(2001.9)
④ 공정거래법(1980.12)

해설 청탁금지법(일명 '김영란법')이다.

정답 ②

02 윤리경영에 관한 다음의 지표 중 국내지표가 아닌 것은?

① KoBEX
② FKI-BEX
③ CR-Index
④ Sobex

해설 CR-Index는 국제적인 지표이다. 다른 지표와 달리 사회적 책임을 평가하는 지표라는 점에서도 특징이 있다.
  ※ 국내지표 : KoBEX(산업정책연구원), FKI-BEX(전경련), Sobex(서강대 경영연구소)
  ※ 국제지표 : TI, BITC, CR-Index

정답 ③

직무윤리의 적용대상

직무윤리는 투자 관련 직무에 종사하는 일체의 자를 대상으로 하는데, 여기서 '일체의 자'를 모두 묶은 것은?

> ㉠ 회사와 정식의 고용관계에 있지 않은 채로 투자 관련 직무에 종사하는 자
> ㉡ 무보수로 일하는 자
> ㉢ 투자권유자문인력 등의 관련 전문자격증을 소유하고 있지 않으나 관련 업무에 실질적으로 종사하는 자
> ㉣ 아무런 계약관계가 없는 잠재적 고객을 대상으로 투자 관련 직무를 수행하는 자

① ㉠, ㉡
② ㉠, ㉡, ㉢
③ ㉠, ㉢, ㉣
④ ㉠, ㉡, ㉢, ㉣

해설 어떠한 경우라도 관련 업무에 실질적으로 종사하는 자는 모두 직무윤리를 준수해야 한다.

정답 ④

더알아보기 직무윤리의 적용대상

① 금융회사의 지배구조에 관한 법률, 금융투자협회 표준내부통제기준을 준용한다.
② 적용대상자(투자 관련 직무에 종사하는 '일체의 자')

> • 투자권유자문인력(펀드/증권/파생상품) 등 관련 전문자격증을 보유하고 있는 자
> • 전문자격증을 소유하고 있지 않으나 관련 업무에 실질적으로 종사하고 있거나 또는 직·간접적으로 업무와 관련되어 있는 자
> • 회사와의 정식의 고용계약이나 위임계약, 보수의 유무에 관계없이 업무와 관련되어 있는 자
> • 회사와 아무런 계약관계를 맺지 않은 잠재적 고객을 대상으로 투자 관련 업무를 수행하는 자

2 금융투자회사의 표준윤리준칙

금융투자회사의 표준윤리준칙

※ '금융투자회사의 표준윤리준칙(2015.12.4 개정)'의 기본서 반영에 따른 학습안내

1) 종전의 학습기준 : '직무윤리강령과 기준'

직무윤리강령(Code of Ethics)	직무윤리기준(Standard of Ethics)		
	실체적 규정	절차적 규정	
		내부통제	외부통제
① 신의성실의무 ② 전문지식 배양의무 ③ 공정성 및 독립성유지의무 ④ 법규 등 준수의무 ⑤ 소속회사 등의 지도·지원의무	① 고객에 대한 의무 ② 자본시장에 대한 의무 ③ 소속회사에 대한 의무 ④ 그 밖의 직무상의 의무	① 내부통제기준 ② 준법감시인	① 자율규제 ② 행정제재 ③ 민사책임 ④ 형사책임 ⑤ 시장통제

2) 기본서개정(2017) 개정 후 학습기준 : '금융투자회사의 표준윤리준칙'

[추가개정안내] 2018년 기본서에서는 금융투자회사의 표준윤리준칙을 바탕으로 하되, '금융투자업 직무윤리'를 '기본원칙, 이해상충방지의무, 금융소비자보호의무, 본인·회사·사회에 대한 의무'의 4가지로 체계화하여 설명하고 있음

금융투자회사의 표준윤리준칙(2015.12.4 개정)

– 운영부서 : 자율규제기획부 –

제1조(목적)
이 준칙은 금융투자회사(이하 '회사'라 함)의 윤리경영 및 임직원의 올바른 윤리의식 함양을 통해 금융인으로서의 책임과 의무를 성실히 수행하고, 투자자를 보호하여 자본시장의 건전한 발전 및 국가경제발전에 기여함을 목적으로 한다.

제2조(고객우선)
회사와 임직원은 항상 고객의 입장에서 생각하고 고객에게 보다 나은 금융서비스를 제공하기 위해 노력해야 한다.

제3조(법규준수)
회사와 임직원은 업무를 수행함에 있어 관련 법령 및 제 규정을 이해하고 준수해야 한다.

제4조(신의성실)
회사와 임직원은 정직과 신뢰를 가장 중요한 가치관으로 삼고 신의성실의 원칙에 입각하여 맡은 업무를 충실히 수행하여야 한다.

제5조(시장질서 존중)
회사와 임직원은 공정하고 자유로운 시장경제 질서를 존중하고, 이를 유지하기 위하여 노력해야 한다.

제6조(정보보호)
회사와 임직원은 업무수행 과정에서 알게 된 회사의 업무정보와 고객정보를 안전하게 보호하고 관리하여야 한다.

제7조(자기혁신)
회사와 임직원은 경영환경 변화에 유연하게 적응하기 위하여 창의적 사고를 바탕으로 끊임없이 자기혁신에 힘써야 한다.

제8조(상호존중)
회사는 임직원 개개인의 자율과 창의를 존중하고 삶의 질 향상을 위하여 노력하여야 하며, 임직원은 서로를 존중하고 원활한 의사소통과 적극적인 협조자세를 견지해야 한다.

제9조(주주가치 극대화)
회사와 임직원은 합리적인 의사결정과 투명한 경영활동을 통하여 주주와 기타 이해관계자의 가치를 극대화하기 위하여 최선을 다해야 한다.

제10조(사회적 책임)
회사와 임직원 모두 시민사회의 일원임을 인식하고, 사회적 책임과 역할을 다해야 한다.

제11조(경영진의 책임)
회사의 경영진은 직원을 대상으로 윤리교육을 실시하는 등 올바른 윤리문화정착을 위하여 노력하여야 한다.

제12조(위반행위의 보고)
임직원은 업무와 관련하여 법규 또는 윤리강령의 위반사실을 발견하거나 그 가능성을 인지한 경우, 회사가 정하는 절차에 따라서 즉시 보고해야 한다.

제13조(품위유지)
임직원은 회사의 품위나 사회적 신뢰를 훼손할 수 있는 일체의 행위를 해서는 안 된다.

제14조(사적이익 추구금지)
임직원은 회사의 재산을 부당하게 사용하거나 자신의 지위를 이용하여 사적인 이익을 추구해서는 안 된다.

제15조(고용계약 종료 후의 의무)
임직원은 회사를 퇴직하는 경우 업무관련 자료의 반납 등 적절한 후속조치를 취하여야 하며, 퇴직 이후에도 회사와 고객의 이익을 해하는 행위를 해서는 안 된다.

제16조(대외활동)
임직원이 외부강연이나 기고, 언론매체 접촉(SNS) 등 전자통신수단을 이용한 대외활동을 하는 경우 다음 각 호의 사항을 준수해야 한다.
1. 회사의 공식의견이 아닌 경우 사견임을 명백히 밝혀야 한다.
2. 대외활동으로 인하여 회사에 주된 업무수행에 지장을 주어서는 안 된다.
3. 대외활동으로 인하여 금전적인 보상을 받게 되는 경우 회사에 신고해야 한다.
4. 공정한 시장질서를 유지하고 건전한 투자문화 조성을 위해 최대한 노력해야 한다.
5. 불확실한 사항을 단정적으로 표현하거나 다른 금융투자회사를 비방해서는 안 된다.

표준윤리준칙상 '고객에 대한 의무(또는 원칙)'를 모두 묶은 것은?

> ㉠ 고객우선의무
> ㉡ 신의성실의무
> ㉢ 법규준수의무
> ㉣ 시장질서 존중의무

① ㉠

② ㉠, ㉡

③ ㉠, ㉡, ㉢

④ ㉠, ㉡, ㉢, ㉣

해설   고객에 대한 의무에는 '고객우선의무, 신의성실의무'가 해당된다.

정답 ②

더알아보기   '금융투자회사의 표준윤리준칙'의 분류

(1) 표준윤리준칙의 4가지 분류

고객에 대한 의무	본인에 대한 의무	회사에 대한 의무	사회에 대한 의무
고객우선의무(제2조) 신의성실의무(제4조)	법규준수의무(제3조) 자기혁신의무(제7조) 품위유지의무(제13조) 사적이익 추구금지(제14조)	정보보호의무(제6조) 상호존중의무(제8조) 경영진의 책임(제11조) 위반행위의 보고의무(제12조) 고용계약 종료 후의 의무(제15조) 대외활동(제16조)	시장질서 존중의무(제5조) 주주가치 극대화(제9조) 사회적 책임(제10조)

01 금융투자회사의 표준윤리준칙 중에서 '본인, 회사, 사회'에 대한 윤리기준이 아닌 것은?

① 고객우선의무(제2조)

② 법규준수의무(제3조)

③ 자기혁신의무(제7조)

④ 상호존중의무(제8조)

해설 고객우선의무는 대고객 의무이며, ②·③은 본인을 위한 의무, ④는 회사를 위한 의무이다.

정답 ①

02 금융투자회사의 표준윤리준칙 중에서 '회사에 대한 의무'가 아닌 것은?

① 정보보호의무(제6조)

② 상호존중의무(제8조)

③ 사적이익 추구금지의무(제14조)

④ 고용계약 종료 후의 의무(제15조)

해설 ③은 본인에 대한 의무이다.

정답 ③

금융투자회사의 표준윤리준칙의 16개 조항 중 '금융투자회사 직무윤리'의 기본원칙에 해당하는 두 조항은?

① 고객우선의무, 신의성실의무
② 고객우선의무, 법규준수의무
③ 신의성실의무, 법규준수의무
④ 신의성설의무, 시장질서 존중의무

해설　금융투자회사의 표준윤리준칙상의 두 조항(제2조 고객우선의무 또는 고객우선원칙, 제4조 신의성실의무 또는 신의성실원칙)은 '금융투자업 직무윤리'의 기본원칙으로도 인정된다.

정답　①

더알아보기　'금융투자업 직무윤리'의 체계

(1) '금융투자업 직무윤리'의 4가지 의무(또는 원칙)의 근거

기본원칙	이해상충방지의무	금융소비자보호의무	본인, 회사 및 사회에 대한 윤리
금융투자회사의 표준윤리준칙	자본시장법, 금융소비자보호법 등 법률에 근거함		금융투자회사의 표준윤리준칙

(2) 4가지 의무의 세부 내용

① 기본원칙 : '금융투자회사의 표준윤리준칙' 제2조 고객우선원칙, 제4조 신의성실원칙이 금융투자업 직무윤리의 기본원칙이자 근간이 된다.
② 이해상충방지의무 : 이해상충이 자주 발생하는 금융투자업의 특성상 '금융투자업 직무윤리'를 올바르게 수행하기 위해 이행해야 하는 중요한 의무이다.
③ 금융소비자보호의무 : 상품개발 단계, 금융상품 판매절차 구축단계, 상품판매 단계, 상품판매이후 단계로 구분하여, 각 단계별로 해당 규정과 절차를 잘 이행함으로써 '금융투자업 직무윤리'를 올바르게 수행할 수 있도록 부여하는 의무이다.
④ 본인, 회사 및 사회에 대한 윤리 : '금융투자회사의 표준윤리준칙' 중 기본원칙(제2조 고객우선원칙, 제4조 신의성실원칙)을 제외한 나머지 조항을 말한다.

01 금융투자업 직무윤리에서 준수를 요구하는 4가지 중요한 원칙 또는 의무에 해당하지 않는 것은?

① 기본원칙으로서의 고객우선원칙과 신의성실원칙

② 이해상충방지의무

③ 금융소비자보호의무

④ 투자권유준칙 준수의무

해설 4가지 중요한 의무는 '①·②·③+본인, 회사, 사회에 대한 의무'이다. ④는 금융소비자보호의무 중 상품판매 단계에 속하는 의무이다.

정답 ④

'금융투자업 직무윤리'의 체계 - (1) 기본원칙

신의성실원칙(신의칙)의 기능에 대한 설명이다. 가장 거리가 먼 것은?

① 윤리적 원칙이면서 동시에 법적 의무이다.

② 이해상충방지 및 금융소비자보호와 관련된 기본원칙이다.

③ 상품판매 전의 개발단계부터 모든 단계에서 적용된다.

④ 신의칙위반은 강행법규의 위반은 아니기 때문에, 권리행사가 신의칙에 반하는 경우라도 법률효과가 인정될 수 있다.

> **해설** 권리행사가 신의칙에 반하는 경우는 그 자체로 권리의 남용이 되어 권리행사의 법률효과가 인정되지 않는다. 또한 신의칙위반은 강행법규의 위반이 된다.
>
> > **예제** ☐ ✕ 신의칙위반이 법원에서 다루어지는 경우, 이는 강행법규의 위반이므로 당사자가 주장하지 않더라도 금융위원회가 직권으로 신의칙위반 여부를 판단할 수 있다. → ✕ (법원의 직권으로 판단)
>
> 정답 ④

더알아보기 금융투자업 직무윤리 - (1) 기본원칙

(1) 기본원칙의 개념체계

① 직무윤리의 기본원칙(고객우선원칙, 신의성실원칙)은 '선관주의의무'에 근거한다.

   선관주의의무 → 2대 기본원칙 → 직무윤리의 법제화

② 도 해

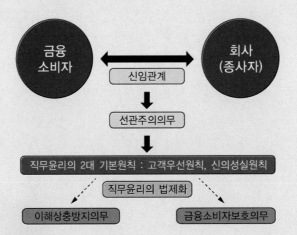

(2) 2대 기본원칙

① 고객우선원칙(표준윤리준칙 제2조)

> 회사와 임직원은 항상 고객의 입장에서 생각하고 고객에게 보다 나은 금융서비스를 제공하기 위해 노력해야 한다.

② 신의성실원칙(표준윤리준칙 제4조)

> 회사와 임직원은 정직과 신뢰를 가장 중요한 가치관으로 삼고 신의성실의 원칙에 입각하여 맡은 업무를 충실히 수행하여야 한다.

보충문제

01 직무윤리의 2개 기본원칙이 법률적인 의무로 구체화되는 2가지는?

① 이해상충방지의무, 금융소비자보호의무
② 이해상충방지의무, 신임의무
③ 금융소비자보호의무, 신임의무
④ 신임의무, 설명의무

해설 직무윤리의 2대원칙은 '이해상충방지의무, 금융소비자보호의무'의 2가지 법률상 의무로 구체화된다. 참고로 '신임의무(Fiduciary Duty)'는 법률상의 의무가 아닌 추상적인 의무이다(위임자로부터 신임을 받은 자의 추상적이고 포괄적인 의무).

정답 ①

02 직무윤리의 2대 기본원칙 중 하나인 '신의성실원칙'에 대한 설명이다. 옳지 않은 것은?

① 신의성실이란 '신의에 바탕을 둔 정성스럽고 참됨'의 자세를 말하며, 금융투자업종사자의 직무수행에 있어서 가장 기본적이고도 중요한 원칙이라 할 수 있다.
② 신의성실원칙은 윤리적인 의무에 국한되므로, 신의칙 위반시 강행법규에 대한 위반은 되지 않는다.
③ 고객우선원칙과 신의성실원칙을 실현하기 위해 자본시장법 등으로 이해상충방지의무와 금융소비자보호의무를 구체적으로 부과하고 있다.
④ 신의성실원칙은 금융투자회사의 표준윤리준칙의 제4조에 해당할 뿐 아니라 자본시장법이나 민법에도 반영되어 있을 정도로 기본적인 의무에 속한다.

해설 신의성실원칙(신의칙)은 윤리적 원칙이자 법적 의무이기도 하다(이를 신의성실의 양면성이라고 함).
　※ 신의성실원칙과 관련된 자본시장법과 민법 조항
　　(1) 자본시장법 조항(제37조 제1항) : 금융투자업자는 신의성실의 원칙에 따라 공정하게 금융투자업을 영위해야 한다.
　　(2) 민법(제2조) : 권리의 행사와 의무의 이행은 신의에 좇아 성실히 하여야 한다.

정답 ②

이해상충이 발생하는 3가지 원인을 나열하였다. 해당하지 않는 것은?

① 금융투자업을 영위하는 회사 내에서 사적업무를 통해서 얻은 정보를 공적업무 영역에 이용하기 때문
② 정보의 비대칭을 활용하여 금융투자업자가 금융소비자의 이익을 희생하여 자신이나 제3자의 이익을 추구하기 때문
③ 금융투자업자가 영위할 수 있는 6개 금융투자업 중 복수의 금융투자업을 영위하기 때문
④ 금융투자업자에 대한 규제가 열거주의규제에서 포괄주의규제로 변경되었기 때문

해설   이해상충과 포괄주의규제는 관련이 없다. 이해상충이 발생하는 원인 3가지는 ①·②·③이다.

정답 ④

더알아보기   금융투자업 직무윤리 – (2) 이해상충방지의무

(1) 이해상충방지의무(자본시장법 제37조 제2항)

> 금융투자업종사자는 금융투자업을 영위함에 있어서 정당한 사유 없이 투자자의 이익을 해하면서 자기가 이익을 얻거나 제3자가 이익을 얻도록 해서는 아니 된다.

※ 고객 또는 임직원의 이익과 회사의 이익이 상충될 경우의 우선순위 : 보충문제 1

(2) 이해상충이 발생하는 원인 3가지 : 핵심문제
   ※ 공적업무와 사적업무

공적업무	사적업무
투자중개업, 집합투자업 등 공개된 정보를 이용한 투자권유나 거래업무를 말함	미공개중요정보가 발생할 수 있는 기업의 인수·합병 등의 업무를 말함

   ※ 금융투자업 간의 이해상충 : 겸영허용시 '투자매매업 ↔ 집합투자업·신탁업·투자일임업' 간 이해상충이 발생할 수 있음
   ※ 금융투자업자와 금융소비자 간의 문제로서 정보의 비대칭이 존재함에 따라 금융투자업자가 금융소비자의 이익을 희생하여 자신이나 제3자의 이익을 추구할 가능성이 있음

(3) 이해상충방지체계 : 보충문제 2

① 이해상충관리의무 : 금융투자업자는 이해상충이 발생할 가능성을 파악·평가하고, 내부통제기준이 정하는 바에 따라 적절히 관리할 의무가 있다(자본시장법 제44조).

② 공시 또는 회피의 원칙 : Disclosure → Control → Avoid(이해상충가능성을 알리고, 낮추되, 만일 투자자보호에 문제가 없는 수준까지 낮추기 곤란한 때에는 해당 거래를 할 수 없다).

③ 정보교류 차단의무(Chinese Wall 구축의무)

> (고유재산운용업무, 투자매매업, 투자중개업) ⇔ (신탁업, 집합투자업, 기업금융업무)

- 왼쪽은 회사의 이익을 위한 업무이며, 오른쪽은 고객이익을 위한 업무이므로 정보교류가 차단되어야 한다.
- '물리적인 벽'은 이해상충부서 간 칸막이설치, 출입문의 공동사용금지 등을 말하며 '추상적인 벽'은 이해상충부서 간 겸직금지[주1]를 말한다.
  *주1 : 부서 간 겸직금지대상 임원의 범위에서 '대표이사, 감사, 사외이사가 아닌 감사위원회의 위원'은 제외된다.
- 'Chinese Wall'은 만리장성처럼 견고하고 높은 벽을 의미한다.

④ 조사분석자료의 이해상충방지의무 : 금융투자회사는 자신이 발행한 증권에 대한 조사분석자료의 제공과 공표는 자신(회사)의 이익을 위해 불특정다수를 이용하는 것이 되므로 이해상충방지차원에서 금지한다.

⑤ 자기거래금지의무

　　㉠ 개념 : 보충문제 3

　　㉡ 도 해

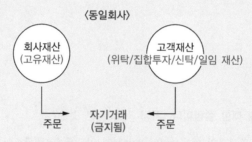

※ 만일 고유재산과 고객자산이 쌍방 간의 거래를 한다면 고유재산에 유리하게 처리될 개연성이 있고 이 경우 고객재산의 침해가 발생하기 때문에 자기거래를 금지한다.

⑥ 이해상충이 발생하는 사례 : 과당매매(Excess Trading), 보충문제 4

01 이익이 충돌할 경우 금융투자업자가 업무를 처리하는 올바른 순서는?

> ㉠ 기존고객의 이익
> ㉡ 신규고객의 이익
> ㉢ 회사의 이익
> ㉣ 임직원의 이익

① ㉢ = ㉣ > ㉠ > ㉡
② ㉢ = ㉣ > ㉡ > ㉠
③ ㉠ = ㉡ > ㉢ > ㉣
④ ㉠ = ㉡ > ㉣ > ㉢

> 해설 모든 고객의 이익은 상호 동등하게 취급되어야 하며, 어떠한 경우에도 고객의 이익은 회사의 이익에 우선하고, 회사의 이익은 임직원의 이익에 우선한다(금융투자회사 내부통제기준 제50조).
>
> 정답 ③

02 이해상충방지체계에 대한 설명이다. 가장 거리가 먼 것은?

① 금융투자업자는 고객과의 이해상충이 발생하지 않도록, 이해상충이 발생할 가능성을 파악하고 내부통제기준에 따라 적절히 관리해야 한다.

② 금융투자업자는 이해상충발생가능성을 파악·평가한 결과, 이해상충발생가능성이 인정되면 먼저 해당 투자자에게 그 사실을 알려야 한다.

③ 금융투자업자는 이해상충발생가능성이 있을 경우, 투자자보호에 문제가 없는 수준까지 이해상충발생가능성을 낮춘 후에 매매 또는 그 밖의 거래를 할 수 있다.

④ 금융투자업자는 이해상충발생가능성이 있을 경우, 투자자보호에 문제가 없는 수준까지 이해상충발생가능성을 낮출 수 없을 경우에는 준법감시인의 사전승인을 받아 매매 또는 그 밖의 거래를 할 수 있다.

> 해설 '공시 또는 회피의 원칙[Disclosure(②) → Control(③) → Avoid(④)]'을 이해하는가의 문제이다. 이해상충수준을 낮출 수 없는 경우에는 해당 거래를 회피하여야 한다.
> ①·②·③·④(④는 해설 참조)는 차례대로 이해상충방지체계와 관련한 자본시장법 제44조의 제1항에서 제3항까지에 해당된다.
>
> 정답 ④

03 다음 설명에 대한 내용으로 가장 거리가 먼 것은?

> 금융투자업종사자는 고객이 동의할 경우를 제외하고는 자신이 고객과의 거래당사자가 되거나 자기 이해관계인의 대리인이 되어서는 안 된다.

① 자기거래의 금지원칙을 말한다.

② 자기가 스스로 고객에 대하여 거래상대방이 될 경우 고객을 위한 최선의 이익추구가 방해받을 가능성이 있으므로 자기거래는 금지된다.

③ 자기거래는 금융투자업종사자의 도덕적 해이를 조장할 수 있는 심각한 사안으로서 장내시장, 장외시장을 막론하고 금지된다.

④ 금융투자업종사자가 직접 고객의 거래당사자가 되지 않더라도 그 이해관계인의 대리인이 되는 경우에도 금지된다.

해설 장내시장(상장시장, 파생상품시장)에서는 '자기거래의 금지원칙'의 예외가 적용된다. 이는 불특정다수가 참여하는 장내시장에서는 의도한다고 해도 본인이 고객의 거래상대방이 되는 것은 현실적으로 불가능하기 때문이다.

> **참고** 자기거래금지의 예외가 적용되는 경우
>
> 1) 다자간체결회사를 통한 거래 : 전산의 발달로 장내시장과 장외시장의 경계가 약해지고 있으므로 기존의 장외시장이라도 '다자간매매체결회사를 통한 거래'는 장내시장에 준하여 취급된다. 즉 '다자간 매매체결회사를 통한 거래'의 경우 자기거래금지의 예외가 적용된다.
> 2) 투자매매업자 또는 투자중개업자가 자기가 판매하는 집합투자증권을 매수하는 경우 : 이는 집합투자증권의 원활한 환매를 돕는 차원(고객이익보호)이다.
> 3) 그 외 금융위가 정하는 사유

정답 ③

04 금융소비자와 이해상충이 발생하는 대표적인 사례 중 하나인 과당매매의 판단기준이라고 볼 수 없는 것은?

① 일반투자자가 부담하는 수수료 총액

② 매매회전율이 높았을 경우 계좌의 수익달성 여부

③ 일반투자자의 재산상태 및 투자목적에 적합한지의 여부

④ 일반투자자의 투자지식이나 경험에 비추어 당해 거래에 수반되는 위험을 잘 이해하고 있는지의 여부

해설 과당매매 여부의 판단은 수익률과는 관계없다. 매매회전율이 높았을 경우 수익이 달성되면 문제가 되지 않을 수도 있으나(현실적으로), 그렇다고 해서 과당매매의 책임이 면제되는 것은 아니다.

정답 ②

'금융투자업 직무윤리'의 체계 – (3) 금융소비자보호의무 – ① 개요 핵심유형문제

다음은 '주의의무'에 대한 설명이다. 잘못된 것은?

① 금융투자업종사자가 수행하는 업무에 대해 주의의무를 다했는가의 판단은 그 업무가 행해진 시점을 기준으로 해야 하며, 결과론적으로 판단해서는 안 된다.

② 일반인 이상의 수준으로 주의를 기울여야 한다.

③ 주의는 업무수행에 필요한 관련된 모든 요소에 기울여야 하는 마음가짐이나 태도를 말하는 것으로, 사무처리의 대가가 유상일 경우에 한해서 적용된다.

④ 금융투자업자는 금융기관의 공공성으로 인하여 일반 주식회사에 비하여 더욱 높은 주의의무를 다할 것이 요구된다.

> 해설 주의의무는 그 업무가 신임관계에 있는 한 사무처리 대가의 유무상 여부를 따지지 않는다.
> *주의(Care)는 사전적으로 충분히 예방한다는 개념으로, 사후적으로 치료한다는 'Cure'와 구분된다.
>
> 정답 ③

더알아보기 금융투자업 직무윤리 – (3) 금융소비자보호의무 – ① 개요

(1) 금융소비자보호의무 개요

① 금융소비자보호의무의 개념 : 금융소비자(금융회사의 서비스를 이용하는 자)와 금융회사 간에는 정보의 비대칭이 존재할 수 있으며, 이로 인해 발생할 수 있는 불공정 또는 불이익으로부터 금융소비자를 보호하기 위해 법제상으로 부과하는 의무이다.

② 금융소비자보호의무 차원에서 부과되는 기본적 원칙과 기본적 의무

  ㉠ 기본적 원칙 – 신중한 투자자의 원칙(Prudent Investor Rule), 보충문제 1

  ㉡ 기본적 의무 – 전문가로서의 주의의무 : 핵심문제, 보충문제 2

  > 금융투자업종사자는 고객 등의 업무를 수행함에 있어서 '그때마다의 구체적인 상황에서 / 전문가로서의 / 주의를' 기울여야 한다.

  → 결과론적인 판단을 해서는 안 되며, 일반인 이상의 수준으로, 사전적인 주의를 해야 함

(2) 금융소비자보호의무의 적용단계 : 보충문제 3

상품개발 단계	금융상품 판매절차 구축단계	상품판매 단계	상품판매이후 단계
사전협의절차에서 금융소비자보호부서의 의견을 반영	불완전판매를 방지하기 위해 판매자의 적격성 확보(자격증, 보수교육 등)	• 신의성실의무 이행 • 적합성의 원칙과 적정성 원칙 등, 투자권유준칙의 이행	보고 및 기록의무, 정보의 누설 및 부당이용금지, 공정성유지의무 등의 의무 이행

*금융소비자보호의무는 상품판매 전 단계에 걸쳐 이행되어야 한다.

(3) 금융소비자보호와 관련된 국내외 동향

① 금융소비자보호 10대 원칙 채택(G20, 2011)

② 금융소비자보호 모범규준 제정(금융당국, 2006)

③ 금융소비자보호법 제정(2020.3.5에 국회본회의 통과, 2021년에 시행)

(4) 금융소비자보호 10대 원칙

① 2011년 칸에서 열린 'G20 정상회의'에서 OECD가 제안한 '금융소비자보호에 관한 10대 원칙'을 채택하였고, 이는 각국의 금융소비자보호 관련 법규 제정 등의 기초가 되고 있다.

② 금융소비자보호 10대 원칙

> - 원칙 1 : 법 규제 체계
> - 원칙 2 : 감독기관의 역할
> - 원칙 3 : 공평·공정한 소비자 대우
> - 원칙 4 : 공시 및 투명성
> - 원칙 5 : 금융교육과 인식
> - 원칙 6 : 금융회사의 책임영업행위 강화
> - 원칙 7 : 금융소비자 자산의 보호 강화
> - 원칙 8 : 금융소비자의 개인정보 보호 강화
> - 원칙 9 : 민원처리 및 시정절차 접근성 강화
> - 원칙 10 : 경쟁환경 조성

(5) 금융소비자보호 관련 평가

① 임직원이 업무수행에 있어 금융소비자보호의무를 충실히 이행했는지에 대한 평가를 정기적으로 실시해야 함

② 평가수단 : 해피콜서비스, 미스터리쇼핑, 위법계약해지권 등

01 다음 빈칸에 가장 알맞은 것은?

> 고객의 신임을 받아 투자업무를 수행하는 수탁자가 자산운용업계에서 받아들여지고 있는 포트폴리오 이론에 따라서 자산을 운용하는 것이라면 '신중한 투자'로서 인정된다는 것이고, 이러한 원칙은 ( )를 판단하는 기준이 된다.

① 신의성실의무　　　　　　　　　② 신임의무
③ 충실의무　　　　　　　　　　　④ 주의의무

해설　주의의무이다. 주의의무를 판단하는 기준으로서 '신중한 투자자의 원칙(Prudent Investor Rule)'이 적용될 수 있으며, 그 내용은 보기와 같다.
*여기서 '투자자'는 고객으로부터 자산의 운용을 위임받은 수임인 즉 수탁자를 말한다.

정답 ④

02 다음 빈칸에 들어갈 말을 짝지은 것으로 옳은 것은?

> • 직무윤리의 2대 원칙인 고객우선원칙과 신의성실원칙은 ( )에 근거한다.
> • 금융소비자보호의무는 신중한 투자자의 원칙과 ( )에 그 바탕을 둔다.

① 선량한 관리자로서의 주의의무, 전문가로서의 주의의무
② 이해상충방지의무, 전문가로서의 주의의무
③ 전문가로서의 주의의무, 이해상충방지의무
④ 전문가로서의 주의의무, 선량한 관리자로서의 주의의무

해설　'선량한 관리자로서의 주의의무(선관주의의무) – 전문가로서의 주의의무'이다.

정답 ①

03 상품판매 단계의 금융소비자보호에 속하는 것은?

① 사전 협의절차, 외부의견 청취
② 교육체계의 마련, 판매자격의 관리,
③ 합리적 근거 제공, 적정한 표시의무, 요청하지 않은 투자권유 금지
④ 미스터리쇼핑, 해피콜서비스, 위법계약해지권

해설　① 상품개발 단계, ② 상품판매절차 구축단계, ③ 상품판매 단계, ④ 상품판매이후 단계

정답 ③

04 금융소비자보호를 위한 각종 제도에 대한 설명이다. 옳은 것은?

① 금융회사는 금융소비자보호 총괄책임자(CCO)를 대표이사의 직속으로 두고, 독립적인 지위를 부여해야 한다.

② 금융소비자모범규준은 금융소비자보호를 위한 제반사항의 이행을 촉구하고 강화하기 위해 자본시장법에서 제정한 것이다.

③ 대표이사는 회사의 금융소비자보호에 관한 내부통제체계의 구축 및 운영에 관한 기본방침을 정하여야 한다.

④ 금융회사는 임직원이 금융소비자보호의무를 충실히 이행하고 있는지에 대한 평가를 정기적으로 실시하는데, 이는 의무가 아닌 권장사항이다.

> **해설** ② 모범규준은 감독당국에서 제시하는 규준 즉 권장사항이다(법률로 제정된 것이 아님).
> ③ 내부통제의 기본방침은 대표이사가 아닌 최고의사결정기구인 이사회가 정하여야 한다.
> ④ 임직원에 대한 평가는 정기적으로 시행하는 의무이다.
>
> **정답** ①

05 금융투자협회의 '금융투자회사의 금융소비자보호 내부통제기준'상의 조직별 업무내용의 설명으로 옳지 않은 것은?

① 이사회는 내부통제체계의 구축 및 운영에 관한 기본방침을 정한다.

② 대표이사는 이사회가 정한 기본방침에 따라 금융소비자보호와 관련된 내부통제체계를 구축·운영하여야 한다.

③ 금융소비자보호 내부통제위원회는 금융소비자보호를 위한 내부통제를 수행하기 위하여 필요한 의사결정기구로서 대표이사가 의장이 된다.

④ 금융소비자보호 총괄기관은 내부통제 업무를 수행하기 위한 조직으로 소비자보호와 영업부서 업무 간의 이해상충 방지 등의 업무를 수행하는 이사회 직속기관이다.

> **해설** 금융소비자보호 총괄기관은 내부통제 업무를 수행하기 위한 조직으로 소비자보호와 영업부서 업무 간의 이해상충 방지 등의 업무를 수행하는 대표이사 직속기관이다.
>
> **정답** ④

'상품판매 단계'의 금융소비자보호에 대한 내용으로 옳지 않은 것은?

① 금융소비자가 투자권유를 희망하지 않고, 본인의 정보를 제공하지 않는 경우 판매임직원은 해당 금융소비자에게 적합성의 원칙 및 설명의무가 적용되지 않는다는 사실을 안내해야 한다.

② 적정성의 원칙은 금융투자업종사자가 일반금융소비자에게 금융상품의 계약체결을 권유하지 않고 해당 일반금융소비자가 투자성 상품에 대해 계약체결을 원하는 경우 적용된다.

③ 청약철회권은 금융회사의 고의나 과실 사유 여부 등 귀책사유가 없더라도 일반금융소비자가 행사할 수 있는 법적인 권리이다.

④ 설명의무 위반 시 해당 금융투자상품의 계약으로 얻는 수입의 최대 50%의 과태료를 부과할 수 있다.

> 해설 설명의무 위반 시 해당 금융투자상품의 계약으로 얻는 수입(수수료, 보수 등의 금액이 아니라 매출액 등 금융소비자로부터 받은 총금액으로 해석함이 일반적)의 최대 50%의 과징금(징벌적 성격)을 부과할 수 있다.
>
> 정답 ④

더알아보기 금융투자업 직무윤리 - (3) 금융소비자보호의무 - ② 금융상품 판매절차 구축 이전 단계

(1) 상품개발 단계(1단계)
　① 사전협의절차
　　㉠ 사전협의절차에 참여하는 부서 : 상품개발부서, 마케팅담당부서, 금융소비자보호 총괄기관
　　㉡ 금융소비자보호 총괄기관은 금융상품의 위험도・복잡성, 금융소비자의 특성 및 금융상품 발행인의 재무적 건전성, 금융상품 운용 및 리스크 관리능력을 고려해야 함
　② 금융상품 개발 관련 점검 절차 : 금융소비자보호 총괄기관은 금융소비자보호 표준내부통제기준에 따라 금융소비자에게 불리한 점이 없는지 진단하기 위한 점검항목 마련

(2) 금융상품 판매절차 구축단계(2단계)
　① 교육체계의 마련(개별상품별 교육실시)
　② 판매자격의 관리(보수교육의 이수)
　③ 상품별 판매를 위한 자격증 : 보충문제 1

펀드투자권유자문인력	증권투자권유자문인력	파생상품투자권유자문인력
집합투자증권, 신탁[주1]	주식, 채권, ELB / DLB[주2], CP, RP, CMA	선물, 옵션, ELW, ELS / DLS, 파생상품이 포함된 신탁상품

*주1 : 파생상품이 포함되지 않는 신탁은 펀드자문인이 권유할 수 있다. 그러나 파생상품이 포함된 금전신탁의 경우 파생상품투자권유자문인력이 판매할 수 있다.
*주2 : ELB / DLB는 원금보장형 파생결합증권이므로 채무증권으로 분류된다. 즉, 지분증권과 채무증권(채권, ELB, DLB, CP, RP)은 증권자문인이 권유할 수 있다.
*Wrap Account의 경우 운용대상의 종류에 따라 자격이 결정된다.

(3) 상품판매 단계(3단계) : 투자권유관련 금융소비자보호법상의 의무이행

① 금융소비자보호법상 투자권유의 단계 : KYC Rule → 적합성원칙 → 적정성원칙 → 설명의무

　　중요 투자권유준칙은 일반투자자에게만 적용된다.

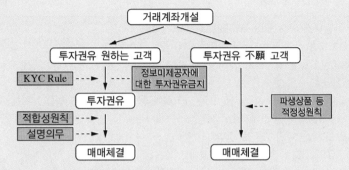

② 투자권유 단계별 세부내용

KYC Rule	적합성의 원칙	적정성의 원칙	설명의무
'투자목적/재산상황/투자경험 등'을 조사 후 고객의 확인이 필요	KYC Rule에 따라 고객에게 적합한 금융투자상품을 권유	KYC Rule에 따라 '파생상품 등'을 거래하기에 부적합할 경우 그 사실을 알려야 함	'이해할 수 있도록' 설명해야 하며, 중요사항은 허위표시 또는 누락금지

　㉠ KYC Rule(Know Your Customer Rule) : 보충문제 2, 3

　　가. 투자자의 투자목적, 투자경험, 재산상황 등을 면담·설문조사 등을 통해 파악하고 이를 투자자로부터 서명·기명날인·녹취·ARS 등의 방식으로 확인받아 이를 투자자에게 제공하고 유지·관리하는 것을 말함

　　나. KYC Rule 자료는 고객관련 중요자료이므로 서명 등으로 확인 후 10년간 보관해야 함

　㉡ 적합성의 원칙 : 금융소비자보호법 제17조(보충문제 5)

　　'고객에게 적합하지 않은 상품을 권유하지 않을 것(소극적 원칙)'과 '고객에게 가장 적합한 상품을 권유할 것(적극적 원칙)'을 모두 포함한다(과잉권유는 제외).

　㉢ 적정성의 원칙 : 금융소비자보호법 제18조(보충문제 6)

　　가. 투자권유불원고객의 경우 본인이 투자권유를 받지 않고 직접 거래를 할 수 있으나, 이 경우에도 '파생상품 등'을 매매하고자 할 경우에는 본인에 대한 정보제공을 해야 하며(KYC Rule의 이행), 만일 정보제공을 하지 않으면 해당 거래를 할 수 없다.

　　나. KYC Rule에 따라 파악한 고객의 투자성향이 '파생상품 등'을 거래하기에 부적합한 경우에는 '해당 파생상품의 거래가 투자자에게 적정하지 않음'을 알려야 한다(즉, 해당 거래를 못하도록 하는 것이 아니라, 해당 거래의 부적정성을 주지하는 것이다).

※ 파생상품에 대한 규제

　　참고 파생상품에 대한 규제는 적정성원칙과 관련성이 높다.

　1) 투자권유대행인은 파생상품을 권유할 수 없다.

　2) 파생상품에 대해서는 일반투자자의 투자목적, 재산상황, 투자경험 등을 고려하여 차등화된 투자권유준칙을 마련해야 한다.

　3) 금융투자업자는 파생상품업무책임자 1인 이상을 상근임원으로 두어야 한다.

　4) 위험도가 가장 높은 장외파생상품에 대해서는 엄격한 규제를 한다.

　5) 일반투자자와 장외파생상품을 거래할 경우 위험회피목적에 한한다.

6) 매매건마다 파생상품업무책임자(상근임원)의 승인을 받아야 한다.

7) 전문 및 일반금융소비자에게 요청하지 않은 투자권유(방문판매 등) 시에 장외파생상품 사전안내는 금지된다.

ⓔ 설명의무 : 금융소비자보호법 제19조(보충문제 7, 8)

　가. 일반투자자를 상대로 투자권유를 하는 경우에는 일반투자자가 이해할 수 있도록 설명해야 하며, 설명한 내용을 일반투자자가 이해하였음을 서명, 기명날인, 녹취 등의 방법으로 확인을 받아야 한다.

　나. 금융투자업자는 중요사항을 거짓 또는 왜곡하여 설명하거나 중요사항을 누락해서는 안 된다.

　다. 설명의무이행을 위한 안내자료의 적정성 : 안내자료는 '적정성, 시의성, 접근성 및 용이성, 권익침해 표시 금지'의 요건을 갖추어야 한다.

③ 부당한 투자권유의 금지 : 전문금융소비자에게도 적용됨

　㉠ 부당권유행위 금지 : 합리적 근거 제공 등, 적정한 표시의무, 요청하지 않은 투자권유 금지

　　※ 금융소비자보호법 제21조(보충문제 9, 10) : 요청하지 않은 투자권유 금지

소비자 구분	(방문판매 등) 투자권유 금지 상품
일반금융소비자	고난도금융투자상품, 고난도투자일임계약, 고난도금전신탁계약, 사모펀드, 장내 및 장외파생상품
전문금융소비자	장외파생상품

　㉡ 손실보전 등의 금지(자본시장법 제55조)

(4) 상품판매이후 단계(4단계) – 투자권유관련 금융소비자보호법상의 의무이행

① 보고 및 기록의무, 정보의 누설 및 부당이용금지, 공정성유지의무 : 보충문제 14, 15, 16, 17, 18

　※ 자본시장법 제54조(직무관련 정보의 이용금지) : 금융투자업자는 직무상 알게 된 정보로서 외부에 공개하지 않은 정보를 정당한 사유 없이 자기 또는 제3자를 위해 이용할 수 없다.

　※ 금융투자회사 표준윤리준칙 제6조(정보보호) : 회사와 임직원은 업무수행 과정에서 알게 된 회사의 업무정보와 고객정보를 안전하게 보호하고 관리하여야 한다.

② 상품판매이후 단계의 금융소비자보호의무와 관련된 제도(보충문제 19) : 해피콜서비스(판매 후 모니터링), 미스터리쇼핑, 고객의 소리(VOC), 위법계약해지권 등

보충문제

01 증권투자권유자문인력의 자격으로서 권유할 수 없는 상품은?

① CMA　　　　　　　　　　② ELB
③ ELW　　　　　　　　　　④ CP

해설 ELW는 파생결합증권으로서 파생상품권유자문인력 자격으로 권유가 가능하다.
ELB는 원금보장형 파생결합증권으로 자본시장법상 채무증권에 해당되어 증권투자자문인력이 권유할 수 있다(CP, RP도 채무상품으로 분류). CMA는 RP나 MMF에 투자되는 투자형상품으로 역시 증권투자권유자문인력이 권유할 수 있다.

정답 ③

206 제1편 | 펀드일반

02 금융소비자보호법 제17조 적합성의 원칙과 제19조 설명의무에서 제시하고 있는 투자권유단계 중, 다음 내용에 속하는 단계는?

> 고객의 재무상황, 투자경험, 투자목적 등을 충분하게 파악해야 한다.

① Know Your Customer Rule
② 적합성의 원칙
③ 적정성의 원칙
④ 설명의무

해설 KYC Rule에 해당한다. 고객에게 적합한 투자권유를 하기 위해서는 우선 고객에 관한 정보파악이 필요하고, 파악한 정보는 서명·녹취 등의 방법으로 고객의 확인을 받아야 하며, 확인받은 내용은 지체없이 고객에게 제공한다.

정답 ①

03 Know-Your-Customer-Rule에서 파악해야 하는 고객정보와 가장 거리가 먼 것은?

① 고객의 소비성향
② 고객의 재무상황
③ 고객의 투자경험
④ 고객의 투자목적

해설 고객의 소비성향은 KYC Rule의 파악대상과는 거리가 멀다.

정답 ①

04 투자권유의 순서가 올바르게 연결된 것은?

> ㉠ 해당 고객이 투자권유를 원하는 고객인지 투자권유를 원하지 않는 고객인지 확인한다.
> ㉡ 해당 고객이 일반투자자인지 전문투자자인지를 확인한다.
> ㉢ 해당 고객의 투자목적, 투자경험, 재산상황 등을 파악한다.
> ㉣ 해당 고객의 투자성향에 맞는 금융투자상품을 권유하고 해당 상품에 대한 중요내용을 일반투자자가 이해할 수 있도록 설명해야 한다.

① ㉠ → ㉡ → ㉢ → ㉣
② ㉡ → ㉢ → ㉣ → ㉠
③ ㉡ → ㉠ → ㉢ → ㉣
④ ㉢ → ㉠ → ㉡ → ㉣

해설 '㉠ → ㉡ → ㉢ → ㉣'이다. 전문투자자도 투자권유를 희망할 수 있으므로 ㉠이 먼저이며, 투자권유를 희망하는 고객 중 일반투자자만을 상대로 투자권유준칙을 이행한다(㉡ → ㉢ → ㉣).

정답 ①

05 금융소비자보호법 제17조 적합성의 원칙과 관련하여 빈칸에 들어갈 수 없는 것은?

> 적합성의 원칙은 KYC Rule로 파악한 고객의 정보를 토대로 하여 고객에게 적합하지 않은 금융투자상품을 권유할 수 없다는 (　　　　　)뿐만 아니라, 고객의 투자성향에 맞는 가장 적합한 금융투자상품을 권유해야 한다는 (　　　　　)까지를 포함한다. 단, 합리적 근거 없이 투기적인 금융투자상품을 권유하는 (　　　　　)는 적합성의 원칙에 위배되는 것이다.

① 소극적 원칙　　　　　　　　　　　② 적극적 원칙
③ 과당매매(Excess Trading)　　　　　④ 과잉권유(Boiler Room)

해설　소극적 원칙 – 적극적 원칙 – 과잉권유. 과당매매는 이해상충을 위반하는 대표적인 Case이다.

정답 ③

06 적정성의 원칙에 대한 설명이다. 가장 거리가 먼 것은?

① 금융투자업자는 일반투자자에게 투자권유를 하지 아니하고 파생상품 등을 판매하려는 경우에는 면담·질문 등을 통하여 그 일반투자자의 투자목적·재산상황·투자경험 등의 정보를 파악해야 한다.
② 금융투자업자는 일반투자자의 투자목적·재산상황·투자경험에 비추어 해당 파생상품 등이 일반투자자에게 적정하지 아니하다고 판단되는 경우에는 대통령령이 정하는 바에 따라 그 사실을 해당 일반투자자에게 알리고 그 사실을 서명, 기명날인, 녹취 등의 방법으로 확인을 받아야 한다.
③ 파생상품 등에 대하여는 일반투자자의 투자목적·재산상황·투자경험 등을 고려하여 투자자 등급별로 차등화된 투자권유준칙을 마련하여야 한다.
④ 금융투자업자는 비상근임원인 1인 이상의 파생상품업무책임자를 두어야 한다.

해설　파생상품업무의 중요성을 감안하여 상근임원 1인 이상을 책임자로 둔다. ①에서 '일반투자자에게 투자권유를 하지 아니하고'는 '투자권유불원고객'을 대상으로 함을 의미한다.

정답 ④

07 금융투자업종사자의 설명의무와 가장 거리가 먼 것은?

① 중요한 내용에 대해서는 고객이 이해할 수 있도록 설명해야 한다.
② '중요한 내용'이란 사회통념상 투자 여부의 결정에 영향을 미칠 수 있는 사안으로, 투자의 합리적인 투자판단 또는 해당 금융투자상품의 가치에 중대한 영향을 미칠 수 있는 사항을 말한다.
③ 설명의무의 대상인 금융투자상품의 모든 점에 대해서 허위로 설명하거나 누락해서는 안 된다.
④ 금융투자업자는 설명의무를 다한 후 일반투자자가 이해하였음을 서명, 기명날인, 녹취, 그 밖에 대통령령으로 정하는 방법 중 하나 이상의 방법으로 확인을 받아야 한다.

해설　허위나 누락의 금지대상은 '중요한 내용(지문 ② 참조)'에 국한된다.

정답 ③

08 금융투자업자가 설명의무를 이행하기 위해 제공하는 자료의 작성요건에 대한 설명이다. 가장 거리가 먼 것은?

① 객관적인 사실에 근거하여 작성하고, 금융소비자가 오해할 우려가 있는 정보를 작성해서는 안 된다.

② 금융소비자에 대한 정보제공은 금융소비자의 관점에서 적절한 시기에 이루어져야 한다.

③ 금융소비자에게 제공하는 정보는 알기 쉽게 글자크기가 크고, 읽기 쉽게 제작되어야 하며, 가급적 전문용어 사용을 피하고 일상적인 어휘를 사용해야 한다. 그리고 그림이나 기호는 이해를 위해 꼭 필요한 경우에만 사용해야 한다.

④ 실제로는 적용되지 않는 금리 또는 수수료를 비교가격으로 함으로써 실제의 것보다도 현저히 유리한 것으로 오인할 여지가 있는 표시는 금지해야 한다.

> **해설** 이해도를 높이기 위해 그림이나 기호의 사용을 적극적으로 활용한다.
> ① 자료의 정확성, ② 자료의 시의성, ③ 자료의 접근성 및 용이성, ④ 권익침해 표시 금지 사항
>
> 정답 ③

09 부당권유의 금지사항(금융소비자보호법 제21조) 중 '불초청권유의 금지'에 해당하는 것은?

① 거짓의 내용을 알리는 행위

② 불확실한 사항에 대하여 단정적인 판단을 제공하거나 확실하다고 오인하게 할 소지가 있는 내용을 알리는 행위

③ 투자자로부터 투자권유를 받지 아니하고 방문·전화 등 실시간 대화의 방법을 이용하여 장외파생상품을 권유하는 행위

④ 투자권유를 받은 투자자가 이를 거부하는 취지의 의사를 밝혔음에도 불구하고 투자권유를 계속하는 행위

> **해설** ③은 불초청권유(요청하지 않은 투자권유)의 금지, ④는 재권유의 금지를 말한다.
> ※ 불초청권유의 금지와 재권유의 금지
> (1) 내 용
>
> | 불초청권유의 금지 | 재권유의 금지 |
> |---|---|
> | 고객으로부터 요청이 없으면 방문, 전화 등의 방법에 의해 투자권유 등을 해서는 안 된다. → 이는 개인의 평온한 사생활침해와 충동구매를 방지하고자 하는 것이다. | 투자가가 거부의사를 표시했음에도 불구하고 투자권유를 지속하면 안 된다. |
>
> (2) 예 외
> ① 장외파생상품은 일반 및 전문금융소비자에게 불초청권유금지대상 금융투자상품이다.
> ② 재권유금지에서 제외되는 권유
> ㉠ 투자권유를 받은 자가 거부의사표시를 한 후 1개월이 지나 다시 투자권유를 하는 행위
> ㉡ 다른 종류의 금융투자상품에 대하여 투자권유를 하는 행위(예 주식 → 채권)
>
> 정답 ③

10 요청하지 않은 투자권유 금지에 대한 설명으로 옳지 않은 것은?

① 방문판매 시 일반금융소비자에게 장내파생상품을 사전 안내할 수 있다.

② 화상권유판매 시 전문금융소비자에게 장외파생상품을 사전 안내할 수 없다.

③ 권유를 받은 투자자가 이를 거부하는 경우 1개월이 지난 후에는 동일한 금융상품을 권유할 수 있다.

④ 권유를 받은 투자자가 이를 거부하는 경우 다음 날 다른 종류의 금융상품을 권유할 수 있다.

> **해설** 방문판매(전화권유판매, 화상권유판매 포함) 시 일반금융소비자에게 장내파생상품은 물론 장외파생상품도 사전 안내할 수 없다.
> ② 화상권유판매 시 장외파생상품은 전문금융소비자에게도 사전 안내할 수 없다.
> ③ 동일한 금융투자상품의 경우 거부된 지 1개월 후에 재권유를 한다면 금지되지 않는다.
> ④ 금융투자상품의 종류가 다르다면(예 지분증권↔채무증권), 바로 직후에도 재권유를 할 수 있다.
>
> **정답** ①

11 다음은 '합리적 근거의 제공 및 적정한 표시의무(금융소비자보호법 제21조 부당권유행위 금지와 관련된 규정)'에 관한 설명이다. 잘못 설명된 것은?

① 고객의 의사결정에 중대한 영향을 미칠 수 있는 정보를 제공한 때에는 당해 사실 또는 정보의 출처(또는 정보제공자)를 밝힐 수 있어야 한다.

② 고객에게 제공하는 정보는 객관적인 사실과 미래의 예측을 포함한 담당자의 의견을 명확히 구분하여 제공해야 한다.

③ 고객에게 제안하는 투자안이 높은 수익률을 달성할 가능성이 매우 높은 상황에서 고객이 알면 오히려 수익률 달성에 도움이 되지 않는 중요한 사실이 있다면, 그 중요사실은 알리지 않아도 된다.

④ 투자권유를 위한 상담을 함에 있어서 어떠한 경우에도 미래의 투자수익을 확약해서는 안 된다.

> **해설** '중요한 사실'은 빠짐없이 모두 표시해야 하며(표시방법은 문서·구두를 불문함), 중요하지 않은 사항의 경우 투자자이익에 부합할 경우 알리지 않아도 된다.
>
> **정답** ③

12 다음은 허위·과장·부실표시의 금지와 관련된 내용이다. 틀린 것은?

① 소속회사 또는 자신의 운용실적을 좋게 보이기 위하여 자의적으로 부풀려진 운용실적을 제시해서는 안 된다.

② 금융투자업종사자는 자기 또는 자기가 속하는 회사가 고객을 위하여 수행할 수 있는 업무의 내용을 부실하게 표시해서는 안 된다.

③ 금융투자업종사자는 자기의 경력, 학위증명 또는 직무상의 자격증명에 대해서 고객이 오인할 여지를 주는 등의 부실한 표시를 해서는 안 된다.

④ 금융투자업종사자가 허위·과장·부실표시를 하지 않음에 있어 '부실표시'는 문서에 의한 표시만을 제약한다.

> **해설** 금융투자업종사자는 구두와 문서를 불문하고 ②·③의 사항에 대해서 부실표시를 해서는 아니 된다.
>
> **정답** ④

13 금융소비자보호법상의 '위법계약해지권'에 대한 설명으로 옳지 않은 것은?

① 금융소비자는 금융상품의 계약체결일로부터 5년 이내이고 위법계약 사실을 안 날로부터 1년 이내에만 해지요구가 가능하다.

② 금융회사는 고객의 해지요구가 있는 경우 해당일로부터 10일 이내에 계약해지 요구의 수락여부를 결정하여 통지하여야 하며, 거절하는 경우 그 거절사유도 같이 알려야 한다.

③ 위법계약해지권은 계약이 최종적으로 체결된 이후라는 전제조건이 있으며, 또한 금융회사의 귀책사유가 있어야 한다는 점에서 청약철회권과 유사하다.

④ 금융회사가 위법계약해지청구권을 수락하여 해지되는 경우에는 별도의 수수료, 위약금 등 계약해지에 따른 비용을 부과할 수 없다.

> **해설** 청약철회권은 금융회사에 별도의 귀책사유가 없음에도 금융소비자보호법 제46조에서 정하고 있는 바에 따라 금융소비자가 각 상품별로 정하여진 해당기간 내에 청약을 철회할 수 있는 권리로서, 금융소비자가 금융상품의 계약을 최종적으로 체결하기 전 계약의 청약을 진행하는 단계에서 행사할 수 있다. 반면, 위법계약해지권은 금융소비자보호법 제47조 제1항에서 명기하고 있는 바와 같이 금융회사의 귀책사유가 있고 계약이 최종적으로 체결된 이후라는 전제조건이 있다.
>
> **정답** ③

14 다음은 보고 및 기록의 유지의무에 관련한 설명이다. 잘못 설명된 것은?

① 금융투자업종사자는 고객으로부터 위임받은 업무에 대하여 그 결과를 고객에게 '지체 없이' 보고하고 그에 따라 필요한 조치를 취해야 한다. 여기서 '지체 없이'란 고객으로부터의 주문을 처리한 즉시를 의미한다.

② 금융투자업종사자는 업무를 처리함에 있어서 필요한 기록 등 증거를 상당기간 유지해야 한다.

③ 고객은 금융투자업자로부터의 통지와 자신의 거래내역을 대조함으로써 임의매매 등 위법한 주식거래가 발생할 소지를 미연에 방지할 수 있다.

④ 금융투자업자는 업무처리에 있어 필요하거나 생산되는 기록 및 증거를 항시 유지하고 관리해야 하는데, 이는 업무집행의 적정성을 담보하고 후일 분쟁이 발생할 경우를 대비한 것이다.

> **해설** '지체 없이'는 '보고에 필요한 최소한의 소요기간 내'를 의미한다.
> ① · ②는 보고 · 기록의무의 내용이며, ③ · ④는 보고 · 기록의무의 효과이다.
> ※ 상품판매이후의 금융소비자보호의무 : 보고 및 기록의무
> (1) 보고의무
>
> > 금융투자업종사자는 고객으로부터 위임받은 업무를 처리한 후 그 결과를 고객에게 지체 없이 보고하고 그에 따라 필요한 조치를 취해야 한다.
>
> ① '보고'의 의미 : 단순히 업무처리의 결과를 말하는 것이 아니라, 처리와 관련된 구체적 사항을 전달함으로써 고객이 단순 확인뿐 아니라 추가적인 적절한 의사결정이 가능하도록 하는 것을 말한다. 예를 들어, 매도주문을 처리하였다면 '매도되었음'만이 아니라 '매매체결시기, 체결가격, 체결수량, 수수료비용 등'을 구체적으로 알려주어야 한다.
> ② '지체 없이'의 의미 : 예를 들어 매매주문을 하였다면, '주문처리 후 즉시'가 아니라 '주문처리 후 보고에 필요한 최소한의 조치 후'를 말한다.
> ③ 보고의 방법 : 문서나 구두를 불문하지만, 객관적인 증빙을 남기는 방법이 권장된다.

▶ 매매명세통지의무(자본시장법 제73조)
   1) 투자매매업자 또는 투자중개업자는 매매가 체결된 이후에는 지체 없이 '매매유형, 종목, 수량, 가격, 수수료 등 모든 비용, 그 밖의 거래내용'을 통지해야 한다.
   2) 매매가 체결된 다음 달 20일까지 월간 거래내역(월간 잔액현황 포함)을 통지해야 한다.
(2) 기록유지의무(자본시장법 제60조)

> ① 금융투자업자는 금융투자업 영위와 관련한 자료를 대통령령으로 정하는 자료의 종류별로 대통령령으로 정하는 기간 동안 기록·유지해야 한다.
> ② 금융투자업자는 제1항에 따라 기록을 유지해야 하는 자료가 멸실, 위조 또는 변조가 되지 않도록 적절한 대책을 수립하고 시행해야 한다.

▶ 임의매매금지(자본시장법 제70조)
   1) 자본시장법에서는 임의매매(고객의 허락없이 임직원이 자의적으로 한 매매)를 엄격히 금지한다.
   2) 임의매매와 일임매매를 구분하는 기준은 '투자일임약정'의 존재 여부이다.

정답 ①

---

15 자본시장법 제73조의 '매매명세통지의무'상 고객의 월간 매매내역을 통지하는 기한을 정확하게 표현한 것은?

① 매매가 체결된 날의 당월 말일
② 매매가 체결된 날의 다음달 10일
③ 매매가 체결된 날의 다음달 20일
④ 매매가 체결된 날의 다음 달 말일

해설 매매가 체결된 경우 다음달 20일까지 통지해야 한다[통지내용 : 월간 매매내역, 손익내역, 월말기준 잔액현황·미결제약정 현황(선물옵션계좌의 경우)].

정답 ③

---

16 임의매매와 일임매매를 구분하는 기준은 금융소비자보호의무 중에서 어떤 의무와 관련이 가장 깊은가?

① 투자권유시 합리적 근거 제공의무
② 보고 및 기록의무
③ 정보의 누설 및 부당이용금지
④ 공정성 유지의무

해설 임의매매와 일임매매를 구분하는 것은 '투자일임약정'이라는 기록의 존재유무이다. 즉 '보고 및 기록의무'에 해당된다.

정답 ②

17 **다음은 고객정보의 누설 및 부당이용 금지와 관련한 설명이다. 틀린 것은?**

① 금융투자업종사자는 업무를 수행하는 과정에서 알게 된 고객의 정보를 다른 사람에게 누설하여서는 안 된다.

② 금융투자업종사자는 매매주문동향 등 직무와 관련하여 알게 된 고객정보를 자기 또는 제3자의 이익을 위하여 부당하게 이용하여서는 아니 된다.

③ 고객정보의 누설금지는 고객정보에 대하여 그 이용의 부당성 여부를 불문하고 고객정보를 누설하는 행위 그 자체를 금지하는 것이고, 부당이용의 금지는 고객정보를 고객이 아닌 자의 이익을 위하여 부당하게 사용하는 행위를 금지하는 것이다.

④ 금융투자업종사자가 업무수행과 관련해서 취득한 고객의 정보의 누설은 자본시장법뿐만 아니라 타 법률에서도 엄격히 금지하는 것으로서 어떠한 경우라도 누설해서는 안 된다.

> **해설** 법원의 제출명령, 영장에 의한 거래정보 제공, 조세 법률로 인한 거래정보 제공, 금융감독원의 불공정거래행위 조사에 의한 거래정보 제공, 예금자보호법에 의한 거래정보 제공 등의 경우 예외가 적용된다.
>
> ※ 상품판매 이후의 금융소비자보호의무 : 고객정보의 누설 및 부당이용금지
>
> (1) 고객정보의 누설 및 부당이용금지(자본시장법 제54조 직무관련정보의 이용금지)
>
> > 금융투자업종사자는 직무상 알게 된 정보로서 외부에 공개되지 않은 정보를 정당한 사유 없이 자기 또는 제3자의 이익을 위하여 이용해서는 안 된다.
>
> > ① 업무수행과정에서 알게 된 고객의 정보를 누설하거나 부당이용해서는 안 된다. 단, 법원명령이나 영장에 의한 정보제공은 가능한데, 이 경우도 최소한의 범위 내에서 이루어져야 한다.
> > ② 관련 법령 : 자본시장법(제54조), 신용정보의 이용 및 보호에 관한 법률(신용정보법), 개인정보보호법
>
> (2) 공정성유지의무
>
> > 금융투자업자는 업무를 수행함에 있어서 모든 고객을 공평하게 취급하여야 한다.
>
> • '공평'하게 취급한다는 것은 완전히 동일한 조건으로 취급한다는 것은 아니다(보충문제 18).
>
> 정답 ④

18 '공정성유지의무'에 대한 설명이다. 가장 적절하지 않은 것은 무엇인가?

① 금융투자업종사자는 업무를 수행함에 있어서 모든 고객을 공평하게 취급하여야 한다.

② 공평하게 취급한다는 것은 어떤 투자정보를 고객에게 제공하거나 수정하거나 추가정보를 제공함에 있어서 완전히 동일한 조건으로 한다는 의미이다.

③ 회사는 거래소로부터 받은 시세정보를 투자자에게 제공하는 경우 시세정보의 제공형태나 제공방식 등에 대해서 투자자가 선택할 수 있도록 고지해야 한다.

④ 금융투자회사 직원이 새롭게 입수한 투자정보나 포트폴리오 교체 노력을 거래규모가 큰 위탁고객과 거래규모가 작은 위탁고객을 차별하여 투입한다면 공정성유지의무를 위반하는 것이 된다.

> 해설 금융투자업종사자는 업무수행에 있어서 모든 고객을 공평하게 취급해야 한다. 단, '고객의 투자목적·지식·경험·정보제공에 대한 대가 등'에 따라 차별적으로 제공하는 것은 허용된다.
> ③ 투자성과에 중대한 영향을 줄 수 있는 차별적인 서비스라면 사전에 충분히 고지하여 고객이 직접 선택할 수 있도록 하는 것이 '공정성유지의무'에 부합한다.
>
> 정답 ②

19 다음은 금융소비자보호의무 이행을 위한 상품판매이후 단계 관련 제도에 대한 설명이다. 빈칸에 들어갈 수 없는 것은?

> • 해피콜서비스는 금융소비자와 판매계약을 맺은 날로부터 ( )영업일 이내에 금융소비자와 통화하여 불완전판매가 없었는지에 대해 확인하는 제도이다.
> • 금융소비자는 금융상품의 계약체결일로부터 5년 이내, 위법계약 사실을 안 날로부터 ( )년 이내인 경우 서면 등으로 계약의 해지를 청구할 수 있다(위법계약해지권).
> • 금융상품판매업자 등은 금융소비자로부터 자료열람 등을 요구받은 날로부터 ( )영업일 이내에 해당 자료를 열람할 수 있게 하여야 한다.

① 7   ② 6

③ 5   ④ 1

> 해설 차례대로 '7 - 1 - 6'이다.
>
> 정답 ③

표준윤리준칙상 '법규준수의무'에 대한 설명이다. 잘못된 것은?

① 회사와 정식 고용관계에 있지 않은 자나 무보수로 일하는 자도 직무윤리를 준수하여야 한다.

② 법규는 알고 모르고를 묻지 않고 관련 당사자에 대하여 구속력을 갖고, 그 존재여부와 내용을 알지 못하여 위반한 경우에도 그에 대한 법적 제재가 가해진다.

③ 법규는 자본시장법과 같은 직무와 직접적으로 연관된 법령뿐만 아니라 은행법 보험업법 등 인접 분야의 법령과 자율규제기관의 규정, 그리고 회사가 자율적으로 만든 사규 등까지를 포함한다.

④ 법규준수의 '법규'라 함은 법조문으로 명기된 것을 의미한다.

`해설` '법규'라 함은 법조문으로 명기된 것뿐만 아니라 그 법정신과 취지에 해당하는 것을 포함한다.
　① 직무윤리의 준수대상자를 의미한다 → 관련 업무에 실질적으로 종사하는 자, 직·간접적으로 관련 업무와 관련되어 있는 자, 회사와 정식 고용관계에 있지 않은 자나 무보수로 일하는 자 등을 포함한다.
　②·③·④ 준수대상인 법규의 범위를 말한다 → 인접분야 법령이나 회사의 사규까지도 포함하며, 법규는 법조문으로 되어 있는 것은 물론이고 그 법정신과 취지에 해당하는 것도 포함한다.

`정답` ④

`더알아보기` 금융투자업 직무윤리 – (4) 본인, 회사 및 사회에 대한 윤리 – ① 본인에 대한 의무

(1) 표준윤리준칙 제3조 법규준수의무 : 핵심문제

> 회사와 임직원은 업무를 수행함에 있어 관련 법령 및 제 규정을 이해하고 준수해야 한다.

(2) 표준윤리준칙 제7조 자기혁신의무 : 보충문제 1

> 회사의 임직원은 개개인의 자율과 창의를 존중하고 삶의 질 향상을 위하여 노력하여야 하며, 임직원은 서로를 존중하고 원활한 의사소통과 적극적인 협조 자세를 견지해야 한다.

※ 자기혁신의 2가지 방법
　① 직무능력을 향상시킬 수 있는 관련 이론과 실무능력 배양(자격증취득 포함)
　② 금융투자회사 표준윤리준칙의 준수 및 적극실천을 위한 노력

(3) 표준윤리준칙 제13조 품위유지의무

> 금융투자회사 임직원은 회사의 품위나 사회적 신뢰를 훼손할 수 있는 일체의 행위를 하여서는 아니된다.

• 임직원이 품위유지를 한다는 것은 회사의 품위나 사회적 신뢰를 훼손하지 않는 것뿐만 아니라(좁은 의미의 품위유지), 포괄적으로 신의성실원칙을 준수함으로써 스스로 품위를 향상시키는 측면도 포함된다(넓은 의미의 품위유지).

(4) 공정성 및 독립성 유지의무(협회영업규정) : 보충문제 2

> 금융투자업종사자는 해당 직무 수행 시 공정한 입장에 서야 하고 독립적이고 객관적인 판단을 해야 한다.

① '공정성 및 독립성 유지의무'는 표준윤리준칙상 넓은 의미의 품위유지의무로 볼 수 있으나, 협회영업 규정에 근거하여 본인에 대한 윤리로 규정한다.
② 상급자는 하급자에게 부당한 지시를 하지 않아야 하고, 부당한 명령이나 지시를 받는 하급자는 이를 거절해야 한다(독립성).
  • 공정성과 독립성을 유지해야 하는 대표적 업무는 조사분석업무이다.

(5) 표준윤리준칙 제14조 사적이익 추구금지의무

> 금융투자회사 임직원은 회사의 재산을 부당하게 사용하거나 자신의 지위를 이용하여 사적인 이익을 추구해서는 안 된다.

① 부당한 금품 수수 및 제공금지(자본시장법 시행령)

> 금융투자업종사자는 업무수행의 대가로 이해관계자로부터 부당한 재산적 이득을 제공받아서는 안 되며, 금융소비자로부터 직무수행의 대가로 또는 직무수행과 관련하여 사회상규에 벗어나는 향응, 선물 그 밖의 금품 등을 수수해서는 안 된다.

㉠ 수수금지대상의 '향응과 선물' : '향응'은 음식, 교통, 숙박 등의 편의제공을 말하며, '선물'은 대가없 이 제공되는 물품 또는 유가증권, 숙박권, 회원권 등의 사회상규를 벗어나는 일체의 것을 말한다.
㉡ 재산상이익의 제공 및 수령 한도

제공한도	수령한도
금융투자회사의 영업자율성을 보장하기 위해 기존의 제공한도규제를 폐지하였음[주1, 주2]	협회기준으로 수령한도를 두고 있지 않음 (내부통제기준을 통한 회사의 자율준수)

*주1 : 금융투자업개정(2017.3.22)으로 1인당 제공한도, 회사별 한도가 모두 폐지되었다.
*주2 : 거래위험성이 높은 파생상품 관련 재산상이익의 경우 예외적으로 제공한도를 두고 있다(일반투자자 대상 1회당 300만원 한도).

㉢ 부당한 재산상이익의 제공 및 수령금지 : 보충문제 3
㉣ '재산상이익의 제공 및 수령(금품수수)'에 대한 내부통제절차 : 보충문제 4
금융투자회사 및 임직원이 재산상이익을 제공하거나 수령한 경우 그 기록을 5년간 유지·관리해야 한다.
  • 특정 거래상대방에게 최근 5년 동안 10억원을 초과하는 금품을 수수한 경우에는 즉시 공시(대상, 시점 등)해야 한다.
  • 재산상이익의 제공 현황 및 적정성 점검 결과를 매년 이사회에 보고해야 한다.
  • 이사회가 정한 재산상이익의 한도를 초과하여 제공하고자 할 경우 이사회의 사전승인을 받아야 한다(따라서 이사회는 회사에 맞는 적절한 한도를 사전에 결의함이 바람직하다).
② 직무관련정보를 이용한 사적거래 제한 : 금융투자업종사자는 직무수행과정에서 미공개정보를 취득할 수 있는데, 이를 사적거래에 이용해서는 안 된다('미공개중요정보의 이용금지'를 위반할 경우 자본시장법상 엄벌에 처해짐).
③ 직위의 사적이용금지 : 회사 명칭이나 본인의 직위를 직무범위를 벗어나 사적이익을 위해 이용하는 것은 금지된다.

01 다음 내용은 금융투자회사의 표준윤리준칙 중 어떤 조항에 가장 부합하는가?

> • 초저금리가 지속되면서 고도화된 전문성을 요하는 금융투자상품의 개발이 증가하고 있다.
> • 금융투자산업은 글로벌 경제환경의 변화를 많이 받는 산업으로서 그 변화의 속도가 매우 빠르다.

① 법규준수의무(제3조)

② 자기혁신의무(제7조)

③ 상호존중의무(제8조)

④ 품위유지의무(제13조)

해설 고도의 전문성을 요구하면서 급속도로 변화하는 금융투자산업에 적응하기 위해서는 부단한 '자기혁신'이 필요하다.

정답 ②

02 금융투자업종사자에게 요구되는 본인의 대한 윤리 중에서, 조사분석업무에서 특히 강조되는 것은?

① 법규준수의무

② 자기혁신의무

③ 공정성 및 독립성 유지의무

④ 사적이익 추구금지의무

해설 '공정성 및 독립성 유지의무'를 유지해야 하는 대표적 업무는 조사분석업무이다(협회 영업규정).

정답 ③

03 재산상이익으로서 제공이나 수령이 금지되는 것이 아닌 것은?

① 경제적 가치의 크기가 일반인이 통상적으로 이해하는 수준을 초과하는 경우

② 재산상이익의 내용이 사회적 상규에 반하거나 거래상대방의 공정한 업무수행을 저해하는 경우

③ 금융투자상품에 대한 가치분석, 매매정보 또는 주문의 집행을 위하여 자체적으로 개발한 소프트웨어 활용에 불가피한 컴퓨터 등 전산기기를 제공하는 경우

④ 거래상대방만 참석한 여가 및 오락활동 등에 수반되는 비용을 제공하는 경우

> **해설** ③은 제공 및 수령이 가능한 경우이다.
> ※ 금품수수 금지대상(부당한 재산상의 이익) : 위의 ① · ② · ④에 추가하여,
> • 재산상이익의 제공 및 수령조건이 비정상적인 조건의 금융투자상품 매매거래, 신탁계약의 체결 등으로 이루어지는 경우
> • 거래상대방에게 금전, 상품권, 금융투자상품을 제공한 경우(단, 문화활동에 사용되는 상품권은 예외가 인정됨)
> • 재산상이익의 제공 및 수령이 위법이나 부당행위의 은닉 또는 그 대가를 목적으로 하는 경우
> • 금융투자상품 및 경제정보 등과 관련된 전산기기의 구입이나 통신서비스 이용에 소요되는 비용을 제공하거나 제공받는 경우

정답 ③

04 다음 빈칸에 알맞은 것은?

> 금융투자회사가 특정 거래상대방에게 제공하거나 수령한 재산상의 이익이 (   )을 초과할 경우, 즉시 인터넷 홈페이지를 통해 공시하도록 의무화하였다.

① 300만원

② 500만원

③ 1억원

④ 10억원

> **해설** 10억원이다.

정답 ④

다음은 금융투자회사 표준윤리준칙 중에서 '회사에 대한 의무' 조항에 대한 설명이다. 가장 거리가 먼 것은?

① 상명하복(上命下服)이라는 조직문화는 표준윤리준칙 제8조 상호존중의무를 저해하는 요소라고 할 수 있다.

② 상호존중의무는 회사조직과 직원 간, 직원들 간의 두 가지 측면으로 구분할 수 있다.

③ 회사의 재산은 오로지 회사의 이익자체를 위해 사용되어야 하는데, 회사재산을 유용하거나 유출할 경우 형사처벌의 대상이 될 수 있다.

④ 회사와 중간책임자가 소속직원에 대한 지도지원의무를 이행하지 못하여 소속직원이 고객에 대한 손해배상책임을 질 경우, 회사는 사용자책임을 지고 중간책임자는 일반 불법행위책임을 진다.

`해설` 회사와 중간책임자 모두 사용자책임(민법 제756조)을 진다.

`정답` ④

`더알아보기` 금융투자업 직무윤리 – (4) 본인, 회사 및 사회에 대한 윤리 – ② 회사에 대한 의무

(1) 표준윤리준칙 제8조 상호존중의무

> 금융투자회사는 임직원 개개인이 자율과 창의를 존중하고 삶의 질 향상을 위하여 노력해야 하며, 임직원은 서로를 존중하고 원활한 의사소통과 적극적인 협조자세를 견지해야 한다.

① 조직 내 개인과 개인 간의 관계 : 상사와 부하직원 간, 동료직원 간의 상호존중문화는 업무 효율성을 증대시킬 수 있다.

② 조직과 개인 간의 관계 : 회사는 직원을 신임하며, 직원은 회사에 대해 신임의무를 다하는 '신임관계'가 상호존중의 바탕이 될 때 아래의 선순환 기능이 기대된다.

• 개개인에 대한 회사의 존중 → 직원 개개인의 자율과 창의성의 발휘 → 업무성취도 증가 → 금융소비자에 대한 신뢰 제고 → 회사와 직원의 생존에 긍정적 영향

③ 금융투자회사가 성희롱 예방교육(매년 1회)을 실시하는 것도 상호존중의 준수차원이다.

(2) 회사재산의 사적사용금지 : 보충문제 1

> 금융투자업종사자는 회사의 재산을 사적으로 사용하거나 회사의 정보를 유출하는 행위는 금지된다.

① '회사의 재산' : 회사의 업무용차량, 부동산, 집기비품 등 유형적인 것 뿐 아니라, 무체재산권이나 영업비밀, 영업기회 등의 무형의 것도 포함된다.

② 회사의 재산을 부당하게 유출하거나 유용하는 행위 : 횡령죄, 배임죄 등으로 형사처벌대상이 된다.

(3) 표준윤리준칙 제11조 경영진의 책임 : 보충문제 2

> 회사의 경영진은 직원을 대상으로 윤리교육을 실시하는 등 올바른 윤리문화정착을 위하여 노력해야 한다.

① 회사는 소속회사임직원에 대한 직무윤리준수를 위한 지도와 지원의무가 있다. 이때 최종책임자는 대표자이지만, 조직 내 중간책임자도 조직 내 직원에 대한 지도지원의무를 진다.

② 회사나 중간책임자가 지도지원의무를 해태하여 직원이 피해자에 대한 손해배상책임을 질 경우 회사나 중간책임자는 민법상 사용자책임(민법 756조)을 진다.

(4) 표준윤리준칙 제6조 정보보호의무(비밀정보의 관리) : 보충문제 3

> 회사의 임직원은 업무수행 과정에서 알게 된 회사의 업무정보와 고객정보를 안전하게 보호하고 관리해야 한다.

① 비밀정보의 범위

㉠ 회사경영에 중대한 영향을 미칠 수 있는 정보	
㉡ 회사경영전략 또는 신상품에 대한 정보	㉣ '㉠, ㉡, ㉢'에 준하는 미공개정보
㉢ 고객신상정보, 계좌번호, 비밀번호, 매매내역	

② 비밀정보의 관리 원칙

정보차단벽(Chinese Wall) 구축	필요성에 의한 제공원칙(Need to Know Rule)
보안장치 구축	

- Need to Know Rule : 비밀정보의 제공은 'Need to Know Rule'에 부합하는 경우에 한해 준법감시인의 사전승인을 받아야 가능하며, 제공된다 하더라도 업무수행에 필요한 최소한의 범위 내에서 제공되어야 한다.

③ 비밀정보의 제공절차 : '필요성에 의한 제공원칙(Need to Know Rule) & 준법감시인의 사전 승인'
→ 제공이 가능

(5) 표준윤리준칙 제12조 위반행위의 보고 : 보충문제 4

> 임직원은 업무와 관련하여 법규 또는 윤리강령의 위반사실을 발견하거나 그 가능성을 인지한 경우 회사가 정하는 절차에 따라 즉시 보고해야 한다.

※ 내부제보(Whistle Blower)제도 : 금융투자회사 임직원이 직무윤리와 법규를 위반한 것을 알거나 그 가능성이 있는 경우 신분노출과 불이익이 없도록 하여 내부에서의 제보를 장려하는 제도

(6) 표준윤리준칙 제15조 고용계약 종료 후의 의무 : 보충문제 5

> 임직원은 회사를 퇴직하는 경우 업무관련 자료의 반납 등 적절한 후속조치를 취하여야 하며, 퇴직 이후에도 회사와 고객의 이익을 해하는 행위를 해서는 안 된다.

(7) 표준윤리준칙 제16조 대외활동 : 보충문제 6, 7

> 임직원이 외부강연이나 기고, 언론매체 접촉, SNS 등을 이용한 대외활동시 '준수사항'[주1]을 준수해야 한다.

*주1 : '준수사항'이란 '회사의 공식의견이 아닌 경우 사견임을 명백히 밝혀야 한다' 등의 사항을 말한다.

01 회사재산의 사적사용금지에서 말하는 '회사재산'에 속하는 것을 모두 묶은 것은?

> ㉠ 회사의 업무용 차량
> ㉡ 회사 사무집기 및 비품
> ㉢ 회사의 영업기회
> ㉣ 임직원의 지위

① ㉠   ② ㉠, ㉡
③ ㉠, ㉡, ㉢   ④ ㉠, ㉡, ㉢, ㉣

해설 모두 해당된다. 회사의 재산에는 ㉠·㉡·㉢·㉣과 같은 유무형의 것을 모두 포함한다.

정답 ④

02 금융투자회사의 표준윤리준칙 중 '경영진의 책임'에서 소속 직원의 불법행위책임이 있을 경우 민법상 사용자책임을 부담할 수 있는 자를 모두 묶은 것은?

> ㉠ 대표이사
> ㉡ 본부장
> ㉢ 지점장
> ㉣ 팀 장

① ㉠   ② ㉠, ㉡
③ ㉠, ㉡, ㉢   ④ ㉠, ㉡, ㉢, ㉣

해설 모두 해당된다. 중간감독자도 모두 사용자책임을 질 수 있다.

정답 ④

03 금융투자회사의 표준윤리준칙 제6조 정보보호의무에 대한 설명이다. 틀린 것은?

① 회사의 경영이나 재무건전성에 중대한 영향을 미치는 정보는 기록형태나 기록유무에 관계없이 비밀정보로 본다.

② 특정정보의 비밀정보 여부가 불투명할 경우 당해 정보를 이용하기 전에 준법감시인의 사전확인을 받아야 한다.

③ 비밀정보는 정보차단벽과 보안장치를 구축한 가운데 관리되어야 하며, 비밀정보의 제공은 '필요성에 의한 제공원칙(Need to Know Rule)'에 부합할 경우 제공이 가능하다.

④ 비밀정보를 제공받은 자는 제6조 정보보호에 의거, 제공받은 정보를 제공받은 목적 이외의 목적으로 사용하거나 타인으로 하여금 사용하게 해서는 안 된다.

> **해설** 비밀정보의 제공은 '필요성에 의한 제공원칙'에 부합될 경우 준법감시인의 사전승인을 받아야 제공이 가능하다.
> ② 비밀정보 여부가 불투명할 경우 준법감시인의 사전확인을 받아야 하는데, 사전확인절차가 결정되기 전까지는 비밀정보로 추정된다.
>
> 정답 ③

04 금융투자회사의 표준윤리준칙 '제12조 위반행위의 보고' 조항에서 권장하는 내부제보(Whistle Blower)제도에 대한 내용이다. 틀린 것은?

① 육하원칙에 따른 사실만을 제보해야 한다.

② 제보가 있을 경우 제보사실은 공개되어도, 제보자 신분의 비밀은 보장되며, 제보자가 신분상의 불이익이나 근무조건상의 차별이 전혀 없도록 해야 한다.

③ 제보자가 신분상의 불이익을 당하였다면 준법감시인을 통해 원상회복을 신청할 수 있다.

④ 제보의 내용이 회사의 재산상 손실방지나 이익확대에 기여한 경우 포상을 추천할 수 있다.

> **해설** 제보자의 신분은 물론 제보사실도 비밀이 보장된다.
>
> 정답 ②

05 금융투자회사의 표준윤리준칙 제15조 고용계약 종료 후의 의무에 대한 내용이다. 틀린 것은?

① 임직원의 회사에 대한 선관주의의무는 재직 중은 물론이고 퇴직 후에도 장기간 지속된다.

② 고용기간이 종료되면 어떠한 경우라도 회사명이나 상표, 로고 등을 사용해서는 안 된다.

③ 고용기간 동안 본인이 생산한 지적재산물은 회사의 재산이므로 고용기간 종료시 반납해야 한다.

④ 고용기간 동안 본인이 생산한 지적재산물은 회사의 재산이므로 고용기간 종료 후에도 그 사용권은 회사가 가지는 것이 원칙이다.

> **해설** '장기간'이 아니라 '합리적인 기간'이다
> **참고** 일반적으로 3년으로 하는데, 3년을 초과하는 기간 동안 '고용계약 종료 후의 의무'를 부과한다면 부당계약으로 무효가 될 수 있다.
>
> 정답 ①

06 금융투자회사 임직원의 대외활동시 준수사항을 나열한 것이다. 옳지 않은 것은?

① 회사의 공식의견이 아닌 경우 사견임을 명백히 표현해야 한다.

② 대외활동으로 인하여 회사의 업무수행에 어떠한 지장도 주어서는 안 된다.

③ 대외활동으로 인해 금전적 보상을 받게 되는 경우 회사에 신고해야 한다.

④ 불확실한 사항을 단정적으로 표현하거나 다른 금융투자회사를 비방해서는 안 된다.

> **해설** 대외활동으로 인하여 회사의 주된 업무수행에 지장을 주어서는 안 된다(모든 업무가 아니라 '주된 업무'에 지장을 주지 말아야 한다).

> **정답** ②

07 금융투자회사의 표준윤리준칙 제16조 대외활동에 대한 내용이다. 가장 적절하지 않은 것은?

① 임직원의 대외활동은 준법감시인으로부터 사전승인을 받은 경우에만 가능하다.

② 회사의 공식의견이 아닌 경우 사견임을 명백히 밝혀야 한다.

③ 회사는 대외활동을 하는 임직원이 당해 활동을 통해 회사로부터 부여받은 주된 업무를 충실히 이행하지 못하거나 고객과의 이해상충이 확대되는 경우, 회사는 당해 대외활동의 중단을 요구할 수 있다.

④ 임직원이 웹사이트나 인터넷게시판에 특정 금융투자상품을 분석한 내용 또는 투자권유를 하는 내용을 게시하고자 할 경우 사전에 준법감시인의 출처를 받아야 하지만, 자료출처를 명시하고 인용하는 경우나 기술적 분석에 따른 투자권유를 하는 경우에는 준법감시인의 사전승인을 받지 않아도 된다.

> **해설** 대외활동을 하기 위한 사전승인절차는 준법감시인뿐 아니라 대표이사, 소속 부점장으로부터도 받을 수 있다. ④ '기술적 분석에 따른 투자권유'는 사전승인을 받지 않아도 게시할 수 있음에 유의하도록 한다.

> **정답** ①

자본시장법상의 '시장질서교란행위 규제'에 대한 내용이다. 옳지 않은 것은?

① 기존의 불공정거래행위에 대한 규제가 포섭할 수 없는 모든 시장질서교란행위를 제재할 수 있도록 강화된 법안이다.

② 시장에 나타나는 불공정거래행위의 목적성이 입증되지 않아도 처벌이 가능하게 되면서 사실상 모든 시장질서교란행위에 대한 제재가 가능하게 되었다.

③ 기존 법령상의 제재대상은 '내부자, 준내부자, 1차 수령자'에 국한되었으나 3차 수령자까지 그 범위가 확대되었다.

④ ETF의 유동성지원의무상 행해지는 업무나, 파생상품의 헤지업무라는 정상적인 직무수행과정 중에서도 과도한 유동성의 변화가 발생하면서 시장질서를 교란시키는 행위가 될 수 있음에 유의해야 한다.

> **해설** 내부자, 준내부자, 1차 수령자뿐만 아니라 미공개정보임을 알면서도 이를 수령하거나 전달한 모든 자를 대상으로 한다.

정답 ③

더알아보기 금융투자업 직무윤리 – (4) 본인, 회사 및 사회에 대한 윤리 – ③ 사회에 대한 의무

(1) 표준윤리준칙 제5조 시장질서 존중의무 : 핵심문제

> 회사와 임직원은 공정하고 자유로운 시장경제질서를 존중하고, 이를 유지하기 위하여 노력해야 한다.

*기존에는 불공정거래를 감시하는 차원이었으나, 기존의 감시구성요건을 뛰어넘는 신종사례가 출현하면서 '시장질서교란행위에 대한 규제'를 자본시장법으로 법제화하였다.

※ 시장질서교란행위에 대한 규제(자본시장법 개정, 2015.7.1 ~)

(기존) 불공정거래행위 규제	(개정) 시장질서교란행위 규제
1) 불공정거래행위의 '목적성'이 입증되어야 처벌이 가능함(→ 시장에 영향을 주는 불공정거래행위임에도 불구하고 규제의 구성요건에 해당되지 않는 경우가 다수 발생하였음)	1) '목적성이 없어도' 처벌할 수 있도록 규제의 구성요건을 포괄적 정의로 함(→ 시장에 불공정한 영향을 주는 모든 사안에 대해 제재가 가능하게 되었음)
2) '내부자, 준내부자, 1차 수령자'만 처벌 대상이었음	2) '내부자, 준내부자, 1차 수령자'뿐 아니라, 당해 정보가 미공개정보인 것을 알면서도 수령하거나 타인에게 전달한 자가 모두 처벌대상이 됨

※ 시장질서교란행위에 대한 과징금 계산 : 보충문제 1

(2) 표준윤리준칙 제9조 주주가치 극대화

> 회사와 임직원은 합리적인 의사결정과 투명한 경영활동을 통하여 주주와 기타 이해관계자의 가치를 극대화하기 위하여 최선을 다해야 한다.

(3) 표준윤리준칙 제10조 사회적 책임

> 회사와 임직원 모두 시민사회의 일원임을 인식하고, 사회적 책임과 역할을 다해야 한다.

보충문제

01 다음 빈칸에 알맞은 것은?

> 시장질서교란행위에 따른 이익이나 회피한 손실액의 (   )에 해당하는 금액이 (   )을 초과
> 할 경우, 그에 상당하는 금액을 과징금으로 부과한다.

① 1.5배, 3억원

② 1.5배, 5억원

③ 2배, 3억원

④ 2배, 5억원

해설 '1.5배 – 5억원'이다. 예를 들어 시장질서교란행위를 통해 얻은 이익 또는 회피손실액이 4억원이라면 '4억원 ×1.5배＝6억원', 즉 5억원을 초과할 경우 해당 금액(6억원)을 과징금으로 부과한다.

정답 ②

02 금융투자회사의 표준윤리준칙 중에서 '사회에 대한 의무'에 속하지 않는 것은?

① 시장질서 존중의무(제5조)

② 주주가치 극대화(제9조)

③ 사회적 책임(제10조)

④ 경영진의 책임(제11조)

해설 '경영진의 책임'은 회사에 대한 의무이다(임직원의 윤리준수를 위한 회사나 중간책임자의 지도감독의무를 말하며 이를 위반할 경우 사용자책임을 지는 조항이다).
• 주주가치 극대화는 '주주'는 누구나 투자를 하면 주주가 될 수 있으므로 그 범주가 회사를 넘어 사회에 이르므로 '사회에 대한 의무'라고 이해할 수 있다.

정답 ④

3 직무윤리위반시의 내부통제와 외부통제

직무윤리위반시 제재 – (1) 내부통제

핵심유형문제

금융투자회사 임직원이 직무윤리를 위반할 경우 내부통제로 사용되는 방식을 모두 묶은 것은?

> ㉠ 내부통제기준의 제정 및 준수
> ㉡ 준법감시인의 선임 및 독립성 부여
> ㉢ 자율규제
> ㉣ 행정규제

① ㉠

② ㉠, ㉡

③ ㉠, ㉡, ㉢

④ ㉠, ㉡, ㉢, ㉣

해설 내부통제방법에는 '내부통제기준, 준법감시인 제도'가 도입되고 있으며, 자율규제(금융투자협회의 자율규제)와 행정제재(금융위원회 등), 민형사상 제재, 시장의 규제 등은 외부통제방법에 속한다.

정답 ②

더알아보기 직무윤리위반시의 제재 – (1) 내부통제(내부통제기준, 준법감시인)

(1) 내부통제기준

> 금융회사의 지배구조에 관한 법률(약칭 : 금융사 지배구조법) 제24조(내부통제기준)에 따라 회사의 임직원(계약직 및 임시직 포함)이 그 직무를 수행할 때 법령을 준수하고 자산을 건전하게 운용하며 투자자를 보호하기 위해 준수해야 할 적절한 기준과 절차를 정하는 것을 목적으로 한다.

① 내부통제 : 회사의 임직원이 업무수행시 법규를 준수하고 조직운영의 효율성 제고 및 재무 보고의 신뢰성을 확보하기 위해 회사 내부에서 수행하는 모든 절차와 과정을 말한다.

② 내부통제체제 : 효과적인 내부통제활동을 수행하기 위한 조직구조, 위험평가, 업무분장 및 승인절차(준법감시인의 임면절차 포함), 의사소통·모니터링·정보시스템 등의 종합적 체제를 말한다.

③ 내부통제기준은 '이사회 결의'로 제정 또는 변경을 한다.

④ 내부통제의 주체별 역할

이사회	대표이사	준법감시인[주1, 주2]	지점장	임직원
내부통제기준의 제정 및 변경	내부통제정책 수립, 내부통제기준의 수행 및 지원	내부통제기준의 적정성 점검, 위임받은 업무수행	소관영업에 대한 내부통제기준의 적정성 점검, 보고	내부통제기준 및 윤리강령을 숙지하고 충실히 준수

*주1 : 준법감시인은 이사회 및 대표이사의 지휘를 받아 업무를 수행하며, 대표이사와 감사위원회에 아무런 제한 없이 보고할 수 있다.

*주2 : 준법감시인을 임면(任免)할 경우 이사회 결의를 거쳐야 하며, 특히 해임시에는 이사총수의 2/3 이상의 찬성으로 의결한다(독립성강화를 위한 강제규정). 또한 준법감시인은 사내이사 또는 업무집행자 중에서 선임하고 임기는 2년 이상으로 한다(보충문제 2).

226 제1편 | 펀드일반

⑤ 내부통제위원회
　㉠ 표준내부통제기준(제11조)에 의해, 금융투자회사의 경우 내부통제위원회를 두어야 한다.
　㉡ 내부통제위원회의 위원 : 대표이사(위원장), 준법감시인, 위험관리책임자, 그 밖에 내부통제 관련
　　업무담당임원
　㉢ 회의 : 매 반기별 1회 이상 개최하며, '내부통제 점검결과의 공유 및 개선방안 검토, 내부통제 관련
　　주요사항 협의, 임직원의 윤리 및 준법의식 고취' 등의 역할을 수행한다.
　㉣ 내부통제위원회 설치가 면제되는 경우(보충문제 3)
⑥ 준법감시부서(보충문제 4)
　㉠ 준법감시인의 직무수행을 지원을 위해 구성된 부서. 준법감시인과 같이 업무의 독립성이 보장된다.
　㉡ 준법감시부서의 업무독립성을 확보하기 위한 겸임금지업무 : 위험관리업무, 자산운용에 관한 업무,
　　회사의 본질적 업무, 회사의 경영업무
　　예외 : 최근 사업연도 말 현재 자산총액이 5조원 미만인 금융투자회사(운용재산이 20조원 이상인
　　경우는 제외), 보험회사, 여신전문회사, 그리고 자산총액이 7천억원 미만인 상호저축은행은 위험
　　관리업무를 겸영할 수 있다.

(2) 준법감시인
① 준법감시인제도의 취지 : 보충문제 5 참조
② 준법감시체제의 운영 : 보충문제 6 참조

1) 준법감시인은 관계법령 및 내부통제기준을 반영한 준법감시프로그램을 구축하고 운영해야
　한다.

2) 준법감시프로그램의 운영 결과 업무수행 우수자가 있는 경우 인사상의 또는 금전적 혜택을 부여
　할 수 있다.

3) 임직원은 회사가 정한 준법서약서를 준법감시인에게 제출해야 한다.

4) 임직원의 겸직이 있을 경우 고객과의 이행상충발생 여부, 회사의 경영건전성 저해 여부를 검토
　하고 관리해야 한다.

5) 내부제보제도를 운영해야 한다.
　• 내부제보자에 대해서는 비밀보장과 불이익이 없음을 보장해야 하며, 회사에 중대한 악영향을
　　끼칠 수 있음을 위법사항을 알면서도 제보하지 않은 미제보자에 대한 불이익부과의 내용도 포
　　함되어야 한다.
　• 만일 내부제보자가 내부제보행위로 인해 불이익을 받은 것이 있다면, 준법감시인은 이에 대한
　　시정을 회사에 요구할 수 있다.

6) 명령휴가제도를 운영해야 한다.
　• 임직원의 위법행위로 인한 금융사고를 미연에 방지하는 차원에서 일정대상의 직원에게 일정기
　　간의 휴가를 명령하고 동기간 중 해당 직원의 업무적정성을 평가하는 제도이다.

7) 직무분리기준을 마련·운영하여야 한다.
　• 금융사고 우려가 높은 일부 업무에 대해서 복수의 인력이 참여하게 하거나, '영업일선 – 후선'
　　으로 분리하는 위험관리시스템을 구축하고 운영해야 한다.

8) 준법감시인은 영업점에 대한 내부통제를 위해 영업점별 영업관리자를 지명(임기 1년 이상)하고 자신의 업무 중 일부를 위임할 수 있다.
- 영업점별 영업관리자는 당해 영업점에 상근하는 자로서 해당 영업점 경력이 1년 이상이거나 준법감시부서의 근무경력이 1년 이상이어야 한다.
- 영업관리자는 영업점장이 아닌 책임자급이어야 하며, 점포의 분포상 요건을 갖추는 경우 1명의 영업관리자가 2 이상의 영업점의 영업관리자 업무를 수행할 수 있다.
- 영업관리자는 준법감시업무로 인한 인사상 불이익이 없도록 하며, 업무수행결과로 적절한 보상이 주어질 수 있다.
- 준법감시인은 연간 1회 이상 영업관리자를 대상으로 법규 및 윤리교육을 실시해야 한다.

(3) 내부통제기준 위반시의 제재
① 회사는 내부통제기준을 위반한 임직원에 대해서 엄정·공정한 조치를 취해야 한다(보충문제 7).
② 내부통제기준 위반자의 대상 : 보충문제 8 참조

보충문제

---

01 준법감시인을 임면하기 위해서 필요한 절차는?

① 대표이사의 전결
② 이사회 결의
③ 주총의 보통결의
④ 주총의 특별결의

해설 내부통제기준은 이사회 결의로 제정하거나 변경한다. 참고로 준법감시인의 임면도 이사회 결의를 통한다. 반면 이사의 선임은 주총 보통결의로, 이사의 해임은 주총 특별결의로 한다.

정답 ②

02 준법감시인의 임면과 관련하여 빈칸을 옳게 연결한 것은?

> 준법감시인을 해임하기 위해서는 이사총수의 (　　　) 이상이 찬성해야 하며, 준법감시인의 임기는 (　　　) 이상으로 한다.

① 1/2 - 2년
② 1/2 - 3년
③ 2/3 - 2년
④ 2/3 - 3년

해설 '2/3 이상 - 2년 이상'이다. 비교하여 이사의 경우 '주총의 보통결의로 임명하고 주총의 특별결의로 해임하며, 임기는 3년 이상'이다.

정답 ③

03 내부통제위원회 설치의무가 면제되는 기준으로 가장 거리가 먼 것은?

① 최근 사업연도 말 현재 자산총액이 7천억원 미만인 상호저축은행

② 최근 사업연도 말 현재 자산총액이 5조원 미만인 금융투자업자 또는 종금사

③ 최근 사업연도 말 현재 운용재산(집합투자재산, 투자일임재산, 신탁재산 합계)이 20조원 이상인 금융투자업자

④ 최근 사업연도 말 현재 자산총액이 5조원 미만인 보험회사

해설 자산총액이 5조원 미만인 금융투자회사라도 운용재산이 20조 이상이면 내부통제위원회를 설치해야 한다.
• 5조원 미만인 보험회사, 5조원 미만인 여신전문금융회사, 7천억원 미만인 상호저축은행이 예외로 인정된다 (상호저축은행만 7천억원이 적용되는 것에 유의).

정답 ③

04 준법감시부서가 업무의 독립성을 위해 겸임을 할 수 없는 업무를 나열하였다. 가장 거리가 먼 것은?

① 위험관리업무

② 자산운용업무

③ 회사의 겸영업무

④ 회사의 부수업무

해설 회사의 부수업무는 겸임금지의 대상이 아니다.

정답 ④

05 다음 내용에 해당하는 것은?

> 회사의 임직원 모두가 선량한 관리자로서의 의무에 입각하여 금융소비자의 이익을 위해 최선을 다했는지, 업무를 수행함에 있어 윤리기준을 포함한 제반 법규를 엄격히 준수하고 있는지에 대하여 사전적으로 또는 상시적으로 통제, 감독하는 장치를 말한다.

① 감사 또는 감사위원회

② 내부통제기준

③ 준법감시인제도

④ 사외이사제도

해설 준법감시인제도를 말한다.

정답 ③

06 준법감시체제의 운영에 대한 설명이다. 가장 거리가 먼 것은?

① 내부제보제도 운영상 내부제보자에 대해서 비밀보장과 더불어 신분상·인사상의 불이익이 없어야 하며, 만일 불이익이 있는 경우에는 준법감시인이 이의 시정을 회사에 요구할 수 있고 회사는 정당한 사유가 없는 한 이를 수용해야 한다.

② 만일 회사에 중대한 영향을 끼칠 수 있는 임직원의 위법행위를 알고도 묵인한 미제보자에게는 불이익을 부과한다.

③ 금융사고의 우려가 높은 업무를 담당하는 직원에게는 명령휴가제도를 적용하여 일정기간 휴가를 명령하고 당해기간에 해당직원의 업무적정성을 평가, 점검할 수 있다.

④ 회사의 대표이사는 영업점장이 아닌 책임자급으로 영업점별 영업관리자 1명을 임명하여 준법감시인의 업무를 위임, 수행하게 해야 한다.

> **해설** 영업점별 영업관리자(해당 영업점에 상근하고 있는 자로서 1명, 임기 1년)는 준법감시인이 임명하고 자신의 일부업무를 위임하여 업무를 수행하게 한다.
>
> **정답** ④

07 내부통제기준을 위반할 경우 회사에 대한 조치가 '1억원 이하의 과태료'가 부과되는 대상이 아닌 것은?

① 내부통제기준을 마련하지 않은 경우

② 준법감시인을 두지 않은 경우

③ 사내이사 또는 업무집행책임자 중에서 준법감시인을 선임하지 않은 경우

④ 준법감시인이 금지대상 겸영업무를 겸직한 경우

> **해설** ④는 '3천만원 이하의 과태료'가 부과되는 대상이다.
> ※ 1억원 이하의 과태료가 부과되는 대상 : 위의 ①·②·③에 추가하여 아래가 있음
> • 이사회 결의를 거치지 않고 준법감시인을 임면한 경우
> ※ 3천만원 이하의 과태료가 부과되는 대상 : 위의 ④에 추가하여 아래가 있음
> • 준법감시인에 대한 별도의 보수기준 및 평가기준을 마련하지 않은 경우
> ※ 1천만원 이하의 과태료가 부과되는 대상
> • 준법감시인의 임면사실을 금융위원회에 보고하지 않은 경우
>
> **정답** ④

08 내부통제기준 위반시 제재의 대상이 되는 자를 모두 묶은 것은?

> ㉠ 내부통제기준을 직접 위반한 자
> ㉡ 묵인이나 은폐에 관여한 자
> ㉢ 타인의 위반을 고의로 보고하지 않은 자
> ㉣ 타인의 위반을 과실로 보고하지 않은 자

① ㉠

② ㉠, ㉡

③ ㉠, ㉡, ㉢

④ ㉠, ㉡, ㉢, ㉣

> **해설** '고의로 보고하지 않은 자'는 제재를 받으나 '과실로 보고하지 않은 자'는 제외된다.
>
> **정답** ③

직무윤리위반시 제재 – (2) 외부통제

임직원이 직무윤리를 위반한 경우 금융투자협회의 제재가 부과된다면 이는 어떤 성격의 규제에 해당하는가?

① 자율규제

② 행정제재

③ 민사상 또는 형사상 책임

④ 시장의 통제

해설 '자율규제'란 자율규제기관인 금융투자협회로부터의 제재를 말한다.

정답 ①

더알아보기 직무윤리위반시의 제재방법 – (2) 외부통제

(1) 외부통제의 개념 : 직무윤리의 위반은 단순히 윤리적인 책임에 그치는 것이 아니라, 강행법규의 위반이 되어 법적책임이 따른다.

(2) 외부통제의 종류 : 핵심문제 참조

자율규제	행정제재	민사책임	형사책임	시장통제
협회의 자율규제	금융위의 제재	손해배상책임과 실효(失效)	일반불법책임, 양벌규정 등	신뢰상실, 명예실추 등

① 자율규제 : 회원(금융투자회사)에 대한 제명조치, 회원의 임직원에 대한 제재의 권고
② 행정제재 : 금융위원회, 증권선물위원회, 금융감독원 등 공적인 기구로부터의 제재
  ㉠ 금융투자업자에 대한 제재권 : 감독권, 조치명령권, 검사권, 6개월 이내 업무의 전부 또는 일부의 정지명령권 등
  ㉡ 금융투자업자 임원에 대한 제재권 : 해임요구, 6개월 이내의 직무정지, 문책경고 등
  ㉢ 금융투자업자 직원에 대한 제재권 : 면직, 6개월 이내의 정직, 감봉, 견책 등
  ㉣ 청문 및 이의신청
    • 청문의 대상 : 지정의 취소, 인가·등록의 취소, 임직원에 대한 해임요구 또는 면직요구(보충 문제 2).
    • 이의신청 : 위의 청문조치에 대한 고지를 받은 날로부터 30일 이내에 금융위원회에 이의신청을 할 수 있으며, 금융위원회는 해당 이의신청에 대해 60일 이내로 심의결정을 해야 한다(부득이한 경우 30일의 기간 이내에서 연장이 가능함).

③ 민사상 책임

실효(失效)		손해배상책임
무 효^{주1}	취 소^{주1}	• 금융소비자보호법상 설명의무 위반시, 민법 750조 일반불법행위책임 → 손해배상책임을 짐
해 제^{주2}	해 지^{주2}	

*주1 : 중대한 하자가 있을 경우 '무효', 가벼운 하자가 있을 경우에는 '취소'를 통해 당해 법률행위의 효력이 상실된다.

*주2 : 계약상대방의 채무불이행책임이 있을 경우 일시적 거래는 '해제', 계속적 거래는 '해지'를 통해 당해 법률행위의 효력이 상실된다(해제하면 소급하여 효력이 상실되며, 해지를 하면 해지 이후 시점부터 효력이 상실됨).

④ 형사상 책임 : 자본시장법 또는 형법에 의해 형사처벌이 가능함. 대부분 양벌규정도 둔다.
  • 양벌규정 : 행위자와 법인을 같이 처벌하는 것을 양벌규정이라 한다.

⑤ 시장의 통제 : 금융소비자로부터의 악화된 평판, 시장으로부터의 신뢰상실은 단기간에 회복이 어려운 것으로, 법적 제재보다 더 큰 제재일 수 있다.

보충문제

01 다음의 행정제재 중 '금융투자업자에 대한 제재'를 말하는 것은?

① 감독권, 등록취소권, 6개월 이내 업무의 전부 또는 일부의 정지명령권, 위법행위의 시정명령 또는 중지명령권, 기관경고, 기관주의 등
② 해임요구, 6개월 이내의 직무정지, 문책경고, 주의적 경고, 주의 등
③ 면직, 6개월 이내의 정직, 감봉, 견책, 경고, 주의 등
④ 청문 및 이의신청권

해설 ② 임원에 대한 조치권, ③ 직원에 대한 조치권, ④ 회사, 임직원 공통

정답 ①

02 금융위원회가 처분 또는 조치 중에서 반드시 청문을 실시해야 하는 대상이 아닌 것은?

① 종합금융투자사업자에 대한 지정의 취소
② 금융투자상품거래청산회사에 대한 인가의 취소
③ 임원에 대한 해임요구
④ 직원에 대한 정직요구

해설 지정취소, 인가등록취소, 해임요구, 면직요구는 청문을 실시해야 하는 대상이다(정직은 대상이 아님).

정답 ④

03 시장으로부터의 신뢰상실과 명예실추, 고객관계의 단절은 직업인으로서 당해 업무에 종사하는 자에게 가해지는 가장 무섭고 만회하기 어려운 제재가 된다. 이는 무엇을 말하는가?

① 시장의 제재

② 형사책임

③ 민사책임

④ 법률행위의 실효(失效)

> **해설** 시장의 제재는 외부통제 중 명시적인 법률적 제재를 받지 않으나 당해 업무에 종사하는 자에게 가장 큰 타격이 될 수도 있다.

> **정답** ①

04 다음은 직무윤리기준의 위반에 따른 외부통제의 내용이다. 옳지 않은 것은?

① 법 위반에 대한 민사적인 제재로는 손해배상책임이 유일하다.

② 불법행위책임은 계약관계의 존부를 불문하고 '고의 또는 과실'의 '위법행위'로 타인에게 '손해'를 가한 경우를 말하며, 가해자는 피해자에게 손해를 배상하여야 한다.

③ 형사처벌은 법에서 명시적으로 규정하고 있는 것에 한하며(죄형법정주의), 그 절차는 형사소송법에 의한다.

④ 자본시장법은 행위자와 법인 모두를 처벌하는 양벌규정을 두고 있다.

> **해설** 민사책임에는 손해배상책임과 실효(失效)가 있다. 참고로 ②에서 계약관계의 존부를 다투는 책임은 일반불법행위책임이 아니라 계약상 책임이다.

> **정답** ①

4 투자자분쟁예방시스템

투자자분쟁예방시스템 핵심유형문제

금융투자상품의 권유 및 판매와 관련한 직원의 의무에 대한 설명이다. 가장 거리가 먼 것은?

① 투자자의 이익을 해하면서 자기의 이익을 얻거나 제3자가 이익을 얻도록 해서는 안 된다.

② 고객이 실현가능한 최대한의 이익을 취득할 수 있도록 업무를 수행하여야 한다.

③ 모든 금융투자업자는 선량한 관리자의 주의의무를 진다.

④ 고객에 불리한 정보도 반드시 제공하여 고객이 이를 이해할 수 있도록 해야 한다.

> **해설** 선량한 관리자의 주의의무(선관주의의무)는 고객의 자산에 대한 채무관계에 있는 집합투자업자·신탁업자·일임업자에 국한되는 의무이다(타 금융투자업은 신의성실의무 또는 신임의무를 다하면 된다). ①·②는 고객이익우선의 원칙을 말하는데 ①은 소극적 의무, ②는 적극적 의무로, '최선집행의무'라고도 한다.
>
> 정답 ③

더알아보기 금융투자상품의 권유 및 판매와 관련한 각종 의무

(1) 금융투자상품의 권유·판매와 관련한 직원의 의무

고객이익최우선의 원칙	소속회사에 대한 충실의무	정확한 정보제공의무
선관주의의무, 이해상충방지의무	회사에 대한 신임의무, 직무전념의무	고객에게 유리한 정보만을 제공해서는 안 됨

① 고객이익최우선의 원칙
  - 소극적 의무·적극적 의무의 구분, 선관주의의무의 개념은 '핵심문제' 참조
  - 이해상충발생시 업무처리의 우선순위 : '보충문제 1' 참조
② 소속회사에 대한 충실의무 : 대외활동시 준법준수, 고용계약 종료 후에도 비밀유지의무 부과 등
③ 정확한 정보제공의무 : 실적을 위해 좋은 정보만을 제공해서는 안 됨(핵심문제 지문 ④)

(2) 고객정보와 관련된 판매기준
① 직무수행과정에서 취득한 비밀정보는 누설 또는 타인으로 하여금 이용하게 해서는 안 된다.
② 고객관련사항이 비밀정보인지 아닌지 분명하지 않을 경우 일단 비밀이 요구되는 정보로 취급해야 한다.
③ 보호되어야 하는 정보에는 정적인 정보, 동적인 정보 모두 포함된다.
  - 정적(靜的)인 정보 : 계좌개설시 얻게 되는 금융거래정보
  - 동적(動的)인 정보 : 고객의 매매주문동향 등을 통해서 알게 되는 정보

01 금융투자업종사자는 신임관계에 기초하여 고객이익을 최우선으로 실현해야 한다. 만일 이해충돌이 발생하는 경우 우선순위를 정하는 세 가지 원칙에 속하지 않는 것은?

① 고객의 이익은 회사와 회사의 주주 및 임직원의 이익에 우선해야 한다.

② 회사의 이익은 임직원의 이익에 우선해야 한다.

③ 임직원의 이익은 주주의 이익보다 우선해야 한다.

④ 정답 없음(①, ②, ③ 모두 적절)

해설 '고객의 이익 > 회사의 이익 > 임직원의 이익'이며 모든 고객의 이익은 상호 동등하게 취급한다.

정답 ③

02 회사에 대한 신임의무를 이행하는 것과 가장 거리가 먼 것은?

① 회사와 이해충돌이 발생할 수 있는 직무에 대한 겸임금지

② 회사의 재산이나 회사로부터 부여받은 지위를 이용하여 사적이익을 추구하는 행위를 하지 않을 것

③ 고용계약이 종료된 이후에도 일정 기간 동안 회사의 명함을 사용하지 않는 행위

④ 합리적인 의사결정과 적정한 업무수행을 통해 주주가치를 극대화하고자 하는 행위

해설 회사와 임직원 간은 신임관계에 있다. 회사는 직원을 신임하며 직원은 회사에 대해 신임의무(= 충실의무 + 주의의무)를 다해야 하는 바, ①·②·③은 신임의무를 수행하는 것이나 ④는 회사가 아닌 주주(회사보다 큰 범주)를 위한 노력으로 '금융투자회사 표준윤리준칙'에서는 이를 '사회에 대한 의무'로 분류하고 있다.

정답 ④

03 금융투자회사 임직원이 직무상 얻게 된 정보를 취급하는 기준에 대한 설명이다. 가장 거리가 먼 것은?

① 고객에 관한 사항이 비밀정보인지 아닌지 불명확할 경우에는 일단 비밀정보로 취급한다.

② 고객에 관한 정보는 법원영장에 의한 경우 등의 특수한 경우를 제외하고는 타인에게 제공하거나 누설할 수 없다.

③ 고객의 금융거래정보 외에도 매매주문으로부터 얻게 된 정적인 정보는 본인이나 제3자를 위해 사용해서는 안 된다.

④ 영업비밀정보를 관련법령에 의해 제공해야 할 경우라도 준법감시인의 사전승인을 받아야 하고 최소한의 범위 내에서 제공해야 한다.

해설 고객의 금융거래정보를 정적(靜的)인 정보, 매매주문으로부터 얻게 되는 정보를 동적(動的)인 정보라 한다.

정답 ③

개인정보보호법

개인정보보호법에 대한 설명이다. 가장 거리가 먼 것은?

① 개인정보보호법은 개인정보를 대량으로 처리하는 기관 등에서 대규모 개인정보가 유출되는 사고의 예방 및 개인정보의 수집·유출·남용으로부터 사생활의 비밀 등을 보호하기 위해 만든 법률이다.

② 개인정보란 살아있는 개인에 관한 정보로서 성명, 주민번호 및 영상 등을 통해 개인을 알아볼 수 있는 정보를 말한다.

③ 개인정보 중 정보주체와의 계약 체결 및 이행에 불가피한 정보는 정보주체의 동의를 받지 않아도 수집 가능하다.

④ 개인정보의 이용은 당초 수집한 목적 범위 내에서 이용 가능한데, 만일 당초 수집된 목적 외로 사용할 경우에는 사후적으로 정보를 사용했음을 통지하면 된다.

> **해설** 사전적으로 별도의 동의를 받아야 한다.

정답 ④

더알아보기 개인정보보호법

(1) 개인정보보호법의 정의 : 핵심문제 지문 ①
- 개인정보보호법은 일반법으로서 관련 특별법이 있는 경우 해당 특별법이 우선이며 해당 특별법의 적용이 없을 경우에는 개인정보보호법으로 처리하여야 한다.

(2) 개인정보의 개념(핵심문제 지문 ②)**과 처리원칙**
- ① 개인정보 종류 : 고유식별정보(주민번호 등), 금융정보(신용카드번호 등), 민감정보(진료기록 등)
- ② 개인정보 처리원칙
  - ㉠ 개인정보의 처리목적에 필요한 범위에서 최소한의 개인정보만을 적법하게 수집해야 한다.
  - ㉡ 개인정보처리방침 등 개인정보의 처리에 관한 사항을 공개해야 하며, 열람청구권 등 정보주체의 권리를 보장해야 한다.
  - ㉢ 개인정보는 익명처리를 우선으로 한다(익명처리가 가능하지 않을 경우 실명처리).
- ③ 정보주체의 권리 : 개인정보처리에 관한 정보를 제공받을 권리 / 개인정보처리에 관한 동의여부 및 동의범위를 선택하고 결정할 권리 / 개인정보열람을 요구할 권리 / 개인 정보의 정정·삭제 및 파기를 요구할 권리 등

(3) 개인정보의 수집원칙 : 핵심문제 지문 ③
- 수집목적 : 정보주체의 동의를 받은 경우, 법령상 의무를 준수하기 위해 불가피한 경우, 정보주체와의 계약체결을 위해 불가피한 경우 등

(4) 개인정보의 이용원칙 : 핵심문제 지문 ④
- 개인정보의 이용은 당초 수집한 목적 범위 내에서 이용 가능하며, 당초 수집된 목적 외로 사용할 경우에는 정보주체의 별도 동의를 받아야 한다.

(5) 개인정보제공원칙

개인정보제공도 원칙적으로 사전 동의를 받아야 하나 '법령상 불가피한 경우·정보주체의 급박한 생명이나 재산이익을 위해 필요한 경우 등'의 목적으로 정보제공시에는 정보주체의 동의 없이도 가능하다.

• 사전동의를 받을 경우 정보주체에게 알려야 하는 사항 : 개인정보를 제공하는 항목, 제공받는 자와 그 이용목적, 동의거부권리와 동의거부시 불이익이 있을 수 있다는 내용 등

• 민감정보 및 고유식별정보의 처리는 좀 더 엄격한데, 특히 주민번호는 법 개정에 따라 정보주체의 동의를 받았다 해도 법령근거가 없이는 처리가 불가하고 기존의 수집된 정보도 2016.8.6까지 삭제조치를 취해야 한다.

(6) 개인정보유출에 대한 처벌(징벌적 손해배상제도 도입 – 개인정보보호법)

정보주체는 개인정보처리자가 이 법을 위반한 행위로 손해를 입으면 개인정보처리자에게 손해배상을 청구할 수 있다. 이 경우 그 개인정보처리자는 고의 또는 과실이 없음을 입증하지 아니하면 책임을 면할수 없다. 개인정보처리자의 고의 또는 중대한 과실로 인하여 개인정보가 분실·도난·유출·위조·변조 또는 훼손된 경우로서 정보주체에게 손해가 발생한 때에는 법원은 그 손해액의 5배를 넘지 아니하는 범위에서 손해배상액을 정할 수 있다. 다만, 개인정보처리자가 고의 또는 중대한 과실이 없음을 증명한 경우에는 그러하지 아니하다.

보충문제

01 금융투자회사가 고객의 개인정보보호를 하기 위한 법령 근거로서 가장 후순위가 되는 법은?

① 금융실명거래 및 비밀보장에 관한 법률(금융실명법)

② 신용정보의 이용 및 보호에 관한 법률(신용정보법)

③ 전자금융거래법

④ 개인정보보호법

해설   ①·②·③은 특별법이므로 개인정보보호법에 우선한다(더알아보기 참조).

정답 ④

02 개인정보유출에 대한 처벌과 관련하여 빈칸에 알맞은 것은?

> 고의나 중과실로 개인정보를 유출한 기관에 대해서는 가중책임을 물어 피해액의 (   )까지 중과할 수 있다.

① 1.5배   ② 2배

③ 5배   ④ 10배

해설   개인정보처리자의 고의 또는 중대한 과실로 인하여 개인정보가 분실·도난·유출·위조·변조 또는 훼손된 경우로서 정보주체에게 손해가 발생한 때에는 법원은 그 손해액의 5배를 넘지 아니하는 범위에서 손해배상액을 정할 수 있다.

정답 ③

분쟁조정제도의 개념이다. 가장 거리가 먼 것은?

① 당사자에게 합리적인 분쟁해결방안이나 의견을 제시하여 당사자 간의 합의에 따른 원만한 분쟁 해결을 도모하는 제도이다.

② 분쟁조정신청이 접수되면 양당사자의 제출 자료와 대면 등을 거쳐 분쟁조정기관이 조정안을 제시하는데 조정안은 피해자인 투자자입장을 우선 반영한다.

③ 분쟁조정안을 제시하기 위해 통상적으로 법조계, 학계, 소비자단체, 업계전문가로 분쟁조정위원회를 구성한다.

④ 우리나라의 금융분쟁관련 조정기구로는 금융감독원 산하의 금융분쟁조정위원회, 협회 산하의 분쟁조정위원회, 한국거래소 산하의 시장감시본부 분쟁조정팀이 있다.

해설　피해자, 가해자 구분 없이 '중립적인' 조정안을 제시한다.

정답 ②

더알아보기　분쟁조정제도

(1) 분쟁조정제도의 개념 : 핵심문제 참조

(2) 분쟁조정제도의 장단점 : 보충문제 1 참조

(3) 감독기관별 주요 분쟁조정기구

구 분	금융감독원	한국금융투자협회	한국거래소
분쟁조정대상	금융회사와 금융소비자 간의 분쟁	회원사 간의 영업관련 분쟁, 착오매매 등	증권시장에서의 매매 거래와 관련한 분쟁
회부 – 심의기간	30일 – 60일[주1]	30일 – 30일	30일 – 30일
조정의 효력[주2]	재판상 화해	민법상 화해	

*주1 : 조정신청일로부터 30일 내로 회부하고, 회부일로부터 60일(협회와 거래소는 30일) 내로 심의, 조정안을 의결한다.

*주2 : 재판상 화해는 더 이상의 법적 다툼을 할 수 없으나, 민법상 화해는 어느 일방의 소제기 등 추가적인 법적다툼이 가능하다.

01 분쟁조정제도의 특징이다. 가장 거리가 먼 것은?

① 소송수행으로 인한 추가적인 부담 없이 최소한의 시간 내에 합리적으로 분쟁처리가 가능하다.

② 복잡한 금융관련분쟁에 대한 전문가의 조언 및 도움을 받을 수 있다.

③ 개인투자자가 확인하기 어려운 금융투자회사의 보유자료 등을 조정기관을 통해 간접적으로 확인할 수 있다.

④ 통상적으로 소송결과보다는 분쟁조정안이 투자자에게 더 유리하므로 분쟁조정안을 수용하는 것이 유리하다.

> 해설 ①·②·③은 분쟁조정의 장점이며, ④는 잘못된 내용이다. 분쟁조정은 중립적인 조정안을 원칙으로 하므로, 소송결과보다 분쟁조정안이 투자자에게 유리하다는 보장은 없다.
> ※ 분쟁조정의 단점
>   (1) 기관마다 조정안의 결과가 다를 수 있다.
>   (2) 판례나 선례에 따라 투자자입장에서 실제소송결과보다 조정안이 더 유리하다는 보장은 없다.
>   (3) 당사자 합의가 도출되지 않으면 분쟁처리가 지연될 수 있다.
>
> 정답 ④

02 한국거래소의 분쟁조정기구의 조정대상에 속하는 것은?

① 회원의 영업행위와 관련한 분쟁조정

② 회원 간의 착오매매와 관련한 분쟁조정

③ 유가증권시장이나 코스닥시장, 장내파생상품시장에서의 매매거래와 관련한 분쟁조정

④ 금융회사와 금융소비자 사이에 발생하는 금융관련 분쟁조정

> 해설 ①·② 한국금융투자협회
> ④ 금융감독원
>
> 정답 ③

03 한국금융투자협회의 분쟁조정기구의 조정대상이 될 수 없는 상품은?

① 주 식

② 투자자문계약 또는 투자일임계약

③ 변액보험이 아닌 보험계약

④ 파생결합증권(ELS, ELW 등)

> 해설 한국금융투자협회와 한국거래소의 분쟁조정대상은 금융투자상품에 국한된다. '예금·보험(변액보험 제외)'은 비금융투자상품이므로 협회나 거래소의 분쟁조정대상에서는 제외된다.
>
> 정답 ③

04 금융투자협회의 분쟁조정위원회에 대한 설명이다. 틀린 것은?

① 회원사의 영업행위와 관련한 분쟁이나 회원 간의 착오매매 등을 주 분쟁조정 대상으로 한다.

② 조정신청일로부터 30일 내로 위원회에 회부해야 하며, 회부일로부터 60일 내로 조정안을 심의·
의결해야 한다.

③ 당사자가 조정안을 수락할 경우 민법상 화해의 효력을 갖는다.

④ 조정결정을 받은 후라도 조정결과에 중대한 영향을 미치는 새로운 사실이 나타나는 경우에는
조정결정을 받은 날로부터 30일 내에 재조정을 신청할 수 있다.

> **해설** 회부 30일, 심의 30일이다(금융분쟁조정위원회의 경우 심의기간은 60일이다). 그리고 부득이한 경우 15일
> 이내의 기간으로 심의기간을 연장할 수 있다.
> *금융투자협회의 분쟁조정위원회의 조정대상상품은 금융투자상품에 국한한다(비금융투자 상품은 조정대상에
> 서 제외됨).
>
> **정답** ②

05 금융감독원의 금융분쟁조정위원회에 대한 설명이다. 틀린 것은?

① 금융회사와 금융소비자 간의 금융분쟁을 조정한다.

② 비금융투자상품도 분쟁조정대상이 된다.

③ 합의가 없을 경우 신청일로부터 30일 내로 회부하고, 회부일로부터 60일 내로 심의·의결한다.

④ 당사자가 조정안을 수락하면 민법상 화해의 효력을 지닌다.

> **해설** 금융감독원을 통한 조정은 재판상 화해이다. 재판상 화해는 민법상 화해(협회나 거래소)와 달리, 성립된 이후에
> 는 어떠한 법적다툼도 인정되지 않는다.
>
> **정답** ④

06 금융상품판매업자등에 대한 조치 중 반드시 등록이 취소되는 경우에 해당하는 것은?

① 거짓이나 부정한 방법으로 등록한 경우

② 등록요건을 유지하지 못하는 경우

③ 정지기간 중 업무를 한 경우

④ 금융위원회의 시정 또는 중지명령을 받고 정한 기간 내에 시정 또는 중지하지 아니한 경우

> **해설** 부정한 방법으로 등록한 경우는 취소사유이지만, 나머지 사항들은 의무적으로 취소되는 것은 아니다.
>
> **정답** ①

금융투자상품 관련 분쟁의 특징과 가장 거리가 먼 것은?

① 금융투자상품은 그 특성상 고위험에 노출되어 있고 투자과정에서도 고도의 전문성이 요구되기 때문에 거래과정에서 분쟁이 발생할 여지가 있다.

② 투자중개업이나 집합투자업, 신탁업을 영위하는 금융투자회사의 일반적인 업무형태는 위탁매매업자 또는 수임인으로서 의무를 지는 바, 해당 의무(선관주의의무 등)를 다하지 못할 경우 민법상 불법행위책임이나 채무불이행책임, 형사상 책임이 동반하여 발생하는 것이 일반적이다.

③ 계좌개설부터 결제 등 거래종료까지의 과정 중에서 고객과 임직원 간에 예기치 못한 분쟁이 발생할 개연성이 높으며, 당사자 간의 분쟁해결 또한 쉽지 않은 편이다.

④ 금융투자회사 표준윤리준칙 또는 금융투자회사 내부통제기준에 따라 직무윤리와 관련법령을 철저히 준수하는 것이 가장 확실한 분쟁예방책이라 할 수 있다.

해설 형사상 책임이 같이 발생하는 것은 '임의매매'의 경우이다. 임의매매를 제외하면 대부분의 분쟁이 민사상 손해배상책임으로 귀결되는 것이 일반적이다.

정답 ②

더알아보기 주요 분쟁조정 사례

(1) 금융투자상품 관련 분쟁의 특징 : 핵심문제 참조
　※ 분쟁관련 금융투자상품의 내재적 특성 : 보충문제 1

(2) 금융투자상품 관련 분쟁의 유형
　① 임의매매 : '보충문제 2' 참조
　② 일임매매 : 당초 체결한 일임계약의 취지를 위반하여 과도한 매매(수수료수입 증대 목적)를 하여 고객에게 피해를 입힌 경우 민사상 손해배상책임이 발생한다.
　③ 부당권유 : 설명의무 불이행시 또는 적합성원칙 불이행·불초청권유금지의무 위반 등에 따른 민사상 손해배상책임이 발생하는 유형
　　• 금융투자상품의 불완전판매도 부당권유의 한 유형이라고 할 수 있음
　④ 주문관련, 전산장애관련, 무자격자로 인한 분쟁 등

참고 증권사의 주문관련 또는 업무실수로 인한 사고 사례
　• 한맥선물(한맥투자증권) 파산사례 : 직원의 주문실수(2013.12.12)로 회사가 460억원의 손실을 입고, 이익을 본 고객(주로 헤지펀드)으로부터 구제를 받지 못하여 파산하게 되었다. 고객이 이익을 본 사례로 금융소비자 간 분쟁대상은 아니었으나 주문실수위험(운영위험)이 얼마나 큰지를 보여준 사례이다.
　• 삼성증권 '유령주식 매매사고'(2018.4.6) : 우리사주 보유자인 직원들에게 주당 1,000원의 배당금을 지급해야 하나 1,000주의 배당주를 잘못 지급함. 이 매물이 출회되면서 당일 주가가 장중 10%까지 하락하였으며, 이때 매도하여 피해를 본 투자자에게는 삼성증권이 당일 최고가로 보상하겠다고 약속함. 회사의 보상약속으로 금융소비자 간 분쟁가능성은 낮으나 회사의 입장에서는 평판리스크(외부통제 중 '시장통제'에 해당)에 의한 영업력 후퇴가 우려되는 사례이다.

01 금융투자상품의 내재적 특성으로 분류되지 않는 것은?

① 금융투자상품은 원본손실가능성이 있다.

② 금융투자상품은 투자의 결과가 투자자 본인에게 귀속된다.

③ 금융투자상품은 매입 후에도 지속적인 관리가 필요하다.

④ 금융투자상품은 예금자보호가 되지 않는다.

해설 금융투자상품의 내재적 특성은 ①·②·③이다(이러한 내재적 특성이 있으므로 금융분쟁이 발생할 수 있다). ④는 ①에 포함되는 개념으로 볼 수 있다.

정답 ④

02 다음 내용에 해당하는 분쟁의 유형은?

> 금융투자회사의 직원이 고객의 주문을 받지 않았음에도 불구하고 고객의 예탁자산을 마음대로 매매하여 발생한 분쟁이다.

① 임의매매   ② 일임매매

③ 부당권유   ④ 불완전판매

해설 임의매매에 해당한다. 임의매매는 민사상 손해배상책임뿐 아니라 형사상 처벌까지 받을 수 있는 중대한 사안이다.
참고 임의매매와 일임매매를 구분하는 것은 '포괄일임약정'이라는 기록의 존재유무이다. 만일 '포괄일임약정'이 있고 이에 대한 기록유지를 하였다면 임의매매에 대한 처벌을 면할 수 있다(즉, '보고 및 기록의무'는 금융소비자보호뿐만 아니라 금융투자업종사자를 보호하는 역할을 하기도 함).

정답 ①

03 다음 내용은 대법원판례이다. 어떤 금융분쟁의 유형에 해당하는가?

> 증권회사 직원이 고객으로부터 포괄적으로 선물·옵션거래에 대하여 위임을 받고 옵션거래를 하던 중 최종거래일의 거래마감시간 직전에 신규로 대량 매수하는 행위는 고객의 투자 상황에 비추어 과도한 위험성을 수반한 거래로 인정하여 증권사에게 배상책임을 물은 사례

① 임의매매   ② 일임매매

③ 부당권유   ④ 횡령

해설 선물옵션의 최종결제일의 거래마감가격은 마감가격에 따라 이해관계가 크게 달려 있어 그 변동성이 매우 크다. 위임을 받았다고는 하지만, 과도한 변동성을 감수하는 거래는 위험성이 크므로 일임계약의 선관주의의무를 위배했다고 할 수 있다(또는 고객충실의무 위반). 만일 보기에서 위임을 전혀 받지 않은 상태에서 임의로 거래를 수행했다면 임의매매가 된다.

정답 ②

04 다음 내용에 대한 설명으로 가장 적절하지 않은 것은?

> 직원이 펀드투자권유시 고객에게 원본손실가능성에 대하여 충분한 설명을 하지 않았고, 투자설명서 도 교부하지 않은 사례

① 금융소비자보호법상의 설명의무를 위반한 것이다.
② 자본시장법상의 손해배상책임을 진다.
③ 형사책임도 질 수 있다.
④ 금융분쟁 유형으로는 불완전판매에 해당하며, 넓은 의미로 부당권유라고 할 수 있다.

해설 형사책임은 임의매매에서만 발생한다. 동 사례는 설명의무 위반인데, 설명의무에 한해서 자본시장법상의 손해 배상책임이 부과된다(나머지는 민법상의 손해배상책임).
   ※ 자본시장법 제48조(손해배상책임)
      ① 금융투자업자는 금융소비자보호에 관한 법률 제19조 제1항 또는 제3항을 위반한 경우 이로 인하여 발생 한 일반투자자의 손해를 배상할 책임이 있다. 〈개정 2020. 3. 24.〉
      ② 금융투자상품의 취득으로 인하여 일반투자자가 지급하였거나 지급하여야 할 금전등의 총액에서 그 금 융투자상품의 처분, 그 밖의 방법으로 그 일반투자자가 회수하였거나 회수할 수 있는 금전등의 총액을 뺀 금액은 제1항에 따른 손해액으로 추정한다.

정답 ③

05 금융분쟁의 유형 중에서 '부당권유'의 유형에 속한다고 할 수 없는 것은?

① 일임매매
② 설명의무 위반
③ 적합성원칙의 위반
④ 불완전판매

해설 일임매매는 '권유단계'의 유형이 아니다. 분쟁의 유형에는 '일임매매, 임의매매, 부당권유, 불완전판매, 주문, 전산장애 등'이 있는데, 불완전판매는 크게 부당권유에 포함된다.
   • 부당권유 유형은 '금융소비자보호법 제17조에서 제23조'까지의 '투자권유'에 관한 규정을 위반했을 때 발생 한다.

정답 ①

자금세탁방지제도 개요

자금세탁방지와 관련된 내용이다. 가장 거리가 먼 것은?

① 금융회사는 자신이 제공하는 금융서비스가 자금세탁에 이용되지 않도록 관리능력을 제고하는 엄격한 내부통제시스템을 구축·관리해야 한다.

② 금융투자회사는 투자자보호를 강화하기 위한 내부통제기준을 수립해야 하는데, 내부통제기준의 일부분으로 '자금세탁행위방지를 위한 내부통제'를 포함해야 한다.

③ 금융기관 종사자의 전문성과 경험을 바탕으로 고객의 평소 거래상황, 직업, 사업내용을 고려하여 취급한 금융거래가 정상적이지 않은 것이라고 의심되는 경우 금융정보분석원에 30일 이내에 보고하여야 한다.

④ 적합성원칙에 입각한 영업활동은 자금세탁행위를 방지하기 위한 회사내부통제이며 자금세탁방지제도는 회사 외부의 통제수단이라는 점에서 차이가 있다.

> **해설** 의심스러운 거래로 판단되는 때로부터 지체 없이 보고(STR)하여야 한다. 그리고 고액현금거래보고(CTR)는 금융거래발생 후 30일 이내에 보고하여야 한다.
>
> 정답 ③

더알아보기 자금세탁방지제도 개요

(1) 자본시장법과 자금세탁방지제도와의 연관성
  ① 내부통제기준과 자금세탁방지제도
    ㉠ 금융사 지배구조법은 회사별로 내부통제기준을 수립·제정할 것을 법적 의무로 하며, 내부통제기준에는 '자금세탁방지를 위한 내부통제'도 포함된다.
    ㉡ 즉, 회사의 내부통제기준을 통해 투자자보호와 자금세탁방지 노력이 이루어진다는 점에서 공통점이 있다.
  ② 적합성의 원칙과 자금세탁방지제도
    ㉠ '적극적인 적합성원칙'을 준수할 경우 자금세탁방지제도의 하나인 '의심거래보고제도(STR)'가 필요하지 않을 수 있다(내부통제기준에 반영).
      • 내부통제기준과 별도로 의심거래보고제도(STR)는 자금세탁방지법상 금융기관 관련 종사자가 준수해야 하는 의무이다.
    ㉡ 적합성원칙과 자금세탁방지법은 자금세탁방지를 위한 수단이라는 점에서 공통점이 있으나, 적합성원칙은 내부통제수단이며 자금세탁방지법은 회사 외부의 통제수단이라는 점에서 차이가 있다.

(2) 금융투자회사에서의 자금세탁방지업무를 수행하는 자 : 보충문제 1 참조

01 금융투자회사에서 자금세탁방지업무를 수행하는 자를 모두 묶은 것은?

> ㉠ 준법감시부서
> ㉡ 본사 영업부서
> ㉢ 본사 후선부서
> ㉣ 영업점 지점

① ㉠
② ㉠, ㉡
③ ㉠, ㉡, ㉢
④ ㉠, ㉡, ㉢, ㉣

해설 회사의 내부통제기준의 준수, 적극적인 적합성원칙의 준수가 곧 자금세탁방지업무를 수행하는 것이므로 전 직원이 자금세탁방지업무 수행자라고 할 수 있다.

정답 ④

자금세탁방지제도 개념과 절차

미국 관세청 3단계 모델이론에 따를 때, 자금세탁의 절차를 옳게 연결한 것은?

① Placement(예치) → Layering(은폐) → Integration(합법화)

② Layering(은폐) → Integration(합법화) → Placement(예치)

③ Integration(합법화) → Placement(예치) → Layering(은폐)

④ Placement(예치) → Integration(합법화) → Layering(은폐)

해설 'Placement(예치) → Layering(은폐) → Integration(합법화)'이다.

정답 ①

더알아보기 자금세탁방지제도 개념 및 절차

(1) **자금세탁(Money Laundering)의 개념** : '재산의 위법한 출처를 숨겨 적법한 자산인 것처럼 가장하는 과
정'으로, 범죄행위에 의해 오염된 재산을 깨끗한 재산으로 가장하는 과정을 말함
※ 우리나라의 '특정금융거래정보의 보고 및 이용 등에 관한 법률'에서 정의하는 자금세탁 행위
1) 범죄수익 등의 은닉, 가장 행위
2) 불법수익 등의 은닉, 가장 행위
3) 조세 또는 관세 포탈목적으로 재산의 취득원인을 가장하거나 그 재산을 은닉하는 행위

(2) **자금세탁의 단계** : Placement(예치) → Layering(은폐) → Integration(합법화)
※ 자금세탁의 3단계 모델(미국 관세청 3단계 모델이론)

배치단계(들어오기) → 예치	반복단계(돌리기) → 은폐	통합단계(나가기) → 합법화
자금소재이전, 덜 의심스러운 형태로 변형하여 금융권 유입	복잡한 거래의 반복을 통해 자금추적을 어렵게 하는 단계	더 이상 출처확인이 어렵다고 판단될 때 합법재산과 통합

• 자금세탁과정에서 성공하기가 가장 어려운 단계는 '예치단계'이다.
• 반복단계(Layering)는 금융비밀이 엄격히 보장되는 버뮤다, 케이먼제도, 바하마제도 등 역외금융피
난처(Offshore Banking Haven)를 주로 이용한다.

(3) **금융투자회사의 주요 자금세탁행위의 특징** : 보충문제 3

01 자금세탁의 3단계 모델이론 중 다음 내용이 뜻하는 것은?

> • 자금세탁행위자가 범죄행위자로부터 취득한 불법재산을 수사기관에 적발되지 않도록 금융체제 안으로 이전하거나 비밀리에 물리적으로 국외로 이전하는 단계이다.
> • 자금세탁을 위해 금융기관 등을 통해 입출금함으로써 자금세탁 행위자의 입장에서는 발각되기 쉬워 자금세탁과정에서 성공하기 가장 어려운 단계이다.

① Placement(예치)   ② Layering(은폐)

③ Intergration(합법화)   ④ 정답 없음

> **해설** Placement(예치)단계이다. 금융기관을 이용하는 경우 금융기관에 예치하거나 현금을 수표, 우편환, 여행자수표 등의 지급수단으로 전환하는 방법을 이용하고, 금융기관을 이용하지 않은 경우 송장위조, 현금밀수 등의 방법을 이용한다.

정답 ①

02 자금세탁의 3단계 중 '반복단계(Layering Stage)' 행위가 아닌 것은?

① 입출금의 반복

② 유가증권매매의 반복

③ 전자금융을 통한 자금이체

④ 위장회사를 통한 부동산, 사치품 등의 구입 및 매각

> **해설** ①·②·③은 반복단계, ④는 통합단계이다. 통합단계는 불법자금을 합법적 사업체의 예금계좌에 입금하거나 사치품, 부동산 등을 구입하여 합법화하는 단계이다.
> • 위장회사 : 실체가 없는 서류상의 회사

정답 ④

03 금융투자회사에서 발생하는 주요 자금세탁행위의 특징과 가장 거리가 먼 것은?

① 차명계좌 사용

② 과다이익 발생

③ 경제적 실익이 없는 거래

④ 주가조작과의 연관성

> **해설** '과다손실 발생'이다. 일부러 과다손실이 발생하게 하고 그 손실을 정상계좌의 이익으로 전환함으로써 세탁하는 것을 의미한다.

정답 ②

자금세탁의 주요유형 4가지

자금세탁의 주요유형 4가지 중에서 '전통적인 금융시스템을 이용한 방법'에 속하지 않는 것은?

① 해외로 소액분할 반출 후 여행자수표나 우편환을 통한 국내 반입
② 은행어음 이용
③ 소액분산 입금
④ 차명계좌 사용

해설 전통적 금융시스템을 사용하는 방식은 ②·③·④이며, 최근에는 비트코인 등 전자화폐를 통한 자금세탁 유형도 포함된다.

정답 ①

더알아보기 자금세탁 주요유형 4가지

(1) 전통적인 금융시스템 이용한 자금세탁 : 핵심문제 지문 ②, ③, ④

(2) 휴대반출·반입 또는 수출입화물을 이용한 자금세탁
- 현금자체의 밀반출·반입, 수표 등으로 형태 전환
- 핵심문제 지문 ①

(3) 가격조작, 허위신고 등 수출입을 이용한 자금세탁
- 무역거래를 통해 가격조작, 허위신고 등으로 불법자금을 합법화

(4) 조세피난처 등을 이용한 신종 자금세탁

자금세탁방지의 중추적 역할을 담당하고 있는 국제기구인 FATF에 대한 설명이다. 틀린 것은?

① 정회원, 준회원, 옵저버로 구성되어 있는데, 정회원은 2022년 현재 우리나라를 비롯 37개국과 2개 기구(EC, GCC)를 말한다.

② 준회원은 9개의 지역기구인 FSRB(FATF-Style Regional Bodies)로 구성되어 있다.

③ FATF의 권고사항은 구속력이 있는 다자협약은 아니나, 회원국에 대한 상호평가, 자금세탁방지 비협조국가 지정 등을 통해 사실상의 구속력을 발휘하고 있다.

④ FATF는 국제기준의 이행수준을 총체적으로 평가하며 연 1회 자금세탁방지활동에 협조하지 않는 '비협조국가'를 결정하고 그 수준에 따라 '대응조치/위험고려' 등으로 구분하여 성명서를 발표하고 있다.

> 해설　연 3회이다.
> 　참고　옵저버(Observer) : 참관인 · 감시자 · 관찰자 등의 자격으로서 국제회의에서 정회원은 아니지만 출석이 허용된 자를 말함
>
> 정답　④

더알아보기　FATF(Financial Action Task Force ; 국제자금세탁방지기구)

(1) FATF의 구성 : 핵심문제

(2) FATF의 활동, 권고사항 등 : 보충문제 1, 2
　※ FATF의 회원국평가 시스템

비협조국가(연 3회 자금세탁방지활동에 협조하지 않는 국가)		
대응조치국가	위험고려국가	
–	Grey List	Black List

(3) 미국의 해외부패방지법 : 보충문제 3
　① FBAR(해외금융계좌신고제도), FATCA(해외금융계좌 납세자협력법)
　　※ 제도의 취지 : 미국의 재정수지 개선을 위해 마련된 제도이며, 미국당국의 입장에서 막대한 해외은닉재산의 신고를 하게 하는 제도(FATCA, FBAR)를 통해 숨은 세원을 발굴하고 재정수지를 개선코자 하는 것이 주된 취지이다.
　② MCAA(다자간 조세정보 자동교환 협정) : FATCA는 미국과 다른 개별국가와의 협정으로서 양자 간에 정보교환이 이루어지지만, MCAA는 OECD 및 G20국가 간의 다자간 협정으로서 협정에 참여한 모든 국가 간 정보교환이 이루어진다는 점에서 차이가 있다.
　③ FATCA와 MCAA의 비교
　　• 두 협정 모두 자국민의 과세누락 방지와 해외국가를 통한 자금세탁행위 방지에 목적을 두고 있는데, FATCA는 미국 중심이며 MCAA는 OECD국가 중심이다.
　　• FATCA는 미국과 상대국 간에 정보교환이 이루어지는데 MCAA는 협정을 체결한 모든 국가 간 정보교환이 이루어진다.
　　　– MCAA의 보고기준은 OECD에서 규정한 공통보고기준인 CRS(Common Reporting Standard)이다.

- 보고기준

FATCA	MCAA
기존계약은 소액 5만불 초과, 고액은 100만불 초과시 보고함(단체는 25만달러 초과시)	기존계약은 개인은 100만불, 단체는 25만불 초과시 보고함
신규계약에 대해서는 금액과 무관하게 적용대상상품에 가입시 보고대상이 됨	

- 신규계약이란 FATCA의 경우 2014.7.1, MCAA의 경우 2016.1.1 이후 체결된 계약을 말함

(4) 우리나라의 자금세탁방지기구(KoFIU) : 보충문제 4, 5

보충문제

---

01 FATF의 활동에 관한 설명이다. 가장 거리가 먼 것은?

① 국제기준의 이행수준을 총체적으로 평가하여 연 3회 자금세탁 방지활동에 협조하지 않은 비협조국가를 결정한다.

② 결정된 비협조국가는 그 수준에 따라 '대응조치'와 '위험고려'로 구분한다.

③ 대응조치국가에 해당되는 경우 해당 국가 및 금융기관에 대한 사실상의 거래중단의 효과가 있다.

④ 이행계획을 수립하였으나 이행상태에 취약점이 존재하는 상태로, 해당 국가와 거래를 할 경우 위험이 어느 정도 있음을 참고해야 하는 국가는 Black List 국가에 해당된다.

> 해설 Grey List에 대한 설명이다.
> *Black List 국가 : 자금세탁방지제도에 중대한 결함이 있음에도 불구하고 충분한 개선이 없거나 이행계획을 수립하지 않은 상태로, 해당 국가와 거래를 할 경우 특별한 주의를 기울여야 하는 국가를 말한다.
>
> 정답 ④

---

02 FATF에 대한 설명이다. 가장 거리가 먼 것은?

① 1989년 파리 G7 정상회의에서 자금세탁방지와 이를 위한 국제공조의 중요성을 인식한 정상들의 지시에 따라 설립되었다.

② 각국의 AML / CFT 국제기준 이행 평가(상호평가), 미이행국가 제재, 해당국의 이행입법 / 제도 도입 유도 등의 활동을 하고 있다.

③ FATF 40 권고사항은 자금세탁방지를 위한 국제협력을 권장하는 사항이며, 구속력이 없는 다자간 협력체계라고 할 수 있다.

④ FATF 40 권고사항은 첫 번째 항목은 'Assessing Risks and Applying a Risk-based Approach', 즉 위험평가와 위험중심접근법의 적용인데, 이는 자금세탁방지제도의 하나인 '강화된 고객확인제도(EDD)'의 업무매뉴얼과 유사하다.

> 해설 법정의 의무가 주어지는 것은 아니지만 '자금세탁방지 비협조국가'로 지정하는 것 등을 통한 실질적인 구속력을 지니고 있다는 것이 특징이다.
> 참고 FATF 40 권고사항의 20조가 '의심거래보고'이며 10조가 '고객확인제도(CDD)'이다.
>
> 정답 ③

03 다음 빈칸에 들어갈 말을 짝지은 것으로 옳은 것은?

> • 해외금융계좌신고제도(FBAR)는 미국의 납세의무자가 1여년 동안 어느 시점이든 모든 금융계좌잔고의 합계액이 (　　　)를 초과하는 경우 미국 재무부에 해외금융계좌잔액을 신고하도록 하는 제도이다.
> • 해외금융계좌 납세자협력법(FATCA)은 미국시민권자, 영주권자, 세법상 미국거주자를 적용대상으로 하며, 개인은 기존계좌잔액이 (　　　)를 초과하는 경우 신고대상으로 한다.

① 1만달러 – 1만달러　　　　　　　　② 1만달러 – 5만달러
③ 5만달러 – 1만달러　　　　　　　　④ 5만달러 – 5만달러

해설　'1만달러 – 5만달러'이다. FATCA는 해당 요건이 충족될 경우 해외금융기관이 계좌의 자산을 신고해야 하며, FBAR은 해외계좌를 보유한 개인이 신고를 해야 한다는 점에서 차이가 있다.

정답 ②

04 우리나라의 자금세탁방지기구인 금융정보분석원(KoFIU)에 대한 설명이다. 가장 적절하지 않은 것은?

① 금융실명법에 의해 설립되었다.
② 법무부, 금융위원회, 국세청, 관세청, 경찰청, 한국은행, 금융감독원 등 관계기관의 전문인력으로 구성된다.
③ 금융기관으로부터 혐의거래보고(STR)를 받고 수집·분석하여 자금세탁, 불법거래 등에 관련된다고 판단되는 경우 해당 금융거래자료를 법 집행기관에 제공하는 업무를 주 업무로 한다.
④ 금융기관의 혐의거래보고(STR)가 없더라도 자체적으로 외국환거래, 신용정보 등을 활용하여 자금세탁 행위자를 추출, 분석할 수 있는 기능을 갖추었다.

해설　특정금융거래보고법에 의해 설립된 기관이다.

정답 ①

05 우리나라 자금세탁방지기구인 금융정보분석원(KoFIU)의 설립근거법은?

① 특정금융거래보고법
② 마약류불법거래방지에 관한 특례법
③ 범죄수익은닉의 규제 및 처벌에 관한 법률
④ 공중 등 협박목적을 위한 자금조달행위의 금지에 관한 법률

해설　참고로 우리나라의 자금세탁방지에 대한 규제는 위의 4가지 법률에 기초한다.

정답 ①

주요 자금세탁방지제도

자금세탁방지제도의 하나로 금융회사종사자의 주관적 판단에 의존하는 것은?

① 의심거래보고제도(Suspicious Transaction Report)

② 고액현금거래보고제도(Currency Transaction Report)

③ 고객확인제도(Customer Due Diligence)

④ 강화된 고객확인제도(Enhanced Due Diligence)

해설 의심거래보고제도(STR)이다.

정답 ①

더알아보기 주요 자금세탁방지제도

(1) 자금세탁방지법 관련(특정금융거래법) 위반 시 제재조치

① 5년 이하의 징역 또는 5천만원 이하의 벌금 대상

ㄱ (STR 관련) 직권을 남용하여 금융회사등이 보존하는 관련 자료를 열람·복사하거나 금융회사등의 장에게 금융거래등 관련 정보 또는 자료의 제공을 요구한 자

ㄴ 직무와 관련하여 알게 된 특정금융거래정보, 또는 법령에 따라 제공받은 정보를 다른 사람에게 제공 또는 누설하거나 그 목적 외의 용도로 사용한 자, 또는 제공받은 정보를 제공할 것을 요구하거나 목적 외의 용도로 사용할 것을 요구한 자

ㄷ 신고를 하지 아니하고 가상자산거래를 영업으로 한 자(거짓이나 그 밖의 부정한 방법으로 신고를 하고 가상자산거래를 영업으로 한 자를 포함)

② 3년 이하의 징역 또는 3천만원 이하의 벌금 대상

ㄱ 가상자산거래 관련 변경신고를 하지 아니한 자

③ 1년 이하의 징역 또는 1천만원 이하의 벌금 대상

ㄱ STR 및 CTR 보고를 거짓으로 한 자

ㄴ STR 관련 사실을 누설한 자

(2) 고액현금거래보고제도(CTR)

1거래일 동안 1천만원 이상의 현금을 입금하거나 출금할 경우 거래자의 신원, 금액 등을 금융거래발생 후 30일 이내 보고해야 한다(온라인으로 우선 보고).

(3) 고객확인제도(CDD/EDD)의 파악대상

① 고객확인제도의 적용대상

ㄱ 계좌의 신규개설 : 신원파악

ㄴ 1,000만원 이상의 일회성 거래 : 신원파악 + 실제거래당사자 여부

ㄷ 자금세탁의 우려가 있는 경우 : 신원파악 + 실제거래당사자 여부 + 금융거래목적

② 금융회사의 서비스가 자금세탁행위에 이용되지 않도록 하는 합당한 주의의무의 이행차원이며, 'Know-Your-Customer Policy'라고 할 수 있다.

• 신원파악 : 개인의 경우 '성명과 주민등록번호 + 주소지'

③ 고객확인제도의 실행절차(순서유의)
  ㉠ 고객정보확인 : 신원파악 및 실제소유자 확인
  ㉡ 요주의 리스트(Watch List) 확인
  ㉢ 고객위험평가 : 위험기반접근법(RBA) 실행, 저위험 / 중위험은 3년마다 재수행, 고위험은 1년마다 재수행
  ㉣ 추가정보 수집 : 고위험군이거나 자금세탁이 의심스러운 고객의 경우 '거래목적 + 자금원천'을 추가로 파악
  ※ 위의 실행절차 중 (3)에서의 '고위험군'을 대상으로 (4)의 추가정보를 수집하는 것이 '강화된 고객확인제도(EDD)'에 해당된다.
  ※ 위험기반접근법(RBA)의 취지 : 기존의 자금세탁방지업무가 자금세탁혐의를 사후에 적발하고 보고하는 체계인데 반해, RBA는 사전에 자금세탁위험을 자체적으로 평가하고 대응함으로써 해당 위험을 감소시키고자 하는 기법이다.
    • RBA에서 평가하는 4가지 위험 : 국가위험 / 고객위험 / 상품위험 / 사업위험
④ 고객확인제도(CDD/EDD)상 대고객 확인사항

고객확인제도			
간소화된 고객확인제도(CDD)		강화된 고객확인제도(EDD)	
신규계좌개설	1회 1,000만원 이상 거래	자금세탁행위가 의심되는 경우	RBA에 따른 고위험군
(공통) 신원파악(실지명의 + 주소 · 연락처) + 실제당사자 여부			
–		금융거래목적 + 자금의 원천	

01 고객이 가상자산사업자인 경우 확인해야 할 사항이 아닌 것은?

① 고객의 신고 이행에 관한 사항
② 고객의 신고에 대한 직권말소에 관한 사항
③ 고객의 최근 사업년도의 당기순이익에 관한 사항
④ 고객을 최종적으로 통제하는 자연인(실제소유자)에 관한 사항

해설   고객의 당기순이익은 확인 대상이 아니다.

정답 ③

02 자금세탁방지 관련 법령위반에 대한 제재조치 중 그 벌칙이 다른 것은?

① 거짓으로 STR을 보고하는 행위

② 신고를 하지 아니하고 가상자산거래를 영업으로 하는 행위

③ 직무와 관련하여 알게 된 특정금융거래정보를 다른 사람에게 누설하는 행위

④ STR과 관련하여 직권을 남용하여 보존하는 관련 자료를 열람 또는 복사하는 행위

> 해설 거짓으로 STR을 보고하는 행위는 1년 이하의 징역 또는 1천만원 이하의 벌금에 처한다. 나머지는 모두 5년 이하의 징역 또는 5천만원 이하의 벌금에 처한다.

정답 ①

03 (　　) 이상의 현금거래가 있으면 거래자의 신원과 거래일시, 거래금액을 자동보고하게 된다. (　　)는?

① 1회 거래금액이 1천만원

② 1거래일 거래금액이 1천만원

③ 1회 거래금액이 2천만원

④ 1거래일 거래금액이 2천만원

> 해설 고액현금거래보고제도(CTR)를 말한다(1거래일 1천만원 이상).

정답 ②

04 간소화된 고객확인제도(Customer Due Diligence)의 대상에 속하지 않는 것은?

① 신규로 계좌를 개설하는 경우

② 일회성 거래가 1,000만원 이상일 경우

③ 자금세탁의 우려가 있는 경우

④ 위험기반접근법(Risk-based Approach)에 따라 저위험 고객·거래로 분류된 경우

> 해설 ③은 강화된 고객확인제도(EDD)에 해당된다. ④에서, RBA상 저위험·중위험 고객은 CDD, 고위험 고객은 EDD에 해당한다.

정답 ③

05 금융거래에 있어서 고객에 대해 '금융거래목적과 자금거래원천'을 확인해야 하는 경우를 모두 묶은 것은?

> 가. 신규로 계좌를 개설하는 경우
> 나. 일회성 거래가 1,000만원 이상인 경우
> 다. 자금세탁의 우려가 있는 경우
> 라. 위험기반접근법(Risk Based Approach)에 따라 고위험 고객·거래로 분류된 경우

① 가, 나　　　　　　　　　　　　　② 다, 라
③ 나, 다, 라　　　　　　　　　　　④ 가, 나, 다, 라

해설　강화된 고객확인제도(EDD)의 대상은 '다·라'이며, 이때 '금융거래의 목적과 자금거래의 원천'을 추가로 확인해야 한다.

정답 ②

06 고객확인의무(CDD/EDD)의 필요성에 대한 설명이다. 가장 거리가 먼 것은?

① 금융기관에서 제공하는 서비스에 합당한 주의를 기울임으로써 해당 서비스가 자금세탁행위에 사용되는지 여부를 판단할 수 있다.
② 금융기관이 고객의 정보를 취득하는 과정에서 고객의 답변과 행태 등을 통해 의심스러운 거래보고 여부를 판단하는 데 유용하다.
③ 금융기관 등 임직원의 판단에 의존하는 의심스러운 거래보고제도를 보완하기 위한 것으로 비정상적인 금융거래를 효율적으로 규제하기 위해 도입하였다.
④ 의심되는 거래패턴 등의 분석을 용이하게 함으로써 의심스러운 보고제도의 효용성을 높인다.

해설　③은 고액현금거래보고제도(CTR)에 대한 설명이다.

정답 ③

07 고객확인의무(CDD/EDD)와 관련하여 빈칸을 옳게 연결한 것은?

> 고객의 계좌보유 여부를 불문하고 금융기관 등을 이용하여 국내외의 다른 금융기관 등으로 자금을 이체하는 전신송금을 이용하는 경우, 금융기관 등은 원화 (　　) 또는 미화 (　　)를 초과하는 모든 국내외 전신송금에 대하여 고객과 관련된 정보를 확인하고 보관하여야 한다.

① 100만원 - 1,000달러　　　　　　② 100만원 - 2,000달러
③ 500만원 - 1,000달러　　　　　　④ 500만원 - 5,000달러

해설　'100만원 - 1,000달러'이다. 일회성거래가 원화 1,000만원(미화 1만달러) 이상인 경우 고객확인절차를 진행하는 것과는 별개로 전신송금이 100만원(미화 1천달러) 이상일 경우 별도로 해당정보를 확인하고 보관해야 한다.

정답 ①

자금세탁방지 내부통제제도

자금세탁방지를 위한 내부통제기준의 내용과 가장 거리가 먼 것은?

① 직원알기제도를 수립하고 운영하는 것은 경영진·이사회·보고책임자 중 보고책임자의 역할이다.

② 저위험 고객은 고객확인 재이행주기를 설정할 필요가 없다.

③ FATF 비협조국의 고객과 거래하는 경우 특별한 주의를 기울여야 한다.

④ 자금세탁방지관련 금융회사의 자료(고액현금거래자료 등)는 거래종료 후 5년 이상 보존해야 한다.

해설 저위험 고객의 고객확인 재이행주기는 3년이다.

정답 ②

더알아보기 자금세탁방지를 위한 내부통제제도의 주요내용

(1) 직원바로알기제도(Know Your Employee)
회사의 임직원이 자금세탁 등에 이용되지 않도록 채용시 임직원의 신원사항을 확인하고 관련 정보를 지속적으로 파악·관리하는 것을 말한다.

(2) 주요 책임자의 역할 및 책임

경영진	이사회	보고책임자
내부통제정책의 설계·운영·평가	내부통제정책에 대한 감독 책임	• 직원알기제도의 수립 및 운영 • 자금세탁관련 자료의 보존책임

(3) 금융기관의 고객확인의무(CDD/EDD) : '고객바로알기 정책(Know Your Customer)'이라고도 한다.
① 고객유형 등으로 자금세탁 위험도를 분류하고 그 결과에 따라 고객확인의무를 이행해야 한다.
　→ 위험기반접근법(Risk-based Approach)을 말한다.
② 지속적인 고객확인 : 고객확인의 재이행 주기를 설정하여 지속적으로 고객확인을 해야 한다.
　※ 고객확인 재이행주기

고위험 고객	중위험 고객	저위험 고객
1년	3년	3년

③ 전신송금의 경우 : 고객이 국내외 다른 계좌로 자금을 송금할 경우 100만원(외화는 US달러는 1천불 이상의 가치에 해당하는 금액)을 초과하는 모든 송금에 대해서 고객확인을 하고 보관해야 한다(이 때 고객이 계좌를 보유한지의 여부는 묻지 않음).
④ 강화된 고객확인의무(EDD) : 위험기반접근법으로 파악한 고객이 고위험군에 속할 경우 강화된 고객확인의무를 이행해야 한다.
　• 고위험군에 속하는 거래 : 例 환거래계약, 카지노영업자, 등록대부업자, 귀금속상, 외국의 정치적 주요인물, FATF 비협조국가에 속한 자의 거래, 테러자금조달 거래 등

(4) 고객공지의무

고객확인에 필요한 자료를 고객에게 공지해야 한다(고객확인의 법적근거 등의 내용을 포함).

(5) 자료보존

고객확인기록, 의심되는 거래, 고액현금거래 등의 자료를 거래관계 종료 후 5년 이상 보존해야 할 의무가 있다.

(6) 기 타

요주의 인물 여부 확인, 외국의 정치적 주요인물 확인, FATF 비협조국가의 고객 여부 확인

• FATF(Financial Action Task Force; 국제자금세탁방지기구) 비협조국 고객은 더욱 주의해야 한다.

보충문제

---

01 다음 빈칸에 들어갈 수 없는 수는?

> • 위험접근기반접근법에 의해 고위험 고객으로 분류된 경우 고객확인을 재이행하는 주기는 ( )년이다.
> • 원화 ( )만원을 초과하는 모든 전신송금에 대해서는 고객관련 정보를 확인하고 보관해야 한다.
> • 자금세탁방지제도와 관련 고객확인자료, 의심거래보고 및 고액현금거래보고 자료 등은 거래관계 종료 후 ( )년간 보관해야 한다.

① 1   ② 3

③ 5   ④ 100

해설 차례대로 '1년 – 100만원 – 5년'이다.

정답 ②

금융실명제 VS 자금세탁방지제도

금융실명제(금융실명법)와 자금세탁방지제도(특정금융거래보고법)의 차이에 대한 설명이다. 틀린 것은?

① 금융실명제는 해당 거래고객에 대해서 실명확인(실지명의)을 하지만 자금세탁방지제도는 신원확인과 함께 금융거래목적과 자금의 원천까지 확인을 할 수 있다.

② '실지명의'란 개인의 경우 성명과 주민등록번호, 법인의 경우 법인 명칭과 사업자등록번호를 말하며, '신원확인'이란 실지명의에 추가하여 주소와 연락처를 확인하는 것을 말한다.

③ 실명확인이 되지 않을 경우 금융실명법에 의해 거래가 불가하며, 신원확인이 되지 않을 경우 특정금융거래보고법에 의해 계속거래를 거부해야 하는 의무를 진다.

④ 금융실명법의 적용범위가 특정금융거래보고법의 범위보다 더 크다.

해설 금융실명법의 적용에서 제외되는 범위(은행여신, 보험, 카드업 등)도 특정금융거래보고법의 적용대상이 된다.

정답 ④

더알아보기 금융실명제 VS 자금세탁방지제도

(1) 금융실명법 VS 특정금융거래보고법

구 분	금융실명법	특정금융거래보고법	
적용범위	은행수신, 환업무, 증권거래	은행수신, 환업무, 증권거래	
확인사항	실지명의 • 개인 : 실명 + 주민등록번호 • 법인 : 법인명 + 사업자등록번호	은행여신, 보험, 카드업, 파생상품거래	
		고객확인의무(CDD)	강화된 고객확인(EDD)
		신원확인, 실제당사자 여부	금융거래목적 + 자금의 원천
확인되지 않는 경우	거래불가	계속거래제한 또는 거래거절의무 (거래 후 의심거래보고 가능)	

(2) 차명거래금지제도(2014.11 ~)
① 불법행위를 목적으로 하는 차명거래금지
② 실명확인된 차명계좌의 금융자산은 명의자의 소유로 추정
③ 금융회사종사자의 불법차명거래 알선중개를 금지
④ 금융회사에 불법차명거래금지에 대한 설명의무 부과

01 차명거래금지제도(2014.11 이후 적용)에 대한 설명이다. 틀린 것은?

① 어떠한 차명거래도 금지된다.

② 차명거래계좌의 금융자산은 명의인의 소유로 추정한다.

③ 금융회사종사자는 불법차명거래를 알선 또는 중개할 수 없다.

④ 금융회사는 불법차명거래가 금지된다는 사실에 대해서 설명해야 한다.

해설 모든 차명거래가 아니라 '불법차명거래'가 금지된다(합법적인 차명거래는 거래 가능함).
※ 차명거래의 구분(합법적 VS 불법적)

합법적 차명거래	불법적 차명거래
미성년자녀에 대한 법정대리인 또는 후견인의 차명계좌	금융소득조합과세를 회피하기 위한 타인계좌에 입금 (→ 조세포탈)
증여세 면제범위 내에서의 가족의 차명계좌	채무자가 채무를 갖지 않기 위해 타인계좌에 예금 (→ 불법재산수익)

정답 ①

더알아보기

※ **부록 : 금융소비자보호법(2020.3.5제정)**

안내 동 법안의 시행으로 기존의 자본시장법상의 투자권유 내용이 삭제되고, 동 법이 대체되어 시행(2021년 3월 25일)되었습니다. 그 핵심내용을 살펴봅시다.

(1) 금융소비자보호법 개요

① 금융감독원 산하에 금융소비자보호처를 두어, 금융업권에 대한 건전성감독과 금융소비자보호를 동시에 규율하고자 하는 법률

② 동 법률의 효과 : 기능별규제를 강화하고, 불완전판매시 상품수입의 50%를 징벌적 과징금으로 부과하며, 대출 실행 후 3년 초과시 중도상환수수료를 폐지하고, 2천만원 이하 분쟁시 금융사의 소송제기금지 등의 효과를 볼 수 있다.

(2) 금융소비자보호법의 주요내용

① 기능별 규제체계 도입 : 상품속성을 4가지(예금성, 투자성, 보장성, 대출성)로 행위속성을 3가지(직접판매업자, 판매대리중개업자, 자문업자)로 나누어 각각을 하나의 기능으로 보고 동일기능에 대해서 동일규제를 함

② '4×3 매트릭스' 규제

상품유형(상품속성)
예금성상품(원본손실 없음)
투자성상품(원본손실 가능)
보장성상품(위험보장)
대출성상품

×

판매유형(행위속성)
직접판매업자(은행 등 금융회사)
판매대리중개업자 (보험대리점, 투자권유대행인 등)
자문업자(투자자문업자)

(3) 기 타

① 6대 판매행위 규제원칙 : 적합성원칙, 적정성원칙, 설명의무, 불공정영업행위 금지, 부당권유금지, 광고규제

② 과징금제도 도입 : 불완전판매로 인한 판매수익의 50%까지 징벌적 과징금 부과

③ 손해배상책임 : 판매유형에서 판매대리중개업자(보험설계사, 보험대리점, 보험중개사, 투자권유대행인)에 대한 사용자책임(민법 제756조)을 부담하도록 함

④ 분쟁조정제도 개선 : 2천만원 이하의 소액분쟁건에 대해서는 금융사가 채무부존재소송(분쟁조정제도를 무력화시키는 수단으로 활용)을 제기할 수 없도록 함

⑤ 신규사업자 신설 : 금융상품자문업과 대출모집인 제도가 신설됨(대출모집인의 경우 합법화되어 사용자책임이 부과된다는 것이 특징)

단원별 출제예상문제

01 직무윤리가 강조되는 이유이다. 가장 거리가 먼 것은?

① 기술이 발달될수록 해당 기술이 잘못 사용될 경우의 부작용이 커질 수밖에 없기 때문에 구성원들의 직무윤리도 더 강하게 요구된다.

② 회사의 영업환경은 다양한 위험에 노출되어 있는 바, 직무윤리를 충실히 준수하는 것 자체가 영업에 있어서의 위험비용을 절감하는 것이라 할 수 있다.

③ 윤리규범도 경영환경 측면에서 중요한 인프라의 하나가 되므로 직무윤리가 생산성 제고에도 기여가 된다.

④ 윤리(Ethics)는 사전적 예방수단으로서 법(Law)망을 피할 수 있는 회색지대(Grey Area)까지 규율할 수 있다는 장점이 있으나, 윤리가 실질적인 경제적 이득을 창출하는 데에는 한계가 있다.

> **해설** Ethics Does Pay(윤리는 경제적으로도 이득이 된다). 기업이 높은 수준의 윤리성을 유지하면 기업과 기업구성원, 사회 모두에 이득을 주는 결과를 가져온다는 실용적인 측면을 말한다.
>
> **정답** ④

02 직무윤리에 대한 다음의 설명 중 옳은 것은?

① 신의성실의무는 윤리적인 측면의 의무이고 그 성질상 법적인 의무는 될 수 없다.

② 도덕은 법의 최소한이다.

③ 직무윤리를 준수하는 것은 그 자체로 직원 스스로를 보호하는 안전장치(Safeguard)가 되는데 이는 금융투자산업에 한정되는 것이다.

④ 자본시장법이 도입됨에 따라 금융투자상품의 정의가 포괄적으로 바뀌면서 직무윤리의 적용대상 범위가 더 확대되었다.

> **해설** 열거주의에 비해서는 포괄주의의 범주가 더 크므로, 직무윤리의 역할도 더 커졌다고 할 수 있다.
> ① 법적인 의무도 된다(양면성).
> ③ 직무윤리가 Safeguard 역할을 하는 것은 모든 산업에 적용이 된다(금융투자산업에서 더 클 뿐).
>
> **정답** ④

03 다음 내용은 어떤 법령 또는 규정을 말하는가?

> 제1조 목적, 제2조 고객우선, 제3조 법규준수, 제4조 신의성실, 제5조 시장질서 존중, 제6조 정보보호, 제7조 자기혁신, 제8조 상호존중, 제9조 주주가치 극대화, 제10조 사회적 책임, 제11조 경영진의 책임, 제12조 위반행위의 보고, 제13조 품위유지, 제14조 사적이익 추구금지, 제15조 고용계약 종료 후의 의무, 제16조 대외활동

① 금융투자회사 표준내부통제기준
② 금융투자회사의 표준윤리준칙
③ 자본시장법 제50조 투자권유준칙
④ 금융소비자보호법 제17조 적합성의 원칙

해설 금융투자회사의 표준윤리준칙(금융투자협회 제정)이다.

정답 ②

04 금융투자회사의 표준윤리준칙 중에서 '본인에 대한 의무'가 아닌 것은?

① 법규준수의무(제3조)
② 정보보호의무(제6조)
③ 자기혁신의무(제7조)
④ 품위유지의무(제13조)

해설 정보보호의무는 '회사에 대한 의무'이다.

정답 ②

05 금융투자회사의 표준윤리준칙 중에서 '사회에 대한 의무'가 아닌 것은?

① 시장질서 존중의무(제5조)
② 상호존중의무(제8조)
③ 주주가치 극대화의무(제9조)
④ 사회적 책임(제10조)

해설 상호존중의무는 '회사에 대한 의무'이다.

정답 ②

06 금융투자업에서 준수해야 할 가장 중요한 두 가지 직무윤리는?

> ㉠ 고객우선원칙
> ㉡ 신의성실원칙
> ㉢ 이해상충방지의무
> ㉣ 금융소비자보호의무

① ㉠, ㉡

② ㉡, ㉢

③ ㉠, ㉢

④ ㉢, ㉣

해설 금융투자업 직무윤리의 기본원칙은 '㉠·㉡'이며, '㉢·㉣'은 기본원칙을 실현하기 위해 직무윤리를 법제화한 것이다.

정답 ①

07 금융소비자보호의무에 대한 설명이다. 가장 적절하지 않은 것은?

① 금융투자업 직무윤리의 기본원칙을 실현하기 위해 자본시장법 등으로 부과하는 구체적인 의무로서, 직무윤리가 법제화된 것이라 할 수 있다.

② 금융소비자보호의무의 기본 바탕이 되는 원칙은 '신중한 투자자의 원칙(Prudent Investor Rule)'이다.

③ 금융소비자보호의무의 기본 바탕이 되는 의무는 '전문가로서의 주의의무'인데, 전문가로서의 주의의무는 '상품개발 단계'에서부터 '상품판매이후 단계'까지 전 과정에 적용된다.

④ 금융회사는 관련 규정에 따라 금융소비자보호업무를 총괄하는 준법감시인을 지정하고 독립적인 지위를 부여해야 한다.

해설 금융소비자보호업무를 총괄하는 '금융소비자보호 총괄책임자(CCO)'를 두어야 한다.

정답 ④

08 이해상충이 발생하는 원인으로 가장 거리가 먼 것은?

① 금융투자업자 내부의 문제로서 금융투자업을 영위하는 회사 내의 사적업무 영역에서 공적업무 영역의 정보를 활용하는 경우

② 금융투자업자와 금융소비자 간에서 존재하는 정보의 비대칭

③ 자본시장법상 금융투자업의 겸영허용

④ 직무윤리의 기본원칙을 준수하지 않을 경우

해설 사적 영역(M&A 등)에서 얻을 수 있는 정보를 공적 영역(선관주의의무가 필요한 자산관리업무 등)에서 사용하는 경우에 이해상충이 발생한다.

정답 ①

09 신의성실원칙 차원에서 금융투자업종사자는 이해상충방지의무를 준수해야 한다. 이에 관련하여, 이해상충 발생가능성을 관리하는 '공시 또는 회피의 원칙'이 있다. 이 원칙에 따라 이해상충 발생 가능성을 관리하는 순서가 옳게 나열된 것은?

① Disclosure → Control → Avoid

② Control → Disclosure → Avoid

③ Avoid → Control → Disclosure

④ Disclosure → Avoid → Control

> 해설 '이해상충의 공시 및 거래단념의무(공시 또는 회피의 원칙)'라고 한다. 이해상충이 발생할 가능성이 파악이 되면 먼저 투자자에게 알리고(Disclosure), 거래에 문제가 없도록 이해상충이 발생할 가능성을 낮춘 후 (Control)에 거래를 해야 한다. 만일 해당 수준까지 낮출수 없다면 그 거래는 단념(Avoid)해야 한다.
> 정답 ①

10 다음 빈칸에 들어갈 말이 올바르게 연결된 것은?

> 수탁자가 자산운용업계에서 받아들여지고 있는 포트폴리오(Portfolio) 이론에 따라서 자산을 운용한 다면 그것은 적법한 것으로 인정된다. 이것은 미국의 신탁법에서 수탁자의 행위기준으로서 널리 인 정받은 바 있는 (㉠)이다. 그리고 이 원칙은 (㉡)의 기준이 될 수 있다.

	㉠	㉡
①	신중한 투자자의 원칙	설명의무
②	신중한 투자자의 원칙	주의의무
③	전문가 책임의 원칙	신임의무
④	전문가 책임의 원칙	충실의무

> 해설 신중한 투자자의 원칙(Prudent Investor Rule)이다. 그리고 이는 '주의의무'를 판단하는 기준이 될 수 있다.
> 정답 ②

11 금융소비자보호를 위한 주의의무를 이행함에 있어서, '상품판매 단계'에서 요구되는 의무에 해당하는 것은?

① KYC Rule

② 보고 및 기록의무

③ 정보의 누설 및 부당이용금지

④ 공정성유지의무

> 해설 투자권유단계의 각종 의무는 모두 상품판매 단계에 해당된다(②·③·④는 모두 상품판매이후 단계).
> *투자권유단계 : KYC Rule → 적합성원칙 → 적정성원칙 → 설명의무. 그리고 부당한 투자권유의 금지(불초청 권유금지, 재권유금지) 등이 있다.
> 정답 ①

12 금융소비자보호를 위한 주의의무를 이행함에 있어서, '상품판매이후 단계'에서 요구되는 의무에 해당하지 않는 것은?

① 허위, 과장, 부실표시의 금지
② 보고 및 기록의무
③ 정보의 누설 및 부당이용금지
④ 해피콜서비스의 이행

해설   ①은 상품판매 단계, ②·③·④는 상품판매이후 단계의 의무이다.

정답 ①

13 표준투자권유준칙상의 설명의무에 대한 설명이다. 옳은 것을 모두 묶은 것은?

> ㉠ 금융투자회사 임직원 등은 투자자에게 투자권유를 하는 경우 투자설명사항에 대해서 투자자가 이 해할 수 있도록 설명하고, 설명한 내용을 투자자가 이해하였음을 서명 등의 방법으로 확인받아야 한다.
> ㉡ 임직원 등은 '㉠'에 따라 설명의무를 이행하는 경우 투자자의 투자경험과 금융투자상품에 대한 지식수준 등 투자자의 이해수준을 고려하여 설명의 정도를 달리할 수 있다.
> ㉢ 임직원 등은 '㉠', '㉡'에 따라 설명하였음에도 불구하고 투자자가 주요 손익구조 및 손실위험을 이해하지 못하는 경우에는 투자권유를 계속해서는 아니 된다.

① ㉠   ② ㉡
③ ㉠, ㉡   ④ ㉠, ㉡, ㉢

해설   모두 옳은 내용이다.

정답 ④

14 투자자 K는 비상장주식 A 10,000주를 1만원에 매수하였다. 금융투자업자는 K에 대해 비상장주식 A에 대한 중요한 내용을 누락하여 설명했고 이로 인해 K는 A주식을 8,000원에 전량 매도하게 되었다. 이 경우 손해액은 얼마인가?

① 1,000만원   ② 2,000만원
③ 3,000만원   ④ 4,000만원

해설   취득금액 = 1만원 × 1만주 = 1억원, 처분금액 = 8천원 × 1만주 = 8천만원
손해추정액 = 취득금액(지급금액 혹은 지급예정금액) – 처분금액(회수금액 혹은 회수가능금액) = 1억원 – 8천 만원 = 2천만원
• 자본시장법상 투자권유시 준수해야 할 주의의무 위반시 손해배상의무가 부과되는 것은 설명의무이며, 동 문제는 설명의무 위반시의 손해액을 결정하는 방식이다.

정답 ②

15 다음 중 직무윤리 규정을 위반한 것이 아닌 것은?

① 주가는 미래의 가치를 반영하는 것이므로 투자정보를 제시할 때에 현재의 객관적인 사실보다는 미래의 전망을 위주로 하여 설명한다.

② 정밀한 조사·분석을 거치지 않았지만 자신의 주관적인 예감으로 수익률이 높을 것으로 전망되는 상품을 권한다.

③ 중요한 사실이 아니라면 오히려 그것을 설명함으로 인하여 고객의 판단에 혼선을 가져올 수 있는 사항은 설명의 생략이 가능하다.

④ 고객을 강하게 설득하기 위하여 필요하다면 투자성과가 어느 정도 보장된다는 취지로 설명하는 것도 무방하다.

> **해설** 설명의무상 중요하지 않은 사항은 필요하다면 생략이 가능하나, 중요한 사항일 경우 무조건 설명해야 한다.
>
> **정답** ③

16 금융투자회사의 표준윤리준칙 제14조 사적이익 추구금지에 대한 내용이다. 빈칸에 들어갈 말을 순서대로 나열한 것으로 옳은 것은?

> • 동일한 특정거래 상대방에게 (   )을 초과하는 재산상이익을 제공하거나 수령하는 경우 즉시 인터넷 홈페이지에 공시해야 한다.
> • 금융투자회사 및 임직원은 재산상이익을 제공하거나 수령한 경우 해당 사항을 기록하고 (   ) 동안 기록을 유지·관리해야 한다.

① 300만원, 3년
② 500만원, 5년
③ 1억원, 5년
④ 10억원, 5년

> **해설** '10억원 – 5년'이다. 참고로 1인당 제공한도 '1회 20만원 – 연간 100만원' 한도와 회사의 영업이익을 기준으로 한 제공한도는 폐지되고, 10억원 한도가 신설되었다(금융투자업 개정, 2017.3).
>
> **정답** ④

17 금융투자회사의 표준윤리준칙 제16조 대외활동의 조항을 준수함에 있어서, 사전승인 절차 없이 활동을 할 수 있는 것은?

① 외부강연이나 기고활동
② 신문, 방송 등 언론매체 접촉
③ 회사가 운영하지 않는 온라인커뮤니티에서 특정회사에 대한 재무분석을 하는 경우
④ 회사가 운영하지 않는 온라인커뮤니티에서 특정회사에 대한 기술적 분석을 하는 경우

> **해설** 기술적 분석은 사전신고대상이 아니다(기본적 분석과 비교할 때 중요하다고 보지 않는다는 것).
>
> **정답** ④

18 다음 내용은 금융투자회사의 표준윤리준칙 중 어떤 조항에 가장 부합하는가?

> 회사와 중간책임자가 지도지원의무를 게을리하여 직원이 고객에 대하여 손해배상책임을 질 경우, 회사와 중간책임자는 민법상 사용자책임을 진다(민법 제756조).

① 법규준수의무(제3조)
② 상호준중의무(제8조)
③ 경영진의 책임(제11조)
④ 품위유지의무(제13조)

해설 경영진의 책임이다.

정답 ③

19 금융투자회사의 표준윤리준칙 제5조 시장질서 존중의무에서 '시장질서 교란행위'의 규제대상자의 범위를 가장 적절하게 표현한 것은?

① 내부자
② 내부자와 준내부자
③ 내부자와 준내부자 그리고 1차 정보수령자
④ 내부자와 준내부자 그리고 미공개정보임을 알면서도 정보를 제공하거나 수령한 모든 자

해설 종전기준으로는 ③이었으나 ④로 기준이 강화되었다.

정답 ④

20 내부통제기준에 관한 설명 중 옳은 것은?

① 금융투자회사의 경우 내부통제기준을 반드시 두어야 하는 것은 아니다.
② 금융투자회사의 임시직에 있는 자는 내부통제기준의 적용대상이 아니다.
③ 금융투자회사가 내부통제기준을 변경하려면 주총의 특별결의를 거쳐야 한다.
④ 금융투자회사가 준법감시인을 임면하려면 이사회의 결의를 거쳐야 한다.

해설 ① 내부통제기준은 반드시 두어야 한다.
② 정식의 고용계약관계, 보수지급의 유무를 따지지 않는다.
③ 내부통제기준의 변경은 이사회 결의로 한다.

정답 ④

21 준법감시인에 대한 설명으로 가장 적절하지 않은 것은?

① 준법감시인을 임면(任免)하려는 경우에는 이사회 의결을 거쳐야 한다.

② 준법감시인을 해임하려는 경우에는 이사 총수의 2/3 이상의 찬성이 요구된다.

③ 통상의 회사를 대상으로 준법감시인은 사내이사 또는 업무집행자 중에서 선임할 것을 요구하고 있다.

④ 금융투자회사가 준법감시인을 두지 않은 경우에는 5천만원 이하의 과태료를 부과한다.

> **해설** 「금융사 지배구조법」 제43조 제1항에 의거 준법감시인을 두지 아니할 경우 1억원 이하의 과태료가 부과된다.
>
> 정답 ④

22 준법감시체제의 운영에 대한 설명이다. 틀린 것은?

① 준법감시프로그램의 운영결과 업무수행 우수자가 있는 경우 인사상의 또는 금전적 혜택을 부여할 수 있다.

② 내부제보제도를 운영해야 하는 바, 내부제보자에 대한 철저한 비밀보장과 불이익 방지를 보장해야 한다. 단, 내부제보를 해야 하는 상황임에도 불구하고 제보하지 않은 미제보자에 대한 불이익 부과의 규정은 아직 마련되어 있지 않다.

③ 금융사고를 미연에 방지하는 차원에서 명령휴가제도를 운영해야 한다.

④ 금융사고우려가 높은 일부 업무에 대해서 복수의 인력이 참여하게 하거나, 일선과 후선을 분리하는 직무분리기준을 마련하고 운영해야 한다.

> **해설** 회사에 중대한 영향을 끼칠 것을 알고도 제보하지 않는 '미제보자'에 대한 불이익부과 규정도 마련, 운영해야 한다.
>
> 정답 ②

23 준법감시체제의 원활한 운영을 위하여 영업점별 영업관리자를 1인(경우에 따라서는 2영업점별로 영업관리자 1인)을 임명하는데, 영업관리자를 임명할 수 있는 자는?

① 대표이사

② 준법감시인

③ 대표이사, 준법감시인

④ 감사 또는 감사위원회

> **해설** 영업관리자는 준법감시인만이 임명할 수 있다.
> - 영업점별 영업관리자 : 영업점장이 아닌 책임자일 것, 영업점에서 1년 이상 또는 준법감시업무·감사업무를 1년 이상 수행한 경력자로서 해당 영업점에서 상근하는 자, 임기는 1년 이상
>
> 정답 ②

24 회사가 특정고객을 위하여 고객전용공간을 설치한 경우, 이에 대한 준법감시업무상 준수사항과 거리가 먼 것은?

① 당해 공간은 직원과 분리되어야 한다.

② 사이버룸의 경우 '사이버룸'을 명기한 문패를 부착하고 외부에서 내부를 관찰할 수 있도록 개방형 형태로 설계되어야 한다.

③ 사이버룸의 경우 해당 공간 내에서 고객에게 개별직통전화 등을 제공할 수 없다.

④ 영업관리자는 사이버룸 등 고객전용공간에서 이루어지는 매매거래의 적정성을 모니터링하고 이상매매가 발견될 경우 한국거래소 시장감시위원회에 신고해야 한다.

> **해설** 준법감시인에게 보고한다(영업관리자는 준법감시인이 임명하고 준법감시인의 업무의 일부를 위임받았으므로).
>
> **정답** ④

25 직무윤리 위반시 가해지는 외부통제 중에서 금융감독기구가 취할 수 있는 제재 방법에 속하지 않는 것은?

① 금융투자업자에 대한 검사권 또는 조치명령권

② 회원사에 대한 제명

③ 금융투자업자 임원에 대한 해임요구

④ 금융투자업자 직원에 대한 면직

> **해설** 회원사(협회에 회원사 자격을 가진 금융투자회사) 제명은 금융투자협회의 자율규제사항이다.
>
> **정답** ②

26 다음 내용에 해당하는 제재는?

> • 회원의 임원에 대한 해임권고, 6개월 업무정지에 대한 권고
> • 회원의 직원에 대한 징계면직, 정직, 감봉, 견책, 주의에 대한 권고

① 내부통제

② 자율규제

③ 행정제재

④ 민사책임

> **해설** 금융투자협회를 통한 자율규제에 해당된다. 임직원에 대한 제재는 자율규제기관이므로 '권고'만 가능하다. 만일 '임원에 대한 해임요구, 직원에 대한 징계면직 조치'의 내용이라면 금융위원회를 통한 행정제재가 된다.
>
> **정답** ②

27 직무윤리 위반시 가해지는 민사책임 중 법률행위의 실효(失效)에 관한 내용이다. 빈칸에 알맞은 것은?

> 계약당사자 일방의 채무불이행으로 계약의 목적을 달성할 수 없는 경우, 계속적인 거래에 대해서 계약을 ( )함으로써, 기존의 법률행위를 실효시킬 수 있다.

① 무 효　　　　　　　　　　② 취 소
③ 해 제　　　　　　　　　　④ 해 지

해설　※ 법률행위의 실효

법률행위의 하자가 있는 경우		계약상 채무불이행이 있는 경우	
무 효	취 소	해 제	해 지
중대한 하자	경미한 하자	일시적 거래	계속적 계약

정답 ④

28 개인정보보호에 대한 설명 중 가장 옳은 것은?

① 개인정보처리자는 목적에 필요한 최소한의 개인정보를 수집해야 하고 그 입증책임은 해당 개인정보 수집에 동의한 주체가 진다.
② 개인정보처리자는 정보주체와 체결한 계약을 이행하기 위해 필요한 경우 개인정보를 수집·이용할 수 있다.
③ 정보주체는 완전히 자동화된 개인정보 처리에 따른 결정을 거부하거나 그에 대한 설명을 요구할 권리가 없다.
④ 개인정보처리자의 정당한 이익을 달성하기 위하여 필요한 경우에는 별도의 제한 없이 개인정보를 수집·이용할 수 있다.

해설　① 그 입증책임은 개인정보처리자에게 있다.
　　　③ 정보주체는 완전히 자동화된 개인정보 처리에 따른 결정을 거부하거나 그에 대한 설명을 요구할 권리가 있다.
　　　④ 명백하게 정보주체의 권리보다 우선하고 합리적인 범위를 초과하지 아니한 경우에 한한다.

정답 ②

29 금융분쟁조정위원회의 분쟁조정절차에 대한 설명이다. 가장 거리가 먼 것은?

① 금융감독원장은 분쟁조정의 신청을 받은 날로부터 30일 이내에 당사자 간에 합의가 이루어지지 않을 경우 지체 없이 조정위원회에 회부해야 한다.
② 조정위원회가 조정의 회부를 받으면 60일 이내에 이를 심의하여 조정안을 작성하여야 한다.
③ 당사자가 조정안을 수락한 경우 당해 조정안은 재판상의 화해와 동일한 효력을 갖는다.
④ 금융감독원장은 조정신청사건의 처리절차의 진행 중에 일방당사자가 소를 제기한 경우에도 해당 조정의 처리를 완료하여야 한다.

해설　조정신청사건의 처리절차의 진행 중에 일방당사자가 소를 제기하면 조정의 처리는 자동으로 중지된다(이를 당사자에게 통보하여야 함).

정답 ④

30 다음은 협회 분쟁조정위원회의 조정사례이다. 직원이 위반한 것과 가장 거리가 먼 것은?

> 직원은 고객이 안정추구형 투자자임을 이미 알면서도 직원 자신도 정확하게 파악하지 못한 수익증권을 동 고객에게 투자권유하였고, 투자권유시 수익증권의 수익구조에 대해 사실과 상이하게 설명하고 고객의 올바른 투자판단을 저해한 사례

① 적합성의 원칙
② 설명의무
③ 부당권유
④ 일임매매

해설 적합하지 않은 상품을 권유했으므로 적합성의 원칙 위배, 이해할 수 있도록 설명을 하지 못하였으므로 설명의무 위배, 불확실한 사항에 대하여 오인의 소지가 있는 설명을 했을 가능성이 크므로 부당권유에 해당한다. 임의매매와 일임매매는 직접투자에 한하므로 간접투자인 펀드투자에는 적용되지 않는다.

정답 ④

31 금융분쟁의 유형 중에서 일반적으로 판단할 경우, 민사상의 손해배상책임뿐만 아니라 직원 개인에 대한 형사처벌까지 가해질 수 있는 유형은?

① 임의매매
② 일임매매
③ 부당권유
④ 불완전판매

해설 임의매매는 형사처벌까지 가해질 수 있는 가장 무거운 불법행위이다(나머지는 일반적으로 손해배상책임이 부과되는 불법행위이다).

정답 ①

32 자금세탁의 3단계 모델(미국 관세청의 3단계 모델이론)에서 '성공하기가 가장 어려운 단계'로 평가받는 것은?

① 예치(Placement) 단계
② 은폐(Layering) 단계
③ 합법화(Intergration) 단계
④ 반복 단계

해설 예치 단계이다. 은폐 단계는 반복 단계라고도 한다.

정답 ①

33 고액현금거래보고(CTR ; Currency Transaction Report) 제도에 대한 설명이다. 가장 거리가 먼 것은?

① 보고된 고액현금거래를 자금세탁거래의 분석에 참고할 수 있다.

② 자금세탁행위를 예방하는 효과가 있다.

③ 금융기관 직원의 전문성을 활용할 수 있다.

④ 자금세탁거래를 파악함에 있어 정확도는 낮은 편이다.

> 해설 금융기관 직원의 전문성을 활용할 수 있는 것은 의심거래보고제도(STR)이다.
> ※ 의심거래보고제도(STR) VS 고액현금거래보고제도(CTR)

의심거래보고제도(STR)	고액현금거래보고제도(CTR)
(+) 금융기관 직원의 전문성 활용 (+) 정확도가 높고 활용도가 큼	(+) 자금세탁행위 예방효과 (+) 분석의 참고자료
(−) 금융기관 의존도가 높음 (−) 참고유형 제시 등의 어려움	(−) 정확도가 낮음 (−) 금융기관의 추가비용 발생

> 정답 ③

34 위험중심접근법에 기초하여 고객별 · 상품별 자금세탁위험도를 분류하고, 자금세탁위험이 큰 경우 더욱 엄격한 고객확인을 하는 제도는?

① 의심거래보고제도(STR)

② 고액현금거래보고제도(CTR)

③ 고객확인제도(CDD)

④ 강화된 고객확인제도(EDD)

> 해설 Enhanced Due Diligence이다.

> 정답 ④

35 다음 내용에 해당하는 것은?

> 신규직원채용시 개인고객에 준하여 신원확인, Watch List 필터링, 범죄사실, 평판, E-mail Check 등의 검증절차를 수행하는 것

① 고객의 상황을 정확히 파악하기(Know Your Customer Rule)

② 직원알기제도(Know Your Employee)

③ 고객확인제도(Customer Due Diligence)

④ 의심거래보고제도(Suspicious Transaction Report)

> 해설 직원알기제도의 내용이다. 자사의 임직원에 대해 보기와 같은 검증절차를 거침으로써 임직원을 통한 자금세탁의 가능성을 사전에 차단하고자 하는 것이다.

> 정답 ②

36 자금세탁방지 국제기구인 FATF(Financial Action Task Force)에 대한 설명이다. 가장 적절하지 않은 것은?

① 1996년에는 중대범죄(횡령, 뇌물 등), 2001년에는 테러자금조달, 2012년에는 대량살상무기확산으로 관할범위가 확대되었다.

② FATF는 정회원, 준회원, 옵저버로 구성된다.

③ 정회원은 2022년 현재 우리나라를 포함한 37개국과 2개 기구(EC, GCC)로 구성되어 있다.

④ 준회원은 세계은행을 비롯한 24개 국제기구로 구성되어 있다.

해설 준회원은 9개의 FSRB(FATF의 지역기구)로 구성되어 있다.

정답 ④

37 다음 내용에서 설명하는 것으로 옳은 것은?

> 미국의 납세의무자가 1년여 동안 어느 시점이든 모든 해외금융계좌잔고의 합계액이 1만달러를 초과하는 경우 미국 재무부에 해외금융계좌잔액을 신고하는 제도이다.

① FATF(Financial Action Task Force)

② FBAR(Foreign Bank Account Reporting)

③ FATCA(Foreign Account Tax Compliance Act)

④ MCAA(Multilateral Competent Authority Agreement on Automatic Exchange of Financial Account Information)

해설 FBAR(해외금융계좌신고제도)이다.

정답 ②

38 의심거래보고제도(STR)를 보완하기 위해 FATF 등의 권고로 우리나라에 도입된 자금세탁방지 제도는?

① 고액현금거래보고제도(CTR)

② 간소화된 고객확인제도(CDD)

③ 강화된 고객확인제도(EDD)

④ 직원알기제도(Know Your Employee)

해설 CTR은 STR을 보완하기 위해 도입·시행되는 제도이다.

정답 ①

03 펀드 구성·이해

1 집합투자기구 개요

집합투자기구의 설정·설립 절차 핵심유형문제

다음 빈칸에 알맞은 것은?

> 기본적으로 하나의 집합투자기구를 설정하기 위해서는 (㉠)를 제출하여 동 신고서의 효력이 발생해야 하고 동시에 해당 집합투자기구를 (㉡)에 등록하여야 한다.

	㉠	㉡
①	증권신고서	금융위원회
②	증권신고서	금융감독원
③	투자설명서	금융위원회
④	투자설명서	금융감독원

해설 종전의 간접투자법에 의한 간접투자기구의 설정보다 그 절차가 복잡해졌다. 자본시장법은 집합투자기구의 설립을 위해서 '증권신고서의 효력발생 + 금융위 등록'을 동시적으로 요구하고 있다.

> **참고** 제출서류 : 증권신고서, 집합투자기구 등록신청서, 집합투자규약, 집합투자기구 관련 회사와의 각종 계약서 등

정답 ①

더알아보기 집합투자기구의 설정·설립 절차

(1) 집합투자기구의 설정(설립) 요건 : 증권신고서의 효력발생 + 금융위 등록

증권신고서의 효력발생	금융위 등록
• 상장 환매금지형 10일, 비상장 환매금지형 7일, 기타 15일 • [증권신고서 제출의무 면제대상] 　– 국채·지방채·특수채 / 공모금액 10억원 미만 / 모투자신탁 / 사모펀드 • 정정신고서 – 형식을 제대로 갖추지 않은 경우 금융위가 정정을 요구할 수 있음 • 일괄신고서 – 개방형집합투자기구에 한하여 일괄신고서제출시(발행예정기간 중 3회 이상 발행의무 부과) 증권신고서 제출로 갈음함	• 금융위는 20일 이내에 등록여부를 결정(흠결 보완기간은 20일에 포함되지 않음) • [등록요건] 　– 업무정지기간 중이 아닐 것 / 적법하게 설정(설립)되었을 것 / 투자자이익을 명백히 침해하지 않을 것 / 자본금 또는 출자금이 1억원 이상일 것 • 변경등록시 2주 이내에 변경등록해야 함

(2) 투자설명서

① 집합투자업자는 연 1회 이상 갱신한 투자설명서를 금융위에 제출해야 하며, 변경등록시 5일 이내 변경 내용을 반영한 투자설명서를 추가로 제출해야 함

② 투자설명서는 증권신고의 효력발생 후 일반투자자에게 반드시 교부해야 함
   - 투자설명서 교부의무 면제 대상 : 회계사, 세무사 등 공인자격증 보유자 / 연고자 / 투자설명서를 받기를 거부한다는 의사를 서면 등으로 표시한 자

③ 예측정보(Soft Information)의 면책요건
   그 기재 또는 표시가 예측정보라는 사실이 밝혀져 있을 것 / 예측 또는 전망의 가정이 밝혀져 있을 것 / 그 기재 또는 표시가 합리적 근거에 기초하여 성실하게 행하여졌을 것 / 예측치와 실제결과치가 다를 수 있다는 주의문구가 밝혀져 있을 것

보충문제

01 증권신고서 발행의무와 관련된 다음의 설명 중 잘못된 것은?

① 국채, 지방채, 특수채, 국가 또는 지자체에서 원리금을 지급보증한 채무증권 등 안정성이 높은 증권에 대해서는 증권신고서 발행의무가 면제된다.

② 모집 또는 매출 총액이 10억원 이상일 경우는 증권신고서를 금융위에 제출하여 수리되지 않으면 모집 또는 매출을 할 수 없다.

③ 집합투자기구의 집합투자증권은 증권신고서의 신고대상이 되지 않는다.

④ 사모투자신탁이나 모투자신탁의 경우 증권신고서의 제출대상이 되지 않는다.

> 해설 집합투자기구의 집합투자증권은 간접투자법상 증권신고서 제출의무가 없었으나 자본시장법에서는 집합투자증권의 모집 또는 매출시에도 증권신고서를 제출해야 한다.
>
> 정답 ③

더알아보기 증권신고서 면제대상과 그 이유

(1) 국채, 지방채, 특수채 등 : 국채는 무위험자산이고 나머지도 투자위험이 매우 낮기 때문이다(증권신고서의 제출의 취지는 자금모집의 진실성을 확보하고 투자자를 보호하려는 차원이므로).

(2) 공모규모가 10억원 미만인 경우 : 10억원 미만일 경우 증권신고서 제출에 따른 과도한 업무의 부담을 더는 차원. 다만 이 경우에는 '소액공모 공시제도'상 발행인의 재무상태 등 일정한 사항을 공시해야 한다.

(3) 사모투자신탁 : 증권신고서 제도는 불특정다수의 일반투자자를 보호하기 위한 것이므로 공모펀드에만 적용이 된다. 따라서 공모펀드가 아닌 사모투자신탁은 증권신고서의 제출의무가 면제된다.

(4) 모투자신탁 : 모자형펀드(Master-Feeder Fund)에서 공모대상의 펀드는 子펀드이다. 母펀드는 공모대상이 될 수 없고 자펀드의 공모로 모집된 자산을 모펀드로 합쳐서 운용하는 것이다.

02 다음 빈칸에 알맞은 것은?

> • 증권을 모집 또는 매출하기 위해서는 증권신고서를 제출해야 하는 것이 원칙이다.
> • 그런데 개방형펀드처럼 수시로 증권을 발행하는 경우 수시로 증권신고서를 제출해야 함에 따라 업무 부담이 과도해지므로, 이를 개선하기 위해 개방형펀드에 한해 (　　) 제도를 도입하였다.

① 투자설명서　　　　　　　　　　② 간이투자설명서
③ 일괄신고서　　　　　　　　　　④ 정정신고서

해설　일괄신고서를 제출하면 일정기간 또는 일정금액까지는 증권신고서를 제출하지 않고도 증권의 모집이 가능하다.

정답 ③

03 증권신고서의 효력발생일이 옳게 연결된 것은?

> • 증권시장에 상장된 환매금지형 집합투자기구 : (　　)일
> • 일반적인 환매금지형 집합투자기구 : (　　)일
> • 위의 두 가지를 제외한 나머지 집합투자기구 : (　　)일

① 7, 10, 15　　　　　　　　　　② 10, 7, 15
③ 10, 10, 15　　　　　　　　　　④ 7, 7, 15

해설　일반적인 환매금지형의 경우, 증권신고서는 수리된 날로부터 7일이 지난 후에 효력이 발생한다. 상장된 환매금지형의 경우 일반적인 환매금지형보다 좀 더 주의가 필요하므로 10일이 적용된다.

정답 ②

04 정정신고서에 대한 설명으로 가장 거리가 먼 것은?

① 정정신고서는 기제출한 증권신고서의 내용을 정정하고자 할 경우 제출하는 신고서이며 청약일 전일까지 그 이유를 제시하여야 한다.
② 정정신고서는 증권신고서의 발행인이 기제출한 증권신고서의 내용을 정정하기 위해 자발적으로 제출한다.
③ 정정신고서는 수리된 날로부터 3일 이후에 효력이 발생한다.
④ 일괄신고서에 대한 정정신고서 제출은 발행예정기간 종료 전까지 제출이 가능하다.

해설　정정신고서는 발행인이 자발적으로 제출하는 경우와 금융위의 정정요구에 따라 제출하는 두 가지 경우가 있는데 금융위원회의 정정요구에 의한 것이 대부분이다.

정답 ②

금융위원회는 정정신고서의 내용이 아래와 같을 때 그 정정을 요구할 수 있고, 이 경우 요구한 날로부터 그 증권신고서는 수리되지 아니한 것으로 간주한다.

(1) 증권신고서의 형식을 제대로 갖추지 아니한 경우
(2) 중요사항에 대하여 거짓의 기재 또는 표시가 있는 경우
(3) 중요사항이 기재 또는 표시되지 아니한 경우

05 다음 빈칸이 올바르게 채워진 것은?

- 집합투자기구에 대해서 등록요건을 갖추고 금융위에 등록신청을 한 경우 금융위는 (㉠) 이내에 등록여부를 결정해야 한다.
- 등록신청서에 흠결이 있을 경우 금융위는 흠결의 보완을 요구할 수 있고, 그 흠결의 보완에 소요되는 기간은 (㉠)의 산정에 포함이 (㉡).

	㉠	㉡
①	20일	된 다
②	20일	되지 않는다
③	30일	된 다
④	30일	되지 않는다

해설 20일 이내로 등록 여부를 결정한다. 만일 등록기재사항의 변경이 있을 경우에는 2주 이내에 변경등록하고 변경내용을 증명할 수 있는 서류를 첨부한다.

정답 ②

06 투자설명서에 대한 설명 중 옳지 않은 것은?

① 집합투자업자는 연 1회 이상 다시 고친 투자설명서를 금융위에 추가 제출해야 한다.
② 투자설명서를 받기를 거부한다는 의사를 서면 등으로 표시한 자에게는 교부가 면제된다.
③ 모든 투자설명서는 증권신고서의 효력이 발생한 후에 사용할 수 있다.
④ 예측정보 중 중요사항에 관하여 거짓의 기재 또는 표시가 있을 경우 배상의 책임을 질 수 있다.

해설 (정식)투자설명서는 증권신고서의 효력이 발생한 후에 사용할 수 있으나 예비투자설명서는 효력발생 전에도 사용이 가능하다. 간이투자설명서는 효력발생 전·후 모두 사용이 가능하다.

정답 ③

다음은 투자신탁과 투자회사를 비교한 것이다. 옳지 않은 것은?

번 호	구 분	투자신탁	투자회사
①	형 태	계약관계	회사형태
②	법률행위주체	신탁업자	집합투자업자
③	자산소유자	신탁업자	집합투자기구
④	집합투자자 총회	수익자총회	주주총회

해설 법률행위주체는 '신탁업자 – 집합투자기구'이다. 투자회사의 경우 법인격이 있으므로 집합투자기구의 명의로 법률행위를 할 수 있다(집합투자업자 ≠ 집합투자기구).

정답 ②

더알아보기   집합투자기구의 유형

계약형	회사형	조합형
투자신탁	투자회사 / 투자유한회사 / 투자합자회사 / 투자유한책임회사	투자합자조합 / 투자익명조합

(1) 투자신탁
  ① 위탁자와 수탁자 간의 신탁계약으로 설정
  ② 펀드자금의 흐름
      투자자의 매입자금 → 판매업자 → 신탁업자(신탁회사 보관) → 집합투자업자의 운용지시, 투자자의 환매요청시 집합투자업자가 환매자금조성 → 신탁업자 → 판매업자 → 투자자 환매자금수령

(2) 투자신탁 vs 투자회사

구 분	투자신탁	투자회사
형 태	계약관계 – '법인격이 없으므로' 법률행위의 주체가 될 수 없음	회사형태 – '법인격이 있으므로' 직접 법률행위의 주체로서 수행
당사자	집합투자업자 / 신탁업자 / 수익자 / 판매업자	집합투자기구 / 집합투자업자 / 신탁업자 / 일반사무관리회사 / 판매업자 / 주주
자산의 보관·관리자	신탁업자(소유인으로서)	신탁업자(보관대리인으로서)
투자기구관련 의사결정	집합투자업자가 대부분의 의사결정. 다만, 법에서 정하는 범위 내에서 수익자총회에서 결정함	이사회, 주총에서 의사결정. 다만, 실무적으로 집합투자업자(법인이사)가 의사결정과정에서 중요한 역할 수행
가능한 투자기구형태	MMF, 주식형, 채권형 등 일반펀드	M&A펀드, 부동산펀드, PEF 등

• 국내 대부분의 펀드는 투자신탁이다(∵ 회사형은 펀드설립비용, 임원보수 등 비용이 들기 때문). 그러나 M&A펀드는 투자회사로만 존재하며(∵ 법률행위의 주체가 될 수 있으므로), 부동산펀드·선박펀드는 등기주체가 필요하다. PEF는 M&A펀드와 유사하므로 투자회사가 더 적합하다.

(3) 집합투자기구의 구성(회사형, 조합형)

투자회사	투자유한회사	투자합자회사	투자유한책임회사	투자합자조합	투자익명조합
법인이사 1인, 감독이사 2인 이상	법인이사 1인	무한책임사원 1인, 유한책임사원 다수	업무집행자 1인, 사원(투자자)	무한책임조합원 1인, 유한책임조합원 다수	영업자 1인, 익명조합원 다수

[2013.5 개정 : 투자유한책임회사 추가, 투자조합 → 투자합자조합으로 변경]

(4) 수익자총회에서의 간주의결권(Shadow Voting)의 행사요건

- 간주의결권 : 수익자총회에 출석하지 않은 수익자의 의결권이 수익자총회에 출석한 수익자의 결의내용에 영향을 미치지 않도록 행사하게 하는 제도

보충문제

---

01 투자신탁의 자금흐름이다. 빈칸이 옳게 채워진 것은?

> 투자신탁의 투자자가 (㉠)를 통하여 수익증권을 매수하고, 그 매수된 자금은 (㉠)를 경유하여 (㉡)에 납입되고, 그 납입된 자산을 (㉢)가 (㉡)에게 지시하여 투자대상자산에 투자하게 된다.

	㉠	㉡	㉢
①	판매업자	신탁업자	집합투자업자
②	판매업자	집합투자업자	신탁업자
③	집합투자업자	신탁업자	판매업자
④	집합투자업자	판매업자	신탁업자

> **해설** 투자자의 펀드 매입자금은 '투자자 → 판매업자 → 신탁업자'의 경로로 신탁업자가 보관·관리하게 되고, 해당 자산은 집합투자업자가 운용하게 된다. 만일 투자자가 환매를 한다면 환매자금은 '투자자 ← 판매업자 ← 신탁업자'의 경로로 투자자에게 지급된다.
>
> **정답** ①

02 투자신탁의 신탁업자가 처리하는 일반적인 업무가 아닌 것은?

① 투자신탁재산의 보관 및 관리

② 집합투자업자의 투자신탁재산 운용관리에 따른 자산의 취득 및 처분의 이행

③ 집합투자업자의 투자신탁재산 운용지시 등에 대한 감시

④ 수익증권의 환매대금 및 이익금을 투자자에게 직접 지급

> **해설** 신탁업자는 집합투자업자의 운용지시에 따라 수익증권의 환매대금 및 이익금을 판매업자에게 지급하고, 판매
> 업자는 신탁업자로부터 환매대금 및 이익금을 받아서 투자자에게 지급한다. 즉 투자자에게 직접 지급하는 것은
> 판매회사의 업무이다.
>
> **정답** ④

03 집합투자기구의 구조에 대한 설명으로 옳지 않은 것은?

① 투자신탁관계에서의 당사자는 집합투자업자, 신탁업자 및 수익자이다.

② 투자회사는 집합투자업자 등이 발기인이 되어 주식회사(투자회사)를 설립한다.

③ 투자신탁의 수익자총회에서 집합투자업자를 변경할 수 있다.

④ 투자회사는 서류상의 회사이지만 일반 주식회사와 마찬가지로 이사, 이사회, 주주총회 및 내부감
사 제도가 있다.

> **해설** 투자회사는 일반 주식회사와 마찬가지로 이사, 이사회, 주주총회가 있으나 내부감사가 없는 대신 외부감사가
> 의무화되어 있다.
>
> **정답** ④

04 간주의결권(Shadow Voting)의 행사요건에 대한 충족요건을 모두 고르면?

> ㄱ. 수익자에게 의결권행사 통지가 있었으나 행사되지 아니하였을 것
> ㄴ. 간주의결권 행사방법이 집합투자규약에 기재되어 있을 것
> ㄷ. 수익자총회의 의결권을 행사한 총좌수가 발행된 총좌수의 1/10 이상일 것
> ㄹ. 수익자총회의 연기가 있을 것

① ㄱ, ㄴ

② ㄱ, ㄷ, ㄹ

③ ㄱ, ㄴ, ㄷ

④ ㄱ, ㄴ, ㄹ

> **해설** ㄱ, ㄴ, ㄷ 요건이 모두 충족되어야 한다.
> ※ 간주의결권의 의미
> 수익자총회에 출석하지 않은 수익자의 의결권이 수익자총회에 출석한 수익자의 결의내용에 영향을 미치지
> 않도록 행사하게 하는 제도
>
> **정답** ③

05 투자회사에 대한 설명 중 잘못된 것은?

① 투자회사는 집합투자업자가 법인이사이며 2인 이상의 감독이사로 이사회가 이루어진 상법상 주식회사 형태의 집합투자기구이다.

② 투자회사에게는 이사회 및 주주총회를 보조하고 업무를 대행하는 일반사무관리회사가 반드시 필요하다.

③ 투자회사는 펀드설립비용, 이사회개최 및 유지비용, 임원 보수 등의 측면에서 투자신탁보다 비용이 적은 반면 경제적 실질 측면에서는 큰 차이가 없어서, 국내 대부분의 펀드는 투자회사 형태로 설정되고 있는 편이다.

④ 기업인수증권투자회사(M&A Fund)는 투자회사의 형태로만 존재한다.

> **해설** 투자회사는 펀드설립비용, 임원보수 등에서 투자신탁보다 비용이 많이 든다. 따라서 국내 대부분의 펀드는 투자신탁의 형태를 취하고 있다. 다만, M&A펀드의 경우 투자회사의 형태로만 설립되고 있는데 이는 타법인의 주식 매수 후(인수 후) 타회사를 계열회사로 편입할 수 있어야 하는데 투자신탁의 경우 불가능하기 때문이다(법률적 행위의 주체가 될 수 없기 때문).
>
> **정답** ③

06 펀드의 설정·설립에 있어 투자회사의 형태가 더 적합한 것이 아닌 것은?

① 단기금융펀드(MMF)
② 기업인수증권투자회사(M&A Fund)
③ 사모투자전문회사
④ 부동산 및 선박펀드

> **해설** 단기금융펀드는 개방형펀드로서 ②·③·④와 같이 특별한 사유가 있지 않는 한 투자회사가 투자신탁보다 비용이 많이 들기 때문에 투자신탁의 형태가 유리하다.
> • M&A펀드는 지분매수 후 계열사로 편입할 수 있어야 하므로 법률적 행위주체가 있는 투자회사의 형태로만 존재한다.
>
> **정답** ①

07 집합투자기구의 형태에 따른 집합투자업자가 잘못 연결된 것은?

① 투자회사 – 법인이사
② 투자합자조합 – 업무집행조합원
③ 투자합자회사 – 법인이사
④ 투자익명조합 – 영업자

> **해설** '투자유한회사 – 법인이사, 투자합자회사 – 무한책임사원'이다.
> **참고** 무한책임사원 = GP(General Partnership), 유한책임사원 = LP(Limited Partnership)
>
> **정답** ③

증권집합투자기구에 대한 설명으로 잘못된 것은?

① 일반적으로 일반투자자들이 투자하는 대부분의 집합투자기구는 증권집합투자기구이다.

② 증권집합투자기구의 대표적인 유형으로 주식형, 채권형, 혼합형이 있다.

③ 집합투자재산의 50%를 초과하여 증권에 투자하는 집합투자기구이다.

④ 어떤 자산이라도 증권의 형태로 된 자산에 50%를 초과해서 투자하면 증권집합투자기구가 된다.

해설　증권의 형태라도 그 내용이 부동산(특별자산)인 자산에 50%를 초과해서 투자하면 부동산(특별자산)집합투자기구가 된다.

정답 ④

더알아보기　자본시장법상의 분류 - 집합투자기구의 5가지 유형

(1) 증권집합투자기구
　일반투자자들이 투자하는 대부분의 펀드로 주식형 / 혼합형 / 채권형 / 파생상품형 등 다양한 형태로 판매되고 있음

(2) 부동산집합투자기구 : 펀드재산의 50%를 초과하여 '부동산 등'에 투자하는 펀드
　• '부동산 등' : 부동산실물 / 부동산 관련 권리(지상권, 지역권, 전세권, 분양권 등) / 부동산 관련 증권(부동산투자회사, 부동산개발회사, 부동산투자목적회사가 발행한 증권 등) / 부동산대출 등

(3) 특별자산집합투자기구 : 증권 또는 부동산이 아닌 경제적 가치가 있는 대상에 투자하는 펀드

(4) 혼합자산집합투자기구 : 펀드재산운용에 있어 증권, 부동산, 특별자산의 비중 제한을 받지 않는 펀드
　• 투자대상이 사전에 특정되지 않으므로 보다 많은 투자기회를 찾아 투자하고 그 수익을 향유할 수 있으나 반면 그로 인한 투자손실의 가능성도 더 높은 집합투자기구

(5) 단기금융집합투자기구(MMF) : 집합투자재산의 전부를 단기금융상품에 투자하는 펀드를 말하며 장부가로 평가하여 기준가격등락이 작다(은행예금과 같은 안정적 수익을 기대할 수 있음).
　① 단기금융상품 잔존만기 6개월 이내인 CD / 잔존만기 5년 이내인 국채 / 잔존만기 1년 이내인 지방채, 특수채, 사채권, 기업어음 / 단기대출 / 금융기관예치 / 타 MMF에 투자 / 전자단기사채 [2013.5 개정 : 전자단기사채 추가, 전자단기사채란 CP시장을 대체하기 위한 초단기 금융투자상품을 말함]
　② 운용제한(I)
　　㉠ 증권을 대여하거나 차입하지 아니할 것
　　㉡ 남은 만기가 1년 이상인 국채증권은 펀드재산의 5% 이내에서 운용할 것
　　㉢ 환매조건부매도는 해당 펀드가 보유하는 증권총액의 5% 이내일 것
　　㉣ 해당 펀드의 가중평균 잔존만기는 75일 이내일 것
　　㉤ 펀드재산의 40% 이상을 채무증권에 운용할 것(환매조건부매매채권 제외)
　　㉥ 취득시점의 채무증권의 신용평가등급이 상위 2개 이내일 것
　　㉦ 파생상품 등에 투자하지 아니할 것

③ 운용제한(Ⅱ) - 아래 자산에 대해서는 MMF자산의 10% 이상을 투자할 경우에만 취득이 가능함 (2013.5 개정)
  ㉠ 현 금
  ㉡ 국 채
  ㉢ 통화안정증권
  ㉣ 잔존만기 1영업일 이내의 양도성예금증서 / 지방채·특수채·사채권·CP·전자단기사채
  ㉤ RP매수
  ㉥ 단기대출
  ㉦ 수시입출금이 가능한 금융기관 예치
  ※ 그리고 합산요건이 있는데, '㉠ ~ ㉦'에 투자한 금액의 합계는 MMF자산총액의 30%를 초과해야 한다(이때 ㉣은 '잔존만기 7영업일 이내'의 요건이 적용됨).

보충문제

01 다음 중 증권집합투자기구에 해당하는 것은?

① 신탁재산·집합투자재산·유동화자산의 50% 이상을 부동산이 차지하는 신탁증권·집합투자증권·유동화증권에 자산의 50%를 초과하여 투자하는 집합투자기구
② 부동산투자회사가 발행한 증권에 자산의 50%를 초과하여 투자하는 집합투자기구
③ 선박투자회사가 발행한 증권에 자산의 50%를 초과하여 투자하는 집합투자기구
④ 채무증권에 자산의 50%를 투자하는 집합투자기구

해설 ①·②는 부동산집합투자기구(증권형), ③은 특별자산집합투자기구이다. 증권의 형태에 따라 집합투자기구의 종류가 달라진다.

정답 ④

02 다음 내용은 어떤 집합투자기구에 대한 설명인가?

- 투자대상을 확정하지 않고 가치가 있는 모든 자산에 투자할 수 있다.
- 사전에 특정되지 아니함으로 인해 보다 많은 투자기회를 찾아 투자하고 그 수익을 향유할 수 있으나 반면 그로 인해 투자손실의 가능성도 더 높다.
- 환매금지형으로 설정·설립하는 것이 원칙이다.

① 증권집합투자기구   ② 특별자산집합투자기구
③ 혼합자산집합투자기구   ④ 부동산집합투자기구

해설 혼합자산펀드의 내용이다.

정답 ③

03 다음은 단기금융펀드(MMF)의 운용제한에 대한 내용이다. 빈칸이 순서대로 올바르게 채워진 것은?

> - 남은 만기가 1년 이상인 국채증권에 집합투자재산의 (　　) 이내에서 운용할 것
> - 해당 집합투자기구의 집합투자재산의 남은 만기의 가중평균이 (　　) 이내일 것
> - 집합투자재산의 (　　) 이상을 채무증권에 운용할 것
> - 취득시점을 기준으로 채무증권의 신용평가등급이 상위 (　　) 등급 이내일 것

① 5%, 75일, 40%, 2개
② 5%, 75일, 50%, 2개
③ 10%, 90일, 40%, 2개
④ 10%, 90일, 50%, 2개

<u>해설</u>　차례대로 '5% – 75일 – 40% – 2개'이다.
　　　MMF에 대해서는 그 운용제한이 일반펀드보다 더 강화되어 적용된다(더알아보기 참조).
　　　※ 채무증권에 대한 운용제한
　　　　(1) MMF는 자산총액의 40% 이상을 채무증권으로 운용해야 한다(채무증권의 신용평가등급은 상위 2개 이내여야 함).
　　　　(2) 개별 채무증권에 대한 투자는 최상위등급은 5%, 차상위등급은 2%를 초과할 수 없다.
　　　　　Cf. 동일법인이 발행한 어음에 대해서는 최상위등급 3%, 차상위등급 1%가 적용된다.
　　　　(3) 법인MMF의 경우 국채·통안채 등 안정적인 자산편입비율이 30% 이하인 경우 시가평가를 실시하되 가중평균 잔존만기 한도를 120일로 하며, 그 외 법인MMF는 장부가 평가를 유지하되 가중평균 잔존만기를 60일로 한다.

구 분	남은 만기의 가중평균된 기간
개인MMF	75일
장부가격 평가하는 법인MMF	60일
시가 평가하는 법인MMF	120일

정답 ①

다음 내용에서 집합투자재산의 운용상 '규모의 경제 효과'를 달성하고자 하는 것은?

> ⊙ 환매금지형 집합투자기구
> ⓒ 종류형 집합투자기구
> ⓒ 전환형 집합투자기구
> ⓔ 모자형 집합투자기구
> ⑩ 상장지수집합투자기구

① ⊙, ⓔ

② ⓒ, ⓒ

③ ⓒ, ⓔ

④ ⓒ, ⓔ

해설   규모의 경제를 달성하고자 설정되는 펀드는 종류형과 모자형이다.

정답 ④

더알아보기   특수한 형태의 집합투자기구 5유형

(1) 환매금지형 집합투자기구
   ① 부동산 / 특별자산 / 혼합자산 / 펀드재산의 20%를 초과하여 시장성 없는 자산에 투자하는 경우
      ⊙ 환매금지형으로 설정(설립)의무 → 90일 이내에 증권시장에 상장의무 부과(사모펀드 제외)
      ⓒ 2013.5 개정사항 : '부동산 / 특별자산 / 혼합자산펀드'는 반드시 환매금지형(폐쇄형)으로 설정 ·
         설립하는 것을 의무화했으나, 개정 후에는 증권 등의 형태로 시가나 공정가액으로 조기에 현금화
         가 가능한 펀드에 대해서는 예외를 허용하였음
   ② 환매금지형펀드는 존속기간이 정해진 단위형에만 가능하여 추가발행이 불가하나 아래의 경우 예외적
      으로 가능함
      • 예외 : 이익분배금의 범위 내에서 추가 발행시 / 기존투자자의 이익을 해할 우려가 없다고 신탁업자
        의 확인을 받는 경우 / 기존투자자 전원의 동의를 받는 경우 / 추가로 발행되는 집합투자증권에 대
        해 기존투자자의 집합투자증권 보유비율에 따라 우선매수기회를 부여하는 경우

(2) 종류형 집합투자기구
   ① 소규모투자기구의 양산으로 적정운용규모가 달성되지 못하는 것은 보이지 않는 투자자의 피해가 됨
      → 이를 해결하기 위해 동일업자의 펀드 가운데 판매수수료 체계만 다른 것은 하나의 펀드(종류형펀
         드)로 합할 수 있게 함으로써 펀드운용의 효율성을 제고함(운용보수, 신탁보수 등 판매수수료 체계
         를 제외한 나머지 비용은 모든 종류에 동일하게 적용됨)
   ② 종류(Class) 수에는 제한이 없고, 종류 간 전환이 가능하며(이때 환매수수료 부과없음), 해당종류의
      수익자만으로 종류총회를 개최할 수 있음

(3) 전환형 집합투자기구

① 다양한 자산과 투자전략을 가진 투자기구를 묶어 하나의 세트로 만들고 그 세트 내에 속하는 투자기구 간 전환이 가능하게 한 펀드를 말함(전환시 환매수수료가 부과되지 않는 것이 원칙이나 최소한의 기간에 못 미치는 등의 경우 환매수수료가 부과될 수 있음)

② 전환에 있어서 전환형과 종류형의 차이

종류형에서의 전환	전환형에서의 전환
펀드의 포트폴리오가 변하지 않음	펀드 내 포트폴리오가 변함

(4) 모자형 집합투자기구

① 모자형 설정(설립)의 요건

> 子펀드는 母펀드에만 투자할 것 / 母펀드에는 子펀드만 투자할 수 있을 것 / 동일업자일 것

② 모자형 vs 재간접펀드

모자형	재간접펀드(FOFs)
• 운용의 효율성을 위함 • 모자펀드의 집합투자업자가 동일	• 아웃소싱을 위함 • 집합투자업자가 동일하지 않음

(5) 상장지수집합투자기구(ETF)

① ETF의 일반적인 특징 : 인덱스형 / 개방형 / 추가형 / 상장형 / 실물형(ETF는 실물납입도 가능)

② ETF의 두 가지 시장(보충문제 3 참조) : 기관투자자들은 발행시장에서 매입·환매하며, 일반투자자는 유통시장에서 주식처럼 매수·매도한다. 지정참가회사(AP) 2사를 두며, 1사는 유통시장에서 유동성 공급역할(LP)을 한다. AP는 발행시장의 순자산가치와 유통시장의 주가를 일치시키기 위해 차익거래를 수행하며, 이때 발생하는 이익금은 신탁분배금으로 배당한다.

③ ETF 특례

배제되는 규제	운용특례
대주주와의 거래제한 / 자산운용보고서 제공 의무 / 내부자 단기매매차익반환의무 / 금전납입원칙	동일종목 투자한도 30%(자산총액기준) / 동일법인이 발행한 지분증권 투자한도 20%(지분증권총수기준) / 이해관계인과의 거래가능

→ ETF는 의결권행사를 Shadow Voting으로만 해야 한다(지수구성차원의 편입이므로 적극적인 의결권행사를 인정하지 않음).

④ ETF 폐지요건 : 추적오차율이 10%를 초과하여 3개월간 지속되는 경우 / 지수를 산정할 수 없거나 이용할 수 없게 되는 경우

⑤ 상장폐지 : 상장폐지일로부터 10일 이내에 해지하고, 해지일로부터 7일 이내에 금융위에 보고해야 한다.

01 특수한 형태의 집합투자기구에 대한 설명으로 잘못된 것은?

① 일반펀드와 전환형펀드가 다른 점은 전환형펀드에서 펀드를 변경할 경우 환매수수료가 부과되지 않는다는 것이다.

② 종류형펀드에서의 종류 간 전환은 전환형펀드에서의 전환과는 달리 펀드의 포트폴리오가 전혀 바뀌지 않는다는 차이점이 있다.

③ 재간접펀드(Fund of Funds)는 집합투자업자의 운용의 효율성을 위해 도입이 되었으나 모자형펀드의 경우 운용능력의 아웃소싱을 위해 도입된다는 점에서 차이가 있다.

④ 모자형펀드에서는 모펀드와 자펀드의 집합투자업자가 동일해야 하는데 재간접펀드는 해당 펀드와 투자대상 펀드의 집합투자업자가 동일하지 않은 경우가 대부분이다.

> **해설** 모자형펀드와 재간접펀드가 바뀌었다. 아웃소싱(Outsoursing)이란 운용 혹은 경영의 효율성 극대화를 위하여 제3자에게 위탁하는 것을 말한다.
>
> 정답 ③

02 다음 내용이 설명하는 집합투자기구의 종류는 무엇인가?

> 우리나라는 아직까지 대부분의 투자기구의 존립기간이 짧고 소규모투자기구가 양산되는 문제가 있다. 그 결과 오랜 역사를 가진 투자기구가 없고 투자기구의 소규모화로 적정 운용규모를 달성하지 못하고 그로 인한 투자자의 눈에 보이지 않는 손실이 있었음을 부정할 수 없다. 이를 해결하기 위한 하나의 방법으로 (   )가 도입되었다.

① 환매금지형 집합투자기구

② 종류형 집합투자지구

③ 전환형 집합투자기구

④ 모자형 집합투자기구

> **해설** 종류형 집합투자기구이다. 동일한 집합투자기구 내에 다양한 판매보수 또는 판매수수료 구조를 가진 클래스를 만들어 수수료 체계의 차이에서 발생하는 신규펀드의 설정을 억제하고, 여러 클래스에 투자된 자산을 합쳐서 운용하여 규모의 경제를 달성할 수 있도록 만들어진 집합투자기구이다.
>
> 정답 ②

더알아보기 종류형 집합투자기구(Multi-Class Fund)의 구분

구 분	A-class	B-class	C-class	D-class
운용보수	동 일			
수탁보수	동 일			
판매수수료	선취수수료	후취수수료	×	선취&후취수수료
판매보수	판매보수	판매보수	Only 판매보수	판매보수

03 다음 빈칸에 알맞은 말은?

> ETF의 Primary Market에서는 (　　)를 통하여 ETF의 설정과 해지가 발생하게 되고 Secondary Market에서는 일반투자자들과 (　　)가 ETF 수익증권의 매매를 하게 된다. 이 과정에서 (　　)는 ETF 수익증권의 순자산가치와 증권시장에서의 거래가격을 근접시키기 위하여 차익거래를 수행하게 된다.

① 집합투자업자
② 지정참가회사
③ 신탁업자
④ 일반사무관리회사

해설 지정참가회사(AP : Authorized Participant)이다. 지정참가회사는 ETF의 발행시장에서 투자자와 집합투자업자 사이에서 ETF의 설정 및 해지(환매) 신청의 창구역할을 담당하고(발행시장에서의 역할), 유통시장에서는 ETF의 거래가 원활하게 되도록 유동성을 공급하며(AP 중 1사가 LP로 지정), 그 가격이 좌당 순자산가치에 일치되도록 노력(차익거래 수행)한다.

정답 ②

더알아보기 **ETF의 두 가지 시장(지정참가회사의 역할)**

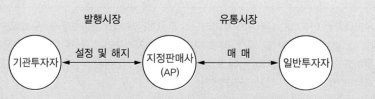

• ETF(Exchange Traded Fund) : 기관투자자는 발행시장에서 AP를 통해 펀드매입과 환매를 하며(개방형), 일반투자자는 AP(LP)를 통해 증권시장에서 ETF를 매매한다(상장형).
• ETF의 성질 : 인덱스형, 상장형(30일 내 상장의무), 실물형, 개방형으로 분류할 수 있음

04 ETF의 분배와 관련해서 빈칸에 알맞은 것은?

> • 일반적인 집합투자기구가 회계결산을 할 경우에는 해당 회계기간 중에 적립된 배당재원, 즉 이익잉여금을 투자자에게 (㉠)의 형태로 현금으로 분배한다. 투자자가 원할 경우에는 (㉠)을 재투자하여 투자기구의 발행좌수를 늘려주게 된다.
> • ETF는 회계결산 시점과 무관하게 (㉡)을 분배할 수 있다. (㉡)은 납세의무의 종결이 아니라 ETF의 추적오차를 최소화하기 위한 목적으로 활용된다.

	㉠	㉡
①	이익분배금	이익분배금
②	이익분배금	신탁분배금
③	신탁분배금	신탁분배금
④	신탁분배금	이익분배금

해설 ETF에서 추적오차가 과도하게 발생할 경우 추적오차를 최소화하기 위해서 수시로 배당하는 것을 신탁분배금이라 한다.

　　참고 신탁분배금은 ETF를 이해하는 중요한 개념의 하나인데, 2016년 기본서 개정으로 시험범위에서 제외되었음을 참조하자.

정답 ②

05 ETF의 운용특례와 관련해서 빈칸에 알맞은 것은?

구 분	공모형 집합투자기구	ETF
동일종목증권 투자한도 (펀드재산총액 대비)	10%	(㉠)
동일법인이 발행한 지분증권 투자한도 (지분증권총수 대비)	10%	(㉡)

	㉠	㉡
①	20%	20%
②	20%	30%
③	30%	20%
④	30%	30%

해설 ETF는 지수를 구성하기 위해 종목을 편입하므로(여타의 목적성이 없으므로), 일반펀드에 비해 운용규제가 완화적용된다.

정답 ③

06 ETF의 거래제한에 관련한 설명 중 옳지 않은 것은?

① ETF는 대주주와의 거래제한이 적용되지 않는다.

② ETF는 적극적으로 의결권을 행사할 수 없고 Shadow Voting만을 해야 한다.

③ 자산운용보고서 제공의무가 없다.

④ 집합투자기구의 설정·추가설정시 신탁원본전액을 금전으로 납입해야 한다.

해설 ETF는 실물로도 설정이 가능하다.

정답 ④

07 ETF의 상장과 상장폐지는 한국거래소의 증권상장 규정에서 정하는 바에 따르며, 상장이 폐지되는 경우에는 상장폐지일로부터 (   ) 이내에 펀드를 해지해야 하며, 해지일로부터 (   ) 이내에 금융위에 보고해야 한다. 빈칸에 들어갈 내용을 옳게 연결한 것은?

① 3일, 7일

② 7일, 7일

③ 10일, 7일

④ 15일, 10일

해설 차례대로 '10일 - 7일'이다.

정답 ③

사모집합투자기구

다음은 공모집합투자기구에 적용되는 규제로 일반 사모집합투자기구에 대해서는 그 적용을 배제하는 특례이다. 해당하지 않는 것은?

① 수시공시의무

② 판매보수 및 판매수수료 제한

③ 자산운용의 제한

④ 설정·설립 후의 금융위 보고의무

해설 ①·②·③은 일반 사모집합투자기구에는 적용이 면제되는 사항이다. ④는 일반 사모펀드(기관전용 사모펀드 포함)의 의무로, 사모펀드는 설정·설립 후 2주 내에 금융위에 보고해야 함을 말한다.

정답 ④

더알아보기 사모집합투자기구에 대한 특례

(1) 공모펀드에 적용되는 규제이나 일반 사모펀드에는 그 적용을 배제함
- 핵심문제 지문 ①, ②, ③에 추가하여,
  - 금전차입제한, 자산운용보고서 작성 및 제공의무, 수시공시의무, 집합투자재산에 대한 보고의무, 환매연기 통지의무, 파생상품의 운용특례, 부동산 운용특례, 기준가격 매일산정·공고·게시의무, 집합투자재산의 회계감사수감의무, 회계감사인의 손해배상의무 등

(2) 기관전용 사모집합투자기구의 주요 개정내용(자본시장법, 2021.4.20)

> **제249조의13(투자목적회사)** ① 사모집합투자기구는 다음 각 호의 요건을 모두 충족하는 투자목적회사의 지분증권에 투자할 수 있다.
>   1. 상법에 따른 주식회사 또는 유한회사일 것
>   2. 특정 법인 또는 특정 자산 등에 대한 효율적인 투자를 목적으로 할 것
>   3. 그 주주 또는 사원이 다음의 어느 하나에 해당하되, '가.'에 해당하는 주주 또는 사원의 출자비율이 50% 이상일 것
>   가. 사모집합투자기구 또는 그 사모집합투자기구가 투자한 투자목적회사
>   나. 투자목적회사가 투자하는 회사의 임원 또는 대주주
>   다. 투자목적회사에 대하여 신용공여를 한 금융기관으로서 출자전환을 한 자
>   4. 투자목적회사의 주주 또는 사원인 사모집합투자기구의 투자자 수와 기관전용 사모집합투자기구가 아닌 주주 또는 사원의 수를 합산한 수가 100인 이내일 것
>   5. 상근임원을 두거나 직원을 고용하지 아니하고, 본점 외에 영업소를 설치하지 아니할 것
> ② 기관전용 사모집합투자기구는 다음 사항에 관하여 금융위원회에 보고하여야 한다.
>   (※ 펀드 순자산의 400% 이내 차입한도 산정에 포함되는 요소임)
>   1. 파생상품 매매 및 그에 따른 위험평가액 현황
>   2. 채무보증 또는 담보제공 현황
>   3. 금전차입 현황
>   4. 그 밖에 금융시장의 안정 또는 건전한 거래질서를 위하여 필요한 사항(RP, 공매도 등)

제249조의14(업무집행사원 등) ① 기관전용 사모집합투자기구는 정관으로 무한책임사원 중 1인 이상을 업무집행사원으로 정하여야 한다. 이 경우 그 업무집행사원이 회사의 업무를 집행할 권리와 의무를 가진다.

(생략)

④ 기관전용 사모집합투자기구의 업무집행사원이 기관전용 사모집합투자기구의 집합투자재산의 운용 및 보관·관리, 기관전용 사모집합투자기구 지분의 판매 및 환매 등을 영위하는 경우에는 자본시장법상 금융투자업자 인가규제를 받지 않는다.

(생략)

⑥ 업무집행사원은 다음 각 호의 행위를 해서는 아니 된다.
1. 기관전용 사모집합투자기구와 거래하는 행위(사원 전원의 동의가 있는 경우는 제외한다)
2. 원금 또는 일정한 이익의 보장을 약속하는 등의 방법으로 사원이 될 것을 부당하게 권유하는 행위
3. 사원 전원의 동의 없이 사원의 일부 또는 제삼자의 이익을 위하여 기관전용 사모집합투자기구가 소유한 자산의 명세를 사원이 아닌 자에게 제공하는 행위
4. 자본시장법에 따른 금지나 제한을 회피할 목적으로 하는 행위로서 장외파생상품거래, 신탁계약, 연계거래 등을 이용하는 행위

⑦ 기관전용 사모집합투자기구는 업무집행사원이 준수하여야 할 구체적인 행위준칙을 제정하여야 하며, 행위준칙을 제정·변경한 경우에는 지체 없이 이를 금융위원회에 보고하여야 한다.

⑧ 업무집행사원은 대통령령으로 정하는 기간마다 1회 이상 기관전용 사모집합투자기구 및 기관전용 사모집합투자기구가 출자한 투자목적회사의 재무제표 등을 사원에게 제공하고, (※ 전문투자자끼리의 자율성 보장차원에서 금융위가 아님에 유의) 그 운영 및 재산에 관한 사항을 설명하여야 하며, 그 제공 및 설명 사실에 관한 내용을 기록·유지하여야 한다.

(생략)

⑪ 기관전용 사모집합투자기구는 정관에서 정하는 바에 따라 기관전용 사모집합투자기구의 집합투자재산으로 업무집행사원에게 보수(운용실적에 따른 성과보수를 포함한다)를 지급할 수 있다.

제249조의15(업무집행사원의 등록 등) ① 기관전용 사모집합투자기구의 업무집행사원으로서 기관전용 사모집합투자기구의 집합투자재산 운용업무를 영위하려는 자는 다음 각 호의 요건을 갖추어 금융위원회에 등록하여야 한다.
1. 1억원 이상의 자기자본을 갖출 것
(생략)
3. 투자운용전문인력을 2명 이상 갖출 것
4. 이해상충이 발생할 가능성을 파악·평가·관리할 수 있는 적절한 내부통제기준을 갖출 것
5. 건전한 재무상태와 사회적 신용을 갖출 것

② 제1항에 따른 등록을 하려는 자는 금융위원회에 등록신청서를 제출하여야 한다.

제249조의16(이해관계인과의 거래) ① 업무집행사원은 기관전용 사모집합투자기구의 집합투자재산을 운용할 때 대통령령으로 정하는 이해관계인과 거래행위를 해서는 아니 된다. 다만, 기관전용 사모집합투자기구와 이해가 상충될 우려가 없는 거래로서 다음 각 호의 어느 하나에 해당하는 거래의 경우에는 이를 할 수 있다.
1. 증권시장 등 불특정다수인이 참여하는 공개시장을 통한 거래
2. 일반적인 거래조건에 비추어 기관전용 사모집합투자기구에 유리한 거래
3. 그 밖에 대통령령으로 정하는 거래

② 업무집행사원은 제1항 단서에 따라 허용되는 이해관계인과의 거래가 있는 경우 또는 이해관계인의 변경이 있는 경우에는 그 내용을 해당 기관전용 사모집합투자기구의 집합투자재산을 보관·관리하는 신탁업자에게 즉시 통보하여야 한다.

③ 업무집행사원은 기관전용 사모집합투자기구의 집합투자재산을 운용할 때 기관전용 사모집합투자기구의 계산으로 그 업무집행사원이 발행한 증권을 취득해서는 아니 된다.

④ 업무집행사원은 기관전용 사모집합투자기구의 집합투자재산을 운용할 때 집합투자재산의 5%를 초과하여 다음 각 호의 어느 하나에 해당하는 계열회사가 발행한 증권(그 계열회사가 발행한 지분증권과 관련한 증권예탁증권 및 대통령령으로 정하는 투자대상자산을 포함한다)을 취득해서는 아니 된다. 이 경우 기관전용 사모집합투자기구의 집합투자재산으로 취득하는 증권은 시가로 평가하되 평가의 방법과 절차는 대통령령으로 정하는 바에 따른다.

1. 그 업무집행사원의 계열회사
2. 그 기관전용 사모집합투자기구에 사실상 지배력을 행사하는 유한책임사원으로서 대통령령으로 정하는 자의 계열회사

제249조의17(지분양도 등) ① 기관전용 사모집합투자기구의 무한책임사원은 출자한 지분을 타인에게 양도할 수 없다. 다만, 정관으로 정한 경우에는 사원 전원의 동의를 받아 지분을 분할하지 아니하고 타인에게 양도할 수 있다.

② 기관전용 사모집합투자기구의 유한책임사원은 무한책임사원 전원의 동의를 받아 출자한 지분을 분할하지 아니하고 타인에게 양도할 수 있다.

③ 기관전용 사모집합투자기구의 무한책임사원 및 유한책임사원은 제1항 단서 및 제2항에도 불구하고 양도의 결과 기관전용 사모집합투자기구의 사원 총수가 100인을 초과하지 아니하는 범위에서는 지분을 분할하여 양도할 수 있다. 이 경우 제249조의11 제3항을 준용한다.

④ 기관전용 사모집합투자기구는 다른 회사(다른 기관전용 사모집합투자기구를 포함한다)와 합병할 수 없다.

⑤ 기관전용 사모집합투자기구의 유한책임사원은 그 지분을 제249조의11 제6항 각 호에 해당하지 아니하는 자에게 양도해서는 아니 된다.

보충문제

01 일반 사모집합투자기구에도 적용되는 규제는?

① 적격요건을 갖추지 못한 자와의 장외파생상품의 거래

② 자산운용보고서의 제공의무

③ 기준가격의 매일 공고·게시 의무

④ 환매금지형집합투자기구의 상장의무(90일 이내)

해설 공·사모에 공통적용되는 것은 법 시행령에서 규정한 적격요건을 갖추지 못한 자와의 매매 금지이다.

정답 ①

02 사모펀드에 대한 설명으로 옳지 않은 것은?

① 일반 사모펀드는 적격투자자(전문투자자 + 최소투자 3억원 이상의 일반투자자)가 투자할 수 있는 펀드로서 금융투자업자(사모운용사)가 설정·운용한다.

② 기관전용 사모펀드는 비금융투자업자인 업무집행사원(GP)이 설립·운용한다.

③ 일반투자자에게 일반 사모펀드의 집합투자증권을 판매하는 판매업자는 핵심상품설명서의 내용으로 집합투자업자의 운용행위에 관여할 수 없다.

④ 일반사모펀드투자업을 등록하기 위해서는 10억원 이상의 자기자본과 투자운용인력 3명 이상을 갖추고 회계연도 말 기준으로 최저자기자본의 70% 이상을 유지하여야 한다.

> **해설** 일반 사모펀드의 집합투자증권을 일반투자자에게 판매하는 판매업자는 집합투자업자의 운용행위가 핵심상품설명서에 부합하는지 여부를 확인하고 부합하지 아니할 경우 그 운용행위의 철회 변경 또는 시정을 요구하여야 한다(사모펀드 규제 개편으로 펀드판매업자의 핵심상품설명서의 검증·교부 의무로서 강화된 투자자보호 내용이다).
>
> 정답 ③

03 기관전용 사모집합투자기구의 업무내용에 대한 설명으로 옳지 않은 것은?

① 기관전용 사모펀드의 업무집행사원이 운용업무를 하고자 할 경우 자기자본은 1억원 이상, 운용전문인력은 2인 이상이어야 한다.

② 기관전용 사모펀드의 업무집행사원이 펀드 지분의 판매 및 환매 등을 영위하는 경우에는 자본시장법상의 금융투자업 인가규제를 받지 아니한다.

③ 기관전용 사모펀드의 업무집행사원은 매 6개월마다 출자한 투자목적회사의 재무제표 등을 금융위에 제출·보고하여야 한다.

④ 기관전용 사모펀드는 다른 회사와 합병할 수 없다.

> **해설** 기관전용 사모펀드는 금융위의 승인이 없더라도 투자자(LP)가 GP의 위반행위 등을 감시·견제할 수 있도록 허용하고 있다. 그 이유는 기관전용 사모펀드는 투자자가 기관투자자로 제한되므로 (투자자보호에 별 문제가 없으므로) 투자자와 GP 간의 문제는 자율적으로 해결하라는 의미이다.
> 기관전용 사모펀드의 업무집행사원은 6개월마다 1회 이상 펀드 및 펀드가 출자한 투자목적회사의 재무제표 등을 사원에게 제공하고, 그 운영 및 재산에 관한 사항을 설명하여야 하며, 그 제공 및 설명사실에 관한 내용을 기록·유지하여야 한다.
>
> 정답 ③

2 일반적 분류에 의한 집합투자기구

다음은 펀드의 분류에 대한 설명이다. 잘못된 것은?

① 펀드의 최초 모집기간이 종료된 이후에는 동일한 펀드에 추가로 투자할 수 없도록 한 것을 단위형이라 한다.

② 펀드가 헤지 등의 목적으로 장외파생상품에 투자할 경우 투자일자에 따라 수익구조가 달라질 수 있으므로 추가형으로 설정하는 것이 보통이다.

③ 대부분의 일반 펀드는 개방형으로 설정되나 유동성이 부족한 부동산이나 선박투자펀드 등은 폐쇄형으로 설정이 된다.

④ 최초로 펀드를 설정한 후 투자자의 수요에 따라 신탁원본을 증액하여 수익증권을 추가로 발행할 수 있는 형태를 추가형이라고 한다.

> **해설** 장외파생상품의 경우 투자일자가 달라지면 수익구조가 달라지므로 단위형으로 설정하는 것이 보통이다.
>
> 정답 ②

더알아보기 성격에 따른 집합투자기구의 분류

추가설정여부	환매가능여부	편입대상	파생상품편입	상장여부	판매방법
추가형 / 단위형	개방형 / 폐쇄형	주식형 / 채권형 / 혼합형	증권형 / 파생형	상장형 / 비상장형	모집식 / 매출식

→ 장외파생상품의 경우 단위형펀드가 적절함(기간이 달라지면 수익구조도 달라지기 때문)

→ 부동산펀드나 선박펀드는 쉽게 환매에 응할 수 없으므로 폐쇄형이 적합

→ 주식비중(채권비중)이 60% 이상이면 주식형(채권형), 주식비중이 50% 미만이면 채권혼합형, 주식비중이 50% 이상 60% 미만이면 주식혼합형

→ 파생상품매매에 따른 위험평가액이 자산총액의 10% 초과 & 위험회피 목적이 아닐 경우 파생형으로 분류함(실무적 분류)

→ 상장형에는 ① ETF, ② 공모형폐쇄형펀드(90일 이내 상장의무)가 있음

→ 모집식은 선청약 / 후발행, 매출식은 선발행 / 후청약이라 할 수 있음(매출식은 판매회사의 자금부담 문제가 있어 현재 대부분은 모집식으로 함)

01 다음의 설명 중 잘못된 것은?

① 펀드재산의 60% 이상을 주식에 투자하는 펀드를 주식형이라 한다.

② 수익증권을 상장하는 이유는 펀드자체가 환매를 허용하지 않기 때문에 투자자의 자금회수 수단을 마련하는 차원 그리고 환매가 가능해도 특수한 목적으로 상장을 하는 차원의 두 가지이다.

③ 최대주식편입비율이 50% 이상인 펀드를 채권혼합형, 최대주식편입비율이 50% 미만인 펀드를 주식혼합형으로 분류한다.

④ 일반적으로 채권은 주식보다 유동성위험은 높은 편이고 시장위험은 낮은 편이라 할 수 있다.

> **해설** 최대주식편입비율이 50% 미만이면 주식보다 채권이 더 많게 되므로 채권혼합형이 된다.
> 증권형펀드가 갖는 위험으로 시장위험, 개별위험, 유동성위험이 있는데 채권은 주식에 비해 시장위험은 낮은 반면 유동성위험은 더 높은 편이다.
>
> **정답** ③

더알아보기 성격에 따른 집합투자기구의 분류

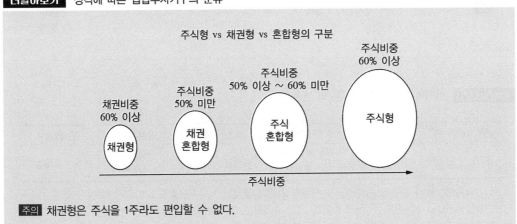

주식형 vs 채권형 vs 혼합형의 구분

채권비중 60% 이상 — 채권형
주식비중 50% 미만 — 채권혼합형
주식비중 50% 이상 ~ 60% 미만 — 주식혼합형
주식비중 60% 이상 — 주식형

주식비중 →

주의 채권형은 주식을 1주라도 편입할 수 없다.

02 상장형 집합투자기구에 대한 설명으로 잘못된 것은?

① 펀드의 수익증권을 증권시장 등에 상장하여 증권시장에서 거래할 수 있도록 한 펀드를 상장형펀드라고 한다.

② 수익증권을 상장하는 이유는 펀드자체가 환매를 허용하지 않기 때문에 투자자의 자금회수 수단을 마련하는 차원 그리고 환매가 가능해도 특수한 목적으로 상장을 하는 차원의 두 가지이다.

③ 사모펀드라도 폐쇄형펀드라면 투자자의 자금회수수단을 위해서 상장을 해야 한다.

④ 폐쇄형펀드는 집합투자증권을 최초로 발행한 날로부터 90일 이내에 그 집합투자증권을 증권시장에 상장하여야 한다.

> **해설** 사모펀드의 경우 상장의무가 면제된다. 만일 사모펀드가 상장이 된다면 일반 대중을 상대로 모집 또는 매출의 금지요건이 지켜지기 어렵기 때문에 현실적으로 상장을 할 수 없다.
> ②의 경우는 ETF에 대한 설명으로 ETF는 환매가 가능하지만(법인투자자의 경우) 펀드의 속성상 상장을 하는 경우이다.
> *상장형집합투자기구 ≠ 상장집합투자기구

정답 ③

03 모집식과 매출식 펀드판매에 대한 설명으로 잘못된 것은?

① 펀드를 설정하기 전에 미리 투자자로부터 펀드의 투자에 대해 청약을 받고 그 청약대금을 확보한 후 펀드의 설정을 요청하는 형식을 모집식이라 한다.

② 판매회사의 보유현금으로 자금을 납입하여 펀드를 설정한 후 설정된 펀드의 수익증권을 보유하고 있던 판매회사가 고객의 수익증권 매입청구에 대응하여 보유 중인 수익증권을 고객에게 매각하는 형식을 매출식이라 한다.

③ 매출식으로 펀드를 판매하는 경우 투자매매업자, 투자중개업자(판매업자)의 자금문제가 발생할 수 있는 단점이 있으나 판매업자의 입장에서 수익의 원천이 되기 때문에 대부분의 펀드판매는 현재 매출식으로 이루어지고 있다.

④ 정답 없음

> **해설** 매출식은 판매업자의 자금문제가 발생할 수 있을 뿐더러, 매출식 판매과정에서 판매업자의 손실과 이익의 기회가 모두 존재하는데 이러한 불확실성의 부담을 회피하기 위하여 현재는 대부분의 펀드는 모집식으로 판매되고 있다.

정답 ③

기타의 집합투자기구 분류

투자지역에 따른 펀드분류로 가장 거리가 먼 것은?

① 글로벌펀드(Global Fund)는 해외투자펀드 중 펀드의 수익률변동성이 가장 낮은 수준에 속한다.
② 대부분의 글로벌펀드(Global Fund)는 선진국 위주로 투자되는 경우가 많은데 이는 선진국에 투자하는 것이 수익률 측면에서 더 유리하기 때문이다.
③ 글로벌펀드보다 좀 더 좁은 지역에 투자하는 펀드를 지역펀드(Regional Fund)라고 하며 이머징마켓투자펀드, BRICs펀드, 동남아펀드 등이 이에 속한다.
④ 가장 좁은 지역에 투자하는 펀드는 개별국가펀드(Single Country Fund)라고 하는데 개별국가펀드는 글로벌펀드나 지역펀드에 비해서 기대수익률이 높고 동시에 위험도 가장 높다고 할 수 있다.

해설 글로벌투자펀드가 선진국에 주로 투자하는 것은 수익률이 가장 높아서가 아니라 안정적인 투자가 가능하기 때문이다.

정답 ②

더알아보기 기타의 집합투자기구 분류

(1) 분 류

투자지역에 따른 분류	투자전략에 따른 분류	대체투자 여부에 따른 분류
• 글로벌 투자펀드(선진국위주) • 지역펀드(BRICs 등) • 개별국가펀드(차이나펀드 등)	• 액티브펀드 : 스타일펀드, 테마펀드 등 • 패시브펀드 : 인덱스펀드, 포트폴리오보험전략 등 • 섹터펀드 : 액티브 / 패시브 혼합	• 기존 전통적 자산과 상관관계가 낮은 대체투자로 수익률 변동성을 완화시킬 수 있는 장점이 있음 • (대체투자) 전문가도 그 상품의 깊은 내면을 잘 알지 못하는 것이 사실임 • 부동산펀드, Reits, SOC투자펀드, 헤지펀드, PEF 등

① 글로벌펀드는 선진국 위주로 투자됨(고수익성이 아니라 안정적 투자회수가 가능하기 때문)
② 해외투자펀드의 리스크 : 국내펀드보다 추가된 리스크를 부담해야 함(환리스크). 프런티어마켓의 경우 투자자금 송금이 곤란할 수도 있음
③ 액티브운용전략에는 'Top Down Approach'와 'Bottom Up Approach'가 있음(실제는 혼용함)
④ 패시브운용전략 : 인덱스형 / 포트폴리오보험형 / 차익거래형 / 롱숏형 / 시스템트레이딩형 등

(2) 인덱스펀드

① 패시브운용전략의 대표적인 펀드는 인덱스펀드임(인덱스의 종류 : KOSPI / KOSPI200 / KRX / KIS Autos / Dow / Nasdaq / MSCI / FTSE / GSCI 등)

② 인덱스펀드의 특징

인덱스펀드의 장점	추적오차(트래킹 에러) 발생이유
⊙ 저렴한 비용 : 액티브펀드보다 낮은 보수 ⓛ 투명한 운용 : 수익률 예상이 명쾌함 ⓒ 시장수익률의 힘 : 장기적으로 지수 수익률을 능가하기는 쉽지 않음	⊙ 인덱스펀드에 부과되는 보수 등 비용 ⓛ 인덱스펀드의 포트폴리오 구축시 거래비용 발생 ⓒ 인덱스펀드의 포트폴리오와 추적대상지수 포트폴리오의 차이 ⓔ 포트폴리오 구축시 적용되는 가격과 실제매매가격과의 차이 등

→ 추적오차를 최소화하는 것이 ETF이며, ETF가 아닌 일반펀드가 추적오차를 가장 작게 하는 방법은 완전복제방법이다(인덱스구성법 : 완전복제법과 샘플링방법-대부분은 샘플링으로 함).

(3) 인핸스드 인덱스펀드(Enhanced Index Fund)

알파추구형	차익거래형
포트폴리오의 일부를 바꾸어 추가수익률을 획득하는 전략(실패할 경우 낮은수익률 실현가능)	KOSPI200을 추정하는 펀드는 대부분 차익거래형이라고 할 수 있음

→ 인핸스드 인덱스펀드는 액티브펀드와는 달리 제한적 위험을 부담하는 전략이다.

보충문제

01 해외투자펀드의 리스크에 대한 설명으로 잘못된 것은?

① 해외투자펀드에 투자할 경우에는 국내투자펀드와는 달리 환율변동이라는 리스크가 추가된다.

② 환헤지란 그 환율변동에서 발생하는 리스크를 완전히 제거하는 거래를 말한다.

③ 해외투자는 국내투자와는 달리 국내외 간 복잡한 결제과정 및 현금 운용과정에서 추가적인 리스크가 발생할 수 있다.

④ 투자대상국가가 프론티어 마켓일 경우 국가정책에 따라 투자자금 송금이 곤란해질 수도 있다.

해설 환헤지의 개념은 환위험을 완전히 제거한다는 개념이 아니라, 현재 시점의 환율을 해당 환헤지거래의 계약기간 종료시점에 고정시켜 주는, 즉 더 이상의 환율위험에 노출되지 않는다는 개념이다.
*프론티어 마켓이란 이제 막 자본시장(증권시장)이 형성되고 있는 시장, 주로 후발개발도상국의 증권시장을 말한다.

정답 ②

02 해외투자펀드 중에서 가장 높은 수익률을 기대할 수 있는 펀드는?

① 글로벌 투자펀드
② BRICs 투자펀드
③ China 투자펀드
④ 이머징마켓 투자펀드

> 해설 개별국가 투자펀드의 기대수익률과 위험이 가장 높다.

> 정답 ③

03 액티브운용전략에 대한 설명 중 옳지 않은 것은?

① 벤치마크를 초과하는 수익률을 얻고자 하는 전략이다.
② Bottom-up Approach는 자산 간, 섹터 간 투자의사결정을 함에 있어서 거시경제 변수를 고려하지 않고 투자대상종목의 저평가여부만을 투자의 기준으로 판단하는 접근법을 말한다.
③ Top down Approach는 개별종목의 성과보다 자산배분 혹은 업종 간 투자비율 등이 펀드수익에 미치는 영향이 더 크다는 전제하에 출발하는 접근법이다.
④ 실제 펀드매니저들은 Bottom up Approach나 Top down Approach 중 하나를 선택하는 경향이 강하다.

> 해설 양자 간의 분류는 형식상인 분류의 측면이 강하다. 실제 대부분의 펀드매니저들은 양자의 접근법을 혼합하여 자산을 운용하고 있기 때문이다.

> 정답 ④

04 패시브운용전략 펀드와 가장 거리가 먼 것은?

① 인덱스펀드
② 차익거래펀드
③ 가치주펀드
④ 롱숏펀드

> 해설 가치주펀드는 스타일투자전략으로서 액티브펀드에 속한다. 롱숏펀드(Long-short Fund)는 하나는 매수하고 나머지 하나는 매도하여 시장의 방향과 관계없는 절대수익을 추구하는 것으로 차익거래의 일종이다.

> 정답 ③

05 인덱스펀드의 장점이라고 볼 수 없는 것은?

① 저렴한 비용
② 투명한 운용
③ 원금보전의 가능
④ 장기적인 성과 양호

> 해설 인덱스펀드는 벤치마크 수익률의 획득을 목표로 하여 Buy & Hold 전략을 취한다. 따라서 보수가 저렴하고 운용이 투명하며 장기적인 성과가 양호하다는 장점이 있으나 그렇다고 해서 원금보전이 되는 것은 아니다.

> 정답 ③

06 인덱스펀드의 추적오차(Tracking Error)에 대한 설명으로 잘못된 것은?

① 추적오차를 완전히 제거하기 위해서는 완전복제법(Fully Replication)으로 인덱스를 구성하면 된다.

② 현실적으로 완전복제법의 사용에 한계가 있으므로 인덱스가 추종하는 지수를 잘 반영할 수 있는 표본을 추출하여(Sampling) 인덱스를 구성한다.

③ 인덱스펀드의 추적오차를 최소화하기 위해 고안된 펀드가 ETF이다.

④ 인덱스펀드의 추적오차에 의한 수익률의 하락부분을 보상받을 수 있는 정도의 초과수익을 획득하고자 하는 것이 인핸스드 인덱스펀드이다.

> 해설 완전복제법을 사용한다고 해도 추적오차는 발생할 수밖에 없다.

정답 ①

07 인핸스드 인덱스펀드(Enhanced Index Fund)에 대한 설명으로 잘못된 것은?

① 인핸스드 인덱스펀드는 추적대상지수의 수익률을 초과하는 수익률을 목표로 한다는 점에서 액티브펀드로 분류된다.

② 인덱스펀드의 포트폴리오를 일부 변경하여 인덱스펀드보다 높은 수익률을 얻고자 하는 것이 '알파추구전략'이다.

③ KOSPI200을 추적하는 인덱스펀드의 경우 KOSPI200과 KOSPI200 지수선물과의 가격차이를 활용하여 차익거래를 함으로써 인덱스펀드보다 높은 수익률을 추구할 수 있다.

④ KOSPI200을 추적하는 인덱스펀드는 대부분 인핸스드 인덱스펀드로 분류할 수 있다.

> 해설 인핸스드 인덱스펀드가 추구하는 초과수익률은 액티브펀드 정도의 수준이 아니라 인덱스펀드의 추적오차를 보강할 수 있는 정도의 초과수익 정도에 불과하다. 즉 인핸스드 인덱스펀드는 초과수익을 추구한다고 해서 액티브펀드라고 할 수 없고, 액티브와 패시브의 중간 영역 정도로 이해할 수 있다.

정답 ①

더알아보기 인핸스드 인덱스펀드의 두 가지 전략

(1) 인덱스펀드의 포트폴리오 일부 변경 전략

알파추구전략
포트폴리오의 일부를 수정하여 초과수익을 얻고자 하는 전략.
그러나 알파를 추구하는 만큼 실패시에 알파만큼의 손실이 발생할 수 있다.

(2) 차익거래전략

KOSPI200 지수선물을 이용한 차익거래도 무위험수익을 추구한다. 일반적으로 KOSPI200 지수를 추종하는 펀드는 대부분 '인핸스드 인덱스펀드'라고 할 수 있다.

3 파생상품펀드

파생상품 개요

다음 설명 중 잘못된 것은?

① 예금처럼 원본손실 가능성이 없으면 비금융투자상품이다.

② 투자자의 손실이 투자자가 취득과 동시에 지급한 금전으로 제한되면 원본초과손실이 없는 것이고 이를 증권이라 한다.

③ 파생결합증권은 증권이 아닌 파생상품이다.

④ 파생상품은 거래소시장에서 거래되는가의 여부에 따라 장내파생상품과 장외파생상품으로 구분된다.

> **해설** 파생결합증권은 원본손실 가능성이 있으나 원본초과손실 가능성은 없기 때문에 증권에 속한다.
>
> **정답** ③

더알아보기 자본시장법의 금융투자상품 정의

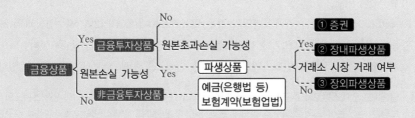

(1) 자본시장법은 금융투자상품을 이익을 얻거나 회피할 목적으로, 현재 또는 장래의 특정시점에 금전, 그밖에 재산적 가치가 있는 것을 지급하기로 약정함으로써 취득하는 권리로서, 그 권리의 취득을 위하여 지급하였거나 지급하여야 할 금전 등의 총액이 그 권리로부터 회수하였거나 회수할 수 있는 금전 등의 총액을 초과하게 될 위험(투자성)을 가지는 것으로 정의하고 있다.
*〈약식〉 금융투자상품 = 투자성(원본손실가능성)을 가지는 것

(2) 원본 대비 손실률이 100% 이하인 경우를 증권이라 하고, 100%를 초과하는 경우 파생상품으로 분류한다.
• 파생결합증권(증권에 속함)의 정의는 '보충문제 1', 파생상품의 종류는 '보충문제 2' 참조

01 '기초자산의 가격·이자율·지표·단위 또는 이를 기초로 하는 지수 등의 변동과 연계하여 미리 정하여진 방법에 따라 지급금액 또는 회수금액이 결정되는 권리가 표시된 것'을 무엇이라 하는가?

① 금융투자상품   ② 증 권
③ 파생결합증권   ④ 파생상품

> 해설 파생결합증권(Securitized Deriatives)의 정의이다.
>
> 정답 ③

02 다음 빈칸이 올바르게 채워진 것은?

> • 기초자산이나 기초자산의 가격·이자율·지표·단위 또는 이를 기초로 하는 지수 등에 의해 산출된 금전 등을 장래의 특정 시점에 인도할 것을 약정하는 계약을 (㉠)이라 한다.
> • 당사자 어느 한쪽이 의사표시에 의하여 기초자산이나 기초자산의 가격·이자율·지표·단위 또는 이를 기초로 하는 지수 등에 의해 산출된 금전 등을 수수하는 거래를 성립시킬 수 있는 권리를 부여하는 것을 (㉡)이라 한다.
> • 장래의 일정 기간 동안 미리 정한 가격으로 기초자산이나 기초자산의 가격·이자율·지표·단위 또는 이를 기초로 하는 지수 등에 의해 산출된 금전 등을 교환할 것을 약정하는 계약을 (㉢)이라 한다.

	㉠	㉡	㉢
①	선 물	옵 션	스 왑
②	선 도	옵 션	스 왑
③	선물·선도	옵 션	스 왑
④	선물·선도	옵 션	헤 지

> 해설 '장래에 특정시점에 인도(Delivery)할 것'은 선물과 선도 모두에 해당되는 개념이다. 둘의 기본개념은 동일하나 장내에서 거래되는 것이 선물(Futures)이고 장외에서 거래되는 것이 선도(Forwards)이다.
>
> 정답 ③

03 파생결합증권에 대한 설명으로 적절하지 않은 것은?

① 파생결합증권은 자본시장법상 증권에 속하나 실제는 장외파생상품의 성격을 지니고 있다.
② 파생결합증권을 발행하는 주체이며 상환시점에 제시한 구조에 따라 지급의무를 부담하는 자를 발행사라고 하며, 일반적으로 집합투자업자가 발행사의 역할을 한다.
③ 파생결합증권의 수익에 영향을 주는 자산을 기초자산이라고 하는데, 개별종목이나 주가지수 혹은 금리, 환율, 일반상품 등이 그 대상이 된다.
④ 파생결합증권은 기초자산이 주식인 경우에도 만기가 존재한다는 점이 주식과 다르다.

> 해설 파생결합증권을 발행하는 발행사는 장외파생상품의 인가를 받은 금융투자회사(주로 증권사)가 된다.
>
> 정답 ②

파생결합증권에 대한 설명 중 옳지 않은 것은?

① 파생결합증권 중에 우리나라에서 가장 많이 판매되고 있는 것은 주가연계상품이다.

② 파생결합증권에 투자하는 투자자는 가격위험과 신용위험에 동시에 노출된다.

③ 처음 투자를 하는 투자자에게 파생결합증권을 권유하는 판매회사는 되도록이면 수익률이 높은 상품을 권유하는 것이 바람직하다.

④ 운용사는 다양한 발행사와 협의하여 수익구조를 만들고 가격의 적정성을 평가하여 파생상품펀드 투자제안서를 만들어 발행사에게 제안한다.

해설   높은 수익도 중요하겠지만, 초보자에게는 가급적 일반적이고 표준화된 파생상품펀드 구조를 선택하는 것이 바람직하다. 즉 수익구조가 간단하고 단순해야 하며 위험고지가 정확하게 되도록 각종 보완자료를 준비해야 한다.

정답 ③

더알아보기   **파생결합증권 사례**

주가연계 파생결합증권	금리연계 파생결합증권	환율연계 파생결합증권	상품연계 파생결합증권

→ 처음 투자하는 투자자에게는 고수익성보다는 가급적 일반적이고 표준화된 파생상품펀드 구조를 권유하는 것이 바람직하다.

→ 상품화가 쉬워 가장 많이 판매되는 것은 주가연계 파생결합증권이며, 상품화가 가장 어려운 것은 금리연계 파생결합증권이다.

(1) **주가연계 파생생결합증권** : 보충문제 1 그림 참조
  ① 예 투스타형의 특징 : Worst Performer 구조, 만기 이전 조기상환가능(스텝다운 구조)
  ② 상환요건에 따른 낙아웃과 낙인의 구분

한 번이라도 터치한다면(원터치형)	만기일 하루만 평가한다면
Knock Out 구조	Knock In 구조

(2) **금리연계 파생결합증권** : 보충문제 2 그림 참조
  ① 특징 : 원금보존형이 많음 / 금리변동성이 높지 않아 공모형설정이 어렵다(제시수익률이 낮음). 이를 해결하기 위해 레버리지형을 설정하거나 만기를 장기로 하기도 한다.
  ② [CD레인지형 예시] 쿠폰 3%이며, 레인지가 0% ~ 6%, 유효일수가 91일이라면, 투자수익은 $3\% \times \frac{91}{365}$ 이다. 레인지가 넓어진다면(예 0% ~ 8%) 쿠폰은 낮아질 것이다(예 3% → 2%).

(3) **환율연계 파생결합증권**
  환율의 움직임은 다른 어떤 경제변수보다도 예측이 어렵다. 대표적인 실패사례로 KIKO가 있다.

(4) 상품연계 파생결합증권

① 상품(원자재, Commodities)은 전통자산과 낮은 상관관계가 있다. → 높은 분산투자효과가 기대된다.

② 상품은 인플레이션 헤지 효과가 뛰어나다.

③ 일반적인 파생결합증권의 기초자산은 현물이지만 상품은 기초자산이 선물인 경우가 많다. → 만기가 있는 선물포지션을 지속적으로 유지해야 하므로 Roll-over Risk(이월위험)에 노출된다.

보충문제

01 일반적인 '주가연계 파생결합증권-투스타형'에 대한 설명으로 가장 거리가 먼 것은?

① 기초자산의 가격움직임에 따라 투자수익률이 결정된다.

② 만기 이전에 조기상환이 가능하며, 조기상환요건은 시간이 갈수록 기준이 완화되는 스텝다운(Step-down)구조가 일반적이다.

③ 투스타 형(2Stock형)에서 원금손실여부는 'Worst Performer' 기준으로 하는데, 만일 두 개의 기초자산이 기준일에 각각 −30%, −60%를 기록했다면 −60%를 적용하여 원금손실여부를 판단하는 것을 'Worst Performer'라 한다.

④ 시장금리 이상의 고수익을 추구하는 투자자가 향후 주가의 변동성이 클 것으로 예상할 때 투자에 적합한 상품이다.

> **해설** 주가의 변동성이 일정한 범위에 머물 경우 고수익을 달성할 수 있으나, 주가의 변동성이 클 경우에는 큰 폭의 손실이 발생할 수 있다.
>
> 정답 ④

더알아보기 주가연계 파생결합증권 − '2Stock형'의 예시

(1) 상품개요

(참고 출처 : M증권사 제185회 ELS, 2009.7.31 발행, 고위험 / 원금비보장형)

투자포인트	• 시장금리 이상 고수익 추구 • 향후 기초자산의 주가가 크게 하락하지 않을 것을 예상하는 투자자
상품종류	Two Stock Ultra Stepdown 조기상환형
기초자산	하나금융지주 보통주 / 삼성중공업 보통주
투자기간	2년 만기(매 4개월 조기상환평가)
모집금액	모집예정한도 : 50억원
최소가입금액	100만원(100만원 단위)
투자자요청에 의한 중도 환매 방법	• 환매청구일로부터 제2영업일 기준가 적용 • 제5영업일 지급(환매요청일 : 매주 화요일) • 환매수수료가 발생하며 원금손실 발생 가능
환매수수료	당사 홈페이지가 제시하는 기준가를 바탕으로 하여, 기준가의 10% 미만에서 결정함

(2) 손익구조

[그림 1] 조기상환시 손익구조	[그림 2] 만기상환시 손익구조

(3) 상환요건

조기상환요건	[그림 1] 조기상환시 4개월마다 도래하는 자동조기상환 평가일(중간평가가격 결정일)에 두 기초자산의 종가 모두가 최초 기준주가 대비 4개월, 8개월 시점에 85% 이상, 12개월, 16개월 시점에 80% 이상, 20개월 시점에 75% 이상인 경우 → 연 17.01% 수익률로 조기상환
만기상환요건	[그림 2] 만기상환시 ① 만기평가일에 두 기초자산의 만기평가가격(종가)이 모두 최초기준가격 대비 50% 이상으로 끝난 경우 → 연 17.01% 수익률로 만기상환 ② 만기평가일에 어느 한 기초자산의 만기평가가격(종가)이 최초기준가격 대비 50% 미만으로 끝난 경우(만기평가일 단 하루만 Knock In 여부 체크) → 원금손실[액면금액 × (만기평가가격/최초기준가격)] [−100% ~ −50%] (Worst Perfomer 기준)

※ 만기평가일 단 하루만 'Knock In' 여부를 체크한다는 것은 만기평가일 이전에 −50% 이상의 하락이 있더라도 만기평가일에 −49%라면 원금손실이 아니라는 뜻이다(Worst Performer 기준). 만일 'Knock Out' 요건이라면 만기평가일 이전에 단 한번이라도 −50% 이상 하락하였다면(Worst Performer 기준) 바로 원금손실이 확정되는 것을 말한다. 일반적으로 원금손실의 요건에는 'Knock In 요건'을 적용한다.

---

02 금리연계 파생결합증권에 대한 설명으로 가장 적절하지 않은 것은?

① 원금보존구조이긴 하지만 금리의 변동성이 낮아 예상수익이 높지 않기 때문에 일반 투자자들을 상대로 한 공모형으로 설정하기가 어렵다.

② 쿠폰을 상향시키기 위해 만기를 장기로 하거나, 레버리지형으로 설정하기도 한다.

③ 채권발행의 특성상 발행자에게 상환옵션을 제공하기도 한다.

④ CD레인지형은 CD금리가 급등하지 않고 제한적 상승 혹은 하락시 상대적으로 높은 수익을 추구하는 형태인데 레인지(Range)가 넓을수록 쿠폰(제시수익률)이 높다.

> **해설** 레인지가 넓을수록 쿠폰이 낮다(그림설명 참조).

정답 ④

더알아보기 금리연계 파생결합증권의 구조설명

(1) 상품개요

(참고 출처 : W증권사, 제173회 파생결합증권 - 금리연계, CD레인지형, 원금보장형)

- 91일물 CD금리에 연계하여 손익이 결정되는 만기 1개월의 원금보장형 파생결합증권
- 모집가액 : 1,000억원
- 기초자산 : 91일물 CD(양도성예금증서)금리 91일물 최종호가수익률
- 청약일 : 2009. 11. 03 ～ 11. 05
- 청약단위 : 100만원 이상 100만원 단위(발행 후 추가 납입 불가)
- 발행일 : 2009. 11. 06
- 만기일 : 2009. 12. 07(만기 1개월)

(2) 기준금리 결정일 및 평가방법

- 관찰기간 : 2009. 11. 06(포함) ～ 2009. 12. 07(불포함). 단, 관찰일 전일의 91일물 CD금리를 사용하며, 2009년 12월 2일(포함)부터 2009년 12월 6일(포함)까지의 CD금리는 2009년 12월 2일의 91일물 CD금리를 사용함
- 한계금리(Range) : 0.0%(포함) ～ 6.0%(포함)
- 유효일수 : 관찰기간 동안 91일물 CD금리가 한계금리 내에 포함된 일수(관찰기간 중 영업일이 아닌 경우, 직전 영업일의 91일물 CD금리로 대신함)
- 수익률 : 3.0%×(유효일수/365일)

(3) 손익구조

구 분	내 용	투자수익률
만기상환	관찰기간 동안 91일물 CD금리가 한계금리(Range) 안에 머문 유효일수가 n일인 경우(0 ≤ n ≤ 31)	연 3.00%×(n/365일)

(4) 투자수익 사례

- 사례 ① : 관찰기간 동안 91일물 CD금리가 한계금리(Range) 안에 머문 유효일수가 31일인 경우 만기지급액 = 잔존액면금액×[100%+(3.0%×31일/365일] = 100,254,794원
- 사례 ② : 관찰기간 동안 91일물 CD금리가 한계금리(Range) 안에 머문 유효일수가 0일인 경우 만기지급액 = 잔존액면금액×[100%+(3.0%×0일/365일] = 100,000,000원(원금 보장)

(5) CD레인지형의 도해

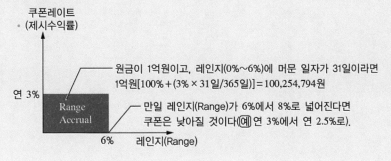

쿠폰레이트
(제시수익률)

원금이 1억원이고, 레인지(0%~6%)에 머문 일자가 31일이라면
1억원[100%+(3%×31일/365일)] = 100,254,794원

연 3%

Range
Accrual

만일 레인지(Range)가 6%에서 8%로 넓어진다면
쿠폰은 낮아질 것이다(예 연 3%에서 연 2.5%로).

6%   레인지(Range)

03 파생결합증권의 구성요소가 아닌 것은?

① 운용사   ② 발행사

③ 만 기   ④ 수익구조

> **해설** 파생결합증권을 발행하는 주체는 투자매매 및 중개업자(증권사)이며, 이를 펀드에 편입하는 역할은 운용사이다. 펀드에 편입되기 이전에는 운용사가 관여할 사항이 없다. 다만, 파생상품펀드의 투자자는 파생결합증권에 투자하는 파생상품펀드의 운용사가 어느 회사이고 파생결합증권을 발행하는 발행사가 어느 회사인지 확인해야 한다.

정답 ①

더알아보기 파생결합증권의 구성요소

구성요소	내 용
발행사	파생결합증권을 발행하는 주체(증권사)이며, 상환시점에 제시한 구조에 따라 지급의무를 부담한다.
기초자산	개별종목이나 주가지수 혹은 금리, 환율, 일반 상품 그리고 몇 가지 자산을 동시에 투자하는 멀티에셋도 가능하다.
만 기	파생결합증권은 기초자산이 주식인 경우에도 주식과 다른 점은 만기가 있다는 점이다.
중도상환 가능여부	만기 이전에 기초자산 가격이 사전에 정한 조건을 만족할 때 상환되는 경우이다.
환매가능성	대부분의 경우 투자자가 원할 때 환매가 가능하다. 단, 중도환매수수료가 발생한다.
수익구조	ㄱ. 원금보존 구조인가? ㄴ. 최대 수익과 예상되는 평균수익은 얼마인가? ㄷ. 최대 손실 및 손실이 발생할 가능성은 얼마인가?

04 상품연계 파생결합증권에 대한 설명으로 가장 적절하지 않은 것은?

① 상품(Commodities)은 주식이나 채권 등의 전통자산과 높은 상관관계를 갖고 있기 때문에 포트폴리오에 편입시 높은 분산투자효과를 기대할 수 없다.

② 상품은 인플레이션 헤지효과가 뛰어나다.

③ 일반적으로 파생결합증권의 기초자산은 현물가격이지만 상품연계 파생결합증권의 경우 상품의 선물가격이 기초자산인 경우가 많다.

④ 상품연계 파생결합증권에 투자할 경우 기초자산의 롤오버(Roll-over)에 따른 손익이 추가될 수 있다.

> **해설** 상품, 부동산 등(대체투자상품)은 주식, 채권과 같은 전통자산과 상관관계가 매우 낮아서 분산투자효과가 높게 나타난다. 상품은 보관비용이 커서 보통 선물가격이 기초자산이 된다. 따라서 기초자산을 유지하기 위해서는 선물에 대한 롤링(Rolling)을 해야 하는데 이 과정에서 Roll-over 리스크에 노출된다.
>
> 정답 ①

05 자본시장법에서 금융투자상품의 분류상 파생상품에 해당되지 않는 것은?

① 선 물

② 파생결합증권

③ 옵 션

④ 스 왑

> **해설** 파생결합증권은 자본시장법상으로 증권에 속한다.
>
> 정답 ②

06 자본시장법의 포괄적인 정의상 증권과 파생상품을 구분하는 요소는 무엇인가?

① 원본손실가능성

② 원본초과손실가능성

③ 투자성

④ 거래소에서의 거래여부

> **해설** 원본초과손실가능성 혹은 추가지급의무로 구분한다.
>
> 정답 ②

주가연계워런트의 투자구조와 관련한 설명으로 옳지 않은 것은?

① 주가연계워런트의 프리미엄(Premium)은 연 5% ~ 10% 정도이다.

② 파생상품펀드에서 주가연계워런트에 투자하면 원금보존형을 만들 수 있다.

③ 주가연계워런트의 프리미엄이 5%라면 5억원으로 100억원에 투자하는 레버리지 효과를 얻을 수 있다.

④ ELS 등을 파생결합증권이라 하며, 이러한 ELS·ELD 등을 ELF에 편입할 경우 ELF는 구조화펀드가 된다.

해설 주가연계워런트의 프리미엄은 연 3% ~ 5%이다.
② ELS의 구조는 '채권 + 옵션'인데 채권을 95% 매입하고 일정기간 이자가 가산되어 만기에 100%가 되도록 설계하면 원금보전형이 된다.
③ 프리미엄이 5%라면 20배의 레버리지가 가능하다.
④ ELS 자체가 구조화상품이므로 ELS를 편입한 ELF는 구조화(Structuring)펀드가 된다(구조화상품 = '전통자산 + 파생상품').

정답 ①

더알아보기 파생상품펀드

(1) 파생상품펀드의 개요
  ① 우리나라의 파생상품의 역사는 길지 않으나 주가연계파생상품을 주축으로 급성장세
  ② 파생결합증권의 종류 : ELD(은행) / ELS(증권사) / ELF(운용사) → 장외파생상품의 성격을 지님

(2) 주가연계워런트 투자구조
  주식을 직접 매입하려면 원금이 필요하나, 주가연계워런트는 이자수준의 규모로 투자가 가능하고, 프리미엄은 3% ~ 5% 수준(5%일 경우 5억원으로 100억원에 투자하는 효과)이다.
  ① 기본형 : 상승형(콜) / 하락형(풋) / 양방향형(보충문제 1 참조)
    • 양방향형은 변동성만 가지고도 수익을 낼 수 있다는 파생상품 고유의 특성을 보여준다(단, 콜과 풋 모두 매입해야 하므로 비용이 증가함).
  ② 장외옵션형

워런트 종류	내 용
디지털(Digital)	배리어를 기준으로 쿠폰을 받거나 못받는 구조
레인지(Range)	기초자산이 특정구간에 있을 때만 일정한 수익을 받고, 그외의 구간에서는 수익이 없는 구조
낙아웃(Knock Out)	기초자산의 가격이 배리어에 도달하면 계약이 소멸하는 것
낙인(Knock In)	기초자산의 가격이 배리어에 도달하면 계약이 새로 생기는 것
유럽형, 미국형, 아시아형	만기에 한 번만 행사 → 유럽형, 아무 때나 행사 → 미국형, 만기 내 특정평가일마다 수익을 산정하여 평균한 가격으로 행사 → 아시아형

  ㉠ 낙아웃형에서 계약소멸시 보상으로 일정수익을 지급하는 것을 리베이트(Rabate)라고 한다(리베이트는 Full Rebate, Partial Rebate, No Rebate로 구분됨).

ⓛ 낙아웃옵션＋낙인옵션＝표준옵션(보충문제 4 그림 참조), 즉 낙아웃이나 낙인옵션은 일반옵션에 비해 저렴하므로 시장전망이 맞을 경우에는 효율적인 투자가 가능하다.

ⓒ 대부분의 워런트는 유럽형, 일부 KO / KI는 미국형, 상품(Commodities)은 아시아형을 주로 사용한다.

③ 참여율 : 기초자산의 변동에 대하여 워런트의 수익에 참여하는 비율(설계시 결정됨)

예 쿠폰 20%, 낙아웃배리어 140%라면, 참여율 $= \dfrac{20\%}{40\%} = 50\%$

(3) 원금비보존형

① 원금비보존형의 의미 : 상당히 높은 확률로 안정적 수익을 기대하고, 적은 확률로 원금 손실도 가능한 구조로서 옵션 매도의 프리미엄을 이용, 기대수익률을 높이는 형태이다.

② 원금비보존형에서의 쿠폰(제시수익률)의 결정
- (변동성 / 상환조건 / KO배리어 / KI배리어)가 높을수록, (상관관계)가 낮을수록 쿠폰은 높아짐

(4) 장내파생상품 운용펀드

장내파생상품을 이용하여 운용하는 펀드로서 대표적으로 P.I.와 R.C.전략이 있음

포트폴리오 보험전략(P.I.전략)	리버스 컨버티블(R.C.전략)
주식매수＋풋옵션매수＝콜옵션매수를 복제	식매수＋콜옵션매도＝풋옵션매도를 복제

① PI나 RC형은 취지는 좋으나 운용의 비효율성과 상품성약화로 시장에서의 판매가 줄고 있다.

② 콜옵션매수나 풋옵션매도를 복제하므로 이들을 델타복제형이라고도 한다. 델타복제형은 적당한 변동성이나 큰 폭 하락이 없는 경우에는 이익을 올리게 되지만, 큰 폭 하락시에는 손해를 볼 수 있다.

보충문제

01 다음은 주가연계워런트의 종류이다. 시장의 방향성에 대한 확신이 서지 않지만 어느 쪽이든 변동성이 크게 나타날 것으로 예상되는 경우 취할 수 있는 가장 적절한 워런트는 무엇인가?(그림의 가로축은 주가, 세로축은 손익)

① 상승형

② 하락형

③ 양방향형

④ 스프레드형

해설 양방향형 워런트는 변동성만 가지고도 수익을 얻을 수 있다는 파생상품의 고유의 특성을 보여준다.
① 콜(call) 워런트, ② 풋(put) 워런트, ③ 양방향형 워런트, ④ 스프레드형 워런트
*워런트는 '신주인수권'이라는 용어에서 시작되었으나(신주인수권부사채 : Bond with Warrant), 옵션과 유사한 의미로 활용되며, 본 교재에서는 장내옵션과 상대되는 개념으로서 '일종의 장외옵션' 정도로 이해하면 되겠다.

정답 ③

02 일정한 쿠폰(제시수익률)을 받거나 혹은 받지 못하는 구조의 워런트는 무엇인가?(그림의 가로축은 주가, 세로축은 손익)

① 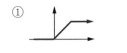   ②

③   ④

> 해설 ① 강세스프레드형, ② 디지털(Digital)형, ③ 레인지(Range)형, ④ 약세스프레드형 워런트이다.
> *디지털옵션의 예 : 'KOSPI가 10% 이상 상승하면 연 6%의 쿠폰을 지급한다'

정답 ②

03 기초자산이 특정구간에 있을 때에만 일정한 수익(쿠폰)을 받고 그 외의 구간에서는 수익이 없는 구조의 워런트는?(그림의 가로축은 주가, 세로축은 손익)

①   ②

③   ④

> 해설 ① 강세스프레드형, ② 디지털(Digital)형, ③ 레인지(Range)형, ④ 약세스프레드형 워런트이다.

정답 ③

더알아보기 레인지 옵션

(1) **레인지 옵션의 예** : 'KOSPI가 +5% ~ +10%'의 구간에서만 연 6%의 쿠폰을 지급한다.

(2) **레인지 옵션의 쿠폰지급구조** : 투자기간 중 한 번이라도 구간을 벗어나면 옵션이 없어지는 구조(Knock Out 구조)와, 만기평가일의 기초자산 가격으로만 평가하는 구조(Knock In 구조), 두 가지가 있는데 'Knock Out' 구조가 일반적이다.

04 낙아웃(Knock Out), 낙인(Knock In) 옵션에 대한 설명으로 잘못된 것은?

① 기초자산 가격이 일정 수준(Barrier)에 도달하면 기존의 수익구조가 사라지는 것을 '낙아웃'이라 한다.

② 기초자산 가격이 일정 수준(Barrier)에 도달하면 새로운 수익구조가 생기는 것을 '낙인'이라 한다.

③ 낙아웃, 낙인옵션은 일반적인 콜옵션, 풋옵션에 비해 가격이 저렴하다.

④ 낙아웃, 낙인옵션은 표준옵션에 비해 가격이 저렴하기 때문에 시장전망과 관계없이 효율적인 투자가 가능하다.

> **해설** 낙아웃, 낙인 옵션이 일반 표준옵션보다 가격이 저렴한 이유는 워런트 안에 옵션 매도가 포함되어 있기 때문이다. 즉, 옵션 매도로 인한 프리미엄 유입으로 워런트의 프리미엄(가격)은 저렴하나, 시장방향이 반대로 크게 움직일 때는 큰 폭 손실도 가능하다는 점에 유의해야 한다.

> **정답** ④

더알아보기 낙아웃-낙인 옵션의 설명

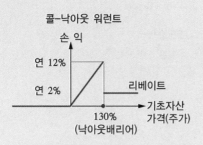

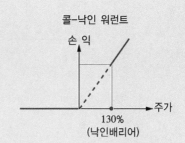

주가가 한번이라도 30% 이상 상승하지 않으면 최고 연 12%까지 수익을 기대할 수 있으나 한번이라도 30% 이상 상승하면 포지션이 소멸되고 그 대가로 약간의 리베이트(Rebate)를 제공한다.

주가가 30% 이상 상승하게 되면 새로운 수익구조가 생성된다. 주가가 일정한 수준 이상의 변동성이 있을 것으로 예상되면 낙인을 매수하면 되고, 그 반대로 변동성이 제한될 것으로 예상되면 낙인을 매도하는 전략을 활용한다.

※ 낙아웃 옵션 + 낙인 옵션 = 표준옵션

예 Call Knock Out + Call Knock In = Call, 따라서 낙아웃이나 낙인인 일반 표준옵션에 비해 가격이 저렴하다는 것을 알 수 있다.

05 리베이트(Rebate)에 대한 설명으로 옳지 않은 것은?

① 낙인구조의 경우 특정 조건이 만족되면 기존의 수익구조는 사라지는데, 이때 일정 정도의 수익을 보장해주는 경우를 리베이트 혹은 보상수익이라 한다.

② 리베이트가 없는 경우를 'No Rebate'라 한다.

③ 리베이트가 최고수익과 동일하면 'Full Rebate'라고 한다.

④ No Rebate와 Full Rebate 사이에 있는 것을 Partial Rebate라고 한다.

해설 낙인이 아니라 낙아웃이다.

정답 ①

더알아보기 리베이트(Rebate)의 종류

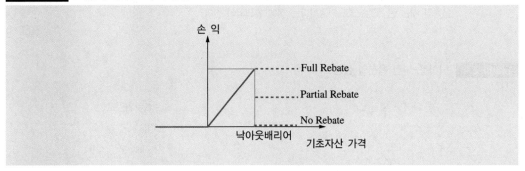

06 워런트의 수익을 결정하는 관찰횟수(옵션을 행사하는 횟수)와 관련된 분류이다. 적절하지 않은 것은?

① 만기에 한 번만 관찰하여 수익을 결정하는 것을 유럽형이라 한다.

② 만기 전 어느 때라도 관찰하여 수익을 확정할 수 있는 것을 미국형이라 한다.

③ 만기 전 특정 평가일들을 정해두고 최종적으로 평균하여 최종 수익을 결정하는 것을 아시아형이라 한다.

④ 워런트의 대부분은 미국형이다.

해설 워런트의 대부분은 유럽형이다.

정답 ④

더알아보기 유럽형 VS 미국형 VS 아시아형

구 분	유럽형	미국형	아시아형
워런트 행사	만기에 한 번	만기 전 언제나	만기 전 특정평가일의 평균
사용 워런트	대부분의 워런트	일부 KO, KI, 레인지형	원자재 상품 등 (주가연계 ×)

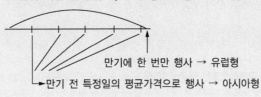

만기 이전 언제나(Anytime) 행사 가능 → 미국형

만기에 한 번만 행사 → 유럽형

만기 전 특정일의 평균가격으로 행사 → 아시아형

07 아래의 '낙아웃 워런트'에서 기초자산 가격이 130%일 때 수익을 결정한다고 가정하면 결정수익률은 몇 %(연)인가?

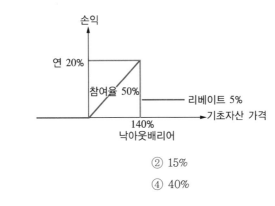

① 5%   ② 15%

③ 20%   ④ 40%

해설 워런트 수익 = 기초자산 가격의 상승률(30%) × 참여율(50%) = 15%

정답 ②

더알아보기 참여율(Participation Rate)의 의미

참여율은 기초자산의 상승 또는 하락에 대하여 워런트 수익이 어떤 비율로 참여하는가를 말한다.
– 위의 문제를 통해 이를 쉽게 이해해보자. 40% 상승시에 최고수익이 20%가 결정되므로 참여율은 50%(∵ 40% × 참여율 = 20%)이다. 만일 40% 상승시에 최고수익이 60%라면 참여율은 150%(∵ 40% × 참여율 = 60%)이다. 이러한 참여율은 워런트 설계시 결정된다.

08 원금비보존형에 대한 설명으로 적절하지 않은 것은?

① 국내 파생결합증권에는 ELD, ELS, ELF 등이 있는데 원금비보존형이라고 함은 ELF와 ELS(원금보존형 제외)를 말한다.

② 상당히 높은 확률로 안정적 수익을 기대하고 적은 확률로 원금손실도 가능하게 한 구조로서 옵션 매도의 프리미엄을 이용하여 기대수익률을 높여서 투자자에게 제공한다.

③ 국내 파생결합증권은 투자자들의 원금보전 선호현상에 따라 대부분 원금보존형으로 판매되고 있다.

④ 원금비보존형에서 쿠폰에 가장 영향을 많이 주는 것은 기초자산의 변동성이다.

> **해설** 국내 대표적인 구조화상품은 원금비보존형 또는 조건부원금보존형이다. 원금보존형은 원금비보존형에 비해 기대수익률이 낮으므로 대부분은 기대수익률을 높이기 위해 원금비보존형으로 설계되고 판매된다.
>
> > **참고** ELS의 쿠폰(발행사가 투자자에게 제시하는 수익률)은, '변동성이 클수록－상환 조건이 높을수록, 낙아웃·낙인 수준이 높을수록, 상관관계는 낮을수록' 상승한다.
>
> **정답** ③

09 장내파생상품 운용펀드에 대한 설명으로 잘못된 것은?

① 장내파생상품, 즉 주가지수선물·옵션, 개별주식선물·옵션을 이용하여 펀드를 운용하는 것을 말한다.

② 장내파생상품 운용펀드는 금융공학적 기법을 통해 옵션구조를 복제하는 펀드들이다.

③ 풋옵션매도를 복제한 리버스 컨버티블(Reverse Convertible), 콜옵션매수를 복제하는 포트폴리오 보험(Portfolio Insurance) 상품 등이 있다.

④ 장내파생상품 운용펀드(포트폴리오 보험상품 등)는 그 운용기법이 선진화되어 있고 다양한 니즈를 충족시킬 수 있어서 시장규모가 확대되고 있는 중이다.

> **해설** 상기 펀드들은 운용에 따른 비용과 효율성 문제, 그리고 수익구조의 상품성 약화 등으로 인해 시장에서 규모가 줄어들고 있다.
>
> **정답** ④

10 장내파생상품 운용펀드라고 할 수 없는 것은?

① 주가지수옵션을 이용해서 스프레드포지션을 구축한 파생상품펀드

② 주가지수선물과 주가지수옵션을 이용한 레버리지형 파생상품펀드

③ 주가지수옵션 혹은 개별종목옵션을 이용해서 풋옵션매도를 복제한 리버스컨버티블 구조의 파생상품펀드

④ 낙아웃과 낙인 워런트를 조합하여 만든 소위 'KIKO'라고 하는 구조의 파생상품펀드

> **해설** 장내파생상품을 이용하는 것이 장내파생상품 운용펀드이다. 낙아웃과 낙인은 장외파생상품이므로 KIKO상품은 장내파생상품 운용형이 아니다.
>
> **정답** ④

11 리버스 컨버티블(Reverse Convertible)에 대한 설명으로 옳지 않은 것은?

① 전환사채(Convertible Bond)의 수익구조와 반대된다고 하여 리버스 컨버티블이라 한다.

② 기초자산의 변동성이 제한적이라고 볼 때 수익률을 제고하기 위한 전략의 일종이다.

③ 기초자산이 큰 폭으로 상승시 손실이 발생하는 단점이 있다.

④ 풋옵션매도를 복제한 것이다.

해설 기초자산이 일정 수준 이상 하락할 경우 손실이 발생한다. 상승시에는 일정한 폭의 수익이 달성된다(그림 참조).

정답 ③

더알아보기 리버스 컨버티블의 수익구조

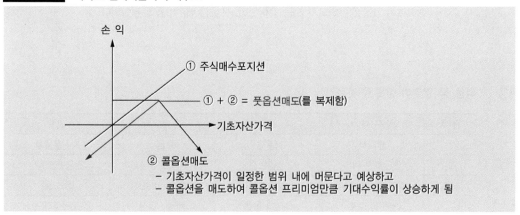

12 포트폴리오 인슈어런스 전략에 대한 설명으로 옳지 않은 것은?

① 포트폴리오 인슈어런스 전략은 콜옵션매수를 복제한 포지션이다.

② 기초자산의 상승에 따라 기대수익도 비례하여 늘어나게 되지만 기초자산이 하락할 경우 그 손실을 일정한 수준으로 제한하고자 하는 포지션이다.

③ 포트폴리오 인슈어런스 전략은 수익의 가능성은 두고 손실만을 제한했기 때문에 매우 훌륭한 수익구조가 되므로 최근 급격하게 판매가 증가되고 있는 전략이다.

④ 주식매수포지션에 풋옵션을 매수하게 되면 콜옵션매수를 복제한 결과가 된다.

해설 수익의 가능성을 두고 손실을 제한해서 매우 이상적인 포지션이지만 풋옵션 매수비용이 들어간다는 단점이 있다. 그리고 포트폴리오 인슈어런스 전략은 1987년 미국의 블랙먼데이 때 대규모 청산시도에 따른 매매실패, 즉 손실제한에 실패한 바가 있어 최근에는 제한적으로 활용되고 있는 전략이다.

정답 ③

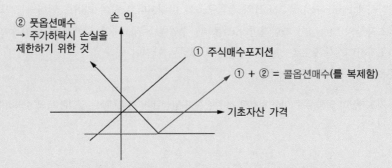

*P.I.전략은 보유하고 있는 현물포지션의 손실을 제한하면서(혹은 최소보장가치를 지키면서) 기초자산 가격 상승시 그에 비례하여 수익을 향유하고자 하는 전략인데, 풋옵션 매수비용이 부담이다.

---

13 다음 중 연결이 잘못된 것은?

번 호	구 분	ELD	ELS	ELF
①	판매사	은 행	증권사	자산운용사
②	원금보전 여부	원금보전	원금보전가능	원금보전불가
③	예금자보호 여부	보호대상	보호 / 비보호	비보호
④	일반적 구조	예금＋옵션	채권＋옵션	포트폴리오

해설 ELS는 원금보전형, 원금비보존형 모두 가능하나 예금자보호는 은행에서 설계하고 판매하는 ELD만 가능하다.
*ELD–ELS–ELF의 용어
- ELD : Equity Linked Deposit (주가연계예금)
- ELS : Equity Linked Securities (주가연계증권)
- ELF : Equity Linked Funds (주가연계펀드 혹은 구조화펀드)

정답 ③

14 방향성에 투자하되 이익과 손실을 모두 제한하는 보수적인 투자전략에 적합한 워런트는 무엇인가?

① 스프레드형
② 디지털형
③ 레인지형
④ 양방향형

해설 스프레드형이다.

정답 ①

4 부동산펀드

부동산집합투자기구의 법적인 형태에 대한 설명으로 잘못된 것은?

① 집합투자재산의 100분의 50을 초과하여 부동산에 투자하는 집합투자기구로 정의하며 부동산이라 함은 부동산실물, 부동산관련 권리, 부동산관련 대출 등을 포함한다.
② 부동산집합투자기구의 종류로는 신탁계약에 따른 투자신탁, 상법에 따른 회사형으로 투자회사·투자유한회사·투자유한책임회사·투자합자회사가 있고, 민법에 따른 조합형으로 투자합자조합과 투자익명조합이 있다.
③ 회사형 집합투자기구의 집합투자규약은 정관이며 신탁형의 집합투자규약은 신탁계약서이다.
④ 부동산집합투자기구의 설정·설립은 발기인이 설립하는 투자회사를 제외하고 모두 집합투자업자가 설정·설립한다.

해설   2013.5 자본시장법 개정으로 민법에 따른 투자조합은 폐지되었다(즉 모두 상법에 근거함).

정답 ②

더알아보기   부동산집합투자기구의 법적형태와 투자대상

(1) 자본시장법상의 부동산펀드 정의 : 부동산펀드란 펀드재산의 50%를 초과하여 '부동산 등'에 투자하는 펀드. 여기서 '부동산 등'이란 부동산을 기초자산으로 하는 파생상품, 부동산관련 법인에 대한 대출, 대통령령으로 정하는 부동산 및 부동산관련 증권에 투자하는 경우를 말함

(2) 법적형태 정리(부동산펀드뿐만 아니라 다른 펀드도 동일함)

구 분	법적 형태	설정·설립 주체	집합투자규약
부동산투자신탁	신탁계약	집합투자업자	신탁계약서
부동산투자회사	상 법	발기인	정 관
부동산투자유한회사		집합투자업자	
부동산투자합자회사			
부동산투자합자조합			조합계약
부동산투자익명조합			익명조합계약

• 투자회사는 발기인이 설립하는데 발기인은 집합투자업자가 되는 것이 통상적

(3) 부동산펀드의 투자대상

(실물)부동산	부동산과 관련성이 있는 자산	부동산과 관련성이 있는 투자행위
• 부동산펀드의 가장 본질적인 투자대상 • 실물부동산의 취득·매각 외에, 관리 및 개량, 임대, 개발 등도 포함	㉠ 부동산관련 권리 : 지상권, 지역권, 전세권, 임차권, 분양권, 부동산담보채권 ㉡ 부동산관련 증권 • 신탁재산 / 집합투자재산 / 유동화자산의 50% 이상이 '부동산 등'인 수익증권 / 집합투자증권 / 유동화증권 • 부동산투자회사 / 부동산개발회사 / 부동산투자 목적회사가 발행한 증권 ㉢ 부동산을 기초로 한 파생상품	부동산개발과 관련된 법인에 대한 대출

보충문제

---

01 집합투자규약이 정관이 아닌 집합투자기구의 형태는?

① 부동산투자신탁

② 부동산투자회사

③ 부동산투자유한회사

④ 부동산투자합자회사

> **해설** 집합투자규약이 정관인 것은 회사형 집합투자기구이다.

> **정답** ①

---

02 다음의 투자대상에 집합투자재산의 50%를 초과하여 투자하면 부동산집합투자기구가 된다. 해당 투자대상에 들 수 없는 것은?

① 분양권

② 부동산이 담보인 금전채권

③ 부동산개발관련 법인에 대한 대출

④ 부동산자산이 50% 이상인 부동산전문 유동화증권

> **해설** 부동산자산이 50% 이상인 일반 유동화증권을 집합투자재산의 50%를 초과하여 투자하면 부동산집합투자기구가 된다. 그러나 부동산전문 유동화증권(부동산자산을 기초로 하는 유동화증권)은 해당 유동화증권에 투자된 부동산의 비중이 70% 이상이어야 한다.

> **정답** ④

03 부동산펀드의 요건을 충족하는 부동산에 대한 투자대상이 될 수 없는 것은?

① 저당권
② 지역권
③ 지상권
④ 전세권

해설 저당권은 해당되지 않는다.

정답 ①

04 부동산펀드의 요건을 충족하는 '부동산에 투자하는 행위'에 해당될 수 없는 것은?

① 부동산을 중개하는 행위
② 부동산을 취득하고 매각하는 행위
③ 부동산을 관리하고 개량하는 행위
④ 부동산개발과 관련된 법인에 대한 대출 행위

해설 부동산을 중개하는 행위는 '자본시장법상의 부동산투자행위'로 인정되지 않는다.

정답 ①

05 다음 빈칸에 들어갈 수 있는 것은?

( )의 집합투자업자 또는 투자자는 객관적인 가치평가가 가능하고, 다른 투자자의 이익을 해할 우려가 없는 등의 경우에 금전이 아닌 부동산실물로 납입할 수 있다.

① 공모 부동산집합투자기구
② 사모 부동산집합투자기구
③ 부동산투자회사
④ 부동산투자합자회사

해설 공모펀드는 실물납입이 불가능하고 사모펀드의 경우 ⓐ 투자자 전원이 동의하고, ⓑ 시가 또는 평가일 현재 신뢰할 만한 시가가 없는 경우에는 공정가액에 기초하여, 집합투자재산평가위원회가 정한 가격으로 납부할 경우, 실물납입이 가능하다.

정답 ②

부동산집합투자기구의 운용제한에 대한 설명으로 가장 거리가 먼 것은?

① 주택법에 따른 국내주택을 취득한 경우 1년 이내에는 처분할 수 없다.

② 부동산펀드가 취득한 토지를 부동산개발사업을 시행하기 전 토지인 상태로 다시 처분하는 행위는 원칙적으로 금지된다.

③ 부동산펀드에서 취득한 국외부동산은 원칙적으로 6개월 이내에는 처분이 금지된다.

④ 부동산개발사업에 따라 조성하거나 설치한 토지·건축물 등을 분양하는 경우에는 1년 이내에도 예외적으로 처분이 가능하다.

> 해설 해외부동산의 처분금지기간은 집합투자규약이 정하는 기간 이내로 한다. 취득 후 처분금지 조항은, 부동산펀드의 세제혜택을 투기행위로 이용하는 행위를 방지하기 위한 것이다.
>
> 정답 ③

더알아보기 부동산집합투자기구의 운용제한

(1) 부동산에 대한 운용제한

부동산취득 후 일정기간 내 처분제한	부동산펀드에서 토지취득 후 처분제한
국내부동산은 취득 후 1년 내 처분금지 [예외] 합병·해지 등과 개발사업으로 분양하는 경우	부동산개발사업 시행 전의 토지처분행위 금지 [예외] 합병·해지 / 사업성이 현저하게 떨어지는 경우

*국외부동산은 집합투자규약이 정하는 기간 이내(국내부동산의 처분제한 : 3년 → 1년, 2015년 자본시장법 개정)

(2) 부동산펀드의 운용특례

개발사업시 운용특례	취득·처분시 운용특례	금전차입	금전대여	제3자에의 업무위탁
사업계획서 작성· 공시의무 • 감정평가업자로 부터 적정성 확인 후 공시해야 함	실사보고서 작성 비치의무	일반공모펀드와는 달리 금전차입가능 • 금융기관으로부터 차입 • 차입한도는 순자산총액의 200%	대여한도는 순자산총액 의 100%	본질적 업무(운용·운용지시 업무, 재산평가업무)를 제외하 고 업무위탁이 가능함 • 개발 / 관리·개량 / 임매 및 그 부수업무

① 부동산펀드가 아닌 경우 부동산가액의 70%까지 차입이 가능함. 부동산펀드에서 차입한 금전은 부동산에 운용하는 방법 외로 운용해서는 안 됨(다만, 불가피한 경우에 현금성자산으로 일시적 운용가능)

② 차입대상의 금융기관은 은행, 투자매매·투자중개업자, 증권금융, 종금사, 보험사, 상호저축은행, 他 부동산펀드 등(신용협동기구로부터는 차입불가)

③ 부동산펀드의 금전대여한도는 대여금한도는 100분의 100인데, '규약에서 대여에 관한 사항을 정하고 있어야 하며, 대여금회수를 위한 적절한 수단을 확보할 것'이라는 요건을 충족해야 함

④ 사업계획서와 실사보고서의 차이는 보충문제 3 참조(사업계획서-미래형, 실사보고서-과거형)

(3) 부동산의 평가 : 부동산펀드의 재산은 '시가에 따라 평가하되, 신뢰할 만한 시가가 없는 경우 공정가액으로 평가한다'.
- 공정가액 : 펀드재산평가위원회가 충실업무를 준수하고 일관성을 유지하여 평가한 가액

보충문제

01 부동산펀드에서 취득한 토지를 처분할 수 있는 예외의 경우를 설명한 것이다. 다음 중 밑줄 친 부분이 옳지 않은 것은?

> ① 투자자보호를 위해 필요한 경우로서, ② 부동산개발사업을 하기 위하여 토지를 취득한 후 관련법령의 개정 등으로 인하여 ③ 사업성이 떨어져서 부동산개발사업을 수행하는 것이 곤란하다고 ④ 객관적으로 증명되어 그 토지의 처분이 불가피한 경우에는, 해당 토지를 처분할 수 있다.

해설 사업성이 떨어지되, '현저하게', '뚜렷하게', '명백하게' 등의 표현이 있어야 한다.

정답 ③

02 부동산집합투자기구의 운용특례에 대한 설명으로 잘못된 것은?

① 집합투자업자는 펀드재산으로 부동산을 취득하거나 처분하는 경우에는 실사보고서를 작성하고 비치해야 한다.

② 집합투자업자가 펀드재산으로 부동산개발사업에 투자하고자 하는 경우에는 사업계획서를 작성하고 감정평가업자로부터 사업계획서의 적정여부에 대해 확인을 받고 이를 인터넷 홈페이지 등을 이용하여 공시해야 한다.

③ 집합투자업자는 부동산펀드의 펀드재산을 시가에 따라 평가하되, 평가일 현재 신뢰할 만한 시가가 없는 경우에는 공정가액으로 평가해야 한다.

④ 부동산펀드에서 차입한 금전은 어떠한 경우라도 부동산에 운용하는 방법 외의 방법으로 운용되어서는 안 된다.

해설 예외가 있다. 펀드의 종류 등을 고려하여 차입한 금전으로 부동산에 투자할 수 없는 불가피한 사유가 발생하여 일시적으로 현금성자산에 투자하는 경우에 한해, 부동산에 운용하는 방법 외의 방법으로 운용이 가능하다.

정답 ④

03 실사보고서에 포함될 사항이 아닌 것은?

① 부동산의 현황

② 부동산과 관련된 재무자료

③ 부동산의 거래비용

④ 자금의 조달·투자 및 회수에 관한 사항

> **해설** ④는 사업계획서에 포함될 내용이다. 실사보고서는 거래현황 등 부동산거래 후의 과거형 자료가, 사업계획서는 개발사업의 추진일정 등 미래형 자료가 포함된다.
>
> **정답** ④

더알아보기 실사보고서 VS 사업계획서

실사보고서	사업계획서
• 부동산의 현황 • 부동산의 거래가격과 거래비용 • 부동산과 관련된 재무자료 • 부동산의 수익에 영향을 미치는 요소 • 그 밖에 부동산의 거래여부를 결정함에 있어 필요한 사항으로서 금융위원회가 고시하는 사항	• 부동산개발사업의 추진일정 및 추진방법 • 건축계획 등이 포함된 사업계획에 관한 사항 • 자금의 조달·투자 및 회수에 관한 사항 • 추정손익에 관한 사항 • 사업의 위험에 관한 사항 • 공사시공 등 외부용역에 관한 사항 • 그 밖에 투자자보호를 위해 필요한 사항으로서 금융위원회가 고시하는 사항

04 부동산펀드가 차입할 수 있는 차입기관에 속하지 않는 것은?

① 한국산업은행

② 상호저축은행

③ 다른 부동산펀드

④ 새마을금고

> **해설** 새마을금고는 차입기관에 속하지 않는다. 상호저축은행은 부산저축은행의 사례를 통해 보듯이 수익성제고 차원에서 PF대출을 많이 하였는데 이후 부동산경기의 침체로 상당한 부실요인이 되고 있다.
>
> **정답** ④

05 다음은 부동산펀드의 집합투자업자가 제3자에게 업무를 위탁하여 운용할 수 있는 대상을 나열한 것이다. 다음 중 해당되지 않는 것은?

① 부동산의 개발 및 부수업무
② 부동산의 취득·처분 및 부수업무
③ 부동산의 관리·개량 및 부수업무
④ 부동산의 임대 및 부수업무

해설 취득·처분업무(운용업무＝본질적 업무)는 위탁할 수 없다.

정답 ②

06 부동산펀드의 금전차입과 대여에 관련한 설명으로 잘못된 것은?

① 자본시장법상의 공모펀드는 원칙적으로 금전의 차입과 대여가 금지되나 부동산펀드는 운용특례로서 금전의 차입과 대여가 허용된다.
② 부동산펀드는 순자산액의 100분의 70까지 금전을 차입할 수 있다.
③ 부동산펀드가 금전의 대여를 하기 위해서는 집합투자규약에서 금전대여에 관한 사항을 정하고 있어야 하고, 금전대여시 담보권을 설정하거나 시공사로부터의 지급보증을 받는 등 대여금회수를 위한 적절한 조치를 확보해야 한다.
④ 부동산펀드가 금전대여를 할 수 있는 대상은 '부동산개발사업을 영위하는 법인(부동산신탁, 투자회사 등 다른 형태의 집합투자기구 포함)'에 국한된다.

해설 부동산펀드의 금전차입한도는 순자산액(자산총액에서 부채총액을 뺀 가액)의 200%까지, 금전대여한도는 100%까지 가능하다. 그리고 부동산펀드가 금전을 대여할 수 있는 대상은 부동산개발사업을 영위하는 경우에만 해당한다. 즉 부동산대출 등을 영위하는 경우에는 금전대여를 할 수 없다.

정답 ②

실물형부동산펀드에 속하지 않는 것은?

① 매매형부동산펀드

② 임대형부동산펀드

③ 권리형부동산펀드

④ 경공매형부동산펀드

해설 권리형부동산펀드는 실물형부동산펀드가 아니다.

정답 ③

더알아보기 부동산펀드의 종류

실물형부동산펀드	매매형, 임대형, 경공매형, 개량형, 개발형
대출형부동산펀드	PF형 부동산펀드라고 함
권리형부동산펀드	지상권, 지역권, 전세권, 분양권 등에 투자(물권과 채권을 구분할 것)
증권형부동산펀드	신탁재산 등(50% 이상이 부동산) / 부동산투자회사·부동산개발회사·부동산투자목적회사의 발행증권에 투자하는 펀드(준부동산펀드와 구분할 것)
파생상품형부동산펀드	부동산을 기초자산으로 한 파생상품에 투자
준부동산펀드	부동산개발사업을 영위하는 회사의 증권에 투자하는 펀드 등(자본시장법상 부동산펀드가 아님)

• 매매형은 자본소득만 있음 / 임대형은 Buy&Lease방식이며 이자소득(임대수입)이 주목적 / 개량형은 자본적 지출(개량) 후 임대·분양·매각 / 경공매형은 저가취득이 주목적 / 개발형은 개발 후 임대·분양·매각 등(가장 고위험고수익에 해당)

01 자본소득(Capital Gain)과 이자소득(Income Gain)을 모두 얻을 수 있는 부동산펀드에 속하지 않는 것은?

① 매매형부동산펀드

② 임대형부동산펀드

③ 개량형부동산펀드

④ 경공매형부동산펀드

> **해설** 임대형이나 개량형이나 경공매형은 모두 취득 후 임대하고(Income Gain 획득), 마지막에 부동산을 처분한다(Capital Gain 획득가능). 매매형은 임대를 하지 않기 때문에 자본소득만 얻을 수 있다.
>
> **정답** ①

02 다음의 부동산펀드 종류 중에서 기대수익률이 가장 높고 동시에 위험도 가장 큰 형태는 무엇인가?

① 개발형부동산펀드

② 매매형부동산펀드

③ 개량형부동산펀드

④ 경공매형부동산펀드

> **해설** 직접 개발사업을 추진하고 분양·임대·매각 등을 통한 개발이익 획득을 목적으로 하는데, 가장 사업기간도 길고 리스크도 큰 만큼 기대수익률이 가장 높다.
>
> **정답** ①

03 증권형부동산펀드에 속하지 않는 것은?

① 부동산투자회사가 발행한 주식에 펀드재산의 50%를 초과하여 투자하는 펀드

② 부동산개발회사가 발행한 주식에 펀드재산의 50%를 초과하여 투자하는 펀드

③ 부동산투자목적회사가 발행한 주식에 펀드재산의 50%를 초과하여 투자하는 펀드

④ 부동산보유비중이 높은 상장회사의 주식에 투자하는 펀드

> **해설** ①·②·③은 형식은 증권이지만 그 내용이 부동산이므로 '증권형부동산펀드'가 된다. 여기서 증권이란 '부동산투자회사 등이 발행한 주식과 채권'을 말한다. ④는 준부동산펀드에 속하고, 준부동산펀드는 부동산의 영향을 받는 펀드임은 분명하지만 자본시장법이 요구하는 부동산펀드의 요건을 갖추기는 어렵기 때문에 자본시장법상의 부동산펀드에는 속하지 않는다.
>
> **정답** ④

특별자산펀드

특별자산집합투자기구에 대한 설명으로 잘못된 것은?

① 특별자산펀드는 펀드재산의 50%를 초과해서 특별자산에 투자하는 펀드로 정의된다.

② 자본시장법은 특별자산펀드에서 투자할 수 있는 특별자산을 열거주의로 열거한다.

③ 선박투자회사법에 따라 50인 이상의 투자자로부터 자금을 모집하여 공모방식으로 설립되는 '공모선박투자회사'를 자본시장법상의 특별자산집합투자기구의 하나로 인정하고 있다.

④ 특별자산펀드는 펀드재산의 100분의 50을 초과하여 '특별자산'에 투자하여야 하며, 펀드재산의 나머지를 '증권 및 부동산'에도 투자할 수 있다.

> **해설** 자본시장법은 특별자산을 포괄주의에 의거하여, '증권과 부동산을 제외한 경제적 가치가 있는 자산'을 특별자산으로 정의하고 있다. 열거주의가 아닌 포괄주의로 규정을 했기 때문에 향후로도 다양한 특별자산펀드가 개발될 수 있는 환경을 만들었다.
>
> **정답** ②

더알아보기 | **특별자산펀드 개요**

(1) **자본시장법상의 특별자산펀드 정의** : '펀드재산의 50%를 초과하여 특별자산에 투자하는 펀드' → 특별자산이라 함은 '증권과 부동산이 아닌 경제적 가치가 있는 것'으로 포괄적 정의를 함

(2) **특별자산펀드의 법적형태** : 투자신탁(신탁계약)을 제외하고는 모두 상법에 근거함

특별자산 투자신탁	특별자산 투자회사	특별자산 투자유한회사	특별자산투자 합자회사	특별자산투자 유한책임회사	특별자산 투자합자조합	특별자산 투자익명조합

(3) **특별자산펀드의 운용대상**
일반상품(원자재) / 선박·항공기 등 등기 등의 공시방법을 갖춘 동산 / 미술품 등 / 문화콘텐츠 상품 / 특별자산에 해당하는 증권 / 통화·신용위험 / 어업권·광업권·탄소배출권 등 / 기타
- 특별자산에 해당하는 증권 : ㉠ 집합투자증권 등(50% 이상이 특별자산) ㉡ 선박투자회사의 주권 ㉢ 사회간접시설사업을 하는 법인의 발행주식 등
- 준특별자산펀드 : 위의 ㉠, ㉡, ㉢이 아닌 회사의 주식에 투자하는 펀드(예 와인연계회사 주식에 투자하는 펀드 / 귀금속연계회사 주식에 투자하는 펀드 등).

(4) **특별자산펀드의 운용특례** : 공모펀드임에도 불구하고 동일종목투자제한 10% 규정의 예외로, '사회기반시설에 대한 민간투자법'에 따른 사회기반시설사업의 시행을 목적으로 하는 법인발행 증권에 대해서는 100% 투자가 가능함

(5) **특별자산의 평가** : 특별자산의 금융위 등록시 등록신청서에 추가하여 특별자산평가방법을 기재한 서류를 별도로 첨부해야 함(∵ 특별자산은 평가하기 어려우므로)

01 특별자산펀드에 대한 내용이다. 틀린 것은?

① 자본시장법은 특별자산의 범위에 대해 포괄주의를 적용하고 있다.

② 특별자산펀드는 환매금지형으로 설정·설립하는 것을 원칙으로 한다.

③ 공모형 특별자산펀드는 발행일로부터 90일 이내에 증권시장에 상장해야 한다.

④ 특별자산펀드의 법적형태 중 투자신탁의 경우 설립주체가 발기인이다.

> **해설** 발기인이 설립주체가 되는 것은 투자회사가 유일하다.
>
> **정답** ④

02 특별자산의 운용대상에 속하지 않는 것은?

① 일반상품(Commodities)

② 선박, 항공기, 건설기계, 자동차 등과 같이 등기·등록의 공시방법을 갖춘 동산(動産)

③ 미술품

④ 선박을 다량 보유하고 있는 상장회사의 주식

> **해설** ④는 준특별자산에 속한다. 선박투자회사가 발행한 주식은 특별자산이 되나 선박을 다량 보유하고 있는 상장회사의 지분증권은 준특별자산으로, 법적으로는 증권이 된다.
>
> **정답** ④

03 특별자산집합투자기구의 특징에 대한 설명으로 잘못된 것은?

① 특별자산펀드는 공모형일지라도 사회기반시설사업의 시행을 목적으로 하는 법인 등이 발행한 주식과 채권에 대해서는 펀드자산의 100분의 100까지 투자할 수 있다.

② 특별자산펀드는 부동산펀드와 혼합자산펀드와 마찬가지로 환매금지형으로 설정·설립하는 것이 원칙이다.

③ 특별자산펀드를 금융위에 등록하는 경우 등록신청서와 특별자산펀드의 평가방법을 기재한 서류를 별도로 첨부하여야 한다.

④ 특별자산은 신뢰할 만한 시가가 없는 경우가 대부분이므로 집합투자업자는 특별자산의 평가를 처음부터 공정가액으로 평가하도록 하고 있다.

> **해설** 특별자산펀드의 자산평가방법은 다른 집합투자기구와 동일하다. '시가(時價)로 평가하되 신뢰할 만한 시가가 없는 경우에는 공정가액으로 평가한다'. 다만, 특별자산은 종류도 다양하고 신뢰할 만한 시가가 부족하므로 평가방법을 기재한 서류를 특별자산펀드의 등록시 별도로 첨부해야 한다. ①은 특별자산펀드의 운용특례로서, 사회간접자본에 투자시에는 펀드 재산의 100%까지 투자를 허용한다.
>
> **정답** ④

04 다음 빈칸에 들어갈 수 없는 것은?

> (   )을(를) 기초자산으로 하는 파생상품에 집합투자재산의 50%를 초과하여 투자할 경우 특별자산 집합투자기구가 된다.

① 증 권
② 통 화
③ 신용위험
④ 일반상품(Commodities)

해설 증권을 기초자산으로 한 파생상품을 펀드재산의 50% 초과해서 투자하면 증권집합투자기구가 된다.

정답 ①

05 준특별자산펀드와 가장 거리가 먼 것은?

① 전 세계의 와인 관련산업에 속한 회사의 주식에 투자하는 펀드
② 전 세계의 금을 포함한 귀금속 관련사업을 영위하는 회사의 주식에 투자하는 펀드
③ 전 세계의 비철금속의 탐사, 개발, 생산과 관련된 사업을 영위하는 회사의 주식에 투자하는 펀드
④ 선박투자회사법에 의해 설립된 선박투자회사의 발행주식에 투자하는 펀드

해설 ④는 '증권형특별자산펀드'이며, 나머지는 모두 '준특별자산펀드'이다.
• 준특별자산펀드는 '~에 연계하는 회사의 증권' 혹은 '~사업에 투자하는 회사의 증권'과 같은 표현이 사용된다.
주의 '준부동산펀드'나 '준특별자산펀드'는 펀드의 전반적인 개념 이해에 도움이 되나, 2016년 기본서 개정에 의해 '준부동산펀드', '준특별자산펀드'는 시험범위에서 제외되었음을 유의하길 바람

정답 ④

5 신탁상품

다음 빈칸에 들어갈 말이 올바르게 묶인 것은?

> 신탁이란 신탁을 설정하는 자인 (㉠)와 신탁을 인수하는 자인 (㉡) 간의 신임관계에 기하여
> (㉠)가 (㉡)에게 특정의 재산을 이전하거나 담보권의 설정 또는 그 밖의 처분을 하고 (㉡)로
> 하여금 일정한 자(㉢)의 이익 또는 특정의 목적을 위하여 그 재산의 관리, 처분, 운용, 개발, 그
> 밖에 신탁 목적의 달성을 위하여 필요한 행위를 하게 하는 법률관계를 말한다.

	㉠	㉡	㉢
①	위탁자	수탁자	수익자
②	수탁자	수익자	위탁자
③	수익자	위탁자	수탁자
④	위탁자	수익자	수탁자

해설 신탁의 정의이다(신탁법 제2조).

정답 ①

더알아보기   신탁 개요

(1) 신탁의 정의

위탁자와 수탁자 간의 신임관계에 기하여 위탁자가 수탁자에게 특정재산을 이전하거나 담보권의 설정 또는 그 밖의 처분을 하고 수탁자로 수익자의 이익 또는 특정의 목적을 위하여 그 재산의 관리, 처분, 운용, 개발, 그 밖에 신탁목적의 달성을 위하여 필요한 행위를 하게 하는 법률관계를 말함

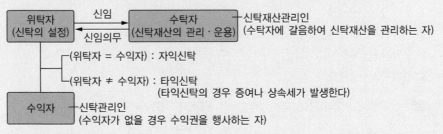

신탁의 구조와 신탁관계인

※ 신탁의 설정 : 신탁은 위탁자의 유언이나 신탁선언에 의해서도 설정이 될 수 있으나, 대부분의 경우 '위탁
자와 수탁자 간의 신탁계약'에 의해 설정된다.

- 수익자의 권한 : 수탁자가 신탁계약에서 정한 바에 따라 신탁사무를 잘 처리하고 있는지에 대해 감시할
  권한이 있음.

(2) 신탁과 집합투자기구 차이점(3면관계라는 점은 동일)

집합투자기구	신 탁
위탁자 – 자산운용회사, 수탁자 – 보관·관리	위탁자 – 일반개인도 가능, 수탁자 – 운용도 함

(3) 신탁재산의 법적 특성(신탁재산의 독립성을 말함)

강제집행 금지	수탁자의 상속금지 등	신탁재산의 상계금지	신탁재산의 불혼동

① '신탁재산'은 법률적으로는 수탁자의 것이나(∵ 신탁시 위탁자가 수탁자에게 신탁재산의 명의이전을
  해야 하므로), 실질적으로는 수익자의 것이다. 따라서 신탁재산은 '누구의 것'도 아니므로 타 이해관계
  로부터 독립성을 지킬 필요가 있다.
② '신탁재산에 속하는 채권'과 '신탁재산에 속하지 않는 채무'는 상계할 수 없다.
③ 신탁재산의 독립성에 따라, 민법상 혼동원칙(대립되는 권리를 소멸시키는 것)을 적용하지 않는다.

(4) 신탁의 기본원칙

수탁자의 선관의무 및 충실의무	신탁재산의 분별관리의무	실적배당의 원칙

• 고객의 재산을 관리하므로 선관의무가 부과되며, 남용시 수익자의 이익이 침해될 수 있으므로 충실의무
  도 부과된다.

(5) 신탁과 유사한 제도(유사하나 내용상의 차이가 있음)

민법에 의한 대리제도	집합투자	투자일임
신탁과 달리 소유권 이전이 없음	신탁재산과 달리 집합해서 운용함	신탁과 달리 소유권이 고객에 있음

> 참고 신탁재산의 법적특성 중 '신탁재산의 상계금지'와 '신탁재산의 불혼동'은 2016년 기본서 개정으로
> 시험범위에서 제외되었으나, 신탁제도의 이해에 도움이 되는 것이므로 참조하길 바람

보충문제

01 신탁의 양 당사자는 누구인가?

① 위탁자 ↔ 수탁자
② 수탁자 ↔ 수익자
③ 위탁자 ↔ 수익자
④ 신탁자 ↔ 수탁자

해설 신탁계약은 위탁자와 수탁자의 계약에 의해 성립된다(집합투자기구도 마찬가지).

정답 ①

02 신탁재산의 법적 특성에 대한 설명으로 옳지 않은 것은?

① 신탁재산에 대해서는 강제집행, 담보권 실행 등을 위한 경매, 보전처분, 국세 등 체납처분을 할 수 없다.

② 신탁재산은 수탁자가 사망하거나 파산한 경우에도 수탁자의 파산재단이나 상속재산에 포함되지 않는다.

③ 신탁재산에 속하는 채권과 신탁재산에 속하지 않는 채무는 상계할 수 없다.

④ 신탁의 수익자는 사실상 신탁재산의 소유자이므로 신탁기간 중 수익자의 채권자는 신탁재산에 대한 강제집행을 할 수 있다.

> 해설 신탁재산은 궁극적으로 수익자에게 귀속한다고 할지라도 수익자는 신탁이 존속하는 동안에는 신탁재산의 법률적 소유자가 아니므로 수익자의 채권자라고 할지라도 신탁재산에 대하여는 강제집행을 할 수 없다.
>
> 정답 ④

03 신탁의 기본원칙에 대한 설명으로 옳지 않은 것은?

① 수탁자는 신탁재산을 관리하는 자이므로 기본적으로 민법에 의한 선량한 관리자로서의 주의의무를 가진다.

② 수탁자는 자신의 재산이 아닌 신탁재산을 자기 이름으로 소유하므로 수탁자가 권한 남용을 할 경우 수익자의 이익이 침해될 여지가 있다. 따라서 이를 방지하기 위해 선량한 관리자의 주의의무에 추가하여 충실의무를 부가하고 있다.

③ 신탁재산은 고유재산과 분별 관리를 해야 한다.

④ 신탁재산은 투자형 상품이므로 실적배당원칙이 준수되어야 하고, 따라서 모든 신탁상품은 원금보장이 되지 않는다.

> 해설 신탁상품은 기본적으로 실적배당이 적용되나 연금이나 퇴직신탁은 특별한 필요성을 인정하여 원금보장을 할 수 있도록 예외를 두고 있다.
>
> 참고 고유재산과의 분별관리 의무

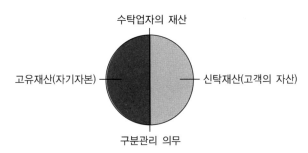

> 정답 ④

04 신탁과 유사한 제도에 대한 설명으로 적절하지 않은 것은?

① 민법에 의한 대리제도는 남에게 재산의 관리 및 운용을 맡기는 점은 신탁과 동일하나 재산의 소유권이 대리인에게 이전되지 않는다는 점에서 신탁과 다르다.

② 신탁과 집합투자는 수익자를 위해서 운용하고 배당하는 간접투자상품이라는 점에서 동일하나 여러 재산을 집합해서 운용하는가(집합투자), 아니면 투자자별로 구분해서 운용하는가(신탁)의 차이가 있다.

③ 신탁은 수익자가 재산의 운용을 지시할 수 없으나 집합투자는 자기의 책임하에 재산의 운용에 지시하거나 관여할 수 있다는 차이점이 있다.

④ 투자일임제도는 투자자별로 투자재산을 구분해서 운용한다는 점에서 신탁과 유사하나 투자일임은 투자재산의 소유권이 고객에게 있고, 신탁은 위탁자로부터 재산의 소유권을 완전히 넘겨 받는다는 점에서 차이가 있다.

> **해설** 집합투자는 수익자가 재산의 운용을 지시할 수 없으나 신탁은 자기의 책임하에 재산의 운용에 지시하거나 관여할 수 있다는 차이점이 있다.

정답 ③

신탁상품의 종류

자본시장법상의 금융투자상품 중 신탁의 분류이다. 잘못 설명된 것은?

① 신탁은 금융투자상품에 속한다.

② 신탁은 증권에 속한다.

③ 신탁은 수익증권으로 분류된다.

④ 원금보전신탁도 금융투자상품으로 분류된다.

해설 신탁 = 금융투자상품 > 증권 > 수익증권, 원금보전신탁은 투자성이 없으므로 금융투자상품에서 제외된다 (원금보전신탁 = 노후생활연금신탁, 퇴직연금신탁, 연금신탁).

정답 ④

더알아보기 신탁상품의 종류

(1) 자본시장법상 신탁은 '금융투자상품 → 증권 → 수익증권'에 속한다. 다만, 원금보전신탁과 관리신탁은 그 특성상 금융투자상품에서 제외된다.

신탁은 금융투자상품, 증권, 수익증권에 속한다.

채무증권 지분증권 수익증권 투자계약증권 파생결합증권 증권예탁증권

증권

금융투자상품 — 파생상품 — 장내파생상품
— 비금융투자상품 — 장외파생상품

(2) **특정금전신탁** : 위탁자(고객)가 신탁재산의 운용방법을 수탁자(신탁회사)에게 지시하고, 신탁회사는 위탁자의 운용지시에 따라 신탁재산을 운용한 후 실적배당을 하는 단독운용신탁상품

가입금액	가입기간	수익자 지정	신탁재산의 운용
보통 1천만원 이상이나 법령상의 제한은 없음	특별한 제한이 없음(하루만 가입할 수도 있음)	수익자가 본인이 아닐 경우 (타익신탁), 과세가 됨	위탁자가 지시하는 대로 운용이 됨(예외 있음)

① 위탁자의 지정방법대로 운용할 수 없는 잔액이 있는 경우 만기 1일의 고유계정대출이나 콜론으로 일시 운용이 가능함 또한 고객은 필요한 경우 투자판단의 전부나 일부를 위임할 수도 있음

② 자본시장법은 신탁재산인 금전을 보험상품으로 운용하는 것은 원칙적으로 금지함

③ 신탁의 해지시 신탁재산을 현금화하지 않고 운용현상 그대로 교부할 수도 있음(고객이 원하는 경우)

④ ELT(Equity Linked Trust) : 특정금전신탁에 ELS를 포함시켜 구조화한 상품으로, ELS의 인기와 함께 특정금전신탁의 핵심상품으로 자리매김하고 있다.

(3) **금전채권신탁** : 금전의 급부를 목적으로 하는 금전채권을 신탁재산으로 인수한 후 신탁회사가 신탁계약에서 정한 바에 따라 신탁된 금전채권의 관리·추심 및 추심된 자금의 운용업무 등을 수행하는 신탁을 말함(추심관리를 목적으로 신탁하는 경우는 거의 없음)

(4) 부동산신탁(5가지 종류)

담보신탁	관리신탁	처분신탁	분양관리신탁
신탁 후 담보로 하여 자금 차입을 하는 상품	소유권관리, 건물수선·유지 등의 제반 관리 수행	처분업무 및 처분 완료시까지의 관리업무 수행	선분양시 피분양자보호를 위한 자금관리업무 대리

※ 개발신탁(토지신탁이라고도 함) : 위탁자가 신탁한 토지에 대해 신탁회사가 자금을 투입하고 개발사업을 시행한 후, 임대 또는 분양을 하고 그 수익을 수익자에게 귀속시키는 신탁이다.

보충문제

01 특정금전신탁에 대한 설명으로 잘못된 것은?

① 금전신탁은 위탁자의 자산운용지시의 특정여부에 따라 특정금전신탁과 불특정금전 신탁으로 구분된다.

② 특정금전신탁의 가입기간에는 특별한 제한이 없다.

③ 일반적인 신탁의 경우 위탁자와 수익자가 다를 경우 증여세가 부과되나 특정금전신탁에서는 증여세가 부과되지 않는다.

④ 특정금전신탁은 원칙적으로 자산의 운용방법을 고객(위탁자)이 지정을 하나, 필요한 경우 신탁회사에게 투자판단의 전부나 일부를 위임할 수 있다.

> **해설** 위탁자와 수익자가 다르면(타익신탁) 예외없이 증여세가 부과된다. ①·④의 경우 특정금전신탁은 위탁자가 지시한대로 운용되는데, 필요할 경우 신탁업자에게 위임을 할 수 있다.
>
> 정답 ③

02 다음 중 금전신탁에 속하는 것으로 묶인 것은?

> ㉠ 특정금전신탁
> ㉡ 불특정금전신탁
> ㉢ 금전채권신탁
> ㉣ 동산신탁

① ㉠

② ㉠, ㉡

③ ㉠, ㉡, ㉢

④ ㉣

> **해설** 금전채권은 '돈을 받을 수 있는 권리'를 말하는 것으로, 금전신탁이 아님에 유의한다.
>
> 정답 ②

03 다음 빈칸에 알맞은 것은?(순서대로)

> 2021년 3월 말 기준 전체 신탁상품 잔액은 총 1,057조원이고, 신탁상품별로는 (　　)이 520조원으로 전체 신탁상품의 49%로서 가장 큰 규모의 신탁상품이며, 다음으로는 (　　)이 346조원으로 33%의 규모를 보이고 있다.

① 부동산신탁, 금전채권신탁

② 부동산신탁, 특정금전신탁

③ 특정금전신탁, 부동산신탁

④ 특정금전신탁, 금전채권신탁

해설 '특정금전신탁 – 부동산신탁'이다. 그 다음으로는 금전채권신탁상품(172조원), 불특정금전신탁(16조원) 순이다.

정답 ③

더알아보기 신탁의 분류

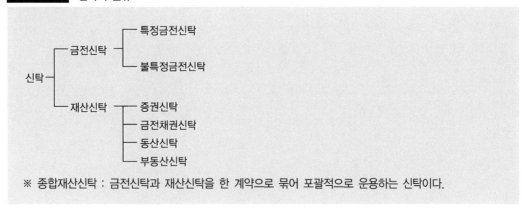

※ 종합재산신탁 : 금전신탁과 재산신탁을 한 계약으로 묶어 포괄적으로 운용하는 신탁이다.

04 금전채권신탁의 상품내용에 대한 설명으로 잘못된 것은?

① 금전의 급부를 목적으로 하는 금전채권을 신탁재산으로 인수한 후 신탁회사가 신탁계약에서 정한 바에 따라 신탁된 금전채권의 관리 · 추심업무 및 추심된 자금의 운용업무 등을 수행하는 신탁을 말한다.

② 금전채권신탁은 금전채권의 추심관리를 목적으로 이용되기도 한다.

③ 금전채권신탁의 수익권을 제3자에게 양도함으로써 자금을 조달하는 자산유동화의 목적으로 주로 이용된다.

④ 금전채권신탁의 위탁자는 금전채권의 채권자가 된다.

해설 추심을 목적으로 금전채권신탁을 이용하는 경우는 거의 없다.

정답 ②

05 부동산신탁의 상품내용에 대한 설명으로 잘못된 것은?

① 부동산신탁이란 위탁자로부터 토지와 그 정착물, 즉 부동산을 신탁받아서 위탁자의 지시 또는 신탁계약에서 정한 바에 따라 신탁회사가 그 부동산을 관리, 운용, 처분 및 개발하여 주는 신탁상품을 말한다.

② 부동산신탁은 부동산신탁을 전문으로 취급하는 부동산신탁회사가 주로 취급하지만 은행, 증권 등의 신탁겸영금융회사들도 많이 취급하고 있다.

③ 부동산신탁은 담보신탁, 관리신탁, 처분신탁, 개발신탁, 관리형개발신탁, 분양관리신탁 등으로 구분된다.

④ 부동산을 신탁회사에 신탁한 후 신탁회사가 발행한 수익권증서를 담보로 하여 위탁자가 금융기관으로부터 자금을 차입하는 상품을 부동산관리신탁이라 한다.

> 해설 부동산담보신탁의 내용이다. 담보신탁에서 신탁회사가 하는 일은 담보물의 관리 또는 대출금회수를 위한 담보물의 처분업무를 수행한다.
> *부동산관리신탁 : 부동산 소유권의 관리, 건물수선과 유지, 임대차관리 등의 제반 관리 업무를 신탁회사가 수행하는 상품

정답 ④

연금저축신탁(세제적격)

연금저축계좌에 대한 설명으로 옳지 않은 것은?

① 운영형태와 계약당사자에 따라 연금저축신탁, 연금저축펀드, 연금저축보험이 있다.

② 5년 이상 적립 후 연금수령은 55세부터 가능하며, 연금수령 시 5.5% ~ 3.3%의 세율로 과세된다.

③ 납입 시에는 세액공제 혜택이 있으며, 연금으로 수령 시에는 연금소득세를 분리과세 또는 종합과세로 선택할 수 있다.

④ 만 18세 이상이 가입할 수 있으며, 위탁자와 수익자가 다른 타익신탁도 가능하다.

> 해설 연금저축(신탁 / 펀드 / 보험)은 가입자 연령의 제한이 없다. 그리고 세제적격연금신탁은 위탁자와 수익자가 동일한 자익신탁(自益信託)만 가능하다.
> ※ 연금저축(신탁 / 펀드 / 보험)의 세액공액율과 공제액(지방소득세율 포함)

총급여 5,500만원 이하 (종합소득 4,500만원 이하)	총급여 5,500만원 초과 (종합소득 4,500만원 초과)
최고한도 600만원 × 16.5% = 990,000(원)	600만원 × 13.2% = 792,000(원)

정답 ④

더알아보기 연금저축신탁의 이해

(1) 연금저축의 내용

구 분	내 용
가입 연령	제한 없음
의무납입기간	5년
연금수령기간	55세 이후 10년 이상 분할
납입 한도	전체 금융기관을 합산하고 퇴직연금(DB, IRP) 근로자 납입분을 합산한 금액이 연간 1,800만원
세액공제 한도	종합소득이 4,500만원을 초과하는 자는 연간납입 600만원의 13.2% = 792,000(원), 그 이하자는 16.5% 적용
연금소득세 (과세대상 : 세액공제금액 + 신탁이익)	만 55세 ~ 69세는 5.5%, 만 70세 ~ 79세는 4.4%, 만 80세 이상은 3.3% (지방세 포함임)
중도 해지	• 연금개시 전 해지(부득이한 사유*로 인한 해지 포함) 시 : 16.5%의 기타소득세 부과 • 연금수령 중 해지(부득이한 사유*로 인한 해지 포함) 시 : 연금수령한도 내는 연금소득세(5.5% ~ 3.3%), 연금수령한도 외는 16.5%의 기타소득세 부과 *부득이한 사유 : 천재지변, 가입자의 사망 또는 해외이주, 가입자 또는 그 부양가족의 질병 부상에 따라 3개월 이상의 요양이 필요한 경우, 가입자의 파산선고 등, 금융기관의 영업정지 등

종합소득신고	• 연금소득금액(사적연금)이 연간 1,500만원(세액공제금액 + 신탁이익)을 초과 시 : 분리과세 또는 종합과세 중 선택할 수 있음 • 중도해지 등으로 기타소득금액이 연간 300만원(세액공제금액 + 신탁이익)을 초과하는 경우에는 종합소득신고 대상임

• 연금수령한도 = $\dfrac{\text{과세기간 개시일 현재 연금계좌 평가총액}}{11 - \text{연금수령연차}} \times 120\%$

• 만 55세 이후에 매년 연금수령한도 내에서 수령해야 한다. 만일 연금수령한도를 초과하여 인출한 금액은 연금외수령으로 간주, 기타소득세가 부과된다.

• 연금소득금액(공적연금은 제외)이 연간 1,500만원(세액공제금액 + 신탁이익)을 초과하는 경우 분리과세와 종합과세 중 본인에게 유리한 것을 선택할 수 있다.

(2) 기 타

연금저축의 3가지 형태인 연금저축신탁, 연금저축펀드, 연금저축보험 중에서 연금저축신탁은 현재 신규판매가 중지되었다. 원칙적으로 신탁업자는 수탁한 재산에 대해 손실보전 또는 이익보장이 금지되나 과거 예외적으로 연금저축신탁은 원리금 보장을 인정하였다. 그러나 원리금 보장의 상품위주 판매관행을 개선하고자 2018년부터 신규가입이 중지되었다.

(※ 기본서 교재가 신규판매가 중지된 연금저축신탁을 예로 설명하고 있으나 연금저축펀드, 연금저축보험에 대한 설명이기도 함)

보충문제

01 연금저축의 상품내용으로 잘못된 것은?

① 가입자 연령요건이 폐지되었다.

② 분기당 납입한도의 제한 없이 연간 1,800만원까지(퇴직연금 포함) 가입할 수 있다.

③ 만 55세 이후 10년간 연금을 분할수령해야 한다.

④ 연금수령 시 연금과세가 폐지되었다.

해설 연금과세는 연령별로 5.5% ~ 3.3%로 연금소득세를 적용한다.

정답 ④

신탁상품의 판매절차에 대한 설명이다. 틀린 것은?

① 투자권유를 희망하는 일반투자자에게는 신탁상품을 권유하기 전에 투자자정보확인서를 통하여 투자자의 투자목적, 재산상황, 투자경험 등을 파악한다.

② 신탁회사는 각 신탁상품별로 객관적이고 합리적인 방법으로 위험등급을 부여하여야 하며, 고객의 투자성향에 비추어 적합하다고 인정되는 상품만을 투자권유해야 한다.

③ 투자권유를 희망하지 않는 일반투자자에게는 투자권유불원확인서(또는 투자자정보미제공확인서)로 확인을 받은 후, 적합성원칙 등의 투자자보호절차를 생략할 수 있다.

④ 투자자가 운용대상을 특정종목과 비중 등으로 구체적으로 지정하지 않을 경우에도 투자권유불원확인서 또는 투자자정보미제공확인서로 확인을 받고 적합성원칙 등의 투자자보호절차를 생략할 수 있다.

> **해설** ④는 비지정 특정금전신탁을 말하는데, 비지정 특정금전신탁의 경우 투자자정보를 제공하지 않는 고객과는 신탁계약의 체결이 불가하다.
>
>   **정답** ④

더알아보기   신탁상품의 판매

(1) 신탁상품의 판매절차(금융투자상품의 판매절차와 기본적으로 동일하지만 일부예외가 있음)

  ① 신탁상품의 투자권유 : 핵심문제

    ※ 신탁상품의 투자권유 FLOW(도해)

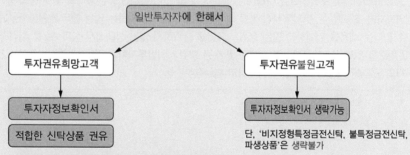

    만일, 투자자가 부적합한 신탁상품에 투자하고자 한다면, 부적합한 사실과 해당 상품의 위험성을 고지하고 확인을 받아야 함

    단, '비지정형특정금전신탁'의 경우는 부적합한 경우 계약을 체결할 수 없다.

  ② 신탁상품의 투자권유시 유의사항

    ㉠ 투자권유희망고객은 '투자자정보제공확인서'를 통해 정보를 제공하며, 투자권유불원고객은 '투자불원확인서'를 징구하고 적합성원칙 등의 투자자보호절차를 생략할 수 있다.

    ㉡ 신탁회사는 투자자(위탁자)가 제공한 정보를 활용하여 위탁자를 위험등급분류상 일정유형으로 분류해야 하며, 해당 유형에 맞는 신탁상품을 권유해야 한다.

- 만일 투자자가 본인에게 적합한 상품보다 더 위험한 상품에 투자하고자 할 경우에는, 부적합사실과 위험성을 고지하고 확인받아야 한다(부적합확인서). 단, 비지정형 금전신탁은 부적합시 계약을 체결할 수 없다.
  ⓒ 파생상품(ELT 등), 비지정형 특정금전신탁, 불특정금전신탁의 경우 투자자정보를 제공하지 않으면 신탁상품의 거래를 할 수 없다(보충문제 1).
  - 불특정금전신탁 : 투자자가 운용대상을 지정하지 않는 특정금전신탁을 말함(현재 연금신탁에게만 적용됨)
  - 비지정형 특정금전신탁(종전기준 '일임형 금전신탁'에서 2016년에 용어 변경) : 투자자가 운용대상을 지정하되, 특정종목과 비중 등을 구체적으로 지정하지 않아 신탁회사가 운용권의 일부 또는 전부를 행사하는 신탁

(2) 신탁상품에 대한 설명의무
① 위탁자에게 설명해야 할 사항 : 신탁상품의 명칭과 종류, 운용방법, 운용제한, 중도해지방법, 신탁보수에 관한 사항, 투자위험에 관한 사항 등
② 특정금전신탁에 대한 추가설명 사항 : 보충문제 2

(3) 사후관리
① 고객이 수령을 거절하지 않는 한 분기별 1회 이상 주기적으로 자산운용보고서를 작성·제공해야 한다.
② 비지정형 특정금전신탁의 경우, 분기별 1회 이상 재무상태 등의 변경여부를 확인해야 한다.

(4) 비지정형 특정금전신탁에 대한 특칙 : 보충문제 3

(5) 신탁상품의 판매관련 불건전영업행위 : 보충문제 4

> 집합하여 운용하는 행위 금지(합동운용금지) / 신탁거래와 관련하여 확정되지 않은 사항을 확정적으로 표시하거나 포괄적으로 나타내는 행위 / 특정금전신탁재산의 운용내역 및 자산의 평가가액을 위탁자가 조회할 수 있다는 사실 등을 사전에 위탁자에게 고지하는 않는 행위 / 원본손실이 발생할 수 있다는 내용을 기재하지 않는 행위 / 요건을 충족하지 않은 상태에서 성과보수를 수취하는 행위 / 기준을 초과하는 재산상이익의 제공 및 수령 행위 / 일반투자자와 같은 대우를 받겠다는 전문투자자의 요구에 정당한 사유없이 동의하지 않는 행위 등

01 투자자정보를 제공하지 않을 경우 신탁상품의 판매가 불가한 대상을 다음 내용에서 모두 고른 것은?

> ㉠ 파생상품이 아닌 특정금전신탁을 계약하려는 투자권유불원고객
> ㉡ ELT를 계약하려는 투자권유불원고객
> ㉢ 비지정형 특정금전신탁을 계약하려는 투자권유불원고객
> ㉣ 불특정금전신탁을 계약하려는 투자권유불원고객

① ㉠, ㉡, ㉢
② ㉡, ㉢, ㉣
③ ㉠, ㉢, ㉣
④ ㉠, ㉡, ㉢, ㉣

해설 투자권유희망고객은 투자자정보를 제공한다(투자자정보확인서를 통함). 투자권유불원고객은 투자자정보를 제공하지 않아도 되지만, 만일 투자권유불원고객이 '파생상품 등(㉡)'이나, 비지정형 특정금전신탁(㉢)이나, 불특정금전신탁(㉣)'의 계약을 체결하고자 할 경우에는 '투자자정보'를 반드시 제공해야 한다(미제공시에는 거래불가).

정답 ②

02 특정금전신탁에 대한 추가설명의무에 대한 설명으로 옳지 않은 것은?

① 위탁자가 신탁재산인 금전의 운용방법을 지정하고, 신탁회사는 지정된 운용방법에 따라 신탁재산을 운용한다는 사실
② 특정금전신탁계약을 체결한 위탁자는 신탁계약에서 정한 바에 따라 특정금전신탁의 운용방법을 변경지정하거나 계약의 해지를 요구할 수 있으며, 신탁회사는 특별한 사유가 없는 한 위탁자의 운용방법 변경지정 또는 계약의 해지요구에 대하여 응할 의무가 있다는 사실
③ 특정금전신탁을 체결한 위탁자는 자기의 재무상태, 투자목적 등에 대해 신탁회사의 임직원에게 상담을 요청할 수 있으며, 신탁회사의 임직원은 그 상담요구에 대해 거절할 수 있다는 사실
④ 특정금전신탁재산의 운용내역 및 자산의 평가가액을 위탁자가 조회할 수 있다는 사실

해설 '신탁회사의 임직원은 그 상담요구에 대하여 응할 준비가 되어 있다는 사실'이 옳은 내용이다.

정답 ③

03 비지정형 금전신탁상품의 투자권유 특칙에 대한 설명이다. 틀린 것은?

① 신탁회사는 하나 이상의 자산배분유형군을 마련해야 하며, 하나의 자산배분유형군은 둘 이상의 세부자산배분유형으로 구분하여야 한다.

② 신탁회사는 투자자유형에 적합한 세부자산배분유형을 정하고 신탁계약을 체결해야 한다.

③ 분산투자규정이 없을 수 있어 수익률의 변동성이 집합투자기구 등에 비해 더 커질 수 있다는 사실에 대해 설명하여야 한다.

④ 신탁재산의 운용에 대해 투자자가 개입할 수 없다는 사실에 대해 설명해야 한다.

> **해설** 비지정형 금전신탁(또는 비지정형 특정금전신탁)은 운용의 일부 또는 전부를 신탁회사에 일임하는 것이므로 투자자가 전혀 개입할 수 없는 것은 아니다. 즉, ④는 '투자자유형별 위험도를 초과하지 않는 범위 내에서만 신탁재산의 운용에 대해 투자자가 개입할 수 있다는 사실'이 되어야 옳은 내용이다.
>
> **정답** ④

04 신탁상품의 판매와 관련하여 금지되는 불건전영업행위에 속하지 않는 것은?

① 여러 신탁재산을 집합하여 운용하는 행위

② 특정금전신탁계약의 체결을 권유함에 있어 금융위원회가 고시한 사전고시사항을 사전에 위탁자에게 알리지 않는 행위

③ 원본보전이 되지 않는 신탁상품에 대하여 신탁통장 등에 원본의 손실이 발생할 수 있다는 사실을 기재하지 않는 행위

④ 위탁자가 서면으로 수령을 거절하지 않는 한, 금전신탁고객에 대해 분기 1회 이상 신탁재산의 운용내역을 신탁계약에서 정하는 바에 따라 통지하는 행위

> **해설** 준수사항에 해당한다(더알아보기 참조).
>
> **정답** ④

05 신탁상품의 투자권유에 대한 설명이다. 가장 거리가 먼 것은?

① 자산운용보고서를 분기 1회 이상 작성하고 고객에게 제공해야 한다.

② 비지정형 특정금전신탁 및 불특정금전신탁의 경우에는 반드시 투자자정보를 확인해야 하며, 이때 투자정보를 미제공할 경우 신탁계약을 체결할 수 없다.

③ 자신의 정보를 제공하지 않는 고객은 그 거부의사를 서면으로 확인하고 투자자보호절차를 생략할 수 있다.

④ 비지정형 특정금전신탁은 위탁자인 고객의 투자성향보다 위험도가 높은 신탁상품에 투자할 경우에는 고객의 확인을 받은 후에 신탁계약을 체결할 수 있다.

> **해설** 비지정형의 경우 고객의 투자성향보다 높은 신탁상품에는 투자가 불가하다.
>
> **정답** ④

단원별 출제예상문제

01 다음 중 옳은 설명은?

① 집합투자의 요건을 갖추기 위해서는 반드시 2인 이상의 일반투자자에게 투자권유를 하되, 투자자금의 모집은 반드시 2인 이상일 필요는 없다.

② 일괄신고서 제도는 개방형 집합투자기구에 한하여 적용된다.

③ 집합투자기구가 금융위에 등록을 신청한 경우에 금융위는 30일 이내로 등록 여부를 결정해야 한다.

④ 사모투자신탁이나 자투자신탁은 증권신고서의 제출대상에서 제외된다.

> **해설** ① 2인 이상으로부터 투자자금을 모으되, 반드시 일반투자자일 필요는 없다.
> ③ 20일 이내로 등록 여부를 결정해야 한다.
> ④ 사모투자신탁이나 모투자신탁은 증권신고서 제출대상에서 제외된다.

정답 ②

02 수익자의 권리에 해당하지 않는 것은?

① 집합투자업자 감시 기능

② 상환 및 이익분배권

③ 장부서류 열람청구권

④ 의결권

> **해설** 수탁자(신탁업자)의 기능이다.

정답 ①

03 다음은 집합투자기구의 법적 형태에 따른 분류이다. 잘못된 것은?

번호	구분	투자신탁	투자회사
①	투자자의 지위	수익자	주주
②	법원(法源)	신탁계약	상법
③	집합투자증권	수익증권	주식
④	가능한 펀드 형태	M&A펀드, 부동산펀드, PEF펀드 등	MMF, 주식형, 채권형 등 일반적 투자상품

> **해설** 투자신탁과 투자회사에서 각각 가능한 펀드 형태가 서로 바뀌었다.

정답 ④

04 집합투자재산의 자산별 투자비중이 다음과 같다면 자본시장법상의 분류상 어떤 집합투자기구에 해당하는가?

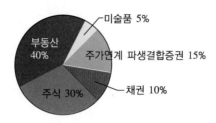

미술품 5%
부동산 40%
주가연계 파생결합증권 15%
주식 30%
채권 10%

① 파생상품집합투자기구
② 증권집합투자지구
③ 부동산집합투자기구
④ 혼합자산집합투자기구

해설 '주식＋채권＋증권을 기초자산으로 하는 파생상품＝55%', 즉 50%를 초과하여 증권에 투자하고 있으므로 증권집합투자기구이다. 파생상품집합투자기구는 자본시장법상의 집합투자기구에는 속하지 않는다.

정답 ②

05 MMF가 추구하는 원칙이라 할 수 없는 것은?

① 안전성 강화
② 수익성 강화
③ 유동성 강화
④ 장부가평가

해설 MMF는 일종의 피난펀드(Shelter Fund)로서 수익성이 주목적인 펀드가 아니다.

정답 ②

06 MMF의 운용제한에 대한 설명으로 옳은 것은?

① 증권의 대여나 차입이 예외 없이 금지된다.
② 금전의 대여나 차입이 예외 없이 금지된다.
③ 다른 MMF펀드의 집합투자증권의 매수가 금지된다.
④ 국채는 가장 안전한 자산이므로 잔존만기와 관련 없이 편입이 가능하다.

해설 ② 금전의 차입과 대여가 원칙적으로 금지되나 일정한 조건을 갖춘 단기대출은 허용된다.
③ 타 MMF를 매수할 수 있다.
④ 개인MMF의 가중평균 잔존만기는 75일 이내이어야 하므로 잔존만기가 1년 이상인 국채는 집합투자재산의 5%를 초과하여 편입할 수 없다.

정답 ①

07 환매금지형 집합투자기구에 대한 설명 중 옳지 않은 것은?

① 집합투자재산을 장기적·안정적으로 운용할 수 있게 되어 운용의 효율성을 제고할 수 있다.

② 부동산펀드 및 특별자산펀드는 환매금지형으로 설정할 것을 의무화하고 최초로 발행한 날로부터 90일 이내에 증권시장에 상장시켜야 한다.

③ 자산총액의 10%를 초과하여 시장성 없는 자산에 투자할 경우 환매금지형으로 설정해야 한다.

④ 환매금지형펀드는 존속기간을 정한 집합투자기구에 대해서만 설정이 가능하다.

해설 10%가 아니라 20%이다. 10%를 초과하여 시장성 없는 자산에 투자할 경우 환매를 연기할 수 있다는 점과 구분해야 한다.

정답 ③

08 종류형 집합투자기구에 대한 설명으로 잘못된 것은?

① 펀드에 부과되는 판매보수 및 수수료의 차이로 인해 펀드의 기준가격이 상이한 수종의 집합투자증권을 발행하는 펀드이다.

② 기존펀드도 약관변경을 통해 멀티클래스펀드로의 전환이 가능하다.

③ 판매보수 및 판매수수료의 차이를 통해 다양한 투자자를 흡수하여 동일한 집합투자업자가 운용하므로 집합투자재산의 대형화와 효율적 운용에 기여를 할 수 있다.

④ 클래스를 세분화할수록, 클래스 투자자 간 판매보수율의 차이가 클수록 펀드의 활용도를 높일 수 있다.

해설 클래스를 너무 세분화하거나 클래스가 판매보수율의 차이가 지나치게 클 경우 종류 간 전환이 어려운 점이 발생하는 등 펀드의 활용도가 저해될 우려가 있다.

정답 ④

09 모자형 집합투자기구에 대한 설명으로 잘못된 것은?

① 모펀드의 투자자로부터 받은 납입금으로 자펀드에 투자한다.

② 다른 집합투자기구가 발행하는 집합투자증권을 취득하는 구조의 집합투자기구

③ 자펀드의 집합투자업자는 모펀드의 집합투자업자와 동일

④ 펀드 운용업무의 간소화 및 합리화 차원에서 유리

해설 자펀드의 투자자로부터 받은 자금을 모펀드에 투자한다.

정답 ①

10 ETF에 대한 설명으로 가장 바르지 못한 것은?

① ETF는 추가형펀드이며 상장형펀드이다.

② ETF는 설정을 위한 납입에 있어 현금뿐만 아니라 유가증권 등의 실물로 납입을 할 수 있다.

③ ETF도 한국거래소에 상장되어 거래되므로 증권거래세가 부과된다.

④ ETF를 한국거래소에서 매매하여 매도차익을 실현한 경우에 매도차익에 대한 과세가 되지 않는다.

> **해설** ETF는 수익증권이므로 증권거래세의 부과대상이 아니다.

정답 ③

11 상장지수펀드(ETF)에 대한 설명으로 가장 적절하지 않은 것은?

① 상장지수펀드는 설정일로부터 30일 이내에 증권시장에 상장해야 한다.

② 상장지수펀드는 그 의결권을 중립적으로 행사해야만 한다.

③ 상장지수펀드는 일반펀드와 달리 두 개의 시장이 존재하는데 일반투자자가 ETF에 투자하기 위해서는 Primary Market을 이용해야 한다.

④ 상장지수펀드는 각 펀드의 자산총액의 30%까지 동일종목의 증권에 투자할 수 있다.

> **해설** Primary Market에서는 지정참가회사(AP)를 통해 ETF의 설정과 해지가 발생하고 Secondary Market에서 일반투자자와 지정참가회사가 매매를 하게 된다.

정답 ③

12 증권집합투자기구의 혼합형펀드의 특징에 대한 설명이 잘못된 것은?

① 주식형펀드 수익률에 만족하지 못하여 투자자금의 일부를 주식에 투자하기를 희망하는 투자자에게 적합한 펀드이다.

② 채권과 주식의 효율적 배분을 통해 채권의 안정성과 주식의 수익성을 동시에 추구하는 것을 목적으로 한다.

③ 다소 중립적인 투자성향을 보이는 투자자에게 적합한 펀드이다.

④ 혼합형펀드의 수익과 위험은 가격변동성이 큰 주식투자 부문에서 결정되는 경향이 높다.

> **해설** 채권형펀드의 수익률에 만족을 못하는 투자자가 선택할 수 있는 펀드이다.

정답 ①

13 증권형 집합투자기구의 약관에 따른 분류로 잘못된 것은?

① 채권형 : 채권, 금리선물 등에 대한 최저투자비율이 집합투자재산 총액의 60% 이상인 펀드
② 주식형 : 주식, 지수선물, 옵션 등에 대한 투자비율이 집합투자재산 총액의 60% 이상인 펀드
③ 채권혼합형 : 채권, 금리선물 등에 투자하면서 주식 등에 대한 최고편입비율이 50% 미만인 펀드
④ 주식혼합형 : 주식, 지수선물, 옵션에 투자하면서 채권 등에 대한 최고편입비율이 50% 미만인 펀드

> **해설** 주식혼합형은 최대주식편입비율이 50% 이상을 말하고, 채권혼합형은 최대주식편입비율이 50% 미만인 것을 말한다.

> **정답** ④

14 다음은 인덱스펀드에서 추적오차가 발생할 수밖에 없는 요인들이다. 만일 완전복제법(Fully Replication)으로 인덱스를 구성한다면 발생하지 않는 요인은 무엇인가?

① 인덱스펀드에 부과되는 보수 등의 비용
② 인덱스펀드의 포트폴리오 구축과정에서 발생하는 거래비용
③ 인덱스펀드의 포트폴리오와 추적대상지수의 포트폴리오의 차이
④ 포트폴리오 구축시 적용되는 가격과 실제 매매가격과의 차이

> **해설** 완전복제법을 사용한다면 포트폴리오의 차이는 없게 된다. 그러나 완전복제법은 비용 등의 문제로 현실성이 없고 표본추출법(Sampling)을 주로 사용한다.

> **정답** ③

15 패시브(Passive) 운용전략과 가장 거리가 먼 것은?

① Bottom up Approach
② 알파추구전략
③ 차익거래전략
④ 포트폴리오 보험전략

> **해설** 액티브(Active) 운용전략은 Top down Approach와 Bottom up Approach로 나뉜다. 알파추구전략과 KOSPI200지수선물을 이용한 차익거래전략은 Enhanced Index전략인데 인핸스드인덱스전략은 패시브와 액티브의 중간영역이라고 볼 수 있다.

> **정답** ①

16 파생결합증권에 투자하는 투자자는 가격위험과 신용위험에 모두 노출이 되는데 신용위험은 누구로부터 발생하는가?

① 파생결합증권의 발행사

② 파생결합증권을 편입한 파생상품펀드의 운용사

③ 파생결합증권을 판매하는 투자매매업자 또는 투자중개업자

④ 파생결합증권의 투자자

> **해설** 파생결합증권(DLS, ELS, ELD, ELF 등)은 장외파생상품 인가를 받은 금융투자회사가 발행한다. 만일 발행사가 지급불능상태가 되면 원금을 손실할 수 있는데 이것이 '발행사의 신용위험'이다.

정답 ①

※ 상품연계 파생결합증권의 구조가 다음과 같다. 아래의 질문에 답하시오. (17~19)

---

[1] 상품구조

- 기초자산 : WTI CL1(뉴욕상업거래소에서 거래되는 WTI 최근 월 선물가격)
- 만기 : 1년
- 특 징
  ① 만기지수가 기준지수 대비 100% 이하인 경우라도 원금보존 추구
  ② 만기지수가 기준지수 대비 100% 이상인 경우에는 참여율에 비례한 수익
  ③ 만기지수가 기준지수 대비 130% 이상인 경우에는 최대수익률 연 9%

[2] 상품구조 그림

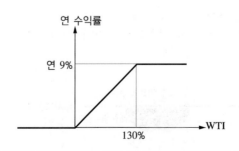

---

17 위의 상품연계 파생결합증권의 수익구조를 보고 참여율과 수익지급의 조건(KO 혹은 KI)을 알 수 있다. 바르게 연결된 것은?

	참여율	수익지급요건(KO · KI 조건)
①	30%	Knock Out 조건
②	30%	Knock In 조건
③	130%	Knock Out 조건
④	130%	Knock In 조건

해설 WTI가 30% 상승할 경우 최고수익률이 연 9%이므로 참여율은 30%이다(9% = 30% × 참여율). 또한 수익지급의 기준이 '만기지수의 기준지수 대비'로 평가하는 것이므로(즉 만기에 한 번) 이는 Knock In 조건이 된다. 만일, '투자기간 동안 한 번이라도 130%를 상회한 경우는 연 9%를 지급한다'와 같은 수익지급기준이라면 Knock Out 조건이 된다.

참고 참여율은 상품설계시 '참여율 몇 %'라고 주어진다. 여기서는 상품구조를 이해하는 차원에서 출제한 것이다.

정답 ②

18 위의 수익지급기준에서 볼 때 만기지수가 125%라면 지급되는 수익률은 얼마인가?

① 2.5% ② 7.5%
③ 9% ④ 0%

해설 상승률 25% × 참여율 30% = 7.5%(연)

정답 ②

19 위의 수익구조를 보이는 파생결합증권을 권유하기에 적합하지 않은 투자자는?

① 1년 후에 원유가격(WTI)이 상승할 것으로 예상하는 투자자
② 인플레이션 헤지를 원하는 투자자
③ 원유가격의 상승하는 만큼 비례해서 높은 수익을 원하는 투자자
④ 원유의 가격과 관계없이 원금보존을 추구하는 보수적인 투자자

해설 30% 이상 상승할 경우 연 9%로 수익이 확정되어 있으므로 추가적으로 높은 수익을 원하는 경우에는 적합하지 않다.

정답 ③

20 KOSPI가 1년 내에 10% ~ 15%의 상승구간에서만 연 8%의 수익률을 지급하는 구조이다. 다음 중 이에 가장 적합한 워런트는 무엇인가?

① 디지털(Digital)형
② 레인지(Range)형
③ 스프레드(Spread)형
④ 낙아웃(Knock out)형

해설 특정구간에서만 수익을 지급하므로 레인지형이다.

정답 ②

21 원금비보존형 파생결합증권에 대한 설명이다. 가장 거리가 먼 것은?

① 투자시점에서는 상당히 높은 확률로 안정적 수익을 얻을 것으로 예상되는 기초자산과 구조를 이용하되, 낮은 확률로 원금손실도 가능하게 함으로써 상품의 기대수익을 제고하는 구조이다.
② 원금비보존형은 일반적으로 옵션매도포지션을 포함하고 있다.
③ 원금비보존형에서 제시 수익률(쿠폰)에 가장 큰 영향을 주는 것은 기초자산의 변동성이다.
④ 국내에서는 원금보존형이 원금비보존형보다 더 많이 판매되고 있다.

해설 국내시장에서 가장 대표적인 구조화 상품은 원금비보존형이다.

정답 ④

22 원금비보존형 구조에서 쿠폰(제시수익률)이 상승하는 경우가 아닌 것은?

① 기초자산의 변동성이 높을수록
② 기초자산인 종목 간의 상관관계가 낮을수록
③ 낙인(KI)조건은 낮을수록, 낙아웃(KO)조건은 높을수록
④ 상환조건이 높을수록

해설 KO, KI 모두 높을수록 쿠폰은 상승한다.

정답 ③

23 부동산집합투자기구의 법적 형태 중에서 부동산투자회사와 관련이 가장 적은 것은?

① 발기인

② 정 관

③ 민 법

④ 주주총회

해설 집합투자기구의 법적형태는 투자신탁을 제외하고 모두 상법을 따른다.

정답 ③

24 다음 빈칸이 올바르게 채워진 것은?

> • 부동산펀드는 순자산총액의 100분의 (㉠)까지 차입할 수 있다.
> • 부동산펀드는 순자산총액의 100분의 (㉡)까지 대여할 수 있다.
> • 부동산펀드가 아닌 펀드는 해당 펀드의 부동산 가액의 100분의 (㉢)까지 차입이 가능하다.

	㉠	㉡	㉢
①	400	200	50
②	200	100	50
③	200	100	70
④	100	200	70

해설 부동산펀드는 순자산총액의 200%까지 차입이 가능하며, 순자산총액의 100%까지 대여가 가능하다.

정답 ③

25 부동산펀드가 차입을 할 수 있는 대상 기관은?

① 투자매매업자 혹은 투자중개업자

② 새마을금고

③ 우체국

④ 한국은행

해설 증권회사(투자매매업자 또는 투자중개업자로서의)는 3개월 미만의 프로젝트 파이낸싱업무를 할 수 있다. 나머지는 차입대상 기관이 아니다.

정답 ①

26 다음 빈칸에 알맞은 말은?

> 특정한 부동산관련 자산이 신탁재산·집합투자재산·유동화자산의 (가) 차지하는 경우의 해당 수익증권·집합투자증권·유동화증권을 (나) 투자하는 경우 자본시장법상의 부동산집합투자기구가 된다.

	가	나
①	50% 이상을	50% 이상을
②	50%를 초과하여	50%를 초과하여
③	50% 이상을	50%를 초과하여
④	50%를 초과하여	50% 이상을

> **해설** 집합투자재산 등의 50% 이상이 부동산관련 자산이면 해당 집합투자재산 등이 부동산관련 자산으로 인정되며, 이를 펀드자산의 50%를 초과하여 투자했을 경우 자본시장법상의 부동산집합투자기구가 된다.
>
> 정답 ③

27 다음 빈칸에 알맞은 말은?

> 공모특별자산펀드인 경우 '사회기반시설에 대한 민간투자법'에 따른 사회기반시설사업의 시행법인이 발행한 주식과 채권에 투자할 경우 펀드자산총액의 (   )까지 투자할 수 있다.

① 100분의 10 ② 100분의 30
③ 100분의 100 ④ 100분의 200

> **해설** 사회간접시설에 투자하는 시행법인이 발행한 증권에 대해서는 100%까지 투자가 가능하다.
>
> 정답 ③

28 자본시장법상 특별자산집합투자기구에 해당하는 것은 무엇인가?

① 준부동산펀드
② 준특별자산펀드
③ 선박투자회사법에 따라 설립된 공모선박투자회사
④ 주가지수를 기초자산으로 한 파생상품형 펀드

> **해설** 선박투자회사법에 따라 설립된 공모선박투자회사는 자본시장법상의 특별자산집합투자기구로 인정된다.
> ④는 자본시장법상의 증권집합투자기구이며, ① 준부동산펀드(② 준특별자산펀드)는 내용상 부동산펀드(특별자산펀드)와 유사하다는 의미일 뿐, 자본시장법상의 분류에 속하지 않는다.
>
> 정답 ③

29 신탁재산의 특성에 대한 설명으로 잘못된 것은?

① 신탁재산으로 운용되고 있는 금전 등은 금융기관의 재산이 아니라 고객의 재산이다.

② 수익자의 채권자 혹은 수탁자의 채권자 누구든 신탁 중인 신탁재산에 대해서는 압류를 할 수 없다.

③ 수탁자 사망시 신탁재산은 수탁자의 상속인에게 상속된다.

④ 일반신탁의 경우 신탁재산에 속하는 채권과 신탁재산에 속하지 않는 채무는 상계할 수 없으나, 유한책임신탁의 경우 신탁재산에 속하는 채무와 신탁재산에 속하지 않는 채권도 상계할 수 없다.

해설 신탁재산(수탁재산)은 수탁자의 명의로 되어 있기는 하나 수익자에게 반환되어야 하는 자산이므로 수탁자의 상속인이 상속할 수 없다.

정답 ③

30 신탁상품에 관한 설명 중 옳지 않은 것은?

① 관리신탁과 원금보전신탁은 금융투자상품에 속하지 않으므로 자본시장법상의 투자권유준칙을 준수할 필요가 없다.

② 특정금전신탁은 위탁자가 운용지시권을 가지고 있으므로 그 자산의 전부 혹은 일부에 대해서 신탁회사에 일임하는 행위는 허용되지 않는다.

③ 위탁자가 파생상품 등을 거래하고자 하는 경우 투자자정보를 제공하지 않으면 어떠한 경우라도 신탁회사는 해당 위탁자와의 거래를 받아들일 수 없다.

④ 연금신탁에 가입하고 중도해지 하거나 5년 이상 의무납입을 지켰다 하더라도 일시불로 수령할 경우 기타소득세가 부과된다.

해설 특정금전신탁이라 하더라도 위탁자가 필요할 경우 신탁회사에 일임할 수 있다.

정답 ②

04 펀드영업실무

1 투자권유준칙

투자권유준칙 개요 핵심유형문제

투자권유준칙에 대한 설명이다. 가장 거리가 먼 것은?

① 금융투자업자는 투자권유를 함에 있어서 그 임직원이 준수해야 할 구체적인 기준 및 절차를 정해야 한다.

② 파생상품 등에 대해서는 일반투자자의 투자목적, 재산상황, 투자경험 등을 고려하여 투자자 등급별로 차등화된 투자권유준칙을 마련해야 한다.

③ 금융투자업자는 투자권유준칙을 제정하거나 변경한 경우 인터넷 홈페이지를 통해 공시해야 한다.

④ 금융투자협회가 정한 표준투자권유준칙은 영업점 방문 판매는 물론, 온라인 판매나 전화 판매에서도 동일하게 적용된다.

> **해설** 표준투자권유준칙은 일반투자자가 영업점 방문시 판매를 기준으로 정한 것이므로, 온라인 판매나 전화 판매의 경우 다르게 적용될 수 있다.
>
> 정답 ④

더알아보기 투자권유준칙

(1) 투자권유준칙의 개요 : 핵심문제

(2) '파생상품 등'의 의미 : 보충문제 1
'파생상품 등'이란 "적정성원칙 대상상품"으로서 금소법 시행령 제12조 제1항 제2호 각목에 따른 금융투자상품을 지칭한다.
① 파생상품 : 장내파생상품 및 장외파생상품(금소법 시행령 제12조 제1항 제2호 가목)
② 파생결합증권(단, 금적립 계좌등은 제외) (금소법 시행령 제12조 제1항 제2호 나목)
③ 사채(社債) 중 일정한 사유가 발생하는 경우 주식으로 전환되거나 원리금을 상환해야 할 의무가 감면될 수 있는 사채(「상법」 제469조 제2항, 제513조 또는 제516조의2에 따른 사채는 제외) (조건부 자본증권) (금소법 시행령 제12조 제1항 제2호 다목)

④ 고난도금융투자상품, 고난도금전신탁계약, 고난도투자일임계약

⑤ 파생형 집합투자증권(레버리지·인버스 ETF 포함). 다만, 금소법 감독규정 제11조 제1항 단서에 해당되는 인덱스펀드는 제외(금소법 감독규정 제11조 제1항 제1호)

⑥ 집합투자재산의 50%를 초과하여 파생결합증권에 운용하는 집합투자기구의 집합투자증권(금소법 감독규정 제11조 제1항 제2호)

⑦ 위 적정성원칙 대상상품 중 어느 하나를 취득·처분하는 금전신탁계약의 수익증권(이와 유사한 것으로서 신탁계약에 따른 수익권이 표시된 것도 포함) (금소법 감독규정 제11조 제1항 제3호)

(3) 기타 : 보충문제 2

① 전문투자자와 일반투자자의 구분 : 위험을 스스로 감수할 수 있는 자를 전문투자자라고 하고, 전문투자자가 아닌 자를 일반투자자라고 한다.

  • 자본시장법상의 투자권유준칙은 일반투자자만을 대상으로 한다.

② 전문투자자의 일반투자자 전환 : 주권상장법인, 지자체 등의 상대적 전문투자자는 일반투자자로 전환이 가능하다.

③ 상대적 전문투자자는 장외파생상품을 매매하고자 할 경우에는 일반투자자로 간주된다.

④ 투자권유를 희망하지 않는 고객에게는 '투자권유 희망 및 투자자 정보 제공여부 확인' 내용이 포함된 확인서를 징구해야 한다.

01 투자권유준칙에서 말하는 '파생상품 등'에 속하지 않는 것은?

① 장내파생상품 및 장외파생상품

② 원금보장형 파생결합증권

③ 파생상품매매에 따른 위험평가액이 펀드자산총액의 10%를 초과하여 투자하는 펀드의 집합투자
증권

④ 펀드재산의 50%를 초과하여 파생결합증권에 운용하는 펀드의 집합투자증권

> **해설** 파생상품 등에 포함되는 파생결합증권은 원금비보장형 파생결합증권이다.
> • 원금보장형 파생결합증권을 '파생결합사채(ELB)'라고 하며 자본시장법상 증권으로 분류한다.
>
> 정답 ②

02 다음 설명 중에서 가장 적절하지 않은 것은?

① 투자권유를 하기 전에 해당 투자자가 전문투자자인지 일반투자자인지를 구분해야 한다.

② 계약체결의 권유가 수반되지 않은 정보제공은 투자권유로 보기 어려우며, 이 경우 투자자정보확
인서를 작성할 필요가 없다.

③ 주권상장법인이 파생상품을 거래하는 경우에는 일반투자자로 간주한다.

④ 주권상장법인 등의 전문투자자가 일반투자자로 전환하는 의사를 판매회사에 서면으로 통지하는
경우 정당한 사유가 없는 한 이에 응해야 한다.

> **해설** 장외파생상품 매매시에 한하여 주권상장법인 등은 일반투자자로 간주된다.
> ※ 주권상장법인(상대적 전문투자자)에 대한 특칙
>   (1) 상대적 전문투자자가 일반투자자로 전환하기를 원할 경우, 금융투자회사에 서면통지로 의사를 표시하
>   고 금융투자회사는 정당한 사유가 없는 한 동의해야 한다.
>   (2) 주권상장법인이 장외파생상품을 매매하고자 할 경우 일반투자자로 본다. 단, 당해 법인이 전문투자자로
>   대우를 받겠다는 서면통지를 하면 전문투자자로 본다.
>   *장외파생상품에 대한 동 규정의 의미 : 장외파생상품의 경우 일반투자자는 헤지(Hedge) 목적의 거래만
>   가능하지만 전문투자자는 헤지가 아닌 거래도 할 수 있다. 따라서 주권상장법인이 헤지거래를 할 경우는
>   일반투자자로서 투자자보호를 받는 것이 유리하며, 헤지가 아닌 거래(투기거래, 차익거래)를 할 경우에는
>   서면통지로써 전문투자자의 자격을 얻을 수 있다.
>
> 정답 ③

투자권유를 희망하지 않는 투자자에 대한 보호의무로 적절하지 않은 것은?

① 임직원 등은, 투자자가 투자권유를 희망하지 않아 투자자정보를 제공하지 않는 경우에는 투자권
   유를 할 수 없음을 알려야 한다.
② 임직원 등은, 투자자가 투자권유를 받지 않고 투자하고자 하는 경우에는 원금손실 가능성, 투자
   결과 그 손익이 모두 투자자에게 귀속된다는 사실 등의 투자에 수반되는 유의사항을 알리지
   않아도 된다.
③ 임직원 등은 투자자에 대한 투자권유와 관계없이 투자자가 증권신고서의 효력이 발생한 증권에
   투자하고자 하는 경우에는 판매 전에 해당 투자설명서를 투자자에게 교부해야 한다.
④ 집합투자증권의 경우 투자자가 투자설명서 교부를 별도로 요청하지 않는 경우, 간이투자설명서
   교부로 갈음할 수 있다.

> 해설 　임직원 등은 투자자가 투자권유를 받지 않고 투자하고자 하는 경우에도 원금손실 가능성, 투자결과 그 손익이
> 　　　모두 투자자에게 귀속된다는 사실 등의 투자에 수반되는 유의사항을 알려야 한다.
> 　　　① '파생상품 등'의 경우 투자자정보를 제공하지 않는 경우 관계법령에 따라 거래가 제한된다는 사실도 알려야
> 　　　　 한다.
>
> 　　　　　　　　　　　　　　　　　　　　　　　　　　　　　　　　　　　　　　　 정답 ②

더알아보기 　'투자권유 희망 및 투자자 정보 제공여부 확인' 내용이 포함된 확인서

(1) **투자불원고객에 대한 보호의무** : 핵심문제
　　투자권유를 희망하지 않는 고객에 대해서는 '투자권유 희망 및 투자자 정보 제공여부 확인' 내용이 포함된
　　확인서를 받은 후 후속판매절차를 진행해야 한다.

(2) **파생상품 등의 특칙** : 보충문제 1

01 파생상품 등에 대한 특칙과 관련하여 빈칸에 알맞은 것은?

> • 임직원 등은 투자자에게 파생상품 등을 판매하려는 경우에는 투자권유를 하지 않더라도 투자자정
> 보를 파악해야 한다.
> • 임직원 등은 파악한 투자자정보에 비추어 해당 파생상품 등이 그 투자자에게 적정하지 않다고 판단
> 되는 경우에는, 해당 파생상품 등에 투자하는 것이 적정하지 않다는 사실을 투자자에게 알려야 한
> 다. 이때 알리는 방법은 (   )의 양식을 통한다.

① 투자권유불원확인서

② 투자자정보미제공확인서

③ 투자자정보확인서

④ '투자권유 희망 및 투자자 정보 제공여부 확인' 내용이 포함된 확인서

해설 '투자권유 희망 및 투자자 정보 제공여부 확인' 내용이 포함된 확인서를 통해 해당 파생상품 등이 투자자에게
적정하지 않음을 알려야 한다.

정답 ④

투자자정보확인서에 대한 내용이다. 틀린 것은?

① 임직원 등은 투자권유를 희망하는 고객에 대해서는 투자권유 전에 면담, 질문 등을 통해 투자자정보를 투자자정보확인서에 따라 파악하고, 서명 등의 확인을 받아 유지하고 관리해야 한다.

② 투자자정보는 반드시 투자자가 자필로 작성해야 한다.

③ 임직원 등은 파악한 투자자의 정보내용 및 정보를 바탕으로 한 투자자의 위험성향을 투자자에게 지체 없이 제공해야 한다.

④ 투자자성향을 파악하는 배점기준은 점수화(Scoring)방식과 추출(Factor Out)방식 등을 활용할 수 있는데 세부방법은 판매회사가 자율적으로 정한다.

해설 투자자정보를 반드시 자필로 작성해야 하는 것은 아니다(전화상담 또는 컴퓨터로 입력방법도 가능함).

정답 ②

더알아보기 투자자정보확인서(투자권유를 희망하는 경우)

(1) 투자자정보확인서의 작성 : 핵심문제
   • 투자자정보확인서란 KYC Rule에 의해 고객의 정보를 파악한 서류를 말한다.

(2) 투자자정보확인서를 통한 적합성판단방식(4가지) : 보충문제 1

구 분	장 점	단 점
점수화방식	객관적, 이해가 쉽다	불완전판매가능성 있음[주1]
추출방식	불완전판매가능성 낮음	정교한 프로세스 필요
혼합방식(점수화 + 추출)	점수화방식보다 불완전판매 가능성 낮음	점수화방식보다 복잡한 절차 (추출방식보다는 간소함)
상담보고서방식	심층상담, 실제성향 근접 (불완전판매가능성 가장 낮음)	판매직원별 질적 차이 발생

*주1 : 불완전판매가능성이 높은 순서는 '점수화방식 → 혼합방식 → 추출방식 → 상담보고서방식'

(3) '투자권유 희망 및 투자자 정보 제공여부 확인' 내용이 포함된 확인서, 투자자정보확인서, 장외파생상품 투자자정보확인서 등 : 보충문제 3

(4) 투자자정보의 유효기간 : 판매회사가 일정한 유효기간을 정하고 투자자가 이에 동의한 경우에 유효기간을 적용함

01 적합성판단의 4가지 방식 중 불완전판매가능성이 가장 낮은 것은?

① 점수화(Scoring)방식

② 혼합방식

③ 추출(Factor out)방식

④ 상담보고서방식

해설 불완전판매가능성이 높은 순서는 '① → ② → ③ → ④'이다.

정답 ④

02 적합성판단의 4가지 방식 중, 투자자성향을 특정유형으로 분류할 필요가 없는 것을 모두 묶은 것은?

> ㉠ 점수화방식
> ㉡ 추출방식
> ㉢ 혼합방식
> ㉣ 상담보고서방식

① ㉠, ㉡

② ㉡, ㉢

③ ㉠, ㉢

④ ㉡, ㉣

해설 추출방식은 정교한 프로세스를 거치고, 상담보고서방식은 심층 상담을 거치므로 '특정한 투자자유형분류'가 필요하지 않다.

※ 투자자유형 예시 : 위험회피형, 안정성장형, 성장형, 적극형, 위험선호형

정답 ④

03 다음 설명 중에서 가장 적절하지 않은 것은?

① 투자자정보를 제공하지 않으면 일반투자자로서 보호를 받을 수 없다는 통지를 했음에도 불구하고 자신의 정보를 제공하지 않는 투자자에 대해서는 그 거부의사를 서면으로 확인받아야 한다.

② MMF나 국채 등 저위험상품은 별도의 투자자정보확인서를 적용하여 간단히 투자자정보를 파악할 수 있다.

③ 투자권유를 희망하지 않는 일반투자자에게는 투자자정보확인과 관련된 어떠한 서류도 작성할 필요가 없다.

④ 투자자가 장외파생상품을 거래하고자 하는 경우에는 투자권유 여부와 상관없이 장외파생상품 투자자정보확인서를 이용해서 투자자정보를 파악해야 한다.

> **해설** 투자권유를 희망하지 않는 고객에 대해서도 최소한의 투자자보호를 하기 위해서 주요 사항을 알리는 등의 '투자권유 희망 및 투자자 정보 제공여부 확인' 내용이 포함된 확인서를 작성해야 한다.
>
> **정답** ③

04 별도의 투자자정보확인서를 통해 그 절차를 간략히 할 수 있는 투자대상에 속하지 않는 것은?

① 국 채

② MMF

③ RP

④ KOSPI50종목

> **해설** ①·②·③과 같은 저위험상품(지방채, 특수채 등 포함)의 경우에는 간략한 절차가 허용된다. 하지만 상장주식은 아무리 우량하다고 하더라도 저위험상품이 아니므로 적용되지 않는다.
>
> **정답** ④

'투자자성향별 적합한 금융투자상품 표'를 활용한 적합성원칙의 준수 방법에 대한 내용이다. 가장 적절하지 않은 것은?

① 판매회사가 투자자의 투자자성향을 특정 유형별로 분류한 경우에는 판매회사가 정한 투자자성향 분류와 금융투자상품 위험도 분류기준을 참조하여 투자권유의 적합성 여부를 판단할 수 있는 기준을 정하여야 한다.

② 판매회사가 투자자의 투자자성향을 특정 유형별로 분류하지 않은 경우에는 투자권유의 적합성 여부를 판단할 수 있는 기준을 정하지 않아도 된다.

③ 투자자가 본인의 투자성향보다 높은 위험의 금융투자상품에 스스로 투자하고자 하는 경우, '투자성향에 적합하지 않은 투자성 상품거래 확인' 내용이 포함된 확인서를 받고 판매절차를 진행할 수 있다.

④ 임직원 등은 투자자가 보유자산에 대한 헤지 목적이나 적립식으로 투자하는 등 해당 투자의 위험을 낮출 수 있는 경우에는 기존의 위험도 분류기준보다 완화된 기준을 적용하여 투자권유를 할 수 있다.

> 해설 판매회사는 투자자의 투자자성향을 특정 유형별로 분류하지 않은 경우에도 (추출방식이나 상담보고서방식을 통해 투자정보를 파악한 경우), 투자권유의 적합성 여부를 판단할 수 있는 기준을 정하여야 한다.
> ①·②에서의 '기준'은 '투자자성향별 적합한 금융투자상품 표'를 의미한다.
>
> 정답 ②

더알아보기 적합성원칙 준수를 위한 '투자자성향별 적합한 금융투자상품 표(表)'

(1) '투자자성향별 적합한 금융투자상품 표'를 활용한 적합성원칙의 준수 : 핵심문제

(2) 적합성보고서 : 보충문제 1, 2
① 적합성보고서의 개념 : 파생상품과 관련된 상품(ELS, ELF, ELT, ELS, DLF, DLT)을 위험관리능력이 취약한 일반투자자(신규투자자, 고령투자자, 초고령투자자)에게 권유할 경우, 계약체결 이전에 추천사유와 유의사항 등을 기재한 적합성보고서를 제공해야 한다.
② 도 해

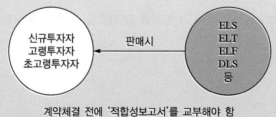

계약체결 전에 '적합성보고서'를 교부해야 함

01 '적합성보고서'의 교부대상자와 가장 거리가 먼 것은?

① 초고령투자자

② 고령투자자

③ 신규투자자

④ 일반투자자

해설 적합성보고서는 일반투자자 중 '신규투자자, 고령투자자, 초고령투자자'를 대상으로 한다.

정답 ④

02 '적합성보고서'를 교부하는 대상상품이 아닌 것은?

① ETF

② ELF

③ ELT

④ ELS

해설 적합성보고서는 '파생상품의 결합된 상품(파생결합증권, 신탁, 펀드 등)'을 대상으로 한다. ETF는 상장지수펀드로, 파생상품과는 관련이 없으므로 적합성보고서의 대상이 아니다.

정답 ①

파생상품에만 적용되는 투자자보호제도로 묶인 것은?

> ㉠ 설명의무　　　　　　　　　　㉡ 적합성의 원칙
> ㉢ 적정성의 원칙　　　　　　　　㉣ 투자권유대행 금지

① ㉠, ㉡　　　　　　　　　　　② ㉡, ㉢

③ ㉢, ㉣　　　　　　　　　　　④ ㉠, ㉣

해설　㉠·㉡은 모든 금융투자상품을 대상으로 한다. 적정성원칙은 투자권유불원고객이 파생상품 등을 매매하고자
할 경우 적용되며, 투자권유대행인은 파생상품을 권유할 수 없다.

정답　③

더알아보기

(1) 파생상품 등에 대한 투자자보호제도 : 핵심문제

(2) 일반투자자와의 장외파생상품 거래에 대한 특례
　① 임직원 등이 일반투자자를 대상으로 장외파생상품을 거래할 경우 해당 일반투자자의 거래가 위험회피
　　목적일 경우에 한하여 가능하다.
　② 임직원 등은 투자자가 장외파생상품 거래를 통하여 회피하고자 하는 위험의 종류와 금액을 확인하고,
　　자료를 보관해야 한다.

(3) 장외파생상품에 대한 투자권유 기준 : 보충문제 1, 2
　① 개인투자자 연령별, 투자경험별 투자가능한 장외파생상품

구 분	장외파생상품에 대한 투자경험		
	1년 미만	1년 이상 ~ 3년 미만	3년 이상
만 65세 이상 개인			기타 위험회피목적의 모든 장외파생상품[주3]
		옵션매도[주2] 통화스왑 선도거래	옵션매도 통화스왑 선도거래
	옵션매수, 금리스왑[주1]	옵션매수, 금리스왑	옵션매수, 금리스왑
만 65세 미만 개인		기타 위험회피목적의 모든 장외파생상품	
	옵션매도 통화스왑 선도거래	옵션매도 통화스왑 선도거래	
	옵션매수, 금리스왑	옵션매수, 금리스왑	

  (1) 주의 : 옵션매수, 금리스왑
  (2) 경고 : 옵션매도, 통화스왑, 선도거래
  (3) 위험 : 기타 위험회피목적의 모든 장외파생상품
② 기타 위험회피목적의 모든 장외파생상품 투자가 가능하기 위한 투자경험기간 요건

개 인		법 인	
65세 이상	65세 미만	비상장법인	상장법인
3년 이상	1년 이상	3년 이상	1년 이상

보충문제

01 투자자의 나이가 67세이다. 투자기간이 1년 미만일 경우 투자권유가 가능한 장외파생상품은? (모두 위험회피목적의 거래로 가정함)

① 옵션매수
② 통화스왑
③ 선도거래
④ 옵션매도

해설 '65세 이상 & 투자기간 1년 미만'의 투자자는 '주의 단계'만 가능하다. 즉 옵션매수, 금리스왑만 가능하다. 나머지 ② · ③ · ④는 '경고 단계'에 해당함

정답 ①

02 일반투자자가 헤지목적으로 장외파생상품을 거래하고자 한다. 연령이나 투자경험에 관계없이 거래가 가능한 것을 모두 묶은 것은?

⊙ 옵션매수
ⓒ 금리스왑
ⓒ 통화스왑
ⓒ 옵션매도

① ⊙
② ⊙, ⓒ
③ ⊙, ⓒ, ⓒ
④ ⊙, ⓒ, ⓒ, ⓒ

해설 옵션매수와 금리스왑은 위험도가 낮은(주의 단계) 상품으로서 모두 거래가 가능하다.

정답 ②

설명의무의 이행

설명의무(금융소비자보호법 제19조)에 대한 내용으로 옳지 않은 것은?

① 임직원 등은 투자자에게 투자권유를 하는 경우 중요한 사항에 대해 투자자가 이해할 수 있도록 설명해야 하고, 설명한 내용에 대해서 투자자가 이해하였음을 서명 등의 방법으로 확인받아야 한다.

② 임직원 등은 설명의무를 이행하는 경우, 해당 금융투자상품의 복잡성 및 위험도 등 상품측면과 투자자의 투자경험 및 인식능력 등 투자자측면을 고려하여 설명의 정도를 달리할 수 있다.

③ 임직원 등은 투자자의 투자경험 및 인식능력을 고려하여 투자자가 이해할 수 있도록 충분히 설명하였음에도 불구하고 투자자가 주요 손익구조 및 손실위험을 인지하지 못한 경우에는 설명 의무를 이행한 것으로 본다.

④ 임직원 등은 설명의무를 위해 투자자에게 투자설명서를 교부하는 것이 원칙이다.

> **해설** 임직원 등은 투자자의 투자경험 및 인식능력을 고려하여 투자자가 이해할 수 있도록 설명하였음에도 불구하고, 투자자가 주요 손익구조 및 손실위험을 인지하지 못한 경우에는 투자권유를 계속해서는 아니 된다.
>
> **정답** ③

더알아보기 설명의무(금융소비자보호법 제19조)의 이행

(1) 설명의무의 이행 : 핵심문제 지문 ①, ②, ③, ④에 추가하여, ⑤, ⑥이 있음

　⑤ 임직원 등은 설명의무를 이행함에 있어서 중요사항을 거짓 또는 왜곡하여 설명하거나 누락해서는 안 된다.

　⑥ 임직원 등은 자신의 성명, 직책, 연락처 및 콜센터 등의 이용방법을 투자자에게 알려주어 추후 문의가 가능하도록 해야 한다.

(2) 외화증권에 대한 설명의무 특칙 : 보충문제 1

(3) 종류형 집합투자기구와 관련하여 다음 사항을 설명

　① 집합투자기구의 한글로 된 종류(클래스) 명칭은 '판매수수료 부과방식 – 판매경로 – 기타 펀드 특성'에 따라 3단계로 구분된다는 점

　② 투자자가 투자하고자 하는 펀드에 대한 한글로 된 종류 명칭

01 해외자산에 투자하는 집합투자기구의 집합투자증권을 투자권유하는 경우, 설명에 포함시켜야 할 대상이 아닌 것은?

① 투자대상 국가 또는 지역의 경제여건 및 시장현황에 따른 위험

② 집합투자기구 투자에 따른 일반적 위험 외에 환율변동위험, 해당 집합투자기구의 환위험 헤지 여부, 환헤지 비율의 최대치가 설정된 목표 환헤지 비율, 환헤지 대상통화, 주된 환헤지 수단 및 방법

③ 환위험헤지가 모든 환율변동위험을 제거할 수 있다는 사실

④ 모자형 집합투자기구의 경우 투자자의 요청에 따라 환위험 헤지를 하는 자펀드와 환위험 헤지를 하지 않는 자펀드 간의 판매비율 조절을 통하여 환위험 헤지비율을 달리하여 판매할 수 있다는 사실

> 해설 '환위험헤지가 모든 환율변동위험을 제거할 수 없다는 사실'이다. 그리고 투자자가 직접 환헤지를 하고, 시장상황에 따른 헤지비율 조정을 하지 않을 경우 손실이 발생할 수 있다는 사실도 설명의무에 포함된다.
>
> 정답 ③

02 투자설명서(간이투자설명서 포함)를 사용하여 펀드에 대한 투자를 권유하는 경우 다음 사항을 설명해야 하는 펀드는?

> 1. '판매수수료 부과방식 – 판매경로 – 기타 펀드특성'에 따라 3단계 표시로 펀드 명칭이 부여된다는 점
> 2. 투자자가 투자하고자 하는 펀드에 대한 한글 명칭

① 종류형 펀드

② 전환형 펀드

③ 모자형 펀드

④ 상장지수펀드(ETF)

> 해설 종류형 펀드의 경우, 한글로 '판매수수료 부과방식 – 판매경로 – 기타 펀드특성'에 따라 3단계로 구분 표시한 펀드 명칭, 투자자가 투자하고자 하는 해당 종류형 펀드에 대한 한글 명칭을 설명해야 한다.
>
> 정답 ①

금융투자상품의 위험도 분류

금융상품직접판매업자의 금융투자상품 위험등급 산정 등에 대한 설명으로 옳지 않은 것은?

① 위험등급은 최소 6단계 이상으로 구분하고 1등급을 가장 높은 위험으로 한다.

② 적용대상 금융상품은 일반금융소비자에게 판매되는 모든 투자성 상품이다.

③ 위험등급 산정 시 기본적으로 시장위험과 신용위험을 반영한다.

④ 고난도금융투자상품은 위험등급 산출방식에도 불구하고 1등급보다 낮은 등급을 부여할 수 없음을 원칙으로 한다.

> **해설** 고난도금융투자상품은 위험등급 산출방식에도 불구하고 2등급보다 낮은 등급을 부여할 수 없음을 원칙으로 한다. 모든 위험요소를 종합적으로 고려한 최종 위험등급이 2 ~ 6등급인 경우에는 2등급을 부여하고 최종 위험등급이 1등급인 경우에는 그대로 1등급을 부여한다.
>
> **정답** ④

더알아보기 위험등급 분류

위험등급은 최소 6단계 이상으로 구분하고, 1등급을 가장 높은 위험으로 함. 다만 장외파생상품에 대한 위험등급 산정은 별도의 기준으로 정함

(1) 위험등급 구간별 명칭(예시)

1등급	2등급	3등급	4등급	5등급	6등급
매우 높은 위험	높은 위험	다소 높은 위험	보통 위험	낮은 위험	매우 낮은 위험

(2) 위험등급 산정 시 고려요소

① 시장위험 : 기초자산의 변동 등 시장가격 변동에 의한 원금손실가능성을 말함

② 신용위험 : 신용평가회사(해외평가사의 신용등급은 국내 신용등급으로 전환 가능)가 부여한 신용등급을 활용하여 산정

  ※ 신용평가회사의 신용등급에 따른 신용위험등급 분류

구 분	6등급 (저위험)	5등급	4등급	3등급	2등급	1등급 (고위험)
장기 등급	국공채 등 $AAA \sim AA^-$		$A^+ \sim A^-$	$BBB^+ \sim BBB^-$	$BB^+ \sim BB^-$	B^+ 이하 또는 무등급
단기 등급	A1		A2	A3	B 이하 또는 무등급	

③ 유동성 위험 : 중도 환매가능 여부 및 중도환매시 비용의 정도에 따라 '중도환매 불가', '중도환매시 비용발생', '중도환매허용'의 3단계로 구분하여 세부사항은 설명서에 별도 표기함

④ 환율변동 위험 : 외화표시상품(파생결합증권, 펀드, 해외채권 등)은 환율변동성 위험을 고려하여 종합위험등급을 1등급 상향조정하는 것을 원칙으로 함

⑤ 고난도금융투자상품은 위험등급 산출방식에도 불구하고 2등급보다 낮은 등급을 부여할 수 없음을 원칙으로 함

(→ 모든 위험요소를 종합적으로 고려한 최종위험등급이 2 ~ 6등급인 경우 2등급을 부여하고, 최종위험등급이 1등급인 경우에는 그대로 1등급을 부여함)

(3) 위험등급 산정시기

판매하는 시점에 1회 산출하는 것을 원칙으로 하되, 수시 판매 및 환매가 가능한 상품(예 개방형 펀드)의 경우 연 1회(매년 결산시점) 등급을 재산정. 다만 재산정 주기가 도래하지 않더라도 시장상황의 급변 등의 경우 금융상품직접판매업자의 판단에 따라 위험등급을 재산정할 수 있음

(4) 공모펀드의 위험등급 산정기준

① 설정(3년 미만 펀드)의 상품군별 위험등급 분류

1등급	2등급	3등급	4등급	5등급	6등급
매우 높은 위험	높은 위험	다소 높은 위험	보통 위험	낮은 위험	매우 낮은 위험
레버리지가 들어간 펀드, 최대손실률이 20%를 초과하는 파생결합증권에 주로 투자하는 펀드	고위험자산*에 80% 이상 투자하는 펀드	고위험자산*에 80% 미만 투자하는 펀드, 최대손실률이 20% 이하인 파생결합증권에 주로 투자하는 펀드	고위험자산*에 50% 미만 투자하는 펀드, 중위험자산에 최소 60% 이상 투자하는 펀드	저위험자산에 최소 60% 이상 투자하는 펀드, 수익구조상 원금보존추구형 파생결합증권에 주로 투자하는 펀드	MMF, 단기 국공채 등에 주로 투자하는 펀드

*고위험자산이란 주식, 상품, REITs, 투기등급채권(BB$^+$ 등급 이하), 파생상품 등을 말함

② 설정 3년 경과 펀드의 상품군별 위험등급 분류

구 분	1등급(고위험)	2등급	3등급	4등급	5등급	6등급(저위험)
97.5% VaR	60% 초과	60% 이하	40% 이하	20% 이하	10% 이하	1% 이하

보충문제

01 금융투자상품의 위험등급 산정과 관련된 내용으로 옳지 않은 것은?

① 시장위험이란 기초자산의 변동성 등 시장가격 변동에 따라 상품의 가치가 변동하면서 발생할 수 있는 원금손실 위험을 통칭한다.

② 외국통화로 투자가 이루어지는 상품의 경우, 환율의 변동성 위험을 고려하여 종합 위험등급을 2등급 상향하는 것을 원칙으로 한다.

③ 신용위험이란 발행자의 채무불이행 등으로 원금손실이 발생할 수 있는 위험을 통칭한 것으로 국내신용등급과 해외신용등급이 상이한 경우, 국내 신용등급을 사용하는 것을 원칙으로 하되 해외 신용등급만 있는 경우 국내 신용등급으로 전환할 수 있다.

④ 유동성위험은 해당 상품의 중도환매 가능 여부 및 중도환매 시 비용의 정도에 따라 '중도환매 불가', '중도환매 시 비용발생', '중도환매 허용' 3단계로 구분하고, 관련 세부사항은 설명서에 별도로 기재한다.

> **해설** 외국통화로 투자가 이루어지는 상품(외화표시 파생결합증권, 외화표시 집합투자증권, 해외채권 등)의 경우 환율의 변동성 위험을 고려하여 종합 위험등급을 1등급 상향하는 것을 원칙으로 한다. 다만, 해당 외국통화의 변동성이 매우 높아 투자 손익에 미치는 영향이 상당할 것으로 예상되는 경우에는 2개 등급을 상향할 수 있고, 환율위험에 대한 헤지가 이루어져 환율의 변동성이 투자 손익에 미치는 영향이 현저히 줄어들거나 그 밖에 다른 방식으로 환율위험이 위험등급에 이미 반영된 경우 등 등급 상향이 적절하지 않다고 판단되는 경우 등급을 상향하지 아니할 수 있다.

정답 ②

다음은 투자매매업자 또는 투자중개업자의 금지행위를 나열한 것이다. 이 중에서 그 성격이 나머지 셋과 다른 것은?

① 임직원 등은 투자자의 투자목적, 재산상황 및 투자경험 등을 고려하지 아니하고 일반투자자에게 빈번한 금융투자상품의 매매거래 또는 과도한 규모의 금융투자상품의 매매거래를 권유해서는 아니 된다.

② 임직원 등은 금융투자상품의 가치에 중대한 영향을 미치는 사항을 미리 알고 있으면서 이를 투자자에게 알리지 않고 해당 금융투자상품의 매수나 매도를 권유하여 해당 금융투자상품을 매도하거나 매수하여서는 아니 된다.

③ 임직원 등은 집합투자증권의 판매와 관련하여 판매회사가 받는 판매보수 또는 판매수수료가 판매회사가 취급하는 유사한 타 집합투자증권의 그것보다 높다는 이유로, 투자자를 상대로 특정 집합투자증권의 판매에 대한 차별적인 판매촉진노력을 해서는 아니 된다.

④ 임직원은 투자자에게 자신의 회사가 발행한 주식의 매매를 권유하여서는 아니 된다.

해설 ①은 '과당매매 권유 금지', ②·③·④는 '부당한 권유 금지'에 해당한다.

정답 ①

더알아보기 그 밖의 투자권유 유의사항

계약서류의 교부 방법	서면교부, 우편 또는 전자우편, 휴대전화 문자메시지 또는 이에 준하는 전자적 의사표시(다만, 투자자가 특정 방법으로 제공해 줄 것을 요청하는 경우에는 그 방법으로 제공해야 함)
청약의 철회	투자성 상품 중 청약철회가 가능한 대상상품에 대해 계약서류를 제공받은 날과 계약체결일 중 어느 하나에 해당하는 날로부터 7일 내에 서면 등의 방법으로 가능
위법계약의 해지	• 2개 충족요건 : 계약의 형태가 계속적일 것 + 계약기간 종료 전 금융소비자가 계약을 해지할 경우 그 계약에 따라 금융소비자의 재산에 불이익이 발생할 것 • 투자자가 위법계약을 체결하였음을 안 날로부터 1년 이내에(해당 기간은 계약체결일로부터 5년 이내의 범위에 있어야 함) 해당 계약의 해지를 요구할 수 있으며, 회사는 10일 이내에 수락 여부를 통지하여야 함
손실보전등의 금지	투자자가 입은 손실의 전부 또는 일부를 보전하여 줄 것을 사전에(사후에도 포함) 약속하는 행위와 투자자에게 일정한 이익을 보장할 것을 사전에 약속할 수 없음

01 금융회사의 계약서류 제공의무에 대한 설명으로 옳지 않은 것은?

① 매매거래계좌를 설정하는 등 금융투자상품을 거래하기 위한 기본계약을 체결하고 그 계약내용에 따라 계속적·반복적으로 거래하는 경우에는 제공의무가 면제된다.

② 온라인소액투자중개업자는 자본시장법상의 계약서류가 제공된 경우에 금융소비자보호법상의 계약서류 제공의무는 면제된다.

③ 금융소비자법에서 정하는 계약서류는 금융상품계약서, 약관, 설명서이다.

④ 계약서류 제공 여부에 대해 금융회사와 금융소비자 간에 다툼이 있을 경우 계약서류 미제공 사실을 금융소비자가 증명해야 한다.

> **해설** 금융상품직접판매업자 및 금융상품자문업자는 금융소비자와 금융상품 또는 금융상품자문에 관한 계약을 체결하는 경우 금융상품의 유형별로 계약서류를 금융소비자에게 지체 없이 제공하여야 한다. 계약서류의 제공 사실 또는 계약체결 사실 및 그 시기에 관하여 금융소비자와 다툼이 있는 경우에는 금융상품직접판매업자 및 금융상품자문업자가 이를 증명하여야 한다.
>
> **정답** ④

02 임직원 등의 손실보전 등에 대한 금지행위에 해당하지 않는 것은?

① 투자자가 입은 손실의 전부 또는 일부를 보전하여 줄 것을 사전에 약속하는 행위

② 투자자가 입은 손실의 전부 또는 일부를 사후에 보전하여 주는 행위

③ 투자자에게 일정한 이익을 사후에 제공하는 행위

④ 회사가 자신의 위법행위 여부가 불명확한 경우 사적화해의 수단으로 손실을 보상하는 행위

> **해설** ④는 회사의 위법행위 등에 대해 회사가 손해를 배상하는 행위로 금지대상이 아니다.
>
> **정답** ④

2 펀드영업실무

집합투자증권의 매매방식

우리나라 집합투자증권의 매매방식 변화이다. 순서대로 나열된 것은?

① 수익증권저축제도 → 수익증권예탁통장제도 → 수익증권현물거래
② 수익증권저축제도 → 수익증권현물거래 → 수익증권예탁통장제도
③ 수익증권현물거래 → 수익증권예탁통장제도 → 수익증권저축제도
④ 수익증권예탁통장제도 → 수익증권저축제도 → 수익증권현물거래

해설 현물거래로 시작하여 현재의 '수익증권저축제도'로 발전했다.

정답 ③

더알아보기 집합투자증권 매매방식의 변천

수익증권현물거래	→	수익증권예탁통장제도	→	수익증권저축제도(현재)
실물거래방식		실물거래의 불편해소를 위해 도입(좌수 위주의 보관개념)		좌수 위주의 보관개념에서 금액 위주의 저축개념으로 전환 (대중적 발전에 큰 기여)

보충문제

01 다음 빈칸에 알맞은 말은?

현재 대부분의 집합투자증권 매매는 투자신탁의 (   )에 의한 통장거래로 이루어지고 있으며, 투자신탁의 수익증권이나 투자회사의 주식 등의 실물발행을 통한 매매는 거의 없는 실정이다.

① 수익증권저축제도
② 수익증권예탁통장제도
③ 수익증권현물거래
④ 집중예탁제도

해설 수익증권저축제도의 내용이다. 수익증권저축제도에 의한 거래를 '수익증권저축거래'라고 한다.

정답 ①

수익증권저축 거래

수익증권저축의 종류에 대한 설명이다. 틀린 것은?

① 저축금 인출요건, 저축기간, 저축금액 및 저축목표금액을 정하지 않고 임의로 저축하는 방식을 임의식이라고 한다.

② 임의식에서 수익금의 인출을 할 경우 환매수수료 부과가 면제된다.

③ 수익금 인출식은 동일계좌에 추가납입은 할 수 없으므로 필요시 별도의 계좌를 개설하여 처리하고, 수익금 인출에 대해서 환매수수료가 부과되지 않는다.

④ 저축기간 동안 일정금액 또는 좌수를 정하여 매월 저축하는 방식을 정액적립식이라고 하며 저축기간 중 일부인출이 가능하지만 환매수수료가 부과된다.

> **해설** 임의식은 조건을 정하지 않고 임의로 저축하는 방식이다. 따라서 동일계좌에 추가납입과 일부인출이 모두 가능하지만 인출시 환매수수료 면제의 혜택은 없다.
>
> 정답 ②

더알아보기 수익증권저축의 종류

(1) 수익증권저축의 종류

임의식	목적식			
	거치식		적립식	
	수익금 인출식	일정금액 인출식	정액적립식	자유적립식
환매수수료 면제 없음	인출시 환매수수료 징구 면제		저축기간 종료 후 환매시 환매수수료 면제	

① 임의식은 저축금 인출요건, 기간, 목표금액 등을 정하지 않고 임의로 저축하는 방식(동일 계좌 추가납입이 가능하며 일부인출이 가능) → 편리하나 인출시 환매수수료 면제혜택이 없음

② 수익증권저축제도가 시행된 후 현물거래가 거의 이루어지지 않고 있으나 현물거래가 전혀 없는 것은 아니다.

(2) 수익증권저축의 내용

① 저축금액 및 저축기간 : 임의식 저축과 달리 목적식 저축은 저축금액·저축기간을 정해야 한다(저축기간은 수익증권의 최초매수일부터 기산함).

② 만기지급일(보충문제 4 참조)

저축기간을 연·월 단위로 정한 경우	저축기간을 일단위로 정한 경우	신탁계약을 종료한 경우
저축기간이 만료되는 월의 최초납입 상당일을 만기지급일로 한다. 단, 만료되는 월에 그 해당일이 없는 경우 그 월의 말일을 만기지급일로 한다.	수익증권의 최초매수일부터 계산하여 저축기간이 만료되는 날의 다음 영업일을 만기지급일로 한다.	투자신탁의 해지로 인해 저축 기간이 종료되는 경우 해지결산 후 첫 영업일을 만기지급일로 한다.

(3) 저축재산의 인출 : 일부인출시 지급순서는 선입선출법으로 한다(보충문제 5 참조).
- 종전에는 재투자분이 있을 경우 재투자분에 한해 후입선출법을, 나머지는 선입선출법을 적용했으나 개정 후에는 모두 선입선출법이 적용됨

(4) 저축계약의 해지
정액적립식의 경우 6개월 이상 저축금을 납입하지 않을 경우 납입최고 후 해지가 가능하다.

(5) 저축자에 대한 우대조치 : 아래의 경우 환매수수료 징구를 면제함

목적식 저축의 저축기간 종료시	거치식의 일부인출시	재투자시	소규모펀드의 해지시	과세금액 확정을 위한 전부환매 후 재매수의 경우	세금정산을 목적으로 전부환매 후 재매수의 경우

- 세금정산을 목적으로 환매하고 즉시 재매수하는 경우 연 2회에 한하여 환매수수료 징구를 면제함

(6) 수익증권 매매시의 입출금처리 : 절상 / 절사는 고객에게 유리한 방향으로 결정

(7) 환매시 출금금액 = 환매시 평가금액 – 환매수수료 – 세액
- 과표금액 계산시 개정 전에는 과표환매수수료를 공제하였으나, 개정 후에는 환매수수료 전체를 공제함 (투자자의 과세부담이 완화됨)

(8) 사고·신고의 효력은 판매회사가 저축자로부터 분실, 멸실, 도난, 훼손 및 변경의 통지를 받은 때부터 발생하며, 신고의 효력발생 전에 생긴 저축자의 손해에 대하여 판매회사는 판매사의 귀책사유가 없는 한 면책된다.

보충문제

01 저축기간 중 저축재산의 일부를 인출할 때 환매수수료가 부과되지 않는 저축은?

① 임의식
② 수익금 인출식
③ 정액적립식
④ 자유적립식

해설 목적식 중에서 거치식(수익금 인출식, 일정금액 인출식)은 저축재산의 일부인출이 가능하며 해당 인출시 환매수수료 부과는 면제된다. 적립식의 경우 저축기간이 종료한 후에 인출하면 환매수수료가 면제된다(임의식은 어떤 경우에도 환매수수료가 면제되지 않음).

정답 ②

02 다음 빈칸에 알맞은 것은?

> 저축기간을 일정기간 이상으로 하고 저축기간 동안 일정금액 또는 좌수를 정하여 매월 저축하는 방식을 (㉠)이라고 하는데, (㉠)에서 저축자가 계속하여 (㉡) 이상 소정의 저축금을 납입하지 않은 때 저축자에게 판매회사가 14일 이상으로 정한 기간을 부여하여 저축금의 추가납입을 요구하고 그 기간 동안 저축자가 적절한 조치를 취하지 않을 경우 판매회사는 저축계약을 해지할 수 있다.

	㉠	㉡
①	정액적립식	3개월
②	정액적립식	6개월
③	자유적립식	3개월
④	자유적립식	6개월

해설 자유적립식은 저축기간 동안 금액에 제한 없이 수시로 저축하는 방식을 말한다.

정답 ②

03 수익증권저축의 주요내용에 대한 설명이다. 잘못된 것은?

① 저축금액의 최고 및 최저한도는 제한하지 아니함을 원칙으로 한다.
② 목적식 저축은 저축기간을 약정하지 않지만 임의식 저축은 저축기간을 정한다.
③ 저축자는 현금 또는 회사가 인정하는 수표, 어음 등 추심할 수 있는 증권으로 저축금을 납입할 수 있다.
④ 판매회사는 저축자로부터 납입받은 해당 저축금을 수익증권 매수 전까지 선량한 관리자의 의무를 다해야 하며, 해당 저축금은 양도나 담보로 제공할 수 없다.

해설 임의식 저축은 저축기간을 약정하지 않지만 목적식 저축은 저축기간을 정한다.
　① 최고 및 최저한도는 제한하지 않는 것이 원칙이나 신탁계약에서 특별히 정하는 경우에는 한도를 제한할 수 있음
　③·④ 해당 저축금을 양도나 담보로 제공 불가함. 판매회사가 저축금을 이용할 경우 저축자에게 저축금 이용료를 지급할 수 있음

정답 ②

04 만기지급일에 대한 설명 중 틀린 것은?

① 저축기간을 월 또는 연 단위로 정한 경우에는 저축기간이 만료되는 월의 최초 납입 상당일을 만기지급일로 한다. 다만, 만료되는 월에 그 해당일이 없을 경우에는 그 월의 말일로 한다.

② 저축기간을 일 단위로 정한 경우는 수익증권의 최초매수일부터 계산하여 저축기간이 만료되는 날을 만기지급일로 한다.

③ 투자신탁의 신탁계약을 해지로 인하여 저축기간이 종료되는 경우에는 해지결산 후 첫 영업일을 만기지급일로 한다.

④ 저축자가 저축기간의 종료 또는 저축계약의 해지에도 불구하고 저축재산의 인출을 청구하지 않은 경우에는 인출청구시까지 저축기간이 계속된 것으로 본다.

> **해설** 저축기간이 만료되는 날의 다음 영업일을 만기지급일로 한다.

정답 ②

더알아보기 수익증권의 만기지급일

(1) **저축기간을 월 또는 연 단위로 정한 경우** : 저축기간이 만료되는 날의 최초납입상당일. 다만, 월에 그 해당일이 없으면 그 월의 말일을 만기지급일로 한다.

> **예** • 2011년 3월 10일 저축가입하고 만기를 1년으로 한다면 → 2012년 3월 10일
> • 2011년 3월 31일 저축가입하고 만기를 3개월로 한다면 → 2011년 6월 30일

(2) **저축기간을 일 단위로 정하는 경우** : 최초매수일부터 계산하여 저축기간이 만료되는 날의 다음 영업일

> **예** • 2011년 3월 10일 저축가입하고 만기를 10일로 한다면 → 2011년 3월 20일 ⇒ 최초매수일(3월 10일)로부터 저축기간(10일)이 만료되는 날은 정확하게 3월 19일이다. 만료되는 날의 다음 영업일은 3월 20일이 된다. 즉, 단순하게 가입일에 만기기간을 더하면 된다.

---

05 저축재산의 인출에 대한 설명이다. 잘못된 것은?

① 저축자는 신탁계약에 의해 환매가 제한되는 경우를 제외하고 언제든지 저축재산의 전부 또는 일부에 대해서 인출을 청구할 수 있다.

② 저축자의 환매에 의해 저축재산의 일부를 지급할 때에는 판매회사가 정하는 방법에 따르는데, 일반적으로 후입선출법을 적용한다.

③ 저축기간 종료 또는 저축계약의 해지에도 불구하고 저축재산의 인출을 청구하지 않은 경우에는 인출청구시까지 저축기간이 계속된 것으로 본다.

④ 저축자가 저축재산의 인출시 수익증권 현물을 요구하는 경우 판매회사는 특별한 사유가 없는 한 수익증권 현물로 지급해야 한다.

> **해설** 선입선출법(先入先出法)이다. 종전에는 재투자분에 한해 후입선출법을 적용하였으나 2013.5 개정으로 모두 선입선출법이 적용된다.

정답 ②

예 임의식 저축 P펀드에 가입하고 2012.2.20에 200만좌, 2012.3.15에 500만좌를 매수한 후 2012.6.5에 500 만좌를 환매하는 경우

	2/20 매수	3/15 매수	6/5 환매청구
	+ 200만좌	+ 500만좌	− 500만좌

인출수량   200만좌   300만좌
총환매수량   200만좌   500만좌   선입선출법

(재투자분이 있다고 해도 선입선출법을 적용한다)

06 저축자에 대한 우대조치에 대한 설명이다. 틀린 것은?

① 저축기간을 1년 이상으로 하는 목적식 저축의 경우 납입 후 1년이 지난 후 수익증권을 환매한 때에는 그 수익증권의 환매수수료를 면제한다.

② 거치식 저축의 경우 저축기간 중 수익금에 상당하는 금액의 수익증권을 환매하거나 사전에 정한 일정금액에 상당하는 수익증권을 환매하는 경우에는 그 수익증권의 환매수수료를 면제한다.

③ 저축재산에서 발생한 이익분배금을 새로 발행하는 증권으로 받았을 경우, 즉 재투자의 경우 재투자분을 환매하는 때에는 환매수수료가 면제된다.

④ 소규모 투자신탁을 해지함에 있어 저축자가 그 상환금으로 판매회사가 정한 수익증권을 매수할 경우 선취판매수수료, 매도할 경우 후취판매수수료 및 환매수수료를 면제한다.

해설 '납입 후 1년이 지난 후'가 아니라 '저축기간 종료 후'이다. 즉 1회차 매수, 2회차 매수 등 각 회차의 매수 후 1년이 지나야 환매수수료가 면제된다는 의미가 아니라 저축기간이 1년이 지나면 된다는 것이다. 예를 들어 11회차분의 매수분은 1달만 지나면 저축기간 만료기간 1년이 되므로 이후에 환매하면 환매수수료가 징구되지 않는다는 것이다.

정답 ①

07 아래의 보기에서 환매수수료 징구분을 구하시오(모두 영업일로 가정).

2010.6.10에 임의식 저축인 甲펀드에 가입. 매월 15일에 50만원씩 2011.10.15까지 매수한 후 2011.11.5에 전액환매청구를 하였다(환매수수료 징구기간 90일 미만).

① 7/15, 8/15, 9/15 매수분

② 8/15, 9/15, 10/15 매수분

③ 9/15, 10/15 매수분

④ 10/15 매수분

해설 아래 더알아보기 그림 참조.

정답 ②

더알아보기 환매수수료 징구분 찾는 법

이러한 유형의 문제가 나오면 아래 그림처럼 그림을 그리고 푸는 것이 확실하다. ① 환매수수료 청구일을 먼저 표시하고(11/5) → ② 그로부터 환매수수료 징구기간을 표시한다(90일을 표시하면 8/5까지 된다). → ③ 마지막으로 매수일자를 표시한다('매월 15일' 매수). → ④ 환매징구기간 내(8/5 ~ 11/5)에서 표시된 매수일자가 환매수수료 징구분이 된다.

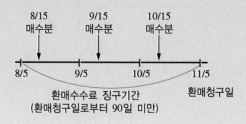

08 다음 내용을 보고 질문에 답하시오(모두 영업일로 가정).

> 2010.6.10에 저축기간 1년의 월정액적립식인 乙펀드에 가입. 매월 10일에 20만원씩 매수(환매청구 시 환매수수료 징구기간은 90일 미만)

(1) 2011년 8월 10일에 전액 환매청구를 할 경우 환매수수료 징구분은?

(2) 2011년 5월 20일에 전액 환매청구를 할 경우 환매수수료 징구분은?

해설 (1) 환매수수료 징구 없음(임의식과는 달리 목적식에서는 저축기간을 확인해야 함)
　　　⇒ 목적식 저축에서는 저축기간 종료 이후에(보기는 1년) 환매를 청구하면 환매수수료 징구가 면제된다.
　　(2) 환매수수료 징구분 : 3/10, 4/10, 5/10 매수 분에 대해서 환매수수료가 징구된다.

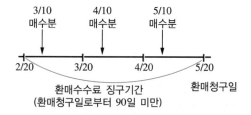

정답 해설 참조

09 펀드투자자가 丙펀드에 대해서 아래와 같이 거래하였다. 이에 대한 아래의 질문에 답하시오.

거래일자	기준가격	과표 기준가격	거래구분	입출금 금액	잔고좌수	환매 수수료	세 액
2012.2.5	1,020.00	1,010.00	입 금	100,000,000	(1)		–
2012.4.10	1,060.00	1,030.00	전액출금	(4)		(2)	(3)

(환매수수료 징구 : 환매청구일로부터 90일 미만의 매수분. 이익금의 70% 징구)

(1) 잔고좌수는 얼마인가?

(2) 환매수수료는 얼마인가?

(3) 세액은 얼마인가?

(4) 환매시 출금금액은 얼마인가?

해설 (1) 100,000,000원/1,020 × 1,000 = 98,039,215.6 ⇒ 98,039,216좌(← 좌수절상)

    (2) 환매수수료 = 이익금의 70% : [98,039,216좌 × (1,060 − 1,020)/1,000] × 70% = 2,745,098원(← 금액절사)

    (3) ① 과표금액 = 과표상이익 − 환매수수료(← 과표대상금액은 비용을 공제한다) = [98,039,216좌 × (1,030 − 1,010)/1,000] − 2,745,098 = 0원

      ② 과표금액이 0원이므로 세액(= 소득세 + 주민세) 또한 0원이다.

    (4) 환매시 출금금액 = 환매시 평가금액 − 환매수수료 − 세액

      ① 환매시 평가금액 : 98,039,216좌 × 1,060/1,000 = 103,921,569원

      ② 환매수수료 = 2,745,098원

      ③ 세액 = 0원

      ④ (∴)환매시 출금금액 = 103,921,569 − 2,745,098 − 0 = 101,176,471원

정답 (1) 98,039,216좌(← 좌수절상)

(2) 2,745,098원(← 금액절사)

(3) 0원

(4) 101,176,471원

10 사고·변경사항의 신고에 관한 설명이다. 바르지 않은 것은?

① 저축통장, 신고 인감 분실, 멸실, 도난, 훼손시에는 지체 없이 판매회사에 신고하여야 한다.

② 사고·변경 신고의 효력은 판매회사가 저축자로부터 분실 등에 대한 통지를 받은 때부터 발생한다.

③ 신고의 효력발생 전에 발생한 저축자의 손해에 대해서는 판매회사는 판매회사의 귀책사유가 없는 한 책임을 지지 않는다.

④ 저축자는 판매회사의 동의 없이도 저축금 및 수익증권을 양도하거나 질권 설정을 할 수 있다.

> **해설** 저축자의 양도나 질권 설정은 판매회사의 동의 없이는 불가하다.

정답 ④

더알아보기 판매회사의 면책요건

판매회사의 귀책사유가 없는 경우로서 아래의 어느 하나에 해당하는 경우 저축자에게 발생하는 손해에 대해 판매회사는 면책된다.

① 판매회사가 출금표, 수표, 어음 또는 제신고서에 찍힌 인감(혹은 서명)을 육안에 의한 상당한 주의로써 신고한 인감(혹은 서명)과 틀림없다고 인정하고 출금표 등에 적힌 비밀번호가 신고된 것과 일치하여 저축금을 지급하거나 기타 처리를 한 경우

② 천재지변, 전쟁 또는 이에 준하는 불가항력이라고 인정되는 사유에 의한 업무의 지연 또는 불능

③ 저축자의 귀책사유

---

11 빈칸 (A)에 공통적으로 들어갈 알맞은 것은?

> (1) 투자신탁 수익증권의 양도에 있어 저축자 간 과세금액을 확정하기 위해 저축자가 수익증권 전부를 환매하고 즉시 그 환매자금으로 해당 수익증권을 재매입하는 때에는 환매하는 수익증권의 환매수수료를 면제한다. 이 경우 재매입한 수익증권의 환매수수료 계산 시작일은 (A)로 한다.
>
> (2) 저축자가 세금정산 목적으로 수익증권 전부를 환매하고 즉시 그 환매자금으로 해당 수익증권을 재매입하는 때에는 환매하는 수익증권의 환매수수료 및 매입하는 수익증권의 판매수수료는 연 2회에 한해 면제한다. 이 경우 재매입한 수익증권의 환매수수료 계산 시작일은 (A)로 한다.

① 당초의 수익증권 매입일

② 수익증권 전부 환매일

③ 수익증권 전부 환매일의 익일

④ 재매입일

> **해설** 동 펀드(투자신탁)의 최초 매수일(애당초 수익증권 매입일)은 펀드 최종환시의 환매수수료 기산일로 한다. 이는 펀드보유 기간의 계속성을 인정한다는 의미이다.

정답 ①

3 세제일반

조세의 분류

조세의 분류 중에서 '조세의 전가성'에 따른 분류에 해당하는 것은?

① 국세 - 지방세

② 직접세 - 간접세

③ 보통세 - 목적세

④ 종가세 - 종량세

해설 직접세 - 간접세이다.

정답 ②

더알아보기 조세의 분류

(1) 조세의 분류

과세주체	조세의 전가성	지출의 목적성	과세표준단위	세율의 구조
국세 / 지방세	직접세 / 간접세	보통세 / 목적세	종가세 / 종량세	비례세 / 누진세

• 직접세는 소득세처럼 '나에게 직접 부과되는 것', 간접세는 상품에 포함되어 있는 것(예 주세, 유류세), 목적세는 특별한 목적이 있는 것(예 농어촌특별세, 지방교육세), 종가세는 %단위로 부과되는 것(예 소득세율은 6% ~ 45%), 종량세는 주세를 맥주나 탁주의 양(liter당)에 부과하는 것, 누진세는 소득이 많으면 많은 세금을 내는 것(예 소득세율 6% ~ 45%), 비례세는 소득의 많고 적음에 관계없이 일률적인 세금을 내는 것이다.

※ 조세의 종류

국 세	내국세	직접세	소득세, 법인세, 상속세, 증여세, 종합부동산세
		간접세	부가가치세, 주세, 인지세, 증권거래세, 개별소비세
		목적세	교육세, 농어촌특별세
	관 세		–
지방세	보통세		취득세, 주민세, 자동차세, 재산세, 지방소득세, 지방소비세, 레저세, 담배소비세, 등록면허세
	목적세		지역자원시설세, 지방교육세

예 은행예금으로부터 100만원의 이자소득을 받으면 15.4%의 이자소득세를 낸다. 이때 소득세 14%(14만원)는 국세이며, 지방소득세 1.4%(소득세의 10% = 14,000원)는 지방세이다.

(2) 조세일반

① 기한에 대한 세법특례(기간 : 계속된 시간, 기한 : 법률행위의 효력발생을 위한 일정 시점)

ㄱ 세법에 정하는 기한이 공휴일(토요일, 근로자의 날)이면 그 다음 날을 기한으로 한다.

ㄴ 우편으로 서류제출시 통신일부인이 찍힌 날에 신고가 된 것으로 본다.

② 서류의 송달

교부송달	우편송달	전자송달	공시송달
행정기관이 정해진 송달 장소에서 송달받을 자에게 교부함	우편송달시 등기우편으로 함	신청하는 경우에 한함	송달이 곤란한 때, 서류의 요지를 공고한 날로부터 14일이 경과함으로써 서류 송달로 인정

보충문제

01 국세에 해당하지 않는 것은?

① 소득세　　　　　　　　　　　② 법인세
③ 부가가치세　　　　　　　　　④ 취득세

해설 취득세는 부동산 등의 취득과정에 부과하는 세금으로 지방세이다.
참고 소득세, 법인세, 부가가치세를 3대 국세라 한다.

정답 ④

02 조세에 대한 다음 설명 중 잘못된 것은?

① 세법에 정하는 기한이 공휴일, 토요일에 해당하는 때에는 그 다음 날을 기한으로 한다.
② 우편으로 서류를 제출할 경우에는 통신일부인이 찍힌 날에 신고가 된 것으로 본다.
③ 당해 행정기관의 소속공무원이 송달장소에서 송달받을 자에게 서류를 교부하는 것을 교부송달이라 한다.
④ 공시송달은 서류의 요지를 공고한 날로부터 30일이 경과하면 서류송달로 갈음한다.

해설 30일이 아니라 14일이다.

정답 ④

03 소득세와 부가가치세를 분류한 것이다. 잘못된 것은?

소득세	국 세	직접세	(②)	(③)	누진세
부가가치세	국 세	(①)	보통세	종가세	(④)

① 간접세　　　　　　　　　　　② 보통세
③ 종량세　　　　　　　　　　　④ 비례세

해설 소득세는 과세표준의 6% ~ 45%로 부과된다. 즉 %로 표시되므로 종가세이다.
참고 부가가치세란 재화·용역의 공급과정에서 새로 만들어진 가치인 '마진'에 대해서 부과되는 세금(국세 – 간접세 – 종가세 – 비례세)이다.

정답 ③

납세의무

조세의 종류별 납세의무의 성립시기가 잘못된 것은?

① 소득세, 법인세, 부가가치세 – 과세기간이 종료하는 때

② 상속세 – 상속이 개시되는 때

③ 증여세 – 증여가 개시되는 때

④ 종합부동산세 – 과세기준일

해설 증여세 – '증여에 의해 재산을 취득하는 때'이다.

정답 ③

더알아보기 납세의무

(1) 납세의무의 성립시기
- ① 소득세, 법인세, 부가가치세 : 과세기간이 종료하는 때
- ② 상속세 : 상속이 개시되는 때
- ③ 증여세 : 증여에 의한 재산을 취득하는 때
- ④ 인지세 : 과세문서를 작성하는 때(인지를 붙여야 함)
- ⑤ 증권거래세 : 매매거래가 확정되는 때(매도 거래시 부과)
- ⑥ 종합부동산세 : 과세기준일(6월 1일 재산을 평가하여 부과)
- ⑦ 원천징수하는 소득세, 법인세 : 소득금액, 수입금액을 지급하는 때

(2) 납세의무의 확정

신고확정	부과확정	자동확정
납세자의 신로로 확정	정부가 과세표준을 결정	납세의무성립과 동시에 확정
소득세 / 법인세 / 부가가치세	상속세 / 증여세	인지세

설명 소득세의 경우 대상자가 엄청 많으므로 납세자가 스스로 신고하게 하고, 허위신고 등이 있으면 조사하여 추징한다. 상증세의 경우 무상으로 받는 것인데 보통 그 금액도 크므로 정부가 직접 부과확정한다. 단, 기한 내 신고를 하면 3%의 세액공제혜택을 준다(자진신고 유도). 자동 확정은 인지대처럼 '그 자리에서 바로' 성립되고 확정된다.

(3) 납부의무의 소멸
- ① 납부의무의 소멸사유

납부, 충당 또는 부과취소가 있는 때	제척기간이 만료된 때	소멸시효가 완성된 때

- ② 제척기간과 소멸시효

제척기간	소멸시효
5년 ~ 15년	5년(5억원 이상 국세채권은 10년)
국세를 부과할 수 있는 법정기간	부과된 국세를 징수하는 기간

㉠ 제척기간(이 기간 내에 국세가 부과되지 않으면 납세의무가 소멸됨)

구 분	국세부과 제척기간	
상증세	사기 등 부정행위, 무신고, 허위·누락신고[주1]	15년
	기타의 경우	10년
일반조세	사기 등 부정행위[주2]	10년
	무신고	7년
	기타의 경우	5년

*주1 : 상증세에서 사기 등 부정행위로 세금을 포탈한 경우로, 제3자의 명의로 취득한 재산가액이 50억원을 초과하는 경우에는 '안 날로부터 1년' 내로 과세할 수 있다(사실상 평생과세의 개념).
*주2 : 사기 등 부정행위 중 국제거래가 수반된 경우의 제척기간은 15년이다.

㉡ 국세징수권의 소멸시효

소멸시효의 중단	소멸시효의 정지
납세고지, 독촉, 납부최고, 교부청구, 압류 등	분납, 징수유예, 연부연납 등
이미 경과한 시효기간의 효력이 상실	해당 기간동안 시효가 정지되는 것

• [그림] 소멸시효의 중단과 정지

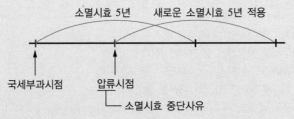

③ 2차 납세의무자의 4가지 유형

청산인 등	출자자	법 인	사업양수인

• 청산인 등은 해산법인(1차 납세의무자)의 체납액에 대해서 2차 납세의무를 진다.
• 법인(1차 납세의무자)이 납부를 하지 못할 때 출자자(무한책임사원 또는 과점주주)가 2차 납세의무를 진다.
• 출자자(1차 납세의무자)가 납부를 하지 못할 때 해당 법인이 2차 납세의무를 진다.
• 이미 확정된 양도법인(1차 납세의무자)의 납부액은 사업양수인이 2차 납세의무를 진다.

01 납세의무와 소멸사유에 해당되지 않는 것은?

① 납부를 완료한 때
② 충당으로 납부를 완료한 때
③ 소멸시효가 중단된 때
④ 제척기간이 만료된 때

해설 '소멸시효가 완성된 때'이다.

정답 ③

02 소멸시효의 중단사유에 해당하는 것은?

① 압 류
② 분 납
③ 징수유예
④ 연부연납

해설 '압류'는 소멸시효의 중단사유이다. ②·③·④는 단어 자체에 일정기간의 개념이 들어 있다(소멸시효의 정지사유).

정답 ①

03 상속·증여세의 경우 제척기간이 가장 긴 사유는?

① 사기 등 부정한 방법으로 구세를 포탈하거나 환급받은 경우
② 법정신고기한 내에 과세표준신고서를 제출하지 않은 경우
③ 상속·증여세를 허위, 누락 신고한 경우
④ 상속·증여신고의 누락가액이 50억원을 초과하는 경우

해설 ④의 경우 별도의 제척기간(5년 ~ 15년)이 적용되지 않고, 그 확인일로부터 1년 내로 과세할 수 있다(즉, 평생 과세의 개념이다). ①·②·③은 모두 15년이다.

정답 ④

소득별 과세방법

소득세법에 대한 설명으로 가장 거리가 먼 것은?

① 소득세는 자연인인 개인을 납세의무자로 한다.

② 소득세법은 납세의무자인 개인을 거주자와 비거주자로 구분하여 과세소득의 범위와 과세방법을 달리하고 있다.

③ 거주자는 국내에 주소를 두거나 183일 이상 거소를 둔 개인으로 국내외 모든 소득에 대해 납세의 무를 부담하나, 비거주자는 국내 원천소득에 대해서만 납세의무가 있다.

④ 소득세법은 완전 포괄주의 과세를 택하고 있다.

> **해설** 소득세법은 열거주의가 원칙이며 이자소득과 배당소득에 한해 유형별 포괄주의를 띤다.
>
> **정답** ④

더알아보기 소득별 과세방법

(1) 소득세법 개요 : 소득세는 자연인인 개인을 납세의무자로 한다(법인은 법인소득세).

거주자	비거주자
국내·외 모든 소득에 대해 과세	국내원천소득에 대해서만 과세

• 거주자 : 국내에 주소를 두거나 183일 이상 거소를 둔 개인

(2) 소득세별 과세이론

열거주의	유형별 포괄주의	포괄주의
이자·배당소득을 제외한 모든 소득세	이자소득, 배당소득	상속·증여세, 법인세
소득원천설	열거주의 + 일부 포괄주의	순자산증가설

[소득원천설] 일정한 원천에서 계속적이고 반복적으로 발생하는 금액만 과세대상으로 보는 것이며 일시 적이고 우발적인 소득은 과세대상에서 제외한다는 설

[순자산증가설] 순자산의 증가를 가져온 소득인 계속적·반복적이든 일시적·우발적이든 관계없이 과세 대상이 된다는 설

• 납세의무자의 입장에서는 열거주의보다 포괄주의의 부담이 크다. 본인이 노력하여 '번(Earn)' 소득보다 '무상으로 받은' 소득에 대한 과세부담이 큰 것은 당연하다고 할 수 있다.

(3) 소득세별 과세방법

① 거주자의 과세방법 : 거주자의 모든 소득을 종합하여 과세하는 것을 원칙이지만, 일부 분류과세와 분 리과세를 택하도록 하고 있다.

이자소득	배당소득	사업소득	근로소득	연금소득	기타소득	양도소득	퇴직소득
종합과세 (일부소득에 대해 종합소득에 합산하지 않는 분리과세 인정)						분류과세	

ⓐ 종합과세 : 해마다 발생하는 경상소득을 합산하여(종합소득) 과세표준별로 누진과세한다. (종합소득 기본세율은 6% ~ 45%, 종합과세는 누진과세를 주목적으로 함)

ⓑ 분리과세 : 종합소득에 속하는 소득이나 종합소득에 합산하지 않고 원천징수만으로 납세의무가 종결되는 제도이다(예 2천만원 이하의 이자소득이나 배당소득은 14%의 원천징수세율로 납세의무 종결).

ⓒ 분류과세 : 퇴직소득과 양도소득은 비경상적인 소득이므로(장기간에 걸쳐 형성되므로), 종합소득과 구분하여 각 소득별로 별도 과세한다(퇴직소득세, 양도소득세).

② 비거주자의 과세방법 : 비거주자는 국내원천소득에 대해 과세하며, 국내사업장이나 부동산소득이 있는 경우는 종합과세하고, 그렇지 않으면 분리과세한다. 또한 퇴직소득과 양도소득이 있는 비거주자는 당해 소득별로 분류과세 한다.

보충문제

01 거주자의 과세방법에 있어서 분류과세의 대상이 되는 소득은?

① 이자소득
② 사업소득
③ 양도소득
④ 근로소득

해설 양도소득과 퇴직소득은 분류과세이다.

정답 ③

02 다음 빈칸에 들어갈 내용을 옳게 연결한 것은?

> 국내사업장이나 부동산소득이 있는 비거주자는 (   )을 (   )한다.

① 국내원천소득 – 분리과세
② 국내원천소득 – 종합과세
③ 국내원천소득 – 분리과세
④ 국내원천소득 – 종합과세

해설 국내원천소득에 대해서 사업장이 있으면 종합과세, 없으면 분리과세한다.
• 참고로, 종합소득신고 납부기간은 5.1 ~ 5.31이다.

정답 ②

상속세에 대한 설명 중 잘못된 것은?

① 우리나라 상속세는 유산세 방식이다.

② 상속세의 납세의무자는 상속인 또는 수유자이다.

③ 특별연고자는 상속세가 면제되나 수유자가 영리법인인 경우에는 상속세를 부담한다.

④ 법률상의 상속재산 외에도 보험금, 퇴직금, 신탁재산 등도 상속재산에 포함된다.

해설　특별연고자 또는 법인의 상속분은 상속세가 과세되지 않는다(더알아보기 참조).

정답 ③

더알아보기　상속세

(1) 상속세 개요

① 유산세 방식 VS 유산취득세 방식

유산세 방식(우리나라 상속세 과세방식)	유산취득세 방식(우리나라 증여세 과세방식)
피상속인의 유산총액을 기준하여 과세하고, 과세된 총액을 각자의 취득비율만큼 나누어 납부	증여총액이 아니라 수증자 각자가 취득한 증여분에 대해서 각각 과세하는 방식

② 납세의무자 : 상속인 및 수유자(유증을 받는 자)가 납부의무를 진다. 단, 특별연고자와 영리법인은 상속세를 부담하지 않는다(특별연고자는 그 상속분의 특수성상, 영리법인은 순자산증가설에 의해 상속분이 있으면 법인세를 부담하게 됨).

(2) 상속세 과세 FLOW

과세 FLOW		세부내용
① 상속재산	아래 상속재산의 종류를 합산	
	민법상 상속재산	사람의 사망, 또는 실종선고자의 법률상 지위를 포괄승계
	유증재산	유언에 의하여 무상증여 받은 재산
	사인증여재산	증여자의 사망으로 증여효력이 발생하는 재산
	특별연고자분여재산	상속인이 없을 경우 특별연고자가 받은 상속재산
	보험금	피상속인의 사망으로 상속인에게 지급된 보험금
	신탁재산	상속인의 사망으로 상속된 피상속인의 신탁재산
	퇴직금	피상속인의 사망으로 상속된 피상속인의 퇴직금
(+) 생전증여재산	① 상속개시일 전 10년 이내에 상속인에게 증여한 재산가액 ② 상속개시일 전 5년 이내에 상속인이 아닌 자에게 증여한 재산가액	
(+) 생전재산처분 및 부채부담액	상속개시일 전 1년(2년) 이내 재산의 종류별로 2억원(5억원) 이상 재산을 처분·인출·부채부담을 한 경우로서 그 용도가 명백하지 아니한 것	

(−) 법정공제액	공과금	피상속인의 납세의무가 있는 조세, 공공요금, 기타 공과금
	장례비용	최저 500만원에서 최고 1천만원. 납골비용 500만원 별도
	채 무	피상속인이 상환해야 하는 실제채무액(생전증여채무 제외)
(−) 비과세 재산	국가 · 지자체 또는 공공단체에 유증한 재산, 국가지정문화재 등	
(−) 과세가액불산입	공익법인 출연재산이나 공익신탁재산을 불산입한다. 단, 공익법인 등의 출연재산이 주식인 경우 공익법인의 기 보유주식과 출연하는 주식의 합이 당해 의결권 있는 주식의 10%를 초과하는 경우 그 초과분은 상속과세가액에 산입함	
② 상속세과세가액	위의 Σ(+) − Σ (−)	
(−) 상속공제	기초공제, 인적공제, 물적공제, 감정평가수수료	
③ 상속세과세표준	상속세과세가액 − 상속공제 (과세표준이 50만원 미만시에는 면세)	

	과세표준	세 율
× 세율	1억원 이하	10%
	1억원 초과 5억원 이하	1천만원 + 1억원을 초과하는 금액의 20%
	5억원 초과 10억원 이하	9천만원 + 5억원을 초과하는 금액의 30%
	10억원 초과 30억원 이하	2억4천만원 + 10억원을 초과하는 금액의 40%
	30억원 초과	10억4천만원 + 30억원을 초과하는 금액의 50%
	*세대생략할증과세는 산출세액의 30%이며, 대습상속은 할증과세가 없다.	

④ 산출세액	상속세과세표준 × 세율(10% ~ 50%)	
(−) 세액공제	증여세액공제	상속세에 가산된 증여재산중 기납부한 증여세액을 공제
	외국납부세액공제	외국소재재산에 대해 외국에서 부과된 상속세액은 공제
	단기재상속세액공제	10년 이내에 재상속시 재상속기간을 고려하여 공제
	신고세액공제	3%
(+) 가산세	신고불성실가산세(10% ~ 40%), 납부불성실가산세(지연일수 × 1만분의 3)	
⑤ 신고납부상당 세액	산출세액 − 감면세액 + 가산세	
⑥ 신고납부	상속개시일이 속한 달의 말일로부터 6개월(국외에 주소를 둔 경우 9개월)	

• 비과세는 원천적으로 과세대상이 될 수 없으나 과세가액불산입은 조건부비과세를 의미한다.

• 세대를 생략한 상속시((예) 부가 상속포기하여, '조부 → 손자'가 되는 경우) 세대생략할증과세 30%(20억을 초과하여 미성년자에게 세대를 건너뛴 상속시 40% 적용)가 과세된다(대습상속은 할증과세 없음).

01 상속세와 관련된 다음 설명 중 가장 적절하지 않은 것은?

① 상속개시일 전 1년 이내 재산의 종류별로 2억원 이상 재산을 처분한 금액이라도 그 용도가 명백하면 상속세과세가액에 포함되지 않는다.

② 국가에 유증한 재산에 대해서는 과세가액에 불산입한다.

③ 상속세의 최고세율은 50%이다.

④ 세대생략상속의 경우 30% 할증과세가 된다.

> **해설** 국가에 유증한 것은 비과세이고 공익법인에 출연한 재산 등에 대해서는 과세가액 불산입한다(둘의 차이를 이해할 것). ①은 '그 용도가 명백하지 않은 경우'에 상속세 과세가액에 포함된다.
>
> **정답** ②

02 다음 빈칸에 들어갈 수 없는 수는?

> • 상속세 과세표준이 (   )만원 미만시에는 상속세가 면세된다.
> • 상속세과세가액 계산시 장례관련비용은 최고 (   )만원까지 공제할 수 있다.
> • 20억원 이하에 대한 세대생략상속에 가산되는 할증세율은 (   )%이다.
> • 2024년 현재 신고세액공제율은 (   )%이다.

① 50
② 500
③ 30
④ 3

> **해설** 차례대로 '50만원 – 1,500만원 – 30% – 3%'이다. 장례비는 최저 500만원에서 최고 1천만원(서류증빙필요)인데, 봉안시설 등의 비용을 500만원 추가할 수 있으므로 최고 1,500만원까지 공제가 가능하다.
>
> **정답** ②

증여세

거주자가 비거주자에게 국외에 있는 재산을 증여했을 경우 누가 증여세 납세의무자인가?

① 증여자

② 증여자와 수증자가 연대해서 납부

③ 수증자

④ 납세의무 없음

해설 국외재산을 비거주자에게 증여시에는 증여자가 납세의무를 진다(더알아보기 참조).

정답 ①

더알아보기 증여세 개요

(1) 증여세 개요

① 증여란 유·무형의 재산을 타인에게 직·간접적인 방법에 의해 무상으로 이전하는 것(현저하게 낮은 가격으로 이전하는 것도 포함)을 통해 타인의 재산가치를 증가시키는 것을 말함

② 증여세 과세대상

수증자가 거주자인 경우	수증자가 비거주자인 경우
국내외 증여취득재산 전부에 대해 증여세 납부	국내에 있는 증여취득재산(국외예금도 포함)

• 수증자가 영리법인이면 증여세 대신에 법인세를 납부한다(비영리법인의 경우 증여세 납부).

③ 증여세 납세의무자 : 증여세는 수증자가 납세하는 것이 원칙이나 아래의 경우 예외이다.

증여자가 납세의무를 부담하는 경우	증여자가 연대납세의무를 짐
거주자가 비거주자에게 국외에 있는 재산을 증여하는 경우	수증자의 주소·거소가 불분명시 또는 수증자가 담세력이 없을 경우

• 단, 수증자의 담세력이 없을 경우는 수증자와 증여자의 연대납세가 원칙이나, '저가·고가양도, 채무면제, 금전무상대부 등'의 의제증여의 경우 증여세 면제함

④ 증여의제와 증여추정 : 민법상의 증여재산 외에도 증여의제재산, 증여추정재산도 포함한다.

증여의제	증여추정
형식상 증여는 아니지만 내용상 증여에 해당하는 경우 증여로 의제함	증여받지 않았다는 사실을 입증하지 못하면 증여추정으로 인정(입증책임은 수증자에 있음)

(2) 증여세 과세 FLOW

과세 FlOW	세부내용
① 증여재산	타인의 증여에 의해 수증자에게 귀속되는 경제적 가치가 있는 모든 자산(단, 사인증여, 위자료 등은 증여로 보지 않는다)
(+)	증여의제, 증여추정, 재차증여재산가액(동일인으로부터 증여받은 경우 10년간 합산하여 1천만원 이상 수증액)
(−)	인수채무, 비과세재산, 과세가액불산입
② 증여세과세가액	위의 Σ(+) − Σ (−)
(−)	증여공제, 감정평가수수료
③ 증여세과세표준	증여세과세가액 − 증여공제 − 재해손실공제
× 세율	상속세와 동일(상속·증여세의 과세표준이 50만원 미만시 상증세 면제)
④ 산출세액	증여세과세표준 × 세율(10% ~ 50%)
(−)	기납부세액공제, 외국납부세액공제, 신고세액공제(3%)
⑤ 신고납부세액	신고납부기한 : 증여받은 날이 속한 월말로부터 3개월 이내

(3) 상속세와 증여세의 신고와 납부기한

상속세	증여세
상속개시 또는 증여취득이 속한 달의 말일로부터, 아래 기한 내에 신고 및 납부를 해야 한다.	
6월(단, 국외거주시 9월)	3월

(4) 가산세

구 분	가산율	비 고
과소신고 가산세	과소신고세액 × 10%	부당신고의 경우 40%
미신고가산세	미신고세액 × 20%	부당신고의 경우 40%
미납부가산세	지연일수 × 미납세액의 1만분의 3	연환산 10.95%

(5) 물납, 분납, 연부연납 : 보충문제 3

01 증여세가 부과되지 않는 것은?

① 사인증여(死因贈與)

② 비영리법인이 취득한 증여재산

③ 증여추정금액

④ 증여의제금액

해설 사인증여는 증여가 아니다(사망시 증여의 효력이 발생하는 것으로 상속세가 부과됨). 영리법인이 증여취득을 하면 그에 대해 법인세를 부과하나 비영리법인은 증여세를 부담해야 한다.

정답 ①

02 증여세과세가액은 동일인으로부터 (   ) 이내 (   ) 이상의 수증재산을 포함한 금액에서 인수채무를 공제한 금액으로 한다. (   ) 안에 들어갈 말을 바르게 나열한 것은?

① 5년 − 1천만원

② 5년 − 3천만원

③ 10년 − 1천만원

④ 10년 − 3천만원

해설 재차증여재산가액을 말한다.

정답 ③

03 상속세 또는 증여세의 납부방법에 대한 설명이다. 틀린 것은?

① 분납은 납부세액이 1천만원 초과, 연부연납은 2천만원을 초과해야 대상이 된다.

② 물납은 상속재산 중 부동산과 유가증권의 가액이 상속재산가액의 50%를 초과하고 납부세액이 2천만원을 초과하되, 납부세액이 상속재산가액 중 금융재산가액을 초과하면 세무서 허가 후 가능하다.

③ 증여세의 신고납부기한은 6개월, 상속세의 신고납부기한은 9개월이다.

④ 상속세와 증여세 모두 법정신고기간 내에 신고한 경우 신고세액공제(산출세액×3%)가 가능하다.

해설 증여세는 3개월, 상속세는 6개월(국외 거주시 9개월)이다.

※ 증여세의 경우 2016년부터 물납이 허용되지 않는다.

정답 ④

04 증여세액이 2,400만원이다. 이를 분납방식으로 납부하는 것으로 적절하지 않은 것은?

① 납부기일 내에 1,200만원을 납부하고 납부기일 후 2개월 동안 나머지 금액을 분납한다.

② 납부기일 내에 1,500만원을 납부하고 납부기일 후 2개월 동안 나머지 금액을 분납한다.

③ 납부기일 내에 1,000만원을 납부하고 납부기일 후 2개월 동안 나머지 금액을 분납한다.

④ 납부기일 내에 2,000만원을 납부하고 납부기일 후 2개월 동안 나머지 금액을 분납한다.

> **해설** 50% 이하의 금액을 납부기일 경과 후 2개월 동안 분납이 가능하므로 분납금액이 2,400 × 50% = 1,200만원 이하이어야 한다. 따라서 지문의 ③은 분납금액이 1,400만원이므로 허용되지 않는다.
>
> 정답 ③

05 상속세와 증여세의 가산세율이다. 틀린 것은?

① 일반적인 사유에 의한 과소신고시에는 10%의 가산세가 부과된다.

② 부정행위에 의한 과소신고시에는 40%의 가산세가 부과된다.

③ 무신고의 경우 가산세율은 30%이다.

④ 국제거래가 수반되는 부정행위로 인한 과소신고시에는 60%의 가산세가 부과된다.

> **해설** 무신고시 가산세율은 20%이다.
>
> 정답 ③

4 펀드세제

금융소득종합과세에 관한 설명으로 옳지 않은 것은?

① 거주자의 소득은 종합소득, 양도소득, 퇴직소득으로 분류한다.

② 종합소득이란 매년 경상적으로 발생하는 이자소득, 배당소득, 사업소득, 근로소득, 연금소득, 기타소득을 합산하여 비례세율로 과세하는 것을 말한다.

③ 종합소득 중에서 이자소득과 배당소득을 금융소득이라고 한다.

④ 금융소득을 지급할 때 원천징수세율(주민세포함 15.4%)로 원천징수하고 금융소득이 연간 2천만 원을 초과할 경우 그 초과분은 다른 종합소득과 합산하여 과세하는 것을 금융소득종합과세라고 한다.

> **해설**   합산하여 누진세율(6% ~ 45%)로 과세한다. 소득이 많은 자가 더 많은 세금을 내는 것이 조세정의에 부합하다고 보는 것이 누진세율이다(즉, 종합과세는 누진세율을 적용하기 위해서 하는 것이라고 볼 수 있다).
>
> **정답** ②

더알아보기   소득세 과세체계

(1) 금융소득종합과세

이자소득	배당소득	사업소득	근로소득	연금소득	기타소득	양도소득	퇴직소득
금융소득 종합과세(일부 분리과세 허용)						분류과세	

금융소득 〈 이자소득 / 배당소득

사업소득 / 근로소득 / 연금소득 / 기타소득 → 종합소득(매년 경상적으로 발생하는 소득)은 누진세율(6% ~ 45%)로 종합과세한다. (일부 소득에 대해서 종합과세에서 제외할 수 있는 것을 분리과세라고 함)

퇴직소득 / 양도소득 → 매년 경상적으로 발생하는 소득이 아니므로 분류하여 과세하고 있다(분류과세).
▶ 퇴직소득세, 양도소득세

(2) 거주자에 대한 종합과세 방법 : 무조건 분리과세 / 조건부 종합과세 / 무조건 종합과세 → 분리과세로
납세의무를 종결하는 것이 '무조건 분리과세', 2천만원 초과 금융소득은 '조건부 종합과세', 금융소득이
2천만원 이하이면서도 원천징수대상이 되지 않는 예외적인 금융소득(국외소득 중에서 발생이 가능함)은
'무조건 종합과세'를 함(무조건종합과세를 하지 않으면 과세가 전혀 안 될 수도 있기 때문)

(3) 이자소득과 배당소득

이자소득	배당소득
• 채권·증권의 이자와 할인액 / 국내 또는 국외에서 받는 예금·적금 • 환매조건부채권의 매매차익 / 저축성보험의 보험차익 / 직장공제회 초과반환금 / 비영업 대금의 이익 • 유사 이자소득(유형별 포괄주의)	• 이익배당 / 법인으로부터 받는 배당 또는 분배금 • 의제배당 / 인정배당 / 집합투자기구로부터의 이익 • 유사 배당소득(유형별 포괄주의)

① 저축성보험의 보험차익 : 보충문제 3
② ELS, DLS, ETN으로 발생한 소득은 배당소득으로 과세한다.
  • ETN(상장지수증권) : 지수를 기초자산으로 하여 증권사가 발행하는 상품으로 ELS와 유사한 수익구조 상품
  [비교] ETF(상장지수펀드) : 지수를 추종하도록 설계된 펀드로 자산운용사가 발행함
③ ELW로부터 발생한 소득은 비열거소득으로 비과세이다. 단, 코스피200을 기초자산으로하는 ELW의 매매차익은 장내파생상품 양도소득세 과세대상(2016년부터 시행)이 되어 탄력세율 10%의 과세대상이 된다.
④ 양도소득은 토지, 건물 등 부동산과 그 권리 및 주식 등 지분증권, 장내파생상품[주1]의 양도에서 발생한 소득을 말하는데(양도소득세 부과), 채무증권의 양도차익은 별도의 규정이 없으므로 과세되지 않는다. 파생상품은 선물·옵션·스왑 등을 뜻하는데 이 중 양도소득 과세 대상 파생상품은 주가지수 관련 파생상품과 해외시장에서 거래되는 장내파생상품, 주가지수 관련 장외파생상품, 차액결제 거래(CFD = Contract for Difference) 등이다.
*주1 : 장내파생상품에 대한 양도소득세과세 : 보충문제 5 참조

보충문제

01 금융소득종합과세의 방법에 대한 설명으로 잘못된 것은?(원천징수세율은 주민세 포함 15.4%)

① 금융소득을 지급할 때 15.4%의 세율로 원천징수한다.
② 종합과세의 방법에는 무조건분리과세, 조건부종합과세, 무조건종합과세의 세 가지 방법이 있다.
③ 무조건종합과세는 원천징수로써 납세의무가 종결되는 것을 말한다.
④ 조건부종합과세는 금융소득을 지급할 때 15.4%로 원천징수하고 금융소득이 2천만원을 초과할 경우 타 종합소득과 합산하여 종합과세한다.

해설 원천징수로써 납세의무를 종결하는 것은 '무조건분리과세'이다.

정답 ③

	과세방법	원천징수세율
(1) 무조건분리과세	원천징수로 과세종결	해당 세율[주1]
(2) 조건부종합과세[주2]	분리과세소득을 제외한 금융소득이 ① 2천만원 이하 → 원천징수율로 과세 ② 2천만원 초과 → 종합과세	14% (비영업대금 이익 = 25%)
(3) 무조건종합과세[주3]	금융소득이 2천만원 이하인 경우에도 원천징수대상이 아닌 소득(국외에서 받은 소득 등)에 대해서는 종합과세	–

*주1) 분리과세 세율 = ① 2천만원 이하의 이자·배당소득 : 14%, ② 분리과세 신청한 장기채권의 이자와 할인액 : 30%, ③ 세금우대종합저축의 이자·공모부동산펀드 배당소득 : 9%, ④ 사회간접자본채권의 이자 : 14%, ⑤ 직장공제회 초과반환금 : 기본세율(6% ~ 45%)

*주2) 금융소득을 지급할 때 다른 금융소득과 합산하여 그 금액이 2천만원을 초과할 경우 2천만원까지는 14%로 과세하고 그 초과분은 다른 소득과 합산하여 기본세율로 과세한다.

*주3) '국외에서 받은 이자·배당소득으로서 원천징수대상이 아닌 등'의 경우가 있을 때 '무조건종합과세'를 적용하지 않으면 소득세를 전혀 부담하지 않는 결과가 될 수 있으므로, 이러한 소득이 있을 경우 무조건종합과세를 한다.

02 이자소득에 해당되지 않는 것은?

① 국내 또는 국외에서 받는 집합투자기구로부터의 이익
② 채권·증권의 이자와 할인액
③ 저축성보험의 보험차익
④ 환매조건부채권의 매매차익

해설 '집합투자기구로부터의 이익'은 펀드에 투자했을 때 과세대상의 이익을 말하고 배당소득으로 분류한다.
참고 **환매조건부채권의 매매차익**

정답 ①

03 월 적립식 저축성보험계약의 보험차익에 대한 비과세 요건으로 옳지 않은 것은?

① 최초납입일부터 만기일 또는 중도해지일까지의 기간이 10년 이상일 것
② 최초납입일로부터 납입기간이 5년 이상일 것
③ 계약자 1명이 납입하는 월 보험료가 150만원 이하일 것
④ 매월 납입 기본보험료가 균등하고 기본보험료의 선납기간이 3개월 이내일 것

> **해설** 매월 납입 기본보험료가 균등하고 기본보험료의 선납기간이 6개월 이내일 것이어야 한다.

정답 ④

04 배당소득에 해당되지 않는 것은?

① 국내 또는 국외에서 받는 집합투자기구로부터의 이익
② 인정배당
③ 채권투자에 따른 매매차익
④ 의제배당

> **해설** 채권투자에 따른 매매차익은 비과세이다(상장주식과 마찬가지).

정답 ③

05 배당소득으로 과세가 되지 않는 것은?

① ELS로부터 발생하는 수익분배금
② ELW(코스피200을 기초자산으로 하는 ELW)를 매매하여 얻은 매매차익
③ 상장주식으로부터 받은 배당금
④ 투자한 집합투자기구의 결산으로 발생한 집합투자기구로부터의 이익

> **해설** '코스피200을 기초자산으로 하는 ELW'의 매매차익에는 양도소득세가 부과된다(그 외의 ELW에서 발생하는 소득은 소득세법상 비열거소득으로 과세되지 않음).
> ※ 장내파생상품에 대한 양도소득세 부과
>   (1) 대상 : 코스피200선물·옵션, 미니코스피200선물·옵션, ELW / 해외파생상품
>   (2) 양도소득세율 : 탄력세율 10%(2018년부터 적용, 주민세 0.5% 별도부과)
> **예시** 파생상품에 대한 매매차익이 국내파생상품이 1,000만원, 해외파생상품이 −400만원이라고 할 때 양도소득세액은 얼마인가?(주민세 별도)
>   → {(1,000만원 − 400만원) − 기본공제250만원} × 10% = 35만원(주민세별도).

정답 ②

06 다음 빈칸에 알맞은 말은?

> (   )은 토지, 건물 등 부동산과 그 권리 및 주식 등 일정한 지분양도에서 발생한 소득을 말한다.

① 이자소득
② 배당소득
③ 양도소득
④ 사업소득

해설 양도소득이다. 참고로 양도소득과 퇴직소득은 분류과세한다.

정답 ③

07 소득세법상 양도소득세가 부과되는 대상을 모두 묶은 것은?

> ㉠ 소액주주가 비상장주식을 매매하고 얻은 매매차익
> ㉡ 소액주주가 ELW(코스피200을 기초자산으로 한 ELW)를 매매하고 얻은 매매차익
> ㉢ 소액주주가 코스피200선물·옵션을 매매하고 얻은 매매차익
> ㉣ 소액주주가 파생결합증권(ELS)을 거래하고 이로부터 발생한 수익

① ㉠
② ㉠, ㉡
③ ㉠, ㉡, ㉢
④ ㉠, ㉡, ㉢, ㉣

해설 ㉠ 비상장주식은 소액주주, 대주주를 구분하지 않고 과세대상이 된다.
㉡·㉢ 2016년 소득세법 개정으로 장내파생상품 중 '코스피200지수선물, 코스피200지수옵션'과 '코스피200을 기초자산으로 한 ELW^{주1}'는 과세대상으로 전환되었다.
*주1 : '코스피200을 기초자산으로 한 ELW'가 아닌 나머지 ELW(예 삼성전자 콜ELW 등)는 비열거소득으로 과세대상이 아니다.
※ 장내파생상품 등에 대한 탄력과세 : 국내외 양도소득을 합산하여 탄력세율 10% 적용(예시는 보충문제 5번 참조).
㉣ 파생결합증권(ELS, DLS)로부터 발생하는 수익은 배당소득세로 과세한다. ETN(상장지수증권)의 경우 ETF(상장지수펀드)처럼 매매거래가 되므로 이때 발생한 매매차익은 배당소득으로 과세한다.

정답 ③

08 분리과세 대상과 해당 분리과세율이 잘못 연결된 것은?(원천징수 세율은 주민세 등 기타세를 제외한 세율)

① 장기채권의 이자 및 할인액 : 30%
② 세금우대종합저축의 이자 및 할인액 : 9%
③ 직장공제회 초과반환금 : 20%
④ 사회간접자본채권의 이자 : 14%

해설 직장공제회 초과반환금은 직장공제의 성격으로서 퇴직금과 유사한 성격이다. 분리과세를 하되 기본세율로 과세한다(기본세율 6% ~ 45%).

정답 ③

집합투자기구 세제

세법상 집합투자기구의 요건에 해당하지 않는 것은?

① 자본시장법에 의한 집합투자기구일 것

② 당해 집합투자기구의 설정일로부터 매년마다 1회 이상 결산·분배할 것

③ 금전으로 위탁받아 금전으로 환급할 것(금전 외의 자산이라도 위탁가액과 환급가액이 모두 금전으로 표시된 경우를 포함)

④ 사모집합투자기구는 세법상 집합투자기구가 될 수 없다.

해설 사모집합투자기구도 세법상 집합투자기구가 될 수 있는데 '특정단독사모집합투자기구'에 해당되지 않아야 한다.

정답 ④

더알아보기 집합투자기구 세제

(1) 세법상 집합투자기구의 요건 : 아래 요건을 갖출 경우 '적격집합투자기구'가 됨

> ① 자본시장법에 의한 집합투자기구일 것
> ② 당해 집합투자기구의 설정일로부터 매년 1회 이상 결산·분배할 것
> ③ 금전으로 위탁받아 금전으로 환급할 것
> ④ 특정단독사모집합투자기구에 해당되지 아니할 것

- '특정단독사모집합투자기구'란 투자자가 1인이거나, 투자자가 사실상의 자산운용결정을 하는 펀드를 말함(사모집합투자기구 자체는 적격의 대상이 될 수 있음에 유의)

(2) 적격과 비적격의 구분

적격집합투자기구	비적격집합투자기구
배당과세 / 일부손익과세제외 적용 / 비용공제 가능	투자신탁의 소득내용별로 과세 / 일부손익과세제외 적용 안 됨 / 비용공제 안 됨

① 운용보수 등 비용이 공제되면 과세표준이 줄어들어 절세효과가 있음(적격의 경우)

② 일부손익과세제외제도는 적격펀드의 과세표준을 계산시에 상장주식(또는 장내파생상품)의 매매손익을 아예 제외하는 것(아래 예시에서는 +500만원을 합산 대상에서 제외하는 것)

③ 비적격집합투자기구의 과세는 '펀드에 소득이 귀속되는 때'이나, 적격집합투자기구는 '펀드의 소득이 투자자에게 귀속되는 때'(다만, 비적격의 경우 업무의 번거로움을 해소하기 위해 소득이 펀드에 귀속된 날로부터 3개월 이내의 특정일을 과세시기로 함)

※ 일부손익과세제외제도(예시)

구 분	이자·배당소득	매매·평가차익	집합투자기구로부터의 이익	집합투자기구의 이익
채 권	+100만원	−300만원	+0원[주1]	+400만원
상장주식	+100만원	+500만원		

*주1 : 동 예시의 경우 원금 대비 투자이익이지만 과세부담이 없다. 그런데 반대의 경우 원금 대비 투자손실이지만 과세부담이 생길 수 있는데, 후자의 경우 바로 과세하지 않고 전체 손익을 통산하여 환매시 과세할 수 있도록 하였다(2016년 세법개정).

- '집합투자기구로부터의 이익(적격펀드의 과세표준)'은 일부손익과세제외가 적용되어(상장주식, 장내파생상품 등의 손익을 제외) −100만원이 되므로 과세표준은 0원이다. '집합투자기구의 이익(비적격펀드의 과세표준)'은 모든 수익이 통산되므로 +400만원이 된다.
- 일부손익과세제외 제도의 의의는 직접투자와 간접투자 간의 과세형평성 실현에 있는데, 그 형평성을 완벽하게 실현하고 있는 것은 아니다(∵ 채권매매차익은 소득세법에서는 비과세이나 펀드투자시 과세가 되기 때문).

(3) 일반적인 부동산과세의 종류 VS 부동산펀드 내에서의 과세

① 일반적인 부동산과세의 종류

부동산취득에 대한 과세	부동산보유에 따른 과세	부동산처분에 따른 과세
취득세, 등록면허세	종합부동산세, 재산세	양도소득세

- 추가하여 부동산을 취득, 보유, 처분하는 과정에서 부가가치세가 과세될 수 있음

② 부동산집합투자기구 내에서의 과세

부동산펀드 내에서 부동산을 취득, 처분하여 양도소득이 발생하였을 경우 양도소득세가 부과되지 않고 펀드투자자가 수익을 찾는 시점에서 배당소득세로 과세됨

---

01 적격집합투자기구와 비적격집합투자기구의 차이에 대한 설명으로 잘못된 것은?

① 소득세법상 적격집합투자기구가 되면 운용보수 등 각종 수수료를 과세소득계산에서 차감할 수 있다.

② 일부손익과세제외 제도는 적격, 비적격 구분없이 모두에게 적용된다.

③ 비적격집합투자기구가 투자신탁·투자조합·투자익명조합일 경우 이들 집합투자기구로부터의 이익은 집합투자기구 이외의 신탁의 이익으로 과세된다.

④ 비적격집합투자기구가 투자회사·투자유한회사·투자합자회사·사모투자전문회사일 경우 이들 집합투자기구로부터의 이익은 배당 및 분배금으로 보아 과세한다.

해설 일부손익과세제외는 적격집합투자기구에게만 적용된다.

정답 ②

02 '일부손익과세제외' 규정이 적용되지 않는 것은?

① 상장채권의 매매차익

② 상장주식의 매매차익

③ ETF의 매매차익

④ 상장주식을 기초자산으로 하는 파생상품의 매매차익

> **해설** 채권의 매매차익은 상장채권, 비상장채권을 구분하지 않고 매매 '일부손익과세제외' 대상에서 제외된다(이는 펀드에서 채권의 매매차익은 과세가 됨을 의미함).
>
> ※ 일부손익과세제외 규정은 직접투자와 간접투자의 형평성을 고려한 규정인데, 동 규정은 직접투자와의 과세 형평을 완전히 실현하는 것은 아니다. 왜냐하면 직접투자에서 과세되지 않는 채권의 매매차익이 펀드에서는 과세가 되기 때문이다.
>
> ※ ④에서 상장주식을 기초자산으로 하는 파생상품의 매매차익이란 개별주식선물, 개별주식옵션, 개별주식 ELW 등을 말한다(코스피200을 기초자산으로 하는 코스피200선물 / 옵션 / ELW는 과세가 되므로 일부손익과세제외의 대상이 아님).
>
> 정답 ①

03 다음 빈칸을 옳게 연결한 것은?

> '비거주자 또는 외국인이 일반 사모집합투자기구나 기관전용 사모집합투자기구(PEF)를 통하여 취득한 상장주식으로, 양도일이 속하는 연도와 그 직전 (   )의 기간 중 주식 총수 또는 시가총액의 (   )을/를 소유한 상장주식으로부터 발생한 손익'에 대해서는, 일부손익 과세제외 대상에서 제외한다.

① 3년, 100분의 20

② 3년, 100분의 25

③ 5년, 100분의 20

④ 5년, 100분의 25

> **해설** '5년 − 100분의 25'이다. '일부손익과세제외' 대상에서 제외한다는 것은 '과세를 한다'는 것이다. 즉, 외국인투자자가 '상장주식'에 대한 소득세법의 세법규정을 회피하기 위해 사모집합투자기구를 활용하는 것을 방지하기 위한 규정이다.
>
> 정답 ④

04 다음은 집합투자기구로부터의 이익 과세에 대한 내용이다. 잘못된 것은?

① 집합투자기구로부터의 이익을 지급할 시에는 배당소득세를 원천징수한다.

② 집합투자기구로부터의 이익이 타 금융소득과 합산하여 개인별 2천만원을 초과할 경우에는 종합소득에 합산하여 누진세율로 종합과세한다.

③ 금융기관이 고유재산으로 펀드에 투자하여 집합투자기구로부터의 이익을 얻은 경우에는 사업소득이 되어 원천징수의 대상이 되지 않는다.

④ 집합투자기구의 이익이 연금소득으로 지급될 경우 배당소득세를 징수한다.

> **해설** 집합투자기구로부터의 이익이 배당소득으로만 구분되는 것은 아니다. 소득지급방법 등에 따라 연금소득, 기타소득 또는 퇴직소득 등으로 달리 구분될 수 있다. 따라서 연금으로 지급시에는 연금소득세를 징수한다.
>
> **정답** ④

더알아보기 집합투자기구로부터의 이익

집합투자기구(펀드)로부터의 이익이 무조건 배당소득이 되는 것은 아니다. 예를 들어 연금저축으로 펀드에 투자하여 55세 이후 연금으로 수령할 경우 배당소득세가 아닌 연금소득세(3.3% ~ 5.5%)가 적용된다. 이 경우 소득금액의 계산이 지급액을 기준으로 정해지는 점에서 투자신탁이익의 계산과 차이가 있다. 이는 연금저축 등에 의한 연금소득이 불입단계에서 세액공제(연간 1,800만원 한도)되고 수령단계에서 과세(연금소득세)되는 방식을 취하고 있기 때문이다. 즉, 투자신탁이익에 적용되는 일부손익과세제외규정은 배당소득으로 구분되는 경우에 한해서 적용되는 것이므로 배당소득 이외의 소득으로 구분되는 경우에는 이를 적용할 수 없다.

---

05 적격집합투자기구의 과세에 해당하지 않는 것은?

① 모두 배당소득으로 과세한다.

② 일부손익과세제외 제도가 적용된다.

③ 운용보수와 같은 비용이 과세표준에서 공제된다.

④ 펀드에 소득이 귀속하는 시기에 과세한다.

> **해설** 비적격은 펀드에 소득이 귀속하는 때에 과세하나, 적격은 펀드소득이 투자자에게 분배될 때 과세한다.
> *적격 / 비적격의 구분

세법상 집합투자기구 요건	충족시	적격집합 투자기구	배당과세	
	미충족시	비적격집합 투자기구	투자신탁,투자합자조합, 투자익명조합	'집합투자기구 외의 신탁이익'으로 과세
			투자회사, 투자유한회사, 투자합자회사, 투자유한책임회사	배당과세(회사형이므로)

> **정답** ④

06 다음 빈칸에 알맞은 말은?

'투자신탁 외의 신탁이익'의 경우 원칙적으로 (㉠)가 수입시기가 된다. 다만, 소득세법은 신탁재산에 소득이 귀속할 때마다 원천징수하는 불편을 해소하기 위하여 소득이 신탁재산에 귀속된 날로부터 (㉡) 이내의 특정일을 과세시기로 한다.

	㉠	㉡
①	소득이 신탁재산에 귀속되는 때	3월
②	소득이 신탁재산에 귀속되는 때	6월
③	소득이 투자자에게 분배되는 때	3월
④	소득이 투자자에게 분배되는 때	6월

> **해설** 과세를 위한 수입시기를 어떻게 인식하는가의 문제이다. 비적격인 '투자신탁 외의 신탁'은 ①에 입각해서 과세하고 적격집합투자기구는 '소득이 투자자에게 분배되는 시점'을 수입시기로 인식해서 과세한다.
> > **참고** '투자신탁 외의 신탁이익'은 세법상 요건을 갖추지 못한 비적격집합투자기구 중 회사형이 아닌 것(투자신탁, 투자합자조합, 투자익명조합)을 말한다.
>
> **정답** ①

07 다음 설명 중 옳은 것은?

① 투자자가 집합투자증권을 환매하여 얻은 이익은 집합투자기구로부터의 이익으로 과세하며, 이는 배당소득에 대한 과세가 된다.
② 투자자가 집합투자증권을 환매하지 않고 양도하여 얻은 이익에 대해서는 양도소득세로 과세한다.
③ 부동산집합투자기구에서 부동산을 취득할 경우는 취득세와 등록면허세가, 보유 중일 때는 재산세와 종합부동산세, 펀드가 보유하고 있던 부동산을 양도할 경우에는 양도소득세가 발생할 수 있다.
④ 집합투자기구가 법인인 투자회사의 경우 법인세도 부담하게 된다.

> **해설** ② 투자자가 집합투자증권을 양도하여 얻은 이익에 대해서도 집합투자기구로부터의 이익으로 간주하여 배당소득세로 과세한다.
> > ③ 펀드 내의 부동산을 양도하여 얻은 이익에 대해서는 양도소득세가 과세되지 않고, 투자자가 환매 또는 이익분배금으로 수령시에 배당소득으로 과세된다.
> > ④ 자본시장법상의 투자회사는 법인의 형태이지만 서류상의 회사일 뿐이므로 법인세를 과세하지 않고 있다.
> > Cf. 부동산투자회사법의 투자회사(REITs)에서도 배당가능이익의 90% 이상을 투자자에게 배당하면 그 이익을 소득금액에서 공제하여 사실상 법인세를 부담하지 않고 있다.
>
> **정답** ①

단원별 출제예상문제

01 투자권유준칙에서 규정하고 있는 '파생상품 등'에 속하지 않는 것은?

① 파생상품매매에 따른 위험평가액이 펀드자산총액의 10%를 초과하여 투자하는 펀드의 집합투자
증권

② 파생상품에 투자하는 금전신탁계약의 수익증권

③ ELS(원금보장형)

④ 고난도 금융투자상품

> **해설** 원금보장형 ELS는 자본시장법 분류상 채무증권에 해당하므로 '파생상품 등'으로 분류되지 않는다.
> **참고** 원금보장형 ELS를 ELB(파생결합사채)라고 한다.
>
> 정답 ③

02 별도의 투자자정보확인서를 통해 그 절차를 간략히 할 수 있는 투자대상이 아닌 것은?

① 특수채   ② MMF

③ 은행채   ④ RP

> **해설** 국공채가 해당되지만 은행채는 제외된다(우량하더라도 Credit Bond에 속함).
>
> 정답 ③

03 적합성판단의 4가지 방식 중에서 불완전판매의 가능성이 상대적으로 가장 높은 것은?

① 점수화방식

② 혼합방식

③ 추출방식

④ 상담보고서방식

> **해설** ① – ② – ③ – ④의 순으로 불완전판매가능성이 낮아진다.
>
> 정답 ①

04 금융상품직접판매업자의 금융투자상품 위험등급 구분에 대한 설명으로 옳은 것은?

① 최소 5등급 이상으로 하며, 1등급이 가장 높은 위험이며, 장외파생상품의 위험등급은 별도기준을 정하여야 한다.

② 최소 5등급 이상으로 하며, 5등급이 가장 높은 위험이며, 장외파생상품의 위험등급은 별도기준을 정하여야 한다.

③ 최소 6등급 이상으로 하며, 1등급이 가장 높은 위험이며, 장외파생상품의 위험등급은 별도기준을 정하여야 한다.

④ 최소 6등급 이상으로 하며, 6등급이 가장 높은 위험이며, 장외파생상품의 위험등급은 별도기준을 정하여야 한다.

해설 위험등급은 최소 6등급 이상으로 하며, 1등급(매우 높은 위험)이 가장 높은 위험이며, 6등급이 매우 낮은 위험이다. 장외파생상품의 위험등급은 별도기준을 정하여야 한다.

정답 ③

05 금융상품직접판매업자의 금융투자상품 위험등급 산정 시 고려할 요소가 표시된 것은?

① 시장위험, 운영위험

② 시장위험, 신용위험

③ 신용위험, 금리위험

④ 옵션위험, 유동성 위험

해설 시장위험과 신용위험을 기본으로 하되 중도환매가능 여부에 따른 유동성 위험을 고려한다. 또한 외국통화 표시상품은 환율변동성 위험을 고려하여 종합등급위험을 1등급 상향시키는 것을 원칙으로 한다.

정답 ②

06 수익증권저축의 종류에 대한 설명이다. 빈칸에 알맞은 것은?

> • 동일계좌에 추가납입이 가능한 것은 (㉠)이다.
> • 저축금액의 일부(수익금의 인출 혹은 사전에 정한 일정금액)를 인출했을 때 환매수수료가 징구되지 않는 것은 (㉡)이다.
> • 저축기간 중의 인출에는 환매수수료가 징구되나 저축기간 만료 후에 인출하는 경우에는 환매수수료 징구가 면제되는 것은 (㉢)이다.

	㉠	㉡	㉢
①	임의식	거치식	적립식
②	거치식	임의식	적립식
③	적립식	임의식	거치식
④	적립식	거치식	임의식

해설 동일계좌에 추가납입이 가능한 것은 저축금이나 기간 등을 정하지 않았기 때문에(임의식이라서) 가능한 것이다. 즉, 목적식은 추가납입이 되지 않는다. 그리고 거치식(수익금 인출식, 일정금액 인출식)은 처음부터 일정금액을 환매수수료 청구 없이 인출할 수 있도록 한 저축상품이다. 적립식은 저축기간 종료 후의 인출분에 대해서 환매수수료를 징구하지 않는다.

정답 ①

07 수익증권저축의 만기지급일 예시가 틀린 것은?(모두 영업일)

번 호	가입일	만기기간	만기지급일
①	2011년 3월 31일	1년	2012년 3월 31일
②	2011년 2월 28일	6개월	2011년 8월 31일
③	2011년 8월 31일	3개월	2011년 11월 30일
④	2011년 6월 10일	15일	2011년 6월 25일

> **해설** 월 또는 연단위의 경우 최초납입상당일로 한다(①의 경우). 따라서 ②는 만기지급일이 8월 28일이 되어야 한다. 그리고 월의 해당일이 없을 경우에는 말일로 한다(③의 경우). 일단위의 경우는 단순히 가입일에 만기기간을 더하면 된다(④의 경우).
>
> **정답** ②

08 저축기간 중의 일부인출시 환매수수료 징구가 면제되는 것은?

① 임의식에서 일부인출시
② 거치식에서 일부인출시
③ 정액적립식에서 일부인출시
④ 자유적립식에서 일부인출시

> **해설** 일부금액의 인출시 환매수수료 징구가 면제되는 것은 거치식에 한한다(거치식에는 수익금 인출식과 일정금액 인출식이 있음). ③·④의 적립식은 저축기간 종료 후 인출시에는 환매수수료가 면제된다.
>
> **정답** ②

09 수익증권저축에 대한 서술로 가장 올바른 것은?

① 임의식 수익증권저축의 경우 동일계좌에 저축금의 추가납입과 일부인출이 불가능하다.
② 목적식 수익증권저축의 경우 저축기간은 변경신고에 의해 자유로이 변경할 수 있으며, 신탁계약에서 변경할 수 없도록 정한 경우에도 이에 구애받지 아니한다.
③ 판매회사가 저축금을 이용하는 경우 저축자에게 저축금 이용료를 지급할 수 있다.
④ 수익증권저축통장은 자유롭게 양도할 수 있으나 판매회사의 승인 없이 질권의 목적으로 사용하지 못한다.

> **해설** ① 임의식이므로 추가납입은 당연히 가능하다. 일부인출이 되지만 거치식과 달리 인출시 환매수수료가 면세되지 않는다는 점이 다르다.
> ② 신탁계약에서 변경할 수 없음을 정하고 있을 경우는 변경이 불가하다.
> ④ 자유로운 양도나 담보제공이 불가능하다.
>
> **정답** ③

10 수익증권저축거래의 만기지급일에 대한 설명 중 틀린 것은?

① 저축기간을 월 또는 연단위로 정한 경우 저축기간이 만료되는 월의 최초 납입 상당일을 만기지급일로 한다.

② 저축기간을 일단위로 정한 경우 최초매수일로부터 계산하여 저축기간이 만료되는 날을 만기지급일로 한다.

③ 투자신탁의 신탁계약을 해지하는 경우 해지결산 후 첫 영업일을 만기지급일로 한다.

④ 저축재산의 일부 지급시 선입선출법을 적용한다.

> 해설 저축기간을 일단위로 정한 경우 최초매수일로부터 계산하여 저축기간이 만료되는 날의 다음 영업일이 만기지급일이다.
> 예 6월 3일에 가입하고 저축기간을 10일로 한다면 만기지급일은 6월 13일이다.
> → 산술적으로 저축기간(10일)을 더해주면 되는데 이에 대한 정확한 표현은 '만료되는 날의 다음 영업일'이 된다.
>
> 정답 ②

11 5월 12일에 수익증권저축에 가입을 하였다(수익증권 최초매수일). 만기는 10일이다. 그렇다면 만기지급일은 언제인가?(모두 영업일이라고 가정함)

① 5월 20일   ② 5월 21일

③ 5월 22일   ④ 5월 23일

> 해설 만기저축기간을 일단위로 정한 경우 단순히 최초매수일에 기간을 더하면 된다.
> 최초매수일로부터 만료되는 날이 5월 21일이 되고 '만료되는 날의 다음 영업일'이 만기지급일이다.
>
> 정답 ③

12 수익증권 환매와 관련한 다음 설명 중 틀린 것은?

① 환매가 제한된 펀드를 제외하고는 저축금의 일부 또는 일부에 대하여 환매청구가 가능하다.

② 환매청구시에는 수익증권의 보유기간에 따른 환매수수료를 부담한다.

③ 저축재산의 일부를 지급하는 때에는 후입선출법을 적용한다.

④ 펀드투자자가 부담한 환매수수료는 집합투자재산에 귀속된다.

> 해설 일부인출은 무조건 선입선출법으로 한다(개정 전에는 재투자분에 한해 후입선출법이 적용되었음).
>
> 정답 ③

13 환매수수료가 면제되는 경우에 해당하지 않는 것은?

① 저축기간을 1년 이상으로 하는 목적식저축의 경우 저축기간 종료 이후에 수익증권을 환매하는 경우

② 적립식저축의 수익금 또는 일정금액을 인출하기 위해 환매를 청구하는 경우

③ 저축재산에서 발생한 이익분배금을 재투자하고, 그 재투자분에 대해서 환매를 청구한 경우

④ 소규모 투자신탁을 해지하고 그 상환금으로 판매회사가 정한 집합투자기구를 매수하고 해당 집합투자증권을 환매하는 경우

> **해설** 저축자에 대한 우대조치로 환매수수료가 면세되는 경우이다. ②는 '거치식저축'이어야 한다. 수익증권저축은 임의식과 목적식으로 나뉘며, 목적식은 거치식, 적립식, 목표식으로 구분되는데, 저축기간 중 일부인출에 대해서 환매수수료가 면세되는 것은 거치식에 해당한다.
>
> 정답 ②

14 임의식저축 Q펀드에 가입하고, 2020년 3월 12일에 300만좌 매수, 4월 30일에 400만좌를 매수하고, Q펀드의 결산 후 재투자분 200만좌가 2020년 8월 5일에 입고되었다. 같은 해 10월 8일에 700만좌를 환매청구하였다면 가장 먼저 인출되는 것은?

① 3/12 매수분 300만좌   ② 4/30 매수분 400만좌

③ 재투자분 200만좌   ④ 4/30 매수분 200만좌

> **해설** 선입선출법을 적용한다(개정 전에는 재투자분에 한해서 후입선출법을 적용하였음).
>
> 정답 ①

15 납세의무의 성립시기가 나머지 셋과 다른 하나는?

① 종합부동산세   ② 소득세

③ 법인세   ④ 부가가치세

> **해설** 종합부동산세는 '과세기준일(6월 1일)'이다. 나머지 ② · ③ · ④는 '과세기간이 종료하는 때'이다.
>
> 정답 ①

16 자본시장법상 적격집합투자기구의 혜택으로 볼 수 없는 것은?

① 운용보수 등 각종 수수료를 비용으로 인정하여 과표소득에서 차감할 수 있다.

② 상장주식이나 장내파생상품 등으로부터 얻은 매매차익에 대해서는 세금을 내지 않는다.

③ 상장주식이나 장내파생상품 등으로부터 매매손실을 입었을 경우에는 손실을 비용으로 인정받을 수 있다.

④ 일부손익과세제외 규정이 적용되어서 펀드투자결과 이익실현을 했다고 하더라도 세금을 전혀 내지 않는 경우가 있을 수도 있다.

> **해설** '일부손익과세제외'란 이익과 손실의 구분 없이 과세대상에서 제외하는 것이다.
> 상장주식에서 매매손실을 보았다고 해서 그 손실을 비용으로 인정하는 것이 아니다.
>
> 정답 ③

17 집합투자기구의 과세에 대한 설명 중 옳은 것은?

① 집합투자기구의 자산운용상 부동산을 양도하여 얻은 소득에는 그 발생시점에서 양도소득세가 부과된다.

② 적격집합투자기구는 펀드투자시의 판매수수료, 판매보수 등의 비용이 공제되기 때문에 과세부담이 경감되는 효과가 있다.

③ 금융기관이 고유재산으로 집합투자기구에 투자하여 이익분배금을 받았을 경우 배당소득으로 원천징수한다.

④ 집합투자증권 실물양도에 따른 소득은 양도소득으로 분류되어 양도세가 부과된다.

> **해설** ①·④ 집합투자기구 내에서 부동산을 양도한 소득이나, 집합투자증권 현물양도를 통해 얻은 양도소득은 과거에는 '그 소득의 발생시점에서 양도소득세'로 부과했으나 2011년 세법 개정 이후에는 배당소득으로 통산되어 소득의 분배시점에서 배당소득세로 과세된다.
> ③ 일반투자가가 펀드투자로 받는 소득은 배당과세가 되지만, 금융기관이 고유재산으로 금융소득 획득을 목적으로 투자할 경우에는 사업소득으로 과세한다.
>
> 정답 ②

18 펀드의 일부손익 과세제외에 해당하는 것은?

① 상장주식 매매차익

② 채권 매매차익

③ 환차익

④ 장외파생상품 매매차익

> **해설** 상장주식 매매차익을 제외한 나머지 3개는 과세된다.
>
> 정답 ①

19 양도소득 과세대상을 모두 고르면 몇 개인가?

> ⓐ 주가지수 관련 장내 및 장외 파생상품
> ⓑ 해외시장에서 거래되는 장내파생상품
> ⓒ 차액결제거래(CFD)

① 0개

② 1개

③ 2개

④ 3개

> **해설** 모두 다 양도소득세 과세대상이다. 2024년 현재 탄력과세율 10%가 적용된다.
>
> 정답 ④

05 펀드운용 및 평가

1 채권투자

채권 개요

발행주체별 채권의 분류에 해당되지 않는 것은?

① 국 채

② 지방채

③ 은행채

④ 이표채

해설 이표채는 이자지급별 분류방식이다.

정답 ④

더알아보기 채권의 분류

(1) 채권의 분류

발행주체별 분류	이자지급식 분류
국채, 지방채, 특수채, 회사채	이표채, 복리채, 할인채

① 지방채(서울도시철도채, 도로공채 등)는 정부의 간접적인 보증을 받으므로 안전성이 높고 국채보다 이자율이 높다.
  • 정부의 직간접적인 보증을 받고 있는 국채·지방채·특수채는 증권신고서제출의무가 면제된다.
    – 특수채 : 한전채, 가스공사채, 산금채, 중금채 등
② 회사채는 상법상의 주식회사가 발행, 대부분 이표식·무보증채로 발행, 신용등급이 중요하다.
③ 기타의 분류 : 선순위채 / 후순위채, 담보채 / 무담보채, 보증채 / 무보증채, 단기 / 중기 / 장기채
④ 액면 1만원, 표면금리 10%, 만기 2년, 3개월 복리채의 만기상환금액 $= 10,000 \times \dfrac{(1+0.1)^{2\times4}}{4}$

(2) 채권의 특성

고정금리 지급	만기가 있음	안전함	만기이전 매매가능
미래현금흐름을 알고 그에 맞는 전략수립이 가능	원금회수시기를 미리 알 수 가 있음	국채는 무위험증권, 회사채도 주식보다 안전함	만기 이전이라도 유통시장에서 자금회수가 가능함

01 만기 이전에 이자를 지급하지 않고, 만기금액을 기간 이자율로 할인해서 발행하는 채권은 어떤 채권인가?

① 복리채

② 할인채

③ 이표채

④ 후순위채

해설 할인채이다. 만기원금이 10,000원이고 할인율이 10%라면 9천원에 채권을 발행하고 만기에 1만원의 원금을 수령하는 방식이다.

정답 ②

더알아보기 이자지급방식별 분류 예시

(1) 복리채(Compound Bond)
이자지급기간 동안 이자를 복리로 재투자하여 만기상환시에 원금과 이자를 동시에 지급하는 채권이다.
예 원금 1,000만원, 연이자 10%, 만기 2년, 만기상환금은?
→ 단리방식 : 1,000만원 × (1 + 0.1 × 2) = 1,200만원
→ 복리방식 : 1,000만원 × (1 + 0.1)^2 = 1,210만원 ('이자가 이자를 낳는' 방식)
만일, 연단위 복리방식이 아니고 3개월 단위 복리방식이라면,
→ 1,000만원 × (1 + 0.1/4)$^{2×4}$ = 1,000만원 × (1 + 0.025)^8 = 1,218만원

(2) 할인채(Discount Bond)
만기금액을 이자율로 할인하여 발행하고 만기에 원금을 수령하는 방식이다(일종의 先이자 지급식).
예 1년 후에 원금이 1,000만원이 되는 만기 1년, 연이자 10%의 할인채의 발행가액은?
→ 1,000만원 × (1 - 10% × 1년) = 1,000만원 × (1 - 0.1 × 1) = 900만원. 즉 900만원으로 채권을 매입하여 만기에 원금 1,000만원을 수령하므로 이자 100만원을 미리 받는 형식이다.

(3) 이표채(Coupon Bond)
만기 이전에 이자를 지급하고 만기에 원금을 지급하는 채권. 채권의 실물에 쿠폰이 함께 붙어 있고 이자지급일에 쿠폰을 떼어내어 교환했기 때문에 붙여진 이름이다.
예 원금 1,000만원, 연이자 10%, 3개월 이표채, 만기 3년의 이표채의 경우 만기까지의 총수령금액은 얼마인가?
→ 1) 만기이전에 받는 이자금액
  • 1회(3개월에 한 번)받는 이자금액 = 1,000만원 × 10% / 4 = 25만원
  • 총 이자금액 = 25만원 × 12회 = 300만원
→ 2) 만기에 원금수령 1,000만원, 이를 합산하면 : 1,300만원

02 채권의 분류방식과 종류가 잘못 연결된 것은?

① 발행주체별 분류 : 국채, 지방채, 특수채, 회사채

② 이자지급방식별 분류 : 복리채, 단리채, 할인채, 이표채

③ 보증 여부에 따른 분류 : 선순위채, 후순위채

④ 담보제공 여부에 따른 분류 : 담보채, 무담보채

해설 보증 유무에 따라서는 보증채, 무보증채이다.

정답 ③

03 채권과 주식의 특징을 비교한 것으로 잘못된 것은?

① 채권은 이자지급증권으로써 투자자의 입장에서는 미래의 현금흐름을 알고 이에 맞는 전략을 세울 수 있다는 장점이 있다.

② 채권은 만기가 있어서 원금을 상환받는 시기를 미리 알 수 있다.

③ 국채·지방채·특수채는 채무불이행위험이 매우 낮고, 회사채는 채무불이행이 있다고 하더라도 주식에 비해 선순위청구권이 있으므로 주식에 비해 매우 안전하다고 할 수 있다.

④ 채권은 안전하지만 만기 이전에 매매가 불가능하다는 단점이 있다.

해설 채권은 만기까지 보유해서 원리금을 수령하거나, 또는 자본차익을 얻기 위해 만기 이전에 매도할 수 있다. 만일 채권매입 후 가격이 하락하면 중도에 매도할 필요 없이 만기까지 보유하면 원리금을 수령할 수 있다(주식의 경우 매입 후 가격이 하락하면 아무리 길게 보유한다고 해도 원금 이상이 된다는 보장이 없다).

정답 ④

더알아보기 채권과 주식의 비교

구 분	채 권	주 식
투자자의 지위	채권자	주 주
만기 여부	만기 있음	만기 없음
이자지급 의무	이자지급의무 있음	이자지급의무 없음
권 리	원리금상환청구권	의결권
특 징	안전하지만 기대할 수 있는 수익이 한정되어 있다는 단점	원금손실의 우려가 있지만 기대수익의 가능성은 제한이 없다는 장점

채권수익률에 대한 설명으로 옳지 않은 것은?

① 채권의 현재가격과 미래현금흐름을 일치시키도록 하는 할인율을 만기수익률이라고 한다.

② 중간에 현금흐름이 여러 번 있더라도 채권의 현재가격과 미래현금흐름을 일치하게 하는 한 개의 수익률을 만기수익률이라고 한다.

③ 만기수익률이지만 중간에 현금흐름이 없는 채권에 대한 만기수익률을 현물이자율이라고 한다.

④ 현재의 채권금리에 내포되어 있는 미래의 일정기간에 대한 금리를 표면금리라고 한다.

해설 　④는 선도이자율(Forward Rate)을 말한다.

정답 ④

더알아보기 　채권수익률과 채권가격, 듀레이션, 볼록성

(1) 채권수익률

만기수익률	내재이자율
① 현시점으로부터 일정기간까지의 수익률 ② 채권의 현재가격과 미래현금흐름의 현재가치를 일치시키는 할인율	현재의 채권금리에 내포되어 있는 미래의 일정기간에 대한 금리

- 내재이자율 계산법은 '채권수익률곡선 이론'에서 학습함
- 발행금리(표면금리)는 채권발행자가 투자자에게 지급하는 금리를 채권액면에 표시한 것을 말함
  - 일반적으로 발행금리는 CR(Coupon Rate), 만기수익률은 YTM(Yield To Maturity)으로 표시

(2) 채권가격계산

채권가격 계산방법	채권가격 공식
① 만기상환금액(S)를 구한다. ② 만기상환금액을 잔존기간(n년)만큼 할인한다.	$P = \dfrac{S}{(1+r)^n}$ [할인채의 경우 $P = \dfrac{10,000}{(1+r)^n}$]

[예시1] 발행금리 5%, 만기 3년의 연단위복리채를 발행일에 만기수익률 6%로 매입했다. 매매가격공식은?

$$P = \frac{10,000(1+0.05)^3}{(1+0.06)^3}$$

[예시2] 91일 후 5천만원을 지급받는 CD의 경우, 매매금리가 5.5%일 때 매매가격은?

$$\frac{50,000,000}{1+0.055 \times \dfrac{91}{365}} = 49,337,657\,원$$

(3) 채권가격정리와 듀레이션

말킬의 정리	듀레이션
① 채권가격과 채권수익률은 역(−)의 관계에 있다. ② 잔존만기가 길어질수록 일정한 수익률변동에 대한 가격변동폭이 크다. ③ 이자율변동에 따른 채권가격변동폭은 만기가 길수록 증가하나 그 증가폭은 체감한다. ④ 만기가 일정할 때 수익률하락으로 인한 가격상승폭이 수익률상승으로 인한 가격하락폭보다 크다. ⑤ 표면이자율이 낮은 채권이 표면이자율이 높은 채권보다 가격변동률이 크다.	말킬의 정리로부터, 듀레이션 ↑ = f(표면이율↓, 잔존만기↑, 만기수익률↓) [듀레이션의 개념] ① 현재가치로 환산된 가중평균 상환기간 ② 채권가격의 변동성(민감도) [채권금리변화와 채권가격변동의 관계] $dP/P = (-) \times$ 듀레이션 $\times dY$

(4) 채권의 볼록성(컨벡시티, Convexity)

① 듀레이션은 채권운용에 매우 유용하게 활용되나, 실제 채권가격의 움직임을 정확하게 계산하지 못한다는 단점이 있다. 듀레이션은 직선으로 관찰되는데, 실제 채권가격은 직선이 아니라 곡선이기 때문이다.

② 따라서 듀레이션이 측정하지 못하는 부분을 볼록성 공식으로 보완한다. 공식은 아래와 같다.

채권가격변동률 = $(-) \times$ 듀레이션 $\times dY + 1/2 \times Convexity \times (dY)^2$

- 채권금리 변동에 따른 실제 채권가격은 듀레이션 측정치보다 항상 크다. 왜냐하면 컨벡시티가 항상 양(+)이기 때문이다(또는 볼록성이 듀레이션 위에 있기 때문).

보충문제

01 '채권액면 1만원, 표면이율 3%, 만기 5년, 연단위복리채'를 발행일에 만기수익률 5.5%에 매입하였다. 매입가격을 구하는 공식은?

① $P = \dfrac{10,000}{(1 + 0.055)^5}$

② $P = \dfrac{10,000(1 + 0.03)^5}{(1 + 0.055)^5}$

③ $P = \dfrac{10,000(1 + 0.055)^5}{(1 + 0.055)^5}$

④ $P = \dfrac{10,000(1 + 0.055)^5}{(1 + 0.03)^5}$

해설 $P = \dfrac{10,000(1 + 0.03)^5}{(1 + 0.055)^5}$ 이다.

$P = \dfrac{11,592}{(1 + 0.055)^5} = 8,869$(원 미만 절사)

- 채권가격계산문제에는 금리가 두 개 나오는데, 분자에는 CR(표면금리), 분모에는 YTM(만기수익률)을 넣으면 된다.

정답 ②

02 말킬의 채권가격정리에 대한 설명 중 바르지 않은 것은?

① 채권가격과 채권수익률은 반비례의 관계에 있다.

② 장기채가 단기채보다 일정한 수익률변동에 대한 가격변동폭이 크다.

③ 이자율변동에 따른 채권가격변동폭은 만기가 길어질수록 체감하면서 증가한다.

④ 만기가 일정할 때 수익률 상승으로 인한 가격하락폭이 수익률 하락으로 인한 가격상승폭보다 크다.

> 해설 반대의 내용이다.
>
> > 참고 '말킬의 정리'는 2016년 기본서 개정으로 시험범위에서 제외되었으나, 채권의 핵심개념인 '듀레이션' 도출의 바탕이 되는 것이므로 가급적 이해하기를 권장함

정답 ④

더알아보기 말킬의 채권가격정리(Bond Pricing Theorem) 그림 예시

① 채권가격과 채권수익률은 반비례의 관계에 있다.

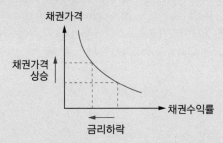

⇒ 또한 채권가격공식, $P = S/(1+r)^n$에서 r이 상승하면 P가 하락하게 된다(역의 관계).

② 잔존만기가 길어질수록 일정한 수익률변동폭에 대한 가격변동폭이 크다.

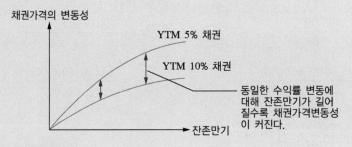

③ 이자율변동에 대한 채권가격변동폭은 만기가 길수록 증가하나, 그 증가율은 체감한다.

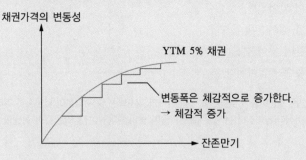

④ 만기가 일정할 때 수익률하락으로 인한 가격상승폭이 수익률상승으로 인한 가격하락폭보다 크다.

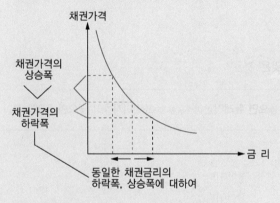

⇒ 이러한 현상은 채권가격의 볼록성(Convexity) 때문에 발생한다.

⑤ 표면이자율이 낮은 채권이 표면이자율이 높은 채권보다 일정한 수익률 변동에 따른 가격변동률이 크다.

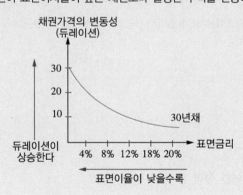

03 듀레이션이 길어지는 경우가 아닌 것은?

① 표면이율이 낮아진다.
② 잔존만기가 길어진다.
③ 만기수익률이 낮아진다.
④ 이자지급횟수가 많아진다.

> **해설** 듀레이션은 표면이율이 낮을수록, 잔존만기가 길수록, 만기수익률이 낮을수록 길어진다(커진다). 이자지급횟수가 작아진다(많아진다)는 것은 표면이율이 낮아진다(높아진다)는 것과 동일한 개념으로 볼 수 있다.
>
> 정답 ④

04 다음 빈칸에 알맞은 것은?

> 표면이자율이 높으면 듀레이션이 (㉠), 표면이자율이 낮으면 듀레이션이 (㉡).

	㉠	㉡
①	짧아진다	짧아진다
②	짧아진다	길어진다
③	길어진다	길어진다
④	길어진다	짧아진다

> **해설** 표면이자율이 높으면 듀레이션이 짧아진다. 만기 이전에 지급하는 현금이 많아지면 가중평균 잔존만기가 짧아지는 것은 당연하다.
>
> 정답 ②

05 듀레이션의 개념에 대한 설명 중 옳지 않은 것은?

① 듀레이션은 채권가격의 변동성과 동일 개념이다.
② 듀레이션은 '현재가치로 환산된 가중평균 상환기간'의 개념이다.
③ 할인채와 복리채의 경우 듀레이션은 잔존만기와 같다.
④ 듀레이션으로 측정한 채권가격의 변동률은 '듀레이션 × dY(금리변화)'이다.

> **해설** 듀레이션으로 측정한 채권가격의 변동률 = (−) × 듀레이션 × dY(금리변화)이다. 채권가격과 채권수익률은 반대방향이기 때문에 (−)를 해줘야 원리에 부합한다.
>
> 정답 ④

더알아보기 듀레이션의 개념 - 세부설명

(1) 듀레이션은 1938년 맥콜리(F.R. Macaulay)가 채권금리 변화에 따른 채권가격변동성을 간편하게 계산하기 위해 개발했다.

(2) 듀레이션은 두 가지 개념으로 정리된다.
① 듀레이션은 채권가격의 변동성을 나타낸다(즉, 채권가격의 민감도이다).
　　⊙ 시장에서 채권수익률이 1% 변화할 때 채권가격이 3% 변화하는 채권이라면 해당 채권의 듀레이션은 3이다.
　　ⓒ 금리가 하락하는 국면이라면(가격이 상승하는 국면이라면) 듀레이션이 큰 채권을 보유하고 있는 것이 수익률 측면에서 유리하다. 반대로 금리가 상승하는 국면이라면(채권가격이 하락하는 국면이라면) 듀레이션이 작은 채권을 보유하고 있는 것이 손실폭을 줄이는 차원에서 유리하다.
　　ⓒ 주식에서 베타, 채권에서 듀레이션, 옵션에서 델타가 대표적인 민감도 지표이다.
② 듀레이션은 '현재가치로 환산된 가중평균 상환기간' 혹은 '투자원금의 가중평균회수기간'이라고 할 수 있다.

> **참고** 듀레이션의 공식 $= \sum \dfrac{t \cdot CF_t}{(1+r)^t} \div \sum \dfrac{CF_t}{(1+r)^t}$
>
> → 분모는 채권의 가격(즉 투입원금)이고, 분자는 채권가격의 가중현금흐름이다.
> 　　따라서 '투자원금의 가중평균회수기간'이라고 할 수 있다.

(3) 듀레이션은 이표채에서만 나타난다. 이표채에서는 중도에 이자를 받으므로 만기가 되기 전에 원금의 회수가 가능하다. 무이표채(만기일시상환채 = 복리채, 할인채 등)는 잔존만기와 듀레이션이 동일하다.
예 발행금리(표면금리) 8%, 만기 3년의 이표채

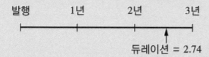

듀레이션이 2.74라는 것은 이 채권의 투자원금 회수기간이 2.74년이라는 것이다.
만일 이 채권의 발행금리가 6%라면 원금회수기간이 더 길어질 것이므로 듀레이션은 2.74보다 길어지게 된다.

---

06 발행금리 6%, 3년 만기, 3개월 단위 후급 이표채의 듀레이션이 2.6이다. 만일 채권수익률(만기수익률)이 8%에서 7%로 하락할 경우 듀레이션으로 측정한 해당 채권의 가격은 어떻게 변화하는가?

① 채권가격은 2.6% 하락한다.
② 채권가격은 2.6% 상승한다.
③ 채권가격은 1.3% 하락한다.
④ 채권가격은 1.3% 상승한다.

> **해설** 채권가격변동률 = (−)×2.6×(−)1% = +2.6%, 즉 2.6% 상승한다. 수익률이 하락했으므로 채권가격이 상승하는 것이 당연하다(검산 차원에서 확인해 볼 것).

정답 ②

① 채권가격의 변동률(dP/P) = (−)×Duration×dY (dP/P : 채권가격의 변동률, dY : 금리변화율)
② 채권가격의 변동폭 변동률(dP) = (−)×Duration×dY×P

07 5년 만기 국고채(복리채)를 5%에 매입하여 1년이 지난 후 4%에 매도하였다. 이때의 연단위 투자수익률은 얼마인가?

> (가정) 투자수익 = 이자수익 + 자본수익, 이자수익은 매입당시 금리로, 자본수익은 '(−)×매도시의 듀레이션×금리변화분'으로 계산

① +3%   ② −6%
③ +9%   ④ −12%

해설 투자수익률 = 이자수익 + 자본수익
- 이자수익 = 5%(1년간의 이자수익)
- 자본수익 = (−)×4년×(−)1% = 4%. 여기서 듀레이션 4는 5년 만기 국고채에서 1년이 경과한 시점에서의 듀레이션은 4가 된다(만기일시상환채의 듀레이션 = 잔존만기).
- 따라서 투자수익률 = 이자수익 + 자본수익 = 5% + 4% = 9%.
  1년을 보유했으므로 연단위수익률이 9%이다(만일 3개월, 6개월 등 보유기간이 1년이 아니면 연단위수익률을 묻고 있으므로 '연율화'를 해야 함).

정답 ③

08 듀레이션과 컨벡시티에 대한 설명으로 잘못된 것은?

① 듀레이션으로 측정된 채권가격은 곡선으로 나타난다.
② 실제 채권가격은 곡선으로 나타나며 원점에 대해 볼록하다.
③ 실제 채권가격은 듀레이션으로 계산한 가격보다 항상 높다.
④ 듀레이션으로 측정한 채권가격과 실제 채권가격과의 오차를 줄이기 위해서 Convexity를 사용한다.

해설 듀레이션은 선형으로 나타나고 실제 채권가격은 곡선으로 나타난다. 곡선과 직선의 차이만큼 오차가 발생하는데 오차를 측정하는 계산방식이 Convexity이다.

정답 ①

더알아보기 채권의 볼록성 - 컨벡시티(Convexity)의 그림설명

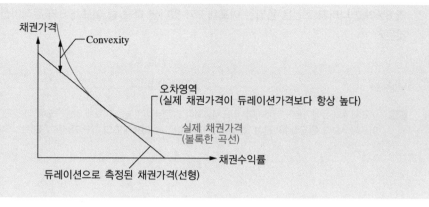

09 채권의 듀레이션과 컨벡시티에 대한 설명으로 옳지 않은 것은?

① 채권금리가 하락할 경우 실제 채권가격은 듀레이션으로 계산한 가격보다 높다.

② 채권금리가 상승할 경우 실제 채권가격은 듀레이션으로 계산한 가격보다 높다.

③ 켄벡시티는 양의 값 또는 음의 값을 가질 수 있다.

④ 채권가격과 채권수익률의 관계를 듀레이션 효과와 컨벡시티 효과로 설명할 수 있다.

해설 켄벡시티는 양의 값만 가질 수 있다.

정답 ③

더알아보기 채권가격변동률 계산방법 총정리

(1) 듀레이션으로 측정하는 채권가격의 변동률
→ $(-) \times$ 듀레이션 $\times dY$

(2) 컨벡시티로 측정하는 채권가격의 변동률
→ $1/2 \times Convexity \times (dY)^2$

(3) 전체 채권가격의 변동률 = 듀레이션 측정치 + 컨벡시티 측정치
→ $dP/P = [(-) \times$ 듀레이션 $\times dY] + [1/2 \times Convexity \times (dY)^2]$

10 발행금리 6%, 잔존만기 3년의 연단위 후급 이표채 A의 듀레이션이 2.85라고 하자. 만일 발행금리가 8%이고 나머지 조건은 동일한 이표채 B가 있다면 다음 중 이표채 B의 듀레이션이 될 수 있는 것은?

① 2.78　　　　　　　　　　　　　② 2.85
③ 2.89　　　　　　　　　　　　　④ 2.92

> **해설** 이표채 A의 듀레이션이 2.85이다. 이표채 A보다 발행금리가 높은 이표채 B는 중도에 더 많은 이자를 받으므로 이표채 A보다 원금회수기간이 짧아질 것이다. 따라서 이표채 B의 듀레이션은 2.85보다 작아야 한다.
>
> **정답** ①

11 향후에 금리가 하락할 것으로 예상되는 국면에서 채권형펀드의 운용수익률을 제고하기 위해서는 어떤 채권을 매수하는 것이 유리한가?

표면금리	잔존만기
표면금리가 5%인 채권 - (가)	잔존만기가 3년인 채권 - (다)
표면금리가 8%인 채권 - (나)	잔존만기가 10년인 채권 - (라)

① (가), (다)　　　　　　　　　　② (가), (라)
③ (나), (다)　　　　　　　　　　④ (나), (라)

> **해설** '금리 하락 → 채권가격 상승 → 수익률극대화 전략 → 듀레이션 확대', 즉 듀레이션을 크게 만들수록 수익률이 극대화된다. '듀레이션↑ = f (표면이율↓, 잔존만기↑, 만기수익률↓)'이므로 표면금리가 낮은 채권(가)과 잔존만기가 긴 채권(라)을 매수하면 된다.
>
> **정답** ②

채권수익률곡선(Yield Curve)

채권수익률곡선에 대한 설명 중 적절하지 않은 것은?

① 채권수익률곡선은 신용위험이 동일한 채권이 잔존만기에 따라 이자율이 다르게 나타나는 것을 표시한 곡선이다.

② 채권수익률이 채권마다 다르게 나타나는 이유는 채권마다 위험구조와 기간구조가 다르기 때문 인데 수익률곡선은 기간구조가 다르기 때문에 나타나는 것이다.

③ 수익률곡선은 채권의 가격정보를 효율적으로 제공해 주기 때문에 채권시장의 현황을 파악할 수 있다는 장점이 있다.

④ 수익률곡선을 이용한 전략으로서 단기채를 이용한 롤링효과(Rolling Effect), 장기채를 이용한 숄더효과(Shoulder Effect)가 있다.

> **해설** 채권수익률곡선을 이용한 전략(수익률곡선타기전략)에는 중·단기채(1 ~ 3년)의 가격차이를 이용한 숄더효과(Shoulder Effect), 장기채(5년 이상)의 가격차이를 이용한 롤링효과(Rolling Effect)가 있다.
>
> **정답** ④

더알아보기 채권수익률곡선(Yield Curve)

(1) 채권수익률이 각각 다른 이유

위험구조가 다르기 때문이다	만기가 다르기 때문이다
국채가 4%, 회사채가 7%라면 회사채가 7%인 이유는 국채보다 위험하기 때문이다.	국채 3년물이 4%이고 국채 5년물이 5%라면 이는 만기가 다르기 때문이다.

① 신용도가 동일한 채권에서 만기수익률과 만기와의 관계를 표시한 곡선을 채권수익률곡선이라고 함 (또는 이자율의 기간구조라고도 함)

② 채권수익률곡선을 통해 신용 스프레드(위험구조에 따라 발생), 기간 스프레드(기간구조에 의해 발생) 을 활용하여 다양한 채권전략을 수립할 수 있다. 신용 스프레드는 경기불황시 더욱 확대
   • 아래 그림에서 회사채 3년물과 국채 3년물 간의 신용 스프레드는 4%이며, 국채 3년물과 국채 2년물 의 기간 스프레드는 0.1%이다.

③ 우상향하는 수익률곡선을 활용한 대표적인 전략 : 숄더효과(단기채), 롤링효과(장기채)

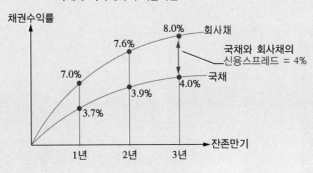

국채와 회사채의 수익률곡선

상승형	하강형	낙타형	수평형

• 가장 일반적인 형태는 상승형이다(안정된 금융시장에서 나타남).

보충문제

01 다음 설명 중에서 옳지 않은 것은?

① bps는 Basis Point를 뜻하며 1 Basis Point는 0.01%이다.
② 신용 스프레드는 채권 간의 위험구조가 다르기 때문에 발생하는 것으로 경기호황기에 더욱 확대되는 경향이 있다.
③ 수익률곡선의 형태는 상승형(Upward Sloping), 하락형(Downward Sloping), 굴곡형(Humped), 수평형(Flat)이 있는데 이중 가장 일반적인 형태는 상승형이다.
④ 수익률곡선은 채권수익률의 기간구조를 말한다.

해설 신용 스프레드는 자금경색(Credit Crunch) 상황이 발생하는 경기불황기에 더욱 확대된다.
*1% = 100분의 1, 1bp = 10,000분의 1, 즉 1bp = 0.01%.
예 50bp 상승했다 → 0.5% 상승했다.

정답 ②

더알아보기 수익률곡선의 형태

상승형, 하강형, 낙타형(Humped), 수평형의 네 가지 형태가 있고, 가장 일반적인 형태는 상승형이다(안정된 금융시장에서 나타난다).

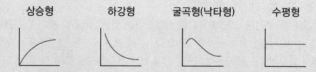

| 상승형 | 하강형 | 굴곡형(낙타형) | 수평형 |

참고 수익률곡선의 4가지 형태는 2016년 기본서 개정으로 시험범위에서 제외되었음('상승형'을 제외한 나머지 수익률곡선은 현실성이 매우 부족하기 때문으로 이해됨)

02 다음 빈칸에 알맞은 것은?

> 수익률곡선의 기간 스프레드와 신용 스프레드를 이용해서 다양한 채권전략을 수립할 수 있는데 기간 스프레드를 이용한 대표적인 전략으로서 (㉠)과(와) (㉡)이(가) 있다. (㉠)은(는) 단기채의 기간 스프레드를 이용한 것이고 (㉡)은(는) 장기채의 기간 스프레드를 이용한 것이다.

	㉠	㉡
①	롤링효과	숄더효과
②	숄더효과	롤링효과
③	롤링효과	스프레드효과
④	숄더효과	스프레드효과

해설 '숄더효과 – 롤링효과'이다.

정답 ②

더알아보기 수익률곡선타기전략 – 숄더효과와 롤링효과

수익률곡선을 이용해 매매차익을 얻는 전략이다. 단기채의 기간 스프레드는 장기채의 기간 스프레드보다 크게 나타나는데(말킬의 정리 참조), 단기채의 기간 스프레드를 이용해 비교적 큰 폭의 매매차익을 얻는 효과를 '숄더효과'라고 한다. 한편 장기채의 기간 스프레드는 작게 나타나는데 매매를 반복해서 일정한 수익률을 올리는 효과를 '롤링효과'라고 한다.

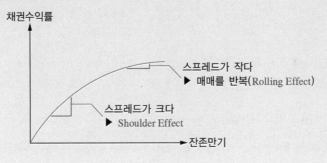

03 내재선도이자율에 대한 설명 중 옳지 않은 것은?

① 내재이자율은 현재의 채권금리에 내포되어 있는 미래의 일정기간에 대한 금리를 말한다.

② 만기수익률이 현재 시점에서 적용되고 있는 만기까지의 이자율을 의미한다면, 내재이자율은 현재 시점에서 요구되는 미래기간에 대한 이자율을 말한다.

③ 내재이자율은 현물이자율과 내재이자율의 기하평균식을 통해서 구한다.

④ 내재이자율은 미래 시점에서 실제 형성되는 미래 채권수익률과 반드시 일치하게 된다.

> 해설 시장참가자들의 기대가 현실이 될 가능성이 크지 않기 때문에 일치하지 않는 경우가 대부분이다(예외적으로 '불편기대이론'에서는 일치한다고 본다).

정답 ④

더알아보기 내재선도이자율(Forward Rate)의 계산

(1) 내재선도이자율의 개념 : 미래 일정기간 동안의 이자율을 말한다.

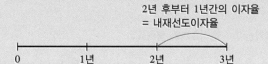

2년 후부터 1년간의 이자율
= 내재선도이자율

0   1년   2년   3년

(2) 내재선도이자율의 계산

만일, 위 그림에서 3년의 이자율이 8%($_0R_3 = 8\%$)이고, 처음 2년간의 이자율이 6%($_0R_2 = 6\%$)라면, 향후 2년 후부터 1년간의 이자율(내재이자율 = $_2R_3$)은 얼마인가?

$$\rightarrow (1 +\,_0R_3)^3 = (1 +\,_0R_2)^2(1 +\,_2R_3),\ (1 +\,_2R_3) = \frac{(1 +\,_0R_3)^3}{(1 +\,_0R_2)^2}$$

이러한 기하평균식을 이용해서 풀면, $(1 +\,_2R_3) = \frac{(1 + 0.08)^3}{(1 + 0.06)^2}$, $_2R_3 = 0.1211$

즉, 12.11%이다.

※ 내재선도이자율의 약식 계산방법 : $_2R_3 = \frac{(r_3t_3 - r_2t_2)}{(t_3 - t_2)}$

$\rightarrow\ _2R_3 = [(3년 \times 8\%) - (2년 \times 6\%)]/(3년 - 2년) = (24\% - 12\%)/1 = 12\%$(기하평균식의 답과 근사치)

---

04 2년 만기 현물이자율(Spot Rate)이 6%이다. 3년 만기 현물이자율이 7%라고 할 때 2년 후로부터 향후 1년간의 내재선도이자율(Implied Forward Rate)은 얼마인가?(근사치로 함)

① 5%   ② 6.5%

③ 8%   ④ 9%

> 해설 약식으로 풀면, $_2R_3 = (r_3t_3 - r_2t_2)\,/\,(t_3 - t_2)$
> - $_2R_3 = [(3년 \times 7\%) - (2년 \times 6\%)]/(3년 - 2년) = (21\% - 12\%)/1 = 9\%$이다.
> - 기하평균식 $\rightarrow (1 +\,_0R_3)^3 = (1 +\,_0R_2)^2(1 +\,_2R_3),\ (1 +\,_2R_3) = (1 + 0.07)^3\,/\,(1 + 0.06)^2$
> 따라서 $_2R_3 = 0.0903$, 즉 9.03%이다.

정답 ④

채권투자위험

채권투자위험에 대한 설명으로 잘못 설명된 것은?

① 채권은 만기까지 보유하면 원리금을 지급받는 것이 보장되어 있으므로 가격변동위험이 없다.

② 채권은 주식보다 안전하지만 채권발행사가 채무불이행상태가 되어 원리금을 지급하지 못할 위험이 있고 이를 신용위험이라 한다.

③ 채권을 매도할 때 제 값을 받지 못하는 위험을 유동성위험이라 한다.

④ 채권발행자가 만기 이전에 채권의 원리금을 조기상환하게 되면 채권보유자가 추가 이익을 볼 기회를 상실하는데 이를 콜위험이라고 한다.

> **해설** 채권에도 가격변동위험이 있다. 채권투자는 ① 만기까지 보유하는 방법, ② 중도에 매도하여 자본차익을 획득하고자 하는 방법, 두 가지가 있는데 금리변동에 따라 채권가격이 변동하게 되고 이에 따라 자본수익이나 자본손실이 모두 가능하다. 이를 가격변동위험(Market Price Risk)이라 한다.
>
> **정답** ①

더알아보기 채권투자위험의 종류

① 가격변동위험	② 신용위험	③ 유동성위험	④ 콜위험

(1) 가격변동위험(Market Risk)
① 채권을 중도에 매도하려는 경우 '금리상승 → 채권가격하락 → 매매손실'의 위험을 말함
② 가격변동위험을 회피하는 방법
예 채권금리가 상승할 가능성이 매우 높다면 → 보유채권매도 / 국채선물매도 / 고정리지급 포지션으로 전환 / 변동금리부채권 매입(보충문제 1 참조)

(2) 신용위험(Credit Risk) : 부도위험 + 신용등급위험 + 신용 스프레드 확대위험
① 채권발행사가 이미 정해진 원리금을 지급하지 않는 위험을 말함. 만일 당기손익의 변동성이 큰 회사는 불안정한 현금흐름을 보이게 되므로 더 높은 할인율이 적용되어야 함
② 신용위험을 회피하는 방법 : 크레딧물(Credit Bond-회사채 등 무위험채권이 아닌 채권을 말함) 매도 / CDS 활용
③ 투자적격등급 : 회사채는 'AAA-AA-A-BBB'까지, 기업어음은 'A1-A2-A3'까지

(3) 유동성위험(Liquidity Risk)
① 제 때에 제 값을 받지 못하는 위험을 말함
② Bid-ask Spread는 신용등급이 낮을수록 확대됨. 신용등급이 낮은 종목은 신용위험뿐 아니라 유동성위험이 추가되어 채권수익률이 높게 형성됨

01 금리상승 예상시 채권의 가격변동위험을 회피하는 방법으로 잘못된 것은?

① 채권금리가 상승할 가능성이 높은 보유채권을 매도하여 포트폴리오에서 제외한다.

② 국채선물을 매도한다.

③ 고정금리부채권을 매입한다.

④ 듀레이션이 낮은 채권으로 교체한다.

> **해설** 금리상승기에는 채권이자가 따라서 올라가는 변동금리부채권(FRN)을 매수해야 유리하다.
> 금리가 상승하면 보유채권의 가격은 하락하지만 미리 국채선물을 매도해두면 금리상승분만큼 선물매도에서
> 수익이 나서 위험을 회피할 수 있다('헤지'의 개념).
> *국채선물의 매매는 금리Base가 아니라 가격Base로 한다. 즉 금리하락기에는 국채선물을 매수한다(금리하락
> → 채권가격상승 → 국채선물 매수시 이익).
>
> **정답** ③

02 신용위험(Credit Risk)에 대한 설명으로 옳지 않은 것은?

① 발행사가 이미 정해진 원리금을 지급하지 않을 위험으로 모든 채권은 신용위험을 보유하고 있다.

② 신용위험에는 부도위험(Default Risk)과 신용등급하향위험(Downgrade Risk), 신용 스프레드 확대위험(Credit Spread Risk) 등이 있다.

③ 크레딧물(Credit Bond)을 매도하면 부도위험을 회피할 수 있다.

④ 일반적으로 경기가 침체기일 때 신용 스프레드가 확대되는데 이를 신용 스프레드 확대위험이라 한다.

> **해설** 국채는 정부가 원리금을 보증하므로 신용위험이 없다. 따라서 국채를 무위험채권(Risk Free Bond)이라고 한다. 채권을 매수한 후 신용등급이 하락하면 채권의 수익률이 상승하고 따라서 채권가격이 하락하게 된다. 이를 'Downgrade Risk'라 한다.
>
> **정답** ①

03 다음 빈칸에 알맞은 것은?

> • 채권투자에 있어서 해당 채권에 대한 매수세가 부족하여 제 값을 받지 못할 위험을 (㉠)이라 한다.
> • 신용등급이 낮은 종목은 (㉡)뿐만 아니라 (㉠)이 추가되어 채권수익률이 높게 형성된다.

	㉠	㉡		㉠	㉡
①	신용위험	가격변동위험	②	유동성위험	신용위험
③	유동성위험	가격변동위험	④	신용위험	유동성위험

> **해설** 신용등급이 낮은 종목은 신용위험뿐만 아니라 유동성위험이 추가되어 채권수익률이 높게 형성된다(채권가격은 낮게).
>
> **정답** ②

04 다음은 甲회사가 발행한 증권이다. 만일 갑회사가 청산이 된다고 가정할 때 각 증권의 상환순서를 빠른 순서대로 연결한 것은?

> 주식, 무보증회사채, 후순위채

① 주식, 무보증회사채, 후순위채
② 무보증회사채, 후순위채, 주식
③ 후순위채, 주식, 무보증회사채
④ 무보증회사채, 주식, 회사채

해설 무보증회사채는 후순위채에 대해 선순위채이다. 채권은 주식에 앞서서 청구권을 행사할 수 있으므로 '무보증회사채 – 후순위채 – 주식'의 순서가 된다. 후순위채는 채권 중에서 가장 나중에 청구할 수 있는 채권을 말한다.

정답 ②

05 신용등급이 하락하면 할인율(채권수익률)이 상승하게 되고 해당기업은 채권발행으로 자금조달시 더 높은 비용을 지불해야 한다. 이러한 위험을 무엇이라고 하는가?

① 부도위험(Default Risk)
② 신용등급위험(Credit Downgrade Risk)
③ 신용스프레드위험(Credit Spread Risk)
④ 유동성위험(Liquidity Risk)

해설 신용등급위험에 대한 설명이다.

정답 ②

06 다음의 채권 중에서 신용위험이 있는 채권은?

① 국 채
② 지방채
③ 특수채
④ 회사채

해설 신용위험이 있는 채권을 Credit Bond라고 하며 회사채가 여기에 해당된다. ① · ② · ③은 국공채로, 정부 직 · 간접적인 보증을 받으므로 Credit Bond가 아니다.

정답 ④

07 3년 만기 국고채 금리가 2.2%, 3년 만기 은행채 금리가 3.5%일 때 3년 만기 은행채의 신용 스프레드는 얼마인가?

① 1.3%
② 2.2%
③ 3.5%
④ 5.7%

해설 신용 스프레드 = 위험물채권 – 무위험채권 (1.3% = 3.5% – 2.2%)

정답 ①

회사채의 투자적격등급에 해당하는 것은?

① AA 이상　　　　　　　　　　② A 이상

③ BBB 이상　　　　　　　　　④ BB 이상

해설　더알아보기 참조

정답 ③

더알아보기　신용등급

(1) 회사채(Credit Bond)와 기업어음(CP)의 신용등급
① 국공채를 제외한 채권을 신용위험채권(Credit Bond)이라 하며, 신용평가사로부터 등급 평가를 받게 된다.
② 회사채와 기업어음의 신용등급표

등 급		내 용	상용하는 회사채 등급
투자등급	A1	원리금 상환능력 최상	AAA 및 AA 등급 수준
	A2	원리금 상환능력 우수	A 등급 수준
	A3	원리금 상환능력 양호	BBB 등급 수준
투기등급	B	상환능력은 있으나 단기적 여건 변화에 따라 안정성에 불안 요인 있음	BB 및 B 등급 수준
	C	상환능력 문제 있음	CCC ~ C 등급 수준
D		상환 불능상태	D 등급 수준

• 회사채는 BBB 이상, 기업어음은 A3 이상이 투자적격등급이다.

보충문제

01　채권발행으로 자금을 조달할 경우 가장 높은 비용을 지불해야 하는 경우는?

① 지방채
② 한전채
③ AA 등급의 회사채
④ BBB 등급의 회사채

해설　신용등급이 낮을수록 부도위험이 높으므로 더 높은 이자를 주어야 발행이 가능하다.

정답 ④

다음 설명 중 잘못된 것은?

① 경제성장률이 상승하면 채권금리가 상승한다.

② 물가가 상승하면 채권금리가 상승한다.

③ 채권공급이 증가하면 채권금리가 상승한다.

④ 통화량이 증가하면 채권금리가 상승한다.

해설   더알아보기 참조

정답 ④

더알아보기   거시경제변수와 금리와의 관계

① 채권금리 = F(경제성장률, 물가, 채권수요와 공급, 통화정책, 환율 등)
② 거시경제변수가 채권수익률에 주는 영향

구 분	채권수익률에 영향을 주는 FLOW
경제성장률	GDP성장률↑ ⇒ 기업투자↑ ⇒ 채권공급↑ ⇒ 채권가격↓ ⇒ 채권수익률↑
물 가	물가↑ ⇒ 소비자의 구매력↓ ⇒ 채권수요↓ ⇒ 채권가격↓ ⇒ 채권수익률↑
채권의 수급	채권수요↑ ⇒ 채권가격↑ ⇒ 채권수익률↓, 채권공급↑ ⇒ 채권가격↓ ⇒ 채권수익률↑
통화정책	통화량↑ ⇒ 시중유동성↑ ⇒ 채권수익률↓ 또는 통화량↑ ⇒ 채권수요↑ ⇒ 채권가격↑ ⇒ 채권수익률↓
환 율	환율↑ ⇒ 수출↑ 수입↓ ⇒ 경상흑자↑ ⇒ 경제성장률↑ ⇒ 기업투자↑ ⇒ 채권공급↑ / 가격↓ ⇒ 채권수익률↑

보충문제

01   **거시경제변수가 금리에 미치는 영향에 대한 일반적인 설명으로 잘못된 것은?**

① 소비가 증가하면 금리가 상승한다.

② 투자가 증가하면 금리가 상승한다.

③ 실업이 증가하면 금리가 상승한다.

④ 환율이 상승하면 금리가 상승한다.

해설   실업이 증가한다는 것은 경제성장률이 하락한다는 것과 같은 의미이다. 경제성장률의 하락은 금리의 하락요인이다.
*GDP방정식(케인지안의 거시경제모형)은 $Y = C + I + G + (X - M)$이다. 경제성장률(Y)이 상승하면 금리가 상승하게 된다($Y↑$ ⇒ 기업의 투자 ⇒ 채권공급↑ ⇒ 채권가격↓ ⇒ 채권금리↑).
따라서 GDP방정식에서 Y를 증가하게 하는 것은 모두 채권금리를 상승하게 하는 요인이 된다.

정답 ③

02 일반적으로 경제성장률이 상승하면 채권수익률은 상승한다. 그렇다면 다음의 경우 채권수익률이 상승하는 경우가 아닌 것은?

① 소비가 활황을 보이고 있다.
② 투자가 증가하고 있다.
③ 수출이 증가하고 있다.
④ 수입이 증가하고 있다.

> 해설 수출은 GDP와 양(+)의 상관관계, 수입은 음(−)의 상관관계이다.

> 정답 ④

03 일반적으로 볼 때 금리와 정(+)의 관계가 아닌 변수는?

① 경제성장률
② 물 가
③ 통화량
④ 환 율

> 해설 통화량이 증가하면 금리가 하락하므로 역(−)의 관계이다.

> 정답 ③

04 환율과 금리와의 관계이다. 가장 거리가 먼 것은?

① 우리나라 경제는 대외의존도가 높기 때문에 다른 변수에 비해 환율이 금리에 미치는 영향이 크다고 할 수 있다.
② 이론적으로 이자율평형이론(Interest Rate Parity)에 의해 환율은 양국의 금리차에 의해 결정된다.
③ 환율의 변동은 수출가격경쟁력의 측면, 그리고 외국인의 국내투자자금의 유입 측면이라는 두 가지 측면에 영향을 주므로 환율과 금리는 복합적인 관계라고 할 수 있다.
④ 대체적으로 볼 때, 환율상승은 금리하락요인으로 보는 시간이 우세하다.

> 해설 대체적으로 볼 때 환율상승은 금리상승요인으로 본다(더알아보기 표 참조).
> 참고 본 장에서의 기본서 내용은 환율과 거시경제변수 간의 단기적 관계를 위주로 설명하고 있음

> 정답 ④

2 주식투자개요

주요 경제변수와 주가와의 일반적 관계를 설명한 것이다. 잘못된 것은?

① 장기간에 걸친 연평균 주가상승률은 이론적으로 명목GDP성장률에 접근할 것으로 기대할 수 있다.

② 이자율이 상승하면 주가는 하락한다.

③ 물가상승은 절대적으로 주가에 부정적인 영향을 미친다.

④ 확대재정정책은 총수요를 증가시켜 경기를 활성화시키며 주가도 상승하게 된다.

해설 물가상승은 두 가지 측면으로 이해할 수 있다.
- 완만한 물가상승 → 기업의 매출증가·실적호전 → 기업의 주가상승(긍정적 영향)
- 급격한 물가상승 → 기업의 제조원가 상승 & 소비자의 실질구매력 저하 → 기업생산 감소(혹은 매출 감소) → 기업의 실적악화 → 기업의 주가하락(부정적 영향)

정답 ③

더알아보기 경제분석 - 주요 경제변수와 주가(일반적 분석)

(1) 경제분석

구 분	주가에 영향을 주는 FLOW
경제성장률	GDP성장률↑ ⇒ 주가↑ (주가상승률 = 명목GDP성장률 = 실질GDP성장률 + 물가상승률)
이자율	이자율↑ ⇒ 투자↓ ⇒ 기업실적↓ ⇒ 주가↓
인플레이션	[완만한 물가상승] ⇒ 기업의 매출↑ ⇒ 주가↑ [급격한 물가상승] ⇒ 소비자의 구매력↓ ⇒ 기업매출↓ ⇒ 주가↓
환 율	환율상승은 단기적으로 수출비중이 높은 기업의 대외경쟁력에 긍정적인 영향을 줌
정부정책	[재정정책] G↑(총수요증가) ⇒ Y↑(경기활성화) ⇒ 주가↑ [통화정책] M↑⇒ R(금리)↓⇒ (투자)↑⇒ Y↑⇒ 주가↑. 단, 통화공급확대는 장기적으로 물가를 상승시키고 이자율이 상승하여 실물경기가 다시 후퇴하고 주가도 하락한다는 것이 일반적
인구변화	인구↑ ⇒ 총수요↑(소비, 투자 등) ⇒ Y↑ ⇒ 주가↑
경기순환	주가는 통상 6개월 정도 경기에 선행한다. 참고 경기변동의 4국면 : 회복 → 호황 → 후퇴 → 불황

(2) 산업분석

M.Porter의 산업의 구조적 경쟁요인	제품수명주기이론
진입장벽 / 대체가능성 / 기존업체 간의 경쟁강도 / 구매자의 교섭력 / 공급자의 교섭력	도입기 / 성장기 / 성숙기 / 쇠퇴기 중 어느 단계에 있는 지로 산업의 경쟁력을 판단할 수 있음

- 진입장벽은 높을수록 좋고, 대체가능성은 낮을수록 좋으며, 기존경쟁업체 간의 경쟁강도는 낮을수록 유리하다. 구매자 및 공급자의 입장에서는 교섭력이 높을수록 좋다.

01 아래의 그림처럼 주식수요(Demand Curve)가 우측으로 이동하면(Shift) 주가가 상승하게 된다. 그렇다면 주식수요곡선을 우측으로 이동시키는 요인이라고 볼 수 없는 것은 무엇인가?

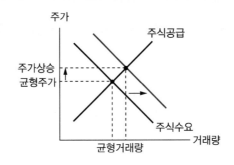

① 인구의 증가

② 경기의 호전

③ 이자율의 상승

④ 정부지출의 증가

해설 이자율상승은 주식투자수요를 감소시킨다(수요곡선이 좌측으로 이동 → 주가하락).

정답 ③

02 경기순환(Business Cycle)의 4국면이 나타나는 순서대로 나열된 것은?

① 회복 → 활황 → 침체 → 후퇴

② 회복 → 활황 → 후퇴 → 침체

③ 회복 → 후퇴 → 활황 → 침체

④ 회복 → 침체 → 활황 → 후퇴

해설 회복(Recovery) → 활황(Boom) → 후퇴(Recession) → 침체(Depression). IT산업이 발전하면서 경기순환 사이클이 짧아지고 있으며 일반적으로 주가는 경기에 6개월 정도 선행한다.

정답 ②

03 산업분석에 대한 설명으로 옳지 않은 것은?

① 경제분석, 산업분석, 기업분석을 순차적으로 하는 것이 하향식(Top-down) 분석이다.

② 각 산업마다 경쟁의 치열도나 경기변동에 대한 취약성에 차이가 나므로 산업적 요인들이 경영성 과를 크게 좌우할 수 있다.

③ 마이클 포터(M. Porter)는 진입장벽, 대체가능성, 기존업체 간의 경쟁강도, 구매자의 교섭력, 공급자의 교섭력의 총체적인 힘에서 해당 산업의 구조적 경쟁력이 결정된다고 보았다.

④ 일반적으로 구조적으로 경쟁이 치열한 산업에 속해 있는 기업의 경영성과는 그렇지 않은 기업에 비해서 우량한 경향이 있다.

> 해설 산업의 경쟁이 치열할수록 해당 기업의 경영성과는 나빠지는 것이 일반적이다.
> 마이클 포터의 구조적 경쟁요인에서, 진입장벽이 높을수록 좋고, 대체가능성은 낮을수록 좋고, 기존업체 간의 경쟁강도는 낮을수록 유리하고, 해당기업이 구매자나 공급자일 경우 교섭력이 있을수록 좋다.
>
> > 참고 제품수명주기이론 : 제품은 '도입기-성장기-성숙기-쇠퇴기'의 4단계를 거친다.
> > 성숙기에서 매출액이 최대가 되나 이익률은 성장기에서 가장 높으며 쇠퇴기에서는 업종다각화, 철수 등을 고려해야 한다.
>
> 정답 ④

04 시중물가를 통제하기 위한 금융정책이 아닌 것은?

① 법인세율의 조정

② 기준금리의 조정

③ 지급준비율의 조정

④ 통안채 발행의 조정

> 해설 법인세율의 조정은 재정정책에 속한다.
>
> 정답 ①

수익가치에 근거한 보통주 평가방법에 속하지 않는 것은?

① 배당평가모형

② 잉여현금흐름모형

③ PBR 평가모형

④ PER 평가모형

해설 기업가치분석은 크게 '수익가치분석(배당평가모형, 이익평가모형, 잉여현금흐름모형)'과 '자산가치분석'으로 구분할 수 있다. PER은 이익평가모형이라고 할 수 있다.

정답 ③

더알아보기 기업가치분석 – 수익가치에 근거한 보통주 평가방법

배당평가모형	이익평가모형	잉여현금흐름평가모형
제로성장모형 / 정률성장모형 / 다단계 성장모형	배당을 하지 않거나 극히 적게 하는 기업에는 이익평가모형이 적합	'잉여현금흐름의 현재가치 + 잔여가치'로 평가함
현금흐름할인법(DCF법)		잉여현금흐름할인법(FCF법)

(1) 기업의 현금흐름은 '영업활동현금흐름 / 투자활동현금흐름 / 재무활동현금흐름'의 3가지가 있는데 DCF 법은 세 가지 모두를 반영하나, FCF법은 재무활동현금흐름은 반영하지 않는다 (∵ FCF = '세후영업이익 – 신규투자액' 또는 FCF = 영업활동현금흐름 – 투자활동현금흐름).

(2) DCF법(Discount Cash Flow법)이란, 전 기간의 현금흐름을 할인한 것으로 배당평가모형이나 이익평가모형을 말한다.
   • 배당평가모형 : 주식의 미래현금흐름은 매매차익과 배당으로 결정되는데, 배당을 주수익으로 보고 기업가치를 평가하는 모형이다(매년 배당이 일정하면 제로성장모형, 일정한 비율로 증가하면 정률성장모형).

(3) FCF법(Free Cash Flow법)이란, 기업의 가치를 잉여현금흐름으로 평가하는 것인데, 잉여현금흐름이란 '세후영업이익 – 신규투자액'을 말한다. 즉, 기업성장을 위해 반드시 필요한 신규투자액을 차감한 현금흐름(잉여현금흐름)으로 기업가치를 평가하는 것이 옳다는 것이다.

※ 현금흐름할인법(DCF법)과 잉여현금흐름할인법(FCF법)의 평가방법의 차이

DCF법	전 기간의 미래현금흐름을 할인하여 가치를 평가함	
FCF법	예측가능기간의 잉여현금흐름을 할인하여 가치를 평가함	나머지 기간은 잔여가치로 평가함

   • 현금흐름할인법은 전 기간의 미래현금흐름을 추정해야 하나($\Sigma PVDCF_t$), 잉여현금흐름할인법은 예측가능한 일정 기간만 추정하고 나머지는 잔여가치로 평가하므로($\Sigma PVFCF_t$ + 잔여가치), 현금흐름할인법보다 더 현실적이다(즉, 현금흐름모형 또는 배당평가모형의 한계점을 보완한 의미가 있음).

01 다음 빈칸에 알맞은 것은?

> • 주식투자수익은 시세차익과 배당수익으로 구성되는데 투자한 주식을 연속적으로 보유한다고 가정할 경우 배당수익이 주수입이 되고 이러한 미래배당수익을 추정하여 주식의 가치평가를 하는 것을 (㉠)이라 한다.
>
> • (㉠)은 배당을 전혀 하지 않거나 극히 적게 하는 기업의 경우 가치평가에 적절하지 않다. 이 경우 배당도 궁극적으로 기업의 이익에서 지급이 된다는 점에 착안하여, 주당이익을 기초로 하여 내재가치를 구하는데 이를 (㉡)이라 한다.

	㉠	㉡
①	배당평가모형	이익평가모형
②	배당평가모형	잉여현금흐름모형
③	이익평가모형	배당평가모형
④	이익평가모형	잉여현금흐름모형

해설 차례대로 '배당평가모형 – 이익평가모형'이다.

정답 ①

02 주가배수를 활용한 상대가치평가방법에 속하지 않는 것은?

① PER평가모형 ② FCF모형
③ PBR평가모형 ④ PSR평가모형

해설 주가배수를 이용한 상대가치평가방법에는 'PER, PBR, PSR, EV/EBITDA' 등이 있다.
FCF(잉여현금흐름)모형은 주가배수를 활용하는 것이 아니다.

정답 ②

03 잉여현금흐름(FCF ; Free Cash Flow)에 대한 설명으로 잘못된 것은?

① 잉여현금흐름은 기업본연의 활동에서 창출해 낸 세후영업이익에서 신규투자액을 차감한 현금흐름을 말한다.

② 잉여현금흐름 모형에서 기업가치는 일정 기간에 대한 미래잉여현금흐름의 현재가치에 일정기간 이후에 대한 잔존가치를 더해서 구한다.

③ 잉여현금흐름 모형은 배당이 매년 정률적으로 영구적으로 성장한다는 가정하에 기업가치를 평가하는 정률성장모형(배당평가모형)의 단점을 보완하는 의미가 있다.

④ 잉여현금흐름모형에서 기업가치에 영향을 주는 현금유출입을 추정할 때 영업활동현금흐름뿐만 아니라 재무활동에 의한 현금흐름도 포함된다.

해설 잉여현금흐름은 영업활동현금흐름을 중심으로 평가하고 재무활동으로 인한 현금흐름은 제외한다.

정답 ④

04 자산가치평가방법에 대한 설명이다. 틀린 것은?

① 수익가치가 급등락하는 경제상황 또는 자원개발업체와 같은 기업의 가치분석에 유용하다.

② 기업의 청산을 전제로 한 청산가치에 근거한 것이므로 보수적인 평가로 볼 수 있다.

③ 장부가치를 기준으로 평가하므로 실제 가치와 괴리가 클 경우 신뢰도가 떨어진다.

④ 주당순자산가치의 한계점을 보완하는 방법으로 순자산의 대체원가를 추정한다.

> **해설** 자산가치가 급등락하는 상황에서 자산가치평가가 중요하다.
> ※ 기업가치평가의 종류

수익가치평가(현금흐름할인법)	자산가치평가	상대가치평가
배당평가모형 이익평가모형 잉여현금흐름할인법	주당순자산(BPS) 평가	PER, PBR, PSR, EV/EBITDA

정답 ①

더알아보기 기업가치분석 - 주가배수를 활용한 상대가치 방법

(N : 발행주식수)

구 분	PER	PBR	PSR	EV/EBITDA
산 식	주가/EPS	주가/BPS	주가/SPS	EV/EBITDA
내재가치	EPS = 당기순익 / N	BPS = 자기자본 / N	SPS = 매출액 / N	EBITDA
주된 평가가치	수익가치	자산가치	성장가치	현금흐름가치
장 점	기업본연의 수익창출능력 평가에 유용	적자기업 평가 가능, 유형자산이 많은 기업의 평가에 유용	기술력 있는 벤처기업 평가에 유용, 적자기업 평가 가능	철강업 등 자본집약적 산업 평가에 유용
단 점	적자기업 평가 불가	인적자산 평가 불가	저부가기업의 평가에 매우 부적절	운전자본증가시 현금흐름이 과대계상되는 문제

※ 각 지표의 의미 ('PBR로 평가하는 방법'을 자산가치평가방법이라 함)

지 표	내 용
PER	• 기업의 단위당 수익가치에 대한 상대적인 주가수준을 나타냄(주당이익에 대하여 주가가 몇 배인지를 나타낸다는 의미에서 이익승수라고도 함) • 다만, 보수적인 기업의 PER이 더 높게 나타날 수 있으며(∵ 보수적인 기업의 이익은 축소되는 경향이 있음), 인플레이션이 높은 경제하에서는 PER이 낮게 나타날 수 있다. (∵ 회계이익이 높게 반영 → EPS↑ → PER↓)
PBR	• [PBR의 듀퐁분석] PBR = (순이익/ 매출액)×(매출액/총자본)×(총자본/자기자본)×PER 　　　= 마진 × 활동성 × 부채레버리지 × 이익승수 [PBR = ROE × PER] • 자산가치가 급등락하는 경제상황에서나 자원개발업체와 같은 업종의 평가에 유용함 • 다만, 순자산가치가 장부가에 의해 추정되므로 장부가와 시가와의 괴리가 발생할 수 있다는 문제점이 있는데 이는 토빈의 q 비율로 보완할 수 있다. → 토빈의 q = 시가총액/순자산의 대체원가(분모 → 시가로 평가함)

EV/EBITDA	= EV(기업가치)/EBITDA(이자, 세금, 감가상각비 차감 전 이익) • 기업도산이 크게 증가할 정도로 경제상황이 악화되는 기간에는 현금흐름의 중요성이 높아지며, 또한 주가가 극도로 낮아진 상황에서는 상대가치평가가 별다른 의미가 없어지는데 이러한 상황에서 특히 유용한 지표이다. • [장점] (−)의 EBITDA기업이 별로 없다는 점 / 영업외적요인에 의하여 별로 영향을 받지 않는다는 점 / 철강업 등 자본집약적 산업에 유용성이 높다.

05 PER평가모형에 대한 설명으로 잘못된 것은?

① 'PER = 주가 / 주당순이익'으로써 주가가 주당순이익의 몇 배인가를 나타낸다.

② PER모형의 유용성은 간단한 회계정보를 이용하여 실제 투자결정에 쉽게 이용할 수 있다는 점이다.

③ 주당이익을 계산할 때 어떤 회계이익을 기준으로 할 것인가가 문제인데, 특별손익을 포함한 세전이익을 이용하면 PER의 유용성을 높일 수 있다.

④ PER지표의 근본적인 문제점의 하나는 EPS 자체가 회계처리방법의 선택에 영향을 받는다는 것인데, 보수적인 회계처리방법을 적용한 기업의 PER는 그렇지 않은 기업의 PER보다 크게 계산된다.

해설 특별이익은 일회성 이익이므로 제외하여야 PER의 유용성이 높다.

정답 ③

더알아보기 PER의 유용성을 높이는 방법

① 분자의 주가자료로 어느 일자의 주가를 선택할 것인가 → 일정기간의 평균 혹은 회계연도 마지막 날의 종가 사용
② 어느 기간의 주당순이익(EPS)를 사용할 것인가 → 예측된 차기의 주당이익을 사용하는 것이 가치평가에 유용(이를 Forward PER라 함)
③ 손익계산서상의 어떤 이익을 사용할 것인가 → 지속가능이익, 계속이익의 발생능력을 평가하기 위해서는 특별이익을 제외하는 것이 바람직하다.
④ 회계처리방법에 따른 PER의 변화(보수적인 기업의 PER가 더 높게 나타남)

06 PER 평가모형에서 A기업의 주가수익비율(PER)이 20배이고 주당순이익(EPS)이 8,000원일 때, A기업의 주가는?

① 4,000원

② 8,000원

③ 160,000원

④ 200,000원

> **해설** $PER = \dfrac{주가}{주당순이익(EPS)}$, 따라서 '주가 = EPS × PER = 8,000원 × 20배 = 160,000원'이다.
>
> 정답 ③

07 PBR평가모형에 대한 설명으로 잘못된 것은?

① 'PBR = 주가 / 주당순자산'으로써 주가가 주당순자산의 몇 배인가를 나타낸다.

② PER은 수익가치에 대비한 상대적인 주가수준을 나타내는 지표이나 PBR은 자산가치에 대비한 상대적인 주가수준을 측정하는 지표이다.

③ PBR은 장부가치와 시가 간의 괴리가 클 수 있다는 단점이 있는데 이를 보완하는 것이 토빈의 q 비율이다.

④ PBR도 PER과 마찬가지로 부(-)의 EPS를 나타내는 기업에 적용할 수 없다는 단점을 가지고 있다.

> **해설** PER은 수익가치를 기반으로 평가하므로 당기순이익이 있어야 의미가 있는 것이지만 PBR은 자산가치를 기반으로 평가하므로 적자기업에도 적용할 수 있다는 장점이 있다.
>
> 정답 ④

더알아보기 PBR을 보완하는 토빈의 q

(1) 토빈의 q = 기업의 시가총액(= 주식시가 × 총발행주식수) ÷ 순자산의 대체원가

(2) q 비율의 해석
- q 비율이 1보다 크다(q > 1)는 것은 기업의 시가총액이 순자산보다 크다는 것이다. 즉 기업이 순자산을 바탕으로 효율적인 경영을 하고 있다는 것이다.
- q 비율이 1보다 작다(q < 1)는 것은 기업이 효율적인 경영을 하지 못하여 순자산가치보다도 낮은 가격으로 평가되고 있다는 것이다. 이 경우 기업인수의 표적이 될 수 있다.

(3) '토빈의 q' 비율은 시가총액과 대체원가를 접목함으로써 순자산가치에만 의존하는 자산가치평가방법의 단점을 보완한다.

08 PSR평가모형에 대한 설명으로 잘못된 것은?

① 'PSR = 주가 / 주당매출액'으로써 주가가 주당매출액의 몇 배인가를 나타낸다.

② PSR은 기업의 외형적 성과평가 척도이다.

③ 적자기업이지만 기술력이 있는 벤처기업의 평가에 적절하다.

④ 매출액은 회계처리항목 중 조작가능성이 가장 작으므로 PSR은 PER이나 PBR에 비해 신뢰도가 더 높은 것으로 평가받는다.

> **해설** 매출액을 조작하려면 매출 상대방의 회계까지도 같이 조작을 해야 하므로 조작이 어렵다.
> 따라서 회계처리방법에 가장 영향을 작게 받는다는 점은 좋으나, 매출이 많으면서도 이익률이 매우 낮은 저부가가치형 기업의 경우에는 PSR의 적용은 매우 부적절하다.
>
> 정답 ④

09 EV/EBITDA모형에 대한 설명으로 잘못된 것은?

① EV는 기업가치를 말하는데 주식의 시가총액에 우선주의 시장가치, 순차입금을 합한 금액이다.

② EBITDA는 세전 영업이익(EBIT) 수준에 비현금성비용 항목인 감가상각비를 합한 것이므로 결국 세전기준 영업현금흐름을 측정한 것이다.

③ EV/EBITDA 비율이 낮게 나타날수록 저평가된 기업이라 할 수 있다.

④ 철강업 등 자본집약산업에는 유용성이 낮다.

> **해설** 철강업 등 자본집약산업에는 유용성이 더 높다. 이는 철강 등 대규모설비가 투입된 장치 산업에서는 감가상각이 많고 감가상각을 차감하기 전인 EBITDA는 해당 기업의 현금흐름을 잘 반영한다고 할 수 있다. 따라서 유용성이 더 높다.
>
> 정답 ④

10 기업의 현금흐름을 가장 잘 반영하는 지표는 무엇인가?

① PER

② PBR

③ EV/EBITDA

④ PSR

> **해설** 당기순이익을 계산할 때 감가상각을 차감하지만 감가상각은 기업 밖으로 유출되는 금액이 아니므로 현금흐름 상으로는 더해주어야 한다. 이를 잘 반영하는 것은 EV/EBITDA이다.
>
> 정답 ③

기술적 분석의 장점이라고 볼 수 없는 것은?

① 기본적 분석이 과거정보에 의존하고 자료의 신뢰성과 회계처리 방법 및 분식결산 등에 따른 문제점이 있으나, 기술적 분석은 주가와 거래량에 모든 것이 반영된다는 전제로 분석한다.

② 기본적 분석으로 과대 또는 과소평가된 주식이 투자자에게 인식될 시점에는 이미 주가에 반영되는 경우가 많으나, 기술적 분석에서는 주가변동의 패턴을 관찰하여 그 변동을 미리 예측할 수 있다.

③ 기본적 분석은 이론이 복잡하고 시간과 노력이 많이 드는 데 비하여, 기술적 분석은 차트를 통하여 누구나 쉽고 짧은 시간에 이해할 수 있다.

④ 과거 주가의 동일한 양상을 두고 어느 시점이 주가변화의 시발점인지에 대해 해석이 각각 다를 수 있다.

해설   ①·②·③은 장점이고 ④는 단점의 하나이다.

정답 ④

더알아보기   **기술적 분석**

(1) 기본적 분석은 내재가치를 분석하고, 기술적 분석은 과거의 일정한 패턴이나 추세를 통해서 매매시기를 판단하는 기법이다.

(2) **기술적 분석의 장점과 한계점**

장 점	한계점
기본적 분석은 과거정보에 의존하고 어렵다는 단점이 있으나 기술적 분석은 수요공급분석을 통해 간편하게 주가의 변동을 예상할 수 있다.	• 과거 주가변동패턴이 미래 그대로 반복되지 않는 경우가 많다. • 내재가치를 무시하고 시장의 변동에만 집착하여 시장변화의 근본원인을 알 수 없다.

(3) **기술적 분석의 종류** : 추세분석 / 패턴분석 / 지표분석 / 심리분석 / 목표치분석

① 추세분석

추세순응전략	역추세순응전략
단기 Momentum 전략, 단기적(1년 이내) 사용	장기 Contrarian 전략, 장기적(3년 이상)으로 사용

② 패턴분석

반전형	지속형
해드앤쇼울더형, 이중삼중천정(바닥)형, 원형반전형, V자형	삼각형, 직사각형, 깃발형, 쐐기형 등

01 다음은 기술적 분석 중 어떤 종류에 속하는가?

> • 시세의 천장권이나 바닥권에서 일어나는 전형적인 유형을 분석함으로써 주가흐름의 전환시점을 포착한다.
> • 주가추세선이 변화할 때 나타나는 여러가지 주가변동을 미리 정형화시킨 후 실제로 나타나는 주가의 움직임을 맞춰 봄으로써 앞으로의 주가 추이를 예측한다.

① 추세분석

② 패턴분석

③ 지표분석

④ 심리분석

정답 ②

02 다음 빈칸에 알맞은 것은?

> • 일반적으로 추세순응전략은 단기적으로, 역추세순응전략은 장기적으로 사용한다.
> • 위에서 단기적이란 (   ) 이내를 의미하며 장기적이란 (   ) 이상을 의미한다.

① 1개월, 년

② 3개월, 1년

③ 6개월, 1년

④ 1년, 3년

해설 단기 – 1년, 장기 – 3년이다.

정답 ④

(1) **단기 Momentum 전략(추세순응전략)** : 주가추세에 순응하는 전략으로서 저항성을 상향돌파하면 매수하고 하향돌파하면 매도한다. 이는 단기적으로 추세의 힘(과잉반응현상)을 이용하는 전략인데 장기적으로는 평균주가에 수렴하기 때문에 단기적으로만-통상 1년-이용이 가능하다.

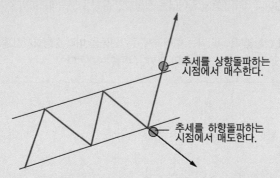

(2) **장기 Contrarian 전략** : 추세의 반전을 이용하는 전략인데 추세의 최고점에서 매도하고 최저점에서 매수하는 전략이다. 추세는 단기적으로는 과잉반응현상이 생기나 장기적으로(통상 3년) 가면 결국 평균에 수렴한다는 것을 이용한 전략이다.

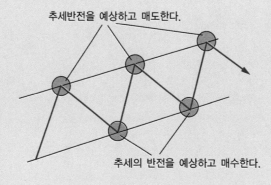

---

03 반전형 패턴에 속하지 않는 것은?

① 삼각형패턴

② 삼중바닥형

③ 헤드앤쇼울더형

④ V자형

> **해설** '천장형', '바닥형' 등은 천장 혹은 바닥을 치고 반전한다는 의미이다. V자형이나 역V자형은 모양 그대로 반전하는 모양이다. 헤드앤쇼울더(Head and Shoulder)형은 삼중천장형이라고 보면 된다. 삼각형은 기존의 추세가 상당히 진행된 후 일정 기간 조정을 받는 형태인데 삼각형의 모양이 완성되면 다시 기존의 추세가 강화되는 것을 의미한다(지속형 패턴).

정답 ①

3 펀드운용과정

펀드운용의 3단계 중 계획단계에 대한 설명으로 옳지 않은 것은?

① '투자자의 투자목적과 제약요인 파악 → 투자방침 설정 → 투자대상자산의 위험 및 기대수익률 계산 → 자산배분의 결정'으로 이루어진다.

② 투자제약요인으로는 유동성, 투자기간, 세제, 법규 및 약관 등이 있다.

③ 투자대상자산의 위험과 기대수익률을 계산하는 단계에서는 거시변수분석과 미시변수분석이 동시에 이루어져야 한다.

④ 운용계획서와 시장분석을 통해 전술적 자산배분을 하게 되는데 전통적인 평균-분산 분석(Mean Variance Analysis)이 기초가 된다.

해설   운용계획서와 시장분석을 통해 전략적 자산배분을 한다.

정답 ④

더알아보기   펀드운용의 3단계

계획단계(PLAN)	실행단계(DO)	성과평가단계(SEE)
투자목적과 제약요인 파악 → 투자방침 설정 → 투자대상자산의 위험 및 기대수익률 계산 → 자산배분 전략 결정	• 정해진 자산배분 전략에 따라 포트폴리오를 구성하는 단계 • 거래비용을 최소화하는 것이 중요함	• 성과측정(Performance Measurement) • 성과요인 분석(Performance Attribution)

- 자산배분 전략의 종류 : '전략적 자산배분(장기적 관점)-전술적 자산배분(단기적 관점)-포트폴리오 보험전략'
- 거래비용에는 수수료 등의 외부비용뿐만 아니라 기회손실 등과 같은 내부비용까지도 고려해야 함
- 성과측정에는 '벤치마크와 비교 / 동류그룹과 비교 / 샤프비율 등의 위험조정성과지표 등'이 사용되며, 성과요인 분석은 '마켓타이밍 / 종목선정'으로 나누어 전략별로 성과를 배분하는 것

01 펀드운용 3단계에 대한 설명으로 적절하지 않은 것은?

① 전략적 자산배분은 투자자의 기본적인 가정이 변하지 않는 한 포트폴리오의 자산구성을 변화시키지 않는 장기적인 관점의 전략이다.

② 전술적 자산배분은 단기적 관점에서 시장의 변화방향을 예측하여 사전적으로 자산구성을 변화시키는 전략이다.

③ 포트폴리오를 구성하는 실행단계에서는 거래비용을 최소화하도록 노력해야 하는데 거래 수수료비용을 가급적 낮추어야 한다는 것을 의미한다.

④ 성과평가는 성과측정과 성과배분 두 가지로 구분되는데 성과에 기여한 요인을 종목선정능력과 마켓타이밍능력으로 분배하는 것을 성과배분이라고 한다.

> 해설 거래비용은 수수료처럼 외부로 나타나는 외부비용과 보이지는 않지만 타 투자대상에 투자하는 것을 포기함으로써 발생하는 기회손실과 같은 내부비용을 함께 고려해야 한다.
>
> 정답 ③

펀드운용전략

채권운용전략에 있어서 적극적인 운용전략에 속하지 않는 것은?

① 듀레이션조절전략

② 수익률곡선타기전략

③ Bullet형 운용전략

④ 사다리형 운용전략

해설 사다리형 운용전략은 단기, 중기, 장기물을 모두 편입하여 시장금리가 어떤 방향으로 움직인다고 하더라도 평균적인 수익률을 얻을 수 있도록 한 전략으로 방어적인 전략이다.

정답 ④

더알아보기 채권운용전략

(1) 적극적 VS 소극적

적극적인 투자전략 (시장이 비효율적이라고 가정, 초과수익전략)	소극적인 투자전략 (시장이 효율적이라고 가정, 평균수익전략)
• 수익률예측전략 • 채권교체전략(크레딧운용전략) • 수익률곡선타기전략(숄더효과 / 롤링효과) • 바벨형 포트폴리오 전략(나비형 투자전략) • 불릿형 포트폴리오 전략(역나비형 투자전략)	• 만기보유전략 • 인덱스전략 • 현금흐름일치전략 • 사다리형 및 바벨형 만기운용전략 • 면역전략

*중립전략으로는 상황대응적 면역전략이 있음

(2) 적극적인 투자전략(액티브전략)

① 수익률예측전략 : 수익률을 예측하여 듀레이션을 조절함. 듀레이션조절전략이라고도 함

② 채권교체전략(크레딧운용전략)

    ㉠ 동종채권 간 전략 : 일시적인 시장불균형을 이용해 저평가채권을 교체하는 전략

    ㉡ 이종채권 간 전략 : 경기불황기에 스프레드가 커지는 성질을 이용한 스프레드 전략

    예 국채 4%, 회사채 7%, 향후 스프레드의 확대 또는 축소 예상에 따른 매매전략

스프레드 확대 예상시 (스프레드매수전략 = Long Spread)	스프레드 축소 예상시 (스프레드매도전략 = Short Spread)
예 (비싼) 국채 매수 – (싼) 회사채 매도	예 (비싼) 국채 매도 – (싼) 회사채 매수

③ 수익률곡선타기전략

숄더효과(Shoulder Effect)	롤링효과(Rolling Effect)
단기채의 기간 스프레드를 활용한 매매차익전략	장기채의 기간 스프레드를 활용한 매매차익전략

- 롤링효과는 장기채의 기간 스프레드가 작기 때문에 매매를 반복(Rolling)한다는 의미
- 수익률곡선타기전략은 수익률곡선의 형태가 예상대로 유지되어야 하는 한계가 있음

④ 바벨형(Barbell형) / 불릿형(Bullet형) 포트폴리오

구 분	나비형 투자전략(Barbell형 포트폴리오)	역나비형 투자전략(Bullet형 포트폴리오)
수익률곡선 형태		
금리예측	단기↓, 중기↑, 장기↓	단기↑, 중기↓, 장기↑
채권가격예상	단기채(+), 중기채(−), 장기채(+)	단기채(−), 중기채(+), 장기채(−)
포트폴리오 구성	단기채○, 중기채×, 장기채○	중기채×, 단기채○, 장기채×

(3) 소극적(Passive) 운용전략

① 만기보유전략 : 매매차익을 보지 않고 만기에 원리금을 수령하는 전략
② 인덱싱전략 : 채권시장 전체의 평균수익률을 달성하는 전략(벤치마크 추종)
③ 현금흐름일치전략 : 현금유입액과 현금유출액을 서로 일치시키는 전략(ALM전략)
④ 사다리형 만기운용전략 : 바벨형과 불릿형과 달리 단기, 중기, 장기채를 골고루 편입하면 어떤 상황하에서도 평균적인 수익률을 기대
⑤ 채권면역전략 : 투자목표기간과 포트폴리오의 듀레이션을 일치시키면 어떤 외부상황의 변화가 있더라도 일정한 목표를 달성하게 됨(채권가격과 재투자수익의 상쇄효과 = 면역 효과)

01 다음 빈칸에 알맞은 것은?

> • 수익률곡선타기전략은 수익률곡선이 우상향의 기울기를 가진 경우에 사용할 수 있는 채권투자기법
> 이다.
> • 수익률곡선타기전략 중 (㉠)는 잔존만기가 5년 이상 장기채권에서, (㉡)는 잔존만기가 2 ~ 3
> 년의 단기채에서 발생하는 효과이다.

	㉠	㉡
①	롤링효과	면역효과
②	롤링효과	숄더효과
③	숄더효과	면역효과
④	숄더효과	롤링효과

해설 롤링효과는 장기채권에서, 숄더효과는 단기채권에서 발행한다.

정답 ②

02 단기채권과 장기채권을 보유하고 중기채권은 보유하지 않는 전략을 무엇이라 하는가?

① Barbell형 전략

② Bullet형 전략

③ 사다리형 전략

④ 면역전략

해설 나비형(Barbell형) 투자전략이다.

정답 ①

03 적극적인 주식운용전략에 해당되지 않은 것은?

① 인덱싱전략

② 성장주투자전략

③ 가치주투자전략

④ 중소형주투자전략

해설 인덱싱전략은 시장을 효율적으로 보고 벤치마크 수익률 정도를 획득하고자 하는 소극적 운용전략이다.

정답 ①

적극적 운용전략	소극적 운용전략
가치주투자전략 / 성장주투자전략 / 중소형주투자전략 / 시장투자전략	인덱싱전략(시장평균수익 추구)

- 가치주는 저PER주, 저PBR주, 고배당주의 성격을 지닌다.
- 성장주는 고PER, 고PBR, 저배당주의 성격을 지닌다.
- 시장투자전략(Market-oriented 전략)은 시장평균수준의 포트폴리오를 구성하려는 전략으로서 혼합전략이라 할 수 있으며, '인덱스 + 알파' 전략을 추구한다.
- 중소형주(Small-cap)는 배당수익률이 낮고 시장보다 변동성이 크며, 대부분 조사분석대상에서 제외된다.
- 인덱싱전략의 장단점은 '보충문제 4' 참조

04 인덱싱전략의 장점이라고 볼 수 없는 것은?

① 불확실한 미래에 대한 예측을 할 필요가 없고 시장평균적 투자성과를 확보할 수 있다.

② 적극적 투자전략에 비해서 수수료 등 운용비용이 절약된다.

③ 경험적으로 보더라도 장기적인 관점에서의 투자수익률은 적극적인 전략의 수익률보다 뛰어나다.

④ 펀드매니저의 능력을 최대한 활용할 수 있다.

해설 펀드매니저의 능력을 최대한 활용할 수 있는 것은 Active전략이다. 즉 펀드매니저의 능력을 충분히 활용할 수 없는 것은 인덱싱전략의 단점이다.

정답 ④

05 가치주투자의 성격과 가장 거리가 먼 것은?

① 저PER주 투자

② 저PBR주 투자

③ 저배당주 투자

④ 내재가치 투자

해설 고배당주 투자이다.

정답 ③

06 성장주투자의 성격과 가장 거리가 먼 것은?

① 고PER주 투자

② 고PBR주 투자

③ 고배당주 투자

④ 기술주 투자

> **해설** 성장주투자는 저배당주 투자이다.

정답 ③

07 중소형주(Small Cap) 투자에 대한 설명이다. 가장 거리가 먼 것은?

① 대형주보다 변동성이 커서 같은 시장변동성일 경우에도 대형주보다 높은 수익을 얻을 수 있다.

② 기관투자가들의 분석대상에서 제외되는 경우가 많아 고평가되는 경향이 있다.

③ 거시경제변수보다 개별 회사에 대한 내재가치분석에 더 치중하는 경향이 있다.

④ 대형주보다 기업 고유의 위험이 큰 편이므로 대형주보다 위험이 크다.

> **해설** 고평가 → 저평가. 기관투자가의 분석대상에서 제외되면 가치를 제대로 평가받지 못하게 되므로 저평가되는 것이 일반적이다.

정답 ②

08 적극적 주식운용전략 중에서 상대적으로 기대수익이 낮고 위험도가 낮은 전략은?

① 가치주투자전략

② 성장주투자전략

③ 시장투자전략(Market Oriented 전략)

④ 중소형주투자전략

> **해설** 시장투자전략은 '인덱스＋알파' 전략이므로 액티브전략 중에서는 가장 기대수익과 위험이 낮다.

정답 ③

4 리스크관리

시장리스크(Market Risk) 측정방법에 대한 설명으로 옳지 않은 설명은?

① 시장리스크의 측정방식은 표준방식과 내부모형법이 있는데 표준방식은 각각의 리스크의 양을 단순합산해서 회사전체의 리스크양을 측정하는 단순합산방식을 취한다.

② 모든 시장성 있는 자산을 다섯 가지 범주(주가, 이자율, 외환, 상품, 옵션)의 리스크로 나누고 미리 정해진 가이드라인에 따라 리스크의 양을 부과하는 방식을 표준방식이라고 한다.

③ 소위 VaR로 알려진 측정방법은 일정한 질적 조건을 충족하고 검증절차를 거친 후 감독당국의 승인을 얻어 시장리스크 측정방식으로 사용할 수 있다.

④ 일부 시중은행을 제외한 대부분의 국내 금융기관은 내부모형법을 사용하고 있다.

> **해설** 대부분의 국내 금융기관은 표준방법을 사용하고 있다.
>
>   **정답** ④

더알아보기   금융기관의 리스크관리

(1) 시장리스크(Market Risk)

표준방법	내부모형법
• 다섯 가지 범주(주가 / 금리 / 환율 / 상품 / 옵션)로 나눈 리스크를 미리 정해진 기준에 따라 리스크양을 부과 • 단순합산방식으로 실행하기 쉽다는 장점이 있으나, 리스크별 분산투자효과를 감안하지 않는 등의 단점	소위 VaR로 알려진 측정방법 → 일정한 요건을 충족하고 검증절차를 거치면 감독당국의 승인을 얻어 시장리스크 측정방식으로 사용할 수 있음

*일부 시중은행을 제외하고 대부분의 금융기관이 표준방법을 사용함(신용리스크의 표준방법도 마찬가지)

※ 옵션의 시장리스크 측정방식(위의 다섯 가지 기초자산의 범주 중 옵션에 대한 측정방식)

간편법	델타 플러스법	시나리오법
옵션매수포지션을 측정	옵션매도포지션을 측정	좀 더 정교하고 복잡합 포지션(합성포지션)을 측정

(2) 신용리스크(Credit Risk)

표준방법	내부등급법
외부신용평가기관에서 부여하는 신용등급을 기준으로 각 등급별로 리스크의 가중치를 달리하는 방법	시장리스크의 VaR와 마찬가지로 통계적 모형에 의존하며 감독당국의 승인을 얻어 사용할 수 있음

• 신용리스크관리는 일반적으로 익스포저(Exposure)관리라고 함. 각 신용등급별 한도는 물론 거래상대방별 한도까지 부여함(파생상품의 경우 별도의 한도를 두는 것이 통상적)

• 장외파생상품의 신용익스포저 = 시가평가액 + 잠재적 익스포저(잠재적 익스포저는 잔존만기별, 기초자산별 정해진 값을 부여함-Add On Factor 방식)

(3) 운영리스크(Operational Risk)

① 과거 내부통제시스템과 감사기능을 통해 관리되었으나, 이제는 운영리스크에 대해서도 일정한 가이드라인을 통해 자기자본을 충당하도록 하고 있음(바젤2협약)

② 운영리스크 개념상의 문제점 : 손실자료를 축적하기 어렵고(노출회피), 자료의 속성상 통계적 모형을 적용하기도 어려움

(4) 유동성리스크(Liquidity Risk)

자금유동성리스크	상품유동성리스크
결제의무를 충족하지 못하는 리스크(유동성갭분석 등을 통해 관리)	정상적인 가격으로 처분하기 어려운 리스크(파생상품에 있어 특히 더 주의깊게 관리해야 하는 항목)

• 상품유동성리스크의 측정 : Tightness(Bid-offer의 괴리) / Depth(Bid-offer의 크기) / Resilency(가격변동의 흡수속도)

(5) 통합리스크관리 : 보충문제 5 그림설명 참조

담보부거래(Unfunded Swap)	Wrong Way Trades
파생상품거래시 담보부거래는 신용리스크를 경감하나, 운영리스크와 유동성리스크를 증가시킬 수 있다.	(금융기관이 투기거래자와 장외파생상품 거래시) 시장리스크가 신용리스크를 증폭시키게 된다.

참고 Wrong Way Trades 부분은 2016년 기본서 개정으로 시험범위에서 제외되었음

보충문제

01 옵션의 시장리스크 측정방식에 대한 설명으로 잘못된 것은?

① 간편법은 '옵션매도 포지션'만 가진 은행이 선택할 수 있는 방식이다.

② 델타 플러스법은 '옵션매도 포지션'을 보유한 은행이 선택할 수 있는 방법이다.

③ 시나리오법은 좀 더 복잡하고 정교한 옵션포지션을 보유한 은행이 선택할 수 있는 방법이다.

④ 다른 시장리스크의 범주와는 달리 옵션은 측정방식에 대해 선택권을 주고 있다.

해설 간편법은 옵션매수 포지션만 보유한 은행이 선택할 수 있다. 델타플러스법은 델타뿐만 아니라 감마, 베가 등을 주어진 공식에 따라 산출해서 측정한다.
*간편법 – Simplied Approach, 델타플러스법 – Delta Plus Method, 시나리오법 – Scenario Approach

정답 ①

02 신용리스크(Credit Risk) 측정방식에 대한 설명으로 잘못된 것은?

① 표준방식과 내부등급법이 있다.

② 표준방식은 외부신용평가기관에서 부여하는 신용등급을 기준으로 각 신용등급별로 리스크의 가중치를 달리 하는 방식이다.

③ 내부등급법은 내부에서 책정하는 신용등급과 부도확률 등의 일부 변수들을 입력하여 리스크의 양을 측정하는 방식인데 감독당국의 승인 없이도 사용할 수 있다.

④ 일부 시중은행을 제외한 모든 금융기관에서는 표준방식을 사용한다.

> **해설** 시장리스크의 내부모형법과 마찬가지로 신용리스크의 내부등급법도 감독당국의 승인을 얻어야 사용할 수 있다.

정답 ③

03 운영리스크(Operational Risk)에 대한 설명으로 잘못된 것은?

① 운영리스크는 내부절차의 불완전성, 인력과 시스템, 외부사건 등으로 손실을 입을 리스크로 정의된다.

② 운영리스크는 내부통제시스템과 감사기능을 통해 주로 관리되어 왔으며 그 속성상 바젤협약에 의해 국제기준으로 마련된 가이드라인이 아직 없다.

③ VaR와 같은 통계적 모형(Operational VaR)이 시도되고 있다.

④ 국제결제은행(BIS)에서 정하는 3대 위험은 시장위험, 신용위험, 운영위험이다.

> **해설** 지금까지는 내부통제시스템, 감사기능을 통해 관리되어 왔으나, 바젤2협약에 의해 이제 운영리스크에 대해서도 일정한 가이드라인을 통해 자기자본을 쌓도록 하고 있다.

정답 ②

04 상품유동성리스크(Liquidity Risk)를 측정하는 척도가 아닌 것은?

① Gap Analysis(갭 분석)

② Tightness(실거래가격과 호가와의 괴리정도)

③ Depth(Bid / Offer의 크기)

④ Resilency(가격변동이 흡수되는 속도)

> **해설** Gap Analysis는 자금유동성리스크를 측정하기 위한 수단이다.

정답 ①

05 통합 리스크 관리(Intergrated Risk Management)에 대한 설명으로 옳지 않은 것은?

① 파생상품거래시 담보부거래를 한다면 신용리스크를 축소시킬 수 있으나 담보물 관리 및 현금관리 수요가 늘어나 운영리스크와 유동성리스크를 증가시킬 수 있다.

② 소위 'Wrong-way Trades'라는 것은 신용리스크가 시장리스크를 증폭시키는 것을 말한다.

③ 은행이 위험회피자와 거래를 한다면 'Wrong-way Trades'의 문제가 노출되지 않는다.

④ 실무상 각 부서의 리스크를 단순합산하여 회사전체의 리스크를 측정하는데 이 경우 회사 전체의 리스크를 과대측정하는 결과가 초래된다.

> **해설** 'Wrong-way Trades'라는 것은 시장리스크가 신용리스크를 증폭시키는 경우를 말한다.

> **정답** ②

더알아보기 Wrong Way Trades의 개념

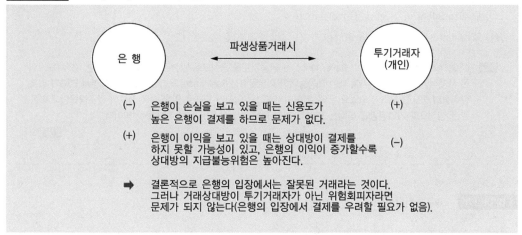

5 ESG 투자에 대한 이해

다음 빈칸에 들어갈 용어로 적절한 것은?

> ESG는 기업의 중장기 지속 가능성에 영향을 미칠 수 있는 요인들을 (   ), (   ), (   )로 나누어 체계한 기준으로 자본시장에서 기업을 평가하는 새로운 프레임워크(Framework)로 발전하였다.

① Environmental, Sustainable, Governance

② Economic, Sustainable, Government

③ Environmental, Social, Governance

④ Economic, Social, Government

해설   ESG(Environmental, Social, Governance)는 금융기관을 중심으로 발전된 개념이다. 2020년 COVID-19의 전 세계적인 유행으로 위기에 대한 대응능력이 회복탄력성(Resilience)의 개념으로 대두되면서 ESG가 회복탄력성의 중요한 요소가 되었으며, 또한 파리기후협약 이행기 도래로 인한 각국 정부의 탄소중립안에 따른 관련 정책으로 기업경영에 미치는 영향이 커져 ESG의 중요성은 점차 확대될 전망이다.

정답 ③

더알아보기   ESG 투자방식

ESG 요소를 반영한 투자는 책임투자(Responsible Investing) 혹은 지속가능투자(Sustainable Investing)로 일컬어지는데, 책임투자가 좀 더 보편적으로 사용되는 용어이다.

2014년 주요국의 기관투자자 연합이 결성한 GSIA(Global Sustainable Index Association)는 투자방식을 7가지 방식으로 정의하고 이중 하나 이상의 투자기준을 적용하고 있는 펀드를 책임투자로 정의하고 있다

7가지 투자방식 구분	내 용
ESG 통합	재무적 분석과 비재무적 분석의 통합
네거티브 스크리닝	특정산업 또는 종목에 대한 투자 배제(담배산업 등)
파지티브 스크리닝	ESG 기준에 부합되는 산업 또는 종목에만 투자
국제규범 기준 스크리닝	OECD, ILO, UN 등 국제기구 및 주요 NGO 기준에 따라 특정회사, 섹터, 국가를 투자에서 제외하는 전략
지속가능 / 테마투자	기후변화, 재생에너지 등 특정 지속가능테마에 관련된 자산 또는 종목에 선별투자하는 전략으로 수익창출이 일차적 목적이란 점에서 임팩트투자와 차이가 있음
임팩트투자 / 커뮤니티투자	임팩트투자는 사회·환경에 긍정적인 영향을 미치는 사업·종목에 투자하는 방식, 커뮤니티투자는 소외된 특정 개인이나 커뮤니티에 직접적으로 투자되는 자본으로 임팩트투자보다는 넓은 개념임
기업관여 및 주주활동	ESG 가이드라인에 따른 주주제안, 의결권 행사, 경영진과의 대화 등 직접적인 관여활동을 통한 기업의 의사결정에 영향을 주는 투자 방식

01 지배구조, 경영전략, 리스크관리, 지표 및 목표의 네 가지 구분에 따라 기후변화와 관련된 정보공시의 틀을 제시하는 글로벌 이니셔티브는?

① US SDGs
② GRI
③ TCFD
④ SASB

> **해설** TCFD는 Task force on Climate-related Financial Disclosures의 약자로 G20 정상이 금융안정위원회(FSB)에 의해 2015년에 설립된 기후변화 관련 재무정보 공개협의체이다. TCFD는 크게 지배구조, 경영전략, 리스크관리 지표 및 목표의 4가지 구분에 따라 기후변화와 관련된 공시구조의 틀을 제공하고 있다.
> ① US SDGs(Sustainable Development Goals)는 전 세계의 빈곤문제를 해결하고 지속가능한 발전을 실현하기 위하여 2016년부터 2030년까지 유엔과 국제사회가 달성해야 할 목표를 제시하는 이니셔티브이다. 사회적 포용, 경제성장, 지속가능한 환경의 3대 분야에 대해 17개의 목표와 169개의 세부목표로 구성되어 있다.
> ② GRI(Global Reporting Initiative)는 1997년 미국의 NGO인 세레스와 UNEP가 주축으로 설립되어 2002년 네덜란드에 본부를 두고 상설기관으로 확대 개편되어 '지속가능경영 성과보고'에 필요한 가이드라인을 제공하고 있다.
> ④ SASB(Sustainability Accounting Standards Board)는 미국의 지속가능회계 기준위원회가 제정한 ESG 관련 지속가능성 공시기준이다. 2020년 이 SASB는 국제통합보고위원회(IIRC)와 합병해 Value Reporting Foundation으로 재탄생하였다.

> **정답** ③

02 ESG 요소를 반영한 책임투자 관련 글로벌 이니셔티브에 대한 설명으로 잘못 설명된 것은?

① UN PRI에 가입한 금융기관은 6개 원칙을 준수할 것을 서명하고, 연 1회 이상 책임투자 이행상황에 대해 보고서를 작성·제출하여야 하며, 제출한 보고서는 6단계(A~E)로 평가받는다.

② UN Global Compact는 글로벌 최대의 기관투자자연합으로 책임투자에 대한 다양한 정보를 제공한다.

③ CDP(Carbon Disclosure Project)는 금융기관이 주도하는 기후변화(탄소배출 등) 환경관련 정보 이니셔티브로서 전 세계 금융투자기관의 위임을 받아 주요 기업에 환경 관련 정보 공개를 요청하고 그 분석보고서를 발간하는 영국에 본부를 둔 비영리기관이다.

④ TCFD는 크게 지배구조, 경영전략, 리스크관리 지표 및 목표의 4가지 구분에 따라 기후변화와 관련된 공시구조의 틀을 제공하고 있다.

> **해설** UN Global Compact는 전 세계 기업들의 지속가능한 사회적 책임을 촉진하기 위한 UN산하기구로서 7천여 개 이상의 기업이 참여하고 있는 글로벌 최대의 자발적인 기업지속가능 이니셔티브이다(기관투자자의 책임투자가 아님).

> **정답** ②

03 우리나라의 ESG를 반영한 책임투자에 대한 설명으로 적절하지 않은 것은?

① 국민연금은 '위탁자 책임에 관한 원칙'을 도입하였다.

② 펀드유형이 ESG 펀드라고 하나 이에 대한 명확한 기준이 부재하여 많은 공모 ESG 펀드가 출시되었지만 실제 그 활용정도나 적용방법 등에 대해서는 구체적인 평가가 어려운 상황이다.

③ 환경부는 환경에 대한 분류체계인 한국형 녹색분류체계(K-Taxonomy)를 발표하였다.

④ 국민연금은 위탁운용의 책임투자 내실화를 위하여 책임투자형 위탁펀드의 운용보고서에 책임투자 관련 사항을 포함하도록 의무화하고 있다.

> 해설 국민연금은 '수탁자 책임에 관한 원칙'을 도입하였다. 국민연금은 ESG 투자확대를 위한 정책 및 제도를 정비하면서 2018년에는 '수탁자 책임에 관한 원칙', 2019년에는 책임투자 활성화 방안으로 책임투자 원칙을 도입하고, 국민연금기금의 적극적 주주활동 가이드라인을 마련하였으며, 2020년 '국민연금기금운용지침'의 기존의 5대 기금운용 원칙(수익성, 안정성, 공공성, 유동성, 운용 독립성)에 '지속가능성' 원칙을 추가(6대 원칙)하여 ESG 확산을 위한 제도적 기반을 확충하였다.
>
> 정답 ①

04 국내외 ESG 공시에 대한 설명으로 옳지 않은 것은?

① TCFD는 2021년 개정을 통해 전체 산업에 대한 세부 기후 공시 지표를 제시하였다.

② 유럽의 금융기관의 지속가능금융공시규제는 2단계에 걸쳐 시행되며, 2단계에서는 주요한 부정적 영향에 대한 18개 지표를 공시하여야 한다.

③ 우리나라도 자산기준 일정규모 이상의 금융기관은 포트폴리오에 ESG 공시를 의무적으로 공개하여야 한다.

④ 해외의 경우 ESG 목표나 활동을 과장하거나 모호한 내용을 ESG로 포장한 기업들의 그린 워싱(Green Washing) 논란도 있다.

> 해설 우리나라는 금융기관의 ESG 투자 및 상품 관련 공시에 대한 제도화 논의가 아직 미진한 상태이다.
>
> 정답 ③

6 펀드평가

투자프로세스와 투자성과요인

펀드투자과정에서 투자자가 양호한 성과를 달성하는 데 영향을 주는 세 가지 요소이다. 이에 해당되지 않는 것은?

① 투자대상 유형별 자산배분의 선택
② 시장예측을 통한 투자시점의 선택
③ 투자한 펀드의 운용수익률
④ 적절한 벤치마크의 선정

해설 적절한 벤치마크의 선정은 투자성과평가와 좀 더 관련된 것이며, 펀드투자자가 펀드투자성과를 향상시키기 위한 세 가지 요소는 ①·②·③이다.
- 투자프로세스 : 자산배분계획 수립(PLAN단계) → 펀드선택과 투자실행(DO단계) → 투자결과 평가(SEE단계)

정답 ④

더알아보기 투자프로세스와 투자성과요인

(1) 양호한 성과를 달성하기 위한 세 가지 요소 : '자산배분선택 / 투자시점선택 / 펀드의 운용수익률'

(2) 관점에 따른 성과평가의 종류

투자자관점의 성과평가	펀드관점의 성과평가
'자산배분 선택 / 투자시점 선택 / 투자대상펀드 선택'의 세 가지 요소 모두가 성과평가의 대상이 됨	펀드를 운용하는 펀드운용자와 펀드운용회사의 운용능력을 평가하기 위한 것

- 투자자가 해당 펀드에 일시불로 투자한 경우 '투자자관점의 성과평가 = 펀드관점의 성과평가'이다.

01 펀드의 성과평가에 대한 설명으로 잘못된 것은?

① 펀드관점의 성과평가란 펀드를 운용하는 펀드운용자와 운용회사의 운용능력을 평가하기 위한 것이다.

② 투자자는 펀드를 선택한 후에 그 운용에 간섭할 수 없으므로 운용회사와 펀드운용자의 운용능력을 평가하는 것은 매우 중요한 일이다.

③ 투자자관점의 성과평가는 '자산배분선택, 투자시점선택, 투자대상펀드선택'을 통해 얼마나 좋은 성과를 거두었는가를 평가하는 것이다.

④ 만일 투자자가 수시로 펀드에 투자한다면 해당 펀드의 투자자관점의 성과평가와 펀드관점의 성과평가 결과는 동일하게 된다.

> **해설** 수시로 투자하면 투자자관점의 성과평가와 펀드관점의 성과평가는 차이가 날 수밖에 없다(투자자가 일시불로 투자한 것으로 가정할 때 펀드관점 성과평가와 동일).
>
> 정답 ④

펀드분석 및 펀드평가의 목적

집합투자기구 평가상 '양호한 집합투자기구'를 선정하기 위한 계량적인 기준이 아닌 것은?

① 수익률이 절대적·상대적으로 높은 집합투자기구
② 위험이 절대적·상대적으로 낮은 집합투자기구
③ 위험조정성과가 절대적·상대적으로 높은 집합투자기구
④ 집합투자기구 운용회사의 운용프로세스

해설 집합투자기구 운용자의 운용능력과 운용회사의 운용프로세스는 계량적인 요소가 아니다. 즉 정성적 요소이다
(계량적 = 정량적).

정답 ④

더알아보기 펀드분석 및 펀드평가의 목적

(1) 펀드분석(Fund Analysis) 및 펀드평가(Fund Evaluation)의 개념
펀드분석은 '분석대상펀드를 찾아내는 것'이며, 펀드평가는 '평가대상펀드의 운용성과를 측정하여 그 우
열과 순위를 가리는 과정'이다.

(2) 펀드분석 및 펀드평가의 목적

집합투자기구의 선정	집합투자기구 모니터링	집합투자기구 운용결과분석
• '정량적 평가'를 통해 양호한 집합투자기구를 선정함 • '정성적 평가'를 통해 양호한 성과의 지속성이 예상되는 펀드를 선정함	'믿고 기다리기 위해서' 펀드가 정상적인 상태로 운용되고 있어야 한다는 기본요소가 충족되어야 함	펀드운용결과를 분석하는 궁극적인 이유는 환매 또는 재투자 여부를 결정하기 위함 → 단기성공·실패를 분석하는 차원에서 나아가 장기성과의 성공·실패로 연결될지 여부를 파악해야 함

① 정량적 평가 : 수익률(위험)이 절대적·상대적으로 높은(낮은) 펀드, 위험조정성과가 높은 펀드, 평가
등급(Rating)이 높은 펀드가 좋은 펀드이다.
② 정성적 평가 : 성과요인 분석, 포트폴리오 분석, 운용자와 운용회사의 질적평가
③ 모니터링의 기본요소 : 펀드성과, 펀드보유자산과 매매현황, 펀드운용자 및 운용회사, 펀드의 자금흐
름 등

01 집합투자기구 평가에 있어서 질적인 평가요소에 해당되지 않는 것은?

① 평가등급(Rating)
② 운용자와 운용회사의 운용프로세스
③ 성과요인 분석
④ 포트폴리오 분석

> **해설** 평가등급(Rating)이 높은 집합투자기구가 양호한 집합투자기구이다. 이는 계량적 요소이다.
>
> 정답 ①

02 집합투자기구 모니터링(Monitoring)에 대한 설명으로 잘못된 것은?

① 집합투자기구의 성과에 대한 모니터링은 주기적으로 실시하되 성과의 우열을 가리는 것이 중요하다.
② 집합투자기구의 보유자산과 매매현황에 대한 모니터링은 집합투자기구의 성과원인과 특성의 변화여부를 파악하기 위해서이다.
③ 집합투자기구의 운용자 및 운용회사에 대한 모니터링은 집합투자기구의 성과가 앞으로도 잘 유지될 수 있는지 혹은 갑작스런 운용자 교체가 발생하지 않는지를 파악하기 위해서이다.
④ 집합투자기구의 자금흐름을 모니터링하는 것은 자금흐름이 집합투자기구의 종합적인 상황 등을 반영한 결과일 수 있기 때문이다.

> **해설** 집합투자기구 성과에 대한 모니터링은 단순히 성과의 우열을 가리는 것이 아니라 시장상황과 성과원인에 중점을 두어야 한다. 예를 들어 시장상황에 비해 '지나치게' 부진한 성과에 한하여 집합투자기구를 환매하는 것이 바람직하다.
>
> 정답 ①

03 집합투자기구 운용결과분석에 대한 설명으로 잘못된 것은?

① 집합투자기구의 운용결과를 분석하는 이유는 계획과 대비하여 결과가 성공했는지 실패했는지 여부를 판단하고 개선할 수 있는 방법을 찾기 위함이다.
② 집합투자기구의 운용결과를 분석을 통해 투자자가 취할 수 있는 방안은 계속 투자할 것인지 혹은 전부 또는 일부를 환매할 것인지를 결정하는 것이다.
③ 투자자분석 관점에서는 집합투자기구의 운용결과를 분석하는 것은 '리밸런싱'을 위해 투자결과를 분석하는 것이라고도 할 수 있다.
④ 성공적인 운용결과를 보인 집합투자기구는 당연히 계속 투자하는 것이 옳다.

> **해설** 집합투자기구의 성과가 좋다고 계속하고, 나쁘다고 그만두는 식의 일률적인 판단을 해서는 안 된다. 왜냐하면 단기간의 성공과 실패가 장기간의 성공과 실패로 직접 연결되지 않을 수 있기 때문이다.
>
> 정답 ④

집합투자기구의 평가프로세스에 대한 설명으로 적절하지 않은 것은?

① 집합투자기구평가는 집합투자기구의 유형을 분류하고 벤치마크를 설정하는 것으로부터 시작된다.
② 집합투자기구평가회사는 집합투자기구의 수익률, 위험, 위험조정성과 등을 주기적으로 측정하고 등급(Rating)을 부여한다.
③ 성과의 우열을 가리는 것이 집합투자기구평가의 전부가 아니며, 성과의 원인과 특성을 파악하는 것이 중요하다.
④ 집합투자기구의 절대평가란 동류그룹과 비교하는 것이며, 상대평가란 벤치마크와 비교하는 것이다.

> **해설**　절대평가는 벤치마크와, 상대평가는 동류그룹(Peer Group)과의 비교이다.
>
> 　　　　　　　　　　　　　　　　　　　　　　　　　　　　　　　　**정답** ④

더알아보기　집합투자기구의 평가프로세스

성과평가의 기준 정하기	성과우열 가리기(정량평가)	성과의 질적특성 파악하기(정성평가)
집합투자기구의 유형분류 → 벤치마크의 설정	수익률측정 → 위험측정 → 위험조정성과측정(RAPM) → 등급부여(Rating)	성과요인 분석 → 포트폴리오 분석 → 운용회사 및 운용자의 질적평가

(1) 집합투자기구의 유형분류
　① 집합투자기구 유형(Fund Category)이란 펀드성과를 비교측정하기 위해 성격이 유사한 펀드들끼리 묶어놓은 동류그룹(Peer Group)을 말한다.
　② 주식형 또는 채권형의 구분은 Peer Group을 말하는 것이며, 주식형 내의 '대형주 / 소형주'의 구분, '성장주 / 가치주'의 구분 등은 Style 분류를 말한다.
　③ 펀드가 어떤 유형에 속하는가에 따라 상대적인 우열이 바뀔 수 있음에 유의한다.

(2) 벤치마크 설정
　① 벤치마크(Benchmark)는 사전적인 의미로 '기준 또는 잣대'를 말한다.
　② 펀드의 운용목표와 전략을 가장 잘 나타내는 지표가 벤치마크이며, 벤치마크의 역할에는 운용지침(Guideline), 성과평가의 기준 등이다.
　③ 바람직한 벤치마크의 특성 : '명확성 / 투자가능성 / 측정가능성 / 적합성 / 현재 투자견해를 반영 / 사전에 정의'
　④ 벤치마크는 운용자가 정하며, 집합투자기구평가회사는 정보입수의 한계 등이 있을 경우 운용자가 정한 벤치마크와 다르게 정하여 사용할 수 있다.
　⑤ 벤치마크의 종류 : 시장지수 / 섹터지수 / 정상포트폴리오 등
　　• 정상포트폴리오 : 투자가능종목만으로 구성한 인덱스이며 채권형에서 많이 쓰임(KOBI30 등)

⑥ 벤치마크를 기준으로 한 평가(절대평가)

A펀드	A펀드의 벤치마크 수익률	A펀드와 동류그룹의 수익률
15%	10%	20%

→ A펀드는 (벤치마크에 비해) 절대적으로 우수하고, (동류그룹에 비해) 상대적으로 열위하다.

(3) 수익률계산

시간가중수익률	금액가중수익률
운용기간 중 현금흐름에 영향없음 / 벤치마크 및 동류그룹 간 비교가능 / 운용자관점의 수익률 / 기하수익률	운용기간 중 현금흐름에 영향을 받음 / 벤치마크 및 동류그룹 간 비교불가 / 투자자관점의 수익률 / 내부수익률

※ '그룹별(운용사별 / 집합투자기구 유형별) 수익률'을 산출하는 이유

대표계정의 오류제거	생존계정의 오류제거	운용사 간 비교가능

→ 다만, 투자결과의 이전가능성의 문제가 발생할 수 있다(펀드매니저의 이동시).

(4) 위험의 측정

절대적 위험	상대적 위험
VaR, 표준편차	공분산, 초과수익률, 베타, 상대VaR

(5) 위험조정성과의 측정(RAPM)

샤프비율	트레이너비율	젠센의 알파	정보비율(평가비율)
총위험 한 단위당 초과수익률 / 평가기간 동일, 동류그룹 간에만 비교 가능 / (−)의 수익률에서 평가 불가	체계적 위험 한 단위당 초과수익률 / 기타 유의점은 샤프비율과 동일	펀드운용자의 종합적 운용능력을 측정하나, 종목선택능력과 시장예측능력을 구분할 수 없다는 단점	적극적 투자활동의 결과 발생한 초과수익률과 초과수익률에 대한 표준편차의 비율

> 참고 트레이너비율은 2016기본서 개정으로 시험범위에서 제외되었으나, 샤프비율, 트레이너비율, 젠센의 알파를 비교하며 이해할 것을 권장함

① 위험조정성과지표란 수익률과 위험을 동시에 고려해 펀드의 성과를 측정하는 것으로서 지배원리로 판단할 수 없는 경우 사용하는 지표이다.
② 충분히 분산투자된 경우 샤프비율과 트레이너비율은 유사하게 나타난다.
③ 샤프비율이나 트레이너비율은 무위험수익률 대비 초과수익률을 말하나, 정보비율은 벤치마크 수익률 대비 초과수익률을 말한다.
④ 정보비율을 측정하는 기간은 충분해야 한다(짧을 경우 運에 의한 성과가 달성될 수 있기 때문).

(6) 집합투자기구 등급부여(Rating)
① 집합투자기구의 수익률과 위험 또는 위험조정지표 등을 활용하여 종합적으로 판단할 수 있도록 산출한 평가결과물이다(제로인은 태극문양, 모닝스타는 별표).
② 집합투자기구등급을 절대적으로 맹신해서는 안 된다. 왜냐하면 정량평가만으로 측정된 결과이기 때문에 미래성과를 보장해 주지 않기 때문이다.

(7) 성과요인 분석

① 성과요인은 시장예측능력과 종목선정능력으로 구분된다. 성과요인 분석을 통해 특정 성과요인에 능력이 있는 것으로 판명된다면 해당 능력이 잘 발휘되도록 자금을 배정할 수 있다.

② 젠센의 알파는 운용자의 종합적인 능력을 평가할 수 있으나 시장예측능력과 종목선정능력으로 구분할 수 없다 → 이를 구분할 수 있는 것은 '트레이너-마주이 / 헨릭슨-머튼 모형'인데, 이들은 두 능력의 존재는 알 수 있으나 그 기여도를 측정하기는 어렵다. → 기여도까지 측정할 수 있는 것은 가상포트폴리오 방식이다.

(8) 포트폴리오 분석

투자비중 분석	거래특성 분석	스타일 분석거래특성 분석
운용전략이 보수적인지 공격적인지를 구분할 수 있음	매매회전율, 매매수수료 등이 너무 많을 경우 펀드교체의 당위성 제공	집합투자기구평가사의 기능을 가장 잘 설명해주는 분석

→ 포트폴리오 분석은 결과물이 아닌 포트폴리오 그 자체의 특성을 분석하는 것(→ 정성평가)

→ 스타일 분석은 사전적으로는 좋은 성과를 보일 펀드를 고르는 판단요소가 되며, 사후적으로는 과거 펀드성과의 원인을 적절하게 설명해주는 역할을 함

(9) 운용회사 및 운용자의 질적평가

① 집합투자기구의 장기성과는 운용자, 운용회사의 질적특성에 의해 결정된다(정성평가)

② 질적특성을 구성하는 변수 : 재무구조 등 안정성 / 조직·인력 / 운용프로세스 / 위험관리능력 등

보충문제

---

01 집합투자기구 유형분류에 대한 설명으로 옳지 않은 것은?

① 집합투자기구의 성과를 상대적으로 비교 측정하기 위하여 집합투자기구 투자목적, 투자자산, 투자전략, 투자스타일, 특징 등이 유사한 집합투자기구들끼리 묶어 놓은 동일집단(Peer Group)을 집합투자기구유형(Fund Category)이라 한다.

② 법률에서는 투자재산의 운용대상에 따라 집합투자기구의 종류를 구분하는데 표준약관에서는 증권집합투자기구는 주식형, 채권형, 혼합형집합투자기구로 세분한다.

③ 집합투자기구평가회사는 법률 또는 표준약관의 기준 그대로 집합투자기구의 유형을 사용하여야 한다.

④ 집합투자기구가 어떤 유형에 속하는가에 따라 상대적인 우열이 바뀔 수 있다.

> **해설** 집합투자기구평가회사는 필요에 따라 집합투자기구유형을 좀 더 세분화하고 특성을 명확히 하여 분류하는 것이 일반적이다. ④의 경우는 펀드의 절대적인 수익률은 변할 수는 없지만 상대적인 우열은 분류에 따라 변할 수 있다는 것이다.

정답 ③

02 다음 빈칸에 알맞은 것은?

> (　　　)는/은 집합투자기구유형보다 더 세분화된 것이다. 미국 등 선진국시장에서는 (　　　)(으)로 집
> 합투자기구유형을 분류하는데 주식형펀드는 대·중·소형주로 분류하고 채권형펀드는 신용등급의
> 고·중·저로 분류한다.

① 스타일(Style) 분류
② 동류그룹(Peer Group)
③ 자산배분(Asset Allocation)
④ 벤치마크(Benchmark)

정답 ①

더알아보기   스타일(Style) 분류

① 주식형펀드의 경우 '대형주 – 중형주 – 소형주'의 분류, '성장주 – 가치주'의 분류, '고베타주 – 저베타주'
　의 분류 등으로, 채권형펀드는 듀레이션의 '단기 – 중기 – 장기', 신용등급의 '고 – 중 – 저' 등으로 분류
　하는 것이 스타일 분류이다.
② 스타일 분류는 각 스타일의 펀드가 시장의 국면변화에 따라 상이한 운용성과를 나타낸다는 특성을 가지
　고 있기 때문에 투자자의 자산배분시에 별도 자산유형으로 고려되어 자산배분 성과를 높여준다는 특성을
　가지고 있다.

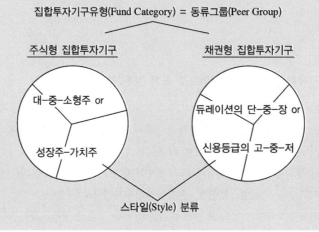

03 벤치마크에 대한 설명으로 옳지 않은 것은?

① 집합투자기구의 벤치마크는 집합투자기구평가회사가 정한다.

② 집합투자기구의 운용목표와 전략을 가장 잘 나타내는 것이 벤치마크이다.

③ 벤치마크는 집합투자기구의 운용지침(Guideline)이 된다.

④ 벤치마크는 집합투자기구의 성과평가(Fund Performance Evaluation)의 기준이 된다.

> **해설** 집합투자기구의 벤치마크는 집합투자기구 운용자가 정한다. 집합투자기구 운용자는 집합투자기구의 운용목표와 운용전략을 정하게 되고 이를 가장 잘 반영하는 벤치마크를 정해야 한다.
> **참고** 집합투자기구평가회사는 정보입수의 한계, 상호비교를 위한 충분한 집합투자기구의 수의 제한 등의 평가상의 제한이 있을 경우 운용사가 정한 벤치마크와 다르게 정하여 평가할 수 있다.
>
> **정답** ①

04 각 벤치마크에 대한 설명이 올바르지 않은 것은?

① 시장지수(Market Index) : 자산유형에 소속된 모든 대상 종목을 포함한 것으로 가장 넓은 대상을 포함한 것

② 섹터 / 스타일 지수(Sector / Style Index) : 자산유형 중 특정한 분야나 특정한 성격을 지니는 대상만을 포함한 것

③ 맞춤형포트폴리오 : 투자가능한 종목만으로 구성한 벤치마크

④ 합성지수(Synthesized Index) : 2개 이상의 시장지수나 섹터지수를 합성하여 별도로 계산한 것으로서 복수의 자산유형에 투자하는 경우 적합한 벤치마크

> **해설** ③은 정상포트폴리오(Normal Portfolio)의 내용으로 KOBI120, KOBI30 등이 예이다.
> 채권의 경우 매우 많은 종목들이 있고 주식에 비해 유동성이 풍부하지 않으므로 '투자 가능한 종목만으로 구성한' 정상포트폴리오가 의미가 있다.
> **참고** 맞춤형포트폴리오는 특정 집합투자기구의 운용과 평가를 위한 포트폴리오이고 일반성이 적은 집합투자기구를 평가하기 위한 벤치마크이다.
>
> **정답** ③

05 다음의 비교 중에서 잘못 연결된 것은?

번 호	시간가중수익률	금액가중수익률
①	운용기간 중 현금흐름에 영향없음	운용기간 중 현금흐름에 영향받음
②	벤치마크 및 동류그룹 간 비교가능	벤치마크 및 동류그룹 간 비교불가능
③	운용자·운용회사 관점의 수익률	투자자 관점의 수익률
④	내부수익률	기하수익률

> **해설** 시간가중수익률은 기하수익률, 금액가중수익률은 내부수익률이다.
>
> **정답** ④

06 집합투자기구평가사에서는 개별 집합투자기구의 수익률과 함께 집합투자기구유형에 대한 수익률과 운용사수익률을 측정하여 발표하고 있다. 그렇다면 운용회사의 그룹수익률을 산출하는 이유에 해당되지 않는 것은?

① 대표계정(Representative Accounts)의 오류를 제거하기 위함

② 생존계정의 오류(Survivorship Biases)를 제거하기 위함

③ 투자결과의 이전가능성(Portability of Investment Results)을 제거하기 위함

④ 운용사 간의 비교가 가능하기 때문

> **해설** ①·②·④는 운용회사의 그룹수익률을 산출하는 이유이고, '투자결과의 이전가능성'은 그룹수익률을 산출할 때 발생할 수 있는 문제점이다.
>
> 정답 ③

07 상대적 위험 지표에 속하지 않는 것은?

① 초과수익률(Excess Return)

② VaR(Value at Risk)

③ 베타(β)

④ 공분산(Covariance)

> **해설** VaR은 절대적 위험 지표에 속한다(상대 VaR에 대비되며 절대 VaR이라고도 함).
>
> 정답 ②

08 절대적 위험을 측정하는 지표로 연결한 것은?

① 표준편차, VaR

② 표준편차, 베타

③ 공분산, VaR

④ 베타, 초과수익율

> **해설** '표준편차, (절대)VaR'가 절대적 위험 지표이며 '베타, 공분산, 초과수익율, 상대VaR'는 상대적 위험 지표이다.
>
> 정답 ①

09 위험의 종류에 대한 설명 중 옳지 않은 것은?

① 펀드의 위험을 나타내는 가장 일반적인 지표는 표준편차로서 위험은 수익률의 변동성으로 나타 난다.

② 펀드수익률과 시장과의 민감도를 베타(β)라고 하는데 이는 상대적 위험 지표이다.

③ 1년간 5%에서 10%의 변동성을 보인 A펀드와 −3%에서 20%의 변동성을 보인 B펀드 중에서 B펀 드가 위험이 더 크다고 평가하는데 이는 VaR의 평가방법이다.

④ 위험을 절대위험과 상대위험으로 구분하는 것과 달리 전체위험과 하락위험으로 구분할 수 있는데 하락할 가능성만을 위험으로 보는 것이 하락위험(Downside Risk)이다.

> **해설** VaR가 아니라 표준편차로 평가하는 방법이다. 수익률의 변동성이 클수록 표준편차가 크게 나타난다.
>> **참고** • 전체위험 : 대표적으로 표준편차와 베타가 해당된다.
>> • 하락위험 : 반편차와 적자위험이 있는데 국내 집합투자기구평가회사는 아직 하락위험을 발표하지 않고 있다.
>
> **정답** ③

10 다음 빈칸에 알맞은 말은?

> 상대적으로 변동성이 큰 개별종목을 많이 편입하게 되면 (㉠)가 (㉡) 나타난다.

	㉠	㉡
①	베타	크게
②	베타	작게
③	VaR	크게
④	VaR	작게

> **해설** 베타가 크게 나타난다. 베타가 작은 집합투자기구를 상대적으로 위험이 작은 집합투자기구로 간주한다.
>
> **정답** ①

11 다음의 집합투자기구를 평가함에 있어 위험조정성과지표가 필요한 경우는?

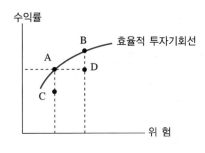

① A-C 간   ② A-B 간

③ A-D 간   ④ B-D 간

> **해설** A-C, A-D, B-D는 모두 'Dominant Condition'에 있다. 즉 지배원리 하에 있다는 것인데 같은 위험수준에서는 수익률이 높은 자산을 선택하고(A>C, B>D), 수익률 수준이 같다면 위험이 작은 자산을 선택한다(A>D). 그런데 A-B는 'Non-dominant Condition'이다. 즉 B는 A보다 위험도 크고 수익률도 높다. 즉 둘 다 효율적인 증권(효율적투자기회선상의 증권들)인 경우에는 단순히 지배원리로만 판단할 수 없고 위험조정지표를 사용해야 한다. 이에 해당하는 지표들은 샤프비율, 젠센의 알파, 정보비율 등이 있다.
>
> 정답 ②

12 샤프비율(Sharp Ratio)에 대한 설명으로 옳지 않은 것은?

① 샤프비율은 위험 한 단위당 초과수익률을 말하며 높을수록 좋다.

② $S_P = (R_P - R_B) / \sigma_P$ 이다(S_P : 샤프비율, R_P : 포트폴리오수익률, R_B : 벤치마크 수익률, σ_P : 포트폴리오의 위험).

③ 반드시 평가기간이 동일하고 동일한 유형의 집합투자기구들 간에 비교해야 한다.

④ 초과수익률이 부(-)일 경우에는 샤프비율을 적용할 수 없다.

> **해설** $S_P = (R_P - R_f) / \sigma_P$ 이다(S_P : 샤프비율, R_P : 포트폴리오수익률, R_f : 무위험수익률, σ_P : 포트폴리오의 위험). 즉 샤프비율의 초과수익은 벤치마크 대비 초과수익이 아니라 무위험수익률 대비 초과수익을 의미한다.
>
> 정답 ②

더알아보기 초과수익이 부(-)일 경우 샤프비율의 사용이 부적절한 이유(예시)

구 분	A펀드	B펀드
초과수익($R_P - R_f$)	-4%	-10%
위험(σ_P)	10%	50%
샤프비율(S_P)	-2% / 10% = -0.4	-10% / 50% = -0.2

• A펀드는 B펀드에 비해서 수익률이 높고 위험도 적어서 더 우수한 펀드라고 평가되지만 샤프비율상으로는 B펀드가 더 좋은 것으로 나타난다(즉 오류가 나타난다).

13 트레이너비율(Treynor Ratio)에 대한 설명으로 옳지 않은 것은?

① 샤프비율이 무위험초과수익에 기여하는 집합투자기구의 위험으로 총위험인 표준편차를 사용한 반면, 트레이너비율은 집합투자기구의 체계적 위험 한 단위당 무위험 초과수익률을 나타내는 지표이다.

② $TR_P = (R_P - R_f) / \beta_P$ 이다(TR_P : 트레이너비율, R_P : 포트폴리오수익률, R_f : 무위험수익률, β_P : 포트폴리오의 체계적 위험).

③ 샤프비율과 트레이너비율은 분모가 되는 위험의 종류가 다르긴 하나 위험 한 단위당 초과수익의 크기로 성과를 비교하는 것으로 그 의미와 유의점은 유사하다.

④ 전체자산을 충분히 분산투자하고 있는 경우에는 샤프비율과 트레이너비율에 의한 평가결과는 매우 다르게 나타난다.

> **해설** 트레이너비율은 체계적 위험 한 단위당 초과수익을 측정한다. 트레이너비율에서 체계적 위험을 쓰는 이유는, 포트폴리오가 잘 분산되면 비체계적 위험의 대부분은 제거되고 체계적 위험만 남기 때문에 굳이 비체계적 위험까지 포함한 총위험(표준편차-샤프비율)을 쓸 필요가 없다는 것이다. 즉, 잘 분산된 포트폴리오의 경우에는 체계적 위험만 남게 되고 이 경우 $(\beta_P = \sigma_P)$이므로 샤프비율과 트레이너비율은 거의 동일하게 나타날 것이다.
>
> 정답 ④

14 젠센의 알파(Jensen's Alpha)에 대한 설명으로 옳지 않은 것은?

① 젠센의 알파는 집합투자기구의 실제수익률이 시장균형을 가정한 경우의 기대수익률보다 얼마나 높은지를 나타내며 높을수록 좋다.

② $\alpha_P = (R_P - R_f) - \beta_P \times (R_m - R_f)$이다($\alpha_P$: 젠센의 알파, R_f : 무위험수익률, β_P : 집합투자기구의 베타, R_m : 시장수익률).

③ 집합투자기구의 알파가 0보다 크다는 것은 시장균형 하에서의 베타위험을 가지는 집합투자기구의 기대수익률보다 해당 집합투자기구의 수익률이 더 높았다는 것을 의미한다.

④ 종목선택정보와 시장예측정보를 모두 활용하는 집합투자기구에 대해서 젠센의 알파는 적절한 평가지표가 될 수 있다.

> **해설** 젠센의 알파는 시장수익률을 초과하는 능력을 말하지만, 구체적으로 종목선택능력과 시장예측능력으로 구분하지 못하는 단점이 있다. 따라서 두 가지를 모두 활용하는 펀드를 평가하기에는 적절하지 않다.
>
> 정답 ④

더알아보기 젠센의 알파가 0보다 크다는 것의 의미

[젠센의 알파 $\alpha_P = (R_P - R_f) - \beta_P \times (R_m - R_f)$, $\alpha_P > 0 \rightarrow (R_P - R_f) > \beta_P \times (R_m - R_P)$]
즉, 집합투자기구의 초과수익률($= R_P - R_f$)이 시장균형 하에서의 베타위험을 가지는 집합투자기구의 초과수익률[$= \beta_P \times (R_m = R_t)$]을 의미한다. 즉, 젠센의 알파가 클수록 시장평균을 초과하는 운용자의 종합적인 능력이 우수함을 의미한다.

15 정보비율(Information Ratio)에 대한 설명으로 잘못된 것은?

① 정보비율이란 적극적 투자활동의 결과로 발생한 초과수익률과 집합투자기구의 초과수익률에 대한 표준편차의 비율로 평가비율(Appraisal Ratio)이라고 하기도 한다.

② 정보비율 = $(R_P - R_b) / sd(R_m - R_f)$이다($R_P$: 포트폴리오 수익률, R_b : 벤치마크 수익률, sd $(R_m - R_f)$: 초과수익의 표준편차).

③ 정보비율은 집합투자기구 수익률이 벤치마크 수익률보다 높을수록 좋다는 분자의 개념과 집합투자기구 수익률이 벤치마크 수익률과 큰 차이를 보이면 곤란하다는 분모의 개념이 결합된 것이다.

④ 정보비율이 높을수록 펀드운용자의 능력이 탁월한 것을 의미하고, 정보비율이 계산된 성과측정기간이 충분하여야 한다.

> 해설 정보비율 = $(R_P - R_b) / sd(R_P - R_b)$이다($R_P$: 포트폴리오 수익률, R_b : 벤치마크 수익률, $sd(R_P - R_b)$: 포트폴리오의 초과수익의 표준편차(트래킹 에러)).

정답 ②

더알아보기 정보비율의 의미

$$[정보비율 = \frac{(R_P - R_b)}{sd(R_P - R_b)}]$$

① 정보비율의 초과수익은 무위험대비 초과수익이 아니라 벤치마크 대비 초과수익이다.
② 분자의 의미 = 집합투자기구 수익률이 벤치마크 수익률보다 높을수록 좋다.
　분모의 의미 = 집합투자기구 수익률이 벤치마크 수익률과 큰 차이를 보이면 곤란하다(표준편차는 낮을수록 좋다).
　→ 초과수익률과 초과수익률에 대한 표준편차의 비율이다(평가비율이라고도 함).
③ 벤치마크를 초과한 수익을 얻는 원천이 집합투자기구 운용자만의 고유한 정보로 여기기 때문에, 정보비율이라고 한다.

16 집합투자기구등급(Fund Rating)에 대한 설명으로 잘못된 것은?

① 집합투자기구등급이란 집합투자기구의 수익률과 위험 또는 위험조정지표 등을 활용하여 종합적으로 판단할 수 있도록 산출한 평가결과물이다.

② 샤프비율이나 젠센의 알파와 같이 일반적인 지표와 별개로 집합투자기구평가회사는 고유의 평가철학과 방법론에 따라 별도의 위험조정지표를 산출하기도 한다.

③ 국내의 펀드평가회사 제로인은 최고등급(1등급)의 펀드에 태극문양 5개를 부여한다.

④ 집합투자기구등급(Fund Rating)은 해당 운용회사의 운용프로세스까지 반영하기 때문에 질적인 부분의 평가에도 신뢰성이 높다.

> **해설** 해당 운용회사의 운용프로세스는 반영하지 못한다(집합투자기구등급은 순수하게 과거의 계량적인 성과만을 이용하여 측정된 결과이기 때문). 따라서 집합투자기구등급은 투자 판단의 시발점으로 활용할 수 있으나 절대적으로 맹신해서는 안 된다.
>
> **정답** ④

---

17 펀드성과평가의 단계 중 다음 내용과 가장 거리가 먼 것은?

> 성과원인도 양호하고 결과도 양호하며 성과의 지속성이 예상되는 집합투자기구를 선택하기 위해 분석하는 단계이다.

① 위험조정성과평가 단계
② 성과요인평가 단계
③ 포트폴리오 분석 단계
④ 운용자와 운용회사에 대한 질적평가 단계

> **해설** 성과의 지속성 여부를 판단하기 위해서는 정성평가를 해야 한다(①은 정량평가, ②·③·④는 정성평가에 속함).
>
> **정답** ①

---

18 성과요인 분석에 대한 설명으로 적절하지 않은 것은?

① 성과요인 분석이란 성과의 원인을 파악하는 일련의 계량분석과정을 말한다.

② 일반적인 펀드의 성과평가방법(수익률, 위험, 위험조정성과, Rating)도 운용의 우열뿐만 아니라 우열이 나타난 원인을 충분히 설명할 수 있기 때문에 성과요인 분석의 기능도 하고 있다.

③ 일반적으로 성과요인을 크게 시장예측(Market Timing Selection)과 종목선정(Stock Selection) 능력으로 나눌 수 있다.

④ 벤치마크를 이용한 대표적인 성과요인 분석 방법에는 Treynor-mazuy의 이차항회귀분석모형과 Henriksson-merton의 옵션모형이 있다.

> **해설** 일반적인 펀드의 성과평가방법(수익률, 위험, 위험조정성과, Rating)은 운용의 우열을 가릴 수 있으나 우열이 나타난 원인은 충분히 설명하지 못하기 때문에 성과요인 분석이 필요하다.
>
> **정답** ②

19 포트폴리오 분석에 대한 설명으로 적절하지 않은 것은?

① 펀드성과분석은 포트폴리오가 주는 결과물, 즉 수익률·위험·위험조정성과 등을 분석 대상으로 하나 '포트폴리오 분석'은 포트폴리오의 결과물이 아닌 포트폴리오 자체의 특성을 분석하는 것이다.

② 포트폴리오 분석은 집합투자기구 내의 자산의 투자비중을 분석하는 것에서부터 시작한다.

③ 최소주식편입비중이 60%인 주식형펀드의 실제 주식편입비중이 90%라면 해당 펀드는 주식시장에 대해 비관적인 관점을 가지고 있다.

④ 집합투자기구의 자산매매회전율이 연간 600%를 보였다면 저평가된 증권을 매입 후 장기간 투자하는 집합투자기구들에 비해 투자성과가 떨어질 가능성이 높다.

해설 약관상 요건보다 훨씬 더 높은 비중의 주식을 편입하고 있으므로 해당 펀드는 현재 장세에 대해 낙관적인 견해를 가지고 있음을 알 수 있다.

정답 ③

20 다음 빈칸에 알맞은 말은?

> • (　　　)이란 성과에 가장 큰 요인을 주는 변수를 골라내 이를 기준으로 집합투자기구를 분류하는 기법이다.
> • (　　　)은 사전적으로는 좋은 수익률을 보일 집합투자기구를 고르는 판단요소가 되며 사후적으로는 과거 집합투자기구성과의 원인을 적절하게 설명해주는 역할을 한다.

① 스타일 분석
② 포트폴리오 분석
③ 위험조정성과 분석
④ 민감도 분석

해설 스타일 분석을 말한다.
*포트폴리오 분석 중 집합투자기구평가사의 기능을 가장 잘 설명해 주는 것이 스타일 분석이다. 대형주 - 중형주 - 소형주의 스타일 구분, 가치주 - 성장주의 스타일 구분 등이 있다.

정답 ①

21 운용회사, 운용자의 질적분석에 대한 설명으로 잘못된 것은?

① 집합투자기구의 장기성과는 해당 펀드를 운용하는 운용자와 운용회사의 질적인 특성의 결과로 나타난다.

② 단기적인 성과에 있어서는 운용사에 대한 질적인 평가와 성과가 일치하지 않은 경우가 존재하는데 이는 우발적이고 충동적인 의사결정이 우연히 시장흐름에 맞아 단기성과가 우수한 경우가 있을 수 있기 때문이다.

③ 운용회사의 질적인 특성을 구성하는 변수는 운용회사의 안정성(재무구조, 지배구조 등), 조직과 인력, 운용프로세스, 고객지원서비스 등이 있다.

④ 운용회사의 질적인 특성 중 계량적인 정보는 실사(Due Diligence)나 면접(Interview) 등을 통해 평가한다.

해설 운용회사의 질적인 특성은 계량적인 정보와 비계량적인 정보로 구분되는데, 계량적인 정보는 상호비교를 통해 평가하는 것이 일반적이며, 비계량적인 정보는 실사나 면접 등을 통해 평가한다.

정답 ④

22 다음 내용은 어떤 분석에 해당하는가?

> • 성과분석들과 비교함으로써 집합투자기구 성과의 우연성 여부를 분석
> • 운용회사의 안정성(수익성, 재무구조 등), 조직·인력, 운용프로세스, 위험관리능력 등이 대표적인 변수에 해당

① 위험조정성과의 측정

② 성과요인 분석

③ 포트폴리오 분석

④ 운용회사·운용자 질적 분석

해설 운용회사·운용자 질적 분석에 대한 설명이다.

정답 ④

단원별 출제예상문제

01 채권의 특성에 대한 설명으로 부적절한 것은?

① 일반적으로 확정이자부증권이며 만기가 있는 기한부증권이다.

② 발행주체가 정부, 정부출자기관, 은행 등으로 신용등급이 높으며 회사채의 경우에도 신용등급 분류에 따라 투자적격등급 위주의 투자가 이루어진다.

③ 미리 정해진 날에 정해진 금액을 지급받으므로 투자하기 전에 미래의 현금흐름을 알고 이에 맞는 전략수립이 가능하다.

④ 채권투자를 할 때 채권의 만기 이전에도 최소한 투자원금은 보존된다.

> **해설** 채권의 만기 이전에는 이자율 변동에 따라 원금손실이 발생할 수 있다.

정답 ④

02 수익률과 채권가격정리에 대한 설명 중 잘못된 것은?

① 채권가격은 채권수익률과 반대방향으로 움직인다.

② 채권수익률 변동에 따른 채권가격의 변동폭은 잔존만기가 길어질수록 체감적으로 증가한다.

③ 만기가 동일할 경우 채권수익률 하락에 의한 채권가격의 상승폭은 같은 폭의 채권수익률 상승에 의한 채권가격의 하락폭보다 크다.

④ 만기가 동일한 경우 표면이율이 높을수록 채권수익률 변동에 따른 채권가격의 변동성은 증가한다.

> **해설** 표면이율이 높을수록 채권가격의 변동성은 감소한다.

정답 ④

03 다음 내용이 설명하는 채권운용전략은?

> 채권수익률의 상승이 예상될 경우 Duration을 축소하고, 채권수익률 하락이 예상될 경우 Duration을 확대하는 전략이다.

① 채권교체전략

② 수익률곡선타기전략(Yield Curve Riding)

③ 채권면역전략

④ 수익률예측전략

> **해설** 수익률을 예측하고 듀레이션을 조절하는 전략을 통해 초과수익을 얻으려는 적극적인 전략이다(수익률예측전략).

정답 ④

04 듀레이션에 대한 설명 중 잘못된 것은?

① 듀레이션이란 채권가격 변동요인의 포괄적 개념으로서 시장수익률 변동에 따른 채권가격의 민감도를 말한다.

② 잔존만기가 짧을수록 듀레이션이 짧아진다.

③ 표면금리가 낮을수록 듀레이션이 짧아진다.

④ 이자지급횟수가 적을수록 듀레이션이 길어진다.

해설 표면금리가 낮을수록 듀레이션은 길어진다.

정답 ③

05 채권의 민감도 지표는 무엇인가?

① 베 타　　　　　　　　　　② 듀레이션

③ 만기수익률　　　　　　　④ 델 타

해설 듀레이션이다. 채권의 변동성 = (−) × 듀레이션 × dY

정답 ②

06 국채와 회사채의 수익률곡선이 아래 그림과 같을 때, 3년 만기 두 채권 간의 신용 스프레드와 국채 2년물과 3년물의 기간 스프레드가 옳게 연결된 것은?

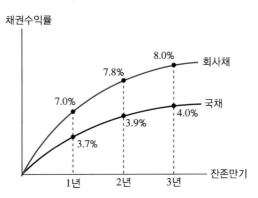

	신용 스프레드	기간 스프레드
①	4.0%	0.1%
②	4.0%	0.4%
③	3.7%	0.1%
④	3.7%	0.4%

해설 신용 스프레드는 위험구조가 다른 채권 간의 스프레드이며 기간 스프레드는 동일한 채권의 기간 간 스프레드를 말한다. 3년물 간의 신용 스프레드는 8% − 4% = 4%. 국채 2년물과 3년물 간의 기간 스프레드는 4.0% − 3.9% = 0.1%

정답 ①

07 경제변수와 주가와의 방향에 대해 잘못 설명한 것은?

① 급격한 인플레이션 ⇒ 주가 하락

② 완만한 인플레이션 ⇒ 주가 하락

③ 금리 상승 ⇒ 주가 하락

④ 산업내 경쟁강도 증가 ⇒ 주가 하락

> **해설** 완만한 인플레이션 하에서는 주가가 상승한다.
> *인플레이션(완만한 인플레이션 → 주가 상승, 급격한 인플레이션 → 주가 하락)
>
> 정답 ②

※ 아래의 표를 보고 다음의 질문에 답하시오. (08~09)

구 분	A기업	B기업	C기업	D기업
영업이익	300억원	100억원	0원	−300억원
특별이익	−200억원	0원	100억원	400억원
당기순이익	100억원	100억원	100억원	100억원
발행주식수	100만주	100만주	100만주	100만주
EPS	10,000원	10,000원	10,000원	10,000원
주 가	50,000원	50,000원	50,000원	50,000원

〈기업의 액면가는 5천원으로 동일〉

08 A~D 기업의 PER는 동일할 때 이들의 PER은 얼마인가(배수)?

① 3   ② 5

③ 7   ④ 10

> **해설** PER = 주가/EPS = 50,000/10,000 = 5(배).
> 여기서 EPS(주당순이익) = 당기순이익/발행주식수 = 100억원/100만주 = 10,000원
>
> 정답 ②

09 A~D 기업 중에서 가장 바람직한 매수대상과 매도대상을 순서대로 바르게 나열한 것은?

① A–B   ② A–C

③ A–D   ④ D–A

> **해설** 네 기업 모두 당기순이익이 100억원으로 동일하지만, 영업이익을 볼 때 A가 가장 크고 D가 가장 작다. 특별이익은 일회성 이익이고 영업이익은 기업 본연의 영업활동으로 인한 이익이므로 당기순이익이 동일하다면 '영업이익은 클수록, 특별이익은 작을수록' 좀 더 우량한 기업이라고 할 수 있다.
>
> 정답 ③

10 다음 중 연결이 잘못된 것은?

번 호	구 분	PER	PBR	PSR	EV/EBITDA
①	산 식	주가/EPS	주가/BPS	주가/SPS	주가/EBITDA
②	주요 산식	BPS = 순자산가액 / 발행주식총수	BPS = 순자산가액 / 발행주식총수	SPS = 매출액 / 발행주식총수	EV = 시가총액 + 순차입금
③	평가의 특징	수익가치	자산가치	성장가치	현금흐름가치
④	단 점	적자기업 평가불가	인적자본 등 평가불가	저부가가치 기업에 부적합	감가상각비가 없는 서비스기업의 평가에는 부적합

> **해설** EV/EBITDA이다. PER와 마찬가지로 배수로 나타난다. EV/EBITDA는 자본적 지출이 있고 감가상각비라는 비현금지출이 많은 전통적인 제조업(설비투자기업)에 적합하다.

정답 ①

11 다음 내용과 같은 상황에서 유용한 상대가치평가방법은 무엇인가?

> • 기업도산이 크게 증가할 정도로 경제상황이 악화되는 기간에서는 현금흐름의 중요성이 높아진다.
> • 주가수준이 극도로 낮아진 상황이어서 주당이익, 주당순자산, 주당매출액에 기초한 상대가치평가가 별다른 의미가 없는 것으로 지적되곤 한다.

① PER   ② PBR
③ PSR   ④ EV/EBITDA

> **해설** 현금흐름을 잘 반영하는 것은 EV/EBITDA이다.

정답 ④

12 PCR 평가모형에 대해 잘못 설명한 것은?

① 기업의 청산가치에 의한 평가모형이다.
② 대규모 시설투자에 따른 감가상각비의 증가로 공표이익이 과소평가될 가능성이 있는 경우에 활용한다.
③ PER와 함께 기업의 수익성을 바탕으로 한 내재가치를 파악하는 지표이다.
④ 주당 현금흐름이 높은 회사는 비교적 부채비율이 낮고, 이자비용이 적게 들며 현금흐름이 양호한 회사이다.

> **해설** 기업의 청산가치로 평가하는 것은 PBR이다.

정답 ①

13 시장흐름의 방향성과 변화를 예측하여 사전적으로 자산구성을 변동시키는 전략으로 분석시점의 저평가 자산을 매입하여 목표이익에 도달하면 매도하여 운용성과를 극대화하려는 운용전략은 무엇인가?

① 전략적 자산배분 전략
② 포트폴리오 인슈어런스(Portfolio Insurance) 전략
③ 전술적 자산배분 전략
④ 동적 자산배분 전략

> **해설** 가치평가와 사전적 예측을 통해 단기적으로 초과수익을 획득하려는 전략을 전술적 자산배분 전략이라 한다.
>
> **정답** ③

14 인덱스펀드의 장점에 대한 설명 중 틀린 것은?

① 자산운용사 내에 별도의 리서치조직이 필요없고 또한 매매를 자주 할 필요가 없어 액티브펀드 대비 운용비용이 매우 저렴한 편이다.
② 주가지수가 채택하는 종목을 전부 또는 상당부분 매수하여 보유하는 간단한 운용방법을 사용하여 그 운용방법이 간단하고 투명하다.
③ 단기적인 투자가 행해지는 극단적인 테마장세에서 일반적인 펀드보다 수익률이 우수한 편이다.
④ 장기적으로 볼 때 개별종목에 투자하는 펀드가 인덱스펀드의 수익률을 넘어서지 못하는 경우가 많다.

> **해설** 인덱스펀드는 장기적이고 지속적으로 지수수익률을 추종하므로 단기적인 투자가 행해지는 극단적인 소형주장 세나 테마장세에서는 일반적인 펀드보다 수익률이 저조할 수 있다.
>
> **정답** ③

15 가치주펀드와 성장주펀드에 대한 비교설명으로 잘못된 것은?

① 정통가치주 투자펀드는 저PER, 저PBR, 고배당성향 주식 등에 주로 투자하고 투자한 주식은 장기간 보유하는 BUY & HOLD전략을 추구하는 경향이 강하다.
② 가치주에 포함되는 종목은 대형주 종목보다 중소형주 종목이 많은 것이 사실이다.
③ 성장주펀드는 상대적으로 낮은 가격을 지불하는 저PER 주식을 위주로 투자하는 경향이 많다.
④ 상대가치기준 가치주펀드는 주식시장이 상승하게 되면 주식에 대한 편입비중이 줄게 되고 반대로 주식시장이 하락하게 되면 가치주가 많이 발생하게 되므로 주식에 대한 투자비중이 증가하게 된다.

> **해설** 성장주펀드는 성장성이 높은 주식에 투자하는 것이 목적이나 상대적으로 높은 가격을 지불하는 고PER주에 투자하게 된다는 것이 단점이 될 수 있다.
>
> **정답** ③

16 리스크관리에 관한 설명으로 옳지 않은 것은?

① Wrong Way Trades는 Hedger와의 거래에서는 문제가 될 것이 없다.

② 보유자산을 처분시에 제 값을 받지 못할 위험을 자금유동성리스크라고 한다.

③ 표준방법으로 시장리스크를 측정하는 경우 각 부서의 리스크를 단순합산하게 되는데 이때 회사전체의 실제 리스크보다 과대측정되는 문제가 있다.

④ 옵션매도포지션을 보유한 은행이 선택할 수 있는 옵션의 리스크관리방법은 델타 플러스 방법이다.

> **해설** 제 값을 받지 못하는 위험은 상품유동성리스크이다.

> **정답** ②

17 벤치마크에 대한 설명으로 가장 타당성이 떨어지는 것은?

① 주식형펀드와 채권형펀드를 평가할 때 같은 벤치마크를 사용하면 상호비교가 가능하다.

② 순수주식형의 평가를 할 때 종합주가지수를 벤치마크로 정하여 평가하는 것이 바람직하다.

③ 동일유형의 평균수익률은 벤치마크로 적합하지 않다.

④ 펀드매니저와 운용회사는 사전적으로 벤치마크를 정하여 이를 운용의 목표와 기준으로 삼아 운용해야 한다.

> **해설** 주식형펀드는 일반적으로 종합주가지수(KOSPI 등)를, 채권형은 채권지수(KOBI 등)를 벤치마크로 정한다. 특성이 다른 두 펀드를 같은 벤치마크로 적용하는 것은 타당하지 못하다.

> **정답** ①

18 국내 집합투자기구평가회사의 지위와 현황에 대한 내용 중 틀린 것은?

① 집합투자기구평가회사가 되기 위해서는 일정한 요건을 갖추고 금융위 등록절차를 거쳐야 한다.

② 민간자율로 운용되는 선진국과는 달리 국내는 집합투자기구평가회사를 법률로 규정하고 있다.

③ 개인투자자들의 경우 대부분은 투자할 펀드·운용회사·펀드매니저 선정에서, 투자한 펀드의 모니터링, 투자결과분석에 이르는 전 과정에 대해 컨설팅 계약을 통해 정보를 이용하고 있다.

④ 국내 펀드평가회사의 주요업무는 펀드평가 및 분석정보를 제공하는 것이다.

> **해설** 국내 대형연기금이나 기관투자자들에 대한 종합적인 컨설팅 제공의 내용이다.

> **정답** ③

19 펀드평가에 대한 설명으로 바르지 못한 것은?

① 샤프비율에 의한 성과평가의 경우에는 반드시 평가기간이 동일해야 하고 동일한 유형의 펀드들 간에만 비교해야 한다.

② 수익률이 높을수록 위험이 낮을수록 좋은 펀드라는 것이 성과평가의 기본이다.

③ 시장예측활동과 종목선택활동을 모두 활용하는 펀드가 각각의 성과기여도를 측정하기 위해서는 젠센의 알파를 사용하는 것이 적절하다.

④ 일반적으로 높은 정보비율은 펀드매니저의 능력이 탁월한 것을 의미하지만 어느 정도 값이 높은 수준인가에 대한 이론적 근거는 없다.

> 해설 젠센의 알파는 종목선택정보와 마켓타이밍 능력을 구분할 수 없다는 단점이 있다.

정답 ③

20 다음 내용은 어떤 분석에 해당하는가?

> 주식형 집합투자기구 A의 자산별 배분비율을 보니, 주식비중이 98%, 유동성자산이 2%였다. 따라서 A펀드는 현재의 장세를 매우 낙관적으로 보고 있음을 알 수 있다.

① 양적분석

② 위험조정성과의 측정

③ 성과요인 분석

④ 포트폴리오 분석

> 해설 '포트폴리오 분석'은 포트폴리오 그 자체의 특성을 분석하는 것으로, 양적분석(②, ③)과 상대되는 개념인 질적 분석에 해당된다.

정답 ④

제2편

파생상품펀드

인생이란 결코 공평하지 않다.
이 사실에 익숙해져라.

- 빌 게이츠 -

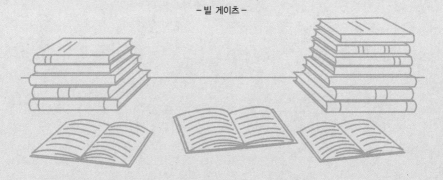

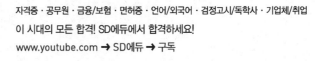

01 법 규

1 파생상품펀드 관련 법령 및 규정

금융투자상품의 3단계 정의 [핵심유형문제]

금융투자상품에 대한 일반적 정의가 잘못된 것은?

① 원본손실가능성이 없는 것은 예금과 같은 비금융투자상품이다.
② 원본손실가능성이 있으면 금융투자상품이다.
③ 원본손실가능성이 있으나 원본초과손실가능성이 없으면 증권이다.
④ 원본초과손실가능성이 있으면 파생결합증권이다.

해설 원본초과손실가능성이 있으면 파생상품이다.

정답 ④

더알아보기 ▸ 금융투자상품의 3단계 정의

[1단계] 일반적 정의

① 자본시장법은 금융투자상품을 '이익을 얻거나 회피할 목적으로, 현재 또는 장래의 특정시점에 금전, 그밖에 재산적 가치가 있는 것'을 지급하기로 약정함으로써 취득하는 권리로, 그 권리의 취득을 위하여 지급하였거나 지급하여야 할 금전 등의 총액이 그 권리로부터 회수하였거나 회수할 수 있는 금전 등의 총액을 초과하게 될 위험(투자성)을 가지는 것'으로 정의하고 있다.

  *〈약식〉 금융투자상품 = 투자성(원본손실가능성)을 가지는 것

② 원본 대비 손실률이 100% 이하인 경우를 증권이라 하고, 100%를 초과하는 경우 파생상품으로 분류한다.

③ [그림] 증권과 파생상품에 대한 포괄적 정의

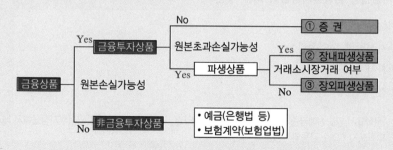

① 포괄적 정의에 이어 이해를 돕기 위한 '명시적 포함' 단계로서 증권을 6가지 종류로 분류하였다.

② 증권의 6가지 종류

    ㉠ 채무증권 : 국채, 지방채, 특수채, 사채권, 기업어음증권, 그밖에 이와 유사한 것으로 지급청구권이 표시된 것

    ㉡ 지분증권 : 주권, 신주인수권이 표시된 것, 법률에 의해 직접 설립된 법인이 발행한 출자증권, 상법에 따른 합자회사·유한회사·익명조합의 출자지분, 민법에 따른 조합의 출자지분, 그밖에 이와 유사한 것으로서 출자지분이 표시된 것

    ㉢ 수익증권 : 금전신탁계약에 의한 수익권이 표시된 수익증권, 투자신탁을 설정한 집합투자업자가 투자신탁의 수익권을 균등하게 분할하여 표시한 수익증권, 그밖에 이와 유사한 것으로서 출자지분이 표시된 것

    ㉣ 투자계약증권 : 특정 투자자가 그 투자자와 타인(다른 투자자 포함) 간의 공동사업에 금전 등을 투자하고 주로 타인이 수행한 공동사업의 결과에 따른 손익을 귀속받는 계약상의 권리가 표시된 것

    ㉤ 파생결합증권 : 기초자산의 가격·이자율·지표·단위 또는 이를 기초로 하는 지수 등의 변동과 연계하여 미리 정해진 방법에 따라 지급금액 또는 회수금액이 결정되는 권리가 표시된 것

    ㉥ 증권예탁증권 : 위에서 언급한 5가지 형태의 증권들을 예탁받은 자가 그 증권이 발행된 국가 외의 국가에서 발행한 것으로서 그 예탁을 받은 증권에 관련된 권리가 표시된 것

    *투자계약증권과 파생결합증권은 자본시장법이 시행되면서 새롭게 분류됨

    *증권에 대한 포괄적 정의 = '원본대비 손실률이 100% 이하인 금융투자상품'

[3단계] 명시적 배제

① '원화표시 양도성예금증서(CD)', '관리신탁의 수익권', '주식매수선택권'은 금융투자상품에서 배제

② 원화표시 CD는 유통과정에서 손실을 입을 수는 있으나 사실상 예금에 준하여 취급된다는 점을 고려, 관리신탁의 수익권은 투자성이 없지는 않으나 신탁업자가 처분권한을 갖고 있지 않은 점, 주식매수선택권은 유통성이 없으므로 손실가능성이 없다는 점을 고려하여 이들을 증권에서 정책적으로 배제하였음

보충문제

01 자본시장법상 금융투자상품이 아닌 것은?

    ① 원화표시 CD

    ② 투자신탁의 수익증권

    ③ 전환사채

    ④ 조건부자본증권

    해설 '원화표시 양도성예금증서(CD)', '관리신탁의 수익권', '주식매수선택권'은 금융투자상품에서 배제한다. 그러나 외화표시 CD는 금융투자상품에 속한다.

    정답 ①

02 다음 빈칸에 알맞은 것은?

> 파생결합증권은 (㉠)은 있으나 (㉡)이 없기 때문에 자본시장법상의 분류상 증권에 속한다.

	㉠	㉡
①	원본초과손실가능성	원본손실가능성
②	원본손실가능성	원본초과손실가능성
③	투자성	원본손실가능성
④	추가지급의무	원본초과손실가능성

해설 '원본손실가능성(투자성) – 원본초과손실가능성(추가지급의무)'이다.

참고 **원본초과손실가능성의 의미**
- 원본을 초과하여 손실을 볼 수 있는 가능성으로 '추가지급의무가 있다'는 것과 같다.
- 예를 들어, 3천만원으로 주식(증권)에 투자했을 경우 최악의 경우 '0원'이 될 것이다. 그런데 원금이 3천만원인 옵션계좌에서 매도를 하였다가 5천만원 손실을 입을 수도 있다. 이 경우 결제를 위해 마이너스 금액인 2천만원을 추가로 지급해야 한다(추가지급의무가 있다 = 원본초과손실가능성이 있다 = 파생상품).

정답 ②

03 다음 빈칸에 들어갈 수 없는 것은?

> 일반적으로 파생상품이란 그 가치가 기초를 이루는 다른 기초자산에서 파생되는 상품을 말하며, 자본시장법에서는 파생상품을 ( ), ( ), ( )의 어느 하나에 해당하는 투자성 있는 것으로 정의하고 있다.

① 선도(Forward)

② 옵션(Option)

③ 스왑(Swap)

④ 차익거래

해설 자본시장법은 선도, 옵션, 스왑 세 가지의 거래형태로서 투자성이 있는 것을 파생상품으로 정의한다(추가지급의무는 계약의 형태에 내재되어 있는 것으로 이해하면 됨).

정답 ④

더알아보기 ▸ 거래형태에 따른 파생상품분류(3가지 형태)

① 선도(Forward) : '기초자산이나 기초자산의 가격, 이자율, 지표, 단위 또는 이를 기초로 하는 지수 등에 의하여 산출된 금전 등을 장래의 특정시점에 인도할 것으로 약정하는 계약'
*선도(Forward)와 선물(Futures)은 장래 특정시점에서 인도(Delivery)한다는 본질은 같으나 선도는 장외거래, 선물은 장내거래인 점이 다르다.
② 옵션(Option) : '당사자 어느 한 쪽의 의사표시에 의하여 기초자산이나 기초자산의 가격·이자율·지표·단위 또는 이를 기초로 하는 지수 등에 의하여 산출된 금전 등을 수수하는 거래를 성립시킬 수 있는 권리를 부여하는 것을 약정하는 계약'
③ 스왑(Swap) : '장래의 일정기간 동안 미리 정한 가격으로 기초자산이나 가격·이자율·지표·단위 또는 이를 기초로 하는 지수 등에 의하여 산출된 금전 등을 교환할 것을 약정하는 계약', 이자율스왑(IRS) 또는 흔히 TRS(Total Return Swap)라고 불리는 총수익스왑 등의 형태로 주로 활용된다.

04 장내파생상품과 장외파생상품에 관련한 다음 설명 중 틀린 것은?

① 한국거래소가 개설하는 시장에서 거래가 되면 장내파생상품이다.
② 해외에 있는 장내파생상품시장에서 거래가 되는 것도 장내파생상품에 속한다.
③ 해외에 있는 장내파생상품시장이 아니라도 대통령령으로 정하는 해외파생상품거래가 이루어지는 시장에서 거래가 되는 것도 장내파생상품이다.
④ 정답없음(①·②·③ 모두 옳은 설명)

해설　①·②·③이 장내파생상품의 요건이다. 그리고 ③에 해당하는 시장은 더알아보기 참조

정답 ④

더알아보기 ▸ 대통령령이 정하는 해외 파생상품거래

① 런던 금속거래소의 규정에 따라 장외에서 이루어지는 금속거래
② 런던 귀금속시장협의회의 규정에 따라 이루어지는 귀금속거래
③ 미국 선물협회의 규정에 따라 장외에서 이루어지는 외국환거래
④ 선박운임선도거래업자협회의 규정에 따라 이루어지는 선박운임거래
⑤ 그 밖에 국제적으로 표준화된 조건이나 절차에 따라 이루어지는 거래로서 금융위가 정하여 고시하는 거래
('장외에서' = 국내의 장내파생상품시장과 유사한 해외의 시장이 아닌 곳, 즉 해외에서 거래되는 파생상품이 해외의 장내시장에서 거래되면 당연히 장내파생상품으로 인정되며, 해외의 장내가 아닐 경우(= '장외에서') 위의 '① ~ ⑤'에 해당되는 거래이면 장내파생상품으로 인정된다는 것이다)

05 장내파생상품과 가장 거리가 먼 것은?

① 국채금리선물 10년물

② 통화선물

③ 통화옵션

④ 주가지수(KOSPI200) 선물

해설   통화선물은 모두 장내파생상품이나 통화옵션은 미국달러옵션을 제외하고는 모두 장외파생상품이다.

정답 ③

더알아보기 ▸ 장내파생상품과 장외파생상품의 종류

장내파생상품의 종류	장외파생상품의 종류
선물(Futures) → 주가지수선물, 금리선물, 통화선물($ / 엔 / 유로 / 위안화), 상품선물(금 / 돈육)	선도(Forward) → 금리선도(FRA), 통화선도
장내옵션 → 주가지수옵션, 통화옵션($), 개별주식옵션	장외옵션 → 금리캡 / 금리플로어 / 금리칼라, 통화옵션(달러 이외)
–	스왑 → CDS포함 모든 스왑은 장외상품

• 파생상품의 5대 기초자산(주식, 채권, 통화, 상품, 신용) 중에서 신용을 기초자산으로 하는 장내파생상품은 아직 없다.

06 파생결합증권에 해당하지 않는 것은?

① 금리선도거래(FRA)

② ELS(주가연계증권)

③ 통화연계채권

④ 신용연계채권계약

해설   장외파생상품에 해당한다.

정답 ①

더알아보기 ▸ 파생결합증권의 종류

주 식	금 리	통 화	상 품	신 용
ELD, ELS, ELF	• 역변동금리연계채권 • 이중지표금리채권	통화연계채권	–	신용연계채권

• 파생결합증권은 '전통상품(주식 또는 채권) + 파생상품'의 구조를 가지며, 자본시장법상 증권에 속하나 거래의 특성상 장외파생상품의 성격을 가진다.

파생상품펀드의 정의

자본시장법상의 파생상품 정의와 관련해서 빈칸에 알맞은 것은?

> 자본시장법상 파생상품펀드는 실무적으로 '파생상품매매에 따른 위험평가액이 (㉠)을 초과할 수 있는 펀드'와 '(㉡)이 주된 투자대상인 펀드'를 의미한다.

	㉠	㉡
①	10%	파생상품
②	10%	파생결합증권
③	20%	파생결합증권
④	20%	파생상품

해설 '10% – 파생결합증권'이다.

정답 ②

더알아보기 ▶ 파생상품펀드 정의

간접투자법상의 정의	자본시장법상의 정의
'파생상품거래 위험평가액이 펀드재산의 10%를 초과하여 투자하는 펀드'로 정의하였음	자본시장법상 파생상품펀드에 대한 별도의 정의는 없음 (∵ 5개 분류에서 파생상품펀드는 없기 때문) 다만, '파생상품 등'의 개념을 규정하여 실무상으로 정의함

※ 파생상품펀드에 대한 실무상 정의

> 1) 파생상품매매에 따른 위험평가액이 펀드재산의 10%를 초과하는 펀드
> 2) 파생결합증권에 펀드재산의 50%를 초과하여 투자하는 펀드

참고 자본시장법상 펀드(증권 / 부동산 / 특별자산 / 혼합자산 / MMF) 중 파생상품에 투자할 수 없는 펀드는 MMF이다.

01 파생상품에 투자할 수 없는 펀드는?

① 부동산펀드
② 특별자산펀드
③ 혼합자산펀드
④ 단기금융펀드(MMF)

해설 MMF는 안전하게 관리해야 하는 속성상 증권에만 투자가 가능하다.

정답 ④

02 다음 내용에서 파생상품에 투자할 수 있는 펀드를 모두 고르시오.

> ㉠ 증권펀드
> ㉡ 부동산펀드
> ㉢ 특별자산펀드
> ㉣ 혼합자산펀드
> ㉤ 단기금융펀드

① ㉠
② ㉠, ㉡, ㉢
③ ㉠, ㉡, ㉢, ㉣
④ ㉠, ㉡, ㉢, ㉣, ㉤

해설 MMF는 집합투자재산의 전부를 단기금융상품에만 투자해야 하므로 파생상품뿐만 아니라 특별자산, 부동산에도 투자할 수 없다. 반면 증권(부동산 / 특별자산)펀드는 집합투자재산의 50%를 초과하여 증권(부동산 / 특별자산)에 투자하고 그 나머지를 대상에 관계 없이 투자할 수 있다.

정답 ③

파생상품펀드 운용규제

다음 빈칸이 올바르게 채워진 것은?

- 원칙적으로 각 펀드 자산총액의 (   )을/를 초과하여 파생상품 동일종목에 투자할 수 없다.
- 그러나 파생결합증권의 경우 예외적으로 동일종목에 (   )까지 투자할 수 있다.

① 10%, 20%
② 10%, 30%
③ 20%, 30%
④ 20%, 50%

해설 동일종목 투자한도 10%는 일반펀드와 마찬가지인데, 파생결합증권의 투자한도는 예외적으로 30%가 적용된다.

정답 ②

더알아보기 ▸ 파생상품펀드 운용규제의 종류

동일종목 투자한도	장외파생상품 거래제한	파생상품매매에 따른 위험평가액 제한	동일법인이 발행한 증권에 대한 위험평가액 제한	거래상대방 위험평가액 제한

① 동일종목 투자한도는 10%이나 파생결합증권에 대해서는 예외적으로 30%(사모펀드의 경우 100%)까지 투자할 수 있다.
② 적격요건을 갖추지 못한 자와의 장외파생상품거래는 금지된다(공모 / 사모 공통적용).
③ 파생상품매매에 따른 위험평가액이 펀드순자산총액의 100분의 100을 초과할 수 없다(단, 사모집합투자기구의 경우 100분의 400까지 허용됨).
④ 동일법인이 발행한 증권의 가격변동으로 인한 파생상품의 위험평가액은 펀드자산총액의 100분의 10을 초과할 수 없다(단, 사모펀드에는 적용되지 않음).
⑤ 같은 거래상대방과의 장외파생상품 매매에 따른 위험평가액은 펀드자산총액의 100분의 10을 초과할 수 없다(단, 사모펀드에는 적용되지 않음).

01 파생상품펀드의 운용규제에 대한 설명으로 옳지 않은 것은?

① 장외파생상품거래시 적격요건을 갖추지 못한 자와의 장외파생상품매매는 금지된다.

② 파생상품매매에 따른 위험평가액이 펀드자산총액의 100분의 10을 초과하여 투자하는 행위는 금지된다.

③ 파생상품매매와 관련된 기초자산 중 동일법인 등이 발행한 증권의 가격변동으로 인한 위험평가액은 펀드자산총액의 100분의 10을 초과할 수 없다.

④ 동일 거래상대방과의 장외파생상품 매매에 따른 거래상대방 위험평가액은 펀드자산 총액의 100분의 10을 초과할 수 없다.

> 해설 파생상품매매에 따른 위험평가액이 펀드자산총액의 100분의 10을 초과할 경우 실무적으로 파생상품펀드로 정의되며, 파생상품펀드에 허용되는 투자한도는 공모펀드의 경우 펀드순자산총액의 100%이다.
> ※ 장외파생상품거래가능 적격투자자
> (1) 국가, 한국은행, 은행 등 금융기관, 예금보험공사, 자산관리공사, 한국주택금융공사, 한국투자공사 등
> (2) 국내외 신용평가업자로부터 투자적격 이상의 등급을 평가받은 자일 것(또는 투자적격 이상인 자의 지급보증을 받을 것 또는 담보물을 제공할 것)
>
> 정답 ②

02 파생상품운용규제를 위반한 펀드는?

> A 펀드 : 파생상품매매에 따른 위험평가액이 펀드순자산총액의 80%
> B 펀드 : 한국자산관리공사와 매매한 장외파생상품의 거래상대방 위험평가액이 15%
> C 펀드 : 동일법인이 발행한 지분증권을 기초자산으로 한 파생상품의 위험평가액이 펀드자산총액의 8%
> D 펀드 : 파생상품 동일종목에 투자한 위험평가액이 펀드자산총액의 9%

① A 펀드
② B 펀드
③ C 펀드
④ D 펀드

> 해설 동일 거래상대방과의 파생상품거래에 따른 위험평가액은 100분의 10 이내이어야 한다. 따라서 B 펀드는 규제를 위반한 것이다(적격투자자가 아닌 경우는 이러한 거래 자체가 불가함).
> ① 전체 위험액은 펀드순자산총액의 100분의 100 이내이어야 한다.
> ③ 동일법인이 발행한 증권의 가격변동으로 인한 위험평가액은 100분의 10 이내이어야 한다.
> ④ 파생상품 동일종목에 대한 투자한도는 100분의 10 이내이어야 한다.
>
> 정답 ②

파생상품펀드 위험평가액 산정

파생상품거래에 따른 위험평가액 산정에 대한 설명이다. 틀린 것은?

① 선도거래의 위험평가액은 기초자산의 가격에 거래량(계약수)과 승수를 곱하여 산정한다.

② 옵션매수는 기초자산의 가격에 계약수와 승수 및 델타를 각각 곱한 금액으로 산정한다.

③ 옵션매도는 델타위험액에 추가하여, 델타변화에 따른 추가위험액과 기초자산 변동성 변화에 따른 위험평가액을 모두 합산한 금액으로 산정한다.

④ 서로 다른 통화를 교환하는 스왑은 지급하기로 한 통화의 실질금액으로 한다.

> **해설** 위험평가액은 명목금액으로 산정한다('실질'은 물가를 반영한 용어인데 이론상으로만 존재하며, 일반적인 거래금액은 모두 명목금액이다).
>
> **정답** ④

더알아보기 ▶ 파생상품펀드의 위험평가액 산정

(1) 개 요

파생상품매매에 따른 위험평가액이 펀드자산총액의 10%를 초과할 경우('파생상품펀드'), 투자자보호를 위해 해당 파생상품의 위험평가액을 산정하고 공시해야 한다.

(2) 위험평가액 산정방법

① 선도거래(핵심문제 지문 ①) : 기초자산 가격 × 계약수 × 승수

② 옵션거래

　㉠ 옵션매수(핵심문제 지문 ②) : 기초자산 가격 × 델타 × 계약수 × 승수

　㉡ 옵션매도(핵심문제 지문 ③) : 델타위험액 + 감마위험액 + 베가위험액

③ 스왑거래

통화스왑	금리스왑	신용부도스왑(CDS)	총수익스왑(TRS)
㉠	㉡	㉢	㉣

㉠ 지급예정인 통화의 명목원금

㉡ 만기시 지급예정인 금전총액(고정금리) 또는 만기까지 지급이 예상되는 금전총액의 시가평가금액(변동금리)

㉢ 지급예정인 금전총액(보장매수자) 또는 신용사건발생시 지급하기로 한 명목금액(보장매도자)

㉣ 지급예정총액과 수취예정총액의 절대값을 더한 금액(수취예정금액이 마이너스일 경우) 또는 지급예정총액(수취예정금액이 플러스일 경우)

01 다음은 어떤 거래에 대한 위험평가액의 산정방식인가?

> 기초자산 × 델타 × 계약수 × 승수

① 선도거래　　　　　　　　　② 옵션매수
③ 옵션매도　　　　　　　　　④ 통화스왑

해설　옵션매수의 위험평가액 산정금액이다.

정답 ②

02 다음 빈칸에 들어갈 말을 순서대로 나열한 것으로 옳은 것은?

> 옵션매도의 위험평가액은, 델타위험액에 추가로 델타변화에 따른 위험액인 (　　)과 기초자산 변동성변화에 따른 위험액인 (　　)을 모두 합하여 산정한다.

① 감마위험액 − 베가위험액
② 감마위험액 − 쎄타위험액
③ 베가위험액 − 감마위험액
④ 베가위험액 − 쎄타위험액

해설　'감마위험액 − 베가위험액'이다. 감마의 민감도변수는 델타, 베가의 민감도변수는 변동성, 쎄타의 민감도변수는 시간이다.

정답 ①

03 KOSPI200지수선물 10계약을 가격 200point에 매도하였다. 그렇다면 이 계약으로부터 발생하는 위험평가액의 올바른 계산식을 고르시오(승수 = 25만원).

① 200 × 10
② 200 × 10 × 250,000
③ 200 × 250,000
④ 200 × 10 × 100,000

해설　선도계약의 위험평가액 = 기초자산 가격 × 계약수 × 승수
　　※ KOSPI200지수선물의 승수변경(2017.3) : 50만원 → 25만원(cf. KOSPI200지수옵션의 승수 : 50만원 → 10만원)

정답 ②

파생상품펀드의 위험지표 공시의무

파생상품펀드의 위험지표 공시의무와 관련한 다음 설명 중 틀린 것은?

① 자본시장법은 파생상품거래에 따른 위험평가액이 펀드자산총액의 10%를 초과할 경우 위험지표를 공시하도록 하고 있다.
② 공시대상의 위험지표는 계약금액, 만기시점의 손익구조 변동, 시나리오별 손익구조 변동, 최대손실 예상금액(VaR)으로 구분한다.
③ 계약금액과 만기시점의 손익구조 변동은 파생상품거래 익일까지 공시해야 한다.
④ 시나리오별 손익구조 변동과 최대손실 예상금액은 그 중요성을 반영하여 파생상품 거래 당일에 공시하도록 하고 있다.

해설 시나리오별 손익구조 변동과 최대손실 예상금액은 특히 더 중요하므로 거래 당일 공시는 당연하고 거래가 없더라도 매일 공시해야 한다.

정답 ④

더알아보기 ▶ 파생상품펀드의 위험지표 공시대상

(1) 공시대상 위험지표
① 계약금액 : 명목계약금액의 총액을 기재(실질계약금액이 아님)
② 만기시점의 손익구조 변동 : '이익이 발생하는 구간 / 손익이 없는 구간 / 손실이 발생하는 구간'으로 구분하여 이해하기 쉬운 도표로 나타내고 서술식으로 요약해서 기재하여야 함
  *아래 그림 예시(합성포지션의 손익구조) 참조
③ 시나리오별 손익구조 변동(Stress Test) : 매트릭스형태의 각 시나리오별로 포지션의 순손익을 계산하여 그 중 최대의 손실액을 위험액으로 함
④ 최대손실 예상금액(VaR) : '일정한 보유기간에 일정한 신뢰구간 범위 안에서 시장가격이 펀드에 불리하게 변동될 경우 파생상품거래에서 발생할 수 있는 최대예상손실금액'을 의미함

- VaR은 10영업일의 보유기간 및 99%의 단측 신뢰구간을 적용하여 일일단위로 측정되어야 함
  (예 10영업일의 VaR = 1일 VaR × $\sqrt{10}$)
- VaR은 1년 이상의 자료관측기간을 기초로 하여 측정되어야 하고, 시장상황에 따라 최소한 3개월에 1회 이상 자료구성을 수정·보완해야 하며, 시장가격의 중대변동이 있는 경우 수정보완기간을 단축하여야 함

(2) 위험지표의 공시방법

계약금액	만기시점의 손익구조 변동	시나리오별 손익구조 변동	최대손실 예상금액(VaR)
거래 익일까지 공시		(거래가 없어도) 매일 공시	

(3) 장외파생상품 위험관리 방법 신고 : 위험평가액이 자산총액의 10%를 초과할 수 있는 펀드는 장외파생상품 운용에 관한 위험관리 방법을 작성하여, 신탁업자의 확인을 받아 금융위에 신고해야 한다.

참고 합성포지션(버터플라이 매수)의 손익구조

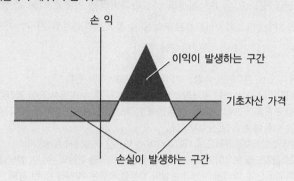

보충문제

01 다음은 파생상품펀드가 공시해야 하는 위험지표이다. 매일 공시해야 하는 것으로 묶인 것은?

> ㉠ 계약금액
> ㉡ 시나리오별 손익구조 변동
> ㉢ 만기시점의 손익구조 변동
> ㉣ 최대손실 예상금액

① ㉠, ㉡
② ㉡, ㉣
③ ㉠, ㉣
④ ㉢, ㉣

해설 ㉠·㉢은 파생상품 거래 익일까지, ㉡·㉣은 매일 공시해야 한다(더 중요하므로).

정답 ②

02 최대손실 예상금액(VaR)에 대한 설명으로 옳지 않은 것은?

① 최대손실 예상금액(VaR)은 10영업일의 보유기간 및 99%의 신뢰구간을 적용하여 일일 단위로 측정되어야 한다.

② '10영업일간의 VaR = 1일 VaR × $\sqrt{10}$ '이다.

③ '최대손실 예상금액(VaR) = 보유포지션의 시장가치 × 신뢰구간에 따른 표준편차의 배수 × 포지션의 변동성(표준편차) × $\sqrt{보유기간}$ '이다.

④ 최대손실 예상금액(VaR)은 1년 이상의 자료관측기간을 기초로 하여 측정되어야 하며, 시장상황에 따라 최소 3개월에 1회 이상 자료구성을 수정 · 보완시키되 시장가격의 중대한 변동이 있는 경우에는 수정 · 보완기간을 확대하여야 한다.

> 해설 중대한 변동이 있는 경우에는 수정 · 보완기간을 단축하여야 한다.
>> 참고 VaR이란 리스크에 대한 구체적인 수치를 말한다. 즉, VaR은 시장이 불리한 방향으로 움직였을 경우 보유한 포트폴리오에서 일정기간 동안에 발생하는 최대손실가능액을 주어진 신뢰구간하에서 통계적인 방법을 이용하여 측정한 수치이다.
>> 예 어떤 회사의 보유포트폴리오의 1일 VaR이 신뢰구간 95%에서 10억원이다.
>> → 이 포트폴리오를 보유함으로써 향후 1일 동안에 10억원 이상의 손실이 발생할 확률이 5%임을 의미한다. 즉, 하루 동안에 10억원 이상의 손실이 발생할 확률은 20일에 한 번 정도 일어날 것이라는 것을 의미한다.

정답 ④

03 다음 빈칸에 들어갈 말로 옳게 연결된 것은?

> 파생상품매매에 따른 위험평가액이 자산총액의 (   )를 초과하는 펀드가 장외파생상품에 투자할 경우 장외파생상품 운용에 관한 위험관리 방법을 작성하여 (   )의 확인을 받아 금융위에 신고해야 한다.

① 10% - 집합투자업자

② 10% - 신탁업자

③ 50% - 집합투자업자

④ 50% - 신탁업자

> 해설 신탁업자의 확인을 받아 금융위에 신고한다.

정답 ②

고난도 펀드

'고난도 펀드'의 요건과 관련한 다음 설명 중 틀린 것은?

① 파생결합증권 및 파생상품에 운용하는 비중이 펀드자산총액의 20%를 초과하는 복잡성을 가진다.
② 펀드에 편입된 파생결합증권 및 파생상품으로부터 발생하는 '최대 원금손실 가능금액'이 펀드자산총액의 20%를 초과한다.
③ 재간접펀드인 경우, 피투자 고난도 펀드의 최대 원금손실 가능금액은 합산하지 아니한다.
④ 벤치마크 지수를 추종하는 ETF 인덱스펀드를 투자자가 직접 매매하는 경우에는 고난도 펀드에서 제외한다.

해설 재간접펀드인 경우, 피투자 고난도 펀드의 최대 원금손실 가능금액을 합산한다.

정답 ③

더알아보기 ▶ 고난도 펀드

금융위원회는 DLF 등 불완전판매 등을 방지하기 위하여 '고난도 금융투자상품' 제도를 도입하여 2021년 5월 10일부터 시행함

(1) 고난도 금융투자상품 개념 도입
① 원금 20%를 초과하는 손실이 날 수 있는 파생결합증권, 파생상품, 투자자가 이해하기 어려운 펀드·투자일임·금전신탁계약을 의미함
  – 다만 거래소, 해외증권·파생상품시장 상장상품이나 전문투자자만을 대상(주권상장법인, 해외상장법인, 법인·단체·개인전문투자자 제외)으로 하는 상품은 제외
  • 새롭게 강화된 투자자 보호장치가 적용되는 고난도 금융투자상품 및 고난도 투자일임·금전신탁계약으로 정의
② 특정 금융투자상품이 고난도 금융투자상품에 해당하는지 여부가 불분명한 경우 금융투자협회(상품분류점검위원회)와 금융위원회(고난도금융투자상품심사위원회)에 심사를 의뢰할 수 있음

(2) 고난도 펀드 요건
① (복잡성) 파생결합증권 및 파생상품에 '운용하는 비중'이 펀드자산총액의 20%를 초과
  – 다만, 벤치마크 지수를 추종하는 ETF 인덱스펀드(레버리지·인버스 미해당 펀드)를 투자자가 직접 매매하는 경우 고난도 펀드에서 제외
② (손실 위험성) 펀드에 편입된 파생결합증권 및 파생상품으로부터 발생하는 '최대 원금손실 가능금액'이 펀드재산총액의 20%를 초과
  • 재간접인 경우, 피투자 고난도펀드의 최대 원금손실 가능금액을 합산

① **(녹취)** 앞으로는 고난도 금융투자상품 판매시와 고난도 투자일임·금전신탁계약 체결시 판매·계약 체결 과정이 녹취되며, 투자자는 금융회사로부터 녹취파일을 제공받을 수 있음
② **(숙려)** 고난도 금융투자상품과 고난도 투자일임·금전신탁계약을 청약(계약 체결)하는 경우 청약 여부를 다시 한 번 생각해 볼 수 있는 2영업일 이상의 숙려기간이 보장
- **(숙려기간 중)** 숙려기간 중 투자자는 금융회사로부터 투자 위험, 원금손실가능성, 최대 원금손실 가능금액을 고지받게 됨
- **(숙려기간 후)** 숙려기간이 지난 후에 투자자는 서명, 기명날인, 녹취, 전자우편, 우편, ARS 등으로 청약의사를 다시 한 번 표현하는 경우에만 청약·계약체결이 확정됨
  - 만일, 숙려기간이 지난 후에도 투자자가 매매의사를 확정하지 않을 경우 청약은 집행되지 않으며, 투자금을 반환받게 됨
  ※ 의도치 않게 매매의사를 확정치 않아 청약이 미집행되지 않도록 주의 필요
③ **(요약설명서)** 그 밖에 고난도 금융투자상품 구입 시 동 상품의 내용과 투자위험 등을 요약한 설명서가 제공됨

출처 : 금융위원회

보충문제

01 '고난도 펀드'의 요건에 해당하는 것은?

① 파생결합증권 및 파생상품 매매 위험평가액이 펀드자산총액의 20%를 초과
② 파생결합증권 및 파생상품에 운용하는 비중이 펀드순자본액의 20%를 초과
③ 파생결합증권 및 파생상품에 운용하는 비중이 펀드자산총액의 30%를 초과
④ 파생결합증권 및 파생상품에 운용하는 비중이 펀드순자본액의 30%를 초과

해설 고난도 펀드란 집합투자재산 중 파생결합증권에 운용하는 비중과 파생상품 매매에 따른 위험평가액이 펀드자산총액에서 차지하는 비중의 합계가 100분의 20을 초과하는 펀드를 말한다.

정답 ①

단원별 출제예상문제

01 자본시장법상 주된 투자대상에 따른 5가지 집합투자기구 분류에 속하지 않는 것은?

① 증권집합투자기구

② 파생상품집합투자기구

③ 특별자산집합투자기구

④ 혼합자산집합투자기구

> **해설** 파생상품펀드는 자본시장법상의 분류인 5가지 집합투자기구보다 하위개념이다. 예를 들어, 주식을 기초자산으로 하는 파생상품을 주로 편입하면 증권집합투자기구가 된다.

정답 ②

02 다음에서 설명하는 증권의 종류는 무엇인가?

> 기초자산의 가격·이자율·지표·단위 또는 이를 기초로 하는 지수 등의 변동과 연계하여 미리 정하여진 방법에 따라 지급금액 또는 회수금액이 결정되는 권리가 표시된 것

① 파생상품

② 파생결합증권

③ 투자계약증권

④ 옵 션

> **해설** 파생결합증권이다.

정답 ②

03 다음의 '파생상품 등'에서 일반투자자에게는 위험회피목적의 거래만 허용되는 것은?

① KOSPI200선물

② 국채금리선물 10년물

③ 돈육선물

④ 금리선도거래(FRA)

> **해설** 장외파생상품은 다른 상품에 비해 위험도가 크기 때문에 일반투자자에게는 위험회피목적의 거래만 허용된다. 금리선도거래(FRA)는 장외파생상품이다(선도 = 장외, 선물 = 장내거래).

정답 ④

04 다음 빈칸에 들어갈 수 없는 수는?

> • 자본시장법상 '파생형'으로 분류되는 펀드는 첫째 파생상품매매에 따른 위험평가액이 펀드재산의 (　　)%를 초과하는 펀드와 둘째, 파생결합증권에 펀드재산의 (　　)%를 초과하여 투자하는 펀드를 말한다.
> • 파생상품펀드는 원칙적으로 각 펀드자산총액의 (　　)%를 초과해서 동일종목에 투자할 수 없지만 예외적으로 파생결합증권에 대해서는 펀드자산총액의 (　　)%까지 동일종목에 투자할 수 있다.

① 10 ② 20

③ 30 ④ 50

해설 차례대로 '10% – 50% – 10% – 30%'이다.

정답 ②

05 파생상품펀드에 대한 운용규제 내용이다. 잘못된 것은?

① 사모 파생상품펀드는 공모 파생상품펀드와 달리 적격요건을 갖추지 못한 자와도 장외파생상품의 거래를 할 수 있다.
② 공모 파생상품펀드는 파생상품 매매에 따른 위험평가액이 펀드순자산총액의 100분의 100을 초과할 수 없다.
③ 공모 파생상품펀드의 경우 동일법인 등이 발행한 증권의 가격변동으로 인한 위험평가액은 펀드자산총액의 100분의 10을 초과할 수 없다.
④ 공모 파생상품펀드의 경우 동일 거래상대방과의 장외파생상품 매매에 따른 거래상대방 위험평가액이 펀드자산총액의 100분의 10을 초과할 수 없다.

해설 장외파생상품 거래시 적격투자자 요건은 사모펀드에도 예외없이 적용된다.

정답 ①

06 파생상품의 위험평가액 중 '변동금리 금리스왑'의 위험평가액에 해당하는 것은?

① 지급하기로 한 통화의 명목원금
② 만기까지 지급하기로 한 금전총액
③ 만기까지 지급할 것으로 예상되는 금전총액의 시가평가금액
④ 지급하기로 한 금전총액과 수취하기로 한 금전총액의 절댓값을 더한 금액

해설 ① 통화스왑, ② 고정금리 금리스왑, ③ 변동금리 금리스왑, ④ 수취하기로 한 금액이 (−)일 경우의 총수익스왑(TRS)

정답 ③

07 파생상품거래에 따른 위험지표의 개요 및 공시에 관한 설명으로 옳지 않은 것은?

① 계약금액은 파생상품 거래 후 익일까지 공시한다.

② 만기시점의 손익구조, 즉 기초자산의 가격변동에 따라 집합투자기구의 손익이 발생하는 구간을 설명해야 한다.

③ 시장가격이 불리하게 변동될 경우의 최대손실 예상금액을 공시해야 한다.

④ 시나리오별 손익구조의 변동은 1주에 1회 이상 공시한다.

해설 시나리오별 손익구조의 변동과 최대손실 예상금액은 더 중요한 사항이므로 매일 공시해야 한다.

정답 ④

08 다음 빈칸에 들어갈 말이 순서대로 옳은 것은?

> 금융투자업자의 파생상품 공시대상 위험지표의 산정방법 중 VaR은 (　　)영업일의 보유기간 및 (　　)%의 (　　) 신뢰구간을 적용하여 (　　)단위로 측정되어야 한다.

① 1 – 95 – 단측 – 일일

② 1 – 95 – 양측 – 월간

③ 10 – 99 – 양측 – 월간

④ 10 – 99 – 단측 – 일일

해설 VaR은 10영업일의 보유기간 및 99%의 단측 신뢰구간을 적용하여 일일단위로 측정하며 최대예상손실(VaR)을 매일 공시하여야 한다.

정답 ④

09 파생상품펀드의 위험지표를 의무적으로 공시해야 하는 펀드는?

① 파생상품 매매에 따른 위험평가액이 펀드자산 총액의 15%인 펀드

② 파생상품 매매에 따른 위험평가액이 펀드순자산 총액의 10%인 펀드

③ 파생상품 매매에 따른 위험평가액이 펀드자산 총액의 9%인 펀드

④ 파생상품 매매에 따른 위험평가액이 펀드순자산 총액의 9%인 펀드

해설 위험평가액이 펀드자산 총액의 10% 이상이면 위험지표를 공시하고, 투자설명서에 위험지표가 공시된다는 사실을 기재해야 한다.

정답 ①

02 파생상품펀드 영업

- 본 장은 '제1편–제3장 펀드 구성·이해–제3절 파생상품펀드'와 중복되는 부분이 많으므로 앞 장의 설명도 같이 참조하여 학습하시기를 바랍니다.
- 기본서에서 소개하는 파생상품펀드의 유형은 '주가연계 / 금리연계 / 환율연계 / 상품연계 / 멀티에셋 / 파생형 인덱스 / 포트폴리오보험형 / 시장중립형 / 시스템운용형' 등이 있습니다.

1 파생상품펀드의 종류

주가연계파생상품펀드의 개요　　　　핵심유형문제

우리나라에서 가장 대표적인 파생상품펀드의 형태는?

① 주가연계파생상품펀드
② 금리연계파생상품펀드
③ 환율연계파생상품펀드
④ 상품연계파생상품펀드

해설 주가연계파생상품이 유동성이 가장 풍부하므로 이를 바탕으로 한 파생상품펀드가 주종을 이루고 있다.

정답 ①

더알아보기 ▶ 주가연계파생상품펀드 개요

(1) **주가연계파생상품의 개념** : 파생상품의 이익이 주가(개별종목 또는 주가지수)에 연계되어 결정되는 파생상품(→ 국내에서 가장 대표적인 파생상품펀드로 자리매김하였음)
(2) **주가연계파생상품의 종류**

구 분	ELD	ELS	ELF
발행회사	은 행	증권사(투자매매업자)	집합투자업자
상품설계	정기예금 + 워런트	채권 + 워런트	펀드로 운용
수익지급	약속된 수익률	약속된 수익률	운용실적배당

원금보장여부	100% 보장	보장(원금보존형) / 비보장(원금비보존형)	보장불가
예금자보호	보 호	비보호	비보호
소득과세	이자소득 과세	배당소득 과세	배당소득 과세

01 주가연계파생상품의 특성에 대한 설명으로 옳지 않은 것은?

① 파생상품의 수익이 주가(지수 혹은 개별종목의 가격)에 연계되어 결정되는 파생상품을 말한다.

② 주가연계파생상품의 기초자산은 개별종목이나 지수 모두 가능한데 기초자산으로 선택되기 위해서는 적정한 유동성, 적정한 변동성, 대표성 등을 갖추어야 한다.

③ 주가연계파생상품은 모두 장내에서 거래된다.

④ 주가연계파생상품에 투자하는 가장 간단한 방법은 워런트(Warrant)에 투자하는 것이다.

> **해설** 주가연계파생상품은 거래소에서 거래되는 장내파생상품(KOSPI200선물·옵션, 개별주식 선물·옵션, ELW)과 장외파생상품처럼 계약의 형태로 거래할 수도 있으며, 또한 파생결합증권처럼 투자매매업자가 발행(ELD, ELS, ELF)하거나 금융기관 간 계약의 형태를 통해 거래할 수 있다.
>
> 정답 ③

02 다음은 ELD, ELS, ELF를 비교한 것이다. 잘못 연결된 것은?

번 호	구 분	ELD	ELS	ELF
①	발행회사	은 행	증권사	자산운용사
②	형 태	정기예금 + 워런트	채권 + 워런트	포트폴리오
③	수익지급	약속된 수익률	약속된 수익률	약속된 수익률
④	원금보장여부	100% 보장	보장 / 비보장	보장불가

> **해설** ELD와 ELS는 발행사가 투자자에게 약속된 수익(제시수익률 = 쿠폰)을 지급하지만 ELF의 경우 펀드상품이므로 쿠폰제시가 불가한 운용실적배당형이다.
> *ELD는 은행상품이므로 법적으로 원금보장이 되고, ELS는 설계에 따라 원금보장형, 원금비보장형이 모두 가능하다. 단, 법적인 원금보장은 되지 않으므로 예금자보호가 되지 않는다. ELF는 원금보장 자체가 불가하지만 최대한 원금보전이 가능하도록 운용하는 '원금 보존추구형'이 있고 좀 더 수익성을 지향하는 '비보존형'도 있다.
>
> 정답 ③

03 파생결합증권 중 원금보장이 아예 불가능한 것은 (㉠)이며, 원금보장이 가능해도 예금자보호는 되지 않는 것은 (㉡)이다. 빈칸이 올바르게 채워진 것은?

① ELD – ELS

② ELS – ELF

③ ELF – ELS

④ ELD – ELF

해설 원금보장도 되고 예금자보호도 되는 것은 ELD이다.

정답 ③

04 다음 빈칸에 알맞은 말은?

> 워런트(Warrant)에 투자하게 되면 선물투자 등 (㉠)의 수익구조가 아닌 다양한 (㉡)의 수익구조 추구가 가능하다.

	㉠	㉡
①	선 형	비선형
②	비선형	선 형
③	단순형	복잡형
④	복잡형	단순형

해설 '선형 – 비선형'이다.

정답 ①

더알아보기 ▸ 선형(Linear)과 비선형(Non-linear)의 차이

선형과 비선형의 차이는 매우 크다고 할 수 있다. 전통형자산(주식, 채권)은 모두 선형의 수익구조를 가지지만, 파생상품 특히 옵션을 포함하면 비선형의 수익구조로 전환할 수 있다. 즉 '전통형자산＋파생상품'으로 다양한 수익구조를 가진 상품을 만들 수가 있는데 이러한 상품을 구조화상품(Structured Product)이라고 하고, 구조화를 통해서 금융투자상품의 질적인 발전이 가능하게 되었다.

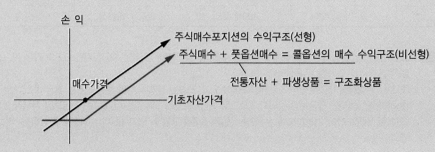

주가연계파생상품펀드 - 워런트투자형

워런트투자의 특징에 대한 설명으로 틀린 것은?

① 레버리지 효과가 크다.

② 워런트는 수익과 위험이 높은 상품이므로 원금보존형의 설계는 불가능하다.

③ 워런트는 장외파생상품으로서 가격위험과 신용위험에 동시에 노출된다.

④ 워런트에 투자하면 다양한 비선형의 수익구조 추구가 가능하다.

> **해설** 원금보존형의 설계가 가능하다.
> ① 워런트의 프리미엄(가격)은 펀드자산의 3% ~ 5%이다. 5%를 투입하여 전체자산을 커버할 수 있으므로 20배의 레버리지효과가 발생한다.
> ③ 워런트를 매수하면 기초자산의 가격변동위험에 노출되며, 워런트 발행사가 파산하는 경우에는 투자원금의 전액 혹은 부분을 회수하지 못할 수도 있는데 이를 신용위험이라 한다. 즉 워런트투자는 가격위험과 신용위험에 동시에 노출된다.
> ④ '전통자산 + 워런트'로 비선형(Non-linear)의 수익구조가 가능하다.
>
> **정답** ②

더알아보기 ▶ 워런트 형태의 설명

※ 주가연계파생상품펀드의 유형

워런트투자형	ELS편입형	장외파생상품계약형	장내파생상품운용형
펀드의 일부를 워런트 편입	펀드 내 ELS를 편입	증권사와 장외파생상품을 계약	장내파생상품(주가지수선물 · 옵션 등)을 이용한 운용

(1) 워런트투자형의 특징

① 레버리지효과가 크다. → 워런트의 가격은 펀드자산의 3% ~ 5% 정도(5%일 경우 20배 정도의 레버리지 가능)

② 원금보존추구형을 만들 수 있다. → 이자추출전략으로 원금보존형 설계가 가능

③ 가격위험과 신용위험에 동시에 노출된다. → 워런트발행사의 부도위험(신용위험)에도 노출됨

(2) 워런트의 종류

① 안정적이며 보수적인 투자전략은? → 스프레드형

② 현재 2000pt인 주가가 향후 1년간 1,800 ~ 2,200pt에서 등락을 보일 것으로 예상될 경우 적합한 전략은? → 레인지형

③ 주가가 어느 정도 하락하는 것은 감내할 수 있지만, 일정 수준(배리어) 이상 하락하는 것이 부담스럽다면? → 낙인 풋옵션매수

④ 기초자산의 상승률이 30%이고 참여율이 90%라면 워런트의 수익률은?
→ 30% × 90% = 27%

⑤ 만기에 한 번만 행사하는 것은? → 유럽형(대부분의 워런트)
만기 전 어느 때나 행사할 수 있는 것은? → 미국형(낙아웃 / 낙인 / 레인지의 일부)

만기 전 특정일의 가격을 최종평균하여 행사하는 것은? → 아시아형(상품연계파생상품에 주로 이용)이라고 함

- 낙아웃 / 낙인옵션은 프리미엄이 표준옵션보다 낮아 시장전망이 맞을 경우 효율적 투자가 가능함

(3) 워런트의 중도상환

일반적으로 워런트투자형은 중도상환이 없는 구조가 대부분이나(왜냐하면 만기에 도달해야 일정한 이자수익을 얻을 수 있는 구조로 설계하기 때문이며 따라서 중도환매시 남은 기간에 대한 수익을 포기해야 함), 중도상환형 워런트도 발행자체는 가능함

보충문제

---

01 시장의 방향성에 대한 확신이 서지 않고 상승이나 하락방향으로 크게 움직일 것으로 예상할 경우 어떤 워런트에 투자해야 하는가?

① 콜 워런트   ② 풋 워런트
③ 양방향 워런트   ④ 스프레드

해설 어느 쪽이든 변동성이 클 경우 수익이 나는 형태이다.

정답 ③

02 다음은 특정 워런트의 구조를 설명한 것이다. 빈칸에 알맞은 말은?

> - 기초자산이 특정구간에 있을 때는 지속적으로 수익이 상승하지만 특정구간을 넘어서면 일정한 수익만을 받는 구조를 (㉠)라고 한다.
> - 기초자산이 특정구간에 있을 때만 일정한 수익을 받고 그 외의 구간에서는 수익이 없는 구조를 (㉡)라고 한다.
> - 상승형이든 하락형이든 일정한 쿠폰(제시수익률)을 받거나 혹은 받지 못하는 구조를 (㉢)이라고 한다.

	㉠	㉡	㉢
①	스프레드	레인지	디지털
②	스프레드	디지털	레인지
③	레인지	스프레드	디지털
④	디지털	스프레드	레인지

해설 차례대로 '스프레드(Spread) – 레인지(Range) – 디지털(Digital)형'이다.

정답 ①

(1) 스프레드(Spread)형

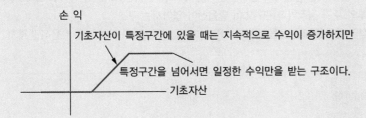

(2) 레인지(Range)형

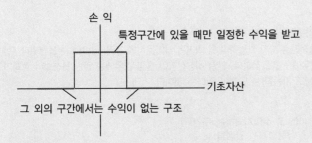

(3) 디지털(Digital)형

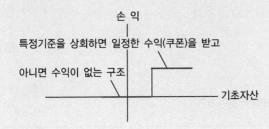

03 다음 내용에서 설명하는 워런트는 무엇인가?

> • 주가가 1년 이내에 50% 이상 상승하지 않으면 참여율 100%의 콜옵션이지만, 한 번이라도 50% 이상 상승하면 이후의 주가 움직임과 관계없이 콜옵션이 없어지는 구조
> • 이 구조는 일반적인 콜옵션(혹은 풋옵션)보다 가격이 싸며 시장전망이 맞는 경우 효율적인 투자가 가능하다.

① 낙아웃(Knock Out)형 워런트
② 낙인(Knock In)형 워런트
③ 스프레드(Spread)형 워런트
④ 레인지(Range)형 워런트

해설 낙아웃형이다. 정확히는 낙아웃형 콜워런트이다.
* '시장전망이 맞는 경우 효율적인 투자가 가능하다'의 의미는 낙아웃형의 프리미엄이 일반옵션보다 저렴하기 때문에 시장전망이 맞는 경우에는 효율적이나, 만일 시장전망이 틀릴 경우에는 일반 옵션보다 효과가 좋지 않다(낙인의 경우는 큰 손실도 가능함)는 단점이 있다는 것이다.

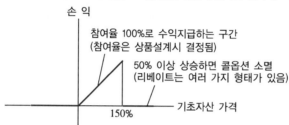

정답 ①

04 다음 내용은 어떤 워런트의 구조를 설명한 것인가?

> 주가가 40% 이상 하락하면 행사가격이 100%인 풋옵션이 생기는 구조이다.

① 낙아웃(Knock Out)형 워런트
② 낙인(Knock In)형 워런트
③ 스프레드(Spread)형 워런트
④ 레인지(Range)형 워런트

해설 낙인형이다. 정확히는 낙인형 풋워런트이다.

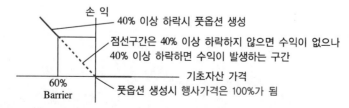

정답 ②

05 낙아웃형 워런트의 제시수익률이 10%이고 리베이트가 2%라면, 어떤 리베이트(Rebate)라고 할 수 있는가?

① No Rebate

② Full Rebate

③ Partial Rebate

④ 답 없음

> 해설 부분적으로 지급하는 리베이트를 'Partial Rebate'라고 한다.

정답 ③

06 워런트투자형의 일반적인 구조에 대한 설명으로 옳지 않은 것은?

① 일반적으로 워런트투자의 경우 이자자산을 만기에 맞추어 편입하므로 만기까지 보유해야 목표한 수익률을 달성할 수 있는 구조이다.

② 일반적인 워런트의 투자구조는 펀드재산의 대부분을 이자자산에 투자하고 투자기간 중 발생하는 이자를 워런트에 투자하는 형태이다.

③ 워런트투자형은 만기까지 보유해야 목표수익률을 달성하므로 중도상환조건이 있는 워런트는 발행 자체가 불가능하다.

④ 워런트에 투자하는 펀드는 파생결합증권에 전액투자하는 펀드에 비해서 신용위험을 줄일 수 있다는 장점이 있다.

> 해설 중도상환 자체가 불가능한 것은 아니다. 중도상환조건이 있는 워런트도 발행은 가능하며, 다만 중도상환을 하는 투자자는 '잔존기간의 금리변동을 감안한 금액'을 받아야 한다. 즉 일정부분 손해를 감수하면 중도상환을 할 수 있다.
> ① · ② → 일반적인 워런트투자형은 '이자자산 + 워런트 편입'이다. '채권 95% 매수 + 워런트 5% 매수'의 구조이고 '이자자산은 만기까지 보유시 100%(채권 95% + 만기까지의 이자 + 5%)'가 되어 원금보장형 설계가 가능하다. 즉, 발생하는 이자로만 워런트에 투자하는 것이므로 이를 '이자추출전략'이라고도 한다.
> ④ 예를 들어 ELS에 투자하는 금액이 1억원이고, 워런트에만 투자하면 1억원의 5%로만 투자할 수 있다. 즉 그만큼 신용위험이 줄어드는 것이다.

정답 ③

더알아보기 ▸ 중도상환가능 워런트의 구조

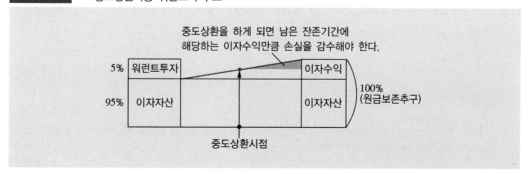

07 시장전망에 적합한 워런트투자가 아닌 것은?

① 주식시장의 큰 폭 상승이 전망되어 낙아웃형 콜워런트를 매수하였다.

② 주식시장이 방향에 관계없이 큰 폭으로 변동할 것으로 예상되어 양방향형 워런트에 투자하였다.

③ 주가의 큰 폭 하락에 따른 위험을 방지하기 위해 낙인 풋옵션을 매수하였다.

④ 주식시장의 변동에 대해 안정적이고 보수적인 전략으로 스프레드형 워런트를 매수하였다.

> **해설** 큰 폭 상승이 전망되면 일반 콜옵션을 사는 것이 적합하다. '낙아웃콜'의 경우는 배리어(Barrier) 수준을 터치하면 콜옵션이 소멸되기 때문에 적합하지 않다. 스프레드형은 큰 폭의 이익을 포기한 만큼 손실도 제한하는 전략으로, 일반적으로 옵션(워런트)은 레버리지형이 높은 고위험형으로 인식되지만 스프레드 거래는 안정적이고 보수적인 전략이다.
>
> **정답** ①

08 파생결합증권의 일종으로 거래소에 상장된 워런트는 무엇인가?

① ELW

② ELD

③ ELS

④ ELF

> **해설** ELW(Equity Linked Warrant)는 주식워런트로서 주식시장에 상장된 워런트이다. 나머지 ELD, ELS, ELF는 상장형이 아니므로 장외에서 거래된다.
>
> **정답** ①

주가연계파생상품펀드 – ELS편입형&장외파생상품 계약형

주가연계파생상품펀드의 형태에 대한 설명 중 잘못된 것은?

① 주가연계파생상품에 투자하는 가장 간단한 형태는 워런트에 투자하는 것이다.

② 펀드자산의 대부분을 특정한 수익구조를 가진 파생결합증권에 편입할 수 있다.

③ 증권사와 계약의 형태로 장외파생상품을 거래할 수 있다.

④ 파생결합증권을 편입하거나 장외파생상품을 계약할 때에는 원금이 거래상대방에게 제공되는 경우와 분기별로 이자만 지급되는 경우가 있다.

해설 파생결합증권을 편입할 때에는 항상 발행사에게 원금이 제공된다(ELS편입형). 주가연계파생상품펀드의 형태는 크게 ①·②·③ 세 가지에 '장내파생상품 운용형'이 추가된다.

정답 ④

더알아보기 ▶ 주가연계파생상품펀드 – ELS편입형, 장외파생상품 계약형

(1) 기본개념 거래형태로 볼 때, ELS편입형은 원금부거래이나(항상 원금이 발행사에게 제공되는 것), 장외파생상품 계약형은 원금부거래(Funded Swap)와 이자부거래(Unfunded Swap)로 나누어진다. 그리고 원금보존성향에 따라 원금보존추구형과 원금비보존형으로 구분된다.
- Funded Swap은 거래상대방에게 원금이 제공되는 거래를 말하고, Unfunded Swap은 원금교환 없이 이자만 교환하는 거래를 말한다. 장외파생상품의 경우 상대방의 신용위험을 경감시키기 위해 Unfunded Swap형태의 거래가 많이 일어나고 있다.

(2) 원금보존추구형 VS 원금비보존형

원금보존추구형	원금비보존형
• 원금보존추구형은 중도상환조건이 없는 것과 있는 것, 두 가지로 나눌 수 있음(기관투자자는 KOSPI200을 추종하는 중도상환형 펀드를 선호함) • 원금보존추구형의 수익률은 채권의 운용결과로 결정	• 국내에서는 원금비보존형이 더 많이 판매되고 있음 • 상당히 높은 확률로 안정적인 수익이 가능하고 특별한 경우 원금손실도 가능하게 함(옵션매도의 프리미엄을 이용하여 기대수익률을 제고)

(3) 원금비보존형구조에서 쿠폰(제시수익률)에 영향을 주는 변수

기초자산의 변동성이	클수록(높을수록)	쿠폰(제시수익률)이 상승한다
상환조건이		
KO 배리어가		
KI 배리어가		
상관관계	낮을수록	

01 원금보존추구형에 대한 설명으로 적절하지 않은 것은?

① 기초자산의 가격변동에 관계없이 원금보존을 추구하는 펀드를 말한다.

② 원금보존이 가능한 상품설계를 하더라도 발행사의 신용위험은 없어지지 않는다.

③ 원금보존추구형의 상품(혹은 펀드)수익률은 기초자산의 가격변동과 투자한 주식의 운용결과로 결정된다.

④ 원금보존추구형은 중도상환조건의 유무에 따라 두 가지로 구분되는데, 기관투자자들은 KOSPI200지수를 기초자산으로 하는 중도상환형 펀드를 선호한다.

> **해설** 주식이 아니라 채권의 운용결과로 결정된다. 시중금리가 높을 때는 채권에서 높은 수익이 나올 수 있으나 시중 금리가 낮을 때는 펀드의 구조 및 수익률이 악화된다.
> 이는 원금보존추구형의 상품설계구조가 '대부분의 안전자산(채권) + 이자부분의 위험자산(워런트)'으로 구성되기 때문이다(**참고** 원금보존추구형 ≠ 원금보존형).
>
> **정답** ③

02 원금비보존형에 대한 설명으로 적절하지 않은 것은?

① 원금비보존형은 원금보존형에 비해 기대수익률이 높다는 장점이 있으나 위험도도 높아서 국내시장에서는 원금보전형이 대표적인 구조화상품이라고 할 수 있다.

② 상당히 높은 확률로 안정적 수익을 얻을 것으로 예상되는 기초자산과 구조를 이용하되 특별한 경우에 원금손실도 가능하게 함으로써, 원금보존형에 비해 기대수익률이 높다는 장점이 있다.

③ 원금비보존형은 상품(혹은 펀드)의 수익률을 제고하기 위해 주로 옵션매도를 이용한다.

④ 원금비보존형은 원금보존형에 비해 실세금리가 수익률에 미치는 영향이 작은데, 이는 원금비보존형의 경우 기초자산의 가격변동위험이 더 크기 때문이다.

> **해설** 구조화상품(Structured Product)이라는 것은 '전통자산 + 파생상품'의 구조로써 수익의 구조를 '비선형 구조'로 전환시킨 상품을 말한다. 국내에서는 기대수익률이 높은 원금비보존형이 구조화상품의 주종을 이루고 있다.
> ② 일정부분 원금손실도 허용해야 그만큼 기대수익률이 높아지게 된다(위험-수익의 trade-off 관계).
> ③ 옵션매도시 유입되는 프리미엄이 수익률 제고의 원천이 된다.
> ④ 원금보존형의 경우 대부분의 편입자산이 안전자산(채권)이므로 실세금리의 영향을 많이 받으나 원금비존형은 위험자산이 원금보존형에 비해 많아 가격변동리스크가 더 크다.
>
> **정답** ①

03 중도상환이 가능한 상승형 원금비보존형 구조에서 제시수익률(쿠폰)에 영향을 주는 요소들에 대한 설명으로 틀린 것은?

① 기초자산의 변동성이 높을수록 쿠폰이 높다.

② 상환조건(행사가격)이 높을수록 쿠폰이 높다.

③ Knock Out 조건이 높을수록 쿠폰이 높다.

④ 상관관계가 높을수록 쿠폰이 높다.

해설 낙아웃(KO) 수준이 올라가면 그 가격대를 Touch 할 확률이 작아지므로 높은 쿠폰 수익률을 제시해야 한다.
→ 따라서 쿠폰이 올라간다.

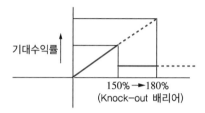

정답 ④

주가연계파생상품펀드 - 장내파생상품 운용형

핵심유형문제

주가연계파생상품펀드 중에서 장내파생상품 운용형에 속하지 않는 것은?

① 인덱스형 펀드

② 델타복제형 펀드

③ 절대수익추구형 펀드

④ 파생결합증권 편입형 펀드

해설 주가연계파생상품펀드는 크게 네 가지로 구분한다. 1) 워런트 편입형, 2) 파생결합증권 편입형, 3) 장외파생상품 계약형, 4) 장내파생상품 운용형 등이다. 즉 ①·②·③은 모두 장내파생상품을 활용하고 있으므로 '장내파생상품 운용형'이라고 한다.

정답 ④

더알아보기 ▶ 주가연계파생상품펀드 - 장내파생상품 운용형

(1) 장내파생상품의 종류

장내파생상품을 운용하는 펀드로는 금융공학펀드가 대표적이며, 이들은 ① 인덱스에 연동된 수익률을 추구하는 인덱스형 펀드, ② 옵션의 수익구조를 복제하는 델타복제형 펀드, ③ 차익거래와 같은 기법으로 절대수익을 추구하는 전략을 사용하는 절대수익추구형 펀드로 나눈다.

인덱스형 펀드	인덱스에 연동된 수익률을 추구하며 인덱스의 반대방향이나 일정배수(1.5배, 2배 등)를 추구하는 펀드도 존재한다(리버스 인덱스펀드, 인버스 펀드).
델타복제형 펀드	• 풋옵션 매도 포지션의 델타를 참조하여 운용한다. • 설정 이후 변동성이 증가하거나 시장이 큰 폭의 하락이 없는 경우에 수익이 발생할 가능성이 크다. • 상장된 주식이나 선물의 매매이익에 대해 비과세된다는 장점이 있다. • 개별 펀드별로 운용해야 하는 어려움이 있고, 변동성이 감소하거나 바스켓의 성과가 부진한 경우, 시장이 큰 폭으로 하락하는 경우에는 투자 손실이 발생할 수 있다(∵ put 매도이므로 시장가격이 행사가격 이하인 경우 손실이 발생함).
절대수익추구형 펀드	현물, 선물, 옵션 간 차익거래를 통해 수익추구를 하며 시장중립형펀드, 시스템운용펀드가 있다.

(2) ELS편입형과 델타복제형의 비교

구 분	ELS편입형 펀드	델타복제형 펀드
상품성격	장외옵션(ELS)을 외부 매입	장내파생상품을 이용한 옵션수익구조 복제
중도환매	중도환매 어려움 (가능은 하지만 높은 환매수수료)	중도환매 용이
운용전략수정	불가함 (ELS가 사전확정형이므로)	가 능 (사전확정형이 아니므로)
소득과세	확정수익 전체에 대해 배당과세	채권이자 및 배당소득에 대해서만 과세 (주식매매차익 부분이 과세제외 → 유리)
장 점	사실상 확정수익	운용성과가 좋을 경우 추가수익 가능
단 점	• 발행사의 신용위험노출 • 조기상환이 안될 경우 자금부담증가	운용성과가 나쁠 경우 손실가능

01 다음의 장내파생상품운용형 중 포트폴리오 보험형 펀드는?

① 지수의 움직임과 반대의 수익률을 추구하는 인덱스펀드

② 지수의 일정배수로 수익률을 추구하는 인덱스펀드

③ 주식을 보유한 상태에서 콜옵션을 매도하여 풋옵션매도를 복제한 펀드

④ 주식을 보유한 상태에서 풋옵션을 매수하여 콜옵션매수를 복제한 펀드

> **해설** 주식매수포지션에 풋옵션을 매수하면 손실을 일정 수준으로 제한할 수 있다. 즉 콜옵션매수를 복제한 것인데 이를 포트폴리오 인슈어런스(Portfolio Insurance)전략이라고 한다.
> 차례대로, 'Reverse Index Fund, Leverage Index Fund, Reverse Convertible Fund, Portfolio Insurance Fund'이다.
> > **참고** 레버리지나 리버스 인덱스펀드의 경우 그 수익률의 계산은 매일의 지수를 대상으로 한다. 즉 리버스형은 일일 지수수익률의 반대일 뿐이며, '일정 구간과 정확히 반비례하는 것은 아니다'라는 점에 주의해야 한다.
>
> **정답** ④

02 델타복제펀드에 대한 설명으로 적절하지 않은 것은?

① 델타복제펀드는 설정 이후 변동성이 증가하거나 시장이 큰 폭으로 하락하지 않으면 수익이 발생할 가능성이 크다.

② 델타복제펀드는 장내시장을 이용하기 때문에 매매차익에 대해 비과세가 된다는 장점이 있다.

③ 델타복제펀드는 개별 펀드별로 운용을 해야 하는 어려움이 있다.

④ 델타복제펀드는 위험에 중립적인 운용기법이므로 시장이 큰 폭으로 하락해도 투자 손실이 발생하지 않는다.

> **해설** 시장이 일정한 수준에서 변동성이 확대되면 수익률이 올라가지만 큰 폭으로 하락하면 손실이 불가피하다.
>
> **정답** ④

더알아보기 ▸ 델타복제형의 이해

① 델타복제형(또는 델타헤징형)은 시장중립포지션으로서 기초자산의 변동성을 이용하여 무위험수익을 얻고자 하는 전략인데, 선물이나 옵션을 직접 매수하지 않고 기초자산의 매매를 통해 옵션을 복제하여 헤지를 한다.

② 파생상품은 현물과 달리 변동성이 수익원이 되는데(스트래들전략 등), 델타복제형 또한 무위험포지션의 유지를 위한 매매과정 속에서 변동성을 이용해 수익을 창출할 수 있다.

③ 단, 변동성이 감소하면 성과가 부진할 수 있으며 그리고 시장이 추세적으로 하락할 경우에는 델타복제형도 손실이 불가피하다(이에 대한 이해는 펀드기본서의 범위를 많이 벗어나므로 생략함).

03 다음의 비교가 잘못된 것은?

구 분	파생결합증권편입 펀드	델타복제 펀드
상품성격	① 장외옵션 외부 매입	장내파생상품 이용
중도환매	② 중도환매불가	중도환매가능 (낮은 수수료 혹은 수수료 없음)
운용전략 수정	불 가	③ 가 능
소득과세	확정수익 전체(배당과세)	채권이자 및 배당소득에 한정 (장내시장의 매매차익은 비과세)
장 점	사실상 확정수익	• 운용성과에 따른 추가수익 가능 • 중도환매가 자유로워 자금부담 경감
단 점	• 발행사 신용위험 노출 • 조기상환이 안될 경우 자금부담 증가	④ 수익률 변동 가능성(실적배당)

해설 중도환매가 아예 불가한 것은 아니다. 중도상환불가형이 일반적이나 중도상환가능형도 있는데 대신 상품구조의 특성상 높은 수수료를 부담해야 한다. 델타복제형은 실적배당형으로서 운용성과에 따라서 높은 수익이 가능하고 또 반대로 손실도 발생할 수 있다. 과세면에서는 매매차익이 비과세되기 때문에 확정수익 전액에 대해서 배당과세가 되는 파생결합증권(유형별 포괄주의에 의한 과세)에 비해서는 유리하다.

정답 ②

금리연계파생상품펀드

금리연계파생상품펀드의 특징에 해당되지 않는 것은?

① 금리연계상품은 주가연계파생상품에 비해 투기적인 수요가 매우 작은데, 이는 대규모 운용자금에 대해 헤지를 해야 하는 기관투자가의 수요가 많기 때문이다.

② 금리는 주가에 비해 변동성이 낮고 제시된 가격조건의 유지가 어려워 공모형 펀드로 만들기가 어렵다.

③ 일반적으로 금리연계파생상품펀드는 주가연계파생상품펀드에 비해 만기가 짧다.

④ 기초자산인 금리의 수준이 거시경제의 영향을 많이 받으므로 금리연계파생상품펀드에 투자하기 위해서는 경제에 대한 이해가 수반되어야 한다.

> **해설** 일반적으로 금리연계파생상품펀드의 만기는 길다(채권의 만기가 길다). 또한 발행사의 중도상환권리는 콜옵션부채권에 내재되어 있다.
> ① 헤지목적의 수요가 대부분이다.
> ② 따라서 레버리지를 이용하지 않고는 투자자들이 기대할만한 기대수익률을 충족하기 어려운데, 레버리지 이용에는 관련규정의 제약이나 위험증가에 따른 문제가 발생한다.
> ④ 거시경제에 대한 이해가 수반되어야 하는데, 투자자의 이해도 부족과 발행사의 헤지의 복잡함 등으로 인해 금리연계파생상품펀드는 보편화되어 있지 않다(단, 최근에 금리연계파생상품에 대한 수요가 다소 증가하고 있으며, 일부 사모펀드에서는 만기가 단기인 상품도 나타나고 있다).
>
> **정답** ③

더알아보기 ▶ 금리연계파생상품펀드

(1) 금리연계파생상품펀드의 특징
① 주가에 비해 변동성이 낮고 제시된 가격조건의 유지가 어려워 공모형 펀드로 만들기가 어렵다.
② 만기가 길고 발행사의 중도상환권리(콜옵션부채권의 콜옵션)가 내재되어 있다.
③ 거시경제에 대한 이해가 수반되어야 한다(기초자산인 금리가 거시경제의 영향을 받으므로).

(2) 금리연계파생상품펀드의 종류

레인지 어크루얼 (보충문제 1)	스프레드	복수의 기초자산 상품
금리가 일정범위 안에 머문 날짜를 계산하여 쿠폰이 결정됨 → 사전확정형이 아님	만기가 다른 두 종목의 금리차를 이용하는 상품 예 IRS Spread	기초자산이 두 개이며 각각의 기초자산별로 쿠폰이 발생하는 조건 예 Dual Index FRN

01 만기 2년, 매년마다 쿠폰을 지급하는 통안채 91일물 Range Accrual의 쿠폰 공식은 '7.55% 수준 × [(4.5% ≤ 통안채91일물 ≤ 5.7%)인 일수 / 365]'이다(아래 수익구조 차트 참고). 그렇다면 통안채91일물이 '4.5% ~ 5.7%'의 구간에 머문 일자가 335일이었다면 투자자에게 지급되는 쿠폰은 얼마인가?

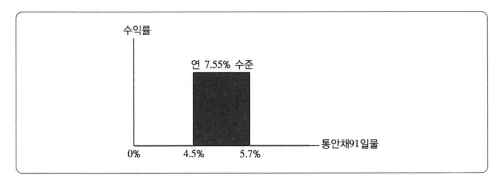

① 쿠폰 = 4.55% × 335 / 365

② 쿠폰 = 5.70% × 335 / 365

③ 쿠폰 = 7.55% × 335 / 365

④ 쿠폰 = 7.55% × 365 / 335

해설 쿠폰 = 7.55% × 335 / 365 ≒ 6.9295%이다.
*Range Accrual(레인지 어크루얼) : 금리가 일정 범위 안에 머문 날짜를 계산하여 쿠폰이 결정되는 구조로, 금리가 예상하는 범위에 머물 때 수익을 확보할 수 있는 대표적인 상품이다.

정답 ③

02 금리연계파생상품펀드와 관련한 설명 중 적합하지 않은 것은?

① 대부분의 금리연계 펀드는 원금보존추구형이다.

② Range Accrual의 쿠폰은 일반 ELS 상품과 마찬가지로 사전에 확정된다.

③ 두 채권 간의 스프레드를 기초자산으로 하는 금리연계파생상품도 있다.

④ 각각의 Range Accural이 만족하는 수익(쿠폰)을 곱하여 최종 쿠폰이 결정되는 구조의 Range Accrual 상품도 있다.

해설 일반 ELS는 사전에 쿠폰이 확정되어 있고 조기상환여부를 체크하는 구조이지만 Range Accrual 구조는 일정 기간을 두고 특정조건을 만족하는 일수를 계산하여 수익이 결정되는 구조이다. ③의 예는 IRS 금리 스프레드이고, ④의 예는 Dual Index FRN이다.

정답 ②

03 금리연계파생상품펀드에 속하지 않는 것은?

① CD91일물 Range Accrual

② Portfolio Insurance

③ 국고채 IRS 금리 스프레드

④ Dual Index FRN

> **해설** 포트폴리오 인슈어런스 펀드는 주가연계파생상품펀드로써 장내파생상품 운용형에 속한다.
>
> 정답 ②

환율연계파생상품펀드 핵심유형문제

환율연계파생상품펀드의 특징에 해당되지 않는 것은?

① 주가, 금리 이상으로 방향성이나 변동성에 대한 예측이 어려운 것이 환율인데, 이는 두 국가 간의 경제상황, 정치상황 등 환율변동요인이 많고 그 영향 또한 복합적이기 때문이다.

② 환율은 장기간 일정한 수준을 유지하다가도 어느 한 순간 급변하는 경우가 많기 때문에 원금손실형 투자시에는 매우 주의해야 한다.

③ IMF 위기 이후 환율은 지속적인 하락 추세 및 안정적인 범위에서 등락을 보였으므로 이때 Range형 장외파생상품이 유행하였다.

④ KIKO는 대표적인 환위험 성공사례라고 할 수 있다.

> **해설** IMF 이후의 환율변동의 흐름은 '㉠ IMF 이후 환율의 지속적 하락 및 안정시기 → ㉡ 원화 강세 국면 → ㉢ 글로벌 금융위기로 이머징국가의 통화가 급격한 약세'로 진행되었다. KIKO는 원화 강세를 염두에 둔 합성포지션으로서 ㉢의 국면에서 원화가치가 폭락하면서 KIKO로 인하여 큰 폭 손실을 입었으며, 이는 대표적인 환위험관리의 실패사례이다.
> *KIKO(Knock Out & Knock In) : 낙아웃-콜옵션매수포지션과 낙인-풋옵션매도포지션이 결합된 상품
>
> 정답 ④

더알아보기 ▶ 환율연계파생상품펀드

(1) 주가, 금리 이상으로 방향성 예측이 어렵다.
(2) 어느 순간 급변하는 경우가 많아 원금손실형투자에는 주의해야 한다(대표적 실패사례 – KIKO).
(3) 환율변동범위가 제한적으로 예상될 때는 → 낙아웃구조가 효과적
(4) 환율의 큰 폭 변동성이 예상되지만 방향성에 대한 확신이 없을 경우에는 → 양방향 낙인구조가 효과적

01 아래 그림은 '만기 6개월, 기초자산이 KRW / USD(원 달러 환율)'인 환율연계파생상품의 수익구조 이다. 이에 대한 설명으로 옳지 않은 것은?

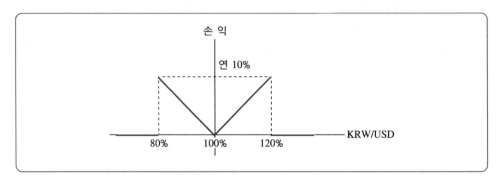

① 상승배리어가 120%, 하락배리어는 80%이다.

② 투자기간 동안 120% 또는 80%의 돌파가 없을 경우 '상승 혹은 하락 절대값 × 참여율 50%'로 수익률이 결정된다.

③ 투자기간 중 한 번이라도(장중포함) 120%나 80%를 돌파하게 되면 원금을 지급하고 계약이 소멸 되는 양방향형 낙아웃 워런트를 편입한 상품이다.

④ 양방향형이므로 변동성이 크게 나타날수록 계약자에게 유리하다.

> **해설** 양방향형이나 낙아웃형이므로 적당한 변동성일 때가 가장 좋다(배리어를 '터치'하지 않는 수준). 변동성이 클수 록 수익률이 높아지는 것은 낙아웃 이벤트가 없는 '일반 양방향형 옵션'에 해당한다.
>
> **정답** ④

상품연계파생상품펀드

상품투자의 특징에 대한 설명으로 적절하지 않은 것은?

① 상품(Commodity)은 전통자산(주식, 채권 등)과 낮은 상관관계를 보이기 때문에 전통자산의 포트폴리오에 상품을 편입하면 분산투자효과가 크게 나타날 수 있다.
② 상품투자는 인플레이션을 헤지하는 가장 적절한 수단의 하나이다.
③ 상품의 거래방식은 다른 자산들과는 달리 현물이 아닌 선물을 기준으로 하는 경우가 많다.
④ 상품투자에는 롤오버 리스크(Roll Over Risk)가 따르는데 이는 상품의 거래기준물이 현물일 경우에 발생한다.

해설 롤오버(Roll Over)는 만기이월을 의미하는데 이는 상품은 주로 선물로 거래하기 때문에 발생하는 현상이다.

롤오버 리스크의 이해

상품투자기간이 1년이라면

롤오버(Roll Over)

일반적으로 선물은 3개월 만기이므로, 상품투자기간과 일치시키기 위해서는 다음월물로의 교체를 반복해야 하는데 이 과정에서 선물가격동향에 따라 이익을 볼 수도 손실을 볼 수도 있다. 이를 Roll Over Risk라고 한다.

정답 ④

더알아보기 ▶ 상품연계파생상품펀드

(1) 상품투자에 대한 특징
① 뛰어난 인플레이션 효과가 있다(2000년 이후로 상품투자가 보편화되고 있음).
② 전통자산과의 낮은 상관관계로 인한 분산투자효과를 기대할 수 있다는 장점이 있으나, 가격에 대한 예측이 어렵고 변동성 및 변동폭이 매우 크다는 단점이 있다.
③ 상품의 거래방식은 타자산과는 달리 현물이 아닌 선물을 기준으로 하는 경우가 많다. 이 경우 Roll Over 리스크(이월위험)에 노출이 된다(핵심문제 그림 참조).

(2) 상품투자 인덱스의 종류

Dow-Jones UBS	S&P GSCI	RICI	RJ-CRB
분산이 가장 잘 된 지수	에너지 비중이 가장 높다	전 세계 원료가격을 대표	가장 오래된 상품지수

• 일반적으로 개인투자자들은 개별적인 품목에 대한 투자보다는 여러 가지 품목들을 모아 지수화시킨 상품관련 인덱스에 투자하는 것이 바람직함

01 인덱스형 상품투자에 대한 설명으로 적절하지 않은 것은?

① 일반적으로 개인투자자들은 개별적인 품목에 대한 투자보다는 상품인덱스에 투자하는 것이 바람 직한데 인덱스투자가 수익률이 더 좋기 때문이다.

② 상품관련 인덱스는 여러 종류가 있는데 각각 고유의 특성을 지니고 있기 때문에 선택하는 인덱스에 따라 성과도 다르게 나올 수 있다.

③ 상품지수 중 벤치마크로 가장 널리 활용되는 두 개 중 하나이며, 분산이 가장 잘 되어 있는 지수는 Dow Jones-UBS지수이다.

④ 상품지수 중 가장 널리 알려져 벤치마크로 활용되는 두 개 중 하나이며, 에너지의 비중이 가장 높은 지수는 S&P GSCI이다.

> **해설** 인덱스에 투자하는 이유는 개별투자보다 안전하기 때문이다. 상품(Commodity)의 개별품목은 계절적인 공급요인이나, 전쟁이나, 전쟁·가뭄 등 외부적 사건에 대해서도 민감하게 반응하기 때문에 변동성이 매우 큰 편이고, 또한 거래단위도 큰 편이라서 일반투자자가 개별품목에 대해 직접 투자하는 것이 위험이 크다.
>
> **정답** ①

02 다음 빈칸에 들어갈 말로 올바른 것은?

> 상품관련 워런트는 기초자산의 특성상 일반적으로 가격이 (   ). 그러므로 높은 참여율을 위해 유럽형 옵션보다 가격이 (   ) 아시아형 및 강세 스프레드옵션을 선택하여 파생결합증권을 매입하거나 장외파생상품 계약을 할 수 있다.

① 높다 - 높은
② 낮다 - 낮은
③ 높다 - 낮은
④ 낮다 - 높은

> **해설** 일반적인 워런트보다 비싸다. 따라서 참여율을 높게 하기 위해 가격이 '낮은' 아시아형을 주로 활용한다.
>
> **정답** ③

멀티에셋 파생상품펀드의 특징에 해당되지 않는 것은?

① 최초 투자시점에 자산배분의 원칙을 정하고 그 원칙대로 운용하는 방식인데 여러 자산(Multi-Asset)에 투자한다고 해서 멀티에셋펀드라고 한다.

② 멀티에셋펀드에 투자하는 이유는 자동적으로 자산배분이 이루어지기 때문에 효율적인 분산투자를 할 수 있기 때문이다.

③ 안정성을 중시하는 투자자나 처음 펀드를 투자하는 투자자에게 적합한 펀드이다.

④ 한국의 주식에 전체 자산의 20%를 배분한다면 KOSPI200을 반영하는 ETF에 투자하는 것이 멀티에셋 파생상품펀드이다.

해설 멀티에셋 파생상품펀드는 파생상품펀드이므로, 한국주식시장에 20%를 자산배분한다고 하면 KOSPI200지수선물을 20% 매수하면 된다(ETF는 파생상품이 아니다).
　*멀티에셋펀드의 유인(誘因)은 '고수익'이 아니라 '안정성'에 있다는 점에 유의

정답 ④

더알아보기 ▶ 멀티에셋펀드(Multi-Asset Fund)

(1) 최초 투자시점에 자산배분의 원칙을 정하고 그대로 운용하는 펀드(멀티에셋 또는 하이브리드 펀드)이다.
(2) 자산배분효과가 있다.
(3) 적은 투자금액으로 다양한 자산에 분산투자할 수 있다.
(4) 고수익을 추구하기보다는 자산배분을 통한 안정적인 수익을 추구한다.

보충문제

01 안정성이 가장 떨어지는 펀드는?

① 멀티에셋펀드(Multi Asset Fund)
② 멀티클래스펀드(Multi Class Fund)
③ 롱숏펀드(Long Short Fund)
④ 차익거래펀드

해설 멀티클래스펀드는 종류형펀드이다.
①은 자산배분형이므로, ③·④는 시장중립형펀드이므로 상대적으로 안전하다.

정답 ②

파생형 인덱스펀드

파생형 인덱스펀드의 개념에 대한 설명으로 옳지 않은 것은?

① 인덱스펀드는 패시브(Passive)펀드이다.

② 시장을 추종하는 수동적 투자전략이다.

③ 선진국에서는 액티브펀드가 장기형 운용상품의 대부분을 차지하고 있으나 신흥국에서는 패시브
펀드가 장기형 운용상품의 대부분을 차지하고 있다.

④ 액티브펀드에 비해 상대적으로 낮은 위험을 보인다.

> **해설** 선진국일수록 장기형 운용상품(대형 연기금 펀드, 퇴직연금 펀드 등)은 벤치마크 위주의 패시브전략을
> 취한다.
> *대부분의 인덱스펀드는 목표수익률(벤치마크 수익률)에서 크게 벗어나지 않으며 상위펀드와 하위펀드의 펀
> 드 간 편차가 액티브(Active)펀드에 비해 작다.
>
> 정답 ③

더알아보기 ▶ 인덱스펀드의 세 가지 방법

(1) 개념 : 파생상품을 활용하여 지수를 추종하는 펀드를 파생형 인덱스펀드라고 함

(2) 지수를 추종하는 세 가지 방법

완전복제법 / 부분복제법	지수선물을 이용하는 방법	장외파생상품 계약방법
완전복제법은 지수구성종목 모두를 비율대로 편입하는 방법으로서 정확성은 높으나 비용이 많이 든다는 단점 → 따라서 대부분은 부분복제법을 사용하고 있다.	KOSPI를 추종한다면 KOSPI200 지수선물을 매입하는 것 → 거래비용이 적다는 장점이 있으나, 롤오버 리스크와 베이시스 위험에 노출된다.	지수의 수익률을 받기로 장외 파생계약을 할 수 있음 → 상대방을 찾기 어려우며 있다고 해도 상대방의 신용위험에 노출된다.

*완전복제법을 사용한다고 해도 추적오차(Tracking Error)는 제거되지 않는다(포트폴리오 오차를 제거할
뿐임).

(3) 인덱스펀드의 종류

순수인덱스펀드(Pure Index Fund)	인핸스드인덱스펀드(Enhanced Index Fund)
말 그대로 인덱스 추종형 예 ETF펀드	'인덱스 + 알파', KOSPI200처럼 파생상품이 존재하는 지수를 추종하는 펀드는 대부분 인핸스드인덱스펀드임

01 인덱스펀드에서 지수를 추종하는 방법에 대한 설명으로 잘못된 것은?

① 지수를 구성하는 종목을 직접 활용하여 인덱스를 만드는 방법에는 완전복제법과 부분복제법이 있다.

② 완전복제법을 사용할 경우 지수와의 추적오차가 거의 없다는 장점이 있기 때문에 부분복제법보다 많이 사용되고 있다.

③ 지수를 기초자산으로 하는 장내파생상품을 활용하여 지수를 추종하기도 하는데 이는 거래비용이 작고 편리하다는 장점이 있으나, 만기불일치에 따른 롤오버 리스크와 추적오차 리스크에 노출된다는 단점이 있다.

④ 장외파생상품 계약을 통해 지수수익률을 받기로 하는 방법도 있는데, 이 경우 지수복제에 필요한 비용을 절감한다는 장점이 있으나 거래상대방에 대한 신용위험에 노출된다는 단점이 있다.

> 해설 완전복제법은 말 그대로 지수구성종목 모두를 비중대로 편입하는 것이어서 정확도는 매우 좋지만 비용이 많이 든다는 단점이 있다. 따라서 대부분의 인덱스펀드의 경우 부분복제법(Sampling방법)을 사용한다.
>
> 정답 ②

02 인덱스펀드의 종류에 대한 설명으로 옳지 않은 것은?

① 운용목표에 따라 순수(Pure)인덱스와 알파추구형(Enhanced) 인덱스펀드로 나눈다.

② 추종지수에 따라 주식형 인덱스펀드, 채권형 인덱스펀드, 상품형 인덱스펀드 등으로 구분한다.

③ 운용방식에 따른 구분으로는 지수와 동일한 수익률을 추구하는 일반 인덱스형, 반대방향의 수익률을 추구하는 인버스(Inverse) 인덱스형, 지수의 배수수익률을 추구하는 레버리지(Leverage) 인덱스펀드 등이 있다.

④ KOSPI200을 추종하는 대부분의 인덱스펀드는 순수(Pure) 인덱스펀드라고 할 수 있다.

> 해설 KOSPI200지수는 주로 파생상품의 기초자산으로 활용된다. 즉, KOSPI200지수를 추종하는 대부분의 펀드는 순수 인덱스펀드가 아니라 알파추구형 인덱스펀드이다. 왜냐하면 KSOPI200을 추종하면 파생상품(KOSPI200 지수선물)을 활용할 수 있어(차익거래 가능) 알파추구가 가능하기 때문이다(순수 인덱스펀드는 ETF펀드이다).
>
> 정답 ④

포트폴리오 보험형 펀드

포트폴리오 보험형 펀드에 대한 설명으로 옳지 않은 것은?

① 보유하고 있는 포트폴리오 가치의 하락위험을 일정 수준으로 제한하면서 주가상승 국면에서 가치상승의 일정부분을 확보하는 효율적인 위험관리기법이다.

② 적극적 주식투자자와 보수적 채권투자자의 중간수준의 위험을 부담하고자 하는 투자자에게 적합한 유형이다.

③ 포트폴리오 인슈어런스 전략을 투자자들이 선호하는 가장 큰 이유는 수익률이 높기 때문이다.

④ 주가상승시 매수, 주가하락시 매도라는 운용방식을 취하게 된다.

> **해설** 포트폴리오 보험전략을 선호하는 이유는 손실을 제한할 수 있기 때문이다. 즉, 포트폴리오의 가치를 일정 수준으로 제한할 수 있기 때문이다.
> *포트폴리오 보험전략 = 콜옵션매수를 복제하는 기법

정답 ③

더알아보기 ▶ 포트폴리오 보험형 펀드

(1) 포트폴리오 보험전략의 개념

① 포트폴리오 보험전략을 선호하는 이유는 고수익률이 아니라, 포트폴리오 위험을 일정 수준으로 제한할 수 있기 때문이다.

② 주가상승시 매수, 주가하락시 매도의 운용방식을 취한다.

③ 상승장에서는 일반적인 주식형펀드 수익률보다 낮다(열위하다).

④ 포트폴리오 보험전략은 콜옵션매수를 복제하는 전략이다.

(2) 포트폴리오 보험전략의 종류

보호적 풋	이자추출전략	옵션복제전략
주식 + 풋옵션매수	채권 + 콜옵션매수	채권 + 주식
풋옵션매수의 비용을 지불해야 함	ELS의 설계구조와 동일	• CPPI전략, TIPP전략 • 옵션프리미엄을 지불하지 않음

(3) CPPI(일정비율 보험전략)의 예시

투자원금 100억원으로 채권 90억원 / 주식 10억원 매수, 주식의 최대하락율을 60%로 전제할 경우

① 주식투자금액은 10억원이지만 최악의 경우라도 4억원은 회수할 수 있다. 즉 최소 4억원 이상을 보장받으므로 이는 콜옵션을 매수한 것과 동일한 효과이다. 즉, 옵션을 매수한 것은 아니지만 '콜옵션매수'와 같은 효과를 내므로 이를 옵션복제전략이라고 한다.

② 위의 옵션복제전략에서 노출치(익스포저)는 주식투자금액인 10억원이며, 보장치는 4억원, 쿠션(완충치)은 6억원(익스포저 − 보장치)이다. 그리고 승수는 약 1.6배(익스포저 / 완충치 = 10 / 6)이다.

③ CPPI와 TIPP의 보장치 비교(TIP : 외울 필요 없이 구분을 할 수 있으면 됨)

CPPI의 보장치	보장치 = 투자원금 × (1 + 무위험이자율)^{경과기간}
TIPP의 보장치	보장치 = Max(직전보장치, NAV × 최초보장치 비율)] NAV = 순자산가치

- CPPI의 보장치는 고정되어 있는 것이 아니라 매일 변함 → 정확하다는 장점이 있으나 복잡하다는 단점 → 이를 간편하게 보완하는 것이 TIPP(대신 TIPP는 원금보장설계가 불가하다는 단점)
- 상승장에서는 CPPI가, 하락장이나 횡보장에서는 TIPP의 성과가 우수하다.

보충문제

01 포트폴리오 보험전략의 투자기법에 대한 설명으로 옳은 것은?

① 일반적인 투자방식은 '주가상승시 매도, 주가하락시 매수'이다.
② 포트폴리오 보험전략은 풋옵션매도를 복제하는 기법이다.
③ 포트폴리오 보험전략은 상승장에서의 수익률은 일반적인 주식형펀드에 비해서 낮다.
④ 포트폴리오 보험전략을 취하면 원금손실이 발생하지 않는다.

> **해설** 상승장이 되면 주식매수비중을 늘리게 되나 일정 비중은 안전자산에 투자하고 있으므로, 전액을 투자하는 주식형펀드에 비해서는 수익률이 낮을 수밖에 없다.
> ① 주가상승시에는 주식비중을 늘리게 되므로 매수하고, 주가하락시에 주식비중을 줄이게 되므로 매도한다 (Positive Feedback전략이라 함).
> ② 콜옵션매수를 복제한 것이다.
> ④ 포트폴리오의 가치를 일정 수준으로 제한할 수 있다는 장점이 있으나 그것이 반드시 원금보장을 의미하지는 않고, 원금보전 이상으로 제한하는 장치를 했다고 해도 실제 매매과정을 통해서 손실을 볼 수도 있다.
> **정답** ③

02 포트폴리오 보험전략의 3가지 종류에 대한 설명으로 틀린 것은?

① 방어적 풋(Protective Put) 전략은 풋옵션매수가 보험 역할을 한다.
② 이자추출전략(콜옵션을 이용하는 방법)에서의 콜옵션매수는 보험 역할이 아니라 수익자산의 역할을 한다.
③ 옵션복제전략은 콜옵션매수와 풋옵션매도를 직접 매매하여 다양한 수익구조를 만들어내는 것을 말한다.
④ 옵션복제전략은 보장치에 대한 계산방법에 따라 '일정비율 보험전략(CPPI)'과 '시간불변 포트폴리오 보존전략(TIPP)'으로 구분한다.

> **해설** 옵션복제전략은 이자추출전략의 응용으로써, 실제 콜옵션매수를 사용하지 않지만 콜옵션매수와 같은 효과를 낸다고 해서 '복제전략'이라고 하는 것이다.
> **정답** ③

03 포트폴리오 보험전략의 용어가 잘못 설명된 것은?

① 보장치(Floor) : 포트폴리오의 최저가치

② 익스포저(Exposure) 혹은 노출치 : 위험자산 투자금액 = 완충치 × 승수

③ 완충치(Cushion) : 포트폴리오 현재가치 − 익스포저

④ 승수(Multiplier) : 위험자산 투자를 위한 배수 = 익스포저 / 완충치

> 해설 '완충치 = 익스포저 − 보장치'이다.
> *주식투자금액이 10억원이고 보장치가 6억원이라면 → 익스포저는 10억원, 완충치는 4억원, 승수는 2.5배이다.
>
> 정답 ③

04 다음의 포지션 중에서 포트폴리오 보험전략에 해당하는 것은?

① 채권매수 + 풋옵션매수

② 주식매수 + 콜옵션매수

③ 주식매수 + 풋옵션매수

④ 주식매수 + 콜옵션매도

> 해설 '주식매수 + 풋옵션매수'로서 보호적 풋(Protective Put)에 해당한다.
>
> 정답 ③

시장중립형 펀드

시장중립형 펀드에 대한 설명으로 잘못된 것은?

① 시장움직임에 연동되는 인덱스형 펀드와는 달리 시장의 방향성과 무관하게 사전에 정해진 목표 수익률을 추구하는 펀드이다.

② 절대수익(Absolute Return) 추구형 펀드라고도 한다.

③ 롱숏(Long-short)펀드, 차익거래펀드 등이 해당된다.

④ 시장중립형 펀드는 무위험차익거래를 통해 절대수익을 추구하는데 현실적으로도 무위험이자율 이상의 수익률을 거두는 펀드가 많아 매우 인기가 높은 펀드이다.

> **해설** 이론적으로는 무위험차익거래가 가능하나, 현실적으로는 무위험차익거래의 기회가 많지 않다는 것이 단점 이다.
>
> **정답** ④

더알아보기 ▶ 시장중립형 펀드(Market Neutral Fund)

(1) 개념 : 시장의 방향성과 무관하게 사전에 정해진 목표수익(절대수익)을 추구하는 펀드로서 시장 움직임에 연동되는 인덱스형 펀드와 대조된다('저위험저수익' 상품으로서 차익거래펀드, 롱숏펀드가 이에 해당됨).

(2) 차익거래의 종류

주식형 차익거래	인덱스 차익거래	합병 차익거래	전환사채 차익거래
저평가주식 매수, 선물매도	KOSPI200지수선물을 이용한 차익거래 (가장 일반적)	합병교환비율대비 저평가주식 매수, 고평가주식 매도	전환사채 매수, 주식현물(델타만큼)매도

→ 합병차익거래는 단순히 '피인수기업 매수 / 인수기업 매도'가 아님(교환비율에 따라 결정)

(3) 차익거래 유형

(F : 선물시장가격, F* : 선물이론가격)

$F > F^*$	$F < F^*$
선물가격이 고평가되었으므로	선물가격이 저평가되었으므로
선물매도 / 현물매수	선물매수 / 현물매도
매수차익거래	매도차익거래
Cash & Carry 전략	Reverse Cash & Carry 전략

• 차익거래는 무위험수익(절대수익)을 추구할 수 있다는 장점이 있으나, 이론적 차익거래 기회가 많지 않 다는 단점이 있음. 따라서 약간의 위험을 감수한 준차익거래를 실행하는 경우가 많은데 이 경우 무위험 이자율 이하의 수익률이 실현될 수 있다는 단점이 있다.

01 **차익거래에 관한 설명 중 잘못된 것은?**

① 선물가격이 이론가격보다 일시적으로 고평가 혹은 저평가된 것을 이용해 선물과 현물을 동시에 매매함으로써 이론가와의 차이만큼을 이득으로 취하려는 거래전략이다.

② 실제 시장에서 이론가격과 차이가 있다 하더라도 거래비용이 있을 경우 차익거래가 일어나지 않는 경우가 많다.

③ 실제 차익거래는 거래비용을 가감한 가격범위(No Arbitrage Band)를 벗어난 경우에만 일어나게 된다.

④ 선물가격이 고평가되었을 때 선물을 매도하고 동시에 현물을 매수하는 거래를 매도차익거래라고 한다.

> 해설   현물매수이면 매수차익거래이다(현물을 매도하면 매도차익거래가 됨).

> 정답 ④

02 **다음 내용은 어떤 차익거래를 말하는가?**

> • 전환사채, 워런트, 전환우선주 등의 가격괴리를 이용하여 수익을 추가하는 전략이다.
> • 전환사채를 매수하고 전환사채의 주식 부분의 위험을 해당 주식의 차입매도를 통해 델타만큼 헤지한다.
> • 변동성이 증가하거나 주식가격이 빠르게 상승하거나 신용등급이 상승하면 수익이 발생한다.

① 합병(Merger) 차익거래

② 전환사채(Convertible Bond) 차익거래

③ 인덱스(Index) 차익거래

④ 주식형 차익거래

> 해설   '전환사채매수 + △매도'(△ = 전환사채의 주식전환 부분). 이러한 포지션을 통해 전환사채의 이론가와 실제가격의 차이만큼의 무위험수익(절대수익)을 얻을 수 있다.

> 정답 ②

03 합병차익거래에 대한 설명으로 옳지 않은 것은?

① 기업의 인수합병(M&A) 방법에는 인수하는 기업과 피인수기업 간의 주식교환비율과 실제 시장가격비율의 차이를 이용하는 방법이 있다.

② 주식교환비율 대비 시장가격이 저평가된 기업을 매수하고, 고평가되어 있는 기업을 공매도하는 방법이 있다.

③ 만일 합병회사의 매수청구권이 현 시세보다 높다면 시장에서 주식을 매수해서 매수 청구권을 행사하여 단기간에 수익을 남길 수 있다.

④ 합병차익거래는 피인수기업을 매수하고 인수기업을 매도하는 것을 말한다.

> **해설** 합병차익거래는 무조건 피인수기업을 매수하고 인수기업을 매도하는 것이 아니라, 교환비율을 검토한 후 저평가된 기업을 매수해야 한다.
> *합병차익거래를 'Deal Arbitrage'라고도 한다.

정답 ④

04 A기업과 B기업은 '교환비율 0.5 : 1'로 합병하기로 결의하였다. 현재 두 기업의 주가는 A기업이 100,000원, B기업이 60,000원에 거래되고 있다. 이 경우 합병차익거래를 위해 어떤 거래를 해야 하나?

① A기업 매수 & B기업 매수

② A기업 매수 & B기업 매도(공매도)

③ A기업 매도(공매도) & B기업 매수

④ A기업 매도(공매도) & B기업 매도(공매도)

> **해설** 두 기업의 교환비율이 0.5 : 1이므로 'A주식 1주 = B주식 2주'이어야 한다. A주식은 100,000원, B주식 2주는 120,000원이 되므로 B주식에 교환비율에 비해 고평가되어 있다. 따라서 저평가된 A주식을 매수하고, 고평가된 B주식을 매도(공매도)하면 된다.
> *여기서 '공매도'라는 것은 '주식을 빌려서 매도하는 것'을 말한다. 차익거래시 매수와 매도는 동시에 이루어져야 하는데 매도는 보유하고 있는 주식을 매도하는 것이 아니므로 '공매도'라고 하는 것이다.

정답 ②

시스템운용형 펀드에 대한 설명으로 옳지 않은 것은?

① 시스템운용형은 펀드매니저의 주관을 배제한 채 시스템에서 보내주는 매매신호에 따라 기계적으로 파생상품을 거래해 안정적인 운용을 추구하는 유형이다.

② 시스템운용형은 대부분의 전략이 모멘텀(Momentum) 전략에 기반하기 때문에 시장이 추세를 보이는 구간에서는 성과가 양호할 수 있으나 시장이 등락을 반복하거나 하락하는 구간에서는 성과가 부진할 수 있다.

③ 펀드자산의 대부분을 이자자산에 투자하고 발생하는 이자를 재원으로 옵션에 대해 매수전략만 취한다면 원금보존 추구형이 가능하다.

④ 시스템운용형 펀드는 전통형 자산과 상관관계가 높은 편이어서 펀드 포트폴리오 관점에서 높은 분산투자효과를 기대할 수 없다는 단점이 있다.

> **해설**   시스템운용형 펀드는 주 운용대상이 파생상품이므로, 전통자산과의 상관관계가 낮다. 따라서 높은 분산투자효과를 기대할 수 있다.
> ① '펀드매니저의 주관을 배제'하므로 시스템운용형이라 한다.
> ② 모멘텀 전략은 추세를 추종하는 전략이다. 따라서 추세를 보이는 구간이라야 성과가 좋다.
>   *[추세가 좋은 구간] 상승 → 매수신호 → 추가상승 ⇒ (+) 수익률
>   [횡보하는 구간] 상승 → 매수신호 → 하락 → 매도신호 → 상승 ⇒ (−) 수익률
> ③ 시스템운용형도 기본적으로 구조화펀드에 속한다('채권＋워런트'형).
>
>   정답 ④

더알아보기 ▸ 시스템운용형 펀드

개 념	특 징
펀드매니저의 주관을 배제한 채 시스템에서 보내 주는 매매신호에 따라 기계적으로 파생상품을 거래하는 펀드	대부분의 전략이 모멘텀 전략에 기반하기 때문에 추세를 보이는 구간에서는 성과가 양호하나, 등락구간에서는 성과가 부진하다.

• 시스템운용형 펀드도 전통자산과는 낮은 상관관계를 보이므로, 대안포트폴리오로서의 활용가치가 높은 편

01 전통자산에 투자하는 펀드와 포트폴리오를 구성했을 때 분산투자효과가 가장 낮을 것으로 예상되는 펀드는?

① 주가지수 인덱스펀드

② 부동산집합투자기구

③ 상품(Commodity)에 주로 투자하는 특별자산집합투자기구

④ 시스템운용형 펀드

해설 주가지수 인덱스펀드는 전통자산(주식, 채권)과 상관관계가 높은 편이어서 분산투자효과가 낮다. 반면, ②·③·④는 전통자산과 상관관계가 낮아서 높은 분산투자효과를 기대할 수 있다.

정답 ①

2 파생상품펀드의 특성

파생상품펀드의 특성 핵심유형문제

파생상품 투자의 특성에 대한 설명으로 사실과 가장 거리가 먼 것은?

① 비선형의 수익구조에서 선형의 수익구조를 취할 수 있어 다양한 수익구조를 가진 상품을 개발할수 있게 되었다.

② 시장중립(Market Neutral) 투자가 가능하다.

③ 방향성 외에도 변동성이 수익원이 될 수 있다.

④ 매수중심(Long Only)에서 탈피하여 양방향투자도 가능하게 되었다.

> **해설** 파생상품을 이용함으로써, 단순한 선형(Linear)의 수익구조(Pay Off)에서 비선형(Nonlinear)의 다양한 수익구조 창출이 가능하게 되었다.
>
> 정답 ①

더알아보기 ▸ 파생상품펀드의 특성

(1) 파생상품펀드 투자의 특성

다양한 수익구조	다양한 수익원	다양한 위험요인
• 매수중심(Long Only)에서 탈피 → 양방향투자, 중립투자 가능 • 비선형의 수익구조 가능	변동성이 수익원이 됨 → 파생상품을 편입시 효율적투자기회선이 개선(변동성매매전략을 활용)	파생상품만의 위험 : 변동성위험, 베이시스위험(장외파생상품은 신용위험이 추가됨)

→ 비선형(Non-linear)의 수익구조는 옵션이 포함됨으로써 가능한데, 투자자가 원하는 다양한 수익구조를 창출하게 하여 금융투자상품의 비약적 발전을 가능하게 함

→ 현물투자는 방향성전략만 가능하나, 파생상품은 변동성전략까지 가능하여 현물투자에 비해 수익원이더 많음. 따라서 효율적투자기회선이 개선(동일 위험대비 더 높은 수익률이 가능함)

(2) 파생상품의 역할

금융시장거래규모 증대에 따른 유동성 확대	금융서비스업 확대에 따른 일자리 증대	차익거래가능에 따른 시장효율성의 증대	새로운 금융지표의 등장으로 시장불확실성 축소

01 투자자 甲은 향후 3개월간 현대자동차의 수익률이 KOSPI200 수익률보다 높을 것으로 예상한다면 어떤 투자전략을 취할 수 있는가?(투자자 甲은 위험회피형의 투자자로서 시장중립형 투자를 원한다)

① '현대자동차 매수'전략

② '현대자동차 매수 & KOSPI200선물 매도'전략

③ '현대자동차 매도 & KOSPI200선물 매수'전략

④ '현대자동차 매수 & KOSPI200선물 매수'전략

> **해설** 현대자동차의 기대수익률이 더 높으므로 현대자동차를 매수하고, 동시에 KOSPI200선물을 매도하면 그 차이만을 수익으로 취하게 된다.
>
> > **예** 동일기간 현대자동차의 수익률이 +10%, KOSPI200선물의 수익률이 +7%라고 하면, 시장중립투자를 통해 투자자 갑은 +3%의 수익률을 올리게 된다(+10% − 7% = +3%).
>
> **정답** ②

02 다음 빈칸에 들어갈 말로 올바른 것은?

> - 수익구조를 논함에 있어 기초자산이 두 개 이상인 구조에서 수익률을 산출하는 일반적인 방식은 (㉠) 구조이다.
> - 만일 기초자산이 현대차와 신한은행이고 현대차의 주가가 +20%, 신한은행이 +10%일 경우 신한은행의 주가가 구조화상품의 수익률에 영향을 주게 된다.
> - 현재 시중에 판매되는 대부분의 구조화상품은 (㉡) 구조를 사용한다.

	㉠	㉡
①	Worst Performer	Worst Performer
②	Worst Performer	Best Performer
③	Best Performer	Best Performer
④	Best Performer	Worst Performer

> **해설** 두 기초자산 중에 나쁜 것을 기준으로 하는 것이 W.P 구조이고, 현재 B.P 구조는 거의 없다(W.P 구조가 상품성이 더 좋기 때문).
>
> **정답** ①

03 파생상품에만 존재하는 위험은?

① 시장위험(Market Risk)

② 유동성위험(Liquidity Risk)

③ 운영위험(Operating Risk)

④ 변동성위험(Volatility Risk)

> 해설 변동성위험은 파생상품에만 존재한다. 예를 들어 주식시장의 변동성이 10%에서 50%로 상승했다고 해도 삼성전자의 가격에는 직접 반영되지 않는다(삼성전자의 가격변동위험은 시장위험이다). 그러나 변동성의 상승은 주가지수옵션 등의 가격을 급등시킬 수 있다. 이를 변동성위험이라 한다. 즉 변동성위험은 파생상품에만 반영이 되고, 파생상품에서 이러한 변동성을 수익으로 연결시키는 전략을 '변동성전략'이라 한다.

정답 ④

04 장내파생상품과는 달리 장외파생상품에서 발생할 수 있는 위험은?

① 베이시스 위험

② 변동성 위험

③ 원금손실 위험

④ 거래상대방 위험

> 해설 장외거래는 결제이행을 보증하는 거래소가 없으므로 거래상대방의 신용위험이 존재한다.

정답 ④

3 파생상품펀드 활용 전략

펀드고객관리 핵심유형문제

펀드판매자가 투자자의 펀드 포트폴리오를 구성하기 전에 고려해야 하는 사항이다. 틀린 것은?

① 전체 자산에서 파생상품펀드가 차지하는 비중이 어느 정도인지를 고려해야 한다.

② 구조화펀드의 경우 수익구조가 어렵다고 느끼는 투자자가 많기 때문에 구조와 기초자산이 모두 낯선 것은 피하는 것이 좋다.

③ 우리나라 투자자들은 원금보존을 추구하려는 성향이 강하므로 원금비보존형보다는 원금보존형을 우선적으로 권유하는 것이 좋다.

④ 은행고객은 증권사고객에 비해 손실위험에 대한 수용이 용이하지 않으므로, 동일한 구조와 상품이라고 하더라도 투자자의 성향을 감안할 필요가 있다.

> **해설** 우리나라 투자자들이 원금보존형 추구성향이 강하다고 해서 원금보존형 위주로 권유하는 것은 바람직하지 않다. 투자자 성향을 분석하고 위험선호정도에 따라 원금보존형과 원금비보존형을 구분해서 권유하는 것이 옳다.
> *은행고객은 예금에 익숙하여 증권고객에 비해서 보수적이다. 이러한 차이를 감안할 필요가 있다.
>
> 정답 ③

더알아보기 ▶ 투자자의 펀드 포트폴리오를 구성하기 전에 고려해야 하는 사항

(1) 펀드 포트폴리오를 구성하기 전에 고려해야 할 사항

파생상품펀드의 비중	기초자산의 선택	투자기간	원금보존여부	수익구조의 선택	기타요인
투자자의 위험 수익관계에 맞는 비중선택	수익구조와 기초자산이 낯선 것은 회피	고객의 자금흐름 우선 고려	고객의 위험선호정도를 파악 후 결정	가급적 단순한 구조로 선택함이 바람직	판매사별 고객의 위험성향 감안 (은행고객은 증권고객보다 보수적)

• 기타요인 : 파생결합증권의 발행사, 장외파생상품의 거래상대방 확인 등이 있음

(2) 파생상품 운용시 유의사항

① '인덱스＋알파'를 위한 전략(알파추구형 또는 차익거래형 등)은 거래비용 등의 비용이 수익을 초과할 수 있다는 점에 유의

② 시장중립형펀드 등 구조화펀드는 절대수익을 추구한다는 장점이 있으나 무위험거래의 기회가 많지 않으므로 일반증권펀드에 비해 보유기간을 길게 잡도록 조언할 수 있어야 함

③ Unfunded Swap은 발행사의 신용위험을 경감할 수 있으나 펀드운용사의 운영리스크에 노출될 수 있음에 유의

(3) 환리스크 헤지

헤지비율	헤지방법
채권펀드는 원금의 100%를 헤지하나, 주식형펀드는 원금의 50% ~ 70%의 헤지를 하는 것이 일반적	FX Swap – 현물환 매입 / 선물환(Forward) 매도 Bloc Deal – 현물환 매입 / 통화선물(Futures) 매도

① 가장 많이 쓰는 방법은 FX Swap이다(환율상품은 장외거래의 유동성이 더 풍부하기 때문).
② Bloc Deal의 경우 롤오버 리스크에 노출된다(선물시장을 이용하므로 만기 때마다 이월 위험에 노출).

---

01 파생상품펀드의 운용시 유의해야 할 사항에 대한 설명으로 옳지 않은 것은?

① 인핸스드인덱스펀드에서 포트폴리오의 일부를 변경해서 알파(추가수익)를 추구하는 전략은 거래비용이 발생한다는 단점과 실패할 경우 알파의 손실도 가능하다는 것을 주지시켜야 한다.

② 시장중립형을 포함한 시스템펀드는 절대수익을 추구하는 장점이 있으나 수익의 기회가 일반펀드에 비해서 작으므로 목표한 수익률을 달성하기 위해서는 일반증권펀드에 비해 보유기간을 길게 잡는 것이 바람직하다는 것을 설명해야 한다.

③ Unfunded Swap은 발행사 혹은 장외파생상품의 거래상대방의 신용위험을 경감시킬 수 있으나 펀드운용사의 운영리스크를 증폭시킨다는 점에 유의해야 한다.

④ 해외투자의 경우 환리스크에 노출되는 바, 주식펀드 또는 채권펀드의 구분 없이 투자원금의 100% 수준으로 환위험을 헤지하는 것이 바람직하다고 설명해야 한다.

> **해설** 채권형펀드는 투자의 속성상 원금보존성향이 강하므로 100% 환위험을 헤지하는 것이 바람직하나, 주식형펀드의 투자자는 수익을 위해 일정한 위험을 수용하는 성향이 강하므로 일반적으로 투자원금의 50% ~ 70% 수준의 헤지를 많이 선택한다.
>
> 정답 ④

02 환리스크의 헤지에 대한 설명으로 적절하지 않은 것은?

① 해외투자시에 환리스크에 노출되는 것은 투자의 주목적이 아니라 종속적인 성격에 해당한다.

② 규칙으로 정해진 것은 아니나 채권형펀드에 투자했을 경우 투자원금에 대해서 전액 헤지하는 경우가 많다.

③ 환헤지는 과다헤지(Overhedge)가 되지 않도록 주의해야 하는데, 주식이나 상품과 같은 기초자산이라면 과소헤지(Underhedge)를 선호하는 경향이 많다.

④ 전 세계적으로 통화가 분산된 포트폴리오를 가지고 있다고 하더라도 적정비율의 환헤지를 하는 것이 옳다.

> **해설** 전 세계적으로 분산투자된 펀드에 투자할 경우 편입자산의 통화가 모두 미달러화가 아니고 여러 통화로 분산된다. 이 경우에는 자체적으로 환리스크가 잘 분산되므로 환헤지를 하지 않는 것이 일반적이다.
>
> 정답 ④

03 환리스크 헤지방법에 대한 설명으로 옳지 않은 것은?

① '현물환매수 / 선물환매도'의 방법을 FX Swap이라고 하는데, 이는 현재 가장 많이 사용되는 환헤지 방식이다.

② 선물환계약은 옵션과 달리 선택사항이 아닌 의무사항이기 때문에 초기비용이 발생하지 않는다는 장점이 있으나 만기에는 어떤 상황이라도 결제를 해야 할 의무가 있다.

③ '현물환매수 / 선물매도'는 통화선물(장내파생상품)을 이용한 것인데 이를 Bloc Deal이라 하고 FX Swap 다음으로 많이 활용되는 환헤지 방식이다.

④ 통화선물을 사용할 경우 유동성이 풍부하다는 장점이 있으나 만기가 일치하지 않을 경우 롤오버 리스크에 노출된다는 점, 미달러화가 아닌 경우에는 통화선물거래를 두 번 해야 하는 번거로움이 있다는 것이 단점이다.

> **해설** 선물환거래가 통화선물거래보다 더 많이 활용되는 이유는 선물환거래의 유동성이 통화선물의 유동성보다 풍부하기 때문이다. 일반적으로 장내상품의 유동성이 장외상품보다 월등히 풍부하지만, 환율상품의 경우 장외상품인 선물환의 유동성이 더 좋다는 부분에 유의할 필요가 있다.
>
> ※ 선물환(F/X Forward) : 장외시장 상품으로 맞춤형이며, 현물환과 선물환을 동시에 체결하면 외화스왑 FX Swap이라고 한다.
>
> 정답 ④

단원별 출제예상문제

01 펀드재산의 일부분을 워런트에 투자하는 펀드의 특징에 해당하지 않은 것은?

① 워런트에 일부 투자하고 펀드재산의 대부분을 채권에 투자하면 원금보존추구형을 만들 수 있다.

② 주가연계파생상품에 투자하는 가장 간단한 방법은 워런트를 편입하는 것이다.

③ 워런트는 장내옵션을 말한다.

④ 워런트에 투자하면 가격위험과 신용위험에 동시에 노출된다.

> **해설** 워런트는 장외옵션이다. 낙아웃형이나 낙인형, 디지털형, 레인지형 등은 장내옵션에는 존재하지 않는다.
>
> **정답** ③

02 다음은 원금보존추구형과 원금비보존형을 비교한 것이다. 잘못 연결된 것은?

번 호	구 분	원금보존추구형	원금비보존형
①	운용목적	원금보존 + 안정적 수익률	원금비보존 + 더 높은 기대수익률
②	상품설계 구조	채권 + 워런트	채권 + 워런트 (위험자산의 비중이 더 높다)
③	옵션 포지션	매수 포지션	매수 포지션
④	위험수익관계	저위험 – 저수익	중위험 – 중수익

> **해설** 원금비보존형에는 옵션매도가 포함되어 있다. 옵션매도를 통해 유입되는 프리미엄이 기대수익률을 제고시키는 역할을 한다.
>
> **참고** 원금비보존형을 '중위험 – 중수익'이라고 하는 것은 '일정부분 원금손실이 가능하게 하고 그만큼 기대수익률을 제고시키는 전략'이기 때문이다. 따라서 '고위험 – 고수익'과는 분명히 구별된다는 점에 유의해야 한다.
>
> **정답** ③

03 원금비보존형 구조에서 다음 중 쿠폰(제시수익률)이 상승하는 경우는?

① 기초자산 변동성이 낮을수록

② 낙인(KI) 또는 낙아웃(KO) 조건이 높을수록

③ 종목 간 상관관계가 높을수록

④ 상환조건이 낮을수록

> **해설** 쿠폰↑ = f(변동성↑, KO · KI 수준↑, 상환조건↑, 상관관계↓), 상관관계를 제외한 나머지 변수는 모두 쿠폰과 정(+)의 관계이다.
>
> **정답** ②

04 투자자 甲은 현재 200p인 KOSPI200지수가 1년간 변동성이 크게 축소되면서 180 ~ 220p에 머무를 것으로 예상한다. 가장 적절한 투자상품은?

① 160 ~ 240p 레인지옵션
② 200 ~ 240p 강세스프레드
③ 행사가격 200p인 양방향옵션
④ 배리어가 200p인 KI옵션

해설 레인지옵션이 가장 적절하다.

정답 ①

05 현재 1년 만기 정기예금 금리는 3.5% 수준이다. 시대은행은 주가지수연동예금(ELD)을 설계하고 있으며, 설계한 상품의 개요는 다음과 같다. 가장 적합한 설명은?

> ⊙ 향후 6개월간 주가지수 상승률에 대해서 1%당 0.5%의 이자를 지급한다.
> ⓒ 향후 6개월간 주가지수 상승률이 30%를 넘어서면 2%의 고정이자를 지급한다.
> ⓒ 향후 6개월간 주가지수 하락하거나 상승률이 0이라면 원금만 지급한다.

① 주가지수 풋옵션 매입형이다.
② 낙인(Knock In)형이다.
③ 참여율은 100%이다.
④ 최고수익률은 15%이다.

해설 주가지수 상승률이 30%일 때 15%의 최고수익률이 달성된다(1%당 0.5%의 이자를 지급하므로). 참여율은 50% 가 되며(30%×0.5=15%), 배리어 30%를 넘어서면 리베이트 2%를 지급하므로 낙아웃형이 된다.

정답 ④

06 금리연계상품 중 다음의 수익구조를 무엇이라 부르는가?

> 쿠폰공식 = 7.55% × [(4.5% ≤ 통안채 91일물 ≤ 5.7%)인 일수 / 365]

① Spread형
② Knock Out형
③ Range Accrual형
④ Dual Index FRN

해설 일정 기간을 두고 기초자산에 대한 특정조건을 만족하는 일수를 계산하여 수익을 결정하는 구조, 즉 Range Accrual형이다.

정답 ③

07 다음은 환율연계상품의 예이다. 어떤 수익구조에 해당하는가?

> ㉠ 기초자산 : KRW / USD
> ㉡ 만기 : 6개월
> ㉢ 조 건
> ⓐ 상승배리어 120%, 하락배리어 80%
> ⓑ 투자기간 동안(장중 포함) 120% 또는 80% 돌파가 없는 경우 만기시 : 상승 또는 하락률의 절대값×50%
> ⓒ 투자기간 동안(장중 포함) 한 번이라도 돌파한 적이 있는 경우 : 원금보존추구

① 양방향 낙아웃형
② 양방향 낙인형
③ 상승형 낙아웃형
④ 레인지어크루얼

해설 양방향 낙아웃형이다.

정답 ①

08 장내파생상품을 이용하는 델타헤징형 펀드에 대한 설명으로 바르지 않은 것은?

① 델타복제펀드는 풋옵션매도의 델타를 참조하여 운용한다.
② 주식 및 장내선물의 매매차익이 비과세된다는 점에서 파생결합증권 편입형(ELS형)보다 유리하다.
③ 운용이 실패하면 추가손실이 발생할 수 있다는 점에서 발행시 쿠폰이 확정되는 파생결합증권 편입형(ELS형)에 비해 불리하다.
④ 금융공학기법을 사용하여 어떤 시장상황하에서도 절대수익을 올릴 수 있는 펀드이다.

해설 델타복제펀드는 개별종목, 복수종목, 주식 바스켓 혹은 인덱스 선물의 풋옵션 매도 포지션의 델타를 참조하여 운용한다. 델타복제펀드는 변동성이 증가하거나 시장이 큰 폭으로 하락하지 않는 경우에 수익이 발생할 가능성이 크다. 또한 상장된 주식이나 선물의 매매이익에 대해 비과세된다는 장점도 있다. 그러나 개별 펀드별로 운용해야 하는 어려움이 있고, 변동성이 감소하거나 바스켓의 성과가 부진한 경우, 시장이 큰 폭으로 하락하는 경우에는 투자 손실이 발생할 수 있다.

정답 ④

09 다음 내용은 어떤 펀드를 말하는가?

> • 투자시점에 자산배분의 원칙을 정하고 그 원칙대로 운용하는 펀드이다.
> • 자동적으로 자산배분이 이루어지기 때문에 안정성을 중시하는 투자자나 처음 펀드에 투자하는 투자자들에게 적합하다.

① 멀티에셋펀드(Multi-Asset Fund)
② 종류형 펀드(Multi-Class Fund)
③ 시스템운용형 펀드(Managed Futures Fund)
④ 포트폴리오 보험전략 펀드(Portfolio Insurance Fund)

해설 멀티에셋펀드의 내용이다. 멀티에셋펀드의 투자 유인은 고수익성이 아니라 분산투자효과에 기반한 안정적인 수익의 달성이다.

정답 ①

10 다음 내용은 어떤 펀드를 말하는가?

> • 시장상황에 따라 포트폴리오 내의 위험자산과 무위험자산의 비율을 동적으로 변화시킨다.
> • 콜옵션의 성과를 복제하고자 하는 기법이다.

① 멀티에셋펀드(Multi-asset Fund)
② 리버스 컨버티블 펀드(Reverse Convertible Fund)
③ 시스템운용형 펀드(Managed Futures Fund)
④ 포트폴리오 보험전략 펀드(Portfolio Insurance Fund)

해설 포트폴리오 보험전략 펀드이다. 주가가 하락할 때는 보장치수준을 확보하는 효과를 얻으면서 주가가 상승할 때에는 주가상승으로 인한 이익의 일정 부분을 취득할 수 있다.

정답 ④

11 포트폴리오 보험전략 중에서 원금보존형 파생결합증권 편입형(ELS형)과 가장 유사한 형태는 무엇인가?

① 방어적 풋전략(Protective Put)
② 콜옵션을 이용하는 전략(Cash Extaction)
③ CPPI(Constant Proportion Portfolio Insurance)
④ TIPP(Time Invariant Portfolio Proportion)

해설 원금보존형 파생결합증권 편입형의 구조는 '채권 + 워런트'이다. 콜옵션을 이용하는 전략은 '채권 + 콜옵션'으로 채권이 방어자산, 콜옵션이 수익자산이 되므로 동일한 구조이다.
*이자만 추출해서 투자한다고 해서 '이자추출전략'이라고도 한다.

정답 ②

12 포트폴리오 보험전략 중에서 '채권 + 주식' 포지션에 대한 설명으로 가장 거리가 먼 것은?

① 콜옵션매수를 복제하는 전략이다.

② 옵션매수비용이 들지 않는다는 장점이 있다.

③ 시장이 상승하면 주식비중을 늘리고, 시장이 하락하면 채권비중을 늘린다.

④ 경우에 따라서는 주식형펀드보다도 높은 수익률을 달성할 수 있다.

> **해설** 옵션복제전략(또는 동적자산배분전략)을 말한다. P.I전략은 '상승 가능성을 유지한 채 하락에 대한 방어벽을 구축하는 포지션'이므로 일반 주식형펀드에 비해서는 주가 상승시 수익률이 낮을 수밖에 없다.
>
> 정답 ④

13 파생결합증권 편입형에 비해 델타복제형 펀드가 가지는 장점에 속하지 않는 것은?

① 확정수익률이 아니다.

② 운용결과에 따라서는 추가수익이 가능하다.

③ 주식이나 장내파생상품의 매매에 대한 이익은 비과세된다.

④ 중도환매가 용이하다.

> **해설** ②·③·④는 파생결합증권 편입형(ELS형)보다 확연하게 좋은 점이다. 그러나 운용실적이 안 좋을 경우 손실부담도 커질 수 있다는 것이 단점이다. 즉 확정수익률이 아니라는 점은 좋은 점과 나쁜 점이 혼재해 있으므로 장점이라고만은 볼 수 없다.
>
> 정답 ①

14 주가연계파생상품펀드의 4가지 종류에 투자할 때, 거래상대방에 대한 신용위험에 전혀 노출되지 않는 것은?

① 워런트투자형

② 파생결합증권 편입형

③ 장외파생상품 계약형

④ 장내파생상품 운용형

> **해설** 장내파생상품 운용형은 장내파생상품을 대상으로 매매하는 것이므로 발행자 리스크가 없다. 반면 ①·②·③은 장외옵션에 대한 발행자 리스크가 존재한다.
>
> 정답 ④

15 상품연계파생상품펀드에 대한 설명으로 옳은 것은?

① 파생상품의 수익이 주가에 의해 결정된다.

② 이자율위험에 대한 헤지목적으로 주로 사용된다.

③ 가격변동성이 어느 한 순간 크게 나타나기 때문에 원금비보장구조에 투자할 경우 매우 주의해야 한다.

④ 분산투자효과와 인플레이션 헤지효과가 탁월하지만 가격예측이 어렵고 가격변동폭이 매우 크다는 단점이 있다.

해설 ① 주가연계파생상품펀드, ② 금리연계파생상품펀드, ③ 환율연계파생상품펀드에 대한 설명이다.

정답 ④

16 투자포트폴리오에 파생상품을 포함시킬 경우 효율적투자기회선이 개선되는 이유는 무엇인가?

① 현물투자의 Long Only의 매매와 달리 Short Selling도 할 수 있기 때문이다.

② 현물투자보다 레버리지효과가 매우 크기 때문이다.

③ 현물투자와 달리 변동성을 이용해서 수익을 창출할 수 있기 때문이다.

④ 현물투자와 달리 다양한 상품에 투자할 수 있기 때문이다.

해설 현물투자는 변동성이 수익원이 될 수 없지만, 파생상품에서는 변동성을 수익원으로 할 수 있다(예 델타헤징, 스트래들 등 변동성전략, 무위험차익거래전략 등). 즉 현물보다는 동일한 위험 대비 더 높은 수익을 창출할 수 있으므로 효율적투자기회선이 개선된다.

정답 ③

17 장외파생상품에 속하지 않는 것은?

① KOSPI200 주가지수옵션

② FRA(금리선도계약)

③ 금리캡옵션

④ 낙아웃옵션

해설 ②·③·④는 장외파생상품이다.

정답 ①

18 파생상품펀드에는 여러 가지 위험이 존재한다. 다음 중 그 연결이 적절하지 못한 것은?

① 신용위험 : 회사의 영업환경, 재무상황, 신용상태의 악화에 따라 장외파생상품의 원리금을 제때 받지 못할 위험

② 중도환매위험 : 투자신탁재산의 환매에 응할 수 없는 위험

③ 유동성위험 : 투자재산이 거래량이 풍부하지 못해 환금에 제약을 받을 위험

④ 순자산가치 변동위험 : 환매청구일과 환매기준가격 적용일이 다르고 환매기간이 상대적으로 길게 소요됨으로써 청구일부터 환매기준가격 적용일까지의 기간 동안 투자신탁 재산의 가치가 변동될 위험

> **해설** 환매연기위험에 해당된다.
>
> **정답** ④

19 파생상품을 활용하는 펀드의 특징에 대한 설명 중 잘못된 것은?

① 파생상품은 비선형적인 수익구조를 가지고 있으므로 위험경감 효과가 있을 것이다.

② 파생상품에 투자하면 효율적 투자선의 개선이 가능하다.

③ 편입되는 파생상품펀드가 원금보존에 가깝다면 채권의 성격이 강할 것이다.

④ 구조화상품(Structured Product)은 전통자산으로만 구성된 포트폴리오에 비해서 기대수익률은 상승하나 위험 또한 동반하여 증가한다는 문제점이 있다.

> **해설** '구조화상품 = 전통자산 + 워런트'이다. 수익의 구조가 선형에서 비선형으로 변하면서 손실을 제한하는 등의 다양한 구조를 취할 수 있다. 즉 구조화상품은 델타헤징을 기법을 이용해 절대수익을 추구하는 유형으로서 'Low Risk, Low Return'의 구조라고 할 수 있다.
>
> **정답** ④

20 다음 빈칸에 들어갈 말로 올바르게 연결된 것은?

> Unfunded Swap의 경우 (㉠)은 경감될 수 있으나 대신 (㉡)이 증폭될 수 있다.

	㉠	㉡
①	가격위험	신용위험
②	신용위험	운영위험
③	운영위험	유동성위험
④	유동성위험	가격위험

> **해설** 거래상대방에 대한 신용위험(Credit Risk)을 줄이기 위해 원금 교환 없이 이자만 교환하는 Unfunded Swap인 경우 상대방의 신용위험(Credit Risk)은 경감될 수 있으나 동 원금을 관리함에 따르는 운영위험(Operating Risk)이 생겨난다.
>
> **정답** ②

03 파생상품펀드 투자 · 리스크관리

1 선물

선물거래의 개요

선물거래의 경제적 기능에 속하지 않는 것은?

① 가격발견 기능
② 리스크전가 기능
③ 레버리지확대 기능
④ 효율성증대 기능

해설 레버리지확대는 선물거래의 특징의 하나이지만, 경제적 기능이라고 보기는 어렵다(레버리지 사용을 한다고 해서 사회 전체적인 차원에서 효용이 증가하는 것은 아니다).

정답 ③

더알아보기 ▶ 선물거래

(1) 선물거래의 경제적 기능

리스크전가 기능	가격발견 기능	효율성증대 기능	거래비용절감 기능
파생상품이 존재하는 가장 본질적인 이유	경제주체들의 미래가격 예상이 반영된 것	차익거래가 가능하므로 효율성이 증대됨	낮은 증거금으로 인한 거래비용 절감효과

① 거래비용절감효과의 예시 : 현물 100억원은 선물 15억원으로 대체가능함(증거금 15%일 경우). 따라서 나머지 85억원을 채권에 투자하면 이자수령이 가능하다. 또한 현물에서의 대차거래가 필요할 경우 선물에서는 매도 포지션만 취하면 되므로 이 또한 거래비용을 절감할 수 있다.
② 주가지수선물거래 : 만기 : 3 / 6 / 9 / 12월의 둘째 목요일, 기초자산 : KOSPI200주가지수, 계약의 크기 : 1point당 25만원(승수)

(2) 선물거래제도의 특징
① 선물거래는 선도거래와는 달리 거래소가 결제이행책임을 지는데 결제이행을 원활하게 하기 위해 증거금제도와 일일정산제도를 두고 있다(장내거래는 신용위험이 없음).

② 증거금제도의 의미

증거금제도	예 시
개시증거금이 있어야 거래가 가능하며, 보유포지션의 증거금이 유지증거금을 하회할 경우 마진콜(추가증거금의 납부의무)이 발생한다.	개시증거금(15%)은 1,500만원, 유지증거금(10%)은 1,000만원이다. 현재 증거금이 600만원이라면 추가증거금 납부금액은? → 900만원(개시증거금 수준까지)

- 일일정산제도는 매일매일 포지션을 정산하는 것을 말함. 증거금 부족시 마진콜을 요구하는 등의 조치를 취함(이는 한꺼번에 결제하면 결제를 못할 위험이 있기 때문)
③ 미결제약정 : 일정 시점을 기준으로 반대매매를 하지 않고 대기 중인 계약을 말하며 시장의 에너지를 보여주는 지표로 활용되기도 함(미결제약정은 거래량과 달리 누적되지 않음)

보충문제

01   KOSPI200지수선물의 가격이 200point, 개시증거금율은 15%, 유지증거금율은 10%, 승수 25만원을 가정한다. 이 경우 아래의 설명 중 틀린 것은?

① 지수선물 1계약을 매매하기 위한 총액은 5천만원이다(200point × 25만원).
② 지수선물 1계약을 매매하기 위한 최소한의 금액은 750만원이다.
③ 선물 1계약을 매수한 후에 지수가 하락하여 증거금율이 9%가 된다면 마진콜(Margin Call = 추가증거금 요구)이 발생한다.
④ 마진콜이 발생하면 유지증거금 수준까지 증거금을 채워야 한다.

해설   마진콜이 발생하면 유지증거금 수준이 아니라 개시증거금 수준으로 추가증거금을 납부해야 한다.
    ① 200point × 25만원 = 5천만원(승수라 함은 '지수'를 금액으로 바꾸는 단위이다).
    ② 개시증거금율이 15%이므로 750만원이면 1계약을 매매할 수 있다.
    ③ 유지증거금은 일종의 임계점(Trigger Point)이다. 유지증거금을 밑돌게 되면 결제이행을 위한 제도로서 추가증거금 요구(마진콜)를 하게 된다.

정답 ④

02 다음의 경우 미결제약정은 몇 계약인가?(각 거래는 1계약 단위)

> 1) 투자자A 신규매수 – 투자자B 신규매도
> 2) 투자자C 신규매수 – 투자자A 전매도(청산매도)
> 3) 투자자B 환매수(청산매수) – 투자자D 신규매도
> 4) 투자자D 환매수(청산매수) – 투자자C 전매도(청산매도)

① 0계약
② 1계약
③ 2계약
④ 3계약

해설 0계약이다. 미결제약정은 청산되지 않고 있는 계약수를 의미한다. 보기에서 투자자 A, B, C, D 모두 청산하였으므로 미결제약정은 없다.

정답 ①

더알아보기 ▶ 미결제약정의 변화

구 분	신규매도	전매도(청산매도)
신규매수	미결제약정 +1	변화없음
환매수(청산매수)	변화없음	−1

• 전매도는 신규매수 후 이를 청산하는 매도이고, 환매수는 신규매도 후 이를 청산하는 매수이다.

03 다음 내용은 선물거래의 경제적 기능 중 무엇에 해당하는가?

> • 투자자 B씨는 모 상장주식을 50억원어치 보유하고 있다.
> • 향후 주식시장은 하락이 확실시 되어서 평가손이 우려가 된다. 보유주식은 배당을 받기 위해 매도할 수 없어서 30억원 정도의 개별주식선물을 매도하기로 결정하였다.

① 위험헤지 기능
② 가격발견 기능
③ 효율성증대 기능
④ 거래비용절감 기능

해설 위험헤지 기능이다.

정답 ①

선도거래의 일반적인 특징에 대한 설명으로 옳지 않은 것은?

① 미리 인수도가격을 결정함으로써 향후의 신용위험을 회피할 수 있다.

② 기업의 입장에서는 만일 가격이 폭락할 경우 파산위험이 존재하므로 선도거래를 통해 파산위험을 줄이는 효과를 얻을 수 있다.

③ 선도거래는 선물거래와는 달리 장외거래이기 때문에 상대방의 계약불이행(Default Risk)에 노출된다.

④ 사후적 제로섬(Zero-sum)은 선도거래의 당사자 중 한 쪽은 손해를 볼 수밖에 없으며 손해를 본 당사자가 계약을 이행하지 않을 위험에 노출될 수 있다는 개념이다.

> **해설** 미리 결제가격을 정함으로써 향후의 가격변동위험을 제거할 수 있다.
> ② 기업의 입장에서 제품가격의 급락을 선도거래를 통해서 헤지할 수 있다.
> ③ 선도(Forward)거래는 장외거래이고 선물(Futures)거래는 장내거래이다.
>   선도거래는 장외거래이기 때문에 신용위험에 노출된다.
> ④ 사후적 제로섬은 선도거래의 계약불이행 위험(Default Risk, Credit Risk)을 설명하는 개념이다.
>
> **정답** ①

더알아보기 ▶ 선도거래 개요

(1) 선도거래의 의미

미래 일정시점에서 물건과 돈이 교환되는 실물인수도(Physical Delivery)거래를 말함. 선도거래(Forward)와 선물거래(Futures)는 실물인수도거래라는 점에서 동일하나 선도거래는 장외거래, 선물거래는 장내거래라는 차이가 있다(장외거래는 신용위험에 노출).
• 선도거래의 계약요건 : 거래대상, 만기, 수량, 가격, 매수자, 매도자 (보충문제 1 그림 참조)

(2) 선도거래의 일반적 특징

위험회피 효과	기업의 파산위험 절감효과	사후적 제로섬의 특징
표준화된 선물거래와 달리 다양한 형태로 위험회피거래가 가능함	가격폭락위험의 회피가 가능해 기업파산위험을 줄여줌	필연적으로 사후적 제로섬이 발생함 → 신용위험의 존재를 말함

01 다음 그림과 같이 배추생산업자와 김치가공업자가 계약을 맺었다. 만일 3개월 후의 인수도시점에서 배추 1포기의 가격이 5,000원이 되는 경우에 대한 설명으로 잘못된 것은?

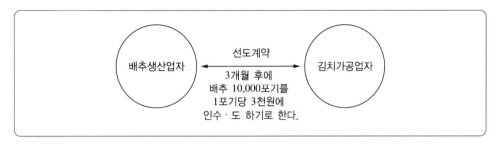

① 이러한 거래를 선물거래(Futures)라 한다.

② 사후적으로 김치가공업자는 포기당 2천원의 이익을 보게 되었다.

③ 사후적으로 손실을 보는 입장에서 채무불이행을 할 위험을 신용위험이라고 한다.

④ 배추생산업자와 김치가공업자가 사후적으로 거두게 되는 손익은 같게 되는데 이를 '사후적 제로섬'이라 한다.

> 해설 선도거래(Forward)라 한다. 선도거래는 장외, 선물거래는 장내이다.

정답 ①

더알아보기 ▶ 선도거래의 '사후적 제로섬'의 의미

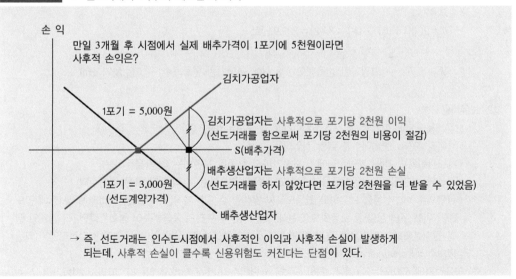

S_t = 100point, r = 4%(연율), d = 2%(연율), 잔여만기 91일이라고 할 때 주가지수선물가격을 구하는 공식은 무엇인가?

① $F_{t,\ T}$ = 100[1 + (0.04 − 0.02) × 91/365]

② $F_{t,\ T}$ = 100[1 + (0.02 − 0.04) × 91/365]

③ $F_{t,\ T}$ = 100[1 + (0.01 − 0.005) × (T − t)/365]

④ $F_{t,\ T}$ = 100[1 + (0.04 − 0.02) × 365/(T − t)]

> **해설**　$F_{t,\ T}$ = 100[1 + (0.04 − 0.02) × 91 / 365] = 100.50, 즉 현물(S_t)이 100point일 때 연율 5%, 연배당율 2%인 환경에서의 선물이론가격은 100.50이다.
>
> **정답** ①

더알아보기　▶　선물거래−균형가격(이론가격)의 산출

(1) 선물의 균형가격(이론가격) : 이자율평가이론 또는 보유비용모형에 의해 도출

$$F = S\left[1 + (r-d) \times \frac{T-t}{365}\right]\ (F : \text{선물이론가격, } S : \text{현물가격, } r : \text{이자율, } d : \text{배당률, } T - t : \text{잔존만기})$$

① **예** KOSPI200지수가 200포인트이고, 이자율은 5% 배당률이 1%일 경우 3개월 만기의 선물균형가격은?

→ F = 200[1 + (5% − 1%) × 3/12] = 202포인트

② 선물의 시장가격(F_0)이 선물이론가격(F^*)보다 클 경우 매수차익거래가 발생한다.

(∵ $F_0 > F^*$ → 고평가된 선물매도 / 동시에 저평가된 현물매수 → 매수차익거래)

(2) 보유비용모형

① 보유비용모형에 따르면, $F = S + CC(CC : \text{순보유비용}, CC = r + c - d - y)$
- r(이자비용) : 현물매수를 위한 차입비용
- c(보관비용) : 미래 계약시점에 인도하기까지 현물을 보관하는 비용(물류비용)
- d(배당) : 현물 중 금융상품을 보유하고 있음으로써 받는 수익(배당 혹은 이자수익)
- y(편의수익) : 실물을 보유하고 있음으로써 발생할 수 있는 수익 − 예를 들어 미래계약시점에 인도하기 위해 구리(실물)를 보유하고 있는데, 해당기간에 구리의 공급부족이 심화된다면, 타 업체와 달리 원재료확보의 어려움을 겪지 않거나 그 정도가 현저하게 작을 것이다. 이러한 간접적인 이익을 편의수익(Convenience Yield)이라 한다.

② 금융선물에 있어서는 c(실물 보관비용)와 y(편의수익)가 존재하지 않는다. 따라서 선물가격 F는, $S[1 + (r-d) \times \text{보유기간} / 365]$가 된다.

→ 즉, $F_{t,\ T} = S_t[1 + (r-d) \cdot (T-t) / 365]\ (T - t : \text{만기} - \text{거래시점} = \text{잔존기간})$

01 선물시장의 시장가격이 이론가격(균형가격)보다 높아지면 차익거래가 어떻게 이루어져야 하는가?

① 현물매수 + 선물매수   ② 현물매수 + 선물매도

③ 현물매도 + 선물매도   ④ 현물매도 + 선물매도

> **해설** 선물고평가 → 선물매도&현물매수 → 매수차익거래(Cash & Carry전략)가 된다.
>
> 정답 ②

02 다음 내용에 해당하는 선물 거래유형은?

> 지수가 상승할 것으로 확신하고 현물보다 레버리지가 높은 주가지수선물을 매수하였다.

① 투기거래(Speculating)   ② 헤지거래(Hedging)

③ 차익거래(Arbitraging)   ④ 스프레드거래

> **해설** 투기거래이다. 여기서 말하는 투기(Speculating)는 수익을 위해서 위험을 감수한다는 것으로 갬블(Gamble)과는 비교된다.
>
> 정답 ①

더알아보기 ▸ 선물거래의 전략유형

투기거래(Speculating)	헤지거래(Hedging)	차익거래(Arbitraging)

(1) 투기거래 : 수익을 위해 위험을 감수하는 거래(Risk Taker의 거래라고 할 수 있음)

    예 선물지수 200p에 10계약을 매도(Short Position)하여 190p에 전량 매수청산하였다. 수익은 얼마인가? → 10p × 25만원 × 10계약 = +2,500만원

(2) 헤지거래 : 위험을 회피하는 거래(파생상품이 존재하는 가장 큰 이유는 위험전가)

  ① 매수헤지 vs 매도헤지

    • 수출 후 6개월 뒤에 달러결제를 받는 수출업자라면 환율하락위험에 노출 → 매도헤지 거래

    • 수입 후 6개월 뒤에 달러결제를 해야 하는 수입업자라면 환율상승위험에 노출 → 매수헤지 거래

  ② 베이시스(Basis)의 의미

    • 베이시스(Basis)란 선물가격과 현물가격의 차이($F - S = B$)를 말하며, 보유비용모형에서 '$F = S + C$'이므로, 결국 '$B = C$'이다(베이시스 = 보유비용).

    • $B > 0$ → Contango시장(정상시장), $B < 0$ → Backwardation시장(역조시장)이라 한다.

    • 베이시스는 시장에너지에 따라 확대되기도 하고 축소되기도 한다(베이시스는 시장에서 결정됨).

③ 랜덤베이시스효과 vs 제로베이시스효과 (보충문제 4 참조)
  • 헤지포지션을 임의의 시점에서 청산할 경우 베이시스위험에 노출되는데 이를 랜덤 베이시스 효과라고 한다(→ 시장위험을 베이시스위험으로 바꾸는 행위라고 할 수 있음).
  • 헤지포지션을 만기에 청산할 경우 베이시스위험에 전혀 노출되지 않는데(∵ 만기에는 B = 0), 이를 제로베이시스효과라고 한다.

※ 헤지비율을 구하는 세 가지 방법

단순헤지비율	민감도를 반영한 헤지비율	최소분산헤지비율
1) 단순헤지비율 　현물포트폴리오 100억원을 헤지한다면 선물 몇 계약을 매도해야 하는가?(선물 200p, 승수 25만원) 　→ 100억원/(200p × 25만원) = 200계약 2) 현물포트폴리오의 베타계수가 1.5이고, 민감도를 반영한 헤지계약수는 얼마인가? 　→ 200계약 × 1.5 = 300계약 3) 최소분산헤지비율 : 현물과 선물의 공분산을 선물의 위험으로 나누어 구함 　[COV(F, S) / var(F)]		

(3) 차익거래 : 차익거래 원리는 '제2편 – 제2장 파생상품펀드 영업 참조

(4) 스프레드거래

상품 간 스프레드 (Inter-commodity Spread)	상품 내 스프레드(Intra-commodity Spread)	
품목이 다른 선물계약(상품 내는 동일함)에 대해 각각 매수와 매도를 하는 계약 예 T-Bill 매수 / Euro Dollar 매도 → TED스프레드	수평스프레드	수직스프레드
	만기가 다른 두 선물계약에 대해 각각 매수와 매도를 함	행사가격이 다른 두 선물계약에 대해 각각 매수와 매도를 함

참고 스프레드거래는 선물거래의 3가지 유형에는 속하지 않으나, 위험과 수익이 제한된 보수적인 거래로써 현실적으로 많이 사용되고 있음

---

03 선물시장의 헤지거래(Hedge)에 대한 설명으로 잘못된 것은?

① 선물시장의 존재이유 중 중요한 이유의 하나가 위험의 전가(Risk Hedge)이다.
② 수출기업의 경우 향후 유입될 달러가치의 하락을 막기 위해 원 달러(₩ / USD) 선물환계약을 매도하면 되는데 이를 매도헤지라 한다.
③ 수입기업의 경우 향후 결제할 달러가치의 상승을 막기 위해 원 달러(₩ / USD) 선물환계약을 매수하면 되는데 이를 매수헤지라 한다.
④ 헤징(Hedging)의 개념은 기초자산의 변동으로부터(예 환율변동 등) 손실을 전혀 보지 않는다는 의미이다.

해설 정확히 말해서, '손실을 전혀 보지 않는다'는 것이 아니라 '원하는 가격으로 고정시키는 행위'를 말한다. 즉 가격을 일정 수준으로 고정시켜 불확실성을 제거하는 것이 헤지의 본질이다.

정답 ④

04 베이시스(Basis)에 대한 설명으로 옳지 않은 것은?

① 베이시스(Basis)란 임의의 거래일에 있어서 현물가격과 선물가격의 차이를 말한다.

② '시장베이시스(b_{t-T}) = 선물의 시장가격$(F_{t,T})$ - 현물가격(S_t)'이고, 시장베이시스가 0보다 크면 콘탱고(Contango)시장, 0보다 작으면 백워데이션(Backwardation)시장이라고 한다.

③ 보유현물에 대해 선물로 정확히 헤지한다고 해도 100% 완벽한 헤지가 되지 않을 수도 있는데 이는 베이시스위험(Basis Risk)이 존재하기 때문이다.

④ 보유현물과 선물포지션을 선물만기시점까지 가서 청산을 할 경우 베이시스위험이 사라지게 되는데 이러한 헤지를 '랜덤 베이시스 헤지'라 한다.

해설 랜덤 베이시스 헤지(Random Basis Hedge)가 아니라 제로 베이시스 헤지(Zero Basis Hedge)가 된다.

정답 ④

더알아보기 ▶ 랜덤 베이시스 헤지 VS 제로 베이시스 헤지

[예] 랜덤 베이시스 효과 VS 제로 베이시스 효과

구 분	t(거래시점)	t^*(청산시점)	T(만기시점)
현물보유	100	95	90
선물헤지(매도)	103	96	90
시장베이시스	3	1	0

① 선물의 시장가격은 당시의 수급동향, 시장전망이 모두 합쳐서 결정되므로 시장의 에너지가 강할 경우에는 베이시스가 확대되고 그 반대의 경우 베이시스가 축소된다.

즉, 현물보유포지션에 대해서 선물매도로 정확히 헤지한다고 해도, 선물시장의 베이시스는 예측할 수 없으므로 어쩔 수 없이 베이시스의 변동위험에 노출된다는 것이다.

② 위의 표에서, 현물보유에 대해서 선물매도로 헤지했는데, 헤지당시(t)의 베이시스는 3이다(선물가격 103-현물가격 100). 그런데 임의의 시점에서(t*) 청산을 했는데, 이때 시장베이시스는 1이다. 이 경우 베이시스 변동손익은 +2이다(선물을 매도했으므로 베이시스가 좁혀지면 그만큼 이익이 된다). 반대로 만일 t*에서 선물가격이 99이고 현물가격이 95라면 베이시스는 4가 되어 이 경우 베이시스 변동손익은 -1이 된다.

→ 즉, 임의의 시점에서 청산을 하게 되면 예측할 수 없는 베이시스의 변동으로 인해 약간의 베이시스변동 손익(베이시스 리스크)이 발생한다. 임의의 시점에서 청산을 하게 되면(Random Basis Hedge), 약간의 베이시스 위험에 노출될 수밖에 없다는 것을 '랜덤 베이시스 효과(Random Basis Effect)'라고 한다.

③ 만일 T시점에서 청산하게 되면 베이시스는 자동적으로 0이 된다(만기시점에서는 F = S가 되므로 B = 0이다). 따라서 만기에서 청산을 할 경우(Zero Basis Hedge), 베이시스가 제로가 되어 베이시스위험이 발생하지 않는데, 이를 '제로 베이시스 효과(Zero Basis Effect)'라고 한다.

④ 참고로, 랜덤 베이시스 헤지를 했을 경우 약간의 베이시스위험에 노출되는 바(이익과 손실 모두 가능함), 그렇다고 해서 랜덤 베이시스 헤지를 하지 말아야 한다는 것은 전혀 아니다. 왜냐하면 헤지의 주목적은 '시장위험(Market Risk)의 헤지'이고, 대부분의 시장위험이 헤지가 되면 약간의 베이시스위험은 별 문제가 되지 않기 때문이다. 다만, 약간의 베이시스위험에도 노출되기 싫다면 만기에 가서 청산을 하면 되는 것이다.

→ 결국, 랜덤 베이시스 헤지는 시장리스크를 회피하기 위해 베이시스 리스크를 취하는 전략이라고도 할 수 있다.

05 '시장리스크를 회피하기 위해 베이시스 리스크를 취한다'는 말과 가장 관련이 깊은 전략은?

① 랜덤 베이시스 헤지(Random Basis Hedge)

② 과다헤지(Over Hedge)

③ 제로 베이시스 헤지(Zero Basis Hedge)

④ 과소헤지(Under Hedge)

해설 '랜덤 베이시스 헤지'를 말한다. 과다헤지는 보유포지션 원금보다 헤지금액이 더 클 경우를 과다헤지, 반대의 경우를 과소헤지라 한다.

정답 ①

06 현물보유포트폴리오 금액이 100억원이다. 이에 대해 주가지수선물로 매도헤지를 하고자 한다. 주가지수선물의 시장가격은 100point일 경우(승수는 25만원), 헤지비율에 대한 다음의 설명 중 잘못된 것은?

① 단순헤지를 할 경우 400계약을 매도하면 된다.

② 500계약을 매도하게 되면 과소헤지가 되고 150계약을 매도하게 되면 과다헤지가 된다.

③ 만일 보유현물포트폴리오의 베타값이 1.2라면 480계약을 매도하면 되는데 이것이 베타값을 반영한 헤지비율이 된다.

④ 선물과 현물의 공분산을 선물의 분산으로 나누어서 헤지비율을 구하는 것을 최소분산헤지비율이라 한다.

해설 500계약을 매도하게 되면 과다헤지가 되고 150계약을 매도하게 되면 과소헤지가 된다.

정답 ②

07 매수차익거래가 일어날 수 없는 상황은?

① 선물가격이 현물가격보다 클 경우

② 시장베이시스가 콘탱고일 경우

③ 보유비용이 0보다 작을 경우

④ 베이시스가 0보다 클 경우

해설 매수차익거래는 '현물매수＋선물매도'이고, 이는 선물이 고평가되었을 때 발생한다. '선물이 고평가＝F ＞ S ＝B ＞ 0＝C ＞ 0'모두 같은 말이다. 즉 보유비용(C) ＞ 0이어야 매수차익거래가 발생한다.

정답 ③

08 다음 빈칸에 알맞은 말은?

> - (㉠)는 동일한 상품 내에서 만기가 다른 두 선물계약들에 대해 각각 매수와 매도 포지션을 동시에 취하는 전략이다.
> - (㉡)는 기초자산이 서로 다른데도 두 가격이 밀접하게 연관되어 움직이는 경우 서로 반대포지션을 취함으로써 두 선물의 움직임 폭의 차이에서 오는 이익을 향유할 수 있다.

	㉠	㉡
①	상품 내 스프레드	상품 간 스프레드
②	상품 내 스프레드	상품 내 스프레드
③	시간 스프레드	상품 내 스프레드
④	상품 간 스프레드	시간 스프레드

해설 상품 내 스프레드(Inter-commodity Spread), 상품 간 스프레드(Intra-commodity Spread)이다.

정답 ①

09 선물 근월물의 가격이 90point이고 원월물의 가격이 95point이다. 일반적으로 두 월물간의 정상적인 스프레드가 20이다. 그렇다면 어떤 전략을 취하면 되겠는가?

① 근월물매수 + 원월물매수 ② 근월물매수 + 원월물매도
③ 근월물매도 + 원월물매수 ④ 근월물매도 + 원월물매도

해설 스프레드가 좁혀질 것으로 예상하는 전략이므로 '근월물매수 + 원월물매도'이다.

정답 ②

더알아보기 ▸ '스프레드 거래'의 원리 이해

스프레드 거래는 아래와 같이 그림을 통해 쉽게 이해할 수 있다(원리의 이해).

(1) 스프레드 확대전략인지 축소전략인지를 구분하고 그림을 그린다. 예를 들어 향후 스프레드가 확대될 것으로 예상된다면 '스프레드 확대전략'을 취한다.

(2) 다음에 비싼 것을 위에 놓고 싼 것을 아래에 둔다. 예를 들어 A주식이 10,000원이고 B주식이 5,000원이라면, A주식을 위에 B주식을 아래에 둔다.

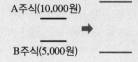

(3) 다음에 스프레드 확대전략이면 비싼 것을 매수하고 싼 것을 매도한다('매수하면 위로 가고 매도하면 아래로 간다', 따라서 '스프레드가 확대된다'는 개념으로도 이해할 수 있음).

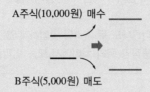

A주식(10,000원) 매수

B주식(5,000원) 매도

(4) 만일 '스프레드 축소전략'이라면 비싼 것을 매도, 싼 것을 매수한다('비싼 것을 팔면 아래로 가고 싼 것을 매수하면 위로 올라간다', 따라서 '스프레드는 좁혀지게 된다'는 개념으로도 이해할 수 있음).

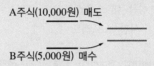

A주식(10,000원) 매도

B주식(5,000원) 매수

⇒ 결론적으로, ⓐ 스프레드 전략을 그림으로 나타내고, ⓑ 비싼 것을 위로, 싼 것을 아래에 둔다, ⓒ 스프레드 확대전략이라면 '비싼 것을 매수 / 싼 것을 매도'한다.

[검증1-스프레드 확대전략] A주식과 B주식의 스프레드는 현재 5,000원이다(1만원-5천원). 만일 스프레드가 확대될 것으로 예상하여 스프레드 확대전략을 취한다면 '비싼 A주식을 매수하고-싼 B주식을 매도한다.'

구 분	주 가	스프레드 확대전략	결과(+10% 상승시)	최종결과
A주식	10,000원		11,000원	
B주식	5,000원	A주식 매수 & B주식 매도	5,500원	+500원
스프레드	5,000원		5,500원	

• A주식을 매수했으므로 +1,000원이다. B주식은 매도했으므로 -500원이다. 따라서 스프레드 확대전략(비싼 A매수 & 싼 B매도)을 통해 +500원의 수익을 거두었다.

[검증2-스프레드 축소전략] A주식과 B주식의 스프레드는 현재 5,000원이다(1만원-5천원). 만일 스프레드가 좁혀질 것으로 예상하여 스프레드 축소전략을 취한다면 '비싼 A주식을 매도하고-싼 B주식을 매수한다.'

구 분	주 가	스프레드 축소전략	결과(-10% 하락시)	최종결과
A주식	10,000원		9,000원	
B주식	5,000원	A주식 매도 & B주식 매수	4,500원	+500원
스프레드	5,000원		4,500원	

• A주식을 매도(공매도)했으므로 +1,000원이다. B주식은 매수했으므로 -500원이다. 따라서 스프레드 축소전략(비싼 A매도 & 싼 B매수)을 통해 +500원의 수익을 거두었다.

(5) 시간스프레드에 적용하면, 아래와 같다.
• 스프레드 확대전략 → '비싼 원월물 매수 & 싼 근월물 매도'
• 스프레드 축소전략 → '비싼 원월물 매도 & 싼 근월물 매수' (스프레드 문제에서 가장 중요한 것은 '비싼 것'을 위에 두고, '싼 것'을 아래에 두는 것이다. 선물계약의 경우 정상적인 상태에서는 원월물이 근월물보다 비싸므로 원월물을 위에, 근월물을 아래에 두면 간단해진다)

10 정상시장에서 근월물과 원월물의 스프레드가 좁아질 것으로 예상된다. 어떤 거래를 해야 이익을 얻을 수 있는가?

① 근월물 매수 & 원월물 매수

② 근월물 매수 & 원월물 매도

③ 근월물 매도 & 원월물 매도

④ 근월물 매도 & 원월물 매수

> **해설** 정상시장이란 콘탱고시장을 의미한다(원월물가격 > 근월물가격). 스프레드 축소전략이므로 '비싼' 원월물을 매도하고 '싼' 근월물을 매수한다.
>
> **정답** ②

11 선물거래의 유동성이 선도거래의 유동성보다 풍부한 이유라고 볼 수 없는 것은?

① 선물거래는 조직화된 시장에서 표준화된 상품으로 거래되기 때문이다.

② 선물거래는 거래소에서 결제이행을 책임지기 때문에 신용위험이 없기 때문이다.

③ 선물거래는 증거금률이 낮기 때문에 높은 레버리지 기능을 시현할 수 있기 때문이다.

④ 선물거래는 다양한 상품을 자유로운 조건으로 거래할 수 있기 때문이다.

> **해설** 다양한 상품, 자유로운 조건은 선도거래의 맞춤형의 특징이고, 맞춤형 거래는 유동성이 작다는 단점이 있다.
>
> **정답** ④

2 옵 션

다음 내용에 대한 설명으로 옳지 않은 것은?(옵션의 내재가치식에서 편의상 옵션프리미엄은 없다고 가정함)

- 주가지수옵션이고 행사가격이 100이고 기초자산 가격이 120이다.
- 콜옵션의 내재가치 식 : $y = \text{Max}(0,\ S_T - X)$
- 풋옵션의 내재가치 식 : $y = \text{Max}(0,\ X - S_T)$

① 콜옵션이라면 내재가치는 20이다.
② 풋옵션이라면 내재가치는 -20이다.
③ 위의 조건에서 콜옵션은 당첨상태이다.
④ 위의 조건에서 풋옵션은 낙첨상태이다.

해설   풋옵션의 내재가치는 $y = \text{Max}(0,\ X - S_T)$이다. 즉 $y = \text{Max}(0,\ 80 - 100)$이므로 0이 된다.
옵션의 수익구조는 복권의 구조와 유사한데, 복권에서 낙첨되었다고 해서 손실을 지급하지 않는다('복권구입비 = 옵션가격 = 옵션프리미엄'만 잃는 것으로 끝이다).

정답 ②

더알아보기 ▶ 콜옵션의 내재가치

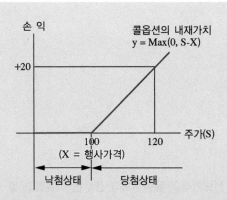

→ 콜옵션은 매수할 권리이므로, 행사가격(X)으로 매입 후 가격(S)이 올라가면 이익이다. 즉, 'S가 X보다 클수록' 내재가치도 커진다. $[y = \text{Max}(S_T - X,\ 0)]$
→ 풋옵션은 매도할 권리이므로, 행사가격(X)으로 매도 후 가격(S)이 내려가면 이익이다. 즉, 'X가 S보다 클수록' 내재가치가 커진다. $[y = \text{Max}(0,\ X - S_T)]$

(1) 옵션의 정의

주어진 자산을, 미래의 일정시점에, 미리 정한 가격으로, 매수(매도)할 수 있는 권리

예 KOSPI200 C(250) → KOSPI200지수(기초자산)을 250포인트(행사가격)에 살 수 있는 콜옵션

(2) 옵션의 내재가치

콜옵션	풋옵션
$y = \text{Max}(0,\ S_T - X)$	$y = \text{Max}(X - S_T,\ 0)$

예 행사가격(X)이 80이며 기초자산 가격(S)이 100일 경우 → 콜옵션의 내재가치는 20이고 풋옵션의 내재가치는 0이다.

(3) 옵션매수와 옵션매도 : 보충문제 1 그림 참조

① 옵션매수는 프리미엄을 지불하고 시작하고, 당첨될 경우 $S - X$만큼의 이익을 얻는다.

② 옵션매도는 프리미엄을 받고 시작하지만, 옵션 매수자가 당첨될 경우 $S - X$만큼을 결제할 의무가 있다.

③ 옵션매수와 옵션매도는 불평등계약(옵션매수에게 절대적으로 유리)이므로 옵션 매수자는 옵션 매도자에게 프리미엄(가격)을 지불해야 계약이 성립된다(옵션매도 = 옵션발행).

④ 선물로 헤지할 경우, 유리한 리스크와 불리한 리스크를 모두 제거하지만 옵션헤지는 유리한 리스크는 보존하고 불리한 리스크만 제거한다. 따라서 옵션헤지가 선물헤지보다 절대적으로 유리하다. 그러나 옵션매수비용(프리미엄지불)이 들어간다는 단점이 있다.

(4) 옵션가격의 이해 : 보충문제 6 참조

① 옵션가격(Premium) = 내재가치(IV) + 시간가치(TV)

② 콜옵션매수시, 옵션이 당첨인 상태($S > X$)를 내가격(In The Money)이라 하고, 옵션이 낙첨인 상태($S < X$)를 외가격(Out of The Money)이라 하며, 행사가격과 기초자산 가격이 같은 상태($S = X$)를 등가격(At The Money)이라 한다.

01 콜옵션의 매수와 매도에 대한 설명으로 틀린 것은?

① 콜옵션 매수자는 프리미엄을 지불하고 낙첨이 되면 프리미엄 손실을 보나, 당첨이 되면 '$S-X$' 만큼의 이익을 본다.

② 콜옵션 매도자는 프리미엄을 받고 거래를 하는데, 옵션이 당첨이 될 경우 '$S-X$'만큼을 옵션 매수자에게 결제해야 한다.

③ 옵션 매수자가 이익을 보면 반드시 옵션 매도자가 손실을 본다. 그 반대의 경우도 마찬가지인데 이를 '제로섬(Zero-sum)'관계라고 한다.

④ 옵션 매수자의 위험과 옵션 매도자의 위험은 동일하다.

> **해설** 옵션 매수자는 '위험한정(프리미엄 지불로 국한) – 수익무한대'이나 옵션 매도자는 '수익한정(프리미엄수입에 국한) – 위험무한대'이다. 즉, 옵션 매수자에게 일방적으로 유리한 거래이므로 옵션 매수자가 프리미엄을 지불 해야 거래가 성립한다.

> **정답** ④

더알아보기 ▸ 콜옵션의 매수와 매도의 수익구조(그림 설명)

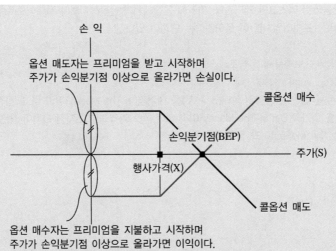

→ 낙첨상태($S < X$)에서는 옵션 매도자가 프리미엄의 수익을 올리게 된다.
→ 당첨상태($S > X$)에서는 옵션 매수자가 이익을 보게 되는데 옵션 매수자의 이익($S - X -$ 프리미엄)만큼 옵션 매도자가 결제를 해주어야 한다.

02 옵션 매수자와 옵션 매도자에 대한 설명으로 옳지 않은 것은?

① 옵션 매수자는 처음에 프리미엄을 지불함과 동시에 자신의 '의무'를 다하게 되고 만기에 가서 권리의 발생여부가 결정된다.

② 옵션 발행자(매도자)는 처음에 프리미엄을 받는 권리를 누리지만, 만기에 가서 당첨금을 지급하는 의무가 발생하는지의 여부가 결정된다.

③ 거래소는 옵션 매수자와 발행자에게 모두 증거금을 징구하고 있다.

④ 옵션 매수는 작은 금액으로도 얼마든지 할 수 있지만, 옵션 발행은 잠재위험이 커지므로 수수하는 옵션프리미엄보다 훨씬 많은 규모의 증거금을 계좌에서 징구한다.

해설 옵션 매수는 증거금이 필요 없다. 프리미엄을 지불하는 순간 더 이상의 위험이 발생하지 않기 때문이다.

정답 ③

03 행사가격 100인 콜옵션을 프리미엄 3을 주고 매수했다. 이 경우 콜옵션 매수자의 손익분기점 (BEP)은 어디인가?

① 97point
② 100point
③ 103point
④ 106point

해설 손익분기점(BEP : Break Even Point)은 행사가격에 프리미엄지불비용을 더한 것이다. 즉 '100 + 3 = 103'이다. 기초자산 가격이 103point 이상이 되어야 수익이 된다는 것이다.

정답 ③

04 다음 그림에서 두 포지션의 손익분기점(BEP)은 얼마인가?(차례대로)

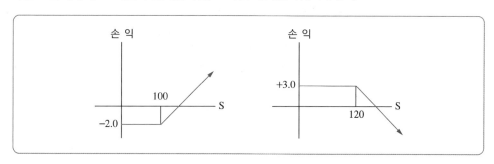

① 98, 117
② 98, 123
③ 102, 123
④ 102, 117

해설 행사가격과 프리미엄을 알면 손익분기점(BEP : Break Even Point)을 바로 알 수 있다. 첫번째는 행사가격이 100인 콜옵션매수 포지션이다['C(100)매수'로 표시]. 프리미엄 2point를 지급했으므로 C(100)매수의 손익분기 점은 102point이다. 즉, 102point를 상회하게 되면 순수익이 나게 된다. 둘째는 행사가격이 120인 콜옵션매도 포지션이다['C(120)매도'로 표시]. 프리미엄 3point를 받았으므로 C(120)매도의 손익분기점은 123point가 된다. 123point가 넘어서면 순손실이 발생하게 된다.

정답 ③

05 시장이 지속적으로 상승할 경우 가장 위험한 옵션의 포지션은 무엇인가?

①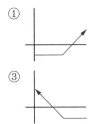

②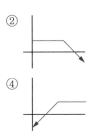

③

④

> **해설** 차례대로 '콜옵션매수 – 콜옵션매도 – 풋옵션매수 – 풋옵션매도' 포지션이다. 콜옵션매도는 시장이 지속적으로 상승하면 무한대의 손실을 볼 수 있다.

> **정답** ②

06 주가지수옵션에서 행사가격이 100인 콜옵션의 현재가격은 3.5이다. 현재 기초자산의 가격 (KOSPI200현물지수)이 103이라면 이 옵션의 시간가치는 얼마인가?(단위 : point)

① 0.3
② 0.5
③ 1
④ 3

> **해설** 옵션가격(프리미엄) = 내재가치 + 시간가치, 콜옵션의 내재가치는 $y = \mathrm{Max}(0,\ S_t - X)$ 이다. 즉 $S - X = 103 - 100 = 3$ 이다. 따라서 3.5 = 3.0 + 시간가치, 시간가치 = 0.50이다.

> **정답** ②

더알아보기 ▶ 옵션가격의 이해

(1) 옵션의 만기이전 거래의 개념
유럽형옵션의 경우 만기일에 한 번 행사할 수 있는 옵션이지만, 장내옵션의 경우 만기가 되기 전에 보유하고 있는 옵션을 청산할 수 있다. 즉 콜옵션매수 포지션을 보유하고 있을 경우 만기까지 보유하거나, 아니면 만기 이전에라도 옵션가격이 유리할 경우 언제든지 청산하여(매도거래로 매수 포지션을 청산) 수익을 실현할 수 있다. '만기 이전의 거래는 옵션가격으로 하는 것이므로' 옵션가격의 개념을 이해해야 한다.

[행사가격 100인 콜옵션의 가격 움직임]

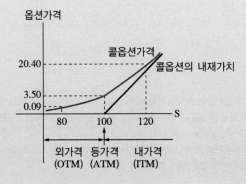

(2) 옵션가격 = 내재가치(IV) + 시간가치(TV) (IV : Intrinsic Value, TV : Time Value) [그림 예시에서의 옵션가격]

기초자산 가격	내재가치	시간가치	옵션가격
S = 80	0	0.09	0.09
S = 100	0	3.50	3.50
S = 120	20	0.40	20.40

(3) 콜옵션의 등가격, 외가격, 내가격 이해

'S = X'이면 등가격(ATM : At The Money), 'S < X'이면 외가격(OTM : Out of The Money), 'S > X'이면 내가격(ITM : In The Money)이라 한다.

① C(80)의 가격 = 0.09, 시간가치가 약간 남아있다. 약간이라도 시간가치가 남아있는 이유는 만기까지 시간이 남아있으면 향후 주가가 상승하여 내가격(ITM)이 될 가능성이 조금은 있기 때문이다. 물론, 만기까지의 시간이 많이 남아있을수록 시간가치는 더 커질 것이다.

② C(100)의 가격 = 3.50, 옵션의 시간가치는 등가격에서 가장 크다. 등가격(ATM)이라 함은 '기초자산의 가격 = 옵션의 행사가격'일 때를 말한다. C(80)의 시간가치 0.09에 비해 C(100)의 시간가치가 월등히 큰 이유는 바로 내가격이 될 수 있기 때문이다.

③ C(120)의 가격 = 20.40, S − X = 20이므로 내재가치가 20이고 시간가치가 0.40, 합쳐서 옵션가격이 20.40이 된다. 내재가치가 있는 상태를 내가격(ITM)이라 한다.

07 현재 주가지수옵션의 현물가격(KOSPI200지수)이 110이다. 그렇다면 다음 중 시간가치가 가장 높은 옵션은 무엇인가? [C(100) = 행사가격이 100인 콜옵션]

① C(90)
② C(100)
③ C(110)
④ C(120)

해설 등가격옵션에서 시간가치가 제일 높다.

정답 ③

08 옵션의 특징에 해당하지 않는 것은?

① 선물과 달리 프리미엄을 지불해야 거래가 성립한다.
② 선물과 달리 매수와 매도 포지션은 서로 불평등한 조건이다.
③ 선물과 달리 수익구조(Pay Off)가 비선형이다.
④ 선물과 달리 유리한 리스크는 제거하고 불리한 리스크는 보존한다.

해설 불리한 리스크는 제거하고 유리한 리스크는 보존한다. 즉 콜옵션의 경우 하락시 손실은 제한하고(불리한 리스크의 제거), 상승하면 이익이 발생한다(유리한 리스크는 보존).
*옵션은 매수자와 매도자의 수익구조가 다른데, 매수자는 '최대손실 = 프리미엄, 최대이익 = ∞'이나 매도자는 '최대손실 = ∞, 최대이익 = 프리미엄'이다. 즉 불평등하고 매수자에게 일방적으로 유리한 조건이므로 매수자가 매도자에게 프리미엄을 지급해야 거래가 성립하는 것이다(① · ②의 설명).

정답 ④

옵션스프레드 전략

다음 포지션 중 지수가 상승할 때 수익이 큰 순서는?

> ㉠ 강세 콜 스프레드
> ㉡ 콜 레이쇼 버티컬 스프레드
> ㉢ 스트랭글 매수
> ㉣ 스트래들 매수

① ㉠ > ㉡ > ㉢ > ㉣

② ㉡ > ㉢ > ㉣ > ㉠

③ ㉢ > ㉣ > ㉠ > ㉡

④ ㉣ > ㉢ > ㉠ > ㉡

해설 더알아보기와 그림설명을 참조하여 포지션별 수익구조를 이해할 것

정답 ④

더알아보기 ▸ 옵션스프레드 전략

(1) 수평 VS 수직 : 보충문제 1 그림 참조

수평스프레드	수직스프레드
예 근월물 매수 + 원월물 매도(1 : 1)	예 C(80)매수 + C(90)매도(1 : 1)

(2) 강세(Bull) VS 약세(Bear) : 보충문제 2,3 참조

강세스프레드(Bull Spread)	약세스프레드(Bear Spread)
예 C(80)매수 + C(90)매도(1 : 1)	예 C(80)매도 + C(90)매수(1 : 1)

① 시장이 상승하면 이익이 나는 것을 강세스프레드, 하락할 때 이익이 나면 약세스프레드이다.
② 콜강세스프레드는 '행사가격이 낮은 콜옵션을 매수하고 행사가격이 높은 콜옵션을 매도'하는 포지션인데 프리미엄이 비싼 옵션을 사게 되므로 '돈을 내고' 시작하게 된다.

(3) 콜 레이쇼 버티칼 VS 콜 백 : 보충문제 4,5,6 참조

콜 레이쇼 버티칼 스프레드	콜 백 스프레드
예 C(80)매수 + C(90)매도(1 : 2)	예 C(80)매수 + C(90)매도(2 : 1)

• 레이쇼 버티칼 스프레드는 매도가, 백 스프레드는 매수가 더 많다(매수와 매도가 동일하면 단순 스프레드전략).

(4) 스트래들 VS 스트랭글 : 보충문제 7,8 참조

스트래들 매수	스트랭글 매수
예 C(80)매수 + P(80)매수	예 P(70)매수 + C(90)매수

① 스트래들은 같은 행사가격에서 콜와 풋을 동시매수한 것으로 양매수라고도 한다.
② 스트랭글은 스트래들과 동일한 변동성전략(방향성이 없어도 이익을 볼 수 있는 전략)이지만, 스트래들보다 비용을 낮춘 전략이다.

01 다음 빈칸에 알맞은 말은?

> • 만기가 서로 다른 두 개의 옵션에 대해 매수와 매도를 동시에 취하는 것을 (㉠) 전략이라고 한다.
> • 행사가격이 서로 다른 두 개의 옵션에 대해 매수와 매도를 동시에 취하는 것을 (㉡) 전략이라고 한다.

	㉠	㉡
①	수평스프레드	수직스프레드
②	수평스프레드	강세스프레드
③	수직스프레드	약세스프레드
④	수직스프레드	수평스프레드

해설 '수평스프레드 – 수직스프레드'이다.

정답 ①

더알아보기 ▸ 수평스프레드와 수직스프레드 이해

(1) **수평스프레드** : 시간의 배열이 '수평'으로 되어 있어서 '수평스프레드'라고 한다.

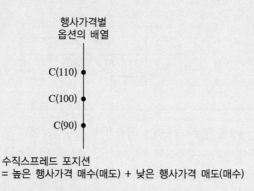

수평스프레드 포지션 = 근월물옵션 매수(매도) + 차월물옵션 매도(매수)

만기 1개월 옵션(근월물 옵션)
옵션만기
만기 2개월 옵션(차월물 옵션)

(2) **수직스프레드** : 행사가격의 배열이 수직으로 되어 있어서 '수직스프레드'라 한다.

행사가격별
옵션의 배열

C(110)
C(100)
C(90)

수직스프레드 포지션
= 높은 행사가격 매수(매도) + 낮은 행사가격 매도(매수)

(3) **대각스프레드** : 수평과 수직스프레드를 혼합한 것, 즉 만기가 서로 다른 두 개의 옵션에 대해 매수 및 매도를 동시에 취하는 것을 말하고 전략의 빈도는 낮은 편이다.
→ 예 '만기 1개월의 C(110) 매수 + 만기 2개월의 C(100) 매도'

02 옵션의 강세스프레드 전략에 대한 설명으로 옳지 않은 것은?

① 강세스프레드 전략은 기초자산 가격이 상승할 때 이익을 보는 스프레드 전략이다.

② 강세스프레드 전략은 수평스프레드이다.

③ 행사가격이 낮은 콜옵션을 매수하고 행사가격이 높은 콜옵션을 매도하면 '콜 강세스프레드'가 된다.

④ 행사가격이 낮은 풋옵션을 매수하고 행사가격이 높은 풋옵션을 매도하면 '풋 강세스프레드'가 된다.

> **해설** 강세스프레드 혹은 약세스프레드 전략은 행사가격이 다른 옵션을 이용한 전략이므로 수직스프레드가 된다.
> **참고** 'C(80)매수＋C(90)매도'에서 콜을 풋으로 바꾸면, 즉 'C(80)매수＋C(90)매도'가 풋 강세스프레드이다.
>
> **정답** ②

03 다음의 포지션에 대한 설명 중 적절하지 않은 것은?(포지션은 콜옵션으로만 구성함)

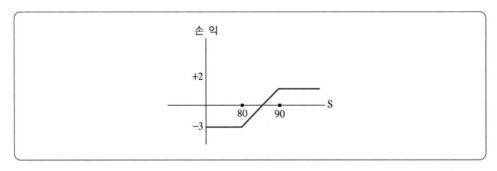

① 주가의 강세가 예상될 경우 사용하는 적극적인 투자전략이다.

② 옵션 매수와 옵션 매도를 합성하여 시간가치의 감소현상으로부터 자유롭다는 장점이 있다.

③ 주가(S)가 상승하면 이익이 발생하므로 강세스프레드이다.

④ C(80)을 매수하고 C(90)을 매도한 것이므로 콜 강세스프레드이다.

> **해설** 스프레드 전략은 옵션매수와 옵션매도를 합성하여 수익과 손실을 제한하는 보수적인 투자전략이다. 그리고 옵션매수의 최대 약점인 시간가치 감소현상으로부터 자유롭다는 장점이 있다(∵ 옵션매도도 포함되어 있으므로).
>
> **정답** ①

(1) 스프레드가 오른쪽 위로 향하면(상승하면 이익) 강세스프레드, 오른쪽 아래로 향하면(하락하면 이익) 약세스프레드이다.

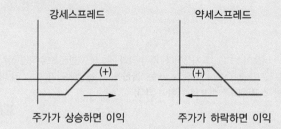

(2) 지불프리미엄과 수취프리미엄의 크기로 스프레드의 구성이 콜옵션인지, 풋옵션인지를 확인한다.

　㉠ 콜 강세스프레드

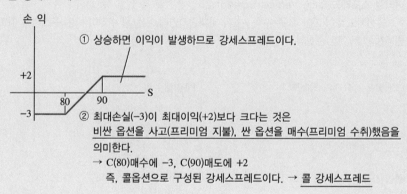

① 상승하면 이익이 발생하므로 강세스프레드이다.

② 최대손실(−3)이 최대이익(+2)보다 크다는 것은 <u>비싼 옵션을 사고(프리미엄 지불), 싼 옵션을 매수(프리미엄 수취)했음을</u> 의미한다.
　→ C(80)매수에 −3, C(90)매도에 +2
　　즉, 콜옵션으로 구성된 강세스프레드이다. → <u>콜 강세스프레드</u>

　㉡ 풋 강세스프레드

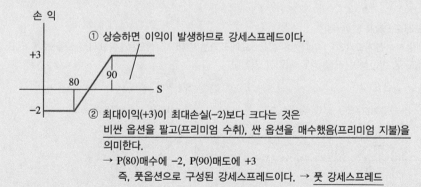

① 상승하면 이익이 발생하므로 강세스프레드이다.

② 최대이익(+3)이 최대손실(−2)보다 크다는 것은 <u>비싼 옵션을 팔고(프리미엄 수취), 싼 옵션을 매수했음(프리미엄 지불)을</u> 의미한다.
　→ P(80)매수에 −2, P(90)매도에 +3
　　즉, 풋옵션으로 구성된 강세스프레드이다. → <u>풋 강세스프레드</u>

※ **주의** 스프레드 포지션을 읽는 방법에서 핵심적인 것은 행사가격에 따른 각 옵션의 가격을 이해하는 것이다. 즉, '콜옵션은 행사가격이 낮을수록 비싸고(내재가치가 S − X이므로), 풋옵션은 행사가격이 높을수록 비싸다(내재가치가 X − S이므로)'는 것을 잘 이해해야 한다.

※ 나머지 '콜 약세스프레드'와 '풋 약세스프레드'도 ㉠, ㉡의 방식으로 그림을 그리고 이해할 수 있어야 한다.

04 다음의 스프레드 포지션 중에서 가장 위험이 큰 포지션은 무엇인가?

① 강세 콜 스프레드

② 강세 풋 스프레드

③ 약세 콜 스프레드

④ 콜 레이쇼 버티컬 스프레드

해설 ①·②·③은 옵션매수와 옵션매도의 비율이 1 : 1인 포지션이다. 즉 수익과 위험이 제한된 보수적인 전략으로 평가된다. 그러나 레이쇼 버티컬 스프레드(Ratio Vertical Spread)는 '옵션매수 : 옵션매도'가 '1 : 2'의 비율이다. 즉 옵션매도가 더 많으므로 일반 스프레드에 비해서 위험이 크다.

정답 ④

더알아보기 ▶ 레이쇼 버티컬 스프레드 VS 백 스프레드

(1) 레이쇼 버티컬 스프레드(Ratio Vertical Spread)
'옵션매수 : 옵션매도 = 1 : 2'이다. 즉 수익구조가 비대칭적인데, 횡보시 수익이 나는 구조이나 매도한 방향으로 변동성이 커지면 손실이 커진다.

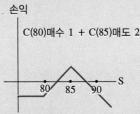

콜옵션으로 구성되고, 매도가 더 많아서 Vertical하므로
→ 콜 레이쇼 버티컬 포지션

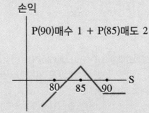

풋옵션으로 구성되고, 매도가 더 많아서 Vertical하므로
→ 풋 레이쇼 버티컬 포지션

(2) 백 스프레드(Back Spread)
'옵션매수 : 옵션매도 = 2 : 1'이다. 버티컬 스프레드와는 반대포지션으로, 횡보시 손실을 보게 되고 매수한 방향으로 변동성이 커질 경우 이익이 커진다.

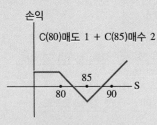

콜옵션으로 구성되고,
Vertical과 반대로 매수가 더 많다.
하므로
→ 콜 백 스프레드

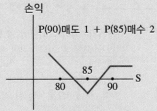

풋옵션으로 구성되고,
Vertical과 반대로 매수가 더 많다.
하므로
→ 풋 백 스프레드

05 다음 그림의 포지션에 대한 설명 중 잘못된 것은?

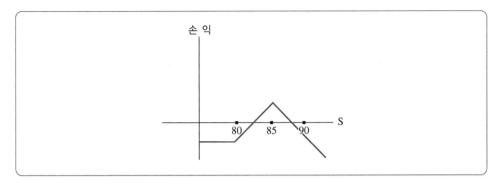

① 콜 레이쇼 버티컬 스프레드이다.

② '85 근처에서 횡보할 가능성 > 80보다 하락할 가능성 > 90보다 상승할 가능성'의 순서로 시장전망을 할 경우 적합한 포지션이다.

③ 85에서 가장 큰 수익을 달성한다.

④ 일반 스프레드와 마찬가지로 수익과 위험이 제한되어 있는 보수적인 전략으로 평가받는다.

해설 일반 스프레드는 옵션매수 : 옵션매도가 1 : 1이나 버티컬 스프레드는 1 : 2이다. 즉 매도가 더 많으므로 위험이 더 큰 포지션이다.

참고 매수 : 매도 = 2 : 1, 즉 매수가 더 많으면 '백 스프레드'이다.

정답 ④

06 변동성이 상승방향으로 커질 때 가장 큰 수익을 얻을 수 있는 포지션은 무엇인가?

① 콜 불 스프레드

② 콜 레이쇼 버티컬 스프레드

③ 풋 불 스프레드

④ 콜 백 스프레드

해설 콜 백 스프레드이다. 콜 불 스프레드(Call Bull Spread)는 콜 강세 스프레드와 같은 말이다(강세 = Bull, 약세 = Bear). 콜 강세 혹은 풋 강세스프레드는 1 : 1의 비율이므로 제한된 수익을 얻는다. 그리고 콜 레이쇼 버티컬 스프레드는 '매수 : 매도'가 '1 : 2'의 비율로 횡보시 상승이나 상승할수록 손실을 보게 된다. 콜 백 스프레드는 '매수 : 매도'가 '2 : 1'의 비율로 상승할수록 이익이 커진다.

정답 ④

07 다음 빈칸에 알맞은 말은?

> • (㉠) 포지션은 동일한 만기와 동일한 행사가격을 가지는 두 개의 옵션, 즉 콜옵션과 풋옵션을 동시에 매수함으로써 구성된다.
> • (㉡) 포지션은 (㉠)과 거의 동일한 포지션으로서 콜옵션과 풋옵션을 동시에 매수하나, 매수대상이 되는 콜옵션과 풋옵션의 행사가격이 서로 다른 포지션이다.

	㉠	㉡
①	스트래들(Straddle)	스트랭글(Strangle)
②	스트래들(Straddle)	콜 레이쇼 버티컬 스프레드(Call Ratio Vertical Spread)
③	스트랭글(Strangle)	콜 백 스프레드(Call Back Spread)
④	스트랭글(Strangle)	스트래들(Straddle)

해설 스트래들과 스트랭글은 기본적으로 같은 전략이나, 콜옵션과 풋옵션을 같은 행사가격에서 동시에 매수하는 것이 스트래들이며, 동시에 매수하되 행사가격이 다른 가격으로 매수하는 것이 스트랭글이다. 둘 다 변동성 매수 전략으로서, 변동성이 확대될 때 수익이 나는 포지션이나 이익과 손실 모두 스트래들이 더 크다는 점에서 차이가 있다.

정답 ①

더알아보기 ▸ 스트래들 VS 스트랭글

(1) 변동성 매수 전략

시장이 오를 것 같으면 매수하고 하락할 것 같으면 매도하는 것이 방향성 전략이다. 그런데 시장의 상승·하락과 관계없이 변동성이 확대되면 수익이 나는 전략을 변동성 매수 전략이라고 하고, 대표적으로 스트래들과 스트랭글 전략이 있다.

*변동성 매수 혹은 변동성 매도 전략은 현물시장에는 존재하지 않는 파생상품만의 특징이다.

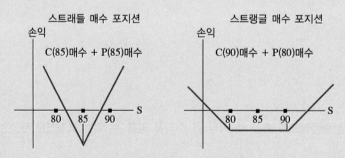

변동성이 확대될 경우 스트래들의 기대수익이 더 크나,
변동성이 작을 경우 기대손실 또한 스트래들이 더 크다.

(2) 변동성 매도 전략

시장의 변동성이 매우 작을 것으로 예상하는 경우(일정 수준에서 횡보) 변동성 매도 전략을 취한다. 두 옵션을 모두 매도하면 스트래들과 스트랭글 매도 전략이 된다.

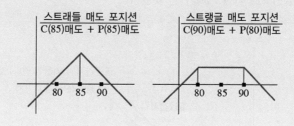

08 스트랭글 매수 포지션은 무엇인가?

① C(100)매수 1계약 + C(110)매도 1계약

② C(100)매수 1계약 + C(110)매도 2계약

③ C(100)매수 1계약 + P(100)매수 1계약

④ C(110)매수 1계약 + P(90)매수 1계약

> **해설** ① 콜 강세 스프레드
> ② 콜 레이쇼 버티컬 스프레드(매도계약이 더 많다)
> ③ 스트래들 매수(같은 행사가격에서 콜과 풋을 동시 매수)

정답 ④

09 스트래들(Straddle)과 스트랭글(Strangle) 전략에 대한 설명으로 적절하지 않은 것은?

① 옵션 이외의 자산에서는 구성이 거의 불가능한 독특한 전략이라 할 수 있다.

② 스트래들(Straddle)은 행사가격이 같은 콜옵션과 풋옵션으로 구성되지만, 스트랭글은 행사가격이 서로 다른 콜옵션과 풋옵션으로 구성된다.

③ 스트랭글(Strangle)은 기초자산의 방향성은 상관없이 변동성 크기에 베팅을 하는 변동성전략이다.

④ 스트랭글 매도자는 변동성이 클 것이라는 예상을 토대로 취하는 포지션이다.

> **해설** 스트랭글 매도자는 변동성이 작을 것이라는 예상을 토대로 취하는 포지션이다. 즉 매도하면서 수취한 옵션프리미엄만큼 수익을 취하는 전략이다.

정답 ④

옵션민감도 분석

다음 그림에 대한 설명으로 가장 거리가 먼 것은?

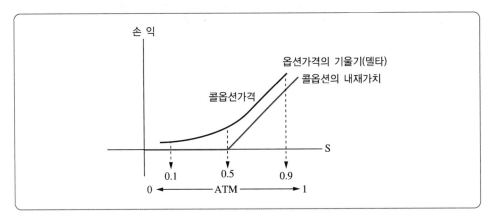

① 콜옵션의 델타는 ATM에서 0.5이다.

② 콜옵션의 델타는 내가격으로 갈수록 1에 가까워진다.

③ 콜옵션의 델타는 외가격으로 갈수록 0에 가까워진다.

④ 콜옵션의 감마값은 ITM에서 가장 크다.

해설 감마값은 ATM에서 가장 크다.

정답 ④

더알아보기 ▸ 옵션민감도의 이해

(1) 옵션민감도 지표의 종류(콜옵션 기준)

델 타	감 마	베 가	쎄 타	로 우
$\partial c/\partial S$	$\partial \triangle/\partial S$	$\partial c/\partial \sigma$	$\partial c/\partial t$	$\partial c/\partial r$
기초자산이 변화할 때 옵션가격이 얼마나 변하는가?	기초자산이 변화할 때 옵션가격이 얼마나 변하는가?	변동성이 증가할 때 옵션가격이 얼마나 변하는가?	시간이 경과함에 따라 옵션가격이 얼마나 변하는가?	금리가 변할 때 옵션가격이 얼마나 변하는가?

① 콜옵션의 델타 : $\triangle c = \partial c/\partial S$ (풋옵션의 델타 : $\triangle p = \partial p/\partial S$)
  • 델타는 기초자산이 변화할 때 옵션가격이 얼마나 변하는가를 나타내는 민감도이다.
  • 콜옵션매수의 델타는 (+)이고, 풋옵션매수의 델타는 (−)이다(∵ 기초자산이 상승하면 콜옵션 가격은 상승하나, 풋옵션 가격은 하락하므로).
  • 델타는 옵션가격곡선의 기울기로 나타난다(일차미분치 ∂는 기울기로 나타남).
  • 등가격(ATM)에서 델타는 0.5가 되고 외가격(OTM)에서는 0에 가까워지고, 내가격(ITM)에서는 1에 가까워진다. → 즉, $0 < \triangle c < 1$, $-1 < \triangle p < 0$이다.

② 감마 : $\partial\triangle/\partial S = \partial/\partial S \times \partial c/\partial S$
- 감마는 기초자산이 변화할 때 델타가 얼마나 변하는가를 나타내는 민감도이다.
- 델타는 옵션가격곡선의 기울기로 나타나는데(일차미분치), 감마는 옵션가격곡선의 곡률로 나타난다 (이차미분치).
  *곡률＝볼록성의 정도 → 델타가 '속도'라면 감마는 '가속도'이다.
- 감마는 가속도를 의미하므로 옵션매수의 경우 콜·풋과 상관없이 모두 양(+)이다.
- 감마는 ATM에서 가장 크다(ATM에서 옵션의 볼록도가 가장 크다).

③ 쎄타 : $\partial c/\partial t$
- 쎄타는 시간이 경과함에 따라 옵션가격이 얼마나 변하는가를 나타내는 민감도이다.
- 쎄타는 시간가치 감소현상이므로 옵션매수의 경우는 콜·풋 모두 (−)이다.
- $\partial c/\partial t$의 값은 '시간가치감소(Time Decay)'로 나타나는데, 옵션 매수자의 경우 시간이 감에 따라 저절로 발생하게 되는 '시간가치감소' 현상에 유의해야 한다.

④ 베가 : $\partial c/\partial\sigma$
- 베가는 변동성계수의 증가에 따라 옵션가격이 얼마나 변하는가를 나타내는 민감도이다.
- 변동성은 시장에 새로운 변수가 나와서 급등락 가능성이 커질 경우 증가하게 되므로 콜옵션, 풋옵션 모두 가격이 상승하게 된다.
- 베가는 옵션매수의 경우 콜·풋 모두 (+)이다.

⑤ 로우 : $\partial c/\partial r$
- 로우는 금리가 변화할 때 옵션가격이 얼마나 변하는가를 나타내는 민감도이다.
- 금리가 상승하면 콜옵션 매수자에게 유리하고 풋옵션 매수자에게는 불리하다. 따라서, 로우는 콜옵션매수는 (+), 풋옵션매수는 (−)가 된다.
- [설명]

구 분	콜옵션	풋옵션
권 리	살 권리	팔 권리
지불 / 수령	B_t 만큼 지불예정	B_t 만큼 수취예정
금리상승시	$B_t = X/(1+r)^{T-t} \downarrow$	$B_t = X/(1+r)^{T-t} \downarrow$
유리 / 불리	콜옵션매수자에 유리	풋옵션매수자에 불리
가격변화	콜옵션 가격↑	풋옵션 가격↓

(2) 옵션민감도 부호(옵션매도 포지션의 민감도 부호는 아래 표와 정확히 반대가 됨)

매수 포지션	델 타	감 마	쎄 타	베 가	로 우
콜옵션	+	+	−	+	+
풋옵션	−	+	−	+	−

01 옵션의 민감도 지표에 대한 설명으로 옳지 않은 것은?

① 델타는 옵션가격곡선의 기울기로 나타나는데 ATM에서 0.5가 되고, OTM이 될수록 0에 가까워지고, ITM이 될수록 1에 가까워진다.

② 감마는 기초자산이 변화할 때 델타의 변화를 측정하는 지표로써, 속도의 속도 즉 가속도로 표현된다.

③ 변동성이 증가하면 콜옵션, 풋옵션을 구분하지 않고 모두 가격이 상승하게 된다. 따라서 옵션매수의 경우 콜옵션, 풋옵션 모두 베가는 (+)로 나타난다.

④ 옵션의 시간가치현상이 쎄타인데, 옵션을 매도했을 경우 쎄타는 콜옵션, 풋옵션 모두 (-)로 나타난다.

> **해설** 민감도 지표는 매수 포지션과 매도 포지션이 반대로 나타난다. 즉, 민감도 지표는 일단 매수 포지션을 기준으로 이해하고, 매도 포지션은 그 반대로 적용하면 수월하다. 쎄타는 시간가치감소 현상이므로 옵션매수의 경우 콜·풋 모두 (-)이다. 그러나 옵션매도를 할 경우는 모두 (+)로 나타난다(정반대).
>
> 정답 ④

02 옵션 매수자에게 가장 불리하게 작용하는 민감도 지표는?

① 델 타
② 감 마
③ 쎄 타
④ 베 가

> **해설** 델타와 로우는 콜과 풋에 따라 유, 불리가 반대로 나타나고, 감마와 베가는 모든 옵션 매수자에게 유리하게 작용하지만, 쎄타는 모든 옵션 매수자에게 불리하게 작용한다.
> *'시간가치감소(Time Decay) 현상'은 옵션 매수자의 '최대의 적'이라고 할 수 있다.
>
> 정답 ③

3 금리선도와 금리옵션

금리선도계약(FRA)

아래는 금리선도계약(FRA)의 예시이다. 이에 대한 설명으로 틀린 것은?

> 1) 거래대상 : 달러자금
> 2) 만기 : 3개월 후
> 3) 수량 : 100만달러(USD)
> 4) 가격 6%(90일 금리)
> 5) 매수자 : A
> 6) 매도자 : B
> 7) 변동금리지표 : 90일 LIBOR
>
> *금리표시단위 : 연율

① 금리선도계약은 미래의 일정시점에서 필요한 자금을 조달 혹은 운용함에 있어서 금리를 미리 고정시키는 계약을 의미하고, 3개월 후에 3개월 금리에 대한 FRA계약을 '3 × 6 FRA'라고 한다.

② A는 금리를 6%로 매수하고자 하는 사람이므로, 미래에 금리상승을 우려하는 자금차입자라고 볼 수 있다.

③ B는 금리를 6%로 매도하고자 하는 사람이므로, 미래에 금리하락을 우려하는 자금대여자라고 볼 수 있다.

④ 만일 3개월 후 시점(계약만기시점)에서 실제 금리가 7%가 되었다면, 이에 따른 사후적 손익이 발생하는데, 자금의 차입자(A)가 사후적 손실을 보게 된다.

> **해설** 자금차입자인 A가 이득이다. A는 6%에 매수하고 7%가 되었으므로 +1%, 자금대여자 B는 6%에 매도하고 7%가 되었으므로 −1%이다. 이 경우 B가 A에게 1%에 해당하는 자금을 결제하면 된다(그림은 더알아보기 참조).
>
> **정답** ④

더알아보기 ▶ 금리선도계약(FRA ; Free Rate Agreement)

(1) 개 념

미래의 일정시점에서 필요한 자금을 조달이나 운용을 함에 있어서 조달금리 또는 운용금리를 미리 고정시키는 계약을 말함(→ 차입자는 FRA를 매수하고, 운용자는 FRA를 매도한다)

(2) FRA의 표기

3개월 후에 발표되는 3개월 후의 금리에 대한 FRA → 3 × 6 FRA

1개월 후에 발표되는 3개월 후의 금리에 대한 FRA → 1 × 4 FRA

(3) FRA는 선도계약(Forward)이므로 사후적 제로섬이 발생(→ 신용위험에 노출된다는 의미)

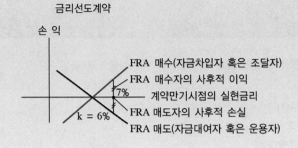

금리선도계약

손 익

FRA 매수(자금차입자 혹은 조달자)
FRA 매수자의 사후적 이익
7% ─── 계약만기시점의 실현금리
FRA 매도자의 사후적 손실
k = 6%
FRA 매도(자금대여자 혹은 운용자)

보충문제

---

01 3개월 후에 발표되는 6개월 금리에 대한 FRA계약을 무엇이라고 표시하는가?

① 1×4 FRA

② 3×6 FRA

③ 3×9 FRA

④ 6×9 FRA

> 해설 ① 1개월 후에 발표되는 3개월 금리에 대한 FRA = 1×4 FRA
> ② 3개월 후에 발표되는 3개월 금리에 대한 FRA = 3×6 FRA
> ④ 6개월 후에 발표되는 3개월 금리에 대한 FRA = 6×9 FRA

정답 ③

---

02 다음 빈칸에 들어갈 말로 올바르게 연결된 것은?

> 금리선도계약은 계약만기시점의 금리를 미리 고정시켜 두는 역할을 한다. 자금의 차입자는 FRA (㉠) 포지션을 통해, 자금의 대여자는 FRA (㉡) 포지션을 통해 금리를 고정시켜 향후 금리변동의 위험을 헤지할 수 있다.

	㉠	㉡		㉠	㉡
①	매 수	매 도	②	매 수	매 수
③	매 도	매 수	④	매 도	매 도

> 해설 차입자는 금리상승의 위험에, 대여자는 금리하락의 위험에 노출되므로 각각 FRA 매수, FRA 매도 포지션을 취하면 된다.

정답 ①

4 스왑(Swap)

다음은 금리스왑계약의 예시이다. 이에 대한 설명으로 틀린 것은?(A가 차입자인 부채스왑으로 가정함)

> • 원금 : 1,000만달러(USD)
> • 기간 : 3년
> • 결제주기 : 6개월
> • 변동금리지표 : 6개월 LIBOR
> • 고정금리 : 4%
> • 고정지불자 : A
> • 고정수취자 : B

① 고정금리 4%와 변동금리(6개월 LIBOR)를 교환하는 스왑계약이다.
② A는 고정금리 4%를 지불하고 LIBOR 금리를 수취하고, B는 고정금리 4%를 수취하고 LIBOR 금리를 지불한다.
③ 변동금리가 6%가 되면 B가 이득을 보게 된다.
④ 6개월에 한 번 결제하고 만기까지 총 6번 결제하게 된다.

해설 A(차입자)는 스왑을 통해 고정지불자(Pay-fixed)가 되는데 고정금리 4%에 비해서 변동금리가 높으면 A가 이득이 된다.

정답 ③

위 문제의 예시를 그림으로 도해하면 아래와 같다.

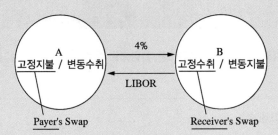

(1) A는 고정금리 4%를 지불하고 변동금리(LIBOR)를 받는다.
(2) A는 변동금리지불에서 고정금리지불로 바꾸려 하고 있고, B는 변동금리수취에서 고정금리수취로 바꾸려 하고 있는데 둘 간의 이해관계가 맞기 때문에 스왑계약이 이루어지는 것이다.
(3) 스왑의 명칭은 A의 입장에서 '고정지불 / 변동수취'이므로 고정지불스왑, 즉 Payer's Swap이라 하고, B의 경우 Receiver's Swap이라 한다.
(4) 만일 6개월 뒤의 LIBOR금리가 5%라면, B가 A에게 금리차인 '1%에 해당하는 금액'을 결제하면 된다.

보충문제

01 '원금이 1,000만달러, 결제주기 6개월, 변동금리지표는 6개월 LIBOR금리'인 아래 스왑계약에서, 만일 결제시점의 LIBOR가 6%가 되었다면 누가 얼마를 결제해야 하는가?(금리는 年率로 표시된 것임)

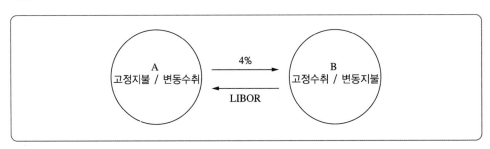

	지불자	결제금액		지불자	결제금액
①	A	10만달러	②	B	10만달러
③	A	5만달러	④	B	5만달러

해설 고정수취자인 B가 4%를 받고 6%를 지급해야 하므로 차액인 2%에 해당하는 금액을 A에게 지급해야 한다.
'결제금액 = 원금 1,000만달러 × 2% × 6/12 = 10만달러'이다.
*금리표시는 연율단위이고 결제주기는 6개월이므로 6/12이 된다.

정답 ②

02 다음의 스왑거래에 대한 설명 중 틀린 것은?

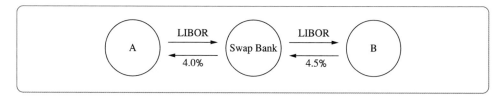

① 스왑의 당사자인 A와 B가 직접 스왑거래를 하는 것이 아니라 중간에 스왑뱅크가 중개를 하는 형태이다.

② 스왑뱅크는 A와 스왑거래를 함에 있어서는 고정지불자(Payer's Swap)가 되며, B와 스왑거래를 함에 있어서는 고정수취자(Receiver's Swap)가 된다.

③ 스왑뱅크는 A와 B의 스왑거래를 중개한 대가로 0.5%의 중개수익을 얻게 된다.

④ 'A ↔ 스왑뱅크', '스왑뱅크 ↔ B' 간의 스왑거래는 항상 동시에 체결되어야 스왑거래가 성립이 된다.

> **해설** 과거에는 A와 B가 직접 만나서 스왑거래를 하는 것이 주종이었으나, 최근에는 스왑뱅크(Swap Bank)가 시장조성자(Market Maker)의 역할을 하면서 스왑거래가 크게 증가하고 있다(파생상품 전체 계약에서 스왑계약이 가장 많다). 즉, 'A ↔ 스왑뱅크', '스왑뱅크 ↔ B' 간의 거래는 상당한 시차가 발생할 수도 있으며 따라서 스왑뱅크는 위험에 노출되게 되고 유로달러선물거래 등을 통하여 별도의 헤지를 하는 경우가 많다.
> *시장조성자의 역할 : 단순 중개역할(Brokerage)에 그치지 않고 자신이 직접 스왑거래의 상대방이 되는 역할(Warehousing)까지를 포함한다.

정답 ④

03 어떤 금리스왑에 대해 원금 1,000만달러, 지급주기 6개월, 만기 3년, 고정금리 4%이다(변동지표는 LIBOR금리). 만일 스왑 시작 시점의 LIBOR금리가 5%, 6개월 후 LIBOR금리가 6%라면 고정금리 수취자가 금리스왑 시작시점 이후 6개월이 지난 시점에서 수취 혹은 지급해야 할 금액은 얼마인가?

① 5만달러 지급

② 5만달러 수취

③ 10만달러 지급

④ 10만달러 수취

> **해설** 6개월 후 교환금액은 시작 시점의 금리로 하되 고정금리 수취자는 차액(Netting)금액, 1,000만불×(5% − 4%)×1/2 = 5만불을 지급하여야 한다.

정답 ①

다음 빈칸에 들어갈 말로 알맞은 것은?

(㉠)의 가장 큰 특징은 (㉡)과 달리 실제 원금이 교환된다는 것이다.

	㉠	㉡		㉠	㉡
①	통화스왑	금리스왑	②	통화스왑	신용부도스왑
③	금리스왑	신용부도스왑	④	금리스왑	통화스왑

해설 금리스왑은 차액만을 결제하는 NDF방식과 동일하지만, 통화스왑은 원금을 교환한다.

정답 ①

더알아보기 ▶ 통화스왑

(1) 개 념

① 금리스왑 다음으로 많이 쓰이는 스왑이 통화스왑이다. 통화스왑은 금리스왑과는 달리 실제 원금이 교환되는 것이 특징이다.

② 통화스왑은 '① 최초자금교환 → ② 이자교환(이자 대신 내어주기) → ③ 원금재교환(원상복귀)'의 3단계 거래를 거친다(3단계에서 환율리스크에 크게 노출되는데 이는 신용위험의 증가로 볼 수 있음).

(2) 통화스왑의 3단계

〈통화스왑 3단계 거래〉

```
(비교우위)                   (비교우위)
원화조달 →    ₩ 원금        달러조달
         A  ────────  B  ←
            ────────
              $ 원금
         [1단계] 원금교환
```

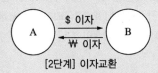

```
              $ 이자
         A  ────────  B
            ────────
              ₩ 이자
         [2단계] 이자교환
```

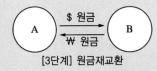

```
              $ 원금
         A  ────────  B
            ────────
              ₩ 원금
         [3단계] 원금재교환
```

01 **통화스왑의 거래 3단계에서 신용위험이 가장 커지는 시점은 언제인가?**

① 1단계 : 원금교환단계

② 2단계 : 이자교환단계

③ 3단계 : 원금재교환단계

④ 신용위험이 특별히 더 커지는 단계가 없음

해설 원금재교환단계에서 신용위험이 가장 커진다. 예를 들어, 원화와 달러 간의 통화스왑에서 환율 1$ = 1,000원으로 원금을 교환하였다(100만달러 = 10억원). 그런데 마지막 원금재교환을 해야 하는 시점에서 환율이 1$ = 1,500원이 되었다면 100만달러를 반환하기 위해 원화가 15억원이 들게 된다.

정답 ③

다음 빈칸에 들어갈 말로 알맞은 말은?

> (㉠)는/은 최초 거래시 보장매도자가 원금을 지급한다는 점에서 CDS와 다르며, (㉡)는/은 준거자산의 가격위험, 신용위험을 모두 거래의 대상으로 한다는 점에서 신용위험만을 거래대상으로 하는 CDS거래와 차이가 있다.

	㉠	㉡
①	CLN	CDS
②	CLN	TRS
③	TRS	CLN
④	TRS	CDS

해설 'CLN – TRS'이다.

정답 ②

더알아보기 ▸ 신용스왑(CDS, CLN, TRS) 정리

구 분	위험회피자	위험선호자	내 용
CDS거래	보장매수자	보장매도자	보장매수자가 보유하고 있는 준거자산(보유채권)의 부도위험을 우려하여 보장매도자에게 CDS프리미엄을 지급. 만일, 준거자산의 부도시 보장매도자는 보장매수자에게 미회수금액(보장금액)을 지급
CLN거래	CLN발행자	CLN매수자	CLN발행자는 보유하고 있는 준거자산을 기초로 하여 CLN을 발행. 만일, 준거자산의 부도시, CLN발행자는 미회수금액(보장금액)을 제외하고 CLN매수자에게 지급
TRS거래	TRS지급자	TRS수취자	TRS지급자는 준거자산으로부터의 모든 수익(TR)을 TRS수취자에게 지급하고 LIBOR금리를 받음

• TRS는 CDS가 신용위험만 전가하는 것과는 달리 신용위험과 시장위험을 모두 전가하는 특징이 있으며, 준거자산을 매입(매각)하지 않고도 매입(매각)한 효과를 보는 '현금흐름복제효과'가 있다.

01 CDS(Credit Default Swap)에 대한 설명으로 가장 적합하지 않은 것은?

① 특정기업의 채권을 보유한 투자자가 해당 채권의 신용위험을 염려하여 제3자에게 일정한 프리미엄을 지불하고 보유채권에 대해 원금보장을 받는 거래를 말한다.

② CDS 프리미엄을 지불하는 자를 보장매입자라고 하고, 거래시 CDS 프리미엄을 수령하고 나중에 해당채권의 신용위험발생시 원금을 보장해 주는 자를 보장매도자라고 한다.

③ 만일 CDS거래의 준거자산인 특정기업의 채권(원금 100억원)이 파산했고 회수금액이 30억원일 경우 보장매도자가 보장매수자에게 지급해야 하는 금액은 파산시 회수금액과 관계없이 원금수준은 100억원이 된다.

④ 보장매입자가 보장매도자에게 지불해야 하는 CDS 프리미엄은 준거자산인 특정채권의 채무불이행위험(Default Risk)이 클수록 높아진다.

해설 100억원 − 회수액 30억원 = 70억원을 지급하면 된다.

정답 ③

더알아보기 ▸ CDS(신용부도스왑)의 도해

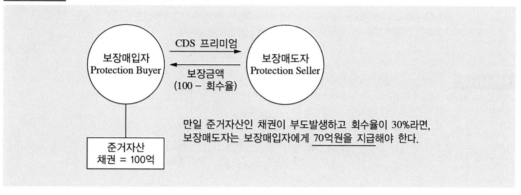

02 CDS 프리미엄에 대한 설명으로 틀린 것은?

① 준거자산의 채무불이행 위험(Default Risk)이 높아질수록 프리미엄이 커진다.

② CDS거래의 만기가 길어질수록 프리미엄이 커진다.

③ 보장매도자의 신용등급이 낮을수록 프리미엄이 커진다.

④ 준거자산의 회수율(Recovery Rate)이 높을수록 프리미엄이 작아진다.

해설 보장매도자의 신용등급이 높을수록 확실한 보장을 받을 수 있으므로 프리미엄이 커진다.

정답 ③

- 상기 ①·②·③·④ 외에 (③은 해설 참조), 하나(⑤)가 더 추가된다.
  ⑤ 준거자산의 신용과 보장매도자의 신용 간의 상관관계(Correlation)가 낮을수록 프리미엄이 높아진다.
    → 둘 간의 상관관계가 높다는 것은 준거자산이 채무불이행이 되었을 때 보장매도자 또한 채무불이행
      가능성이 높아져서 보장매입자의 입장에서는 확실한 보장을 받을 수 없기 때문이다. 따라서 이 경우
      프리미엄은 낮아진다.

03 다음 빈칸에 들어갈 말로 알맞은 것은?(순서대로)

> (   ) 거래시에는 프리미엄만 오가지만 (   ) 거래시에는 원금이 최초에 지불된다는 점에서 양자
> 의 차이가 있다.

① CDS, TRS   ② CDS, CLN
③ CLN, TRS   ④ CLN, CDS

해설 CDS나 CLN은 모두 준거자산의 신용위험을 두고 보장매입자와 보장매도자 간에 일어나는 스왑거래라는 점에
서 유사하나, 거래형태는 다르다. CDS는 프리미엄부 거래이나 CLN에서는 원금이 교환된다.
*CLN은 Credit Linked Note로 신용연계채권(신용연계증권)이다.

정답 ②

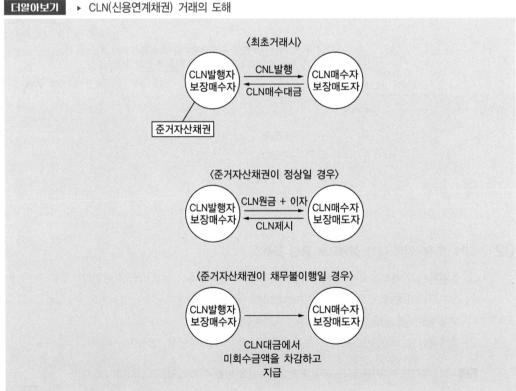

04 TRS(Total Return Swap, 총수익스왑) 거래에 대한 설명으로 적절하지 않은 것은?

① 준거자산에서 발생하는 모든 총수익(Total Return)을 일정한 현금흐름과 교환하는 계약이다.

② 준거자산에서 발생하는 모든 가격위험, 신용위험 등 모든 위험을 TRS지급자가 TRS수취자에게 전가하는 대신, 준거자산에서 발생하는 총수익을 지불하는 것이다.

③ TRS지급자는 보장매도자, TRS수취자는 보장매수자에 속한다.

④ TRS거래에서의 총수익은 준거자산의 가격변화일 수도 있고, 신용도변화의 결과일 수도 있다는 점에서 신용도변화만을 보장대상으로 하는 CDS 거래와 차이가 있다.

해설 'TRS지급자 = 위험회피자 = 보장매입자'이다.

정답 ③

더알아보기 ▸ TRS(총수익스왑) 거래의 도해

(1) 준거자산투자로부터의 총수익 > LIBOR + 알파 ⇒ TRS수취자 수익

(2) 준거자산투자 파산시 ⇒ TRS수취자의 큰 손실

05 TRS(Total Return Swap, 총수익스왑) 거래의 특징을 설명한 것이다. 사실과 가장 거리가 먼 것은?

① TRS지급자는 준거자산에서 발생할 수 있는 가격위험, 신용위험 등 모든 위험을 TRS수취자에게 전가할 수 있다.

② TRS지급자는 준거자산을 매각하지 않고도 매각대금을 이용하여 단기자금으로 운용하는 것과 동일한 효과를 얻을 수 있다.

③ TRS수취자는 현금복제효과를 이용해서 여러 가지 제약으로 인해 직접 투자하기 힘든 자산에 투자할 수 있는 기회를 얻는다.

④ TRS계약이 체결되면 준거자산투자에 따른 모든 위험, 그리고 의결권 등의 경영권도 이전된다.

해설 TRS계약이 체결되면 모든 위험이 TRS수취자에게 이전되나 투표권 등의 경영권은 이전되지 않는다.

정답 ④

5 이색옵션(Exotic Option)

이색옵션 - 경로의존형

이색옵션의 종류가 잘못 연결된 것은?

① 다중변수옵션 - 버뮤다옵션
② 경로의존형 옵션 - 룩백옵션
③ 첨점수익구조형 옵션 - 디지털옵션
④ 시간의존형 옵션 - 선택옵션

해설   버뮤다옵션은 시간의존형 옵션이다.

정답 ①

더알아보기   ▶ 이색옵션의 형태별 정리

분 류	종 류
경로의존형	경계옵션(배리어옵션), 룩백옵션, 평균자산기초가격옵션 및 평균행사가격옵션
첨점수익구조형	조건부 프리미엄옵션, 디지털옵션, 디지털배리어 *디지털옵션 : All or Nothing 옵션, One Touch형
시간의존형	미국식·유럽식·버뮤다옵션, 선택옵션, 행사가격유예옵션
다중변수옵션	무지개옵션, 포트폴리오옵션, 바스켓옵션
기타 옵션	복합옵션(콜옵션에 대한 콜옵션 등), 레버리지형 옵션

01 다음 설명 중 '경로의존형 옵션'은 무엇인가?

① 옵션의 최종수익이 옵션만기시점의 기초자산 가격수준에 의해서 결정되는 것이 아니라 현재시점 부터 만기시점까지의 가격이 어떤 경로를 거치는가에 따라 결정되는 옵션이다.

② 옵션의 수익구조가 일정의 점프, 즉 불연속점(Singular Point)이 있는 옵션이다.

③ 만기까지의 기간 중 옵션을 언제 행사할 수 있는가에 따라 가치가 달라지는 옵션이다.

④ 옵션의 최종수익금을 결정하는 기초자산이 둘 또는 그 이상인 옵션이다.

> 해설 ① 경로의존형(Path-dependent), ② 첨점수익구조형(Singular Payoff), ③ 시간의존형(미국식, 유럽식 등),
> ④ 다중변수의존형을 말한다.

정답 ①

더알아보기 ▶ 이색옵션 – 경로의존형(Path-dependent Option)

(1) 배리어옵션
- 낙아웃 / 낙인구조의 옵션. 낙아웃콜(UP & OUT), 낙아웃풋(DOWN & OUT), 낙인콜(UP & IN), 낙인풋 (UP & IN) 네 가지 형태가 있다.
- 낙아웃옵션＋낙인옵션＝표준옵션, 프리미엄이 저렴하다는 장점이 있으나 변동성이 클 경우 큰 손실을 입을 수 있으므로 주의해야 한다.

(2) 룩백옵션
- 옵션만기 후 가장 유리한 가격으로 행사가격을 정하는 것이다 → 투자자에게 최고 유리한 옵션이나 프리미엄이 너무 비싸며, 수익구조에 부합하는 위험 노출형태가 현실적으로 없다.

(3) 래더옵션
- 룩백옵션의 응용된 형태로써, '해당기간 중' 가장 유리한 행사가격을 찾는 것이 아니라, '사전에 정해진 일련의 래더 중'에서 가장 유리한 행사가격을 찾는 것이다(룩백옵션보다는 덜 좋다).

(4) 평균기초자산옵션 및 평균행사가격옵션
- 일정 기간 동안의 기초자산(행사가격)을 평균하여 기초자산(행사가격)을 결정하는 것이 평균기초자산 (평균행사가격)옵션이다.

02 배리어옵션(경계옵션)에 속하지 않는 것은?

① Up and Out Option

② Down and Out Option

③ Down and In Option

④ Look-Back Option

> **해설** 경로의존형(Path-dependent)에는 여러 가지 종류가 존재하는데, 가장 많은 것이 배리어옵션이다(경계옵션, 또는 낙아웃·낙인 옵션). 룩백옵션은 경로의존형에 속하나 배리어옵션은 아니다.
>
> **정답** ④

더알아보기 ▸ 배리어옵션의 네 가지 형태

구 분	UP 형태	DOWN 형태
OUT 형태(낙아웃형)	Up & Out	Down & Out
IN 형태(낙인형)	Up & In	Down & In

① 배리어가 행사가격 위에 있으면 Up 형태이고, 배리어가 행사가격 아래에 있으면 Down 형태이다.
② 배리어를 건드리면(Knock) 무효화(Out)되는 것이 낙아웃옵션이고, 유효화(In)되는 것이 낙인옵션이다.
③ 이를 조합하면 배리어옵션은 네 가지 형태가 된다.

---

03 배리어옵션(경계옵션)에 대한 설명으로 옳지 않은 것은?

① 배리어옵션에는 통상적인 행사가격 이외에 배리어가격이 있는데 이를 다른 말로 트리거가격 (Trigger Price)이라고도 한다.

② 배리어가 행사가격 위에 있으면 Up 형태이고 배리어가 행사가격 아래에 있으면 Down 형태이며, 배리어를 건드리면(Knock) 무효화(Out)되는 것은 낙아웃 옵션이고, 유효화(In)되는 것은 낙인 옵션이다.

③ 배리어옵션의 프리미엄은 표준형보다 저렴하다.

④ 낙인옵션의 경우 무효화가 되면 일종의 위로금과 같이 미리 정한 일정한 환불금을 지급받게 되는 데 이를 리베이트(Rebate)라고 한다.

> **해설** 리베이트는 낙아웃옵션에 존재한다.
>
> **정답** ④

04 룩백옵션에 대한 설명으로 적절하지 않은 것은?

① 옵션만기일까지의 기초자산 가격 중 옵션매입자에게 가장 유리한 가격으로 행사가격이 결정된다.

② 룩백옵션은 만기기간 내에 아무 때나 옵션을 행사할 수 있는 미국식옵션과 동일한 것으로 평가된다.

③ 룩백콜옵션은 해당기간 내 최소치에 기초자산을 매수할 수 있는 권리, 룩백풋옵션은 해당기간 내 최고치에 기초자산을 매도할 수 있는 권리를 말한다.

④ 룩백옵션은 고수익을 낼 수 있는 매우 유리한 구조의 옵션인 만큼 프리미엄이 매우 비싸다는 점, 룩백옵션의 수익구조에 부합되는 위험노출형태가 현실적으로 거의 없다는 점에서 룩백옵션은 현실에서는 찾아보기 어렵다.

> **해설** 룩백옵션과 미국식옵션에는 차이가 있다. 미국식옵션은 아무 때나 행사할 수는 있어도 옵션행사의 최적가격을 놓치는 위험은 상존한다. 그러나 룩백옵션은 기간 중 가장 유리한 가격으로 기초자산 가격을 결정하는 것이므로 가장 유리한 옵션이라고 할 수 있다.
>
> **정답** ②

더알아보기 ▶ 룩백옵션의 수익구조

- **룩백콜옵션의 수익구조** : $Max[0,\ \tilde{S}_T - Min(\tilde{S}_1,\ \tilde{S}_2,\ \cdots,\ \tilde{S}_T)]$
- **룩백풋옵션의 수익구조** : $Max[0,\ Max(\tilde{S}_1,\ \tilde{S}_2,\ \cdots,\ \tilde{S}_T) - \tilde{S}_T]$
- ※ 여기서, $Min(\tilde{S}_1,\ \tilde{S}_2,\ \cdots,\ \tilde{S}_T)$는 옵션 시작시점부터 만기까지의 가격 중 가장 낮은 가격을, $Max(\tilde{S}_1,\ \tilde{S}_2,\ \cdots,\ \tilde{S}_T)$는 가장 높은 가격을 의미한다.

05 래더옵션(Ladder Option)에 대한 설명으로 잘못된 것은?

① 행사가격이 해당기간 내 최저가격 혹은 해당기간 내 최고가격으로 정해지는 수익구조이다.

② 미리 설정된 일련의 가격수준 중에서 기간 내에 어디까지 도달해 보았는가를 행사가격으로 하여 수익구조를 결정하는 옵션이다.

③ 래더옵션은 룩백옵션보다는 프리미엄이 저렴한 것이 정상이다.

④ 래더콜옵션의 래더 가격대가 105, 110, 115, 120의 4개로 설정되어 있고, 기초자산의 가격이 만기기간 중 최저 90, 최고 140, 종가가 109라면, 동 래더콜옵션의 수익구조는 Max(0, 109-105)이다.

> **해설** ①은 룩백옵션의 내용이다. 룩백옵션은 기초자산 가격을 기간 내 최저 혹은 최고로 결정하지만 래더옵션은 정해진 래더로 결정하는 것이므로 룩백보다는 제한된 옵션이다. 따라서 래더옵션의 프리미엄은 당연히 룩백보다 저렴할 것이다.
>
> **정답** ①

- 래더콜옵션의 수익구조 : $Max[0, \ S_T - Min(L_1, \ L_2, \ \cdots, \ L_T)]$
- 룩백풋옵션의 수익구조 : $Max[0, \ Max(L_1, \ L_2, \ \cdots, \ L_T) - S_T]$

06 각 옵션의 수익구조를 잘못 나타낸 것은?

- S_T : 만기당일의 기초자산 가격
- $\widetilde{S_A}$: 대상기간 동안의 기초자산 가격의 평균
- X : 행사가격

① 표준콜옵션 : $Max[0, \ S_T - X]$

② 낙아웃콜옵션 : $Max[0, \ S_T - Min(L_1, \ L_2, \ \cdots, \ L_T)]$

③ 평균기초자산옵션 : $Max[0, \ \widetilde{S_A} - X]$

④ 평균행사가격옵션 : $Max[0, \ S_T - \widetilde{S_A}]$

> **해설** 래더콜옵션의 수익구조이다.
> *평균기초자산옵션은 기초자산을 평균한 것이고, 평균행사가격옵션은 행사가격을 평균한 것이라는 점에서 차이가 있다.
>
> 정답 ②

07 래더옵션의 래더가 100, 105, 110, 115로 정해져 있다. 옵션의 만기기간 동안 최저치는 85이었고, 최고치는 140, 만기시점의 가격(S_T)은 107이다. 이 경우 래더콜옵션의 내재가치와 만일 이 옵션이 룩백옵션이었다면 내재가치는 얼마인지를 각각 구하시오(편의상 옵션프리미엄은 없다고 가정함).

	래더콜옵션의 내재가치	룩백콜옵션의 내재가치
①	7	22
②	8	23
③	15	8
④	30	15

> **해설** 래더콜옵션의 수익구조(내재가치)는 Max[0, 107 − 100] = 7이다(∵ S_T는 107이고 래더 중 가장 낮은 가격은 100이다). 만일 이 옵션이 룩백옵션이었다면, 룩백콜옵션의 수익구조(내재가치)는 Max[0, 107 − 85] = 22이다(∵ S_T = 107이고 기간 내 최저가격은 85이다). 참고로, ②는 래더풋옵션의 내재가치와 룩백풋옵션의 내재가치이다. 콜이든, 풋이든 구조상 룩백옵션이 래더옵션보다 훨씬 유리함을 알 수 있다.
>
> 정답 ①

이색옵션 - 첨점수익구조형

첨점수익구조형에 속하지 않는 것은?

① 룩백옵션
② 조건부 프리미엄옵션
③ 디지털옵션
④ 디지털배리어

해설 룩백옵션은 경로의존형 옵션이다. 첨점수익구조형(Singular Payoff)은 수익구조가 특이한 형태를 말하는데, 불연속적이거나 점프가 있다는 등의 형태를 말한다.
*첨점수익구조형은 ②·③·④가 대표적이다.

정답 ①

더알아보기 ▶ 첨점수익구조형(Singular Payoff)

(1) 조건부 프리미엄옵션(후불옵션) : 일반옵션은 프리미엄을 미리 지불하나, 후불옵션은 옵션이 내가격이 되어야만 프리미엄을 지불하므로 후불옵션이라고 한다(수익구조상 ATM 직후 상태가 가장 손실이 크다).

(2) 디지털옵션 : 일반옵션은 만기일의 기초자산 가격 정도에 따라 수익의 크기가 결정되지만, 디지털옵션은 내가격이 되기만 하면 동일한 수익을 지급한다(만기일 하루에 평가하는 것을 All or Nothing이라고 하며, 한 번이라도 내가격을 터치하면 되는 경우는 One-touch형이다).

보충문제

---

01 조건부 프리미엄옵션(혹은 조건부 후불옵션)에 대한 설명으로 틀린 것은?

① 옵션이 내가격이어야 프리미엄을 지불하는 옵션이다.
② 보험기간 동안 사고가 발생하지 않는 한 보험료를 지불하지 않는 자동차보험이 있다면 바로 조건부 프리미엄옵션이 반영된 것이라 할 수 있다.
③ 만기일 당일에 기초자산의 가격이 등가격일 때가 조건부 후불옵션의 이익이 가장 커진다.
④ 만기에 외가격상태가 되면 옵션의 프리미엄을 전혀 지불하지 않아도 된다는 것이 이 옵션의 장점이다.

해설 일단 만기에 내가격 상태가 되어야 프리미엄을 후불로 지불하는 옵션이다. 따라서 외가격이나 등가격에서는 수익이 없다(프리미엄 지불도 하지 않음). 그런데 내가격 초기의 상태에서는 프리미엄 지불비용 때문에 손실을 보게 된다. 그리고 내가격상태가 깊어질수록 (Deep in The Money) 수익이 커지게 된다.

정답 ③

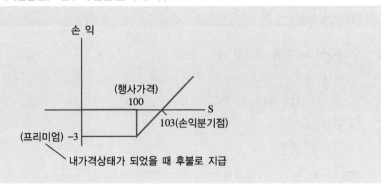

02 디지털옵션(Digital Option)에 대한 설명으로 가장 적절하지 않은 것은?

① 일반적인 옵션은 행사가격 대비 얼마나 올랐는지 혹은 떨어졌는지로 수익이 결정되지만 디지털옵션은 내가격 상태에서는 정해진 수익금액을, 그 외의 경우에는 수익이 0이 된다.

② 디지털옵션은 만기일에 얼마만큼 내가격 상태에 있는지는 의미가 없고, 오직 내가격 상태인가 아닌가를 따질 뿐이다.

③ 만기시점에서 내가격 상태로 있어야 수익을 지급하는 것이 All or Nothing 옵션이라 하고 만기 내에 한 번이라도 내가격에 터치(Touch)하기만 해도 수익을 지급하는 One Touch 옵션으로 구분된다.

④ 디지털옵션의 수익구조는 $Max\,[0,\ S_t - X]$ 이다.

> 해설 $Max\,[0,\ S_t - X]$는 표준 콜옵션의 수익구조이다.

> 정답 ④

더알아보기 ▸ 디지털옵션의 수익구조

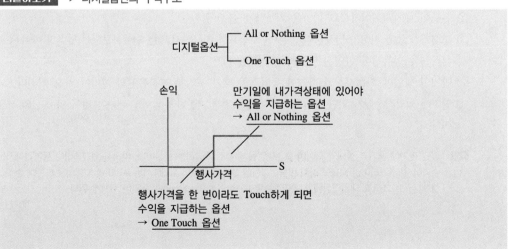

시간의존형 옵션에 대한 설명으로 잘못된 것은?

① 유럽식은 만기일 당일에만 행사가 가능하나 미국식옵션은 만기 이전에 아무 때나 횟수에 관계없이 옵션을 행사할 수 있는 구조이다.

② 버뮤다옵션(Bermudan Option)은 미리 정한 특정 일자들 중에서 한 번 행사가 가능하다.

③ 선택옵션의 매입자는 만기일 이전 미래의 특정시점에서 이 옵션이 콜인지 풋인지를 선택할 수 있는 권리를 가진다.

④ 행사가격결정유예옵션(Delayed Option)의 매입자는 미래 특정시점에서 행사가격이 당일의 기초자산 가격과 같도록 설정된 또 다른 옵션을 획득하는 권리를 갖게 된다.

해설   유럽식옵션은 만기일에만 행사한다. 미국식옵션은 만기 이전에 아무 때나 옵션을 행사할 수 있는데 행사는 한 번만 가능하다.

정답 ①

더알아보기 ▶ 시간의존형(Time-dependent Option)

(1) 미국식옵션 / 유럽식옵션 / 버뮤다옵션
만기일 당일에만 행사가 가능한 것이 유럽식, 만기 전 아무 때나 행사 가능한 것이 미국식, 이미 특정한 일자들 중에서 한 번만 행사 가능한 것이 버뮤다옵션이다.

(2) 선택옵션(Chooser Option)
처음에는 스트래들 포지션과 동일하나, 만기 1달 전에는 콜이나 풋을 선택해야 하는 옵션이다.

(3) 행사가격결정유예옵션(Delayed Option)
미래 특정시점에서 당일의 기초자산 가격과 같도록 행사가격이 설정된 또 다른 옵션을 획득하는 옵션이다.

01 선택옵션(Chooser Option)에 대한 설명으로 틀린 것은?

① 선택옵션은 만기일 이전 미래의 특정시점에서 이 옵션이 콜인지 풋인지 여부를 선택하는 옵션이다.

② 만기는 두 달이고, 처음 한 달은 스트래들 매수와 유사하나, 한 달 후에는 콜이나 풋을 선택해야 하는 옵션이다.

③ 선택옵션은 스트래들 매수보다는 비용이 저렴하지만 일단 선택을 하면 스트래들보다는 불리하다.

④ 선택옵션에서 한 달 후 콜과 풋을 결정할 때는 당시의 내가격 상태에 있는 옵션을 선택해야 한다.

> **해설** 무조건 내가격상태에 있다고 해서 선택하는 것이 아니다. 예를 들어 선택 당시 콜옵션이 내가격상태에 있다고 하더라도 시장의 하락전망이 우세하다면 풋옵션을 선택할 수도 있다.
>
> **정답** ④

더알아보기 ▸ 선택옵션(Chooser Option) 도해

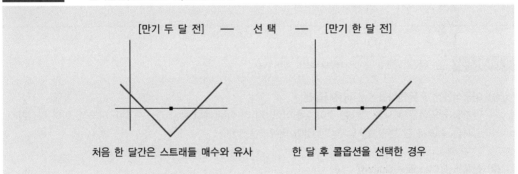

[만기 두 달 전] — 선택 — [만기 한 달 전]

처음 한 달간은 스트래들 매수와 유사   한 달 후 콜옵션을 선택한 경우

02 다음 내용이 설명하는 옵션은 어떤 옵션인가?

> 매입자는 미래 특정시점에서 당일의 기초자산 가격과 같도록 행사가격이 설정된 또 다른 옵션을 획득하는 권리를 갖게 된다. 즉 이 옵션을 행사하면 만기일의 기초자산 가격이 행사가격이 되는 새로운 등가격옵션을 받게 된다.

① All or Nothing Option(올오어나씽옵션)

② Chooser Option(선택옵션)

③ Delayed Option(행사가격결정유예옵션)

④ Rainbow Option(무지개옵션)

> **해설** 행사가격결정유예옵션이다. 이 옵션은 정상적인 투자수익을 위해 매입하기보다는 특수한 상황을 전제로 한 것으로 이해할 수 있다. 예를 들어 만기에 가서 특정옵션을 따로 매입할 수 없는 경우에 행사가격결정유예옵션을 통해 해당옵션의 등가격을 매입할 수 있다.
>
> **정답** ③

다중변수옵션에 속하지 않는 것은?

① 퀀토옵션   ② 바스켓옵션

③ 무지개옵션   ④ 선택옵션

해설   선택옵션은 시간의존형 옵션이다. 나머지는 모두 다중변수옵션이다.

정답 ④

더알아보기 ▶   다중변수옵션

(1) 무지개옵션(Rainbow Option)
기초자산이 여러 개이며, 그 중에서 가장 높은 가격의 기초자산으로 수익이 결정되는 옵션이다.

(2) 포트폴리오옵션 또는 바스켓옵션
여러 개의 기초자산을 합산하여 기초자산의 가격을 결정하면 포트폴리오옵션, 기초자산들별 비중을 반영하여(가중평균) 기초자산의 가격을 결정하면 바스켓옵션이라 한다.

(3) 스프레드옵션
두 기초자산의 가격 차이에 의해서 수익을 결정하는 옵션이다.

(4) 퀀토옵션(수량조절옵션, Quantity-adjusted Option)
수익의 크기는 하나의 기초자산 가격에 의해 결정되나, 위험에 노출된 정도나 크기는 다른 자산의 가격에 의해 결정되는 옵션. 주로, 수익결정과 지급의 통화단위가 다른 옵션을 말한다.
예 미국투자자가 한국 삼성전자의 주가에 수익이 결정되는 옵션에 투자하고 수익의 지급은 달러로 (미리 정해진 환율) 지급받는 옵션이 퀀토옵션이 될 수 있다.
참고 다중변수옵션 중 '퀀토옵션'은 2016년 기본서 개정으로 시험범위에서 제외되었음을 참고바랍니다.

01 다음 내용은 어떤 옵션의 수익구조를 말하는가?

$$Max[0, \ Max(S_1, \ S_2, \ \cdots\cdots, \ S_n) - X]$$

① 포트폴리오옵션

② 바스켓옵션

③ 무지개콜옵션

④ 스프레드옵션

> **해설** 무지개콜옵션의 수익구조이다. 무지개콜옵션(Rainbow Call Option or Outperformance Call Option)의 수익은 둘 이상의 기초자산 가격 중에서 가장 높은 가격에 의해서 결정된다.
> *복수의 기초자산 중 예를 들어, KOSPI200, S&P500지수, DAX지수, FTSE지수 중 상승률이 가장 높은 지수를 기준으로 수익을 결정하는 방식이다.
>
> 정답 ③

02 바스켓옵션의 수익구조는 무엇인가?(K : 행사가격, n_i : 포트폴리오에 포함된 i번째 주식의 개수, ω_i : 기초자산으로 선정된 전체 포트폴리오에서 i번째 주식의 편입비율을 의미)

① $Max[0, \ \sum n_i S_{i, \ T} - K]$

② $Max[0, \ \sum \omega_i S_{i, \ iT} - K]$

③ $Max[0, \ (\widetilde{S_{1, \ T}} - \widetilde{S_{2, \ T}}) - K]$

④ $Max[0, \ Max(S_1, \ S_2, \ \cdots\cdots, \ S_n) - K]$

> **해설** ① 포트폴리오옵션, ③ 스프레드옵션, ④ 무지개콜옵션이다.
> ※ 포트폴리오옵션에서의 n_i는 i번째 주식의 개수(주식수)를 말하는 것으로 편입비율이 아니다. 편입비율은 바스켓옵션에서 사용된다. ω_i는 기초자산으로 선정된 전체 포트폴리오에서의 i번째 주식의 편입비율을 의미한다.
> ※ 스프레드옵션은 '둘 간의 차이($\widetilde{S_{1, \ T}} - \widetilde{S_{2, \ T}}$)'가 기초자산이 되는 것이다.
>
> 정답 ②

03 다음 내용이 설명하는 옵션은 무엇인가?

> • 유럽식옵션과 미국식옵션의 중간 형태이다.
> • 미리 정한 일자 중에서 한 번 행사가 가능하다.
> • 예를 들어 만기가 한 달이라면 유럽식의 행사가능 시점은 만기시점 1회이지만 이 옵션은 '10일, 20일, 30일의 3회'로 설정되어 있다

① 버뮤다옵션
② 무지개옵션
③ 바스켓옵션
④ 선택옵션

해설 버뮤다옵션(유사 미국식)이다. 예를 들어 만기가 한 달이라면 유럽식의 행사가능 시점은 만기시점 1회, 미국식의 행사가능 시점은 '아무 때나'인데 버뮤다옵션은 '10일, 20일, 30일의 3회'로 설정되어 있다.

정답 ①

04 다중변수옵션이 아닌 것은?

① 무지개옵션
② 바스켓옵션
③ 포트폴리오옵션
④ 래더옵션

해설 래더옵션은 경로의존형에 속하는 옵션이다.

정답 ④

복합옵션에 대한 다음의 설명 중 틀린 것은?

① 옵션의 기초자산이 일반적인 자산이 아니라 또 하나의 옵션이 기초자산인 옵션이다.

② 만기일에 복합옵션을 행사하게 되면 옵션보유자는 미리 구조를 정한 또 다른 옵션을 받게 된다.

③ 위험에 노출이 될지 안 될지 자체가 불확실한 상황에서 현실적으로 사용가능한 위험 대비책이 된다는 점은 장점이나 기초옵션을 직접 매입하는 것보다 비용이 더 든다는 것은 단점이다.

④ 콜옵션을 행사해서 콜옵션을 받거나 혹은 풋옵션을 받거나, 풋옵션을 행사해서 콜옵션을 받거나 혹은 풋옵션을 받는 네 가지 형태가 존재한다.

해설 기초옵션을 직접 매입하는 것보다 비용이 적게 든다(간접적으로 매입하는 것이므로 비용이 적어야 마땅하다).

정답 ③

더알아보기 ▶ 기타옵션

(1) 복합옵션
① 기초자산이 옵션인 것을 말함. 즉, 옵션을 행사하면 또 다른 옵션을 받는 것을 말한다. 예를 들어 '콜옵션에 대한 풋옵션'은 콜옵션을 매도할 권리이다.
② 복합옵션은 위험에 노출이 될지 안 될지 자체가 불확실한 상황에서 사용가능한 옵션이라 할 수 있다.

보충문제

01 다음 중 복합옵션에 가까운 것은?

① 행사가격결정 유예옵션

② 바스켓옵션

③ 선택옵션

④ 스프레드옵션

해설 복합옵션은 옵션의 기초자산이 일반적인 자산이 아니라 또 하나의 옵션(기초옵션)인 옵션이다. 따라서 만기일에 복합옵션이 행사되면 옵션 보유자는 미리 구조를 정한 또다른 옵션 하나를 받게 된다. 이는 위험에 노출될지 안 될지 자체가 불확실한 상황에서 현실적으로 사용가능한 위험 대비책이다. 시간의존형에 속하는 '행사가격결정 유예옵션'이 복합옵션의 한 가지 형태로 볼 수 있다.

정답 ①

6 포트폴리오 보험전략

포트폴리오 보험전략

다음 내용에서 설명하는 전략으로 가장 올바른 것은?

- 이 전략은 일반적으로 기초자산을 주식포트폴리오라고 할 때 포트폴리오의 가치가 상승할 경우 상승한 만큼 다 챙기되 일정 수준 이하로 하락시 방어벽을 구축하는 전략이다.
- 즉, 상승가능성(Upward Potential)을 유지한 채 주식가격하락에 대한 방어벽이 구축되어 있는 (Downward Protection) 포지션이다.

① 델타중립 투자전략
② Active 투자전략
③ 포트폴리오 보험전략
④ Passive 투자전략

해설 포트폴리오 보험전략이다.

정답 ③

더알아보기 ▶ 포트폴리오 보험전략

(1) 포트폴리오 보험전략의 개념
① 상승가능성을 유지한 채 주식가격하락에 대한 방어벽이 구축되어 있는 포지션이다.
② 증명에 의해, $c + B = p + S$ 이다.
   → 둘 다 포트폴리오 보험전략의 수익구조인 Max(St, X)와 동일하다.
③ c + B = 채권 + 콜옵션매수, 즉 이자추출전략이며, p + S = 주식 + 풋옵션매수, 즉 보호적 풋 전략이다.

(2) 포트폴리오 보험전략의 종류

보호적 풋	이자추출전략	동적자산배분전략
확실하지만 옵션매수비용이 단점	ELS의 설계구조와 동일	옵션복제전략이라고도 함

※ 동적자산배분전략의 특징
  ㉠ 프리미엄을 따로 지불할 필요가 없다.
  ㉡ 편입비율을 상황에 따라 계속 조정해간다.
    - 시장이 상승하면 주식비중을 올려 시장이 상승추세를 쫓아가고, 시장이 하락하면 채권 비중을 올려서 수익률을 방어한다.
    [상승시 매수 전략, 하락시 매도 전략 → ∂주식비중/∂S > 0, ∂채권비중/∂S < 0]
  ㉢ 콜옵션의 델타만큼 주식을 편입하므로 콜옵션매수 복제전략에 해당된다.

(3) 'Put-Call Parity : c + B = p + S'에서 찾아보는 포트폴리오 보험전략의 종류

(풋콜패리티의 내용은 펀드시험의 범위 밖이므로 이하 내용은 이해를 돕는 수준 정도로 참고)

① c + B =「콜옵션매수 + 채권매수」⇒ 이자추출전략(Cash Extraction)

② p + S =「주식매수 + 풋옵션매수」⇒ 보호적 풋(Protective Put)전략

③ 이자추출전략에서 콜옵션을 직접 매수하지 않고, 주식이나 선물로써 콜옵션매수와 동일한 효과를 내는 전략(콜옵션을 복제하는 전략)이 있는데,

- 「ω채권매수 + (1 − ω)주식매수」를 동적자산배분전략이라 하고,
- 「선물매도 + 주식매수」를 동적헤징전략이라 한다.

보충문제

01 다음 중 포트폴리오 보험전략이라고 볼 수 없는 것은?

① 이자추출전략
② 보호적 풋전략
③ 동적자산배분전략
④ Reverse Convertible 전략

> **해설** 포트폴리오 보험전략은 ① · ② · ③ 세 가지가 있다. Reverse Convertible 전략은 장내파생상품으로 운용하는 파생상품펀드로서 대표적인 델타복제펀드로 분류된다.
>
> 정답 ④

02 ELS의 수익구조와 가장 유사한 포트폴리오 보험전략은 무엇인가?

① 이자추출전략
② 보호적 풋전략
③ 동적자산배분전략
④ 동적헤징전략

> **해설** ELS는 '채권 + 워런트매수'의 구조가 대부분이다. 채권비중의 조절로 원금보장형의 설계가 가능하다. 이는 곧 이자추출전략이다.
>
> 정답 ①

03 다음 내용은 포트폴리오 보험전략 중 어떤 전략을 말하는가?

- 주식포트폴리오를 보유한 상태에서 보험을 드는 것과 비슷하게 풋옵션을 매입하는 전략이다.
- 상당히 효과적으로 방어할 수 있지만, 풋옵션 매입을 위한 프리미엄 지출규모가 크다는 것이 단점이다.

① 이자추출전략
② 보호적 풋전략
③ 동적자산배분전략
④ 동적헤징전략

> **해설** 보호적 풋전략의 내용이다.
>
> 정답 ②

04 다음 내용은 포트폴리오 보험전략 중 어떤 전략을 말하는가?

> - 주식과 채권으로 자금을 운용함으로써 상승가능성과 하락방어라는 두 가지 목표를 동시에 달성하고자 하는 전략이다.
> - 주식이 오르면 상승가능성을 극대화하기 위해 주식편입비율을 올려서 시장의 상승 추세를 쫓아가고, 주가가 하락하면 채권비중을 올려서 자금의 가치를 방어한다.
> - 이를 수식으로 표현하면, $\omega_B(S_t) + \omega_S(S_t) = 1$ 이다. [$\omega_B(S_t)$: 채권편입비중, $\omega_S(S_t)$: 주식편입비중]

① 이자추출전략
② 보호적 풋전략
③ 동적자산배분전략
④ 동적헤징전략

해설 동적자산배분전략으로, $_\omega B(S_t) + _\omega S(S_t) = 1$ 이다. 주식시장이 올라가면 $\omega_B \downarrow$, $\omega_S \uparrow$, 주식시장이 내려가면 $\omega_B \uparrow$, $\omega_S \downarrow$ 이다. 즉, $\frac{\partial \omega_S}{\partial S_t} > 0$, $\frac{\partial \omega_B}{\partial S_t} < 0$ 이다.

정답 ③

05 동적자산배분전략의 특징에 대한 설명으로 잘못된 것은?

① 프리미엄을 따로 지불할 필요가 없다.
② 편입비율을 상황에 따라 조정한다.
③ 주식가격이 상승하면 채권비중이 증가한다.
④ 콜옵션의 델타값을 주식편입비율로 사용하므로 콜옵션 복제전략에 해당된다.

해설 주식시장이 상승하면 주식비중이 증가하고 채권비중은 하락한다($\frac{\partial \omega_S}{\partial S_t} > 0$, $\frac{\partial \omega_B}{\partial S_t} < 0$).

주식시장이 계속 상승하면 최대 주식편입비율이 100%가 될 것이고, 주식시장이 계속 하락하면 최대 채권편입비율이 100%가 되어서 가치하락을 일정 수준에서 방어할 수 있게 된다.

정답 ③

7 리스크관리

ELS를 발행한 발행사가 부담하는 시장위험을 헤지하기 위한 거래로써, 발행한 ELS와 똑같은 수익구조의 상품을 타 금융투자회사로부터 매입하는 것을 무엇이라고 하는가?

① BTB 거래
② Funded Swap
③ Unfunded Swap
④ Dynamic Hedging

해설 ELS를 발행한 회사가 시장위험을 헤지하는 방식은 두 가지다. 우선은 백투백 거래(BTB 거래)인데 이는 거래의 상대방이 있을 경우에 한한다(위험을 더 크게 부담할 수 있는 주체여야 하므로 주로 Global IB(국제 투자은행)가 담당함). 이것이 여의치 못하면 발행사는 자체적으로 다양한 수단을 통해서 헤징을 하게 되는데 이를 자체헤지 혹은 Dynamic Hedging이라고 한다.

정답 ①

더알아보기 ▶ 발행사의 리스크관리

※ **주체별 리스크관리**

발행사의 리스크관리	운용사의 리스크관리	판매사의 리스크관리

• 발행사 – ELS를 발행할 수 있는 금융투자회사(주로 증권사), 운용사 – 집합투자회사(자산운용사), 판매사 – 판매업자를 말하며 은행, 증권, 집합투자회사 모두 판매업자가 될 수 있음

(1) **발행사의 리스크관리**

BTB거래(보충문제 1 그림 참조)	자체헤지
• ELS를 발행한 발행사는 시장위험과 자금유동성위험에 노출되는데, 발행한 ELS와 동일한 ELS를 글로벌IB로부터 매수하면 시장위험과 자금유동성위험을 완벽하게 제거할 수 있다. • 다만, 글로벌IB의 신용위험에 노출되며 장외거래에 따른 상품유동성리스크, 법적리스크에 노출된다.	• ELS발행사가 BTB거래를 할 수 없을 경우에 자체헤지를 해야 한다. • 자체헤지는 BTB와는 달리 완벽한 헤지가 되지 않으므로 자체헤지가 수익원이 될 수 있다. • 자체헤지를 장외를 통해 할 경우, 신용위험 / 상품유동성리스크 / 법률리스크에 노출된다.

① ELS발행사가 BTB거래를 한다면 시장리스크와 자금유동성리스크를 완벽하게 제거하는 대신에 1% ~ 2% 정도의 중개수수료 수입에 만족해야 한다.

② Fully Funded Swap일수록 BTB거래의 필요성이 증가한다(최근은 신용위험을 줄이기 위한 Unfunded Swap이 확대되고 있는데, 이 또한 BTB거래의 대상이 된다).

③ 장외거래의 상대방위험(신용위험)을 줄이기 위한 담보부거래의 경우 신용위험을 경감하나, 담보관리 / 현금유동성관리 등 발행사의 운영리스크를 증대시키는 측면도 있음에 유의해야 한다.

*유동성리스크의 두 가지 종류 : ㉠ 자금유동성리스크(결제부족위험), ㉡ 상품유동성리스크(거래부족위험)

01 다음 빈칸에 들어갈 말로 알맞은 것은?

> 발행사가 파생결합증권을 발행하고 이를 일반투자자에게 판매하거나(ELS), 펀드에 매도한(ELF) 경우, 해당 증권의 수익구조와 동일한 구조의 장외파생상품을 매입하여 시장리스크를 원천적으로 제거하는 방법을 (   )라고 한다.

① BTB(Back To Back) 거래
② Unfunded Swap 거래
③ Wrong Way Trade
④ Funded Swap 거래

해설 BTB 거래는 '동일한 수익구조의 상품으로 반대포지션을 취하기 때문에' 파생상품 거래시 시장리스크를 완벽하게 제거하는 방법이다.

[BTB거래]

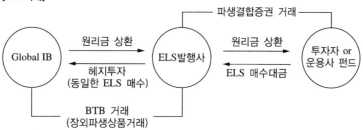

정답 ①

02 BTB 거래에 대한 설명으로 옳은 것은?

① ELS에 투자한 운용사가 주로 하는 헤지방법이다.
② ELS 발행에 따른 신용위험을 헤지하기 위해서 사용하는 거래방법이다.
③ BTB 거래는 ELS 거래가 'Fully Funded Swap'일 때 더욱 필요하다.
④ BTB 거래 자체에는 전혀 위험이 발생하지 않는다.

해설 ELS 거래는 원금을 통째로 교환하는 'Fully Funded Swap'이 있고 ELS에 내재된 파생상품 부분만을 떼어내어서 하는 'Unfunded Swap'이 있는데, 당연히 Fully Funded Swap의 경우 위험노출이 더 크므로 더욱 BTB 거래가 필요하다.
　①·② BTB 거래는 ELS발행사가 시장위험을 헤지하기 위해서 발행한 ELS와 동일한 수익구조의 파생결합증권을 장외에서 매입하는 거래이다.
　④ BTB 거래는 ELS 발행사가 시장위험을 회피하기 위해서 하는 거래이지만, BTB 거래 과정에서 새로운 위험이 발생할 수 있는데, 1) BTB 거래상대방의 신용위험(예 2008년 리먼브라더스의 파산), 2) 유동성리스크(장외파생상품이므로 적기 매도가 곤란할 위험), 3) 법률적 리스크(복잡한 계약서가 필요한 거래) 등에 노출이 된다.

정답 ③

03 다음 빈칸에 들어갈 알맞은 말은?

> 신용위험을 헤지하기 위해서 파생결합증권의 원금 전체를 거래하는 것이 아니라 파생결합증권에 내재된 파생상품 부분만 떼어내어서 하는 거래를 (   )라 한다.

① BTB 거래
② Funded Swap
③ Unfunded Swap
④ Dynamic Hedging

해설 Unfunded Swap이라 한다. Unfunded Swap은 좁은 의미로는 파생상품 부분만을 따로 떼어내어 하는 거래를 말하지만, 넓은 의미로는 신용위험을 줄이기 위한 거래로써 '담보부 거래방식'도 포함한다. 이 경우 신용위험은 경감되나 담보자산의 관리에 따른 운영위험, 매각에 따른 유동성위험에 노출될 수 있다.

정답 ③

04 법률적 리스크에 대한 설명으로 옳지 않은 것은?

① 파생결합증권과 장외파생상품거래는 상이한 양식의 계약서로 이루어져 있으므로 내용이 상충되지 않는지 충분한 검토를 해야 한다.
② 장외파생상품거래 계약서로는 ISDA Master Agreement, Schedule, Confirmation으로 이루어지는 표준계약방식과 Long Form Confirmation으로 이루어지는 약식방식이 있다.
③ ISDA의 근거법령이 영미법이어서 유가증권발행신고서에 기재된 내용과 상충되지 않도록 법무부서와 긴밀한 협조를 해야 한다.
④ Long Form Confirmation 체결이 안 될 경우 ISDA를 이용하는 것이 바람직하다.

해설 ISDA 관련 계약서들은 파생상품거래가 활발한 G10 국가는 물론 거의 모든 국가에서 법적인 유효성을 인정받고 있어 신뢰도가 높다는 장점이 있다. 그러나 다양한 파생상품 거래의 모든 유형을 집대성하여 매우 복잡하고 검토할 사항이 많다는 것은 단점이다. 따라서 ISDA 계약의 체결이 어려울 경우에는 약식계약서 형식인 Long Form Confirmaton을 사용할 수 있다.

정답 ④

더알아보기 ▸ ISDA(International Swaps & Derivatives Association, Inc.)

(1) Master Agreement : 표준약관

(2) Schedule to Master Agreement : 부속계약

(3) Confirmation : 각 거래의 확인서

(4) Long Form Confirmation : 표준약관과 부속계약의 주요내용을 첨부하여 하나의 계약서로 갈음(약식계약서)

05 다음 빈칸에 들어갈 수 없는 말은?

> ELS의 발행사는 ELS발행에 따른 시장위험을 헤지하고자 BTB거래를 하는데 이 경우 BTB거래로부터 발생하는 새로운 위험인 (　　)에 노출이 된다.

① 신용위험
② 법률적 리스크
③ 자금유동성리스크
④ 상품유동성리스크

해설 자금유동성리스크는 없다.

정답 ③

06 자체헤지(Dynamic Hedge)에 대한 설명으로 잘못된 것은?

① 파생결합증권을 발행한 발행사가 BTB거래를 할 수 없을 때 시장리스크를 직접 조절하는 것을 자체헤지라 한다.
② BTB 거래를 할 경우에는 시장리스크를 완벽히 제거하는 대신에 중개수수료(보통 1% 정도) 수익에 만족해야 하지만, 자체헤징시에는 시장리스크의 운용결과에 따라 손익이 발생할 수 있다는 것이 장점이자 단점이 될 수 있다.
③ 자체헤징을 할 경우에는 BTB 거래에서 발생하였던 신용리스크에는 노출되지 않는다.
④ 자체헤지의 법률적 리스크 관리방법으로는 BTB 거래와는 달리 ISDA 관련 제반 표준계약서가 더 선호된다.

해설 자체헤지를 하는 경우, 장내파생상품 혹은 장외파생상품을 구분하지 않는데 장외파생상품을 활용할 경우 당연히 상대방의 신용리스크에 노출이 되고 법률적 리스크, 유동성리스크 또한 부담하게 된다.
① BTB의 대안으로 자체헤징을 한다. 혹은 위험성향에 따라 BTB와 자체헤지를 선택할 수 있다.
② 자체헤징의 경우 BTB처럼 완벽하게 헤지를 할 수 없기 때문에 헤지의 결과로 이익을 볼 수도, 손실을 볼 수도 있다. 즉 자체헤지 그 자체가 수익의 원천이 되는 것이다.
④ 자체헤지는 다양하고도 활발한 매매활동을 전제하므로 건건의 매매에 편리한 약식계약서(Long Form Comfirmation–BTB에 적합)보다는 ISDA 관련 표준계약서가 더 선호된다.

정답 ③

더알아보기 ▶ 자체헤지(Dynamic Hedge)의 도해

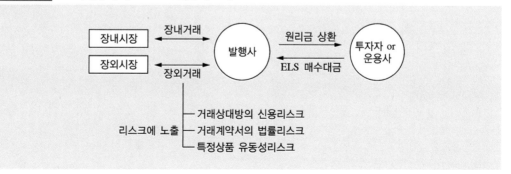

07 ELS를 발행한 발행사(증권사)가 시장위험을 헤지하고자 한다. 그런데 헤지를 하면서도 수익이 발생할 수 있는 방법을 선호한다. 그렇다면 어떤 방식을 선택하겠는가?

① Back to Back Hedging

② Dynamic Hedging

③ Fully Funded Swap

④ Unfunded Swap

해설 Dynamic Hedging은 헤징과정에서 수익이 발생할 수 있으므로 BTB거래보다는 위험선호도가 높다고 할 수 있다.

정답 ②

ELS를 펀드에 편입하여 운용하는 운용사가 직접 부담하는 위험은?

① ELS의 시장위험

② ELS의 신용위험

③ ELS의 유동성위험

④ ELS운용에 대한 선관주의 의무

해설　더알아보기 참조

정답 ④

더알아보기　▶ 운용사의 리스크관리

(1) ELS발행사는 매도자의 입장에서 시장위험, 신용위험, 유동성위험 등에 노출되나 운용사는 이러한 위험을 직접 부담하지 않는다(∵ 고객이 위험을 부담하기 때문. 그러나 선관주의원칙, 충실의무준수의 입장에서 적정한 위험관리를 해야 함).
  • 운용사는 해당 ELS를 편입한 경우 평가가격의 점검과 발행사의 신용위험을 점검해야 한다.

(2) 파생상품펀드는 그 가격을 매일 공시해야 하며, 2개 이상의 채권평가사가 제공하는 가격을 기준으로 하여 공정가액을 산정하도록 하고 있다.
  • 채권평가사가 매일 산정하는 가격과 별도로 발행사는 요청이 있을 경우 혹은 중도환매시에 해지가격 (Unwinding Value)을 제공한다.

(3) **위험지표 공시의무** : '계약금액 – 만기시 손익구조 – 시나리오별 손익구조 변동 – VaR'

(4) **파생상품펀드의 투자한도** : 일반펀드와 마찬가지로 동일종목 10% 투자제한이 적용된다. 단, 파생결합증권에 대해서는 30%까지 투자한도가 확대된다.

(5) **법률적 리스크** : 발행사(증권사)는 법인격이 있어 장외에서 BTB 거래를 하는 데 하자가 없지만, 법인격이 없는 펀드입장(운용사)에서는 수탁자의 결제·보관 업무행위가 별도로 있어야 한다. 따라서 수탁자와 공동으로 계약서에 서명함이 바람직(운용사명의는 책임소재 불분명 등 문제발생)하다.

(6) **특정위험의 회피**
  ① 주식형펀드의 비중을 유지하며 헤지가 가능 : 시장침체기에 현물을 매도할 수 없다면, 주가지수선물을 매도하여 리스크관리와 현물보유비중을 동시에 관리할 수 있다. 다만, 고객의 적극적 요청 없이 선물 매도를 하여 손실이 발생할 경우 민원의 소지가 될 수 있다는 점에 유의한다.

② 채권형펀드의 듀레이션 조절 : 포트폴리오 전체의 듀레이션 조절용으로 국채선물 매도 혹은 이자율 스왑 매입(고정금리 지급) 포지션을 취함
③ 환리스크의 헤지 : 통화선물(FX Futures : 장내상품), 선물환(FX Forward : 장외상품, 맞춤형이며 현물환과 선물환을 동시에 체결하면 외환스왑 또는 FX Swap이라 함) 및 통화스왑(Currency Swap : 원금교환＋주기적으로 이자교환, 장외상품)으로 헤지함
④ 통화선물·만기 불일치 선물환 : 통화선물 시장의 유동성 부족 문제, 유지증거금의 부족 문제(원달러 환율 급증 시 증거금 추가 소요), 펀드만기와 일치하지 않는 (장외)선물환거래의 만기이월 시 Historical Rate Rollover를 금지하므로 만기이월하려면 상당한 차액을 결제해야 하고 (장내)통화선물의 증거금 납부 때처럼 가용현금이 부족한 상태가 발생할 수 있음

보충문제

---

01 ELS를 운용하는 운용사의 의무이다. 가장 거리가 먼 것은?

① ELS를 편입한 경우 ELS 발행사의 신용위험을 점검해야 한다.
② 파생상품펀드의 기준가격을 매일 공시해야 하며, 2개 이상의 채권평가사가 제공하는 가격을 기준으로 하여 공정가액을 산정해야 한다.
③ 계약금액, 만기시 손익구조, 시나리오별 손익구조 변동, 최대손실가능금액에 대한 위험지표 공시 의무가 있다.
④ ELS에 투자할 경우에도 일반펀드와 마찬가지로 동일종목 10% 투자제한이 적용된다.

> 해설 ELS에 대해서는 30%까지 투자가 허용된다.

정답 ④

---

02 주식형펀드가 주가지수선물을 매도하여 리스크 헤지를 하였다. 이와 관련한 설명으로 부적절한 것은?

① 일반 주식형펀드도 포지션의 위험을 헤지하기 위해서 파생상품을 활용할 수 있다.
② 아무리 주식시장의 전망이 어둡더라도 유지해야 될 최소한의 주식비중이 있는 경우 현물을 매도하지 않고도 포지션의 위험을 헤지할 수 있다는 장점이 있다.
③ 주가지수선물 매도분은 위험회피로 분류되어 펀드의 총위험액을 증가시키지 않는다.
④ 고객이 적극적으로 요청하지 않더라도 바람직한 헤지수단으로 권장이 된다.

> 해설 ②와 같은 장점은 분명히 있으나, 만일 우려한대로 시장이 하락하지 않고 상승한다면 주가지수선물 매도분에서 손실이 발생한다. 이때 민원발생의 여지가 크므로 고객의 적극적인 요청이 없다면 이러한 전략은 사용하지 않는 것이 좋다.

정답 ④

03 환리스크 헤지방법과 관련한 다음 설명 중 옳지 않은 것은?

① 펀드재산의 범위를 넘어서 헤지를 할 경우(과다헤지), 초과 부분은 위험회피로 인정을 받지 못한다.

② 채권형펀드의 경우 대체로 투자원금 전액에 대해 환헤지를 하나, 주식형펀드의 경우 가격등락폭을 감안하여 50% ~ 70% 정도에서 환헤지를 하는 것이 일반적이다.

③ 통화선물은 장내상품이고 선물환은 장외상품이므로 유동성 측면에서 통화선물 헤지가 훨씬 유리하다.

④ 통화선물을 이용한 헤지의 경우 헤지 포지션에서 손실이 나면 유지증거금 이상을 유지해야 하므로 가용현금의 부족상태가 발생할 수 있다.

> **해설** 외환파생상품시장은 장외거래(선물환거래)가 장내거래(통화선물)를 압도하기 때문에, 통화선물로 헤지를 할 경우 선물환시장에 비해 불리한 조건이 될 수 있다.
> ① 과다헤지가 된 부분은 위험회피로 인정되지 않아 기업회계에 부담을 줄 수 있다.
> ② 채권형펀드는 원금보존이 중요하므로 환위험에 대해 100% 헤지를 하지만, 주식형펀드의 경우 환율변동을 일정 수준은 수익의 원천으로 인식하는 경향이 있기 때문에 일반적으로 50% ~ 70% 정도의 헤지를 한다.
> ④ 통화선물은 장내상품이므로 유지증거금을 유지해야 하는 문제가 있다.

정답 ③

04 파생상품펀드의 공정가격(Fair Value)에 대한 설명이다. 틀린 것은?

① 파생상품펀드는 공정가격으로 그 가격을 매일 공시해야 한다.

② 3개 이상의 채권평가사가 제공하는 가격을 기준으로 공정가액을 산정해야 한다.

③ 발행사는 요청이 있을 경우 혹은 중도환매시에 해지가격(Unwinding Value)을 제공한다.

④ 채권평가사의 평가가격과 발행사가 제공하는 해지가격의 차이가 발생할 수 있는데, 이때 잔여수익자에게 피해가 돌아가지 않도록 환매수수료에서 가격괴리를 충분히 소화할 수 있도록 해야 한다.

> **해설** '2개 이상'이다.

정답 ②

05 운용사는 옵션을 이용한 차익거래를 할 수 있다. 이와 관련하여 빈칸이 옳게 연결된 것은?

> 선물이 현물보다 고평가되었을 경우 '선물매도 + 현물매수'의 차익거래를 활용할 수 있다. 이때 선물을 매도하지 않고 옵션을 이용하여 선물매도와 동일한 효과를 낼 수 있는데 이를 합성선물매도라고 하고 (㉠)와 (㉡)로 구성된다.

	㉠	㉡
①	콜옵션매수	풋옵션매도
②	콜옵션매도	풋옵션매수
③	콜옵션매수	풋옵션매수
④	콜옵션매도	풋옵션매도

해설 콜옵션을 매도하고 풋옵션을 매수하면 선물매도와 동일한 포지션이 구축된다(= 합성선물매도).

정답 ②

더알아보기 ▸ 합성선물매수와 합성선물매도

[차익거래원리는 '제2편 – 제2장 파생상품펀드 영업' 참조]
(1) 매도차익거래시 : 합성선물매수 + 현물매도(합성선물매수 = 콜옵션매수 + 풋옵션매도)

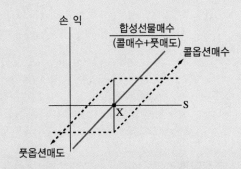

(2) 매수차익거래시 : 합성선물매도 + 현물매수(합성선물매도 = 콜옵션매도 + 풋옵션매수)

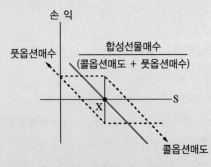

*합성선물을 이용한 차익거래는 이론적으로 '풋–콜 패리티'에 기반하며, 수급 등 제반요인에 의해 합성선물의 가격이 주가지수선물의 가격보다 저렴할 경우 합성선물을 이용한 차익거래가 더 유리할 수 있다.

판매사의 리스크관리

판매사의 리스크관리에 대한 내용이다. 가장 적절하지 않은 것은?

① 판매사의 리스크관리는 하자상품이 아닌 불완전판매 방지의 문제로 귀결된다.

② 판매사로서는 투자자의 성향(Risk Appetite) 파악이 파생상품펀드 판매행위의 출발점이 될 수 있다.

③ 주가연계증권류의 파생상품펀드를 투자자에게 권유할 때 주식시장 혹은 특정 주식의 전망이나 변동성 매매 등의 수익원 다변화에 대해서 상세히 설명하는 것은 투자자를 위한 일이므로 판매사 입장에서 적극적으로 설명할 필요가 있다.

④ 자산배분형(Multi-asset)을 권유할 때에는 투자자의 고수익보다는 분산투자를 통한 안정적인 운용이 투자유인이 된다는 것을 설명할 필요가 있다.

> **해설** 시장전망에 의한 투자, 즉 방향성투자, 변동성투자 등은 발행사 혹은 운용사가 하는 것이므로 투자자에게 투자방향 등에 대해서 역설하는 것은 무리가 있다.
>
> 정답 ③

더알아보기 ▶ 판매사의 리스크관리

① 판매사의 리스크관리는 하자상품이 아닌 불완전판매의 방지문제로 귀결된다.

② 불완전판매의 방지를 위해서는 투자자성향에 적합한 상품유형을 제시해야 하며, 따라서 투자자성향(Risk Appetite)을 파악하는 것은 파생상품펀드 판매행위의 출발점이 된다.

③ 멀티에셋펀드의 투자자 유인은 고수익이 아니라 분산투자를 통한 안정적 운용이 된다.

④ 투자자가 상환이전에 환매(Unwinding)를 요청하는 경우에는 펀드에서 부분환매가 이루어지며, 이 경우 환매금액의 3% ~ 7% 정도의 높은 환매수수료를 부담한다.

⑤ 조기종결사유 : 계약의 조기종결과 구조변경사유는 구분되는데, Default(채무불이행사유 : 해산, 판매, 화의 또는 정리절차개시 등)와 같은 중대사유는 조기종결사유에 해당되며, 외환시장의 붕괴도 조기종결사유가 될 수 있다.

⑥ 운용사의 평판을 고려해야 하는 것은 운용사의 리스크 관리정책에 따라 위험수익관계가 달라지며, '고위험 고수익'에 주력하는 운용사가 있을 수 있기 때문이다.

- 발행사보다도 운용사의 평판리스크에 주의해야 함(∵ ELS발행사는 금융위로부터 장외파생상품 인가를 받은 금융투자회사이므로 발행사보다도 운용사의 평판리스크 체크가 더 중요함)

01 **파생상품펀드의 투자유인(投資誘因)이라고 볼 수 없는 것은?**

① 파생상품 투자를 통한 수익구조의 다각화

② 기초자산 범위의 확대

③ 효율적인 펀드 운용

④ 레버리지를 이용한 고수익성의 추구

> **해설** '레버리지를 이용한 고수익성의 추구'는 일반투자자가 직접 파생상품에 투자할 경우 이용할 수 있는 기능이지만, 투자유인이 된다고 보기에는 무리가 있으며, 또한 파생상품펀드는 분산투자의 원칙을 따라야 하므로 해당되지 않는 개념이다.
>
> **정답** ④

02 **다음 설명 중 가장 적절하지 않은 것은?**

① 투자자의 필요에 의해 상환(Redemption) 이전에 환매(Unwinding)를 요청하는 경우 펀드에서는 부분환매가 이루어지고 이때 환매수수료는 환매금액의 3% ~ 7%에 달한다.

② 중도환매시 높은 환매수수료가 부과되는 이유는 파생상품펀드는 중간평가일 혹은 만기시점에서만 발행사가 제시하는 수익구조와 일치하는 손익이 달성되기 때문이다.

③ 발행사의 Event of Default(채무불이행) 발생시 구조변경사유가 된다.

④ 운용사의 리스크관리 정책에 따라 위험·수익관계가 달라지고 '고위험 고수익' 펀드에 주력하는 회사가 있을 수 있기 때문에 운용사의 평판을 고려해야 한다.

> **해설** 채무불이행은 구조변경이 아니라 계약종결사유가 된다.
>
> **정답** ③

단원별 출제예상문제

01 선물거래의 경제적 기능에 속하지 않는 것은?

① 리스크전가 기능

② 가격발견 기능

③ 효율성증대 기능

④ 레버리지투자에 의한 고수익달성 기능

> **해설** 레버리지가 가능한 기능을 경제적 기능이라 볼 수 없고, 레버리지로 고수익을 올린다고 해도 전체적으로는 제로섬(Zero-sum)이므로 경제적 기능이라고 볼 수 없다.
>
> **정답** ④

02 선물거래(장내파생상품)와 선도거래(장외파생상품)의 차이점에 대한 설명 중 잘못된 것은?

① 선물거래의 경우 대상상품, 품질, 거래단위, 인수도 장소, 결제방법 등의 거래조건이 표준화되어 있다.

② 선물거래의 경우 계약불이행 위험에 대비한 제도적 장치가 마련되어 있다.

③ 선도거래의 경우 거래에 관한 제반 조건이 계약자 간의 편의에 따라 결정된다.

④ 선물거래이든 선도거래이든 모든 파생상품의 거래에는 증거금제도가 있다.

> **해설** 증거금제도는 결제의 원활한 이행을 위한 제도인데 이는 장내파생상품 거래의 특징이다.
>
> **정답** ④

03 주가지수선물의 가격에 대한 설명 중 옳은 것은?

① 잔존기간이 길어질수록 선물가격은 하락한다.

② 현물주가지수가 상승하면 선물가격은 하락한다.

③ 채권수익률이 상승하면 선물가격도 상승한다.

④ 배당수익률이 상승하면 선물가격도 상승한다.

> **해설** $F_0 = S_0[1+(r-d)\times(T-t)/365]$ 즉,
> - $T-t$, 잔존기간이 길수록 선물가격은 상승한다.
> - $S\uparrow \rightarrow F\uparrow$, r(채권수익률=유통수익률=시장수익률)$\uparrow \rightarrow F\uparrow$, $d\uparrow \rightarrow F\downarrow$
>
> **정답** ③

04 베타가 1.5인 주식포트폴리오 150억원을 보유하고 있는 투자자가 향후 주식시장의 하락을 우려하여 KOSPI200주가지수선물로 매도헤지를 하고자 한다. 몇 계약을 매도하는 것이 가장 적절한가?(KOPSI200주가지수선물 250point, 1point = 50만원)

① 70계약   ② 120계약

③ 150계약   ④ 180계약

> 해설   단순헤지비율 = 150억원 / (250point × 50만원) = 120계약, 그런데 베타가 1.5이므로 베타를 고려한 헤지비율은 120 × 1.5 = 180계약이다.
>
> 정답 ④

05 선물시장가격이 백워데이션 상태라면 어떤 차익거래를 할 수 있는가?

① 선물매수 + 현물매도

② 선물매도 + 현물매수

③ 선물매수 + 현물매수

④ 선물매도 + 현물매도

> 해설   백워데이션 상태(F < S) → 선물저평가 / 현물고평가 → 선물매수 + 현물매도 → 매도차익거래
>
> 정답 ①

06 파생상품에 대한 설명으로 가장 올바른 것은?

① 선물거래는 계약이행을 보장할 수 있는 제도적 장치가 없다는 점에서 위험이 매우 큰 투자대상이 된다.

② 선물을 매도한 경우 가격상승시 이익이 발생한다.

③ 옵션의 소유자는 그 권리를 임의대로 행사하거나 행사하지 않을 수 있다.

④ 콜옵션의 매수자는 행사가격이 기초자산의 시장가격보다 클 경우 이익이 발생한다.

> 해설   ① 선도거래에 대한 내용이다, ② 가격하락시 이익이 발생한다, ③ 유리할 때에만 행사한다, ④ 콜옵션의 내재가치 = S - X, 즉 기초자산 가격이 행사가격보다 클 때 이익이다.
>
> 정답 ③

07 옵션매수의 특징을 가장 바르게 설명한 것은?

① 선물보다 비용이 저렴하다.

② 선물보다 반대매매가 용이하다.

③ 손실의 최대값이 제한되어 있다.

④ 선물보다 유동성이 크다.

해설 옵션매수는 손실가능성은 제한하고 이익가능성은 남겨두는 거래이다. 수익구조는 매우 양호하지만 매수하기 위한 프리미엄이 비싸다는 단점이 있다.

정답 ③

08 개별주식옵션의 기초자산의 가격(주가)이 10,000원이다. 그렇다면 콜옵션의 행사가격이 8천원인 옵션과 풋옵션의 행사가격이 8천원인 두 옵션은 각각 어떤 옵션인가?

	C(8,000)	P(8,000)
①	내가격	내가격
②	내가격	외가격
③	외가격	외가격
④	외가격	내가격

해설 콜옵션의 내재가치 $y = Max[0, S-X] = 2,000$원, 즉 내가격(In The Money) 상태이다.
풋옵션의 내재가치 $y = Max[0, X-S] = 0$원, 즉 외가격(Out of The Money) 상태이다.
만일, 행사가격이 10,000원인 옵션이라면 등가격(At The Money)이 된다.

정답 ②

09 다음 주가지수옵션 중에서 지수가 상승할 때 가장 큰 손실이 나는 옵션은?

① 콜옵션매수   ② 풋옵션매수

③ 콜옵션매도   ④ 풋옵션매도

해설 옵션매수 포지션은 방향이 틀리면 프리미엄 손실로 국한되지만, 옵션매도의 경우 리스크가 무한대이다. 콜옵션 매도는 지수 상승시 콜옵션 매수자에게 결제를 해야 하므로 손실이 가장 크다.

정답 ③

10 행사가격이 80인 콜옵션을 매수하고 행사가격이 100인 콜옵션을 한 계약씩 매도하면 어떤 포지션이 되는가?

① 콜 강세 스프레드

② 풋 강세 스프레드

③ 콜 레이쇼 버티칼 스프레드

④ 콜 백 스프레드

> **해설** 비싼 것을 매수하고 싼 것을 매도했다 → 스프레드 확대 → 콜 강세 스프레드
> *풋 강세 스프레드 : 행사가격이 80인 풋옵션을 매수하고 행사가격이 100인 풋옵션을 매도한다.
>
> **정답** ①

11 다음의 포지션에 대한 설명으로 가장 거리가 먼 것은?

> 행사가격이 90인 콜옵션을 매수하고 행사가격이 95인 콜옵션을 매도하였다 = [C(90)매수 & C(95)매도]

① 콜 강세 스프레드 포지션이다.

② 돈을 받고 시작하는 포지션이다.

③ 기초자산 가격이 상승하면 수익이 나는 포지션이다.

④ 이 포지션에서 발생할 수 있는 최대손실은 'C(90)프리미엄 − C(95)프리미엄'이다.

> **해설** 비싼 옵션을 매수하고 싼 옵션을 매도하므로 '돈을 내고' 시작한다.
> ①·③ 기초자산 가격이 상승하면 수익이 나므로 강세 스프레드이고, 콜옵션으로 구성되어 있으므로 '콜 강세 스프레드'이다.
> ④ 프리미엄 차이만큼 최대손실과 최대이익이 제한된다.
>
> **정답** ②

12 행사가격이 80인 콜옵션을 매수하고 행사가격이 100인 콜옵션을 두 계약 매도하면 어떤 포지션이 되는가?

① 콜 강세 스프레드

② 풋 강세 스프레드

③ 콜 레이쇼 버티칼 스프레드

④ 콜 백 스프레드

> **해설** 매도가 더 많으면 '버티칼 스프레드', 매수가 더 많으면 '백 스프레드'이다.
> *콜 백 스프레드 : 행사가격이 80인 콜옵션을 두 계약 매수하고 행사가격이 100인 콜옵션을 한 계약 매도한다.
>
> **정답** ③

13 행사가격이 80인 콜옵션과 행사가격이 100인 풋옵션을 동시에 매수하면 어떤 포지션이 되는가?

① 스트래들 매수

② 스트랭글 매수

③ 콜 레이쇼 버티칼 스프레드

④ 콜 백 스프레드

> **해설** 다른 행사가격의 콜과 풋을 동시에 매수하면 스트랭글 매수이다.
> *스트래들 매수 : C(80)과 P(80)을 동시에 매수

정답 ②

14 다음의 포지션 중에서 지수가 큰 폭으로 상승했을 경우 가장 큰 손실을 보게 되는 포지션은 무엇인가?

① 스트래들 매수

② 콜 강세 스프레드

③ 콜 레이쇼 버티칼 스프레드

④ 콜 백 스프레드

> **해설** ①·②·④는 모두 수익이 나는 포지션이다(본문 그림 참조).

정답 ③

15 다음 빈칸에 알맞은 것은?

> 델타는 ATM에서 (㉠)이고 감마는 (㉡)에서 가장 크다.

	㉠	㉡
①	0	OTM
②	0.5	ATM
③	1	ATM
④	∞	ITM

> **해설** 델타(기울기)는 ATM에서 0.5이고, 감마(곡률)는 ATM에서 가장 크다.

정답 ②

16 시간의존형 옵션에 해당하는 것은?

① 룩백옵션
② 선택옵션
③ 디지털옵션
④ 무지개옵션

해설 ①은 경로의존형, ③은 첨점수익구조형, ④는 다중변수옵션이다.

정답 ②

17 다음 내용에 해당하는 옵션은?

• 옵션의 기초자산이 일반적인 자산이 아니라 또 하나의 옵션이다.
• 위험에 대한 노출여부가 불확실한 상황에서 현실적으로 사용가능한 위험대비책이 될 수 있다.

---

① 조건부 프리미엄옵션
② 디지털옵션
③ 바스켓옵션
④ 복합옵션

해설 복합옵션이다. 예를 들어 콜옵션을 행사하면 새로운 콜옵션을 받게 된다. 행사가격결정유예옵션도 복합옵션의 한 종류이다.

정답 ④

18 금리스왑과 통화스왑에 대한 설명으로 잘못된 것은?

① 금리스왑은 동일 통화로, 통화스왑은 다른 통화로 거래가 이루어진다.
② 금리스왑은 차액결제를 하지만, 통화스왑은 원금이 교환된다.
③ 파생상품 중에 가장 거래가 활발한 것이 스왑이며, 그 중에서 가장 거래가 많은 것은 통화스왑이다.
④ 통화스왑은 만기 전 원금을 재교환한다는 단계에서 환율변동리스크에 노출되면서 신용위험이 가장 높아진다.

해설 스왑 중 가장 거래가 많은 것은 금리스왑이고 그 다음이 통화스왑이다.

정답 ③

19 신용부도스왑(CDS)에 대한 설명으로 바르지 않은 것은?

① 가장 기본적인 신용파생상품으로 준거자산에 대한 지급보증과 유사한 성격이다.

② 보장매도자가 보장매입자에게 프리미엄을 지급하고 신용사건 발생시 손실의 전부나 일부를 보상받기로 하는 계약이다.

③ 보장매도자의 신용도가 높을수록 CDS 스프레드는 비싸진다.

④ 준거자산의 채권금액이 100억원이고 디폴트가 발생하여 30원을 회수하였다면 보장금액은 70억원이 된다.

> **해설** 보장매수자(Protection Buyer)가 보장매도자(Protection Seller)에게 CDS 프리미엄을 지급하고 보장매도자는 신용사건 발생시 보장금액을 지급한다.
>
> **정답** ②

20 다음의 신용파생상품 당사자 중에서 위험회피자에 속하지 않는 자는?

① CDS프리미엄지급자   ② 보장매수자

③ CLN매수자   ④ TRS지급자

> **해설** 보장매수자 = CDS프리미엄지급자 = CLN발행자 = TRS지급자
>
> **정답** ③

21 준거자산을 매도(매수)하지 않고도 해당 자산을 매각(매입)한 것과 동일한 효과를 얻을 수 있는 신용파생상품은 무엇인가?

① CDS   ② CLN

③ TRS   ④ FRA

> **해설** 준거자산에서 발생하는 모든 총수익을 일정한 현금흐름과 교환하므로 TRS지급자는 해당 자산을 매각한 것과 동일한 효과를, TRS매수자는 해당 자산을 매입한 것과 동일한 효과를 얻는다.
>
> **정답** ③

22 다음의 이색옵션 중에서 경로의존형에 속하는 것은?

① 래더옵션

② 조건부 후불옵션

③ 버뮤다옵션

④ 퀀토옵션

> **해설** ②는 첨점수익구조형, ③은 시간의존형, ④는 다중변수옵션이다.

정답 ①

23 다음 내용에 해당하는 옵션의 종류는?

> 처음에는 스트래들 매수와 비슷하지만, 만기 한달 이전에는 콜과 풋을 선택해야 한다.

① Look-back 옵션

② Chooser 옵션

③ Rainbow 옵션

④ Quanto 옵션

> **해설** 선택옵션을 말한다.

정답 ②

24 조건부 후불옵션(조건부 프리미엄옵션)에서 가장 손실이 클 때는 언제인가?

① Deep Out of Money

② At The Money

③ In The Money 초기(ATM 직후)

④ Deep in The Money

> **해설** 내가격이 되어야만 프리미엄을 지불하므로 내가격 초기(ATM 직후)에 손실이 가장 크게 된다(본문 그림 참조).

정답 ③

25 포트폴리오 보험전략 중에서 동적자산배분전략의 특징에 해당되지 않는 것은?

① 프리미엄을 따로 지불할 필요가 없다.

② 편입비율을 시장상황에 따라 계속해서 조정해간다.

③ 주식시장 상승비율과 주식편입비율 간의 조절이 문제가 되는데 일반적으로 델타를 이용하여 비율을 조절하면 무난하다.

④ 안전자산인 채권을 대부분 편입하고 나머지 이자에 해당하는 부분만큼 옵션을 편입하므로 원금보전추구형에 많이 활용된다.

> **해설** 이자추출전략이다. 동적자산배분전략은 옵션을 매수하지 않는다.
>
> **정답** ④

26 백투백(BTB)거래에 대한 설명으로 옳지 않은 것은?

① 파생상품을 거래한 후 발생하는 시장위험을 완벽하게 제거하는 헤지방법이다.

② BTB거래는 장외에서 이루어지므로 BTB거래 자체에서 발생하는 신용위험에 노출되게 된다.

③ BTB거래를 할 수 없을 경우에는 자체헤징을 택하는데 자체헤징은 그 자체로 수익의 원천이 될 수도 있다.

④ 파생상품거래를 Funded Swap, 혹은 Unfunded Swap으로 구분할 수 있는데 Unfunded Swap일 경우 더더욱 BTB거래가 필요하다.

> **해설** 원금을 교환하는 거래를 Funded Swap, 파생상품 부분만을 떼어내어서 하는 거래를 Unfunded Swap이라고 하는데 Funded Swap, 특히 Fully Funded Swap일수록 시장위험의 노출도가 커지므로 BTB거래가 더 필요한 것이다.
>
> **정답** ④

27 BTB거래에서 발생할 수 없는 위험은?

① 시장위험

② 신용위험

③ 법률적 위험

④ 상품유동성리스크

> **해설** BTB거래는 파생결합증권 발행에 따르는 시장위험을 완벽하게 제거하기 위한 헤지수단이므로 시장리스크는 발생하지 않는다. 그러나 BTB거래가 주로 글로벌 투자은행과 하는 장외거래이므로 새로운 신용리스크, 법률적 리스크, 상품유동성리스크에 노출된다.
> *자금유동성리스크에도 노출되지 않음에 유의
>
> **정답** ①

28 풋 콜 패리티를 이용해서 합성선물로 차익거래를 할 수도 있다. 그렇다면 다음 중 합성선물매도가 되는 포지션은 무엇인가?

① 콜옵션매수 + 풋옵션매도
② 콜옵션매수 + 풋옵션매수
③ 콜옵션매도 + 풋옵션매수
④ 콜옵션매도 + 풋옵션매도

해설 ③은 합성선물매도, ①은 합성선물매수 포지션이 된다.

정답 ③

29 파생상품펀드에서 신용위험을 경감시키는 방법에 속하지 않는 것은?

① 기존상품을 환매한다.
② 발행사를 변경하여 동일구조에 투자한다.
③ Unfunded Swap을 Funded Swap 구조로 변경한다.
④ 신용도가 높은 발행사의 상품을 편입한다.

해설 Funded Swap에서 Unfunded Swap으로 변경해야 신용위험이 낮아진다.

정답 ③

30 한국거래소의 통화선물 환리스크 헤지에 대한 설명으로 적절하지 않은 것은?

① 통화선물시장은 충분한 유동성으로 장외거래인 선물환거래에 따른 문제점을 극복할 수 있게 한다.
② 외국환 거래법에서는 Historical Rate Rollover를 금지하므로 과거에 원래 체결되었던 환율로 연장할 수 없다.
③ 해외펀드의 환헤지를 하려는 운용사 입장에서는 통화선물시장에서는 선물환시장보다 불리한 가격에 거래할 수밖에 없는 실정이다
④ 원 달러 환율 급증에 따라 증거금이 지속적으로 소요되는 경우 투자자금 자체를 회수해야 하는 상황도 발생할 수 있다.

해설 (전 세계적으로) 통화선물시장보다 장외거래인 선물환거래의 유동성이 더 풍부하다.
　　② 외국환 거래법에서는 Historical Rate Rollover를 금지하고 있어 선물환거래를 만기 이월할 경우 현재 시장 환율 범위 안에서 이루어져야 한다.
　　③ 외환시장은 주식시장과 다르게 전 세계의 어느 시장에서든 장외거래가 장내거래를 압도한다. 따라서 해외 펀드의 환헤지를 하려는 운용사 입장에서는 통화선물시장에서는 선물환시장보다 불리한 가격에 거래할 수밖에 없는 실정이다(펀드 자체의 파산 Risk로 인하여 운용사의 상대거래처는 펀드에 대한 장외거래를 잘 하려하지 않음).
　　④ 일반적으로 해외투자펀드는 환율의 하락(원화강세) 위험 헤지를 한다. 따라서 만약 원 달러 환율이 급증할 경우 추가 증거금이 지속적으로 필요하여 동 증거금 마련을 위한 투자자금 자체를 회수해야 하는 상황도 발생할 수 있다.

정답 ①

제3편

부동산펀드

남에게 이기는 방법의 하나는 예의범절로 이기는 것이다.

- 조쉬 빌링스 -

01 법규

1 부동산펀드 법규

부동산펀드(부동산집합투자기구)의 정의이다. 틀린 것은?

① 부동산펀드는 집합투자재산의 50%를 초과하여 부동산 및 부동산관련자산에 투자하는 펀드를 말한다.

② 부동산 투자란 부동산실물에 대한 투자 방법 외에도 부동산 관리 및 개발, 임대 등을 포함하는 개념이다.

③ 투자대상자산으로서의 부동산은 실물 부동산뿐만 아니라 부동산권리, 부동산과 관련된 금전채권, 부동산과 관련된 증권, 부동산 대출, 부동산이 기초자산인 파생상품에 투자하는 경우도 모두 포함하는 개념이다.

④ 부동산펀드와 부동산투자회사(REITs)는 모두 부동산간접투자상품이라는 점, 모두 자본시장법에 근거를 두고 있다는 점에서 동일하다.

해설   부동산펀드와 부동산투자회사(REITs)는 법적 근거가 다르다.

정답 ④

더알아보기 ▶ 부동산집합투자기구의 정의

(1) 부동산집합투자기구의 정의 : 핵심문제 참조

(2) 부동산집합투자기구와 부동산투자회사의 구분

부동산집합투자기구	부동산투자회사(REITs)
자본시장법의 규제. 펀드재산의 50%를 초과하여 '부동산 등'에 투자하는 펀드를 말함	부동산투자회사법의 규제. '자기관리REITs / 위탁관리REITs / 기업구조조정REITs'의 세 가지로 구분되며, 각각의 REITs가 부동산개발을 목적으로 설립시 '개발전문REITs'라 함

(3) 부동산펀드의 법적형태에 따른 구분

구 분	법적 근거	설정·설립 주체	집합투자규약
부동산투자신탁	신탁계약	집합투자업자	신탁계약서
부동산투자회사	상 법	발기인	정 관
부동산투자유한회사	상 법	집합투자업자	정 관
부동산투자합자회사	상 법	집합투자업자	정 관
부동산투자유한책임회사	상 법	집합투자업자	정 관
부동산투자합자조합	상 법	집합투자업자	합자조합계약
부동산투자익명조합	상 법	집합투자업자	익명조합계약

- 이러한 법적형태의 구분은 자본시장법상 5가지 펀드유형에 동일하게 적용됨

(4) 기타 주요내용

① 부동산개발사업을 수행하기에 적합한 법적형태는 '부동산투자회사 / 부동산투자유한회사'이다(∵ 시행주체로서 법인격과 유한책임부담이 필요하기 때문).

② '투자합자회사 / 투자합자조합'의 경우 수익배분에 있어서 투자자평등원칙의 예외가 인정된다(∵ 무한책임을 부담하는 점을 고려).

보충문제

---

01 부동산펀드의 설정·설립의 주체가 나머지 셋과 다른 것은?

① 부동산투자신탁
② 부동산투자회사
③ 부동산투자유한회사
④ 부동산투자익명조합

해설 부동산투자회사는 발기인이 설립하고, 나머지는 집합투자업자가 설정·설립한다.

정답 ②

02 부동산펀드의 집합투자규약이 나머지 셋과 다른 것은?

① 부동산투자신탁
② 부동산투자회사
③ 부동산투자유한회사
④ 부동산투자합자회사

해설 회사형의 집합투자규약은 정관이고, 신탁형과 조합형의 규약은 계약서 형태이다.

정답 ①

03 다음 내용은 어떤 형태의 부동산집합투자기구인가?

> • 집합투자업자가 설립주체이다.
> • 신탁업자가 관리주체이다.
> • 수익자총회를 열어야 한다.

① 부동산투자신탁   ② 부동산투자회사

③ 부동산투자유한회사   ④ 부동산투자유한책임회사

해설 부동산투자신탁이다.

정답 ①

04 다음 내용은 어떤 형태의 부동산집합투자기구인가?

> • 집합투자업자가 설립주체이다.
> • 무한책임사원과 유한책임사원이 존재한다.
> • 사원총회를 열어야 한다.

① 부동산투자신탁   ② 부동산투자회사

③ 부동산투자유한회사   ④ 부동산투자합자회사

해설 부동산투자합자회사이다. 투자합자회사의 사원은 무한책임사원(GP)와 유한책임사원(LP)으로 구성되며, 무한책임사원이 집합투자업자이다.

정답 ④

05 다음 내용은 어떤 형태의 부동산집합투자기구인가?

> • 집합투자업자가 설립주체이다.
> • 법인이사 1인 이상이 있어야 한다.
> • 사원총회를 열어야 한다.

① 부동산투자신탁   ② 부동산투자회사

③ 부동산투자유한회사   ④ 부동산투자유한책임회사

해설 부동산투자회사(주주총회)와 부동산투자유한회사(사원총회)를 잘 구분해야 한다.

정답 ③

06 다음 내용에 해당하는 부동산집합투자기구의 법적형태는 무엇인가?

> 발기인, 법인이사 1인과 감독이사 2인, 주주총회

① 부동산투자신탁
② 부동산투자회사
③ 부동산투자유한회사
④ 부동산투자합자회사

해설 투자회사의 내용이다.

정답 ②

더알아보기 ▸ 부동산펀드의 법적형태별 주요내용(관련당사자, 조직구성 등)

법적형태에 따른 구분	관련당사자 주요내용
부동산투자신탁	집합투자업자(위탁자) – 신탁업자(수탁자) – 투자자(수익자)
부동산투자회사	법인이사 1인 & 감독이사 2인 이상, 주주 및 주주총회
부동산투자유한회사	법인이사 1인, 사원 및 사원총회
부동산투자합자회사	무한책임사원 1인 & 유한책임사원, 사원 및 사원총회
부동산투자유한책임회사	업무집행자 1인 & 사원
부동산투자합자조합	무한책임조합원 1인 & 유한책임조합원, 조합원 및 조합원총회
부동산투자익명조합	영업자 1인, 익명조합원 및 익명조합원총회

• 부동산투자신탁을 제외한 나머지 펀드의 일반사무업무는 일반사무관리회사에 위탁해서 운영함

다음 빈칸에 알맞은 것은?

> 자본시장법에 따르면 부동산펀드를 설정·설립하기 위해서는 환매금지형으로 할 것을 원칙으로 하고 있다. 따라서 투자자의 환금성 보장을 위해, 공모형 부동산펀드는 해당 집합투자증권을 최초로 발행한 날로부터 (   ) 이내에 그 집합투자증권을 증권시장에 상장해야 한다.

① 30일
② 60일
③ 90일
④ 120일

해설 90일이다. 다만, 이러한 상장의무는 공모형 부동산펀드 중에서도 부동산투자신탁과 부동산투자회사의 두 종류에 국한된다.

정답 ③

더알아보기 ▸ 부동산펀드의 운영

(1) 부동산펀드의 자금납입방법 : 금전납입의 원칙

부동산집합투자기구는 그 설정·설립시에 신탁원본(투자신탁의 경우)이나 주식인수가액(투자회사의 경우), 출자금(투자유한회사 등) 등을 금전으로 납입하여야 한다. 단, 사모펀드로서 투자자 전원의 동의를 받고, 객관적인 가치평가가 가능하며, 다른 투자자의 이익을 해할 우려가 없는 경우에는 부동산으로 납입할 수 있다.

단, 납입하는 부동산평가액은 시가로 평가하는 것이 원칙이며, 신뢰할 만한 시가가 없는 경우 공정가액으로 평가한 가격으로 납부한다.

*공정가액이란 감정평가업자가 제공한 가격을 기초로 펀드재산평가위원회가 충실의무를 준수하고 일관성을 유지하여 평가한 가액을 말한다.

(2) 환매금지형 부동산펀드

① 부동산펀드는 환매금지형(폐쇄형)으로 설정·설립되어야 하는 것이 원칙이며, 투자자의 환금성보장을 위해서 최초발행일로부터 90일 이내에 증권시장에 상장하여야 한다(상장의무가 부과되는 집합투자기구 형태는 투자신탁과 투자회사에 국한됨).

> **[2013.5 개정사항]**
> 〈개정 전〉 부동산펀드는 반드시 환매금지형으로 설정·설립되어야 한다.
> 〈개정 후〉 부동산펀드는 환매금지형(폐쇄형)으로 설정·설립되는 것이 원칙이나, 부동산과 관련된 증권 등의 형태로 조기에 현금화가 가능한 경우에는 폐쇄형으로 설정·설립하지 않아도 된다.

② 환매금지형펀드는 원칙적으로 집합투자증권을 추가로 발행할 수 없다(예외인정 : 보충문제 1 참조).

01 부동산집합투자기구를 환매금지형으로 설정·설립할 경우 집합투자증권을 추가발행할 수 없지만 예외적으로 추가발행이 인정된다. 그 예외에 해당하지 않는 것은?

① 이익분배금 내에서 집합투자증권을 추가로 발행하는 경우
② 기존 투자자의 이익을 해할 우려가 없다고 신탁업자로부터 확인받은 경우
③ 기존 투자자 전원의 동의를 받은 경우
④ 신규투자자가 매입한 경우

> 해설　신규투자자가 매입하는 경우는 추가발행을 할 수 없다(자본시장법상 환매금지형펀드는 존속기간의 연장이나 추가발행을 금지하는 것이 원칙).
> ※ 예외적으로 추가발행을 할 수 있는 경우 : ①·②·③에 아래의 ④가 추가된다.
> ④ 기존투자자에게 집합투자증권의 보유비율에 따라 추가로 발행되는 집합투자증권의 우선매수기회를 부여하는 경우(→ 2017년 개정사항).
>
> 정답 ④

02 다음 빈칸에 알맞은 것은?

> • 집합투자업자는 부동산펀드의 재산을 (㉠)에 따라 평가하되, 평가일 현재 신뢰할 만한 (㉠)가 없는 경우 (㉡)으로 평가해야 한다.
> • (㉡)이란, 부동산펀드의 펀드재산에 속한 부동산에 대해 감정평가업자가 제공한 가격을 기초로 하여 펀드재산평가위원회가 충실의무를 준수하고 일관성을 유지하여 평가한 가액을 말한다.

	㉠	㉡
①	시 가	공정가액
②	시 가	장부가액
③	공정가액	장부가액
④	공정가액	시 가

> 해설　시가(Market Price), 공정가액(Fair Value)이다.
>
> 정답 ①

부동산펀드의 운용 및 운용특례

부동산집합투자기구가 투자할 수 없는 대상은?

① 부동산 실물 및 부동산 권리

② 증 권

③ 특별자산

④ 정답 없음(①, ②, ③ 모두 투자 가능)

해설 부동산펀드는 펀드재산의 50%를 초과해서 '부동산 및 부동산관련 자산'에 투자하는 펀드를 말한다. 그런데 자본시장법의 법적 요건을 충족한 부동산펀드는 남은 펀드재산으로 다른 자산, 즉 '증권 및 특별자산'에 투자할 수 있다.

정답 ④

더알아보기 ▶ 부동산펀드의 운용 및 운용특례

(1) 부동산펀드의 투자대상으로서의 '부동산 등' : 보충문제 1 참조

(2) 부동산펀드의 운용제한
① 부동산취득(부동산실물 취득) 후 일정기간 내 처분금지(보충문제 2 참조)
② 공모부동산펀드의 운용제한(보충문제 3 참조)

[원칙] 자산총액의 10%	[예외] 자산총액의 100%

동일종목은 자산총액의 10%, 동일법인이 발행한 지분증권에 대한 투자한도는 지분총수의 10%(일반 공모펀드와 동일함)	• 부동산전문회사가 발행한 증권
	  – 부동산개발회사가 발행한 지분증권
	  – 부동산투자목적회사가 발행한 지분증권
	• 주택저당증권

(3) 부동산펀드의 운용특례 : '제1편 – 제3장 펀드 구성·이해' 참조

01 자본시장법상의 부동산펀드의 요건을 충족하기 위한 '부동산 투자대상'으로 인정되지 않는 것은?

① 실물 부동산에 대한 관리 및 개량, 임대, 개발

② 지상권, 지역권, 전세권, 임차권, 분양권에 대한 투자

③ 부동산투자회사(REITs) · 부동산개발회사 · 부동산투자목적회사가 발행한 지분증권

④ 채무증권을 기초자산으로 하는 파생상품

해설 부동산을 기초자산으로 하는 파생상품이어야 한다.

정답 ④

더알아보기 ▶ 부동산펀드의 투자대상으로서의 '부동산 등'

(1) 부동산
실물 부동산에 대한 취득 · 매각, 관리 및 개량, 임대, 개발 등의 방법에 의한 투자

(2) 부동산과 관련성이 있는 자산
① 부동산 권리 : 지상권, 지역권, 전세권, 임차권, 분양권, 부동산을 담보로 한 금전채권
② 부동산관련 증권
　㉠ '부동산 등'이 신탁재산 · 펀드재산 · 유동화재산의 100분의 50 이상을 차지하는 수익증권 · 집합투자증권 · 유동화증권
　㉡ 부동산투자회사(REITs), 부동산개발회사, 부동산투자목적회사가 발행한 지분증권
　㉢ '부동산 등'을 기초로 하여 발행된 유동화증권으로서, 그 기초자산 합계액이 유동화 자산가액의 100분의 70 이상인 유동화증권(부동산전문 유동화증권)
　*주의 ㉠은 일반 유동화증권으로서 100분의 50 이상이면 부동산펀드가 되나, ㉢은 부동산을 전문으로 하는 유동화증권이기 때문에 100분의 70 이상이어야 부동산펀드가 된다.
③ 부동산을 기초자산으로 하는 파생상품

(3) 부동산과 관련성이 있는 투자행위 : 부동산개발과 관련된 법인에 대한 대출

02 부동산펀드는 국내부동산을 취득 후 (　　) 이내에, 해외부동산의 경우 집합투자규약이 정한 기간 동안 처분할 수 없다. 빈칸에 알맞은 것은?

① 1년 　　② 2년
③ 3년 　　④ 4년

해설 1년이다(2015년 자본시장법 개정). 그리고 미분양주택의 경우 취득 후 처분제한기간 1년의 예외가 적용된다(미분양주택의 거래활성화 차원).

정답 ①

03 사모펀드에는 적용되지 않는 운용규제는?

① 국내부동산을 취득한 경우 원칙상 1년 이내에는 처분할 수 없는 것이 원칙이다.

② 국외부동산의 경우 집합투자규약이 정한 기간까지 원칙상 처분할 수 없다.

③ 부동산개발사업에 따라 조성하거나 설치한 토지, 건축물을 분양할 경우에는 기간제한 없이 언제든 처분이 가능하다.

④ 부동산을 기초자산으로 하는 파생상품에 투자하는 경우 파생상품이 헤지목적이 아니라면 파생상품위험평가액이 펀드순자산액의 100%를 초과할 수 없다.

> 해설 사모펀드(헤지펀드)는 400%가 적용된다.
> ※ 부동산실물에 대한 취득 후 처분제한(①·②·③)은 공모와 사모 모두에 적용된다.
>
> 정답 ④

04 부동산펀드가 펀드재산의 100%를 투자할 수 없는 대상은?

① 부동산개발회사가 발행한 지분증권

② 부동산투자목적회사가 발행한 지분증권

③ 주택저당담보부채권

④ 부동산 등에 50% 이상 투자하는 집합투자재산의 집합투자증권

> 해설 ①·②·③은 부동산관련 자산으로서 예외적으로 100%까지 투자가 가능하지만, ④의 경우는 자본시장법상의 정상적인 운용제한이 적용된다(예를 들어 펀드가 투자대상으로서 동일펀드에 투자할 수 있는 한도는 20%, 전체펀드가 동일펀드에 투자할 수 있는 한도는 50%).
>
> 정답 ④

05 다음 빈칸에 알맞은 것은?

> • 집합투자업자는 펀드재산으로 부동산개발사업에 투자하고자 하는 경우에는 (㉠)를 작성하고 감정평가업자로부터 그 (㉠)가 적정한지 여부에 대해서 확인을 받아 공시해야 한다.
> • 집합투자업자가 펀드재산으로 부동산을 취득하거나 처분하는 경우에는 (㉡)를 작성하고 비치해야 한다.

	㉠	㉡		㉠	㉡
①	실사보고서	사업계획서	②	실사보고서	사업보고서
③	사업계획서	실사보고서	④	증권신고서	실사보고서

> 해설 '사업계획서 – 실사보고서'이다.
>
> 정답 ③

06 실사보고서에 들어가야 할 항목으로 모두 묶인 것은?

> ⓐ 부동산의 현황
> ⓑ 부동산개발사업 추진일정
> ⓒ 부동산의 거래가격
> ⓓ 부동산개발사업 추진방법
> ⓔ 부동산의 거래비용
> ⓕ 추정손익에 관한 사항
> ⓖ 부동산과 관련된 재무자료
> ⓗ 자금의 조달, 투자 및 회수에 관한 사항

① ⓐ, ⓒ, ⓔ, ⓖ

② ⓑ, ⓓ, ⓕ, ⓗ

③ ⓐ, ⓑ, ⓒ, ⓓ

④ ⓔ, ⓕ, ⓖ, ⓗ

해설 ①은 실사보고서, ②는 사업계획서이다.
*실사보고서에는 '과거형'의 단어가, 사업계획서에는 '미래형'의 단어가 들어 있다.

정답 ①

07 부동산펀드를 운용하는 집합투자업자가 제3자에게 위탁이 가능한 업무는?

① 투자신탁의 설정을 위한 신탁계약의 체결, 해지 업무 및 투자회사 등의 설립의무

② 펀드재산의 운용·운용지시 업무

③ 펀드재산의 평가업무

④ 부동산의 개발 및 부수업무

해설 ①·②·③은 집합투자업자의 '본질적 업무'로서 제3자에의 위탁이 불가능하다. 부동산펀드의 집합투자업자의 경우 운용특례로서 펀드재산의 운용과 관련하여 일부 업무에 대해서는 제3자에게 위탁이 가능하다.
*위탁 가능한 업무 – ⓐ 부동산의 개발 및 부수업무, ⓑ 부동산의 관리·개량 및 부수업무, ⓒ 부동산의 임대 및 부수업무

정답 ④

단원별 출제예상문제

01 다음의 부동산펀드 중에서 집합투자업자가 펀드를 설정·설립하고 집합투자규약은 정관인 법적형태는 무엇인가?

① 부동산투자신탁
② 부동산투자회사
③ 부동산투자유한회사
④ 부동산투자익명조합

해설 부동산투자유한회사에 대한 내용이다.
① 집합투자업자가 설정하고 집합투자규약은 신탁계약서이다.
② 발기인이 설립하고 집합투자규약은 정관이다.
④ 집합투자업자가 설립하고 집합투자규약은 익명조합계약이다.

정답 ③

02 다음의 부동산펀드 중에서 영업자인 집합투자업자가 펀드재산을 운용하는 형태의 법적형태에 해당하는 것은?

① 부동산투자유한회사
② 부동산투자합자회사
③ 부동산투자합자조합
④ 부동산투자익명조합

해설 영업자가 운용하는 것은 투자익명조합이다.

정답 ④

03 다음 빈칸에 들어갈 수 없는 것은?

> • 부동산펀드는 국내에 있는 주택법상 부동산 취득 후 (   )년 이내 처분이 원칙적으로 금지된다.
> • 공모형 부동산펀드는 집합투자증권을 최초로 발행한 날로부터 (   )일 이내에 증권시장에 상장해야 한다.
> • 부동산투자회사는 법인이사 (   )인과 감독이사 (   )인 이상이 있어야 설립이 가능하다.

① 1
② 2
③ 30
④ 90

해설 차례대로 '1년 – 90일 – 1인 – 2인'이다.

정답 ③

04 다음은 공모형 부동산펀드 운용제한의 일부이다. 운용제한의 취지가 펀드 본연의 기능인 분산투자를 담보하기 위한 측면이라고 할 수 있는 것은 무엇인가?

① 각 펀드의 자산총액의 100분의 10을 초과하여 동일종목에 투자할 수 없다.

② 전체 펀드의 자산총액으로 동일법인이 발행한 지분증권 총수의 100분의 20을 초과하여 투자할 수 없다.

③ 재간접펀드에 투자할 수 없다.

④ 사모펀드에 투자할 수 없다.

> **해설** 동일종목 10% 투자한도가 분산투자를 담보하기 위한 것이라고 볼 수 있다.
> ② 분산투자 차원도 있지만, 펀드자본으로 특정기업이 지배구조에 영향을 주는 것을 일정 수준으로 제한하는 차원이 강하다.
> ③ 펀드투자의 전문성을 담보하기 위한 것이다(재간접펀드에 투자할 경우 재재간접펀드가 되므로 펀드투자의 전문성이 지나치게 희석됨).
> ④ 공모와 사모를 명확히 구분하기 위함이다.
>
> **정답** ①

05 부동산집합투자기구의 자산총액이 1천억원이고 부채총액이 200억원일 때 차입한도와 대여한도는 얼마인가?

	차입한도	대여한도
①	800억원	1,600억원
②	800억원	800억원
③	1,600억원	800억원
④	1,600억원	1,600억원

> **해설** 부동산펀드의 운용특례상 차입한도는 순자산액의 200%, 대여한도는 순자산액의 100%이다. 순자산액은 800억원(1,000억 − 200억)이므로 각각 1,600억원, 800억원이다.
>
> **정답** ③

06 자본시장법상 부동산펀드가 차입할 수 있는 금융기관에 해당하지 않는 것은?

① 투자매매업자 또는 투자중개업자

② 상호저축은행

③ 보험회사

④ 새마을금고

> **해설** 신용협동기구(신협 / 새마을금고 / 상호금융)은 제외된다.
>
> **정답** ④

02 부동산펀드 영업

1 부동산투자의 기초

부동산의 개념 핵심유형문제

부동산의 자연적 특성에 속하지 않은 것은?

① 부동성
② 분할 가능성
③ 비대체성
④ 부증성

해설 부동산의 자연적 특성에는 부동성(지리적 위치의 고정성), 영속성(내구성·불변성·비소모성), 부증성(비생산성), 개별성(비동질성·비대체성)이 있으며, 부동산의 인문적 특성에는 용도의 다양성(주거용, 상업용, 공업용, 공공용 등), 합병·분할의 가능성(필지의 분할과 합병), 사회적·경제적·행정적 위치(토지이용계획 등)의 가변성 등이 있다.

정답 ②

더알아보기 ▶ 부동산의 복합개념

부동산	유형적 측면	물리적 측면(자연·공학·건축 등)	기술적 측면	복합개념
	무형적 측면	경제적·사회적 측면(경제·경영·사회·심리·지리)	경제·사회적 측면	
		법률 측면(법·행정·정치·사회규범)	법률적 측면	

01 부동산의 경제적 개념에 대한 설명으로 옳지 않은 것은?

① 부동산은 부의 증식을 가능케 하는 투자대상으로 자산의 속성을 가진다.

② 부동산은 금융자산이 아닌 실물자산에 속한다.

③ 특히 부동산 중 건물은 노동, 자본, 경영과 함께 생산요소의 하나이다.

④ 주택은 내구소비재이며, 소비자의 자본으로 인식되기도 한다.

해설 특히 부동산 중 토지는 노동, 자본, 경영과 함께 생산요소의 하나이다.

정답 ③

02 부동산의 법적 · 제도적 개념에 대한 설명으로 옳지 않은 것은?

① 부동산의 정의는 토지 및 그 정착물을 말하며, 부동산 이외의 물건은 동산이다.

② 토지에 부착된 정착물은 토지와 독립된 물건으로 간주되는 건물과 토지의 일부로 간주되는 수목, 돌담, 교량 등이 있다.

③ 부동산은 용익물권과 담보물권의 설정은 물론 질권 설정도 가능하다.

④ 부동산의 공시방법과 권리변동은 등기 및 등록이 있으나 동산은 점유와 인도이다.

해설 부동산은 용익물권과 담보물권의 설정이 가능하지만 질권 설정은 불가하다.

정답 ③

부동산의 법률적 측면

부동산 물권 중 물권의 성격이 다른 하나는?

① 점유권

② 지상권

③ 지역권

④ 전세권

해설　점유권이란 물건을 사실상 지배하는 것이다. 이 점유를 정당화시키는 권리를 본권이라고 하며, 본권은 또한
소유권과 제한물권으로 나눈다. 지상권·지역권·전세권은 제한물권 중 용익물권에 속한다.

정답 ①

더알아보기 ▸ 민법이 인정하는 물권의 분류

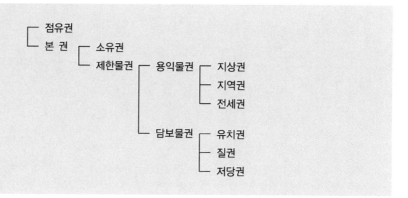

보충문제

01　물권의 본질과 거리가 먼 것은?

① 지배성

② 배타성

③ 절대성

④ 임의규정성

해설　물권은 지배성, 배타성, 절대성을 가진다. 물권법정주의로 강행규정성이 있다.

정답 ④

02 부동산의 제한물권의 설명으로 옳지 않은 것은?

① 유치권은 공시하여야 인정되므로 등기가 필요하다.

② 저당부동산의 경매대가로 채권을 완전히 변제받지 못한 경우에는 일반 채권자로서 다른 경매의 배당에 참가할 수 있다.

③ 부동산의 양도담보란 부동산의 소유권을 채권자에게 이전한 후 채무이행이 있는 경우에는 그 목적물을 반환하는 제도이다.

④ 지역권 설정에 있어 요역지란 이용가치를 증대시키기 위한 편익을 제공받는 토지를 말한다.

> **해설** 유치권은 점유로서 공시되므로 등기가 필요 없다. 유치권이 성립하려면 목적물이 타인의 물건 또는 유가증권이어야 하고, 피담보채권이 목적물과 견련관계가 있어야 하며, 채권이 변제기에 있어야 하고, 유치권자가 목적물을 점유하고 있어야 하며, 당사자 사이에 유치권의 발생을 배제하는 특약이 없어야 한다.
>
> **정답** ①

03 부동산 소유권 공시제도상 본등기의 효력을 모두 고르면?

> ㉠ 형식적 확정력
> ㉡ 순위 확정적 효력
> ㉢ 대항적 효력
> ㉣ 점유적 효력

① ㉠, ㉡   ② ㉡, ㉢

③ ㉡, ㉢, ㉣   ④ ㉠, ㉡, ㉢, ㉣

> **해설** 모두 해당한다. 등기의 효력에 있어서 (가등기가 아닌) 본등기는 ㉠ 형식적 확정력, ㉡ 순위 확정적 효력, ㉢ 대항적 효력, ㉣ 점유적 효력 이외에도 물권 변동적 효력, 권리존재 추정력 등이 있다.
>
> **정답** ④

2 부동산투자의 구분

부동산투자 방식별 · 기구별 비교

핵심유형문제

부동산펀드 투자방식에 대한 설명으로 옳지 않은 것은?

① 투자자금의 속성에 따라 Equity 투자와 Debt 투자로 구분한다.
② 개발형의 Equity 투자는 사업청산시 대부분의 수익이 발생한다.
③ Debt형태 투자의 수익원천은 이자수익이다.
④ Debt 투자와 Equity 투자는 공통적으로 시행사 · 인허가 및 시장 리스크를 가진다.

> **해설** Debt형태의 부동산투자는 차주리스크와 담보가치리스크를 가지지만, Equity형태의 부동산 중 개발형은 시행사 · 인허가 · 파이낸싱 및 시장리스크를 가진다.

정답 ④

더알아보기 ▸ Equity vs Debt 투자

구 분	Debt	Equity	
투자방식	대출형(PF, 담보대출)	실물매입형	개발형
펀드기간	단기(3 ~ 5년)	중기(5 ~ 7년)	중장기(7년 ~)
수익원천	이자수익	운영이익 + 자산가치 상승	개발이익 + 운영이익 + 자산가치 상승
현금흐름	Fixed Income	Fixed Income, 청산시 매각차익	청산시 대부분 수익발생
기대수익률	낮음	중간 정도	높음
주요 Risk	차주 위험, 담보가치 위험	시장 위험, 임차인 위험	시행사 · 인허가 · 파이낸싱 · 시장의 위험

보충문제

01 부동산투자의 Equity 투자와 Debt 투자의 비교 설명으로 옳지 않은 것은?

① 담보대출의 PF형태는 Debt 투자에 속한다.
② 부동산경기의 하락 시기에는 상대적으로 Equity 투자가 유리하다.
③ 개발형 Equity 리스크에는 시행사의 부도위험이 있다.
④ 실물매입형(Equity 투자)의 경우 운영이익과 자산가치의 상승이 있다.

> **해설** 부동산경기의 하락 시기에는 상대적으로 Debt 투자가 유리하다.

정답 ②

02 부동산펀드(투자신탁형)와 부동산투자회사(REITs)의 공통점과 차이점에 대한 설명으로 옳지 않은 것은?

① 부동산투자회사의 근거법은 부동산투자회사법이다.

② 실물 부동산을 매입 시 공히 1년 이상 보유하여야 한다.

③ 부동산펀드의 최소자본금은 제한이 없으나 부동산투자회사는 50억원(자기관리형 리츠는 70억원) 이상의 자본금이 필요하다.

④ 법인세 과세대상이 아닌 공통점이 있다.

해설 부동산펀드는 법인세 과세대상이 아니지만 부동산투자회사 중 자기관리형은 법인세 부과대상이다.

정답 ④

03 부동산투자회사(리츠)에 대한 설명으로 옳지 않은 것은?

① 부동산투자회사법에 따른 리츠는 공모와 사모로 구분할 수 있다.

② 사모리츠는 자본시장법상 집합투자에 해당하지 아니한다고 명시적으로 규정되어 있다.

③ 공모리츠는 공모이므로 부동산투자회사법과 무관하게 자본시장법을 적용하여야 한다.

④ 리츠의 최소자본금으로 위탁관리형과 CR REITs는 50억원이지만 자기관리형 리츠는 70억원이다.

해설 공모리츠는 부동산투자회사법에서 별도로 규정하지 않은 경우 자본시장법을 적용한다.

정답 ③

부동산펀드와 부동산투자회사(REITs)

외국의 대표적 부동산 간접투자상품인 REITs와 유사한 부동산펀드는?

① 개발형 부동산펀드
② 재간접형 부동산펀드
③ 임대형 부동산펀드
④ 대출형 부동산펀드

해설 미국 등 외국의 대표적 부동산 간접투자상품은 REITs(Real Estate Investment Trusts)이다. 수익성 부동산을 임대한 후 매각하는 형태로 운용하고 있으며, 우리나라의 임대형 부동산펀드와 유사하다.

정답 ③

더알아보기 ▶ 부동산펀드 vs 부동산투자회사(REITs)

구 분	부동산펀드(투자신탁)	부동산투자회사(REITs)
근거법	자본시장법	부동산투자회사법
설 립	금융위(금융감독원)의 등록	발기설립, 국토교통부의 인가
법적성격	법인격이 없는 계약형태	법인격이 있는 상법상의 주식회사
최소자본금	제한 없음	50억원(자기관리형 리츠 : 70억원)
자금차입	순자산의 200%(사모펀드 : 400%)	자기자본의 2배(주총 특별결의시 10배)
자산운용	부동산 개발 대출 실물매입 및 운용 (부동산 등에 50% 이상 투자)	부동산 개발 실물매입 및 운용 (부동산에 70% 이상 투자)
법인세	펀드요건시 법인세 과세대상 아님	자기관리형 : 부과, 위탁관리형&CR REITs : 면제

보충문제

01 부동산펀드와 부동산투자회사의 비교 설명으로 옳지 않은 설명은?

① 부동산펀드의 근거법은 자본시장법이다.
② 부동산펀드는 실물부동산 매입시 1년 이상 보유의무가 있지만 부동산투자회사는 이러한 의무가 없다.
③ 사모형 부동산펀드의 자금차입은 순자산의 4배까지 가능하다.
④ 부동산투자회사는 상법상 주식회사이다.

해설 (투기방지를 위하여) 부동산펀드와 부동산투자회사는 실물부동산 매입시 1년 이상 보유하여야 한다.

정답 ②

02 부동산투자회사의 설명으로 옳지 않은 것은?

① 회사의 설립은 모집설립에 의한다.

② 자산관리회사를 AMC라고 한다.

③ 관할기관은 국토교통부이다.

④ 자기관리형과 위탁관리형이 있다.

해설 발기인이 회사 설립시 주식의 전부를 인수해야 하는 발기설립에 의하여야 한다.

정답 ①

3 부동산펀드의 종류

부동산펀드의 각 종류에 대한 설명으로 잘못된 것은?

① 펀드재산의 50%를 초과하여 실물로서의 '부동산'에 투자하는 펀드를 실물형부동산펀드라 한다.

② 펀드재산의 50%를 초과하여 '부동산개발과 관련된 법인에 대한 대출' 형태의 투자 행위를 하는 펀드를 대출형부동산펀드라 한다.

③ 펀드재산의 50%를 초과하여 '지상권, 지역권, 전세권, 임차권, 분양권 등 부동산관련권리'를 취득하는 부동산펀드를 권리형부동산펀드라 한다.

④ 펀드재산의 50%를 초과하여 준부동산에 투자한 펀드를 준부동산펀드라 한다.

해설   준부동산펀드의 정의가 잘못되었다. 자본시장법상 다른 종류의 펀드에 해당하지만, 해당 펀드의 실질적인 내용 및 경제적인 효과 측면에서 볼 때 일종의 부동산펀드로 간주할 수 있는 펀드를 준부동산펀드라 한다.

정답 ④

더알아보기   ▸ 자본시장법상 부동산펀드의 종류

실물형부동산펀드	대출형부동산펀드	권리형부동산펀드	증권형부동산펀드	파생상품형부동산펀드
⇩				

	매매형부동산펀드	매입&처분, Capital Gain이 목적
실물형부동산펀드	임대형부동산펀드	임대사업을 영위한 후 매각 Buy&Lease형, Capital Gain + Income Gain
	개량형부동산펀드	취득−개량 후 처분 또는 임대 후 매각
	경공매형부동산펀드	경공매를 통해 취득 후 처분 또는 임대 후 매각, Value형이라고 할 수 있음
	개발형부동산펀드	부동산개발 후 분양, 또는 임대 후 매각

• 실물형부동산펀드는 매매형을 제외한 4가지로 분류하기도 한다(∵ 매매형부동산펀드는 거의 존재하지 않기 때문).

예 가치주펀드와 가장 유사한 실물형부동산펀드는? → 경공매형부동산펀드

예 아웃소싱이 가장 필요한 실물형부동산펀드는? → 경공매형부동산펀드

예 자본적 지출이 투입되는 실물형부동산펀드는? → 개량형부동산펀드

예 가장 'High Risk, High Return'이라고 할 수 있는 것은? → 개발형부동산펀드

01 다음은 모두 펀드재산의 50%를 초과해서 부동산에 투자하는 부동산펀드이고, 그 중에서 실물로서의 부동산에 투자하는 '실물형부동산펀드'를 설명한 것이다. 틀린 것은?

① 부동산을 취득 후 단순매각하는 운용방법을 취하는 펀드

② 부동산을 취득하여 임대사업을 영위한 후 매각하는 펀드

③ 부동산개발과 관련된 법인에 대출하는 펀드

④ 부동산 중에서 경매부동산 또는 공매부동산을 취득하여 단순히 매각하거나 임대사업 영위 후 매각하는 펀드

> **해설** ③은 대출형부동산펀드를 말한다. ①은 매매형부동산펀드, ②는 임대형부동산펀드, ④는 경공매형부동산펀드이다.
>
> > **참고** **경매와 공매의 차이**
> > • 경매 : 법원이 채권자의 임의경매 신청을 받아 경매절차를 진행하는 것(민사집행법)
> > • 공매 : 세금 체납시 국세징수법에 의해(국가나 지자체가 매각을 의뢰한 부동산에 대해) 한국자산관리공사가 강제로 매각하는 것
> > • 공통점 : 채권회수를 목적으로 국가의 공권력이 개입하여 강제적으로 재산을 압류·환가하는 방법
> >
> > **정답** ③

02 부동산펀드의 실물형부동산펀드 중에 임대사업을 전혀 영위하지 않는 부동산펀드의 종류는 무엇인가?

① 매매형부동산펀드   ② 개량형부동산펀드

③ 경공매형부동산펀드   ④ 개발형부동산펀드

> **해설** 매매형부동산펀드는 취득한 후 단순히 매각하는 운용방법으로 준부동산펀드에 가장 가까운 개념이다.
>
> **정답** ①

03 '채권금융기관이 채권자인 부동산담보부 금전채권'에 펀드재산의 50%를 초과해서 투자하면 어떤 형태의 부동산펀드가 되는가?

① 실물형부동산펀드   ② 대출형부동산펀드

③ 권리형부동산펀드   ④ 증권형부동산펀드

> **해설** 지상권·지역권·전세권·임차권·분양권 등에 추가하여 금전채권(부동산 담보부), 부동산신탁수익권 등에 50%를 초과하여 투자하면 권리형부동산펀드가 된다.
>
> **정답** ③

집합투자기구의 분류

펀드의 설립국가 기준에 따른 분류이다. 잘못 설명한 것은?

① 국내의 자본시장법에 의해 설정·설립되고 국내 금융감독원의 감독을 받는 부동산펀드를 '국내 부동산펀드'라고 한다.

② 미국, 일본, 호주 또는 조세피난처 등 외국의 법에 의해 설정·설립되고 해당국가의 금융감독기관에 의해 감독을 받는 펀드를 '외국 부동산펀드'라고 한다.

③ 외국 부동산펀드는 실물부동산보다는 임대형에 투자하는 형태가 대부분이다.

④ 국내펀드를 'On Shore Fund' 즉 역내펀드로, 외국펀드를 'Off Shore Fund' 즉 역외펀드로 부른다.

> **해설** 외국 부동산펀드(역외펀드)는 실물부동산에 투자하는 형태가 일반적이다.
> *상가와 같은 오피스빌딩과 같은 업무용 부동산에 투자하는 형태가 대표적이지만 물류창고, 산업용 부동산, 임대형 아파트 등에도 투자한다.
>
> 정답 ③

더알아보기 ▸ 기타 부동산펀드의 분류

(1) 펀드의 설립국가 기준에 따른 부동산펀드의 분류

국내펀드(역내펀드)	해외펀드(역외펀드)
국내 법령에 의해 설정, 국내감독기관의 감독	외국 법령에 의해 설정, 외국감독기관의 감독
국내 부동산펀드(금융감독원의 감독을 받음)	외국 부동산펀드 • 미국/일본/호주 또는 조세피난처 등 외국법에 의해 설립되고 해당 국가의 감독을 받음 • 외국 부동산펀드는 실물부동산펀드가 일반적

• 역내펀드를 On Shore Fund, 역외펀드를 Off Shore Fund라고 한다.

(2) 펀드의 법적 형태에 따른 부동산펀드의 분류

신탁형펀드	회사형펀드	조합형펀드
집합투자업자와 신탁업자 간 신탁계약으로 설정 / 집합투자기구가 법인격이 없어 신탁업자가 제반 법적행위를 수행함	회사형으로 설립 / 집합투자기구가 법인격이 있음	조합형태로 설립 / 투자합자조합과 투자익명조합
부동산투자신탁	회사형으로 설립 / 집합투자기구가 법인격이 있음	부동산투자합자조합 / 투자익명조합

• 일반적으로 조합형펀드는 신탁형펀드나 회사형펀드와 달리 펀드투자자인 조합원들의 투자목적이 더욱 강조되고 있다.

(3) 펀드자금의 모집방식 기준에 따른 부동산펀드의 분류

공모펀드(Public-offering Fund)	일반 사모펀드(Private-placement Fund)
펀드자금 모집방식에 특별한 제한이 없는 펀드	• 적격투자자 또는 소수투자자만을 대상으로한 펀드 • 사모펀드는 공모펀드에 비해 각종 제한이나 규제가 완화 적용되는 대신 공모펀드에 적용되는 투자자 보호규정 또한 적용되지 않음
공모부동산펀드	사모부동산펀드(전문투자형)

• 적격투자자는 일반적으로 기관투자자와 일정금액 이상을 투자하는 개인 또는 법인을 의미하며, 소수투자자란 49인 이하를 말한다.

(4) 펀드의 투자대상지역에 따른 부동산펀드의 분류

국내투자펀드(Domestic Investment Fund)	해외투자펀드(Overseas Investment Fund)
펀드자금을 국내자산에만 투자하는 펀드	펀드자금의 일부 또는 전부를 해외자산에 투자하는 펀드
국내투자형부동산펀드	해외투자형부동산펀드

• 해외투자펀드 ≠ 역외펀드(해외투자펀드 = 역내펀드 + 역외펀드)

※ 해외부동산투자의 필요성

• 국제적 정합성에 부합 • 집중투자위험을 회피하고 새로운 투자기회의 확보 차원	부동산은 다른 자산과의 상관관계가 낮기 때문에 높은 분산투자효과를 기대할 수 있음	다양한 투자기회를 모색하는 펀드투자자의 욕구를 충족	대형 연기금펀드 등의 자국 및 해외부동산투자 증가 추세

(5) 펀드 투자대상의 사전특정여부 기준에 따른 부동산펀드의 분류

사전특정형(Designed형) 펀드	사전불특정형(Blind형) 펀드
펀드자금을 모집하기 이전에 사전적으로 펀드투자대상 또는 투자행위를 특정하며, 펀드자금을 모집한 후에 특정된 자산에 투자하는 방식의 펀드	펀드투자대상을 사전에 특정하지 않고 펀드자금을 모집하며, 펀드자금 모집 후에 투자대상자산을 발굴하여 투자하는 방식의 펀드
사전특정형 부동산펀드(국내에서 설정되는 대부분의 펀드)	사전불특정형 부동산펀드(경공매형펀드가 해당됨)

• Blind형 부동산펀드 개발의 실익(또는 동기) — 자금이 사전에 모집되어 있지 않은 상태에서는 투자가능한 우량한 부동산이나 최적의 개발사업을 적시에 확보하기가 곤란하고, 유리한 투자 조건을 이끌어내기가 용이하지 않으므로 Blind형 펀드의 수요 증가가 예상된다. 단, Blind형 펀드가 개발되기 위해서는 해당 집합투자업자가 부동산펀드를 개발하여 양호한 성과를 실현한 업력을 보이는 등 신뢰확보가 우선되어야 한다.

01 부동산펀드의 법적형태에 따른 분류에 대한 설명으로 틀린 것은?

① 신탁형, 회사형 및 조합형으로 구분한다.

② 신탁형펀드는 계약형펀드라고도 하며, 집합투자업자와 수익자 간의 신탁계약에 의거, 설정되는 펀드를 말한다.

③ 회사형에는 상법에 따른 부동산투자회사, 부동산투자유한회사, 부동산투자합자회사 그리고 부동산투자유한책임회사가 있다.

④ 조합형펀드는 신탁형이나 회사형과는 달리 조합원들의 투자목적이 더욱 강조된다.

> 해설 ② 수익자 → 신탁업자

정답 ②

02 부동산투자의 특성으로 틀린 것은?

① 물건확보 경쟁과열 등으로 인하여 사모투자가 펀드시장의 주를 이루어 왔으나 최근 공모형 부동산펀드의 설정이 늘어나고 있다.

② 부동산 투자자금의 속성(투자자성향·기대수익·투자기간 등)에 따라 Equity / Debt 투자가 결정되며, 부동산시장의 상승기에는 Debt 투자에, 하락기에는 Equity 투자로 집중되는 경향이 있다.

③ 토지가 아닌 주택을 집합투자기구가 소유할 경우 종합부동산세의 과세대상이다.

④ 폐쇄형 공모부동산펀드의 경우 한국거래소에 상장하여야 한다.

> 해설 부동산 투자자금의 속성(투자자성향·기대수익·투자기간 등)에 따라 Equity / Debt 투자가 결정되며, 부동산 시장의 상승기에는 고수익 창출이 가능한 Equity 투자에, 하락기에는 안정적인 Debt 투자로 집중되는 경향이 있다.

정답 ②

03 펀드의 투자대상지역에 따른 부동산펀드의 분류이다. 잘못 설명한 것은?

① 해외투자형부동산펀드는 모두 역외펀드(Off-shore Fund)이다.

② 펀드자금을 국내자산에만 투자하는 부동산펀드를 국내투자 부동산펀드라고 한다.

③ 펀드자금의 일부 또는 전부를 해외자산에 투자하는 부동산펀드를 해외투자 부동산펀드라고 한다.

④ 국내에서는 2004년 6월 최초의 부동산펀드가 개발된 이래 초기에는 국내투자형부동산펀드가 대부분이었으나 점진적으로 해외투자형부동산펀드의 개발도 증가하고 있다.

> 해설 해외부동산에 투자하는 펀드는 역내펀드, 역외펀드 모두 가능하다.

정답 ①

04 사전특정여부 기준에 따른 부동산펀드의 분류이다. 잘못 설명한 것은?

① 펀드의 설정 이전에 펀드재산으로 투자할 부동산 등을 미리 특정하고 펀드자금을 모집한 후에 사전에 특정한 대로 투자하는 부동산펀드를 사전특정형 펀드(Designated Fund)라고 한다.

② 펀드재산으로 투자할 부동산 등을 미리 특정하지 않은 상태에서 펀드자금을 모집하여 설정하고, 펀드설정 이후에 투자할 부동산 등이나 개발사업을 탐색하여 투자하는 부동산펀드를 사전불특정형부동산 펀드(Blind형 펀드)라고 한다.

③ 국내에서 설정·설립되는 부동산펀드 중에서는 경공매형부동산펀드가 Blind형 펀드라고 할 수 있다.

④ 부동산펀드의 경우 펀드자금이 사전적으로 모집되어 있지 않은 상태에서는 투자가능한 우량한 부동산 등이나 최적의 개발사업을 적시에 확보하고 유리한 투자조건을 이끌어 내는 것이 쉽지 않으므로 사전특정형부동산 펀드의 개발이 늘어날 것으로 전망된다.

> 해설   사전불특정형부동산 펀드의 개발이 늘어날 것으로 전망된다.

정답 ④

05 다음 빈칸에 알맞은 것은?

> 국내에서 설정·설립되는 부동산펀드의 대부분은 (㉠)이고, 경공매형부동산펀드의 경우 그 특성상 (㉡)이 대부분이다.

	㉠	㉡
①	사전특정형 펀드	사전불특정형 펀드
②	사전불특정형 펀드	사전특정형 펀드
③	사전특정형 펀드	사전특정형 펀드
④	사전불특정형 펀드	사전불특정형 펀드

> 해설   미리 펀드자금을 확보하고 있어야 수시로 진행될 수 있는 경공매에 참여하여 우량부동산을 저가에 확보할 기회를 포착할 수 있다.

정답 ①

4 부동산펀드의 종류별 특성

실물형부동산펀드의 특징

임대형부동산펀드에 대한 설명으로 적절하지 않은 것은?

① 일종의 'Buy&Lease 방식'의 부동산펀드라 할 수 있다.

② 이자소득(Income Gain)과 자본소득(Capital Gain)을 모두 획득하고자 하는 펀드이다.

③ 실물형부동산펀드에서 개발형 다음으로 비중이 높은 펀드 형태이다.

④ 임대수익을 확보하기 위해서는 임차인으로부터 적정수준의 임대료를 안정적으로 수령할 필요가 있으며, 관리비·주차료·전용선임대료 등의 기타소득도 병행하여 수령해야 한다.

> **해설** 실물형부동산펀드에서 가장 비중이 높은 것은 '임대형부동산펀드'이고 가장 비중이 낮은 것은 '매매형부동산펀드'이다.
>
> **정답** ③

더알아보기 ▸ 실물형부동산펀드 – 임대형부동산펀드

(1) 임대형부동산펀드('Buy&Lease ; 매입 후 임대' 방식의 부동산펀드라고도 함) – 임대형부동산펀드의 기본적인 수익원천은 임대수익과 매각시점에서 발생하는 매각차익이다.

수익 및 위험	주요 점검사항
① 임대형부동산펀드의 수익확보 방안 　㉠ 적정수준의 임대료를 안정적으로 수령할 필요 　㉡ 임대료 이외의 관리비, 주차료, 전용선임대료 등의 기타소득도 병행하여 수령할 필요가 있음 　　– 특히 관리비는 임대수익 기여도가 높은 편 ② 임대형부동산펀드의 위험요인 　㉠ 가장 대표적인 위험요인은 공실률 　㉡ 임대에 수반되는 제반 경비의 과다 : 광열비, 전기 및 수도료, 보안비용, 청소비, 관리인건비, 각종 보험료, 광고비 등 경비가 과다한 경우에는 임대수익을 감소시킬 수 있음 　㉢ 차입금 사용시 차입 위험 발생	① 임대료와 공실률에 영향을 미치는 요소 등에 대해 우선적으로 점검할 필요 ② 임대형펀드가 차입을 하는 경우 　차입규모의 과다 → 대출이자 부담증가 → 임대수익 하락, 따라서 대출이자가 적정수준인지에 대해서 사전 점검 또한 필요할 것임 ③ 향후 해당 부동산의 매각차익을 거두기 위한 적정시점 점검 필요(→ 이 부분에서는 매매형부동산펀드의 주요 점검사항과 동일함)

• 임대형부동산펀드와 유사한 상품으로, 국내의 부동산투자회사법에 의한 부동산투자회사(REITs)와 외국의 REITs가 있다.

01 임대형부동산펀드에 있어서의 주요 점검사항이다. 적절하지 않은 것은?

① 경제상황이나 주변 상권현황 등과 같이 임대료와 공실률에 영향을 미치는 요소 등에 대해 우선적으로 점검할 필요가 있다.

② 해당 부동산과 관련된 광열비, 전기 및 수도료, 보안비용, 청소비, 각종 보험료, 광고료 등 경비가 과다한지 여부를 점검한다.

③ 임대료 이외의 관리비, 주차료, 전용선임대료 등의 기타소득도 병행하여 수령할 필요가 있으며 특히 주차료는 임대수익에 대한 기여도가 높은 편이므로 적정수준의 주차료를 책정할 필요가 있다.

④ 차입규모가 과다할 경우 대출이자의 원활한 지급이 곤란해 질 수 있으므로 차입규모가 적정한지에 대해 사전에 점검할 필요가 있다.

해설 기타소득 중 임대수익에 가장 기여도가 큰 부분은 관리비이다.

정답 ③

02 공실률에 대한 설명으로 틀린 것은?

① 부동산의 임대가능 공간 중에서 임대되지 못한 공간이 차지하는 비율을 말한다.

② 공실률이 낮을수록 임대수익이 감소한다.

③ 해당 부동산의 취득 당시부터 임대되어 있지 않은 경우는 물론, 기존 임대차계약기간이 종료되었음에도 불구하고 임차인이 갱신을 하지 않은 경우에도 공실이 발생한다.

④ 임대형부동산의 가장 대표적인 위험요인이 공실률이다.

해설 공실률은 높을수록 임대수익이 감소한다.

$$\text{*공실률} = \frac{\text{임대되지 못한 공간}}{\text{임대 가능 공간}} \times 100$$

정답 ②

03 다음 내용은 어떤 부동산펀드를 말하는가?

> 펀드의 목적 : 자본적 지출 후의 해당 부동산의 가치 > 자본적 지출에 소요되는 비용

① 매매형부동산펀드
② 임대형부동산펀드
③ 개량형부동산펀드
④ 경공매형부동산펀드

해설 개량형부동산펀드를 말한다(더알아보기 참조).

정답 ③

더알아보기 ▶ 실물형부동산펀드 – 개량형부동산펀드

(2) 개량형부동산펀드

의 미	주요 점검사항
펀드재산의 50%를 초과하여 부동산을 취득한 후 해당 부동산을 적극적으로 개량함으로써 부동산의 수익가치와 자산가치를 증대시킨 다음, 단순매각하거나 임대 후 매각하는 것을 목표로 한다.	① '개량을 통한 가치의 증대분 > 개량비용'일 경우에 자본적 지출(개량)을 한다. ② 개량비용은 자본적 지출(Capital Expenditure)을 말하는데, 전기 및 수도료 등의 일반적인 경비는 개량비용에 포함되지 않는다.

04 경공매형부동산펀드에 대한 설명으로 사실과 가장 거리가 먼 것은?

① 경공매형부동산펀드는 실물형부동산펀드에 속한다.
② 경공매로 부동산을 취득한 후에는 임대, 개량, 매각 등 다양한 활용을 할 수 있기 때문에 매매형과 임대형, 개량형이 복합된 성격의 펀드라고 할 수 있다.
③ 경공매형부동산펀드는 경매나 공매를 통해 시장가격 대비 낮은 가격으로 부동산을 취득하는 것이 가장 큰 목적인 펀드이므로 '가치투자형부동산펀드'라고 할 수 있다.
④ 경공매형은 대부분 사전특정형 방식(Designated 방식)을 취하고 있다.

해설 경공매형의 대부분은 사전불특정형(Blind) 방식이다.

정답 ④

(3) 경공매형부동산펀드

법원이 실시하는 경매 또는 자산관리공사가 실시하는 공매를 통해 주로 업무용부동산 또는 상업용부동산 등을 저가에 취득하여 매각차익을 획득하거나 또는 임대수익과 매각차익을 동시에 획득하는 것을 목적으로 하는 부동산펀드이다.

수익 및 위험	주요 점검사항
① 경공매형부동산펀드는 사전불특정형 방식(Blinded 방식)이다. 투자대상을 미리 특정하지 않은 상태에서 펀드자금을 모집하고, 모집 후에 투자를 실행한다. ② 사전적으로 모집된 자금을 보유시, 수익성과 환금성이 우수한 경공매부동산에 적기에 투자할 수 있어 수익률 제고가 가능하다. 그러나 만일 경공매부동산의 미확보상태가 지속되는 경우에는 기간이 경과할수록 수익률이 하락하게 된다(∵ Idle Money의 부담 때문). ③ 경매시장이 과열될 경우 낙찰가율이 증가하므로 목적한 수익률달성이 어려울 수 있다. • 일반적으로 일반인의 참여가 용이한 아파트나 토지 등은 낙찰가율이 증가하기 쉬워 펀드의 목표수익률 달성이 어려울 수 있다. • 반면, 업무용 부동산 또는 상업용 부동산은 권리분석이나 명도과정이 복잡하고 경공매 참여자금도 크며 일반인들의 참여가 용이하지 않다. 따라서 낙찰가율도 낮게 유지되어 목표수익률 달성가능성 높다. ④ 경공매부동산의 유동화위험 : 경공매로 취득한 부동산은 다른 부동산에 비해 유동성이 부족한 특성이 있으므로 이에 대한 '유동화방안(Exit Plan)'을 마련하기가 용이하지 않다.	① 부동산운용전문인력의 전문성 보유 여부 높은 수준의 경공매분야에 대한 지식과 경험이 필요하고, 이러한 요건에 부합하는지 사전에 점검할 필요가 있다. ② 경공매형부동산펀드 규모의 적정성 여부 경공매부동산의 규모가 너무 크면 펀드 내 미운용 자금(Idle Money)의 비중이 높아 펀드의 수익률이 상당 기간 낮은 상태를 유지하게 될 것이며, 규모가 너무 작으면 소수의 경매 부동산에 집중 투자되어 펀드의 위험이 커지게 된다. ③ 체계적이고 투명한 펀드운용 가능성 여부 Blind형으로 운용되는 펀드이므로, 체계적이고 투명하게 펀드를 운용할 수 있는 운용프로세스 및 운용매뉴얼이 필요하다. ④ 펀드관련비용의 적정성 여부 정보수집, 입찰, 명도, 임대, 처분 등에 전문적 지식과 경험이 필요하므로 아웃소싱의 필요성이 있으며 이에 따른 과다한 비용 지출로 펀드수익률이 저하될 수 있다.

05 경공매형부동산펀드의 수익과 위험에 대한 설명으로 잘못된 것은?

① 경공매형부동산펀드가 Blind 방식으로 펀드자금을 모집한 후에, 경공매부동산시장의 위축 등으로 경공매부동산의 미확보 상태가 지속되면 기간이 길수록 펀드수익률이 하락하는 위험에 노출된다.

② 취득한 경공매부동산을 둘러싼 다양한 법적문제를 처리하는 시간과 비용이 과다하게 발생하면 펀드수익률이 저하될 수 있다.

③ 경공매부동산시장이 과열되는 경우에는 감정가격대비 낙찰가율이 증가하게 되어 시가 대비 저가에 취득하고자 하는 경공매형 펀드의 본연의 기능이 저하될 수 있다.

④ 상업용 또는 업무용 부동산을 대상으로 하는 경공매형 펀드보다는 아파트나 주거용 부동산을 주로 하는 경공매형 펀드의 수익률이 더 양호하다.

해설 아파트나 주거용 경매는 일반인의 참여 및 입찰경쟁률이 높아 낙찰가격이 올라간다. 즉 상업용이나 업무용의 수익률이 더 높다.

정답 ④

06 경공매형부동산펀드의 주요 점검사항이다. 잘못 설명한 것은?

① 경공매형부동산펀드의 운용과정은 일반적인 부동산펀드보다 높은 수준의 지식과 경험이 필요하므로, 부동산운용전문인력의 전문성을 점검해야 한다.

② 경공매형부동산펀드의 규모가 너무 크면 펀드 내 미운용자금(Idle Money)의 비중이 높아 펀드수익률이 낮게 나올 수밖에 없다. 따라서 경공매형의 펀드규모는 작을수록 좋다.

③ 경공매형은 'Blind 방식'으로 운용되는 펀드이므로 체계적이고 투명하게 펀드를 운용할 수 있는 운용프로세스 및 운용매뉴얼이 있는지 사전 점검해야 한다.

④ 경공매부동산의 확보과 관련된 정보수집, 입찰, 명도, 임대, 처분 등에 대한 전문적인 지식과 경험이 필요하므로 각 분야의 전문기관에 아웃소싱을 할 필요성이 있다. 따라서 아웃소싱에 소요되는 비용과 전문성을 사전에 점검할 필요가 있다.

해설 펀드규모가 너무 작을 경우 소수의 경매부동산에 집중 투자되는 위험이 발생한다.

정답 ②

07 개발형부동산펀드에 대한 설명으로 적절하지 않은 것은?

① 개발형부동산펀드는 펀드가 시행사의 역할을 수행함으로써 적극적으로 부동산개발사업의 이익을 획득한다는 측면에서 '직접개발방식의 부동산펀드'라고 할 수 있다.

② 부동산투자회사법은 회사재산의 100%를 개발전문REITs에 투자가 가능하도록 허용하고 있지만, 자본시장법은 개발사업에 대한 펀드재산의 투자비율을 30%로 제한하여 개발형부동산펀드의 개발가능성은 아직 낮은 편이다.

③ 자본시장법상 개발형부동산펀드의 펀드재산으로 부동산개발사업에 투자할 경우 사전에 사업계획서를 작성하게 하고 감정평가업자의 확인을 받아 인터넷 홈페이지 등에 공시하도록 하고 있다.

④ 부동산개발사업에 필요한 사업부지가 완전히 확보되어 있는지, 개발사업추진에 필요한 인·허가를 받았는지 혹은 받을 가능성이 충분한지에 대해서 사전점검해야 한다.

> **해설** 과거 간접투자법은 개발사업에 대한 투자비율을 펀드재산의 30%로 제한했지만 자본시장법은 별도의 제한을 두고 있지 않다. 따라서 현재 개발형부동산펀드가 늘어날 여건은 조성되어 있다고 할 수 있다.
>
> 정답 ②

더알아보기 ▶ 실물형부동산펀드 – 개발형부동산펀드

(4) 개발형부동산펀드

펀드재산의 50%를 초과하여 부동산을 취득한 후 직접 부동산개발사업을 추진하여 부동산을 분양, 매각하거나 또는 임대 후 매각함으로써 부동산개발사업에 따른 개발이익을 획득하는 것을 목적으로 하는 실물형부동산펀드이다.

- 자본시장법상 부동산개발사업 정의 : '토지를 택지, 공장용지 등으로 개발하거나, 그 토지 위에 건축물, 그 밖의 공작물을 신축 또는 개축하는 사업'으로 규정함
- 부동산개발에 대한 투자한도의 명시 : 간투법 – 30%, 부동산투자회사법 – 100%, 자본시장법 – 별도의 제한을 두지 않고 있음(100%까지 가능함)

※ 수익 및 위험

수익 및 위험	주요 점검사항
① 개발형펀드가 부동산개발사업에 투자하고자 할 경우 사전에 사업계획서를 작성해야 함 – 작성한 사업보고서의 적정성 여부에 대해서 감정평가업자의 확인을 받고 인터넷 홈페이지 등에 공시 ② 사업지연위험 추진하던 부동산개발사업이 지연되거나 실패할 경우, 분양 또는 임대에 장기간이 소요되거나 분양실적 또는 임대실적이 저조할 경우, 투자자에 대한 이익분배금 지급에 곤란을 겪는 것은 물론 펀드원본의 손실까지도 초래할 위험이 있다.	① 부동산개발사업의 성공적 추진을 위해 필요한 요소들이 사업계획서상에 충분히 포함되어 있는지, ② 부동산개발사업을 추진하기 위해 필요한 사업부지가 완전히 확보되어 있는지, ③ 토지를 조성하거나 건축물 등을 신축하기 위해 우량한 시공사가 선정되어 있는지, ④ 부동산개발사업을 추진함에 필요한 인허가는 받았는지 또는 받을 가능성이 충분한지, ⑤ 당해 부동산개발사업의 사업성이 충분한지, 즉 조성한 토지 또는 신축한 건축물 등의 분양·매각 또는 임대가능성이 충분한지 등을 들 수 있다.

대출형부동산펀드의 특징

다음 빈칸에 알맞은 것은?

> 일반적인 자금제공방식인 (㉠)은 사업자의 담보나 신용에 의거해 대출을 하지만, (㉡)은 해당 프로젝트 자체에서 발생하는 현금흐름을 대출자금의 상환재원으로 인식하여 대출을 하는 방식이다.

	㉠	㉡
①	기업금융방식	프로젝트 파이낸싱 방식
②	담보대출방식	신용대출방식
③	기업금융방식	자본금출자방식
④	프로젝트 파이낸싱 방식	기업금융방식

해설 '기업금융 – 프로젝트 파이낸싱' 방식이다.

정답 ①

더알아보기 ▶ 대출형부동산펀드 – (1) 프로젝트 파이낸싱(Project Financing)의 의미

(1) 프로젝트 파이낸싱의 개요
① PF형부동산펀드 개요 : 자본시장법하에서도 부동산펀드 중 대출형부동산펀드가 가장 대표적인 부동산펀드로 자리매김할 것으로 예상됨. 대출형부동산펀드는 일반적으로 'PF형 부동산펀드'라고 불림
② '프로젝트 파이낸싱'의 의미 : '은행 / 증권사 / 보험사 / 저축은행 등의 금융기관이나 연기금 / 공제회 / 조합 등 공적자금 또는 부동산펀드 등'에서 '특정부동산개발사업(프로젝트)'을 영위하는 것을 목적으로 하는 시행법인(시행사)에 대해, 해당 프로젝트의 사업성에 의거하여 자금을 제공해주고, 향후 해당 프로젝트의 시행으로 얻어지는 수익금으로 제공한 자금을 회수하는 선진금융기법'을 말한다.
   • 시행법인에게 자금을 제공하는 방식은 '출자(Equity Financing) 방식'과 '대출(Debt Financing)'이 있는데 우리나라에서는 대부분 대출방식이 이용되고 있다.
③ PF와 기업금융의 비교

PF	기업금융
프로젝트 자체의 미래 사업성에 근거하여 자금을 대출하는 방식	해당사업자가 제공하는 담보나 신용에 근거하여 자금을 대출하는 방식

01 프로젝트 파이낸싱의 특징에 대한 설명으로 잘못된 것은?

① 프로젝트 파이낸싱은 기존의 기업금융방식에 비해 자금공급규모가 큰 편이다.

② 프로젝트 파이낸싱은 완전소구금융의 특성을 가지고 있어 채권자가 부담하는 대출 위험은 크지 않다.

③ 부외금융(Off-balancing)의 성격을 지니고 있다.

④ 다양한 주체의 참여가 가능하고 참여한 주체별로 위험배분이 가능하다.

> 해설 PF는 비소구금융 또는 제한적 소구금융이다(더알아보기 참조).

> 정답 ②

더알아보기 ▶ 대출형부동산펀드 – (2) 프로젝트 파이낸싱(Project Financing)의 특징

(2) 프로젝트 파이낸싱의 특징

① 담보대출 또는 신용대출 형태를 띠는 기존의 기업금융방식에 비해 자금공급의 규모가 큰 것이 일반적이다.

② '비소구금융 또는 제한적 소구금융(Non or Limited Recourse Financing)'의 특성이 있다.
프로젝트 시행법인(프로젝트를 운영하는 별개의 법인)이 당해 PF의 차주의 지위를 가지므로 프로젝트를 영위하는 실질사업자는 PF로 인해 발생하는 제반의무를 부담하지 않거나 또는 일정한 범위 내에서 제한적으로 의무를 부담하는 것을 말함(→ 채권자의 입장에서는 채권의 소구권이 없는 것은 불리한 것이므로 시공사의 신용보강을 요구하는 것이 일반적)

③ 부외금융(Off-balance Sheet Financing)의 성격이 있다.
프로젝트와 관련된 제반 부채는 시행법인이 부담하므로, 실질사업자의 경우 자신의 대차대조표상에 프로젝트와 관련된 부채를 계상하지 않는다.
• 실질사업자의 경우 PF를 활용하여 실질적으로 프로젝트를 영위하면서도 자신의 신용도에는 제한적인 영향만을 받게 되는 효과를 가지게 된다.

④ PF는 다양한 주체의 참여가 가능하고 또한 참여한 주체별로 위험의 배분이 가능하다.
'비소구금융 또는 제한적 소구금융'의 특성은 채권자의 대출위험을 증가시킨다. 따라서 채권자는 시행법인에 신용보강을 요구하며, 시행법인은 시공사나 실질사업자 등의 지급 보증이나 채무인수 또는 책임분양 등의 신용보강을 제공한다. 즉, 다양한 주체들의 참여와 위험배분을 통해 '프로젝트 파이낸싱'이 완성된다고 할 수 있다.

02 대출형부동산펀드에 대한 설명으로 적절하지 않은 것은?

① 펀드재산의 50%를 초과하여 '부동산개발과 관련된 법인에 대한 대출' 형태의 투자 행위를 할 경우 대출형부동산펀드로 인정된다.

② 대출형부동산펀드를 '프로젝트 파이낸싱형 부동산펀드'로 부르기도 한다.

③ 자본시장법은 대출형부동산펀드에서 시행사 등에 대출을 할 때에 '부동산에 대하여 담보권을 설정하거나 시공사 등으로부터 지급보증을 받는 등 대출금을 회수하기 위한 수단을 반드시 확보할 것'을 규정하고 있다.

④ 엄격한 대출채권 담보장치를 확보한 대출의 대출이자는 완화된 대출채권담보장치를 확보한 대출의 대출이자보다 낮은 것이 정상이다.

> **해설** '반드시'는 아니다(법적으로 강제하는 것은 아님).

> **정답** ③

더알아보기 ▶ 대출형부동산펀드 – (3) 대출형부동산펀드의 수익과 위험

(3) 대출형부동산펀드 : PF형부동산펀드라고도 함

'펀드재산의 50%를 초과하여 부동산개발사업을 영위하는 법인(시행사) 등에 대한 대출'을 주된 운용행위로 하고, 해당 시행사로부터 대출이자를 지급받고 원금을 상환받는 것을 목적으로 함

① 개 요

   ㉠ 일반적으로 시행사는 자본금이 작고 신용평가등급이 낮은 수준이므로, 시행사로부터 대출채권담보장치를 요구할 수 있다.

   ㉡ 자본시장법은 대출형부동산펀드가 시행사에게 대출시 '담보권을 설정, 시공사의 지급 보증 등 대출금회수를 위한 적절한 수단을 확보할 것'을 규정하고 있다(→ 요구할 수 있다는 것이지 대출금회수수단을 확보하는 것을 법적으로 강제하는 것은 아님).

   ㉢ 대출형부동산펀드가 엄격한 대출채권담보장치의 확보에만 집착한다면, 향후 사업성에 투자하는 PF의 본래기능을 수행할 여지가 없을뿐더러 또한 다양한 대출형부동산펀드가 개발될 수 있는 여지를 축소시킬 수 있다.

   ㉣ 엄격한 대출채권담보장치를 확보한 펀드의 수령이자는 완화된 대출채권담보장치를 확보한 펀드의 수령이자보다 상대적으로 작은 것이 당연하다.

② 대출형부동산펀드의 수익 및 위험 & 주요 점검사항

수익 및 위험	주요 점검사항
㉠ 시행사의 부동산개발사업이 다양한 변수로 지연되거나 실패할 경우 펀드원본의 손실까지 초래될 수 있다. ㉡ 따라서, 부동산펀드는 우선적으로 시행사가 대출을 받아 소유하게 된 사업부지인 부동산에 대해 담보권을 설정하고 중첩적으로 시공사 등의 지급보증 또는 채무인수 등을 받아 두는 것이 일반적이다. ㉢ 그러나 ㉡의 경우에도 부동산경기가 크게 위축되면 사업부지인 담보가치가 약화될 수 있고 시공사 등의 신용도가 악화됨에 따라 지급보증 또는 채무인수의 효력이 약화될 위험성이 있다(→ 담보장치를 확보했다고 해서 무조건 안전하다는 것이 아니다).	㉠ 시행사의 사업부지확보 관련 ㉡ 시공사의 신용평가등급 등 관련 시행사의 채무불이행시, 지급보증 또는 채무인수 등 신용보강을 한 시공사를 통해 원리금을 상환받게 되므로, 시공사의 신용평가등급을 확인해야 한다(→ 시공사의 신용평가등급은 일반적으로 투자적격등급인 BBB(–) 이상이 요구된다). ㉢ 시행사의 인허가 관련 사업부지 매입 후 인허가를 받지 못할 경우 낮은 매각가격으로 대출금의 상환이 어려울 수 있다. ㉣ 부동산개발사업의 사업성 관련 사업성위험은 통제하기 어려우므로 대출 전에 부동산개발사업의 사업성 분석을 철저히 해야 한다.

03 대출형부동산펀드의 주의사항이다. 가장 적절하지 않은 것은?

① 대출형부동산펀드는 시행사에서 대출을 집행하므로 시공사의 신용평가등급은 중요하게 볼 필요가 없다.

② 시행사가 부동산개발사업을 위해 필요한 인·허가를 받았는지 혹은 인·허가의 가능성을 철저히 점검해야 한다.

③ 시행사가 PF대출을 받아 사업부지를 매입한 후 행정당국의 인허가를 받지 못하면 사업부지를 매각하여 대출금을 상환해야 하는데, 이때 매각가격은 매입가격보다 낮을 가능성이 높다.

④ 시공사가 대출에 대해 지급보증 또는 채무인수를 한다 하여도, 시행사에 대출을 집행하는 시점에 인접하여 시공사의 신용상태나 재무상태가 악화되면 대출채권담보장치의 약화로 이어지기 때문에 시공사와 관련된 전반적인 사항을 사전에 주의깊게 점검해야 한다.

> 해설 시공사의 신용평가등급도 확인해야 한다.

정답 ①

04 대출형부동산펀드의 위험이라고 볼 수 없는 것은?

① 시행사의 인·허가 확보 위험
② 시공사의 신용등급 하락위험
③ 차입이자의 상승위험
④ 부동산경기의 하락위험

> 해설 대출형부동산펀드가 대출하는 자금은 차입으로 조성할 수 없다.

정답 ③

단원별 출제예상문제

01 다음 내용은 어떤 펀드를 말하는가?

> 외국 법령에 의거하여 설정·설립되고, 외국 금융감독기관의 감독을 받는 펀드를 말한다.

① 역내펀드(On Shore Fund) 혹은 국내펀드
② 역외펀드(Off Shore Fund) 혹은 해외펀드
③ 국내투자펀드(Domestic Investment Fund)
④ 해외투자펀드(Overseas Investment Fund)

해설 역외펀드와 해외투자펀드는 구분되어야 한다.
〈펀드 비교〉

구 분	펀드 명칭	내 용
펀드설정국가에 따른 분류	국내펀드(역내펀드)	국내에서 설정, 국내금융기관의 감독
	해외펀드(역외펀드)	해외에서 설정, 해외금융기관의 감독
펀드의 투자대상지역에 따른 분류	국내투자펀드	펀드자금을 국내에만 투자
	해외투자펀드	펀드자금의 일부 또는 전부를 해외에 투자

정답 ②

02 글로벌 부동산에 투자해야 하는 이유로 가장 적절하지 않은 것은?

① 세계에서 가장 큰 규모를 차지하는 자산인 부동산을 제외하고 투자 포트폴리오를 짠다는 것은 기본원칙에 맞지 않다.
② 글로벌 부동산은 다른 자산과의 상관관계가 높아 투자의 효과성을 극대화할 수 있다.
③ 글로벌 부동산은 투자자의 투자기회를 확대시키는 주요한 역할을 한다.
④ 날로 늘어나는 기업연금자산의 투자대상으로 글로벌 부동산이 적합하다.

해설 상관관계가 낮아서 분산투자 효과를 기대할 수 있다.

정답 ②

03 다음 빈칸에 들어갈 수 없는 말은?

> 펀드의 설정·설립 이전에 펀드재산으로 투자할 부동산 등이나 대출할 대상 개발사업을 미리 특정하고 펀드자금을 모집한 후에, 사전에 특정된 부동산 등에 투자하거나 또는 대상 개발사업에 대출하는 부동산펀드를 사전특정형 부동산펀드라고 한다. 실제 (   )가 사전특정형 부동산펀드에 해당한다.

① 매매형부동산펀드
② 개발형부동산펀드
③ 대출형부동산펀드
④ 경공매형부동산펀드

해설 국내에서 설정·설립되는 대부분의 펀드는 사전특정형 펀드이다. 경공매형 펀드는 사전불특정형 펀드이다.

정답 ④

04 우리나라에서 가장 먼저 개발·판매된 부동산펀드는 무엇인가?

① 매매형부동산펀드
② 임대형부동산펀드
③ 대출형부동산펀드
④ 경공매형부동산펀드

해설 2004년 6월, 간접투자법에 의해 '대출형부동산펀드'가 최초로 개발되었다. 이후 대출형부동산펀드에만 의존하던 상황에서 벗어나고 부동산펀드의 범위확장과 새로운 활로를 모색하기 위해 등장한 것이 '임대형부동산펀드'이다. 이 두 가지 형태가 현재 우리나라에서 가장 많은 형태이다.

정답 ③

05 임대형부동산펀드에 대한 일반적인 점검사항으로 보기 어려운 것은?

① 매입한 부동산의 임대료 하락 가능성 유무
② 매입한 부동산의 공실률 증가 가능성 유무
③ 매입한 부동산의 가격 하락 가능성 유무
④ 시행사의 인허가 획득 가능성 유무

해설 임대형부동산펀드는 인허가 위험에 노출되지 않는다. 인허가 위험은 장래 신축 예정인 부동산을 취득하고자 하는 매매형부동산펀드, 개발형부동산펀드, 그리고 개발사업을 영위하는 법인에 대출해 주는 대출형부동산펀드에 노출될 수 있는 위험이다.

정답 ④

06 다음의 요건을 모두 충족할 수 있는 부동산펀드의 유형은?

> ㉠ Capital Gain   ㉡ Income Gain
> ㉢ Designated fund   ㉣ Buy&Lease fund

① 매매형부동산펀드
② 임대형부동산펀드
③ 경공매형부동산펀드
④ 개발형부동산펀드

해설   매매형은 Capital Gain만 있고, 경공매형은 Blind 방식이고, 개발형은 직접 개발하는 것이므로 Buy&Lease형은 될 수 없다.

정답 ②

07 프로젝트 파이낸싱(PF)과 가장 관련이 깊은 부동산펀드 유형은?

① 매매형부동산펀드
② 임대형부동산펀드
③ 대출형부동산펀드
④ 경공매형부동산펀드

해설   'PF형 대출형부동산펀드'라고 한다.

정답 ③

08 다음의 설명은 프로젝트 파이낸싱(PF)의 어떤 특성을 말하는가?

> 당해 프로젝트 시행법인이 도산하는 경우에 금융기관 또는 부동산펀드 등은 원칙적으로 그 프로젝트 시행법인이 보유하고 있는 자산과 당해 프로젝트로부터 발생되는 현금흐름의 범위 내에서 대출채권의 상환을 청구할 수 있을 뿐이고, 실질사업자에 대해서는 대출채권회수와 관련된 어떠한 청구도 할 수 없거나 혹은 제한된 범위 내에서만 청구를 할 수 있다는 것을 의미한다.

① 일반 기업금융에 비해 대출규모가 크다는 점
② 비소구금융 또는 제한적 소구금융(Non or Limited Recourse Financing)
③ 부외금융(Off Balancing)
④ 시공사 또는 계열회사의 지급보증 또는 채무인수를 통한 신용보강

해설   비소구금융 또는 제한적 소구금융(Non or Limited Recourse Financing)에 대한 설명이다.

정답 ②

09 임대형부동산펀드에 대한 설명으로 가장 거리가 먼 것은?

① 펀드재산의 50%를 초과하여 임대형부동산을 취득하는 펀드를 말한다.

② 기본적인 수익원천은 임대수익과 매각차익이다.

③ 공실률이 높을수록 임대수익이 하락한다.

④ 일종의 Buy&Lease 방식의 부동산펀드라고 할 수 있다.

해설 임대형부동산은 펀드재산의 50%를 초과하여 부동산을 취득한 후, 해당 부동산을 임차인에게 임대하여 임대소득을 획득하고, 나중에 매각하여 매각차익을 목적으로 하는 실물형부동산펀드를 말한다.
*임대형부동산펀드를 50% 초과하여 취득하는 것이 아니다.

정답 ①

10 경공매형부동산펀드에 대한 설명으로 가장 거리가 먼 것은?

① 경공매로 취득 후 임대, 개량, 매각이 모두 가능한 실물형부동산펀드이다.

② 가치투자형부동산펀드의 성격을 가지고 있다.

③ 일반적으로 일반인들의 참여가 용이한 아파트나 토지 등을 대상으로 한 경공매펀드의 수익률이 더 높다.

④ 사전불특정형 방식(Blind 방식)으로 운용된다.

해설 일반인들의 참여가 용이한 아파트, 토지 등은 낙찰가율이 상승(입찰과열)하여 업무용 · 상업용 부동산에 비해 수익률이 저하될 수 있다.

정답 ③

11 대출형부동산펀드에 대한 설명으로 가장 거리가 먼 것은?

① 자본시장법은 대출형부동산펀드가 부동산에 대한 담보권 설정, 시공사의 지급보증 등을 통해 대출채권담보장치를 반드시 갖추도록 하고 있다.

② 시행사는 대출형부동산펀드로부터 대출받은 자금의 대부분을 부동산개발사업의 시행을 위해 필요한 사업부지인 토지매입비용으로 사용하는 것이 일반적이다.

③ 대출형부동산펀드는 대출로 펀드를 운용함에 있어 대출자금을 차입으로 조성할 수 없다.

④ 대출형부동산펀드는 대출을 하고 이자를 받아 수익을 올리는 펀드이지만 시행사의 사업부지확보, 인허가위험에 노출될 수 있다.

해설 대출채권담보장치를 적절하게 확보할 것을 권장하는 것이지, 반드시 법으로 강제하는 것은 아니다. 대출채권담보장치의 확보를 법적으로 의무화한다면 미래의 사업성을 담보로 대출이 진행되는 PF본연의 기능이 존재할 수 없다.

정답 ①

03 부동산펀드 투자 · 리스크관리

1 부동산시장의 이해

부동산시장의 3가지 형태

부동산시장의 세 가지 형태에 속하지 않은 것은?

① 공간시장
② 자산시장
③ 주택시장
④ 개발시장

해설 세 가지 하부시장은 공간시장, 자산시장, 개발시장이다. 공간시장은 임대시장이다.

정답 ③

더알아보기 ▸ 부동산시장의 3가지 형태

공간시장	자산시장	개발시장
• 공간시장의 수요와 공급에 의해서 임대료와 점유율이 결정됨(점유율＝1－공실률) • 공간시장의 수요는 지역 및 국가경제의 영향을 받지만 공간시장의 공급은 건설완공물량에 영향을 받음	• 자산시장의 수요와 공급에 의해서 해당 부동산시장의 자본환원율이 결정됨 • 자산시장의 수요와 공급은 부동산자산에 대한 수요와 공급을 말함	• 공간시장의 임대료와 점유율에 의해 현금흐름이 결정되고, 자산시장의 자본환원율(요구수익률)을 알면 부동산의 가격을 추정할 수 있음(직접환원법) • 추정된 부동산시장가격은 개발시장의 사업성 분석의 기초가 됨

01 공간시장에 대한 설명으로 옳지 않은 것은?

① 공간시장이란 공간 이용에 관한 권리를 사고파는 시장을 말하는데, 흔히 임대시장이라고도 한다.

② 공간시장의 수요와 공급은 모두 지역 및 국가경제의 상황에 의해 영향을 받는다.

③ 부동산 공간에 대한 수요와 공급에 의해 부동산의 임대료(Rent)와 점유율(Occupancy)이 결정된다.

④ 점유율이 90%이면 공실률이 10%가 된다.

> **해설** 공간시장의 수요는 지역 및 국가경제의 상황에 영향을 받지만, 공간시장의 공급은 건설하여 완공되는 물량에 따라서 결정된다.

정답 ②

더알아보기 ▶ 부동산시장의 3가지 형태 - (1) 공간시장

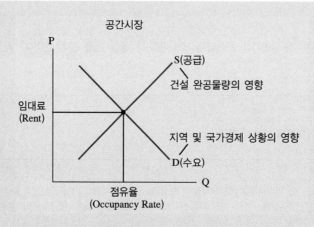

- 지역 및 국가경제 상황이 좋으면, 즉 거시경제여건이 좋으면 수요가 상승하여 임대료가 상승한다.
- 건설 완공물량이 증가하면 공급이 증가하여 임대료가 하락한다.
- 공간시장에서 형성된 임대료와 공실률 수준이 부동산시장의 또 다른 하부시장인 자산시장의 현금흐름에 영향을 주게 되고, 또 개발산업에도 영향을 미친다(즉 부동산의 하부시장은 서로 유기적인 관계를 맺고 있다).

02 자산시장에 대한 설명으로 옳지 않은 것은?

① 자산시장은 부동산 자산의 공급과 수요에 의해서 결정된다.

② 자산시장의 수급에 따라서 해당 부동산시장의 '시장요구자본환원율'의 수준이 결정되는데, 이 자본환원율은 자산시장의 거래지표가 된다.

③ 만일 금리가 하락하고 다른 투자자산의 기대수익률이 낮아지면 부동산시장의 '시장요구자본환원율'은 상승한다.

④ 공간시장이 임대료와 점유율에 따라서 자산시장의 현금흐름이 결정되고, 자본시장의 영향을 받아서 형성된 시장요구수익률을 알면 부동산의 시장가격을 어느 정도 추정할 수 있고, 이렇게 추정된 부동산시장가격은 개발시장의 사업성 분석의 기초자료가 된다.

> **해설** 만일 금리가 하락하고 다른 투자자산의 기대수익률이 낮아지면 부동산시장의 '시장요구자본환원율'은 하락한다.
> *공간시장과 자산시장을 통해 부동산의 시장가격을 추정할 수 있고, 이렇게 추정된 부동산시장가격은 개발사업의 사업성 분석에 기초가 된다. 즉 부동산의 세 가지 하부시장은 서로 유기적인 관계를 맺고 있다.

정답 ③

더알아보기 ▶ 부동산시장의 3가지 형태 – (2) 자산시장

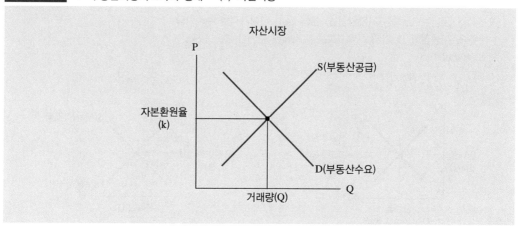

03 공간시장과 자산시장에서 얻어진 현금흐름과 자본환원율이 다음과 같다. 직접환원법으로 추정할 경우 해당 부동산의 시장가격은 얼마인가?

> • 순영업수익 : 10억원
> • 자본환원율 : 10%(연)
> • 가격추정방법 : 직접환원법

① 100억원   ② 120억원

③ 150억원   ④ 200억원

해설   현금흐름/자본환원율 = 10억원/10% = 100억원
       *직접환원법 : 자산의 시장가격 = 현금흐름/자본환원율(k) (현금흐름 = 순영업수익)

정답 ①

더알아보기 ▶ 부동산의 시장가격 추정방법

① 순영업수익은 임대수익을 바탕으로 한 현금흐름으로써 이는 공간시장에서 얻어진다.
② 자본환원율은 자산시장에서 얻어진다.
③ 직접환원법(= 현금흐름/자본환원율) 등을 통해 시장가격을 추정한다.
  ⇒ 즉, 부동산의 세 가지 하부시장은 유기적인 관계를 맺고 있다.
※ 도해(圖解)

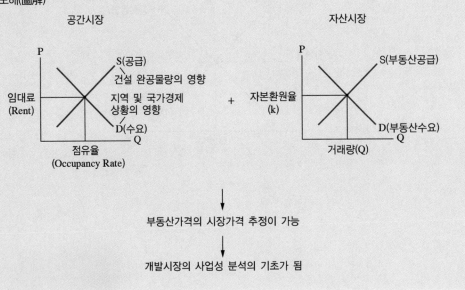

04 다음 빈칸에 알맞은 것은?(차례대로)

> 부동산시장가격의 추정은 ( )에서 얻어지는 현금흐름과 ( )에서 얻어지는 자본환원율을 이용하여 소득접근법의 직접환원법을 사용하여 구할 수 있다.

① 공간시장 – 공간시장
② 공간시장 – 자산시장
③ 자산시장 – 자산시장
④ 자산시장 – 공간시장

해설 공간시장에서 얻어지는 것은 임대료와 점유율(=1−공실률)이고, 임대료와 점유율을 알면 해당 부동산에서의 현금흐름을 구할 수 있다. 그리고 자산시장에서 자본환원율을 얻을 수 있으므로 이 두 가지를 이용해서 부동산 가격을 추정할 수 있다.

정답 ②

거시경제변수와 부동산시장과의 일반적인 관계이다. 잘못된 것은?

① 경제가 성장하면 부동산 매매가격이 상승한다.

② 부동산가격이 상승하게 되면 소비가 증가한다.

③ 부동산가격이 상승하게 되면 수출이 증가하고 수입이 감소한다.

④ 통화량이 증가하면 물가가 상승하게 되고 부동산가격도 상승한다.

해설 | 부동산가격 상승 → 생산비 증가 → 수출경쟁력 약화 → 수출 감소 & 수입 상승

정답 ③

더알아보기 ▶ 거시경제변수와 부동산가격과의 관계(일반적인 관계)

(1) 거시경제변수와 부동산시장과의 관계

거시경제변수 → 부동산	부동산 → 거시경제변수
GDP성장률이 상승하면, 통화량이 증가하면, 물가가 상승하면(인플레헤지기능), 이자율이 하락하면(부동산투자수요 증가), 주가가 상승하면(부동산수요 증가) → 부동산가격이 상승한다.	부동산가격이 상승하면 → 소비 증가(∵ 富의 효과), 투자 감소(∵ 비용 상승), 경상수지 악화(∵ 비용 상승으로 인한 수출경쟁력 약화), 총생산 감소(∵ 근로의욕 저하로 인한 노동생산성 감소, 생산비 상승)

• 부동산가격 상승이 거시경제변수에 주는 영향에 있어서 긍정적 효과는 소비 증가뿐이며, 나머지는 모두 부정적임

(2) 일반경기와 부동산경기 변동
① 경기변동의 4국면 : 회복(Recovery) → 호황(Boom) → 후퇴(Recession) → 불황(Depression)
  • 확장국면(회복과 호황)과 수축국면(후퇴와 불황)의 2분법을 더 많이 사용함
② 국면별 특징

경기회복	호 황	경기후퇴	불 황
저점확인 후 상승, 공실률 감소, 부동산거래가 조금씩 회복세	정점을 향해가는 국면, 거래활기, 가격 상승, 건축 허가신청 급증세	정점확인 후 하향세 전환, 공실률 점차 증가	저점을 향해 지속 하락, 부동산가격 하락, 건축활동 급감
매수인 우위에서 매도인 우위의 시장으로 전환	매도인 우위의 시장강화	매도인 우위에서 매수인 우위의 시장으로 전환	매수인 우위의 시장강화

(3) 부동산경기의 특징
① 부동산경기는 지역별, 유형별, 규모별로 다른 양상을 보이는 경향이 있다.
② 부동산경기는 일반경기에 비해 후행하거나 동행하는 경향이 있다.
  • 주가 > 일반경기 > 부동산경기
③ 부동산경기는 일반경기에 비해 주기도 길고 진폭도 크다(진폭이 클수록 경기가 불안정).

01 부동산가격이 상승하는 경우와 가장 거리가 먼 것은?

① 경제성장률의 증가   ② 이자율의 상승

③ 주가의 상승   ④ 총통화의 증가

> **해설** 이자율이 상승하면 부동산수요가 감소하여 부동산가격의 하락으로 이어진다.

정답 ②

02 경기변동의 특징에 대한 설명으로 옳지 않은 것은?

① 경기변동이란 국민소득, 고용, 투자, 재고조정 등과 같은 경제변수가 상승하고 하강하는 것이 반복되는 현상을 말한다.

② 경기변동의 2국면은 확장국면과 수축국면을 말하는데 일반적으로 확장국면의 길이가 수축국면보다 길다.

③ 경기변동의 4국면은 회복(Recovery), 호황(Boom), 후퇴(Recession), 불황(Depression)으로 구분하는 것을 말하는데, 일반적으로 4분법보다는 2분법을 더 많이 사용한다.

④ 경기변동의 진폭이 클수록 경기가 안정되어 있다고 본다.

> **해설** 진폭이 작을수록 경기가 안정적이라고 본다. 부동산경기는 일반경기에 비해서 진폭이 크다.

정답 ④

03 다음 내용은 부동산경기변동의 4국면 중 어디에 해당하는가?

> • 부동산가격이 지속적으로 하락하면서 거래가 거의 이루어지지 않는다.
> • 건축허가 신청건수가 지속적으로 줄어든다.
> • 부동산시장에서 매수인 우위의 경향이 더욱 강해진다.

① 회복국면   ② 호황국면

③ 후퇴국면   ④ 불황국면

> **해설** 불황국면의 특징이다.

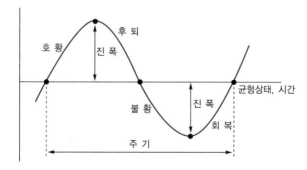

정답 ④

04 매수인 우위에서 매도인 우위의 시장으로 전환하는 국면은 어디인가?

① 회복국면

② 호황국면

③ 후퇴국면

④ 불황국면

> **해설** 매수인 우위의 시장은 부동산경기의 침체기를 의미한다. 침체기에는 '사자'가 별로없고 '팔자'는 많다. 즉, 가격
> 결정의 주도권이 매도자가 아니라 매수자에게 있다고 해서 '매수자 우위의 시장'이라고 한다. '매도자 우위의
> 시장'은 반대로, 부동산경기의 호황기에 '팔자'보다 '사자'가 훨씬 많을 때에 형성된다. 즉 가격결정의 주도권을
> 공급업자가 쥐고 있다.
>
> **정답** ①

05 부동산 경기변동과 일반적인 경기변동과의 관계를 설명한 것이다. 적절하지 않은 것은?

① 부동산경기는 지역별, 유형별, 규모별로 다른 양상을 보이는 경향이 있다.

② 부동산경기는 일반경기에 비해 후행하거나 동행하는 경향이 있다.

③ 부동산경기는 주가에 선행하는 경향이 있다.

④ 부동산경기는 일반경기에 비해서 주기도 길고 진폭도 큰 편이다.

> **해설** 주가는 일반경기에 선행한다(통상 경기에 6개월 선행한다). 그리고 부동산경기는 일반경기와 동행하거나 후행
> 한다. 따라서 주가는 부동산경기에 선행한다 ⇒ 선행의 순서는 '주가 > 일반경기 > 부동산경기'이다.
>
> **정답** ③

부동산시장의 수요 · 공급 분석

부동산시장의 가격결정에 대한 일반론이다. 가장 적절하지 않은 것은?

① 부동산의 수요와 공급이 일치하는 점에서 부동산가격이 결정된다.

② 부동산의 가격이 상승하면 수요가 줄게 되고 공급이 늘어난다.

③ 부동산에 대한 수요가 늘어나면 가격이 상승한다.

④ 초과공급이 생기면 부동산가격이 상승하게 된다.

해설   초과수요 → 가격 상승, 초과공급 → 가격 하락

정답 ④

더알아보기   ▸ 부동산시장의 가격결정(수요공급곡선 도해)

P′에서는 초과공급이 되고(S′ > D′),
초과공급이 되면 가격이 하락하므로 결국 P*에서 균형을 이룬다.

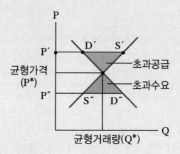

P″에서는 초과수요가 되고(S″ < D″),
초과수요가 되면 가격이 상승하므로 결국 P*에서 균형을 이룬다.

01 부동산시장의 수요가 증가하는 경우가 아닌 것은?

① 소득수준의 향상

② 인구의 증가

③ 대체관계에 있는 부동산가격의 하락

④ 가격 상승에 대한 기대

> 해설 A부동산과 대체관계에 있는 부동산을 B라고 할 때, B의 가격이 하락할 경우 B부동산에 대한 수요는 증가하고 A에 대한 수요가 감소한다.

정답 ③

02 부동산시장의 공급이 증가하는 경우가 아닌 것은?

① 건설비용의 상승 ② 기술수준의 향상

③ 부동산공급자 수의 증가 ④ 가격 상승에 대한 기대

> 해설 기술수준이 향상되거나, 건설비용이 하락하면 동일한 가격수준에서도 부동산의 공급이 증가하게 된다.

정답 ①

더알아보기 ▶ 부동산시장의 수요 · 공급 요인

(1) 부동산수요 변화요인 : 아래는 증가요인

소득수준의 향상, 인구의 증가, 대체관계에 있는 부동산가격의 상승, 부동산가격에 대한 기대, 특정부동산에 대한 선호도 증가, LTV 혹은 DTI의 완화, 금리하락

*소득수준이 향상될 때 아파트에 대한 수요는 증가하나(정상재), 다세대주택의 수요는 감소하게 된다(기펜재).

*LTV(부동산담보 대비 대출비율)와 DTI(소득 대비 대출비율)는 정부의 부동산시장 통제를 위한 대표적인 수단인데, 두 비율을 완화하면 대출여력이 증가하여 수요가 증가하게 된다(→ 뒷편 부동산정책에서 설명함).

(2) 부동산공급 변화요인

건설비용, 기술수준, 부동산가격에 대한 기대, 공급자의 수

(3) Move와 Shift : 그림 참조

① 'Move'는 가격의 움직임에 따른 수요, 공급의 변화를 말한다. 부동산가격이 올라가면 당연히 수요는 줄게 되고 공급은 늘어난다. 반대로 가격이 하락하면 수요가 늘고 공급은 줄어든다(수요공급의 원칙).

② 'Shift'는 동일한 가격수준에서의 수요공급의 변화를 말한다. 예를 들어 가격수준이 동일한데도 소득수준이 늘어난다면 수요가 증가하고, 기술수준이 향상되면 같은 가격수준에서도 공급이 늘어나게 된다.

③ 부동산의 가격에 의한 수요공급의 변화는 'Move(수요량이 변화)'이며, 가격 이외의 변수로 인한 수요공급의 변화는 모두 'Shift(수요자체의 변화)'가 된다(상기 (1), (2)의 요인).

[도해]

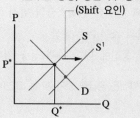

03 부동산의 특징에 해당하지 않는 것은?

① 수요자와 공급자 수에 제약이 있다.

② 부동산 상품은 비동질적이다.

③ 정보가 대칭적이다.

④ 다른 자산에 비해서 거래비용이 과도한 편이다.

해설 정보가 비대칭적이다.

정답 ③

더알아보기 ▶ 부동산시장의 특성

① 수요자와 공급자의 수의 제약
→ 부동산의 고유한 특성의 하나인 위치의 고정성으로 인해 부동산은 지역성을 띨 수밖에 없고, 따라서 수요자와 공급자의 수가 제약된다.

② 부동산상품의 비동질성
→ 같은 동의 아파트라도 전망은 모두 다르다. 즉 부동산은 비동질적이므로 표준화해서 대량생산할 수 없다.

③ 정보의 비공개성
→ '정보의 비대칭성'이란 정보가 공정하게 공개되지 않는 정도를 말하는데 부동산거래는 거래당사자가 쌍방의 이익을 위해 은폐, 왜곡할 수 있는 개연성이 있기 때문에 부동산정보는 비대칭성이 있다고 말한다.
*정보의 비대칭성과 정보의 비공개성은 유사한 의미로 사용하고 있다.

④ 높은 거래비용
→ 취득세, 양도소득세 등의 거래비용은 타 자산에 비해서 큰 편이다.

04 특정지역의 부동산에 대한 수요를 증가시키는 요인에 속하지 않는 것은?

① 특정지역의 인구 증가

② 해당 부동산과 관련한 건축기술의 발전

③ 국민경제전반의 소득수준 향상

④ 특정지역의 부동산에 대한 가격 상승 기대감

> 해설 건축기술의 발전은 공급을 증가시키는 요인이다. 참고로 ①·②·③·④ 모두 Shift요인이다.

정답 ②

05 정부가 지나치게 과열된 부동산경기를 진정시키고자 아래와 같은 정책을 취하였다. 가장 적절하지 않은 것은?

① 현행 LTV 규제비율 70%를 60%로 낮추었다.

② 현행 DTI 규제비율 50%를 40%로 낮추었다.

③ 금리를 인상하였다.

④ 통화량을 증가시켰다.

> 해설 통화량을 증가시키면 금리가 하락해서 부동산에 대한 수요가 늘어나게 된다.
> ①·②·③은 모두 부동산수요를 억제시켜 경기진정에 도움을 준다.

정답 ④

다음 내용은 무엇을 말하는가?

- 부동산시장이 시장실패 원인의 하나이다.
- 쓰레기 소각장을 건설·설치할 경우 이로 인해 주변 부동산의 가격이 하락할 수 있다. 이러한 부동산가격 하락분은 부동산 소유주에게 보상되어야 하나 현실적으로는 잘 이루어지지 않는다.
- 이 경우 정부가 인근 부동산가격 하락분도 쓰레기폐기비용에 포함시키고, 이렇게 모은 자금으로 부동산가격 하락분을 각 소유주들에게 보상해주어 부동산시장을 정상화시킬 수 있다.

① 독과점
② 외부효과(External Effect)
③ 정보의 비대칭성
④ 정부규제

해설 시장실패를 가져오는 원인의 하나로 외부효과를 말한다.

정답 ②

더알아보기 ▸ 부동산시장과 정부의 정책

(1) 시장실패(Market Failure) : 핵심문제, 보충문제 1 참조

시장실패(Market Failure)의 개념	시장실패(Market Failure)의 원인
Σ개인의 최선 ≠ 사회적 최선 → 이 경우 자원이 비효율적으로 배분되고 있다는 것이며 이를 보정하기 위해 정부가 개입을 해야 함(정부개입의 당위성 제공)	독과점 / 외부효과 / 정보의 비대칭성

(2) 정부실패 : 보충문제 2 참조

시장실패에 대한 정부개입이 반드시 성공하는 것은 아님. 정부조직 내부의 비효율성, 파생적인 외부효과, 비용과 수익이 분리되는 정부조직의 비효율성 등이 이유가 됨

(3) 부동산정책의 종류

수요정책	공급정책	조세정책	가격정책
LTV / DTI규제, 기준 금리 조정, 임대료보조, 각종 소득공제 등	지역지구제, 그린벨트제, 택지공급제도, 도시환경정비사업 등	취득세, 보유세, 양도소득세, 개발이익환수제도 등	분양가상한제, 임대료상한제 등
간접적 개입			직접적 개입

① LTV(Loan To Value, 부동산담보가치대비 대출비율) 또는 DTI(Debt To Income, 소득대비 대출비율)를 상향하면 대출여력이 증가하여 부동산수요가 간접적으로 증가됨(LTV / DTI 비율 상향 = 부동산규제 완화)

② 기준금리조절정책은 부동산 수요공급을 조절할 수는 있으나, 경제전반에 미치는 영향이 크므로 특별한 상황이 아니면 잘 쓰지 않음

③ 분양가상한제, 임대료상한제와 같은 직접적인 가격정책은 정책효과가 즉각적으로 나타난다는 점에서 긍정적이나 시장의 자율기능을 해치는 부작용이 있으므로 특단의 대책으로만 활용되어야 함

보충문제

01 시장실패의 원인 등에 대한 설명으로 잘못 설명된 것은?

① 독과점이 있을 경우 독과점업자는 자원의 효율적인 분배가 목적이 아니라 자신의 이익극대화를 위한 가격통제를 하기 때문에 자원배분의 비효율성이 발생한다.

② 외부효과란 경제주체가 어떤 행위를 할 때 그 영향이 자신에게만 미치는 것이 아니라 외부에게 미치고, 그 영향이 합리적으로 조정되지 않음으로서 발생하는 비효율성을 말한다.

③ 정보의 비대칭성이 존재하면 불공정하게 이득을 챙기는 거래가 발생할 수 있으며 이는 건전한 시장의 발전을 저해하는 요소로써 시장실패의 주원인의 하나이다.

④ 시장실패는 정부개입의 당위성을 제공하므로 정부는 반드시 시장실패의 상태에서만 시장에 개입할 수 있다.

> **해설** 시장실패가 정부개입의 당위성을 제공하는 것은 맞지만, 그 외의 경우에도 필요시 개입할 수 있다. 예를 들어 2008년 글로벌 금융위기 당시 부동산시장이 붕괴를 막기 위해 정부가 선제적으로 시장에 개입한 것, 그리고 계층간 불평등 해소를 위한 개입(임대주택공급제도) 등이 그 예이다.
>
> **정답** ④

02 밑줄 친 '여러 가지 이유'에 속한다고 볼 수 없는 것은?

> 부동산시장의 시장실패를 보정하기 위한 정부의 시장개입은 반드시 성공하는 것은 아니다. 즉 정부의 시장개입이 <u>여러 가지 이유</u>로 인해 실패할 수 있는데 이를 정부실패라고 한다.

① 정보의 비대칭성

② 정부조직 내부의 비효율성

③ 파생적인 외부효과

④ 권력에 의한 배분의 불공정성

> **해설** 정보의 비대칭성은 정부실패가 아니라 시장실패의 원인이다.
>
> **정답** ①

03 다음 내용에서 수요정책에 속하는 것으로만 묶인 것은?

> LTV 규제, DTI 규제, 지역지구제, 택지공급제도, 아파트분양가상한제, 임대료상한제, 개발이익환수제도

① LTV 규제 – DTI 규제
② 지역지구제 – 택지공급제도
③ 개발이익환수제도
④ 아파트분양가상한제, 임대료상한제

해설 ①은 수요정책, ②는 공급정책, ③은 조세정책, ④는 가격정책이다.

정답 ①

04 다음 내용에 부합되지 않는 ㉠과 ㉡에 들어갈 말로 올바른 것은?

> 부동산정책에는 정부가 부동산시장의 수요와 공급에 영향을 주어서 정책목표를 달성하는 (㉠)이 있고, 부동산시장가격의 가격에 직접적으로 개입하는 (㉡)이 있다.

	㉠	㉡
①	수요정책	가격정책
②	공급정책	가격정책
③	조세정책	가격정책
④	가격정책	수요 · 공급정책

해설 ㉠은 간접적으로 영향을 주는 것이므로 수요정책, 공급정책, 조세정책이 모두 가능하지만, ㉡은 직접적으로 개입하는 정책이므로 가격정책만이 해당된다.

정답 ④

05 부동산 수요정책에 대한 설명으로 옳지 않은 것은?

① 한국은행이 기준금리를 상승시키면 부동산시장이 수요에 부정적인 영향을 끼칠 것이다.
② LTV 비율을 올리면 부동산대출여력이 증가하여 부동산시장의 수요가 증가하게 된다.
③ DTI 비율을 낮추면 부동산대출여력이 증가하여 부동산시장이 수요가 증가하게 된다.
④ 주택담보대출의 대출서비스액에 대한 소득공제를 해주면 간접적으로 수요를 진작시키는 효과가 발생한다.

해설 DTI 비율을 인하하면 부동산대출여력이 감소한다.

정답 ③

06 다음 내용은 부동산의 공급정책 중 어떤 정책을 말하는가?

> 해당 토지에 대한 용도를 제한하고 토지에 지어질 건축물의 건폐율, 용적률을 규제하여 도시의 밀도를 조절한다.

① 지역지구제
② 택지공급제도
③ 그린벨트제도
④ 도심재생제도

해설 지역지구제를 말한다.

정답 ①

07 부동산 가격정책에 대한 설명으로 옳지 않은 것은?

① 가격정책은 수요정책, 공급정책과 달리 부동산시장에 직접적으로 개입하는 정책이다.
② 가격정책에는 분양가상한제, 임대료상한제 등의 예가 있다.
③ 가격정책은 그 집행효과가 매우 빨라 정책당국에서 매우 선호하고 있는 정책이다.
④ 답 없음(모두 다 옳다).

해설 가격정책은 그 정책의 효과가 매우 즉각적으로 나타난다는 점에서는 긍정적이나 시장의 자율성을 해치는 부작용이 크기 때문에 정책당국에서 선호하기보다는 특단의 대책으로만 활용하고 있다.

정답 ③

다음 내용은 어떤 부동산투자전략을 말하는가?

- 중위험 – 고수익을 추구하는 전략
- 재개발투자를 하여 시장호전시 되파는 전략 또는 리모델링을 한 후 임대수익의 제고를 추구하는 전략

① 핵심전략
② 핵심플러스전략
③ 가치부가전략
④ 기회추구전략

해설 가치부가전략에 속한다.
전통적인 4가지 부동산투자전략

핵심전략 (Core전략)	핵심플러스전략 (Core-plus전략)	가치부가전략 (Value Added전략)	기회추구전략 (Opportunity전략)
• 입지가 좋고 현금흐름이 양호한 우량 부동산에 투자 • Low Risk, Low Return 전략	• 핵심전략보다 약간 더 높은 위험을 부담하고 약간 더 높은 수익을 추구하는 전략	• 재개발투자 후 고가 매도전략 또는 리모델링 후 임대수익제고 전략 • Middle Risk, High Return (중위험 고수익전략)	• 고위험감수, 미개발 토지에 투자 • High Risk, High Return 전략

정답 ③

보충문제

01 투자대상으로서 가장 회피해야 하는 부동산펀드는?

① 저수익 저위험에 투자하는 부동산펀드
② 중수익 중위험에 투자하는 부동산펀드
③ 고수익 고위험에 투자하는 부동산펀드
④ 중수익 고위험에 투자하는 부동산펀드

해설 PF에 투자할 경우 '중수익 – 고위험'에 투자하는 경우가 발생할 수 있으므로 유의해야 한다.

정답 ④

② 부동산펀드의 리스크관리

부동산펀드의 투자위험과 대안투자   핵심유형문제

대안투자의 특성에 대한 설명으로 옳지 않은 것은?

① 투자대상으로는 오랜 역사를 지니고 있다.
② 장기간 환매불가기간(Lock-up Period)이 있다.
③ 수수료부담이 크다.
④ 적절한 벤치마크가 없다.

해설   투자대상으로서의 역사는 짧다.

정답 ①

더알아보기 ▶ 부동산투자위험과 대안투자(Alternative Investment)

(1) 위험의 비교

전통적인 금융투자상품의 위험	부동산투자의 위험
시장위험, 신용위험, 운영위험(주문실수 등), 유동성위험, 사건위험(법적위험, 신용등급변동위험 등), 포트폴리오위험(상품집중위험 등)	사업상위험(시장위험 / 운영위험 / 입지위험), 금융위험, 법적위험, 인플레이션위험, 유동성위험

① 입지위험은 모든 사업에 공통적인 문제이기는 하지만 부동산의 경우 특히 그 정도가 심함
② 부동산개발사업에 대한 대출은 주식투자수준의 위험을 갖는다는 점에 유의
③ 위험도와 기대수익률의 관계 – 높은 순서
   '주식 ≒ 부동산개발대출' > 부동산 > 회사채 > MBS > 국채

(2) 대안투자의 특성
투자대상으로는 짧은 역사를 지님 / 보편적이지 않은 투자형태 / 장기간 환매불가기간이 있으며 유동성이 낮음 / 높은 수수료(2-20rule) / 신뢰할 수 있는 기관투자자의 투자수단으로 활용 / 공정가치를 평가하는 데 있어 어려움이 있음 / 적절한 벤치마크가 없음 / 운용역의 전문성에 의존
참고   2-20rule은 운용보수 2%, 성과보수 20%를 의미하며 헤지펀드의 특성으로 알려짐

(3) 대안투자금융과 일반기업금융의 차이

대안투자	일반기업금융
프로젝트의 현금흐름을 상환재원으로 함 / 비소구 또는 제한적 소구 / 부채비율 높음 / Off-balance	차주의 재정 및 담보, 보증을 상환재원으로 함 / 완전소구 / 부채비율 낮은 편 / On-balance

참고 재무상태표에 계상되면 On-balance, 계상되지 않으면 Off-balance

01 부동산의 고유의 특성인 부동성으로 인해 발생하는 위험은 무엇인가?

① 시장위험(Market Risk)
② 입지위험(Location Risk)
③ 법적위험(Legal Risk)
④ 유동성위험(Liquidity Risk)

> 해설 유동성위험은 부동산의 경우 타 자산에 비해서 매우 크다고 할 수 있지만 부동산의 부동성과는 관련이 없다.
>
> 정답 ②

02 다음의 투자자산 중 기대수익과 위험이 높은 순서대로 나열된 것은?

> • 투자대상자산 : 주식, 회사채, 부동산, 국채 (모두 펀드투자로 가정)

① 주식 > 회사채 > 국채 > 부동산
② 주식 > 부동산 > 회사채 > 국채
③ 부동산 > 주식 > 회사채 > 국채
④ 부동산 > 주식 > 국채 > 회사채

> 해설 주식 > 부동산 > 회사채 > 국채이다. 부동산펀드 중에서는 개발형부동산펀드가 가장 기대수익률도 높고 위험도 크다.
>
> 정답 ②

03 부동산투자위험의 종류에 대한 종류이다. 잘못 설명한 것은?

① 경제가 위축되면 부동산에 대한 수요가 줄어든다. 부동산에 대한 수요가 줄어들면 임대료가 하락하여 수익성이 하락한다. 이러한 위험을 사업상의 위험 혹은 시장위험이라 한다.
② 부채를 사용하여 투자하게 되면 자기자본수익률이 증가할 수 있지만 부담해야 할 위험도 커진다. 부채가 많을수록 원리금에 대한 채무불이행위험이 높아지는데 이를 금융위험이라 한다.
③ 부동산투자의 의사결정은 정부의 정책, 토지이용규제, 조세제도 등의 법적환경 아래서 이루어지는데 이러한 법적환경의 변화로부터 발생하는 위험을 법적위험이라 한다.
④ 통화량이 증가하면 물가가 상승하고 이로 인해 장래 발생한 투자수익금의 실질구매력이 하락할 위험이 있다. 이를 정책위험이라 한다.

> 해설 인플레이션위험 혹은 구매력위험이라 한다. 장래에 받을 투자수익금은 물가가 상승할수록 그 실질가치(실질구매력)가 줄어들게 된다.
>
> 정답 ④

04 대안투자(Alternative Investment)의 범주에 속하지 않는 자산은?

① 부동산

② MMF

③ 상품(Commodity)

④ 신용(Credit)

해설　MMF(단기금융펀드)는 전통자산에 속한다.

정답 ②

05 다음은 대안투자(Alternative Investment)의 자금조달과 일반기업금융과의 차이점이다. 잘못 연결된 것은?

번 호	구 분	대안투자	일반기업금융
①	상환재원	프로젝트의 현금흐름	차주의 재정 및 담보, 보증
②	조달비용	사업수행 위험이 높아 요구수익률이 높음(조달금리도 높음)	기업의 신용도, 만기에 따라 차이가 난다
③	소구권	완전소구	비소구 또는 제한적 소구
④	부채비율	높 다	낮다(통상적으로 낮은 편)

해설　대안투자의 자금조달방식 및 운용은 프로젝트 파이낸싱과 흡사하다고 볼 수 있다. PF는 비소구 또는 제한적 소구이며 일반기업금융은 완전소구이다.
*회계처리 : 대안투자 - Off Balance, 일반기업금융 - On Balance

정답 ③

부동산펀드의 투자위험관리

위험별 관리방안에 대한 설명으로 옳지 않은 것은?

① 가격변동위험은 파생금융상품을 통해 헤지할 수 있는데 우리나라의 경우 부동산을 기초자산으로 한 파생상품의 유동성이 풍부하여 유력한 헤지수단으로 활용되고 있다.

② 유동성위험에는 사전옵션계약이나 풋백옵션을 활용할 수 있다.

③ 임대위험 등 관리운영상의 위험에는 전문관리업체와 장기운영계약을 통하여 아웃소싱(Outsourcing)하는 방법을 활용할 수 있다.

④ 개발위험에는 '확정가격에 의한 일괄도급계약(Turn Key Contract)'을 활용할 수 있다.

> **해설** 우리나라의 경우 파생금융상품의 유동성은 세계 최고 수준이나 부동산을 기초자산으로 하는 파생상품의 유동성은 아직 미약한 편이어서 현실적인 수단이 되지 못한다.
>
> 정답 ①

더알아보기 ▸ 부동산펀드의 투자위험관리

(1) 위험의 종류별 관리방안

가격변동위험	유동성위험	부동산임대 및 관리운영위험	개발위험	비체계적 위험
파생금융상품 활용	사전옵션계약 / 풋백옵션	장기임대계약 / 아웃소싱 / 리싱패키지	Turn Key Contract (일괄도급계약)	분산투자

① 파생금융상품은 신뢰할만한 지수가 아직 없으며 유동성 또한 부족하여 현실적 대안이 되기는 어려움

② 사전옵션계약도 현실성이 부족. 풋백옵션은 매매거래가 아닌 담보부 차입거래로 해석될 여지가 있음

③ 아웃소싱(Outsourcing)은 전문관리업체에 장기운영계약을 위탁하는 것. 리싱패키지(Leasing Package)는 통제할 수 없는 외부여건변화에 대응하기 위해 통제가능한 내부 여건을 변화시켜 대응하는 것을 말함

(2) 위험관리부서의 업무흐름도

> 각 사업부서 → (위험자본한도 요청) → 위험관리부서 → (위험자본한도 건의) → 위험관리위원회 / 이사회의 승인

- 위험관리부서 업무 : Risk Monitoring(모니터링), Risk Evaluation(평가), Risk Measurement(측정)

(3) 부동산투자위험의 관리
부동산투자위험은 정량적·시스템적인 위험관리가 곤란하고 프로젝트 모니터링 등 사후적·수동적인 위험관리는 유용하지 못하다.

→ 정성적이고 사전적이고 적극적인 위험관리가 필요함

01 위험의 종류별 헤지방법이 잘못 연결된 것은?

① 가격위험 – 파생금융상품

② 유동성위험 – 사전옵션계약, 풋백옵션

③ 개발위험 – 장기임대계약, 아웃소싱, 리싱패키지

④ 비체계적 위험 – 부동산 분산투자

> 해설 장기임대계약, 아웃소싱, 리싱패키지 등은 관리운영상 위험의 헤지방법이다.

정답 ③

02 위험관리부서의 업무에 해당하지 않는 것은?

① Risk Monitoring(위험 모니터링)

② Risk Evaluation(위험 평가)

③ Risk Measurement(위험 측정)

④ 위험자본한도 요청

> 해설 각 사업부서(부서별 위험관리담당자)에서 위험관리부서에 위험자본한도를 요청하고, 위험관리부서는 해당 위험을 평가·측정하며, 위험한도 소진여부에 대한 모니터링 과정을 거친 후에 위험관리위원회에 위험자본한도를 건의한다.

정답 ④

사업타당성 분석

다음은 사업타당성 분석의 어떤 측면을 말하는가?

> 시설물관리회사(FM ; Facility Management) 등으로부터 하자나 장래 필요한 자본적 지출에 대한
> 정보를 얻게 되며 이를 사업계획에 반영한다.

① 시장환경분석
② 법률·정책적 타당성 분석
③ 물리·기술적 타당성 분석
④ 재무적 타당성

해설　설계상의 하자·건물의 노후화 등을 고려해 적절한 자본적 지출이 필요하며, 이를 사업에 포함시키기 위해
'물리·기술적 타당성 분석'이 필요하다.

정답 ③

더알아보기　▶ 사업타당성 분석

(1) 개 념

사업성 분석은 리스크관리분양에서 가장 중요한 부분이며, 사업성 저하로 인해 발생하는 리스크에는 어
떠한 금융구조로도 회피할 수 없음을 명심해야 함

(2) 사업타당성 분석의 대상

시장환경	법률·정책적 타당성	물리·기술적 타당성	실행가능성	재무적 타당성	현금흐름 추정
SWOT분석, 입지분석 등	정책변경가 능성, 인허가 가능성 등을 고려	시설물관리 회사(FM)를 통해 얻은 정보를 반영	시행자의 추진능력 / 시행자의 과거경력 등	• 대출형부동산펀드 – 월단위현금흐름작성 • 실물형부동산펀드 – B/S, P/L 등 재무제표	DSCR, ROI 등으로 현금흐름 추정

- 현금흐름 추정시 원리금상환능력을 말해주는 것은 DSCR이다. DSCR = 영업현금흐름 / 원리금상환액,
  즉 영업현금흐름이 원리금상환액에 비해 몇 배인가?
  → 높을수록 상환능력이 좋다는 것, 1.2 ~ 1.30이 적정함
- ROI는 투하자본이익률로, 프로젝트 자체의 IRR(내부수익률)이라 할 수 있음

01 재무적 타당성 분석을 위한 현금흐름 추정에 관한 내용이다. 빈칸에 가장 적절하게 채워진 것은?

> - (㉠)의 경우 토지비, 건축비 등의 사업비를 자본금이나 차입금을 통해 조달해서 건설기간 중 지출하고 분양을 통해 분양대금납입 일정에 따라 유입되는 현금으로 이자와 차입금을 상환하며 주주배당 및 사업종료에 따라 잔여재산을 주주에게 반환하는 것이 전체 사업기간의 현금흐름이다.
> - (㉡)의 경우 부동산매입자금을 자본금이나 차입금으로 조달하고 사업기간 발생하는 임대소득으로 이자비용과 주주배당을 하며 사업종료 시점에 부동산을 매각해서 차입금을 상환하고 잔여재산을 주주에게 반환하는 것이 전체 사업기간의 현금흐름이다.

	㉠	㉡
①	개발형부동산펀드	임대형부동산펀드
②	개발형부동산펀드	대출형부동산펀드
③	실물형부동산펀드	대출형부동산펀드
④	실물형부동산펀드	권리형부동산펀드

해설 ㉠은 부동산개발사업의 현금흐름을 말한다. ㉡은 매매형을 제외한 실물형부동산펀드가 모두 가능하지만 임대형부동산펀드가 가장 적합하다고 본다.

정답 ①

대출형부동산펀드의 리스크관리

대출형부동산펀드의 특징이다. 잘못 설명한 것은?

① 대출형부동산펀드는 프로젝트 파이낸싱형 펀드라고도 하고, 부동산개발사업의 시행 주체에게 자금을 대출한 후 이자를 수취하는 펀드가 주 형태이다.

② 부동산개발 프로젝트는 일반적으로 기존업체와 별개인 법인에 의해 진행되어 프로젝트로부터 발생하는 현금흐름 및 부채가 대차대조표에 나타나지 않는데 이를 부외금융(Off-balance)이라 한다.

③ 대출형부동산펀드는 일정기간 환매가 제한이 되며, 여타 부동산펀드와는 달리 수익자에게 예측 가능한 수익률 가이드라인을 제시할 수 있다.

④ 공모형부동산펀드의 경우 환매제한의 보완으로 증권시장에 상장하도록 하고 있으며 따라서 환금성에는 별다른 제약이 없다.

해설 더알아보기 참조

정답 ④

더알아보기 ▶ 대출형부동산펀드의 리스크관리

구 분		대출형부동산펀드의 내용
개념 및 특징		① 프로젝트 파이낸싱형 펀드(PF형 펀드)라고도 하며, 주로 PF의 미래 현금흐름을 담보로 시행주체에게 대출한 후 원리금을 수취하는 펀드이다.
		② 부동산PF는 별개의 법인에 의해 진행됨으로써, 기존 사업주체의 대차대조표에 나타나지 않으므로 부외금융(Off-balance)이라 한다.
		③ 일정기간 환매가 제한되는 특징이 있고, 타부동산펀드와 달리 수익자에게 예측 가능한 수익률 가이드라인을 제시할 수 있다.
		④ 공모형펀드의 경우 환매제한문제로 인해 증권시장에 상장이 되나, 실제 거래량이 부족해서 환금성은 낮은 편이다.
		⑤ 시행자를 차주로 하고 시공회사의 지급보증 및 사업주 대표이사의 연대보증의 방법으로 신용위험을 담보하는 대출구조이다(제한적 소구금융).
		⑥ 부동산개발사업이 성공할 경우 가장 큰 이익을 얻는 주체는 시행사이며, 그 다음이 시공사이다. 따라서 부동산펀드는 시행사와 시공사에게 펀드가 가지게 될 많은 위험을 전가한다(시공사의 채무인수 / 연대보증 / 책임분양 / 책임준공 등).
리스크 유형	① 사업인허가 위험	최근에 인허가 과정이 복잡해지는 경향이 있어 인허가가 늦게 이루어져 상환일정지체, 추가적인 금융비용 부담 등의 문제가 발생할 수 있다.
	② 사업부지 관련 위험	사업부지매입 후 소유권이전에 따른 위험이 존재(근저당권 / 압류 / 가등기 등의 법률적 하자와 임차인 명도 등과 관련, 상당기간이 소요될 위험요소)한다.
	③ 부도 위험	시행사 또는 시공사의 부도발생시 시행사·시공사의 교체로 인한 사업지연과 원리금상환지연 또는 미상환위험이 발생한다.
	④ 분양 위험	분양률이 너무 낮으면 원리금상환지연 및 미상환위험이 발생하며, 분양률이 너무 높으면 조기상환위험에 노출된다.

리스크 유형	⑤ 계약불이행 위험	시공사의 채무인수 의무불이행 등 계약당사자의 계약불이행시 사업이 지연되거나 중단될 위험이 발생한다.
	⑥ 불완전판매 위험	판매사가 투자자에게 그 위험요소에 대해서 설명해야 하는 법적책임을 부담한다(투자원금의 손실위험을 빠짐없이 설명하는 것이 쉽지 않음).
	⑦ 공모펀드 위험	㉠ 높은 금융비용 : 공모형태로 자금조달시 Idle Money가 존재할 수 있어 수익률저하의 원인이 될 수 있다(대출형부동산펀드를 공모형으로 모집하는 것은 위험이 따름). ㉡ 융통성결여 : 대출조건변경이 필요할 경우 펀드의 특성상 수익자들의 협의가 필요하나 공모펀드에서 의견도출이 쉽지 않은 것이 현실이다.

단계별 리스크 관리방안	
(1) 투자단계의 리스크 요인 및 관리방안	
사업부지확보 / 명도 / 인허가 / 초기사업위험 / 분양성 등의 위험에 대한 적절한 관리방안을 강구하여야 한다. • 초기사업위험 : 일조권침해, 소음 등에 관한 주변민원발생을 고려, 관련 예비비확보가 필요하다.	
(2) 시공사의 역할	
① 책임준공 : 부동산개발사업은 총사업비를 대출로 조달할 수 없으므로 분양수입금을 사용하게 된다. 분양률이 낮을 경우 공사비조달이 어려울 수 있으므로 시공사에게 책임준공을 요구한다. ② 책임분양 : 준공시점까지 일정분양률을 달성하지 못할 경우 시공사가 책임지는 것이다. ③ 채무인수 : 기한이익상실사유가 발생시 시공사에서 채무인수와 시행권인수를 한다. 　이 경우 시공사의 신용위험으로 대체되므로 시공사의 신용이 중요하다. ④ 간접적 채무인수 : 우량시공사가 채무인수를 할 경우 자본조달비용이 낮아 대출형부동산펀드에서 취급하기 어렵다(수익성이 낮으므로). 따라서 시공사의 채무인수가 아닌 책임준공이나 책임분양을 적절히 활용함이 바람직하다.	
(3) 펀드운용 단계의 리스크 요인 및 관리방안	
① 자금관리 : 은행에 자금관리계좌(Escrow Account)를 개설하여 투명하게 현금흐름을 관리한다. ② 분양률 테스트 : 목표분양률 테스트에 미달할 경우 시공사가 채무를 인수하게 하는 방법인데 현실적으로 적용된 사례는 거의 없다. ③ 펀드운용의 딜레마 : 저조한 분양률을 개선하기 위해 발코니확장, 단지조경 등을 개선하여 분양률을 높였으나, 분양률 개선부분은 무시하고 비용이 증가된 부분에 대해서 이의를 제기하는 것이다.	
(4) 위험요인 점검	
① 사업수지표 : 토지비 / 공사비 / 설계비 / 홍보비 등의 산출근거를 검토한다. 토지비가 과다하거나 사업이익률이 낮으면 위험이 높다고 판단할 수 있다. 　• 사업이익 : 사업시행자의 동기부여가 되며 위험에 대한 버퍼(Buffer)이다. 사업이익이 작다면 사업주가 대출금을 횡령할 수도 있으며, 사업이 정상적으로 추진되지 않을 위험이 있다. ② 토지비 : 토지매입은 일반적으로 리파이낸싱 방식으로 이루어진다. ③ 분양수입 : 분양률은 시장상황에 따라 달라지므로 가장 높은 위험요소라고 할 수 있다(분양률은 분양개시 후 3개월 정도가 되면 대출원리금 회수의 문제 여부 판단가능).	

참고 리파이낸싱(Refinancing) : 저축은행 등에서 브리지론(Bridge-loan)을 조달하여 토지를 매입 후, 인허가를 완전히 받은 이후 은행이나 대출형부동산펀드를 통해 PF를 조달하여 브리지론을 상환하는 방식이다.

01 대출형부동산펀드의 위험유형에 대한 설명으로 잘못 설명한 것은?

① 최근에는 점점 인허가 과정이 복잡해지는 경향이 있어 인허가가 예상보다 늦게 이루어져 대출금 상환일정이 어긋나거나 추가적인 금융비용 발생으로 상환재원이 부족해질 리스크도 증가하고 있다.

② 사업부지 매입시 근저당권, 압류, 가등기 등 각종 법률적 하자를 해소하는 데 리스크가 따르며 임차인 명도 및 이주와 관련하여 상당한 기간이 소요될 수 있는 위험요소를 가지고 있다.

③ 사모형태로 자금을 조달한 경우 당장 필요하지 않은 자금부분까지 조달해 두고 은행 예금이나 콜론 등의 저수익자산에 운용을 하게 되어 수익률이 하락할 위험이 있다.

④ 대출형부동산펀드는 부동산개발사업에 따른 모든 위험에 노출이 되어 이러한 부분을 빠짐없이 설명하는 것이 어렵다. 따라서 투자원금손실 위험에 대한 설명의무를 이행하지 못함에 법적책임 (손해배상책임)에 노출될 수 있다.

해설 공모펀드의 'Idle Money'의 문제를 말한다.

정답 ③

02 대출형부동산펀드의 위험요인 및 관리방안이다. 잘못 설명한 것은?

① 부동산펀드에서 대출은 위험회피를 위해 대부분의 사업부지를 매입했거나 대부분의 사업부지에 대해 매매계약을 체결한 상태에서 이루어지는데 이러한 경우에도 부지확보위험에 노출된다.

② 부동산은 소유권을 확보하면 바로 실질적인 지배가 이루어지는 것이 아니므로 명도 위험이 발생 하지 않는다.

③ 법적, 제도적으로 해당 관공서의 인허가 지연이나 불승인 또는 최초의 사업계획과 규모가 현저히 다르게 인허가를 받는 것도 중요한 인허가 위험으로 간주한다.

④ 통상 시행법인으로 하여금 토지매입대금의 10% ~ 15% 수준의 자기자본조달과 시행사 대표이사 의 연대보증을 요구하고 있는데 이는 시행사위험을 완화하기 위한 것이다.

해설 소유권을 확보하더라도 임차인이 있는 경우 임차인 명도 문제가 발생할 수 있다.

정답 ②

03 대출형부동산펀드의 리스크 유형을 모두 묶은 것은?

> 가. 사업인허가 위험
> 나. 사업부지매입시 소유권이전에 따른 위험
> 다. 시행사 또는 시공사의 부도 위험
> 라. 분양 위험
> 마. 차입 위험

① 가, 나, 다, 라
② 가, 다, 라, 마
③ 나, 다, 라, 마
④ 가, 나, 다, 라, 마

해설 대출형부동산펀드는 차입이 불가하므로 '차입 위험'은 존재하지 않는다.
  ※ 대출형부동산펀드의 위험 : 위의 '가, 나, 다, 라'에 추가하여 '계약불이행 위험, 투자원금손실 위험, 공모펀드 위험'이 있다.

정답 ①

임대형부동산펀드의 리스크관리

다음 빈칸에 들어갈 말로 옳은 것은?

> (㉠)에 있어 통제하기 가장 어려운 위험은 사업초기의 초기분양률인 반면에, (㉡)에 있어서 가장 큰 위험은 미래 청산시점에서의 부동산 매각가액이다.

	㉠	㉡
①	부동산개발사업	부동산임대사업
②	부동산개량사업	부동산임대사업
③	부동산임대사업	부동산개발사업
④	부동산임대사업	부동산개량사업

해설 일반적으로 부동산개발사업의 다양한 위험을 고려할 때 부동산임대사업은 개발사업에 비해서 상당히 안정적인 편이다.

정답 ①

더알아보기 ▸ 임대형부동산펀드의 리스크관리

임대형부동산펀드의 리스크 유형	
(1) 매입단계의 위험 : ① 매입가격의 적정성 ② 법률적 위험 ③ 물리적 위험 ④ 재무적 타당성	
(2) 건설 중인 부동산 매입 위험	
① 건설 중인 부동산	매수인인 펀드투자자의 입장에서는 좋은 위치의 부동산을 확보할 수 있다는 장점이 있고, 매도자인 개발시행회사 입장에서는 선분양을 통한 분양위험제거와 자금 충당이 장점임
② 개발사업 위험	• 건설 중인 부동산을 매입하는 형태의 펀드는 개발사업에서 발생할 수 있는 모든 위험을 개발시행회사로부터 간접적으로 영향을 받음 • 통상 건설 중인 부동산을 매입시에는 가급적 우량 시공사의 책임준공확약을 받을 필요가 있고 어렵다면 최소한 인허가 완료 후 착공이 시작된 상태의 부동산을 매입하는 것이 좋음
③ 부동산권리 확보위험	• 공사기간 중에는 사업대상 토지에 대해 계약금 및 중도금 등에 120% ~ 130% 정도를 채권최고액으로 하는 담보신탁을 설정하여 우선수익권을 확보함이 권장 • 가급적 잔금비율을 높여서 건축기간 중의 발생위험을 최소화
④ 기타 공사 관련 위험	시공사의 귀책사유나 시행사의 책임으로 인한 준공지연 또는 공사중단의 경우 이를 배상하도록 하는 조항을 넣어야 함

(3) 운용단계	
① 임차인 위험	임차인들의 구성(Tenant Mix)과 주요 임차인에 대한 재무상태와 평판을 확인해야 함
② 공실 위험	주요 임차인의 임대계약은 가급적 장기로 체결해 임차인 변동에 따른 공실률 증가와 임대수입 변동가능성을 최소화해야 함
③ 관리비증가 위험	시설관리전문업체를 통해 직전 2 ~ 3년간 월별관리비를 분석하고 장래 물가상승률을 감안한 미래관리비를 사업계획에 반영
④ 타인자본 위험	• 부동산매입시 부동산담보대출을 고정금리로 목표사업기간에 맞추어 조달함 • 임차인의 계약갱신가능성에 대비해 금융기관으로부터 단기차입이 가능하도록 준비
⑤ 재해 등 물리적 위험	법률상 배상책임 위험 등에 대비해 필요한 보험에 가입
⑥ 제도변화 관련 위험	부동산관련규제가 매우 다양하고 지속적 개정이 되므로 이로 인한 자산가치하락과 세법개정에 의한 수익률하락 위험 존재
(4) 청산단계	
① 매각금액 미달 위험	• ⓐ 매입가로 매각한다는 가정, ⓑ 매입가에 물가상승률을 반영한다는 가정, ⓒ 취득원가대비 90% ~ 110%에 매각한다는 가정과 ⓓ 수익환원법(현금흐름 / 요구수익률)의 사용이 있는데, 대부분 사업계획에서 수익환원법을 사용해서 매각예상가액을 추정함 • 환원이율은 매입시점보다 높은 수준을 적용(보수적인 가정)
② 매각 위험	매수자가 매매금액을 납부할 능력이 있는지를 판단하거나 납부할 수 있도록 협조하고 매각업무처리에 있어서 법률적 하자가 없도록 주의를 해야 함
③ 추가비용 발생 위험	부동산을 매각한 후에도 수개월간은 제세공과금 등과 펀드에서 추가적으로 부담해야 할 비용부분이 있으므로, 통상 부동산 매각 후 3개월 정도 펀드를 유지할 필요가 있음

보충문제

01 임대형부동산펀드에 있어 매입단계의 리스크에 속하지 않는 것은?

① 법률적 위험

② 부동산 권리 확보 위험

③ 물리적 위험

④ 재무적 타당성

해설 부동산 권리 확보 위험은 매입단계가 아닌 '건설 중인 부동산 매입위험'에 속한다.
[부동산 권리 확보 위험] 투자대상인 건축물의 공사기간 중에는 사업대상 토지에 대해 계약금 등에 120 ~ 130% 정도를 채권최고액으로 하는 담보신탁을 설정하고 준공 시점에 소유권등기 시의 잔금비율을 높여 건축기간 중 발생하는 위험노출금액을 최소화해야 한다.

정답 ②

02 임대형부동산펀드에 있어서 개발사업 리스크를 관리하는 방안에 대한 설명으로 잘못된 것은?

① 오피스빌딩을 분양받을 경우 매수인의 입장에서 좋은 물건의 오피스빌딩을 확보할 수 있다는 장점이 있으나 개발사업에서 발생하는 모든 위험에 간접적으로 노출된다.

② 건설 중인 부동산을 선매입하는 경우에는 가급적 우량 시공사의 책임준공확약을 받을 필요가 있는데 어렵다면 최소한 인허가가 완료되어 착공이 시작된 상태에서 매입을 해야 개발사업 초기 단계의 위험을 회피할 수 있다.

③ 부동산권리 확보 위험에 대비하기 위해 공사기간 중에는 사업대상 토지에 대해 계약금 및 중도금 등에 120% ~ 130% 정도를 채권최고액으로 하는 담보신탁을 설정하는 것이 좋다.

④ 잔금을 지급함에 있어서는 가급적 잔금비율을 낮추어서 건축기간 중 발생하는 위험에 노출되는 금액을 최소화하는 것이 바람직하다.

해설 잔금비율을 높여야 건축기간 중의 위험에 의해 노출되는 금액이 최소화된다.

정답 ④

03 임대형부동산펀드에 있어서 운용단계의 리스크를 관리하는 방안에 대한 설명으로 잘못된 것은?

① 실물부동산은 임차인과의 임대차계약을 통한 임대료수입이 주요 수입원이므로 임차인들의 구성 (Tenant Mix)과 주요 임차인에 대한 재무상태 및 평판을 확인해야 한다.

② 주요 임차인과의 임대계약은 가급적 단기로 체결해 임차인 변동에 따른 공실률 증가와 임대수입 변동 가능성을 최소화해야 한다.

③ 재무실사를 통해 운용상의 각종 제비용을 사업계획에 반영하지만, 수도광열비나 냉난방비, 제세 공과금 등의 관리비용이 사업계획비용보다 높은 수준으로 변동할 위험을 고려해야 한다.

④ 부동산을 매입하기 전에 회계법인이나 시설관리 전문업체를 통해 직전 2 ~ 3년간 월별 관리비를 분석하고 장래 물가상승률을 반영하여 미래관리비를 사업계획에 반영한다.

해설 주요 임차인과의 임대계약은 가급적 장기로 체결한다.

정답 ②

04 임대형부동산펀드에 있어서 청산단계의 리스크를 관리하는 방안에 대한 설명으로 잘못된 것은?

① 부동산펀드의 만기가 1년 정도 남게 되면 회계법인을 통해 부동산매각이나 청산과 정상 발생할 수 있는 비용을 세부적으로 파악하고, 부동산매각 후에는 3개월 정도 펀드를 유지해서 예상치 못한 비용을 펀드에서 부담하도록 한다.

② 부동산의 매각은 목표했던 매도금액에 매각하는 것뿐만 아니라 매수자의 납부능력의 판단, 매각 업무상 법률적 하자가 없도록 주의해야 한다.

③ 부동산 매각시 대부분의 사업계획에서 수익환원법을 사용해서 매각예상가액을 추정한다.

④ 부동산 매각추정금액은 수익환원법을 사용하되, 매입시점의 환원이율(Cap Rate)이나 이보다 약간 낮은 수준의 Cap Rate를 적용해서 추정한다.

해설 약간 높은 수준을 적용해야 보수적인 가정이 됨(더알아보기 참조)

정답 ④

경공매형부동산펀드의 리스크 유형에 대한 설명으로 잘못 설명한 것은?

① 일반인들의 참여가 용이한 상업용 또는 업무용 부동산을 대상으로 하는 경공매시장에서는 시장이 과열될 경우 낙찰가율이 증가하여 기대수익률이 낮아진다.

② 경공매형부동산펀드는 저평가된 부동산을 찾아서 낙찰하는 과정, 권리관계 분석, 임대 및 매각까지 복잡한 과정을 거치기 때문에 운용인력의 전문성이 더욱 요구된다.

③ 경공매형부동산의 입찰시점에서 초기 자산가치를 지나치게 높게 판단함으로써 입찰 가격을 높게 설정하면 임대수익률 하락과 재매각시 가격 하락에 따른 수익률저하가 발생한다.

④ 부동산 확보 관련 정보수집, 입찰, 명도, 임대, 처분 등에 전문적인 지식과 경험이 필요하므로 전문기관들에게 아웃소싱함에 따른 과다한 비용이 지급되어 펀드수익률을 저하시킬 수 있다.

해설 일반인들의 참여가 용이하여 낙찰가율이 증가할 수 있는 것은 아파트나 토지이다.

정답 ①

더알아보기 ▸ 경공매형부동산펀드의 리스크관리

경공매형부동산펀드의 리스크 유형	
(1) 매입단계	
① 투자자산 확보 위험	경매가 과열될 경우 낙찰가가 상승하여 저가에 투자자산을 확보하기 어려움 → 일반인의 참여가 용이한 아파트, 토지보다는 상업용 또는 업무용 부동산이 적합
② 운용인력의 중요성	현재 경공매형펀드는 임대형, 대출형펀드에 비해 수익률이 현저하게 낮은 편인데 그만큼 운용인력의 전문성이 요구됨
③ 법률 위험	유치권, 선순위소액임차인 등 권리상의 하자로 인한 추가비용 발생 가능
④ 자산평가 위험	'자산 고평가 → 입찰가격 상승 → 펀드수익률 하락', 따라서 낮은 가격으로 취득 노력
⑤ 비용증가 위험	경매물건 취득시 발생하는 비용은, 취득세 / 컨설팅비용 / 법무비용 / 명도비용 등 낙찰금액의 7% ~ 8% 정도, 펀드의 운용보수 연 3% 수준으로 비용이 높은 수준
(2) 매각단계의 위험 : 호황시에도 인근지역의 신규물건공급이 많을 경우 매각가격이 하락할 수 있음	
경공매형부동산펀드의 리스크 관리방안	
① 투자자산 평가 위험	투자대상후보군의 자산가치 / 임대현황 / 시장현황 / 물리적 하자 / 법률적 하자 등에 대해 평가시스템을 체계적으로 갖추고 있어야 함
② 법률 위험	전문컨설팅사나 법률가와 유기적인 업무공조시스템이 마련되어 있는지 살펴보아야 함
③ 자산처분 위험	펀드청산시점으로부터 충분한 시간을 두고 처분작업을 실시해야 하며, 전속중개계약 및 부동산매매 컨설팅계약 체결로 중개전문회사와 매도시기를 조정해야 함
④ 펀드규모의 적정성	펀드규모가 너무 크면 미운용자금(Idle Money)의 비중이 높아 수익률이 저하되고, 펀드규모가 너무 작으면 1개 ~ 2개의 경공매물건에 집중투자됨에 따라 리스크가 증가됨
⑤ 펀드운용사의 체계적 관리	Blind형식으로 운용되므로, 펀드운용의 최적화 및 투명성을 기할 수 있는 체계적인 운용 프로세스 및 운용매뉴얼이 필요함

01   경공매형부동산펀드의 리스크 관리방안이다. 잘못 설명한 것은?

① 투자대상 개별부동산 후보군의 자산가치, 임대현황, 시장현황, 물리적 하자, 법률적 하자 등에 대해 사전조사 및 평가시스템을 체계적으로 갖추고 있는지 점검한다.

② 명도에 대해 민법상의 인도명령 및 명도소송의 법률적 검토를 해야 하며, 이 경우 추가적으로 발생할 수 있는 명도지연 및 추가비용에 대한 대비책이 있는지를 검토한다.

③ 펀드청산시점으로부터 충분한 시간을 갖고 투자부동산의 처분작업을 실시하여야 하며, 전속중개 계약 및 부동산매매 컨설팅계약 체결로 매도시기를 조정한다.

④ 경공매형의 모집자금이 너무 크면 미운용자금(Idle Money)의 비중이 높아 펀드의 수익률이 상당 기간 낮게 유지될 가능성이 있으므로 펀드규모는 가급적 작게 한다.

해설   펀드규모가 너무 작아도 리스크가 증가한다.

정답 ④

해외부동산펀드의 위험

해외부동산펀드의 리스크 유형에 대한 설명으로 가장 적절하지 않은 것은?

① 해외현지에 사업이 진행되어 사업장을 실질적으로 관리통제하는 것이 어려워 많은 사항을 현지인에 위임하는데 이로 인해 현지인의 자금유용, 업무지시 거부 등 예기치 못한 사항이 발생할 수 있다.

② 현지 문화, 법률 등의 제도적인 면에서 국내와 많이 달라서 사업타당성 검토시에 현지 법무법인 등을 고용하여 실사를 할 필요가 있다.

③ 해외펀드의 환매시 투자자에게 현금유입이 이루어지는 시점은 일반적으로 환매신청 후 6 ~ 8영업일 이후로 시간이 많이 걸리며, 해외증권시장에 상장된 REITs도 거래량이 부족하여 환매가 늦어질 수 있다.

④ 실질과세의 원칙상 조세회피지역의 SPC는 단순한 도관(Path-rough)이 아닌 거주성이 인정되므로 SPC를 설립하여 최종 투자자가 거주하는 국가와 투자대상 국가 간의 조세조약을 직접 적용할 수 없도록 하여 세금 등에 대한 추징을 막아야 한다.

> **해설** 실질과세의 원칙상 조세회피지역의 해외부동산펀드 관련 SPC의 거주성이 부인되고 SPC는 단순한 도관(Path-rough)으로 간주되므로, 최종 투자자가 거주하는 국가와 투자대상 국가 간의 조세조약을 직접 적용하여 과소 납부된 세금 등에 대한 추징이 이루어질 가능성이 있다. 최근 G20 국가를 중심으로 점점 국가 간 조세회피방지의 노력이 강화되어 가고 있다.
> ① 현지인 위험, ② 제도 및 실사비용 위험, ③ 환매유동성 위험, ④ 조세 위험
>
> **정답** ④

더알아보기 ▶ 해외부동산펀드의 리스크 유형

해당국의 정치·경제·법률적 차이, 현지인 위험, 제도 및 실사비용 위험, 조세 위험, 환매유동성 위험, 환율 위험, 기타(글로벌 신용경색 위험, 펀드정보의 제한 등)

01 해외부동산펀드의 위험관리방안에 대한 설명으로 가장 적절하지 않은 것은?

① 경제성장률이 높은 이머징마켓일수록 가격등락이 심하다는 것을 염두에 두어야 한다.

② 역외펀드에 투자할 경우 펀드 내에서 환헤지를 하므로 별도의 환헤지 부담은 없다.

③ 펀드의 회수금액이 확정되지 않은 상태에서 FX swap으로 헤지할 경우 과도헤지가 되어 환헤지로 인한 위험이 증가할 수 있다.

④ 개인적으로 해외부동산펀드와 운용사를 조사하는 것은 거의 불가능하므로 많은 해외 투자정보를 제공해 주고 투자가이드를 잘 해주는 판매사 및 운용사를 찾는 것이 중요하다.

> 해설 역내펀드는 펀드자체로 환위험을 헤지하는 경우가 많지만 역외펀드의 경우 운용사가 특정국의 투자자를 위해서 환위험을 헤지하지는 않는다. 따라서 역외펀드에 투자시 투자자가 별도로 환위험을 헤지해야 하는 부담이 있다.

정답 ②

단원별 출제예상문제

01 부동산시장은 세 가지의 하부시장으로 구성되어 있다. 다음 중 하부시장에 해당되지 않는 것은?

① 공간시장
② 대출시장
③ 자산시장
④ 개발시장

> **해설** 세 가지 하부시장은 공간시장(Space Market), 자산시장, 개발시장이다.
>
> 정답 ②

02 부동산시장의 특징에 해당하지 않은 것은?

① 다수의 수요자와 공급자
② 부동산상품의 비동질성
③ 정보의 비공개성
④ 높은 거래비용

> **해설** 다수의 수요자가 아닌 수요자와 공급자의 제약이다.
>
> 정답 ①

03 부동산시장에 대한 설명 중 옳은 것은?(단, 다른 변수는 일정하다고 가정함)

① 주식, 채권 등의 기대수익률이 높아지면 자산시장의 시장요구자본환원율도 높아진다.
② 금융산업의 업황이 좋아지면 해당 산업이 입지한 오피스빌딩의 임대 수요가 줄어든다.
③ 공간시장의 수요와 공급에 따라서 시장요구자본환원율이 결정된다.
④ 자산시장의 부동산가격이 개발사업의 대체원가에 미달하면 개발업자는 개발을 늘리게 된다.

> **해설** 주식, 채권의 기대수익률이 올라가면 기회비용이 높아져서 부동산에 대한 요구수익률(자본환원율)도 상승하게
> 된다(자본환원율은 자산시장에서 결정).
> ② 금융산업이 호황이면 관련지역의 오피스빌딩 수요가 증가한다.
> ③ 공간시장의 수요와 공급에 따라서 임대료와 점유율이 결정된다.
> ④ 개발사업자의 입장에서는 부동산추정가격이 대체원가보다 높을 때 사업을 진행할 것이다.
>
> 정답 ①

04 거시경제변수와 부동산시장과의 관계에 대한 설명으로 가장 거리가 먼 것은?

① 주가 상승시 부동산의 가격도 상승한다.

② 토지가격 상승시 토지사용량은 감소한다.

③ 통화량 증가시 물가 하락하여 부동산가격도 하락한다.

④ 이자율 상승시 부동산가격은 하락한다.

> **해설** 통화 증가 → 물가 상승 → 부동산가격도 상승(∵ 인플레 반영이 잘 되는 실물자산)

> **정답** ③

05 부동산 경기변동에 대한 설명 중 옳은 것은?

① 부동산 경기변동은 경기회복기, 경기후퇴기, 불황기, 침체기로 국면을 구분한다.

② 부동산 경기는 일반 경기에 비해서 후행하거나 동행하는 것으로 알려져 있다.

③ 경기 후퇴 국면에 있는 지역의 자산은 부동산 포트폴리오의 편입 비중을 늘려야 한다.

④ 부동산 경기의 정점과 저점의 크기를 부동산 경기의 주기라고 한다.

> **해설** ① 회복, 호황, 후퇴, 불황의 4국면 혹은 확장, 수축의 2국면으로 구분한다.
> ③ 매수자 우위의 시장이 가장 강한 불황기에서 매입하는 것이 적절하다.
> ④ 정점과 저점 간의 높이를 진폭(심도)라 하고, 주기는 정점과 다음 정점 혹은 저점과 다음 저점 간의 길이를 말한다.

> **정답** ②

06 부동산 수요공급곡선에 관한 설명으로 틀린 것은?

① 수요곡선 자체가 이동하는 것은 '수요의 변화'라 하고, 수요곡선상의 점의 이동을 '수요량의 변화'라 한다. 가격에 의한 변화는 '수요량의 변화'이다.

② 인구가 증가하거나 소득수준이 증가하면 수요가 증가하는데 이때의 수요의 증가는 '수요의 변화'를 말한다.

③ 건축기술이 향상되거나 건설비용이 감소하면 공급이 증가하고 이때의 공급의 증가는 '공급량의 변화'가 아닌 '공급의 변화'이다.

④ 소득이 증가하면 모든 부동산의 수요는 증가하게 된다.

> **해설** 소득이 증가할 때 수요가 같이 증가하면 정상재라 하고, 소득이 증가할 때 거꾸로 수요가 감소하게 되면 열등재(기펜재)라 한다.

> **정답** ④

07 다음 중 옳은 설명은?

① 수요의 가격탄력성은 항상 부(−)의 값을 가지나 수요의 소득탄력성은 정(+)의 값과 부(−)의 값이 모두 가능하다.

② 수요의 가격탄력성이 비탄력적일 때 가격을 상승시키면 총수입이 감소한다.

③ 부동산시장에서 초과공급이 되면 수요가 증가하여 가격이 상승하게 된다.

④ 부동산시장은 수요자와 공급자의 수에 제약이 없고 정보가 공개된다.

> **해설** ② 수요가 비탄력적일 때 가격을 상승시키면 총수입(TR)이 증가한다. 수요가 탄력적일 때는 가격을 하락시켜야 총수입이 증가한다.
> ③ 초과공급이 되면 가격이 하락한다.
> ④ 수요자와 공급자 수의 제약이 있고, 정보의 비대칭성(비공개성) 존재, 높은 거래비용, 부동산상품의 비동질성 등이 부동산시장의 특징이다.
>
> **정답** ①

08 정부의 부동산 정책들 중 부동산시장에 직접적으로 개입하는 정책은?

① 분양가상한제

② 대출비율의 상향 조정

③ 금리 인상

④ 임대료 보조

> **해설** 임대료상한제, 분양가상한제 등은 직접개입정책이다. 직접개입정책은 그 효과는 빠르게 나타나지만 시장의 자율성을 저해하는 역기능이 있으므로 사용에 신중을 기할 필요가 있다.
>
> **정답** ①

09 조세정책에 관한 내용으로 틀린 것은?

① 조세정책은 정부가 부동산시장 가격을 직접적으로 통제하기 위한 수단으로 활용된다.

② 추가적인 조세부담은 소비자와 공급자의 가격탄력성에 따라 달라진다.

③ 수요가 탄력적일수록 공급자의 조세부담은 늘어난다.

④ 수요자의 가격 탄력성이 공급자의 가격 탄력성에 비하여 비탄력적일 경우 수요자의 조세 부담이 커지게 되고 이러한 부담은 가격에 이전되어 부동산가격이 상승한다.

> **해설** 수요정책, 공급정책, 조세정책 모두 부동산가격에 간접적으로 영향을 미친다.
>
> **정답** ①

10 다음은 부동산개발사업에 있어서 어떤 위험을 관리하는 수단인가?

> 아웃소싱(Outsourcing), 리싱패키지(Leasing Package)

① 가격변동위험　　　　　　　　　② 유동성위험
③ 관리운영위험　　　　　　　　　④ 개발위험

해설　관리운영위험 혹은 임대위험이다.

정답 ③

---

11 대안투자(부동산투자)의 특성에 해당하지 않은 것은?

① 전통적인 자산에 비해 유동성이 낮고 투자기간도 장기간이어서 대부분 환매금지 기간을 둔다.
② 전통자산에 비해 취득 및 처분 수수료 비용이 높고, 성공보수도 부가되어 투자자의 비용부담이 높은 편이다.
③ 전통자산과의 상관관계가 매우 낮은 편이어서 높은 분산투자효과를 기대할 수 있다.
④ 투자대상으로 짧은 역사를 가져 시행착오를 많이 겪어 왔는데, 사회기반시설운용 전문인력과는 달리 부동산운용 전문인력의 경우 3년 이상의 운영경력을 요구하고 있다.

해설　3년 이상의 운용경력을 요구하는 것은 사회기반시설운용 전문인력의 경우이다.
따라서 SOC펀드의 경우 부동산펀드보다는 투자초기의 시행착오가 적었다고 할 수 있다.

정답 ④

---

12 대출형부동산펀드의 위험에 관한 설명으로 가장 거리가 먼 것은?

① 인허가과정이 점차 복잡해져 인허가위험이 증가하는 경향이 있다.
② 공모형으로 모집하게 될 경우 미운용자금 등의 문제가 발생하여 위험이 따른다.
③ 시행사의 신용위험을 방지하기 위하여 시행법인으로 하여금 토지매입대금의 10% ~ 15% 수준의 자기자본조달이나 시행사 대표이사의 연대보증을 요구하고 있다.
④ 위험요인을 점검함에 있어서 사업시행자의 사업이익은 낮을수록 좋으므로 과도한 수준이 아닌지를 점검해야 한다.

해설　사업시행자의 사업이익은 과소하지 않도록 점검해야 한다. 사업이익이 낮으면 시행자의 사업포기나 대출금의 유용 등의 문제가 발생할 수 있다.

정답 ④

13 임대형부동산펀드의 위험에 관한 설명으로 가장 거리가 먼 것은?

① 건설 중인 부동산을 매입할 경우에는 최소한 건물이 2층 정도 골조가 올라가고 있는 상태에서 매입해야 개발사업 초기단계의 위험을 회피할 수 있다.

② 건설 중인 부동산을 매입한 경우에는 공시기간 중에 사업대상 건물에 대해서 계약금 및 중도금의 120% ~ 130% 정도를 채권최고액으로 하는 담보신탁을 설정하는 것이 좋다.

③ 건설 중인 부동산을 매입할 경우 가급적 잔금비율을 높여 건축기간 중 발생하는 위험에 노출되는 금액을 최소화해야 하는데 일반적으로 잔금부분은 투자금액의 50% 수준으로 하는 것이 권장된다.

④ 임대청산시점에는 보유 부동산매각을 통해 투자자금을 회수하게 되는데 청산시점의 부동산매각 가격에 대한 통상적인 가정은 취득원가대비 90% ~ 110%로 한다.

> **해설** 채권최고액 비율은 120% ~ 130%로 맞다. 그런데 건설 중인 부동산의 경우 담보신탁의 대상은 사업대상 토지이다(∵ 건물은 완공전이므로).

정답 ②

14 경공매형부동산펀드의 위험에 관한 설명으로 가장 거리가 먼 것은?

① 부동산경매나 부동산공매나 모두 명도책임이 낙찰자에게 있으므로 명도지연 및 추가비용에 대한 위험이 발생할 수 있다.

② 일반인들이 선호하는 아파트나 토지의 경우 경공매시장이 과열될 경우 낙찰가율이 증가하게 되고 이 경우 수익률 악화의 위험이 따른다.

③ 경공매형펀드는 Blind방식으로 자금을 모집하는데 미운용자금(Idle Money)이 많을 경우 전체펀드의 수익률이 낮게 유지될 위험이 따른다.

④ 경공매로 부동산을 취득시에는 취득세, 법무비용, 명도비용 등을 감안하여 낙찰 금액의 7% ~ 8% 정도가 소요되는 것이 일반적이며 펀드보수도 높은 편이어서 비용 증가의 위험이 따른다.

> **해설** 공매의 경우 공매의 주체인 자산관리공사가 명도책임을 지므로 명도위험이 발생하지 않는다(경매의 경우 명도위험이 발생).

정답 ①

15 **해외부동산펀드의 위험에 대한 설명으로 가장 거리가 먼 것은?**

① 역외펀드에 투자하게 되면 투자자가 별도로 환위험을 헤지해야 하는 것이 일반적이다.

② 일반적으로 투자기간이 10년 정도인 해외부동산투자시 FX Swap으로 환헤지를 할 경우 통상 환헤지 기간이 짧기 때문에 계약기간 중간에 계약을 갱신해야 하는 위험에 노출된다.

③ 해외펀드의 환매기간은 일반펀드에 비해 길고, 해외REITs의 경우 증권시장에서 거래량이 부족해서 환매가 좀 더 지연될 수도 있다.

④ 미국달러화 이외의 통화로 해외부동산에 투자하게 되는 경우라도 기축통화인 미달러화로 환헤지를 하는 것이 안전하다.

> **해설** 예를 들어 호주달러로 투자하는 경우, 호주달러에 대한 직접적인 헤지수단이 부족할 수 있다. 이 경우에는 미달러화에 대해 먼저 헤지하고, 다음에 미달러와 호주달러 간의 헤지를 해야 한다.
>
> **정답** ④

성공한 사람은 대개 지난번 성취한 것보다 다소 높게,
그러나 과하지 않게 다음 목표를 세운다.
이렇게 꾸준히 자신의 포부를 키워간다.

– 커트 르윈 –

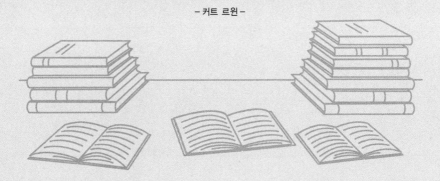

부록

최종모의고사

행운이란 100%의 노력 뒤에 남는 것이다.

− 랭스턴 콜만 −

제1회 최종모의고사

01 집합투자의 속성에 해당하지 않는 것은?

① 투자자로부터 일상적인 운용지시를 받지 않을 것
② 재산적 가치가 있는 투자대상 자산을 취득·처분 등으로 운용할 것
③ 2인 이상의 자에게 권유할 것
④ 운용결과를 투자자에게 실적배당할 것

02 개방형펀드에 대한 설명이다. 틀린 것은?

① 환매청구를 통해 투자자금을 회수할 수 있다.
② 환매청구를 통해 신탁업자에 대한 간접적인 견제를 할 수 있다.
③ 폐쇄형펀드에 비해 운용제약이 크다.
④ 개방형펀드는 주로 추가형이다.

03 수익자총회에 대한 설명이다. 옳은 것은?

① 3% 이상의 지분을 가진 수익자는 수익자총회를 소집할 수 있다.
② 보수 및 수수료의 지급은 수익자총회 의결사항이다.
③ 법에서 정한 수익자총회 결의사항 외에, 신탁계약으로 정한 결의사항에 대해서는 출석한 수익자의 의결권 과반수와 발행된 수익증권 총좌수의 5분의 1의 수로 결의할 수 있다.
④ 수익자총회 결의가 이루어지지 않은 경우, 그 날로부터 6주 이내에 연기수익자총회를 소집해야 한다.

04 투자회사에 대한 설명이다. 틀린 것은?

① 투자회사는 발기설립의 방법으로만 설립해야 한다.
② 오직 보통주만을 발행할 수 있다.
③ 법인이사 1인, 감독이사 2인 이상을 두어야 한다.
④ 투자회사는 서류상의 회사이므로, 일반회사에서 두는 이사·이사회·주주총회를 두지 않아도 된다.

05 공모발행 절차에 대한 설명이다. 가장 거리가 먼 것은?

① 증권신고서는 공모의 경우에만 제출의무가 있다.
② 증권신고서의 효력발생기간은 개방형과 폐쇄형 모두 원칙적으로 15일이다.
③ 개방형과 폐쇄형 모두 일괄신고서를 제출할 수 있다.
④ 증권을 공모함에 있어 청약을 권유하고자 하는 경우에는 반드시 투자설명서에 의해야 한다.

06 전문투자자를 대상으로도 준수해야 하는 투자권유 관련 의무는?

① 적합성의 원칙
② 적정성의 원칙
③ 설명의무
④ 부당한 투자권유 금지 의무

07 판매보수에 대한 설명으로 가장 거리가 먼 것은?

① 지속적으로 제공하는 용역의 대가이다.

② 일정한 요건을 갖춘 경우 판매보수는 집합투자재산 연평균가액의 1.5%까지 부과할 수 있다.

③ 판매수수료 및 판매보수의 한도는 공모펀드에만 적용된다.

④ 판매수수료 및 판매보수는 기준가격에 영향을 준다.

08 환매에 대한 설명이다. 가장 거리가 먼 것은?

① 환매기간은 15일을 넘지 않는 범위 내에서 집합투자규약에서 정할 수 있다.

② MMF를 판매한 판매업자는 MMF 판매규모의 5% 상당액과 100억원 중 큰 금액의 범위 내에서 개인투자자로의 환매수량을 매입할 수 있다.

③ 판매보수는 판매업자에 귀속되나 환매수수료는 집합투자자에 귀속된다.

④ 대량환매가 발생할 경우 환매연기가 가능하며, 환매연기를 결정한 경우 해당일로부터 6주 이내에 총회에서 관련사항을 의결해야 한다.

09 다음 중 가장 적절하지 않은 것은?

① MMF의 경우 시가와 장부가의 차이가 1천분의 5를 초과할 경우 집합투자규약에서 정한 조치를 취해야 한다.

② MMF의 경우 공고된 기준가격이 잘못 계산된 경우 그 오차가 1만분의 5 이상인 경우에는 변경해서 공고해야 한다.

③ 기준가격이 잘못 계산되어 기준가격을 변경할 경우에는 사전에 신탁업자의 확인을 받아야 한다.

④ 집합투자업자와 신탁업자가 산정한 기준가격의 차이가 1천분의 3을 초과할 경우, 지체없이 집합투자업자에게 시정을 요구하거나 감독이사에 보고해야 한다.

10 공모펀드가 편입할 수 있는 한도가 가장 높은 것은?

① 통안채(통화안정증권)

② OECD 회원국이 발행한 국채

③ 지방채

④ 특수채

11 금융소비자보호법 제18조 '적정성원칙'의 대상이 되지 않은 금융상품은?

① 보장성 상품

② 투자성 상품

③ 예금성 상품

④ 대출성 상품

12 신탁업자의 기능에 대한 설명으로 옳은 것은?

① 투자회사는 신탁업자가 보관대리인으로서 재산을 보관한다.

② 신탁업자는 집합투자업자의 운용행위를 감시하는데, 이는 적극적인 감시를 말한다.

③ 집합투자업자와 신탁업자가 각각 산정한 기준가격의 편차가 1천분의 3을 초과하는 경우, 신탁업자는 집합투자업자나 법인이사에게 그 시정을 요구해야 한다.

④ 신탁업자는 3개월에 1회 이상 자산운용보고서를 투자자에게 제공해야 한다.

13 금융위의 사전승인 없이 집합투자기구를 해지할 수 있는 사유에 속하지 않는 것은?

① 수익자총회에서 투자신탁을 해지하기로 결의한 경우

② 해당 집합투자증권 전부에 대한 환매를 청구받아 신탁계약을 해지하려는 경우

③ 공모·추가형펀드로 설정한 후 1년이 되는 날에 그 원본액이 50억원에 미달하는 경우

④ 수익자 전원이 해지에 동의한 경우

14 다음 내용에서 직무윤리 준수의무가 부과될 수 있는 자는?

> 가. 금융투자전문인력인 자(자격취득자)
> 나. 회사와의 고용계약 관계가 없는 자
> 다. 무보수로 일하는 자
> 라. 고객과 아무런 계약관계를 맺지 않는 자

① 가   ② 가, 나

③ 가, 나, 다   ④ 가, 나, 다, 라

15 금융투자회사의 표준윤리준칙 중 '회사에 대한 의무'에 속하는 것은?

① 고객우선의무(제2조)

② 품위유지의무(제13조)

③ 상호존중의무(제8조)

④ 사회적 책임(제10조)

16 금융투자산업의 직무윤리가 다른 분야에 비해서 더 강조되는 이유이다. 틀린 것은?

① 금융투자업은 고객의 자산을 위탁받아 운영·관리하는 것을 주요업무로 하기 때문이다.

② 금융투자상품에 투자성이 있기 때문이다.

③ 금융투자상품이 점차 단순화되고 있기 때문이다.

④ 금융투자업종사자를 보호하는 안전장치로서의 역할이 타 산업에 비해 강하기 때문이다.

17 다음 내용에 대한 설명으로 가장 거리가 먼 것은?

> 금융투자업종사자는 고객 등의 업무를 수행함에 있어서 그때마다의 구체적인 상황에서 전문가로서의 주의의무를 기울여야 한다.

① 전문가로서의 주의의무를 말한다.

② '신중한 투자자의 원칙'과 함께 금융소비자보호의무의 기본 바탕 또는 근거가 된다.

③ 금융소비자보호의무를 상품개발 단계, 금융상품 판매절차 구축단계, 상품판매 단계, 상품판매이후 단계로 구분할 때, 보기의 의무는 상품판매 단계와 상품판매이후 단계에 적용된다.

④ 금융투자업종사자가 수행하는 업무에 대해 주의의무를 다했는가를 판단하는 기준시점은 그 업무가 행해진 시점이며, 결과론적으로 판단해서는 안 된다.

18 공적업무영역에서 사적업무영역의 정보를 이용하는 경우 이해상충이 발생하는데, 그렇다면 '공적업무영역'에 속하지 않는 것은?

① 펀드상담업무
② 신탁상담업무
③ 주식중개업무
④ 기업인수합병 업무

19 금융소비자보호법상 투자권유에 관한 규정을 잘 준수할 경우 자금세탁방지효과도 얻을 수 있다. 이에 해당하는 것은?

① Know-Your-Customer Rule
② 적합성의 원칙
③ 적정성의 원칙
④ 설명의무

20 투자성 상품의 투자권유 중에서 금지되는 권유는?

① 일반금융소비자부터 투자권유요청을 받지 아니하고 방문, 전화 등 실시간 대화의 방법을 이용하여 MMF를 투자권유하는 행위
② 전문금융소비자부터 투자권유요청을 받지 아니하고 방문, 전화 등 실시간 대화의 방법을 이용하여 장외파생상품에 대해 투자권유를 하는 행위
③ 투자자가 투자권유를 거부한 후 1개월이 지난 후 동일한 금융투자상품을 권유하는 행위
④ 투자자가 투자권유를 거부한 경우 다른 종류의 금융투자상품에 대해 재권유를 하는 행위

21 '상급자는 하급자에게 부당한 지시를 해서는 안 된다'는 표준윤리준칙상 어떤 규정에 속하는가?

① 법규준수의무
② 정보보호의무
③ 상호존중의무
④ 품위유지의무

22 설명의무를 이행하는 차원에서 금융소비자에게 제공하는 자료는 '정확성, 시의성, 접근성 및 용이성, 권익침해 표시금지'의 4가지 요건을 충족해야 한다. 그렇다면 다음 설명 중에서 '접근성 및 용이성'에 해당되는 것은?

① 금융소비자가 알기 쉽게 간단·명료하게 작성해야 한다.
② 정보제공은 금융소비자의 관점에서 고려하여 적절한 시기에 이루어져야 한다.
③ 알아보기 쉽도록 글자크기가 크고 읽기 쉽게 작성되어야 하며, 이해도를 높이기 위해 그림이나 기호 등 시각적인 요소를 적극 활용해야 한다.
④ 실제로는 원본이 보전되지 않음에도 불구하고 마치 원본이 보전되는 것처럼 오인될 우려가 있는 표시는 금지해야 한다.

23 개인정보의 수집 및 이용이 가능한 경우에 해당하지 않는 것은?

① 정보처리자에 대한 정관상 업무수행을 위해 불가피한 경우
② 정보주체의 동의를 받은 경우
③ 공공기관이 법령 등에서 정하는 소관 업무의 수행을 위해 불가피한 경우
④ 법률에 특별한 규정이 있거나 법령상 의무를 준수하기 위하여 불가피한 경우

24 한국거래소의 분쟁조정위원회의 분쟁조정대상이 되는 것은?

① 회원의 영업행위와 관련한 분쟁조정
② 회원 간의 착오매매와 관련한 분쟁조정
③ 금융회사와 금융소비자 간의 금융분쟁에 대한 분쟁조정
④ 유가증권시장에서의 매매거래와 관련한 분쟁조정

25 개인정보의 취급 등에 대한 설명으로 옳지 않은 것은?

① "개인정보"란 살아 있는 개인에 관한 정보로서 성명, 주민등록번호 및 영상 등을 통하여 개인을 알아볼 수 있는 정보를 말하며, 개인의 진료기록은 민감정보에 해당한다.
② 개인정보처리자는 개인정보를 수집하는 경우에는 그 목적에 필요한 최소한의 개인정보를 수집하여야 하며 최소한의 개인정보 수집이라는 입증책임은 정보주체가 부담한다.
③ 개인정보처리자는 정보주체와 체결한 계약을 이행하기 위해 필요한 경우 개인정보를 수집·이용할 수 있다.
④ 개인정보처리자는 정보주체가 필요한 최소한의 정보 외의 개인정보 수집에 동의하지 아니한다는 이유로 정보주체에게 재화 또는 서비스의 제공을 거부할 수 없다.

26 금융상품판매업자등에 대한 금융위 조치로서 반드시 등록이 취소되는 경우에 속하는 것은?

① 금융위의 시정명령을 받고 정한 기간 내에 시정하지 아니한 경우
② 업무정지 기간 중에 업무를 한 경우
③ 거짓이나 그 밖의 부정한 방법으로 등록한 경우
④ 금융위의 중지명령을 받고 정한 기간 내에 중지하지 아니한 경우

27 고객확인의무(CDD/EDD)에서 '1,000만원 이상의 일회성 금융거래시' 금융투자회사가 확인해야 할 사항을 가장 잘 나타낸 것은?

① 고객의 신원
② 고객의 신원, 실제거래당사자 여부
③ 고객의 신원, 실제거래당사자 여부, 금융거래목적
④ 고객의 신원, 금융거래목적

28 위험중심접근법에 기초하여 고객별·상품별 자금세탁위험도를 분류하고, 자금세탁위험이 큰 경우 더욱 엄격한 고객확인을 하는 제도는?

① 의심거래보고제도(STR)
② 고액현금거래보고제도(CTR)
③ 간소화된 고객확인제도(CDD)
④ 강화된 고객확인제도(EDD)

29 다음 내용에서 증권신고서를 제출하지 않아도 되는 것을 모두 묶은 것은?

> 가. 국 채
> 나. 공모규모가 10억원 미만인 경우
> 다. 모투자신탁
> 라. 사모집합투자기구

① 가
② 가, 나
③ 가, 나, 다
④ 가, 나, 다, 라

30 펀드의 설정·설립시의 법적인 형태로서, 투자회사가 더 적정한 경우가 아닌 것은?

① MMF
② M&A펀드
③ 부동산펀드
④ 선박펀드

31 자본시장법상 집합투자기구의 종류가 아닌 것은?

① 증권집합투자기구
② 혼합자산집합투자기구
③ 재간접집합투자기구
④ 단기금융집합투자기구

32 단기금융펀드(MMF)의 운용제한을 설명한 것이다. 틀린 것은?

① 증권을 대여하거나 차입할 수 없다.
② 남은 만기가 1년 이상인 국채에 대해서는 집합투자재산의 5% 이내에서 운용할 것
③ 집합투자재산의 50% 이상을 채무증권으로 운용할 것
④ 집합투자재산의 남은 만기의 가중평균이 75일 이내일 것

33 다음 내용에서 환매금지형으로 설정·설립하는 것이 원칙인 집합투자기구를 모두 묶은 것은?

> 가. 부동산집합투자기구
> 나. 특별자산집합투자기구
> 다. 혼합자산집합투자기구
> 라. 시장성 없는 자산에 펀드재산의 10%를 초과하여 투자하는 집합투자기구

① 가
② 가, 나
③ 가, 나, 다
④ 가, 나, 다, 라

34 특수한 형태의 집합투자기구에 대한 설명이다. 틀린 것은?

① 종류형펀드의 운용보수와 수탁보수는 반드시 동일해야 한다.
② 종류형펀드에서 클래스 간 전환이 가능한데, 이 때의 전환은 포트폴리오의 변경을 의미한다.
③ 전환형펀드의 전환은 환매수수료를 부담하지 않는 것이 장점인데 집합투자규약이 정하는 최소기간 이내에 전환할 경우 환매수수료가 부과될 수 있다.
④ 모자형펀드의 자펀드는 모펀드가 아닌 펀드에는 절대 투자할 수 없다.

35 ETF(상장지수펀드)에 대한 설명이다. 가장 거리가 먼 것은?

① ETF는 설정일로부터 30일 이내에 증권시장에 상장해야 한다.
② ETF는 증권시장에 상장되어 거래되므로 폐쇄형펀드로 분류된다.
③ ETF는 동일종목 지분증권에 대해서는 자산총액의 20%까지 운용할 수 있다.
④ ETF는 의결권 행사를 Shadow Voting으로 하는 것이 원칙이다.

36 월적립식 저축성보험의 보험차익이 비과세되는 요건을 나열하였다. 틀린 것은?

① 최초납입일로부터 만기일 또는 중도해지일까지의 기간이 10년 이상일 것
② 최초납입일로부터 납입기간이 5년 이상인 월적립식 계약일 것
③ 최초납입일로부터 매월 납입하는 기본보험료가 균등하고, 기본보험료의 선납기간이 3개월 이내일 것
④ 계약자 1명이 납입하는 월보험료가 150만원 이하일 것

37 일반 사모집합투자기구에 대한 설명이다. 틀린 것은?

① 기준가격 공시의무가 면제된다.
② 회계감사의무가 면제된다.
③ 의결권행사에 대한 규제는 공모펀드와 동일하게 적용된다.
④ 사모집합투자기구의 설정·설립 후 금융위에 보고하지 않아도 된다.

38 종류형 집합투자기구에 대한 설명으로 옳지 않은 것은?

① 특정 종류 수익자총회는 다른 종류의 수익자로부터 승인이나 동의 없이 개최할 수 있다.
② 종류(Class) 수에는 제한이 없으며, 기존에 이미 만들어진 비종류형집합투자기구도 종류형집합투자기구로 전환할 수 있다.
③ 여러 종류의 집합투자증권 간에 전환할 수 있는 권리를 부여할 수 있고, 이 경우 전환에 따른 환매수수료를 부과할 수 없다.
④ 집합투자업자는 클래스별로 집합투자업자보수를 다르게 적용할 수 있다.

39 수익자가 소유한 총좌수의 결의내용에 영향을 미치지 않도록 의결권 행사한 것으로 본다는 간주의결권(Shadow Voting)의 제 요건으로 옳지 않은 것은?

① 간주의결권행사 방법이 규약에 기재되어 있을 것
② 수익자총회의 의결권을 행사한 총좌수가 발행된 총좌수의 1/10 이상일 것
③ 수익자 이익보호와 수익자총회 결의의 공정성을 위해 간주의결권행사 결과를 수익자에게 제공할 것
④ 수익자에게 의결권 행사여부 통지를 하지 않아서 의결권이 행사되지 아니하였을 것

40 다음 빈칸에 들어갈 수 없는 것은?

> 부동산집합투자기구는 집합투자재산이 50%를 초과하여 (   )에 투자하는 집합투자기구를 말한다.

① 실물부동산
② 부동산을 담보로 한 저당권
③ 부동산투자회사법에 따른 부동산투자회사가 발행한 주식
④ 부동산개발과 관련된 법인에 대한 대출

41 특별자산펀드에 대한 설명이다. 틀린 것은?

① 자본시장법은 특별자산을 포괄주의로 규정하고 있다.
② 특별자산펀드는 환매금지형으로 설정·설립하는 것이 원칙이다.
③ 특별자산펀드를 금융위에 등록할 경우 특별자산의 평가방법을 기재한 서류를 별도로 첨부해야 한다.
④ 특별자산펀드는 공모형이라도, 사회간접자본시절 사업을 목적으로 하는 법인이 발행한 증권을 자산총액의 70%까지 투자할 수 있는 운용특례를 두고 있다.

42 신탁에 대한 설명이다. 틀린 것은?

① 집합투자기구와 신탁은 모두 3면 관계인데, 집합투자기구의 위탁자는 자산운용사를 말하며 신탁의 위탁자는 신탁을 설정하고자 하는 투자자라는 점에서 차이가 있다.

② 신탁과 투자일임은 전문가에 의한 간접투자라는 점에서 동일하지만 신탁은 신탁설정시 수탁자명의로 소유권이 이전되며, 투자일임은 소유권이 고객에게 있다는 점에서 차이가 있다.

③ 신탁재산을 집합하여 운용하게 되면 집합투자기구와 운용방법이 동일하게 되는데, 불특정금전신탁이 이에 해당되며 판매가 활성화되고 있다.

④ 신탁재산은 수탁자의 파산재단이나 상속재단에 포함되지 않는다.

44 신탁상품의 판매절차이다. 가장 거리가 먼 것은?

① 판매직원은 먼저 위탁자가 일반투자자인지 전문투자자인지를 파악해야 한다.

② 투자권유불원고객에 대해서는 투자자정보확인서의 징구를 생략할 수 있는 것이 원칙이다.

③ 특정금전신탁이나 불특정금전신탁은 반드시 투자자정보를 확인해야 하며, 고객이 투자자정보를 제공하지 않을 경우는 신탁계약의 체결이 불가하다.

④ 해당 신탁이 고객에게 적합하지 않을 경우, 고객에게 해당상품의 위험성을 알리고 서명 등의 방법으로 확인을 받아야 한다. 그런데 비지정형특정금전신탁은 고객의 위험도평가상 적합하지 않을 경우는 신탁계약의 체결이 불가하다.

43 인덱스펀드에 대한 설명으로 옳은 것은?

① 모든 인덱스펀드는 상장형 펀드이다.

② 인덱스펀드는 액티브펀드에 비해 비용이 저렴하고 원금이 보전되는 장점이 있다.

③ 완전복제법으로 인덱스를 추종하면 추적오차(Tracking Error)가 발생하지 않는다.

④ KOSPI200을 추종하는 인덱스펀드는 대부분 인핸스드 인덱스펀드라고 할 수 있다.

45 투자자가 투자자성향에 따른 판매회사의 권유펀드를 거부하고, 더 높은 위험수준의 매수를 요청하는 경우 어떻게 처리하는가?

① 투자자정보확인서를 다시 작성한다.

② 판매를 중단한다.

③ 판매를 거부할 수 없으므로 다음 단계(설명의무)를 이행한다.

④ 부적합확인서를 통해 위험을 고지한 후 판매하며, 일부상품에 대해서는 판매를 중단한다.

46 적합성보고서에 대한 기술 중 틀린 것은?

① 신규투자자, 고령투자자, 초고령투자자가 교부대상자이다.

② 교부대상상품은 ELS, ELT, ELF의 3종류 상품이다.

③ 계약체결 이전에 투자자에게 교부해야 한다.

④ 투자자의 올바른 투자판단을 유도하기 위해 추천사유 및 유의사항도 기재해야 한다.

47 장외파생상품의 위험도분류 기준상, 그 위험도가 나머지 셋과 다른 것은?

① 선도거래 ② 옵션매도
③ 금리스왑 ④ 통화스왑

48 금융투자회사의 투자권유 유의사항에 대한 설명으로 옳지 않은 것은?

① 회사는 투자자에게 계약서류를 지체 없이 제공하여야 한다.

② 투자자는 청약철회가 가능한 투자상품에 대하여 청약철회는 계약서류를 받은 날로부터 7일 내에 서면으로만 가능하다.

③ 투자자가 위법계약을 체결하였음을 안 날로부터 1년 이내에(해당 기간은 계약체결일로부터 5년 이내이어야 함) 계약의 해지를 요구할 수 있다.

④ 회사는 투자자의 위법계약해지청구에 대하여 요구받은 날로부터 10일 이내에 수락여부를 통지하여야 한다.

49 다음 내용에서 a-b-c에 들어갈 용어를 순서대로 나열한 것은?

> 저축기간을 일정기간 이상으로 하고 저축기간 동안 일정금액 또는 좌수를 정하여 매월 저축하는 방식을 (a)이라고 하는데, (a)에서 저축자가 계속하여 (b) 이상 소정의 저축금을 납입하지 않은 때 저축자에게 판매회사가 (c) 이상으로 정한 기간을 부여하여 저축금의 추가납입을 요구할 수 있으며 그 기간 동안 저축자가 적절한 조치를 취하지 않을 경우 판매회사는 저축계약을 해지할 수 있다.

① 정액적립식 – 6개월 – 14일
② 정액적립식 – 3개월 – 7일
③ 자유적립식 – 6개월 – 14일
④ 자유적립식 – 3개월 – 7일

50 다음 내용에서 환매수수료 징구분은?

> 2016.3.10에 임의식 저축은 A펀드에 가입, 매월 20일에 50만원씩 2016.10.20까지 매수한 후, 2016.11.5에 전액환매청구를 하였다.
> • 환매수수료 징구기간 : 환매청구일로부터 90일 미만

① 7/20, 8/20, 9/20, 10/20 매수분
② 8/20, 9/20, 10/20 매수분
③ 9/20, 10/20 매수분
④ 10/20 매수분

51 소득세법상 금융소득에 속하지 않는 것은?

① 환매조건부 매매차익
② 저축성보험의 보험차익
③ ELS로부터 받은 수익금
④ 비상장주식에 대한 양도소득

52 연금신탁에 대한 설명으로 옳지 않은 것은?

① 연금저축신탁, 연금저축펀드, 연금저축보험으로 나눈다.

② 가입자 연령제한이 없으며, 연간 1,800만원까지 납입할 수 있다.

③ 세제혜택을 받기 위해서는 5년 이상 납입하고 10년 이상의 기간 동안 연금으로 수령해야 한다.

④ 세액공제받은 금액과 신탁이익의 금액을 연간 1,500만원 초과하여 연금수령 시에는 종합과세된다.

53 채권수익률 하락에 대비하는 투자자의 입장과 가장 거리가 먼 것은?

① 장기채를 매입한다.

② 표면이자가 낮은 채권을 매입한다.

③ 국채선물을 매입한다.

④ 변동금리채를 매입한다.

54 거시경제지표와 채권수익률의 일반적 관계이다. 틀린 것은?

① 경제성장률이 상승하면 채권수익률이 상승한다.

② 물가가 하락하면 채권수익률이 상승한다.

③ 소비가 증가하면 채권수익률이 상승한다.

④ 환율이 상승하면 채권수익률이 상승한다.

55 잔존만기 10년, 듀레이션 8, 만기수익률 9%의 회사채를 매입하여 1년간 보유한 후 채권수익률 10%에 매각시 투자수익률은?(1년 후 듀레이션 7로 가정)

① 연 0.5%   ② 연 1.0%

③ 연 1.5%   ④ 연 2.0%

56 기업도산이 크게 증가할 정도로 경제상황이 악화되는 국면에서 기업가치를 평가할 때 더욱 유용한 지표는?

① PER

② EV/EBITDA

③ PBR

④ PSR

57 A기업의 재무정보가 다음과 같다. 업종평균PER를 기준으로 평가한 A기업의 적정가격은?

> 당기순이익 200억원, 발행주식총수 100만주, 해당업종의 평균PER는 5배, 시장 전체의 평균 PER는 7배

① 25,000원

② 50,000원

③ 100,000원

④ 140,000원

83 옵션복제전략의 특징이다. 틀린 것은?

① 프리미엄을 따로 지불할 필요가 없다.
② 편입비율을 상황에 따라 조정한다.
③ 주식가격이 상승하면 채권비중이 증가한다.
④ 콜옵션의 델타값을 주식편입비율로 사용하므로 콜옵션복제전략에 해당한다.

84 백투백(Back To Back)거래에 대한 설명이다. 가장 거리가 먼 것은?

① BTB거래를 할 경우 시장위험과 자금유동성리스크에 더 이상 노출되지 않는다.
② 발행사, 운용사, 판매사 중 BTB거래의 필요성이 가장 큰 당사자는 발행사이다.
③ 장내에도 BTB거래가 용이하기 때문에 BTB거래로 인해 신용위험은 발생하지 않는다.
④ Fully Funded Swap일수록 BTB거래의 필요성이 증가한다.

85 다음 설명 중 가장 적절하지 않은 것은?

① Unfunded Swap은 신용위험을 감소시키지만, 운영위험이나 유동성위험이 증가될 여지가 있다.
② 운용사의 ELS에 대한 리스크관리는 결국 불완전판매의 방지로 귀결된다.
③ 채권형펀드는 투자원금 전체에 대해 환헤지를 하지만, 주식형펀드는 투자원금의 50% ~ 70% 정도 환헤지를 하는 것이 일반적이다.
④ 주식형펀드에 대해서 선물매도로 헤지하고자 할 경우 고객의 적극적인 요청이 없다면 지양해야 한다.

86 부동산개발사업을 영위하기에 가장 적절한 집합투자기구의 형태는?

① 부동산투자신탁
② 부동산투자회사
③ 부동산투자합자조합
④ 부동산투자익명조합

87 부동산투자유한회사에 대한 설명이다. 틀린 것은?

① 발기인이 설립한다.
② 이사회가 없다.
③ 사원총회를 개최한다.
④ 펀드재산의 보관·관리는 신탁업자가 한다.

88 공모형 펀드 중 상장의무가 있는 부동산집합투자기구를 모두 묶은 것은?

> 가. 부동산투자신탁
> 나. 부동산투자회사
> 다. 부동산투자합자회사
> 라. 부동산투자조합

① 가 　　　　 ② 가, 나
③ 가, 나, 다 　 ④ 가, 나, 다, 라

89 담보물권이 아닌 것은?

① 소유권 　　 ② 질 권
③ 유치권 　　 ④ 저당권

90 부동산펀드의 처분제한에 대한 설명으로 옳지 않은 것은?

① 국내 부동산을 취득한 경우 원칙적으로 1년 이내에 처분할 수 없다.

② 국외에 있는 부동산은 집합규약에서 정하는 기간 동안 처분할 수 없다.

③ 주택법상의 미분양주택은 취득 후 1년 이내에 처분할 수 없다.

④ 부동산펀드가 합병하는 경우에는 처분제한이 없다.

91 다음 내용에 해당하는 부동산펀드를 옳게 분류한 것은?(차례대로)

> 가. 국내 투자운용사가 설립한 펀드로써 해외부동산에 투자한다.
> 나. 법인이사가 1인이고 감독이사는 없다.
> 다. 사전적으로 투자대상자산이나 투자방식을 정하고 펀드자금을 모집한다.

① 역내펀드 – 부동산투자회사 – 사전특정형 펀드

② 역내펀드 – 부동산투자유한회사 – 사전특정형 펀드

③ 역외펀드 – 부동산투자유한회사 – 사전특정형 펀드

④ 역외펀드 – 부동산투자회사 – 사전불특정형 펀드

92 실물형부동산펀드에 대한 설명이다. 옳은 것은?

① 임대수입 외의 기타소득 중 가장 기여도가 높은 것은 관리비이다.

② 경공매형은 규모가 클수록 미운용자금(Idle Money)이 존재하여 수익률이 하락하므로 규모가 작을수록 바람직하다.

③ 개량형펀드의 자본적 지출에는 광열비와 수도비 등의 비용도 포함하는 것이 일반적이다.

④ 개발형은 사전에 실사보고서를 작성하고 감정평가업자로부터 확인을 받은 후 홈페이지 등에 공시해야 한다.

93 다음의 요건을 모두 충족할 수 있는 부동산펀드의 유형은?

> 가. Capital Gain
> 나. Income Gain
> 다. Blinded Fund
> 라. Buy and Lease Fund

① 임대형부동산펀드

② 개량형부동산펀드

③ 경공매형부동산펀드

④ 개발형부동산펀드

94 다음 빈칸을 옳게 연결한 것은?(차례대로)

> 실물형부동산펀드 중에서 공실률이 가장 큰 위험이 되는 것은 (   )이며, 펀드의 청산시점에서 부동산매각위험이 가장 큰 위험이 되는 것은 (   )이다.

① 임대형 – 임대형

② 임대형 – 개발형

③ 임대형 – 경공매형

④ 개발형 – 임대형

95 대출형부동산펀드에 대한 설명이다. 가장 거리가 먼 것은?

① 부동산개발사업의 모든 위험에 간접적으로 노출된다.
② 부외금융(Off Balance)이다.
③ 대출의 규모는 크지만 완전소구금융의 성격을 띠고 있어 채권자가 부담하는 대출위험은 적은 편이다.
④ 대출형부동산펀드는 차입금으로 대출자금을 조성할 수 없다.

96 부동산 시장의 분석에 대한 설명으로 옳은 것은?

① 공간시장의 수요와 공급은 국가와 지역경제의 상황에 많은 영향을 받는다.
② 매수인 우위에서 매도인 우위로 전환되는 국면은 후퇴기이다.
③ 미래에 부동산가격이 상승할 것으로 기대되면, 부동산수요와 부동산공급이 모두 증가한다.
④ LTV와 DTI를 하향조정하는 것은 부동산경기를 부양하는 정책의 일환이다.

97 부동산시장의 특징으로 옳지 않은 것은?

① 시장이 국지성이다.
② 공급이 탄력적이다.
③ 거래의 비공개성이다.
④ 시장의 비조직성이다.

98 부동산펀드의 투자전략 중 '중위험 고수익' 전략에 해당하는 것은?

① 핵심(코어) 전략
② 핵심플러스 전략
③ 부가가치전략
④ 기회추구전략

99 대출형부동산펀드의 위험이 아닌 것은?

① 인허가 위험
② 분양 위험
③ 차입 위험
④ 공모 위험

100 부동산투자의 위험관리방안 중 풋백옵션(Put Back Option)을 활용하는 리스크관리는?

① 가격변동 위험
② 비체계적 위험
③ 유동성 위험
④ 개발 위험

01 수익자총회 결의시 '출석과반수 & 전체의 1/5' 의 요건으로 결의할 수 있는 사항은?

① 합 병
② 보수나 수수료의 인상
③ 주된 투자대상의 변경
④ 판매업자의 변경

02 다음 설명 중 가장 적절하지 않은 것은?

① 투자신탁의 경우 수익증권의 발행가액이 전액 납입된 경우, 집합투자업자가 신탁업자의 확인을 받아 수익증권을 발행한다.
② 공모형의 경우 수익증권의 납입은 금전으로 하는 것이 원칙이나, 투자자 전원이 동의할 경우에는 실물납입도 가능하다.
③ 수익증권은 무액면·기명식으로 발행한다.
④ 투자회사의 경우 오로지 보통주만을 무액면·기명식으로 발행해야 한다.

03 연기수익자총회에 대한 설명으로 옳지 않은 것은?

① 수익자총회의 결의가 이루어지지 아니한 경우 그 날로부터 2주 이내에 연기된 수익자총회를 소집하여야 한다.
② 연기수익자총회일 1주일 전까지 소집 통지하여야 한다.
③ 출석한 수익자의 의결권 과반수와 발행된 수익증권 총좌수의 4분의 1 이상의 수로 결의한다.
④ 신탁계약으로 정한 결의사항은 출석한 수익자의 의결권 과반수와 발행된 수익증권 총좌수의 10분의 1 이상으로 결의할 수 있다.

04 자본시장법령에서 정한 '환매연기사유'에 해당되지 않는 것은?

① 대량의 환매가 발생하는 경우
② 집합투자재산의 처분이 불가능하여 사실상 환매에 응할 수 없는 경우
③ 투자자 간의 형평성을 해칠 염려가 있는 경우
④ 환매를 청구받거나 환매에 응할 것을 요구받은 투자매매업자 또는 투자중개업자, 집합투자업자, 신탁업자, 투자회사 등이 해산 등으로 인해 환매할 수 없는 경우

05 기관전용 사모펀드에 대한 설명으로 옳지 않은 것은?

① 유한책임사원(LP)이 설립하고 운용한다.
② 투자합자회사의 형태를 가진다.
③ 사원의 총수는 100인 이내로 한다.
④ 설립일로부터 2주 이내에 금융위에 보고하여야 한다.

06 투자신탁의 재산운용시 집합투자업자가 직접 취득, 처분할 수 없는 경우는?

① CD 매매
② 비상장주식 매매
③ 위험회피목적이 아닌 장내파생상품 매매
④ 위험회피목적의 장외파생상품 매매

07 공모펀드의 자산운용제한에 대한 설명이다. 가장 거리가 먼 것은?

① 각각의 집합투자기구는 동일법인이 발행한 지분증권에 자산총액의 10%를 초과하여 투자할 수 없다.

② 집합투자업자가 다수의 집합투자기구를 운용할 경우, 모든 집합투자기구의 자산총액으로 동일법인이 발행한 지분증권의 20%를 초과하여 투자할 수 없다.

③ 동일한 집합투자업자가 운용하는 집합투자기구들에 대한 투자는 집합투자기구 자산총액의 40%를 초과할 수 없다.

④ 각 집합투자기구에 속하는 증권총액의 50%를 초과하여 환매조건부 매도를 할 수 없다.

08 집합투자재산을 운용함에 있어 거래할 수 있는 상대방은?

① 집합투자업자가 운용하는 전체 집합투자기구의 집합투자증권을 30% 이상 판매하는 판매업자

② 집합투자업자가 운용하는 전체 집합투자기구의 집합투자재산을 30% 이상 보관·관리하는 신탁업자

③ 집합투자업자의 주주

④ 이해관계인이 되기 3개월 이전에 체결한 계약에 따른 거래

09 다음 중 성과보수를 받을 수 있는 경우는? (성과보수율은 5%로 가정함)

번 호	운용성과(%)	기준지표(%)
①	15%	18%
②	8%	2%
③	-2%	-10%
④	2%	-5%

10 의결권행사에 대한 내용이다. 틀린 것은?

① 의결권의 경우 투자신탁은 신탁업자가, 투자회사는 집합투자업자가 행사한다.

② 의결권의 행사는 선관주의의무와 충실의무를 준수하는 가운데 행사되어야 한다.

③ 각 집합투자기구에서 소유한 주식이 집합투자재산 자산총액의 5% 이상이거나 100억원 이상인 경우는, 의결권공시대상법인이 된다.

④ 의결권공시대상법인에 대해서는 의결권을 행사하지 않더라도, 행사하지 않는 구체적 사유를 공시해야 한다.

11 다음 설명 중 가장 적절하지 않은 것은?

① 집합투자업자가 3개월에 1회 이상 자산운용보고서를 투자자에게 교부해야 한다.

② 신탁업자는 사유발생일로부터 2개월 이내에 자산보관관리보고서를 투자자에게 교부해야 한다.

③ 집합투자업자가 산정한 기준가격과 신탁업자가 산정한 기준가격의 편차가 3/1,000을 초과할 경우 신탁업자는 집합투자업자에게 지체없이 그 시정을 요구해야 한다.

④ 집합투자업자는 수시공시사항이 발생한 경우에는 '판매업자가 이메일로 투자자에게 알리는 방법, 집합투자업자·신탁업자·판매업자의 홈페이지에 공시하는 방법, 집합투자업자와 판매업자의 본지점을 통해서 공시하는 방법' 중 한 가지를 선택해서 공시해야 한다.

12 이익금의 분배와 관련한 설명이다. 틀린 것은?

① 집합투자업자 등은 집합투자재산의 운용에 따라 발생한 이익금을 투자자에게 금전 또는 새로 발행한 집합투자증권으로 분배해야 한다.

② 집합투자기구가 이익금의 분배를 유보할 경우는 투자자의 이익보호 차원에서 총회 결의를 통해서 결정해야 한다.

③ 집합투자기구의 특성에 따라 이익금을 초과하여 분배할 수도 있다.

④ MMF의 경우 이익금의 유보가 불가하다.

13 집합투자기구의 합병 효력발생 시기는?

① 증권신고서를 금융위원회에 제출한 때

② 수익자총회(주주총회)에서 합병을 결의한 때

③ 존속하는 집합투자기구의 집합투자업자가 금융위원회에 합병보고를 한 때

④ 소멸하는 집합투자기구의 집합투자업자가 금융위원회에 합병보고를 한 때

14 윤리(Ethics)에 대한 설명이다. 가장 적절하지 않은 것은?

① 윤리기준을 의무론과 목적론으로 구분할 때 벤담과 밀의 공리주의는 목적론을 대표한다.

② 인류의 오랜 법 생활은 '있는 그대로의 법' 이 '있어야 할 법'으로 되기를 꿈꾸고 실현해 오는 과정이라 할 수 있다.

③ 기업윤리는 윤리강령으로, 직무윤리는 임직원 행동강령으로 반영되는 것이 일반적이다.

④ 국제투명성기구(TI)에서 발표하는 부패인식지수로 판단해 볼 때, 한국의 부패인식지수는 점진적으로 개선되고 있음을 알 수 있다.

15 다음 내용에서 직무윤리가 법제화된 것을 모두 고르면?

㉠ 신임의무
㉡ 선관주의의무(선량한 관리자로서의 주의의무)
㉢ 이해상충방지의무
㉣ 금융소비자보호의무

---

① ㉠, ㉡

② ㉢, ㉣

③ ㉡, ㉢, ㉣

④ ㉠, ㉡, ㉢, ㉣

16 금융회사와 금융소비자 간의 이해상충이 발생하는 3가지 이유를 설명한 것이다. 가장 거리가 먼 것은?

① 금융투자업을 영위하는 회사 내에서 공적 업무영역에서 사적업무영역의 정보를 이용할 경우 발생한다.

② 금융투자업자와 금융소비자 간에 정보의 비대칭이 존재하는 경우에 발생한다.

③ 자본시장법상 금융투자업 간의 겸영이 허용되면서 겸영업무 간 이해상충이 발생할 위험이 높아졌다.

④ 오너경영에서 전문경영인체제로 전환되면서 대리인문제가 생길 경우 이해상충이 발생한다.

17 회사의 금융소비자보호에 관한 조직의 설명이다. 다음 사항을 의결 및 심의하는 조직은?

> • 금융소비자보호에 관한 경영방향
> • 금융소비자보호 관련 주요 제도 변경사항
> • 임직원의 성과보상체계에 대한 금융소비자보호 측면에서의 평가
> • 금융상품의 개발, 영업방식 및 관련 정보 공시에 관한 사항
> • '금융소비자보호 실태평가', 감독 및 검사 결과의 후속조치에 관한 사항
> • 중요 민원·분쟁에 대한 대응 결과

① 이사회
② 금융소비자보호 내부통제위원회
③ 금융소비자보호 총괄기관
④ 금융소비자보호 총괄책임자

18 비밀정보의 관리에 대한 설명으로 옳은 것은?

① 특정한 정보가 비밀정보인지 불명확할 경우 해당 부서장이 판단한다.
② 회사의 경영전략이나 새로운 상품 및 비즈니스에 관한 정보는 인쇄된 경우에 비밀정보로 본다.
③ 정보차단벽이 설치된 부서에서 발생하는 정보는 비밀정보로 간주한다.
④ 비밀정보가 포함된 서류는 복사인 경우에만 필요 이상으로 복사할 수 있다.

19 투자권유에 있어서 '정보의 비대칭'이 존재함으로써 부과되는 자본시장법상의 의무는?

① Know Your Customer Rule
② 적합성의 원칙
③ 설명의무
④ 적정성의 원칙

20 다음 빈칸을 옳게 연결한 것은?(순서대로)

> • 투자매매업자 또는 투자중개업자는 금융투자상품의 매매가 체결된 경우에는 그 명세를 대통령령으로 정하는 방법에 따라 통지해야 한다.
> • 매매가 체결된 경우 매매내역, 손익내역, 월말 현재 잔액현황 등을 다음달 (   )까지, 반기동안 매매가 그 밖의 거래가 없는 경우에는 반기종료 후 (   )까지 투자자에게 통지해야 한다.

① 10일, 10일
② 10일, 20일
③ 20일, 20일
④ 20일, 10일

21 자본시장법 제55조 손실보전 등의 금지조항의 예외사항이 아닌 것은?

① 회사가 자신의 위법행위 여부가 불명확한 경우 사적화해수단으로 손실을 보상하는 행위
② 회사가 위법행위로 인하여 회사가 손해를 배상하는 행위
③ 회사가 투자자에게 일정한 이익을 사후에 제공하는 행위
④ 분쟁조정 또는 화해절차에 따라 손실을 보상하거나 손해를 배상하는 행위

22 금융투자업종사자의 사회윤리에 대한 설명으로 옳지 않은 것은?

① 특정한 목적성이 없더라도 금융투자상품의 시세에 영향을 미쳤다면 시장질서교란행위에 속한다.

② 미공개중요정보 이용에 대한 불공정거래행위 적용은 내부자, 준내부자, 1차 수령자까지만 대상으로 한다.

③ 시장질서교란행위의 대상정보의 요건은 상장증권, 장내파생상품 및 이를 기초자산으로 하는 파생상품의 매매 등에 중대한 영향을 줄 가능성이 있을 것과, 금융소비자들이 알지 못하는 사실에 관한 정보로서 불특정다수인이 알 수 있도록 공개되기 전일 것이어야 한다.

④ 시장질서교란행위는 불공정거래행위의 다른 표현으로 그 의미는 같다.

23 '금융투자회사의 영업 및 업무에 관한 규정'에서 정하고 있는 부당한 재산상 이익의 제공에 해당하지 않는 것은?

① 특정거래상대방만 참석한 세미나·설명회에 수반되는 비용을 제공하는 경우

② 집합투자업자의 직원이 펀드판매 증권사 직원에게 백화점 상품권을 제공하는 경우

③ 무역업체의 고유재산을 관리하는 담당직원들에게 문화상품권을 제공하는 경우

④ 증권사 직원이 펀드판매사 변경을 조건으로 금융소비자에게 현금을 제공하는 경우

24 다음 설명 중 옳지 않은 것은?

① 투자자가 투자상품의 매매거래일(하루에 한정한다)과 그 매매거래일의 총매매수량이나 총매매대금을 지정한 경우로서 투자자로부터 그 지정범위에서 금융투자상품의 수량·가격 및 시기에 대한 투자판단을 받은 경우 일임매매가 허용된다.

② 전산장애 사고 발생에 있어서 금융소비자의 고의나 중대한 과실이 있는 경우로서 그 책임의 전부 또는 일부를 금융소비자의 부담으로 할 수 있다는 취지의 약정을 미리 금융소비자와 체결한 경우에는 그 책임의 전부 또는 일부를 금융소비자가 부담하게 할 수 있다.

③ 계약체결의 전자적 송신이나 처리과정에서 발생한 사고로 인해 금융소비자에게 발생한 손해는 금융회사가 배상할 책임을 진다.

④ 임의매매는 일임매매와 달리 일부 경우에 한 해 정당한 권한을 가진 금융소비자와 계약을 맺은 경우 허용된다.

25 금융감독원의 분쟁조정제도에 관한 설명으로 옳지 않은 것은?

① 금융소비자보호법상 금융감독원의 금융분쟁조정위원회는 위원장 1명을 포함하여 총 35명 이내의 위원으로 구성하며, 위원장은 금융감독원장이 소속 부위원장 중에서 지명한다.

② 분쟁조정기관은 중립적인 조정안을 제시하기 위해 통상적으로 분쟁의 양당사자와 법조계, 학계, 소비자단체, 업계 전문가로 구성된 분쟁조정위원회를 구성하고 운영한다.

③ 금융감독원에 설치된 금융분쟁조정위원회의 조정안을 당사자가 수락하면 당해 조정안은 재판상 화해와 동일한 효력을 갖는다.

④ 조정은 법원의 판결과는 달리 그 자체로서는 구속력이 없고 당사자가 이를 수락하는 경우에 한하여 효력을 갖는다.

26 개인정보보호에 대한 설명으로 옳은 것은?

① 개인정보처리자의 정당한 이익 달성을 위하여 필요한 경우 별도의 제한 없이 개인정보를 수집·이용할 수 있다.

② 정보주체의 사생활 침해를 최소화하는 방법으로 개인정보를 수집하여야 하며, 그 입증책임은 해당 개인정보의 수집에 동의한 정보주체가 진다.

③ 개인정보처리자는 정보주체와의 체결계약 이행을 위해 필요한 경우 개인정보를 수집·이용할 수 있다.

④ 공공기관이 법령 등에서 정하는 업무를 수행하고자 할 경우 반드시 정보주체로부터 수집에 대한 동의를 받아야 한다.

27 금융거래에 있어서 고객에 대해 '금융거래목적과 자금거래원천'을 확인해야 하는 경우는?

① 신규로 계좌를 개설하는 경우

② 일회성 거래가 1,000만원 이상인 경우

③ 일회성 거래가 외화 1만불 이상인 경우

④ 위험기반접근법에 따라 고위험고객의 거래로 분류될 경우

28 다음 빈칸을 옳게 연결한 것은?(순서대로)

> 고액현금거래보고제도(CTR)는 '( ) 동안 원화 ( ) 이상 현금을 입금하거나 출금할 경우, 거래자의 신원과 금액 등을 금융거래발생 후 ( ) 이내에 보고해야 한다.

① 1회 – 1천만원 – 30일

② 1회 – 2천만원 – 30일

③ 1일 – 1천만원 – 30일

④ 1일 – 1천만원 – 14일

29 다음 빈칸을 옳게 연결한 것은?(순서대로)

> • 상장된 환매금지형 펀드의 증권신고서 효력발생일은 ( )이다.
> • 수익자에게 배정하는 방식으로 상장된 환매금지형펀드의 모집 또는 매출의 증권신고서 효력발생일은 ( )이다.
> • 집합투자기구 등록을 금융위에 신청하면, 금융위는 ( ) 내로 등록여부를 결정해야 한다.

① 10일 – 7일 – 20일

② 10일 – 7일 – 30일

③ 7일 – 10일 – 20일

④ 7일 – 10일 – 30일

30 다음 내용에 해당하는 설정 3년 미만 펀드의 위험등급 분류에 속하는 것은?

> • 고위험자산에 80% 미만으로 투자하는 집합투자기구
> • 최대손실률이 20% 이하인 파생결합증권에 주로 투자하는 집합투자기구

① 6등급   ② 4등급

③ 3등급   ④ 2등급

31 다음 내용에서 a–b–c에 들어갈 용어를 순서대로 나열한 것은?

> (a) 저축자가 계속하여 (b) 이상 소정의 저축금을 납입하지 않은 때 저축자에게 판매회사가 (c) 이상으로 정한 기간을 부여하여 저축금의 추가납입을 요구하고 그 기간 동안 저축자가 적절한 조치를 취하지 않을 경우 판매회사는 저축계약을 해지할 수 있다.

① 자유적립식 – 3개월 – 7일

② 정액적립식 – 3개월 – 7일

③ 자유적립식 – 6개월 – 14일

④ 정액적립식 – 6개월 – 14일

32 다음 빈칸에 해당하는 것은?

> 증권집합투자기구는 집합투자재산이 50%
> 를 초과하여 (   )에 투자하는 집합투자기
> 구를 말한다.

① 부동산투자회사가 발생한 주식
② 부동산관련 자산을 기초자산으로 하는 자
산유동화증권의 유동화자산의 가액이 70%
이상인 유동화증권
③ 선박투자회사가 발행한 주식
④ ELS가 신탁재산의 50% 이상을 차지하는
수익증권

33 단기금융펀드(외화MMF 포함)에 대한 설명
으로 옳지 않은 것은?

① 개인투자자 대상 원화MMF가 3천억원 미
만일 경우 신규MMF를 설정할 수 없다.
② 판매회사의 고유자금으로 MMF별 판매규
모의 5%와 100억원 중 큰 금액 내에서 당
일 공고된 가격으로 개인투자자의 환매청
구에 응할 수 있다.
③ 외화표시는 OECD가입국가(속령 포함),
싱가폴, 홍콩, 중화인민공화국통화표시
상품으로 한정한다.
④ 하나의 MMF에서 원화와 외화 단기금융상
품을 함께 투자할 수 없다.

34 특수한 형태의 집합투자기구에 대한 설명이
다. 옳은 것은?

① 시장성 없는 자산에 펀드자산의 10%를 초
과하여 운용하는 경우 환매금지형으로 설
정·설립해야 한다.
② 종류형펀드는 판매수수료와 판매보수를
제외한 나머지 모든 보수는 동일한 소규모
펀드를 합하여 운용하는 펀드이다.
③ 전환형펀드는 어떤 경우에도 환매수수료
를 징구하지 않는다.
④ 모자형펀드는 아웃소싱의 차원에서 개발
된 펀드이다.

35 ETF에 대한 성격과 가장 거리가 먼 것은?

① 주식형   ② 개방형
③ 상장형   ④ 실물형

36 ETF에 대한 특례이다. 가장 거리가 먼 것은?

① ETF는 대주주와의 거래제한규정이 면제
된다.
② ETF는 자산운용보고서를 투자자에게 제
공하지 않아도 된다.
③ ETF는 동일종목 지분증권에 대해서 지분
증권 총수의 30%까지 운용할 수 있다.
④ ETF는 의결권의 행사를 Shadow Voting
으로 하는 것이 원칙이다.

37 사모집합투자기구에서 그 적용이 배제되는
규정 중, 완전히 배제되지 않는 것은?

① 자산운용의 제한
② 회계감사의무
③ 파생상품 운용제한
④ 환매금지형펀드의 상장의무

38 집합투자기구의 분류상, 다음 내용을 가장 잘 반영하는 집합투자기구는?

> Top Down Approach와 Bottom Up Approach 가 있다.

① 주식형 집합투자기구
② 모집식 집합투자기구
③ 액티브운용전략 집합투자기구
④ 해외투자 집합투자기구

39 인덱스펀드 운용시 추적오차(Tracking Error)가 발생하는 원인으로 거리가 먼 것은?

① 펀드에 대한 선취 판매수수료
② 펀드에 부과되는 운용보수와 신탁보수
③ 펀드의 포트폴리오와 추적대상지수 포트폴리오의 차이
④ 펀드의 포트폴리오를 구축하기 위한 비용

40 파생결합증권에 대한 설명이다. 가장 거리가 먼 것은?

① 자본시장법상 증권에 속하나 장외파생상품의 성격을 지닌다.
② 파생결합증권에 투자할 경우 시장위험과 신용위험에 노출된다.
③ 원금비보존형 구조에서 쿠폰(제시수익률)에 가장 큰 영향을 주는 것은 변동성이다.
④ 장내파생상품을 이용하여 옵션을 복제하는 펀드를 금융공학펀드라고 하는데, ELS 편입형에 비해 운용수익 전체에 대해 비과세되는 장점이 있다.

41 실물형부동산펀드 중 임대수익을 전혀 기대할 수 없는 것은?

① 매매형
② 개량형
③ 경공매형
④ 개발형

42 다음 빈칸에 들어갈 수 없는 것은?

> 특별자산집합투자기구는 집합투자재산의 50%를 초과하여 ( )에 투자하는 집합투자기구를 말한다.

① 일반상품(원자재)
② 탄소배출권
③ 선박이나 항공기를 다량으로 보유하고 있는 상장회사의 주식
④ 특별자산이 신탁재산의 50% 이상을 차지하는 수익증권

43 연금저축신탁에 대한 설명으로 옳은 것은?

① 연금저축신탁은 원리금 보장형이다.
② 조세특례제한법상 세액공제 및 저율의 연금과세 혜택을 받는다.
③ 납입금액 중 연 600만원까지 소득공제 혜택이 있다.
④ 연금신탁은 안정적으로 운용해야 하므로 주식은 편입할 수 없다.

44 신탁상품 판매시 투자권유불원고객의 경우 '투자자정보확인서'를 통한 정보확인을 하지 않아도 되는 것은?

① 특정금전신탁
② 불특정금전신탁
③ 비지정형특정금전신탁
④ 파생상품

45 투자자성향을 분류하는 4가지 방식 중 투자자성향을 특정유형으로 분류할 필요가 없는 것은?

① 점수화방식, 혼합방식
② 추출방식, 상담보고서방식
③ 점수화방식, 추출방식
④ 혼합방식, 상담보고서방식

46 투자권유 유의사항에 대한 설명으로 옳지 않은 것은?

① 회사는 투자자와 계약시 계약서류를 지체 없이 제공하여야 한다.
② 투자자는 청약철회가 가능한 투자성 상품의 계약체결일로부터 7일 이내에 서면 등의 방법으로 청약을 철회할 수 있다.
③ 투자자는 위법계약을 체결하였음을 안 날로부터 1년 이내에(해당 기간은 계약체결일로부터 5년 이내의 범위에 있어야 함) 계약을 해지할 수 있다.
④ 회사는 위법계약에 대한 해지를 요구받은 날로부터 7일 이내에 수락 여부를 통지해야 한다.

47 수익증권저축의 만기지급일에 대한 설명이다. 틀린 것은?

① 저축기간을 월 또는 년 단위로 정한 경우는 저축기간이 만료되는 월의 최초납입 상당일을 만기지급일로 한다. 단, 만료되는 월에 그 해당일이 없을 경우에는 그 월의 말일로 한다.
② 저축기간을 일단위로 정한 경우에는 수익증권의 최초매수일로부터 계산하여 저축기간이 만료되는 날을 만기지급일로 한다.
③ 투자신탁의 신탁계약의 해지로 인하여 저축기간이 종료되는 때에는 해지결산 후 첫 영업일을 만기지급일로 한다.
④ 저축자가 저축기간의 종료 또는 저축계약의 해지에도 불구하고 저축재산의 인출을 청구하지 않은 경우에는 인출청구시까지 저축기간이 계속되는 것으로 본다.

48 수익증권저축시 저축자에 대한 우대조치가 아닌 것은?

① 저축기간을 1년 이상으로 하는 목적식저축의 경우 저축기간 종료 이후 수익증권을 환매하는 때에는 환매수수료를 면제한다.
② 이익분배금은 별도의 약정이 없는 한 해당 투자신탁의 수익증권으로 매수하고 그 수익증권을 환매하는 경우에는 환매수수료를 면제한다.
③ 소규모투자신탁을 해지하고 그 상환금으로 해당 회사의 펀드를 매수하는 경우에는 선취판매수수료, 후취판매수수료, 환매수수료, 판매보수를 모두 면제한다.
④ 세금정산을 목적으로 전부환매 후 재매수할 경우 연 2회에 한하여 환매수수료 및 판매수수료를 면제한다.

49 1천만원으로 기준가격 1,200.00에 펀드를 매입한다면 입고되는 수익증권 좌수는?

① 8,333,332좌
② 8,333,333좌
③ 8,333,334좌
④ 8,333,340좌

50 납세의무의 성립시기가 다른 하나는?

① 소득세
② 법인세
③ 상속세
④ 부가가치세

51 배당소득세가 부과되지 않는 것은?

① ELD로부터 발생하는 소득
② ELS로부터 발생하는 소득
③ 상장법인으로터 받은 배당금
④ 집합투자기구로부터의 이익

52 펀드의 '일부손익과세제외'의 규정이 적용되지 않는 소득은?

① ETF의 매매차익
② 삼성전자콜 ELW의 매매차익
③ 채권의 매매차익
④ 현대차주식선물 매매차익

53 채권액면 1만원, 표면이율 3%, 연단위복리채, 만기 5년인 채권을 만기수익률 5.5%, 잔존만기 3년 94일에 매입할 경우 매입가격은?(관행적복할인으로 구할 것)

① $P = \dfrac{10,000}{(1+0.055)^3(1+0.055 \times \frac{94}{365})}$

② $P = \dfrac{10,000(1+0.03)^5}{(1+0.055)^3(1+0.055 \times \frac{94}{365})}$

③ $P = \dfrac{10,000(1+0.055)^5}{(1+0.055)^3(1+0.055 \times \frac{94}{365})}$

④ $P = \dfrac{10,000(1+0.03)^5}{(1+0.055)^{3+\frac{94}{365}}}$

54 3년 만기 은행채를 5%에 매입하고 1년 후 4%에 매도하였다. 이 때의 연단위 투자수익률은?(1년 후 듀레이션은 2, 세금 등 기타비용은 없다고 가정함)

① 5%   ② 6%
③ 7%   ④ 8%

55 다음 설명 중 가장 적절한 것은?

① 지방채는 정부의 간접적인 지원을 받으므로 안정성이 높은 편이며, 국채보다 이자율이 낮다.
② 현재의 채권금리에 내포되어 있는 미래의 일정기간에 대한 금리를 현물이자율이라 한다.
③ 이표채의 듀레이션은 잔존만기보다 무조건 짧다.
④ 듀레이션으로 측정한 채권가격은 실제 채권가격보다도 항상 높다.

56 거시경제변수와 주가와의 일반적 관계이다. 가장 적절하지 않은 것은?

① 경기가 상승하기 전에 주가가 먼저 상승한다.
② 이자율이 상승하면 주가는 하락한다.
③ 물가가 상승하면 주가는 하락한다.
④ 환율이 상승하면 수출비중이 높은 기업의 주가는 상승한다.

57 자산가치에 근거한 보통주평가법에 대한 설명이다. 틀린 것은?

① 자산가치가 급등락하는 경제상황에서나 자원개발업체와 같은 업종에서 유용한 평가방법이다.
② 기업의 청산을 전제로 평가하는 보수적인 평가방법이다.
③ 장부가와 시가와의 괴리가 클 경우 유용성이 떨어진다.
④ PER는 저량평가이지만 PBR은 유량평가라고 할 수 있다.

58 다음 내용이 가장 부합하는 운용전략은?

> 만기 3년의 채권을 매입한 후 1년 후에 매도하였다.

① 바벨형 전략 ② 불릿형 전략
③ 숄더효과 ④ 롤링효과

59 정량평가에 해당하지 않는 것은?

① 수익률측정
② 위험측정
③ 등급부여(Rating)
④ 포트폴리오분석

60 샤프비율로 판단할 때 성과가 가장 좋은 펀드는?(무위험수익률은 5%로 가정)

구 분	A	B	C	D
투자수익률	+35%	+25%	+20%	+13%
표준편차	20%	10%	5%	2%

① A ② B
③ C ④ D

61 자본시장법 분류상 다음 내용에 해당하는 것은?

> 기초자산이나 기초자산의 가격, 이자율, 지표, 단위 또는 이를 기초로 하는 지수 등에 의하여 산출된 금전 등을 장래의 특정시점에 인도할 것을 약정하는 계약

① 파생결합증권 ② 선도 또는 선물
③ 옵 션 ④ 스 왑

62 '파생상품 등'에 투자가능한 펀드를 모두 묶은 것은?

> 가. 부동산집합투자기구
> 나. 특별자산집합투자기구
> 다. 혼합자산집합투자기구
> 라. 단기금융집합투자기구

① 가 ② 가, 나
③ 가, 나, 다 ④ 가, 나, 다, 라

63 다음 빈칸을 옳게 연결한 것은?

> 가. 파생상품 매매에 따른 위험평가액이 ( )의 ( )를 초과하면 실무상 파생상품펀드로 분류한다.
> 나. 공모형 펀드는 파생상품 매매에 따른 위험평가액이 ( )의 ( )를 초과할 수 없다.

① 펀드자산총액, 10%, 펀드자산총액, 100%
② 펀드자산총액, 10%, 펀드순자산총액, 100%
③ 펀드순자산총액, 10%, 펀드자산총액, 100%
④ 펀드순자산총액, 50%, 펀드순자산총액, 400%

64 파생결합증권 및 파생상품 투자시의 운용특례이다. 틀린 것은?

① 사모펀드의 경우, 동일종목 파생결합증권에 대해서 펀드자산총액의 100%까지 투자할 수 있다.
② 사모펀드가 펀드재산으로 장외파생상품을 매매하는 경우, 공모와는 달리 적격요건을 갖추지 못한 자와의 매매도 가능하다.
③ 사모펀드의 경우 파생상품매매에 따른 위험평가액이 펀드순자산총액의 400%를 초과 할 수 없다.
④ 같은 거래상대방과의 장외파생상품 매매에 따른 거래상대방 위험평가액은 각 펀드자산총액의 10%를 초과할 수 없다.

65 파생상품펀드의 위험평가액 산정방법에 대한 설명이다. 틀린 것은?

① 선도, 옵션, 스왑이 혼합된 포지션의 경우 '선도, 옵션, 스왑' 각각의 위험평가액 산정방법을 준용하여 산정한다.
② 만기손익구조의 최대손실금액이 제한되어 있는 옵션합성거래의 경우, 그 최대손실금액을 위험평가액으로 산정한다.
③ 장외파생상품의 경우 선도, 옵션, 스왑의 위험평가액 산정방법을 준용하여 산정해야 한다.
④ 위험회피회계가 적용되는 거래는 명목계약금액 산정대상에서 제외한다.

66 파생상품펀드가 위험지표공시의무를 이행함에 있어, 다음 내용처럼 공시해야 하는 것은?

> 당해 파생상품의 기초자산의 가격변동에 따라 펀드의 이익이 발생하는 구간과 손익이 없는 구간 및 손실이 발생하는 구간으로 구분하여 투자자가 이해하기 쉽도록 도표 등으로 나타내고, 서술식으로 요약하여 기재한다.

① 계약금액
② 만기시점의 손익구조
③ 시나리오별 손익구조변동
④ 최대손실금액

67 파생상품펀드 판매시 강화되는 투자자보호 제도와 가장 거리가 먼 것은?

① 투자자가 이해할 수 있도록 설명의무를 강화해야 한다.
② 일반투자자의 투자목적, 재산상황, 투자경험 등을 고려하여 투자자 등급별로 차등화된 투자권유준칙을 마련해야 한다.
③ 금융투자업자는 투자권유대행인에게 투자권유를 위탁할 수 없다.
④ 적정성의 원칙을 준수해야 한다.

68 다음 내용은 파생상품펀드의 종류 중 어디에 해당하는가?

> • 특정한 수익률을 지급받는 파생상품을 증권사와 장외에서 계약한다.
> • 원금을 거래상대방에게 제공하는 거래와, 분기별로 이자만 지급하는 두 가지 거래형태가 있다.

① 워런트투자형
② ELS 편입형
③ 장외파생상품 계약형
④ 장내파생상품 운용형

69 중도상환이 가능한 상승형의 원금비보존형 구조의 파생결합증권 쿠폰(제시수익률)의 설명으로 옳지 않은 것은?

① KI이 낮을수록 쿠폰이 높다.
② 상관관계가 낮을수록 쿠폰이 높다.
③ 기초자산의 변동성이 높을수록 쿠폰이 높다.
④ KO이 높을수록 쿠폰이 높다.

70 원금비보존형 구조에서 각 변수와 제시수익률(쿠폰) 간의 관계가 잘못 설명된 것은? (2Star Step Down형을 기준으로 함)

① 두 주식의 주가가 조기상환평가일에 80% 이상일 경우 제시수익률이 +5%일 때, 조기상환조건을 90% 이상이라고 한다면 제시수익률은 +5%보다 높아야 한다.
② 낙아웃옵션이 내재되고 낙아웃배리어가 140%이며 제시수익률이 +10%일 때, 낙아웃배리어가 160%로 상향된다면 제시수익률은 +10%보다 높아야 한다.
③ 낙인배리어가 내재되고 낙인배리어 50%에서 제시수익률 −40%일 때, 낙인배리어가 70%로 상향된다면 제시수익률은 −40%보다 높아야 한다.
④ 기초자산의 두 주식이 '현대차 − 한미약품'인 경우보다, '현대차 − 기아차'인 경우 쿠폰이 더 높아야 한다.

71 장내파생상품 운용형에 대한 설명이다. 가장 거리가 먼 것은?

① 옵션의 수익구조를 복제하는 펀드들은 ETF와 비교 시 세금 및 중도환매 측면에서 유리한 반면, 운용에 따른 비용과 상환수익률의 불확실성 등의 단점을 가진다.

② 풋옵션을 매수하여 콜옵션매수의 효과를 복제하는 것은 포트폴리오보험전략이다.

③ 선물을 매도하여 인덱스와 반대방향의 수익률을 추구하는 것은 리버스인덱스전략이다.

④ 인버스펀드(Inverse Fund)의 수익률은 특정구간의 수익률과 반비례하도록 지급하는 것이 특징이다.

72 '환율연계파생상품펀드'에 해당하는 것은?

① 기초자산의 가격움직임이 거시경제에 영향을 많이 받으므로 거시경제에 대한 이해가 수반되어야 한다.

② 장기간 횡보하다가도 짧은 기간에 큰 폭의 등락을 보이므로, 신중한 투자가 필요하다.

③ 전통자산과 낮은 상관관계를 보여 높은 분산투자효과를 얻을 수 있지만, 가격에 대한 예측이 어렵고 변동성이 매우 크다는 단점이 있다.

④ 다른 자산과는 달리 상품의 기초자산이 선물이 되는 경우가 일반적이다.

73 다음의 경우 적절한 합병차익거래의 포지션은?

- 합병비율은 'X : Y = 0.8 : 1'이다.
- 현재주가는 X가 10만원, Y가 7만원에 거래되고 있다.
---

① X주식 매수
② Y주식 매수
③ X주식 매수 & Y주식 매도
④ X주식 매도 & Y주식 매수

74 시스템운용형 펀드에 대한 설명이다. 가장 거리가 먼 것은?

① 펀드매니저의 주관을 배제하고 기계적으로 거래한다.

② 시장이 추세를 보이는 구간에서는 양호한 성과를 보일 수 있으나, 시장이 등락을 반복하는 구간에서 성과가 부진하다.

③ 전통적인 자산과 낮은 상관관계를 보이므로 높은 분산투자효과를 기대할 수 있다.

④ 안정성을 중시하는 투자자나 처음 펀드를 투자하는 투자자에게 적합하다.

75 다음 설명 중 가장 적절하지 않은 것은?

① 금리연계파생상품펀드는 만기가 길고 승수를 이용하거나 발행자의 중도상환옵션이 내재되어 있을 수 있다.

② 절대수익률을 추구하는 펀드는 일반 펀드에 비해 보유기간이 긴 것이 일반적이다.

③ 주식이나 상품 등과 같은 기초자산의 경우 투자원금의 50% ~ 70% 수준의 헤지를 하는 것이 일반적이다.

④ 해외펀드(역외펀드 포함)의 만기연장시 환헤지는 외국환거래법상 Historical Rate Rollover(HRR)로 하여야 한다.

76 선물거래의 경제적 기능 중 '차익거래'와 관련이 가장 깊은 것은?

① 가격발견 기능
② 리스크전가 기능
③ 효율성증대 기능
④ 거래비용절감 기능

77 헤지거래에 대한 설명이다. 가장 적절하지 않은 것은?

① 우리나라는 달러표시 수출입대금에 대하여 수출업자는 매수헤지를 하고 수입업자는 매도헤지를 한다.
② 베이시스(Basis)란 임의의 거래일에서 선물가격과 현물가격의 차이를 말하는데, 보유비용과 같다고 할 수 있다.
③ 시장위험을 헤지하면서 베이시스위험도 완벽하게 헤지를 하려면 제로베이시스헤지전략을 취해야 한다.
④ 랜덤베이시스헤지전략은 베이시스의 변동에 따라 베이시스수익 또는 베이시스손실이 발생할 수 있다.

78 향후 스프레드가 확대될 것으로 예상될 경우, 수익을 얻기 위한 최적의 포지션을 구축하면?(단, 선물시장은 백워데이션시장이다)

① 근월물 매수 + 원월물 매도
② 근월물 매도 + 원월물 매수
③ 근월물 매수 + 원월물 매수
④ 근월물 매도 + 원월물 매도

79 초기에 순지출의 비용이 발생하는 콜(C) 강세스프레드 전략은?(단, 괄호 안의 숫자는 행사가격이다)

① C(85)매도, C(80)매도
② C(85)매수, C(80)매도
③ C(85)매수, C(80)매수
④ C(85)매도, C(80)매수

80 옵션에 대한 설명이다. 가장 적절하지 않은 것은?

① 행사가격이 80, 기초자산이 90인 콜옵션은 내가격옵션이다.
② 행사가격이 80, 기초자산이 90인 콜옵션의 가격이 12.7이라면 시간가치가 2.7이다.
③ 콜레이쇼버티칼 스프레드는 기초자산 가격이 상승할 때 유리하다.
④ 동일한 행사가격의 콜옵션과 풋옵션을 동시에 매수하는 포지션을 롱스트래들이라 한다.

81 3개월 후에 달러 여유자금이 생기는 고객은 금리 하락을 헤지하고자 한다. 해당 여유자금을 3개월만 예치하고자 할 때 옳은 헤지전략은?

① FRA 3 × 3 매수
② FRA 3 × 3 매도
③ FRA 3 × 6 매도
④ FRA 3 × 6 매수

82 총수익스왑에 대한 설명이다. 가장 거리가 먼 것은?

① 신용위험뿐 아니라 시장위험도 전가한다.
② 현금흐름복제효과가 있다.
③ 고객관계를 지속하기 위해 준거자산을 매각하기 곤란한 경우 적합하다.
④ 준거자산이 주식일 경우 경영권도 이전된다는 단점이 있다.

83 첨점수익구조형 옵션이 아닌 것은?

① 조건부 프리미엄옵션
② 디지털 배리어
③ 디지털옵션
④ 선택옵션

84 파생결합증권 또는 장외파생상품의 계약조건 변경 혹은 조기종결과 관련된 설명으로 옳지 않은 것은?

① 기초자산의 가격에 중요한 영향을 줄 수 있는 사건이 발생하면 발행조건이 변경되거나 조기종결을 하게 된다.
② 기초자산 또는 기초자산과 관련한 선물, 옵션의 거래가 제한되거나 지연되는 경우 및 거래소가 정상적으로 거래가격을 제공하지 못하는 경우에는 파생결합증권 혹은 장외파생상품의 조기종결 혹은 구조변경 사유가 된다.
③ 발행사의 채무불이행 사유(Event of Default) 발생시 구조변경 사유에 해당한다.
④ 외국계 투자은행과 직접 장외파생상품을 거래한 경우에는 기초자산 및 관련거래 등이 모두 한국물이어도 외환시장의 붕괴가 조기종결의 사유가 되기도 한다.

85 자체헤지의 리스크에 대한 설명으로 옳지 않은 것은?

① BTB 거래와는 다르게 신용 리스크는 발생하지 않는다.
② 자금유동성 리스크가 발생할 수 있다.
③ 특정 상품유동성 리스크가 발생할 수 있다.
④ 장외파생상품거래에 따른 계약서 관련 리스크가 발생할 수 있다.

86 부동산펀드의 설명으로 옳지 않은 것은?

① 원칙적으로 '공정가액'에 따라 평가하여야 하며, 공정가격이 없는 경우에는 '시가'로 평가하여야 한다.
② 투자신탁 형태는 부동산펀드에 적합하지 않다.
③ 부동산펀드는 상호저축은행에서 차입할 수 있다.
④ 실사보고서에는 해당 부동산의 거래비용이 포함되어야 한다.

87 부동산투자합자회사에 대한 설명이다. 틀린 것은?

① 집합투자업자가 설립한다.
② 무한책임사원과 유한책임사원으로 구성된다.
③ 법으로 정한 의결사항은 수익자총회를 통해 결의한다.
④ 펀드청산주체는 청산인 및 청산감독인이다.

88 부동산펀드의 투자대상으로서 '부동산 등'에 속하지 않는 것은?

① 토지의 그 정착물
② 부동산 개량
③ 부동산을 담보로 한 금전채권
④ 부동산보유비중이 높은 상장회사의 주식

89 부동산의 자연적 특성 중 다음 설명에 해당하는 것은?

> 지리적 위치가 고정되어 있기 때문에 물리적으로 위치, 지형, 지세, 지반 등이 완전히 동일한 복수의 토지가 없다는 것이다.

① 부증성
② 부동성
③ 개별성
④ 영속성

90 부동산펀드가 보유한 자산이 다음과 같다. 이에 대한 평가방법에 해당되지 않는 것은?

> 오피스빌딩(시장거래량 미미함), 부동산투자회사의 주식, 회사채

① 시 가
② 공정가액
③ 장부가액
④ 집합투자재산평가위원회가 충실업무를 준수하고 평가의 일관성을 유지하여 평가한 가액

91 다음 내용에 가장 부합하는 부동산펀드는?

> • 펀드자금의 일부 또는 전부를 해외자산에 투자하는 펀드이다.
> • 해외 실물부동산을 직접 취득하기보다는 투자목적회사(SPV)를 설립하여 취득하는 것이 일반적이다.

① 역내펀드(On Shore Fund)
② 역외펀드(Off Shore Fund)
③ 해외투자펀드(Overseas Investment Fund)
④ 사모펀드(Private Fund)

92 다음의 투자방식과 가장 관련이 깊은 실물형 부동산펀드는?

> 저PER주, 저PBR주, 고배당주에 투자한다.

① 임대형부동산펀드
② 개량형부동산펀드
③ 경공매형부동산펀드
④ 개발형부동산펀드

93 경공매형부동산펀드의 주요 점검사항과 가장 거리가 먼 것은?

① 부동산운용전문인력의 전문성 보유 여부
② 경공매형부동산펀드 규모의 적정성 여부
③ 경제상황이나 주변 상권 현황
④ 펀드 관련 비용의 적정성 여부

94 인허가 위험에 노출되지 않는 부동산펀드는?

① 임대형부동산펀드
② 개량형부동산펀드
③ 개발형부동산펀드
④ 대출형부동산펀드

95 프로젝트 파이낸싱의 특징이다. 가장 거리가 먼 것은?

① 미래현금흐름을 상환재원으로 함으로 기존의 담보대출형식인 금융방식에 비해 자금 공급의 규모가 작다.

② 비소구금융 또는 제한적 소구금융이다.

③ 부외금융(Off Balance)의 성격을 지닌다.

④ 다양한 주체의 참여가 가능하고 참여한 주체별로 위험배분이 가능하다.

96 다음 내용에 대한 설명으로 가장 부적절한 것은?

- A부동산의 순영업이익은 10억원이다(전년의 경우 8억원).
- 자본환원율은 5%이다(전년의 경우 4%).

① A부동산의 추정가격은 200억원이다.

② 순영업이익은 공간시장으로부터 추정할 수 있다.

③ 자본환원율은 자산시장에서 결정된다.

④ 전년대비 부동산가격이 상승하고 있으므로 개발시장의 활성화가 기대된다.

97 다음 내용에 해당하는 부동산의 경기국면은?

- 부동산가격이 지속적으로 하락하면서 부동산거래가 거의 이루어지지 않는다.
- 건축허가신청건수가 지속적으로 줄어든다.
- 부동산시장에서 매수인 우위의 경향이 더욱 강해진다.

① 회복기 ② 호황기

③ 후퇴기 ④ 불황기

98 부동산의 수요요인에 대한 설명이다. 가장 적절하지 않은 것은?

① 부동산수요자들의 소득이 늘어나면 다세대 또는 다가구주택의 수요는 감소하고 아파트에 대한 수요가 증가한다.

② 주거용오피스텔에 대한 수요가 증가하면 소형아파트의 수요는 감소한다.

③ LTV 또는 DTI 비율을 강화하면 부동산수요가 증가한다.

④ 부동산가격이 향후 오를 것으로 전망되면 부동산수요는 증가한다.

99 부동산시장의 '시장실패(Market Failure)'의 원인이라고 할 수 없는 것은?

① 독과점의 존재

② 외부효과의 발생

③ 정보의 비대칭성

④ 정부조직 간의 이해관계 충돌

100 임대 및 관리운영위험을 관리하는 방안과 가장 거리가 먼 것은?

① 장기임대계약

② 풋백옵션

③ 아웃소싱

④ 리싱패키지

01	02	03	04	05	06	07	08	09	10	11	12	13	14	15	16	17	18	19	20
③	②	③	④	③	④	④	④	③	①	③	①	①	④	③	③	③	④	②	②
21	22	23	24	25	26	27	28	29	30	31	32	33	34	35	36	37	38	39	40
④	③	①	④	②	③	②	④	④	①	③	③	③	②	④	③	④	④	④	②
41	42	43	44	45	46	47	48	49	50	51	52	53	54	55	56	57	58	59	60
④	③	④	③	④	②	③	②	①	②	④	④	④	④	②	③	②	③	②	①	①
61	62	63	64	65	66	67	68	69	70	71	72	73	74	75	76	77	78	79	80
③	④	④	③	④	③	①	①	②	②	②	④	④	③	③	③	③	③	④	②
81	82	83	84	85	86	87	88	89	90	91	92	93	94	95	96	97	98	99	100
④	③	③	③	②	②	①	②	①	③	②	①	③	①	③	③	②	③	③	③

01 2인 이상의 자에게 (권유가 아니라) 판매하여야 한다, 한편, ① 부동산투자회사법, 선박투자회사법, 산업발전법, 여신전문금융업법 등과 같은 특별법에 따라 사모 방법으로 금전 등을 모아 운용배분하는 것으로서 투자자 수가 49인 이하인 경우, ② 자산유동화법상의 자산유동화계획에 따라 금전 등을 모아 운용배분하는 경우 등은 집합투자의 정의에서 제외된다.

02 신탁업자가 아니라 운용자(집합투자업자)에 대한 간접적 견제를 할 수 있다.

03 법으로 정한 총회 의결사항 → '출석과반수 & 전체의 1/4', 법으로 정한 총회 의결사항 외의 의결사항 → '출석과반수 & 전체의 1/5'
① 총회의 소집은 '집합투자업자, 신탁업자, 5% 이상의 수익자'가 할 수 있다.
② '보수 및 수수료의 인상'은 투자자이익을 침해할 수 있으므로 총회 의결사항으로 한다. 그러나 규약에 정한대로의 '보수 및 수수료의 지급'은 중요한 사항이 아니므로 총회 의결사항이 아니다.
④ 2주 이내로 연기수익자총회를 열어야 한다.

04 투자회사가 서류상의 회사(Paper Company)이긴 하지만, 상법상 '이사, 이사회, 주주총회'를 두어야 한다.
• '법인이사 1인, 감독이사 2인 이상'을 선임해야 한다. 즉 복수의 이사가 있으므로 이사회도 당연히 설치해야 한다.

• 단, 일반 주식회사와 달리 내부감사는 없다(외부감사가 의무화).

05 일괄신고서는 개방형집합투자기구에 대한 특례이다.
※ 일괄신고서제도 : 동일한 집합투자증권을 수시로 발행하는 개방형집합투자기구의 경우 매번 증권신고서를 제출하는 것은 지나친 업무부담이 되므로, 일정기간 동안의 신규발행에 대해 일괄신고서를 제출함으로써 증권신고서를 대체하도록 하는 제도이다.
① 사모는 증권신고서 제출의무가 면제된다.
② 효력발생기간(최장 15일)은 개방형, 폐쇄형을 구분하지 않는다.
④ 투자설명서는 법정투자권유문서이므로 반드시 공모 전에 투자자에게 교부해야 한다.

06 ①·②·③은 일반투자자만을 대상으로 준수되어야 하는 의무이지만, 부당한 투자권유 금지(금융소비자보호법 제21조)는 전문투자자도 대상으로 한다.

07 판매수수료는 기준가격에 영향을 주지 않으며(투자자가 펀드재산과는 별도로 납입함), 판매보수는 기준가격에 영향을 준다(펀드재산에서 최고 1%를 차감하므로, 펀드순자산을 감소하게 하므로 기준가격에 하락영향을 줌).

※ 펀드 기준가격 $= \dfrac{\text{자산총액} - \text{부채총액}}{\text{발행증권총수}}$

(→ 판매보수는 분자항목을 감소시킨다).
• 참고로 ②는 이연판매보수제도를 말하는데, 2년이 남은 시점의 판매보수가 1% 미만이 되는 등의 요건을 갖춘 경우 최대 1.5%까지 부과할 수 있다.

08 '대량환매' 자체는 환매연기사유가 아니다. 대량환매가 발생하여 '집합투자재산의 처분이 불가능하여 사실상 환매에 응할 수 없는 경우'라는 환매연기사유가 된다면 환매연기가 가능하다(환매연기시 6주 이내 총회의결의무는 옳은 내용).

※ 환매청구시 MMF판매업자의 자기거래 예외 : 집합투자업자, 신탁업자, 판매업자는 투자자의 환매청구에 대해 자기계산으로 매입할 수 없다. 단, MMF의 경우 판매규모의 5%와 100억원 중 큰 금액에 대해서는 판매업자가 매입할 수 있도록 예외를 두고 있다.

→ MMF와 같은 저위험상품에서는 자기거래를 한다고 투자자피해가 발생하기 어려우며, 판매업자의 신속한 매입을 통해 환매의 편의를 제공하는 것이 유익하다고 보기 때문

09 기준가격변경을 할 경우에는 사전에 '준법감시인 및 신탁업자'의 확인을 받아야 한다.

※ 기준가격 관련내용 정리

1천분의 3	집합투자업자와 신탁업자가 각각 계산한 기준가격의 편차가 3/1,000을 초과할 경우, 신탁업자는 그 변경을 요구해야 한다.	일반펀드
1천분의 5	MMF장부가와 시가의 괴리도가 5/1,000을 초과할 경우, 집합투자규약에서 정한 조치를 취해야 한다.	MMF
1만분의 5	MMF의 기준가격이 잘못 계산된 경우, 사전에 준법감시인과 신탁업자의 확인을 받아 변경해야 한다.	

10 공모펀드는 10%의 분산투자대원칙이 적용되지만, '국채·통안채·정부가 원리금을 지급보증하는 채권'은 100%까지, '지방채·특수채·OECD회원국의 국채'는 30%까지 투자할 수 있다.

11 금소법상 적정성원칙은 '보장성 상품 / 투자성 상품 / 대출성 상품'을 적용대상으로 한다.

12 ② 소극적인 감시이다.
③ 투자신탁은 집합투자업자에게, 투자회사는 감독이사에게 시정을 요구한다.
④ 자산운용보고서는 집합투자업자가 투자자에게 제공한다.

13 ①은 '법정해지사항(사후에 즉시 보고)', ②·③·④는 '사전승인이 필요 없는 임의해지사항'이다.
• 법정해지사항에는 '신탁계약의 종료, 투자신탁의 피흡수합병, 등록취소, 수익자의 총수가 1인인 경우, 총회에서의 해지결의'가 있다.

14 직무윤리는 고객과의 직무(금융투자업에 관련된 행위)에 종사하는 '일체의 자'를 대상으로 한다.

15 상호존중의무는 '회사에 대한 의무'이다.

※ 금융투자회사의 표준윤리준칙의 분류

고객에 대한 의무	• 고객우선의무 • 신의성실의무
본인에 대한 의무	• 법규준수의무 • 자기혁신의무 • 품위유지의무 • 사적이익추구금지
회사에 대한 의무	• 정보보호의무 • 상호존중의무 • 경영진의 책임 • 위반행위보고의무 • 고용계약 종료 후의 의무 • 대외활동
사회에 대한 의무	• 시장질서존중의무 • 주주가치극대화 • 사회적 책임

• 상호존중의무 : 회사는 임직원 개개인의 자율과 창의를 존중하고 삶의 질 향상을 위해 노력해야 하며, 임직원은 서로를 존중하고 원활한 의사소통과 적극적인 협조자세를 견지해야 한다.

16 금융투자상품이 '전문성, 다양성, 복잡성'을 띠고 있으므로 정확하고 충분한 정보의 제공만으로는 불충분하여, 금융소비자보호를 위해 보다 적극적인 윤리의 준수를 요한다.

17 전문가로서의 주의의무는 금융소비자보호의무의 근거가 되는 의무로, 상품개발 단계를 포함한 전 단계에 걸쳐 이행되어야 한다.

18 '사적업무영역'은 M&A업무 등 수행과정에서 미공개정보를 취득할 수 있는 업무영역을 말하며, '공적업무영역'은 공개된 정보를 이용하여 수행하는 업무를 말한다.

19 적극적인 적합성의 원칙(고객에게 가장 적합한 상품을 권유하는 원칙)을 준수할 경우 자금세탁방지제도의 하나인 '의심거래보고제도(STR)'는 필요하지 않을 수도 있다.

20 ②는 방문전화권유 판매 시의 불초청권유금지에 해당한다.
장외파생상품에 대해 투자권유 요청을 받지 아니하고 방문, 전화 등 실시간 대화의 방법을 이용한 투자권유(사전안내)는 일반금융소비자뿐만 아니라 전문금융소비자에게도 금지된다.

21 '공정성 및 독립성의 유지'도 품위유지의무에 속한다.
※ 품위유지의무(표준윤리준칙 제13조)
　(1) 임직원은 회사의 품위나 사회적 신뢰를 훼손할 수 있는 일체의 행위를 해서는 안 된다.
　(2) '공정성 및 독립성을 유지하는 것'도 품위유지의무에 해당된다.
　• 상급자는 직위를 이용하여 하급자에게 부당한 지시를 하지 말아야 하며, 하급자는 상급자의 부당한 지시를 거절해야 한다.

22 ① 정확성, ② 시의성, ③ 접근성 및 용이성, ④ 권익침해 표시금지

23 법령상의 불가피한 사유는 수집 및 이용이 가능하지만, 금융회사등의 정관상의 이유는 개인정보의 수집 및 이용의 사유가 되지 않는다.

※ 개인정보의 수집·이용이 가능한 경우
　(1) 정보주체의 동의를 받은 경우
　(2) 법률규정이 있거나 법령상 의무준수를 위해 불가피한 경우
　(3) 공공기관이 법령 등에서 정하는 소관 업무의 수행을 위해 불가피한 경우
　(4) 계약체결·이행을 위해 불가피하게 필요한 경우
　(5) 급박한 생명·신체·재산상 이익을 위해 필요한 경우
　(6) 개인정보처리자의 정당한 이익 달성을 위해 필요한 경우

24 ①·② 금융투자협회의 자율규제를 말한다('회원'이란 협회에 가입한 증권사를 말함).
③ 금융감독원의 분쟁조정을 말함
④ 한국거래소의 분쟁조정을 말함

25 개인정보처리자는 개인정보를 수집하는 경우에는 그 목적에 필요한 최소한의 개인정보를 수집하여야 하며 최소한의 개인정보 수집이라는 입증책임은 개인정보처리자가 부담한다.

26 거짓이나 그 밖의 부정한 방법으로 등록한 경우에는 반드시 그 등록을 취소하여야 한다.

27 ②에 해당한다. 그리고 고객확인의무의 대상(아래 ㉠, ㉡, ㉢)에 해당하는 정보를 제공하지 않을 경우는 해당 거래를 종료한다.
※ 고객확인의무(CDD)의 대상과 확인내용

신원파악	실제거래 당사자 여부	금융거래목적
㉠ 신규계좌개설		
㉡ 1회 1,000만원 이상의 거래		
㉢ 자금세탁행위의 우려가 있는 경우		

28 강화된 고객확인제도는 '위험중심접근법'에 따라 저위험고객과 고위험고객으로 구분한 후 저위험고객은 간소한 확인을 하며, 고위험고객은 '금융거래목적 + 자금거래원천'을 확인한다.

29 모두 증권신고서 제출이 면제되는 경우이다.

　가 : 국공채는 안전하므로 증권신고서 제출이 면제된다.

　나 : 소액공모시(10억원 미만 공모) 업무부담을 고려하여 증권신고서 제출을 면제하고, 대신 소액공모공시서류를 제출한다.

　다 : 자(子)펀드가 공모대상이므로 모(母)펀드는 증권신고서를 제출하지 않는다.

　라 : 사모집합투자기구는 공모펀드에 대한 규제가 대부분 면제되므로 증권신고서 제출의무도 면제된다.

30 MMF는 투자신탁으로 설정한다. M&A펀드는 지분확보와 의결권행사를 위해 집합투자기구의 이름으로 법률행사가 필요하므로 반드시 투자회사로 설립한다. PEF펀드도 지분에 투자하므로 M&A펀드와 유사한 이유이며, 부동산펀드나 선박펀드는 집합투자기구의 이름으로 등기를 할 필요성이 있으므로 투자회사형태가 권장된다.

　• 즉 투자회사를 설립해야 할 이유가 없다면 투자회사의 비용이 더 크기 때문에 (예] 이사보수 등), 투자신탁으로 설정하는 것이 일반적이다.

31 자본시장법은 집합투자기구를 증권집합투자기구, 부동산집합투자기구, 특별자산집합투자기구, 혼합자산집합투자기구 및 단기금융집합투자기구의 5가지로 구분하고 있다. 재간접투자기구는 운용대상 자산의 유형상 증권집합투자기구에 해당하는 점을 감안하여 자본시장법에서는 별도로 분류하지 않는다.

32 50%가 아니라 40%이다.

33 시장성 없는 자산에 펀드재산의 20%를 초과하여 투자할 경우 환매금지형으로 설정해야 한다(cf '10% 초과'의 경우 환매연기 대상이다).

34 전환형에서의 전환은 포트폴리오를 변경할 목적으로 하지만, 종류형에서의 전환은 수수료체계의 변경을 위함이다(종류형에서는 클래스 간 전환을 한다고 해도 포트폴리오가 변경되지는 않음).

35 ETF는 '인덱스형, 상장형, 개방형, 실물형'으로 분류된다. 기관투자가와는 개방형펀드처럼 매입시 발행하고 환매시 해지하므로 '개방형'으로 분류한다.

36 최초납입일로부터 매월 납입하는 기본보험료가 균등하고, 기본보험료의 선납기간이 6개월 이내이어야 한다.

37 사모집합투자기구를 설정·설립한 후에는 그날로부터 2주일 내로 금융위에 보고해야 한다(cf 공모펀드의 경우 '증권신고서 제출과 금융위 등록'을 동시에 진행하지만 사모펀드는 사후보고를 하면 됨).

　※ 사모집합투자기구에 대한 규제

면제되는 규제	기준가격공시의무, 상장의무, 회계감사의무, 집합투자기구의 종류 등
완화되는 규제	파생상품매매한도(공모펀드는 순자산액의 100%, 사모펀드는 400%)
동일하게 적용되는 규제	• 적격거래자가 아닌 자와의 장외파생상품 매매금지 • 의결권 행사규정

38 동일한 투자기구 내에서 다양한 판매보수 또는 수수료 구조를 가진 클래스를 만들어 보수 또는 수수료 차이에서 발생하는 신규투자기구 설정을 억제하고, 여러 클래스에 투자된 자산을 합쳐서 운용할 수 있는 규모의 경제를 달성할 수 있는 대안이 될 수 있는 집합투자기구를 말한다. 그러나 집합투자업자 및 신탁업자 보수는 클래스별로 차별화하지 못한다.

39 수익자에게 의결권 행사 통지가 있었으나 행사되지 아니하였을 것이어야 한다.

40 '부동산을 담보로 한 금전채권'은 부동산권리에 포함되지만 '저당권'은 부동산권리로 보지 않는다.

　• 투자대상으로서의 부동산권리 : 지상권, 지역권, 전세권, 임차권, 분양권, 부동산을 담보로 한 금전채권

41 100%까지 투자할 수 있다.

42 불특정금전신탁은 합동운용방식인데, 신탁의 합동운용은 집합투자기구와의 영역구분 차원에서 금지되었다. 단, 연금신탁의 경우 노후대비를 위한 상품의 특성상 유일한 불특정금전신탁으로 남아 있다.

43 벤치마크가 KOSPI200인 경우 차익거래가 가능하며, 차익거래를 통해 '인덱스 + 알파'의 수익이 가능하므로 '인핸스드 인덱스펀드(Enhanced Index Fund)'로 간주된다.

① 인덱스펀드 중 상장형은 ETF가 유일하다.

② 비용이 저렴하고, 액티브에 비해 위험이 작지만 그렇다고 해서 원금보전형은 아니다.

③ 완전복제법으로 인덱싱할 경우, 포트폴리오 차이로 인한 오차는 없으나 나머지 오차요인(보수부과, 거래비용 등)은 그대로 있으므로 추적오차가 제거되는 것은 아니다.

※ 인덱스펀드는 장기투자에 유리하다. 단기간을 관찰할 경우 인덱스펀드의 수익률보다 액티브펀드의 수익률이 높을 가능성이 높다. 그러나 기간을 장기화할 경우 인덱스펀드는 동일한 수준의 수익률을 실현하는 액티브펀드보다 실현 수익률은 높은 것이 보통이다. 왜냐하면 인덱스펀드의 저렴한 보수 때문이다.

44 ③에서 특정금전신탁이 비지정형특정금전신탁으로 바뀌어야 한다.

※ 신탁상품에 대한 적정성원칙

투자권유불원고객이라도 '비지정형특정금전신탁, 불특정금전신탁, 파생상품 등'을 매매하고자 할 경우에는 '투자자정보확인서'를 반드시 징구해야 한다(신탁 고객이 정보제공을 거절할 경우에는 판매가 중단된다). 이는 '파생상품 등'에 적용되는 적정성원칙과 같은 것인데, 신탁상품에서는 2가지(비지정형특정금전신탁, 불특정금전신탁)가 추가된다고 이해할 수 있다.

45 ④에서 일부상품이란 '비지정형특정금전신탁'을 말한다.

46 적합성보고서의 교부대상상품은 'ELS / ELT / ELF / DLS / DLT / DLF'의 6종류이다.

47 금리스왑은 주의단계, 나머지는 경고단계이다.

※ 장외파생상품의 적합성기준

주의단계	옵션매수 / 금리스왑
경고단계	옵션매도 / 통화스왑 / 선도거래
위험단계	나머지 모든 장외파생상품

48 투자자는 청약철회가 가능한 투자상품에 대하여 계약서류를 받은 날로부터 7일 내에 청약을 철회할 수 있으며, 청약철회는 서면 등으로 할 수 있다. 즉, 청약철회 방법에는 서면 이외에 전자우편, 휴대전화 문자메시지 또는 이에 준하는 전자적 의사표시 등이 있다.

49 정액적립식 저축자가 계속하여 6개월 이상 저축금을 납입하지 아니한 때 저축자에게 14일 이상의 기간을 부여하여 저축금의 추가 납입을 요구하고 그 기간 동안 저축자가 적절한 조치를 취하지 아니한 경우와, 해당 집합투자규약에 따라 신탁계약이 해지된 경우에는 회사는 저축계약을 해지할 수 있다.

50 풀 이

(1) 먼저 환매청구일(11/5)를 표시하고, 그로부터 3개월 전의 기간을 표시한다. → 8/5~11/5

(2) 환매수수료징구기간(8/5~11/5) 중의 매입일자를 표시한다(8/20, 9/20, 10/20).

(3) 즉, 8/20, 9/20, 10/20일의 매입 분에 환매수수료가 징구된다.

51 소득세법상 금융소득이라 함은 '이자소득(①, ②)과 배당소득(③)'을 말한다. ④의 양도소득은 퇴직소득과 함께 '분류소득'으로 구분한다.

52 연금수령액 중 세액공제받은 금액과 신탁이익에 해당하는 금액을 연금으로 수령 시 그 금액이 연간 1,500만원을 초과하면 분리과세 또는 종합과세 중 선택할 수 있다. 분리과세의 경우 연금소득세는 '5.5%(만 55세 ~ 69세), 4.4%(만 70세 ~ 79세), 3.3%(만 80세 이상)'로 부과된다.

53 채권매수자의 입장에서 금리하락이 예상되는 상황이면 고정금리채를 매수하는 것이 유리하다.

①, ② : 채권수익률하락 → 채권가격상승 → 수익률극대화전략 → 듀레이션확대전략, 즉 장기채매입 또는 저율쿠폰채를 매입한다.

- 듀레이션↑ = ∫ (표면이자↓, 잔존만기↑, 만기수익률↓)

③ 채권수익률하락 → 채권가격상승 → 국채선물매입(국채선물은 가격베이스로 매매함)

- 국채선물은 IMM방식으로 표시함, 즉 채권수익률이 5%에서 3%로 하락시, 국채선물을 95원(100 – 5%)에서 97원(100 – 3%)으로 변동함

54 물가하락 → 채권수익률하락

※ 거시경제변수와 채권수익률의 관계 : 거시경제변수의 공행성으로 설명이 가능함

(1) Y = C + I + G + (X − M)에서 우변 총수요항목(소비, 투자, 정부지출, 순수출)이 증가하면 좌변 총생산(실질국민소득 GDP로 봄)이 증가하며, Y가 증가하면 물가(P)가 상승하며(∵ 수요견인 인플레이션), 물가가 상승하면 금리(R)가 상승한다.

- 물가가 상승하면 구매력이 하락하므로 이에 대한 보전차원에서 금리는 상승함

(2) 환율은 복합적인 의미가 있지만 대체로 환율상승은 금리상승요인으로 본다.

- 환율상승 → 수입물가상승 → 금리상승

55 1년간 얻은 이자수익 : 9%, 1년 후 매각시 자본손실 = (−) × 듀레이션 7 × (+0.01) = −7%, 따라서 9% − 7% = 2%(수익)

56 (1) EV/EBITDA = $\dfrac{\text{시가총액} + \text{순차입금}}{\text{세전 영업이익} + \text{감가상각비}}$

영업이익에 감가상각비를 더하므로 기업의 현금흐름을 잘 반영한다(기업도산이 증가하는 국면에서는 현금흐름이 중요하므로 동 지표가 유용함).

(2) 주가 수준이 극도로 낮아진 상황에서는 PER, PBR의 지표는 별 의미가 없어지므로 이때 유용하다.

57 풀 이

(1) PER = 주가/EPS, 따라서 '적정주가 = EPS × 적정PER'이다.

(2) A기업의 EPS : 당기순이익/발행주식총수 = 200억원/100만주 = 2만원

(3) 따라서, 적정주가 = 2만원 × 5배(업종평균PER) = 10만원

58 가치주투자전략 → 저PER, 저PBR, 고배당주

(cf 성장주투자전략 → 고PER, 고PBR, 저배당주)

59 ①은 자금유동성리스크, ②·③·④는 상품유동성리스크를 측정하는 지표이다.

※ 상품유동성리스크의 측정지표(T·D·R로 암기)

(1) Tightness : 호가의 간격. Bid–ask spread가 클수록 유동성리스크가 크다.

(2) Depth : 호가의 크기. Bid–ask spread가 작더라도 각 호가단위의 수량이 크지 않으면 유동성리스크가 크다고 평가한다.

(3) Resiliency : 가격변동을 흡수하는 속도. 가격충격이 발생하고 다시 정상화되는 속도를 말하는데, 빠를수록 유동성리스크가 작은 것이다.

60 표준편차(수익률의 변동성)가 적합하다. ②·③·④는 상대적 위험 지표로서 기준지표가 미리 정해진 투자일 경우 적합하다.

※ 위험지표의 구분

절대적 위험	상대적 위험
표준편차, VaR	베타, 추적오차(잔차위험), 공분산, 상대VaR

61 신주인수권증서(증권)는 금융투자상품이다.

62 KRX에 상장된 통화선물은 '달러, 엔, 유로, 위안화'의 4가지 통화선물이 상장되어 있으나, 통화옵션의 경우 '달러'에 대해서만 상장되어 있다(∵ 유동성을 고려).

63 파생상품매매에 따른 위험평가액이 펀드자산총액의 10%를 초과하는 경우이다.
  ※ 파생상품펀드에 대한 정의
    (1) 자본시장법상 정의는 존재하지 않는다(∵ 자본시장법상 분류하는 5가지 펀드종류에 파생상품펀드는 없기 때문).
    (2) 따라서 파생상품펀드에 대한 정의는 '실무상 정의'에 해당한다.
      ㉠ 파생결합증권에 펀드재산의 50%를 초과하여 투자하는 펀드
      ㉡ 파생상품 매매에 따른 위험평가액이 펀드재산의 10%를 초과하는 펀드

64 공모펀드의 경우 '파생상품 매매에 따른 위험평가액이 펀드순자산총액의 100%를 초과할 수 없다'.
  • ③에서, 펀드재산총액의 10%를 초과하게 되는 경우는 실무상 파생상품펀드로 규정되며, 위험지표 공시의무가 부과된다.

65 총수익스왑(TRS)을 말한다. 보기에 이어, '수취하기로 한 금전총액이 양의 값을 가지는 경우는 지급하기로 한 금전총액'이 위험평가액이 된다.

66 '가, 나' → 거래 후 익일까지 공시
  '다, 라' → 거래가 없어도 매일 공시(∵ 더 중요함)

67 '10영업일 & 99% VaR'를 매일 측정한다. 참고로 ④에서 자료의 보완은, 시장의 중대한 변화가 있는 경우는 3개월보다 짧은 단위로 보완해야 한다.

68 차례대로 '주가연계파생상품펀드(유동성이 풍부하여 상품화가 가장 쉽다) – 금리연계파생상품펀드(금리변동성이 낮아 투자자가 원하는 수익률을 제시하기 어려움)'이다.

69 ELD와 ELS는 수익률을 사전제시한다(쿠폰). 그런데 ELF는 펀드이므로 운영결과가 투자자에게 귀속된다(실적배당형).
  • 참고로 ④에서, ELS는 설계에 따라 원금보장형도 가능하나 그렇다고 해서 예금자보호는 되지 않는다(예금자보호는 ELD가 유일함).

70 ②는 스프레드형을 말한다.
  ※ 워런트의 형태

기본형	콜(Call), 풋(Put), 양방향(Straddle)
장외옵션형	낙아웃(Knock Out), 낙인(Knock In), 레인지(Range), 디지털(Digital), 스프레드(Spread)

71 채권의 운용결과로 수익의 대부분이 결정되는 것은 '원금보존추구형'이다.

72 변수 5가지 중 '상관관계'만이 쿠폰과 반대방향이다.
  ※ 원금비보존형의 수익률을 결정하는 변수

기초자산의 변동성이		
상환조건이	높을수록	쿠폰이 상승한다.
KO배리어가		
KI배리어가		
상관관계가	낮을수록	

73 기초자산이 크게 하락할 경우 손실이 난다.
  ※ 리버스컨버터블(RC전략) : ㉠ 기초자산보유 + ㉡ 콜옵션매도 = ㉢ 풋옵션매도효과 복제
    → ㉡에서 장내옵션을 매매하였으므로 '장내파생상품 운용형'이라 하며, ㉢에서 풋옵션매도를 복제하였으므로 '델타복제형 또는 금융공학형'이라 한다.

74 낙아웃형에서, 배리어를 터치하면 원금을 보존하므로 'No-Rebate'형이다.

75 ③은 금리연계파생상품펀드를 말한다(금리변동은 거시경제변수의 영향을 많이 받으므로 거시경제에 대한 이해를 필요로 함).

76 현물환시장에서 원화차입 + 달러운용이 발생한다. 달러 선물환이 고평가될 경우 달러 현물환 매수 + 달러 선물환 매도의 차익거래를 위하여 현물환시장에서 원화차입(차입한 원화로 달러를 매수)과 (매수한) 달러자금 운용이 발생한다.

77 스프레드 확대전략이므로 '비싼 것(원월물)을 매수하고, 싼 것(근월물)을 매도한다'(본문 암기방법 참조).

78 옵션스프레드전략에는 4가지가 있는데, '강세콜스프레드 전략'을 확실히 이해한 후, 나머지 3개는 강세콜스프레드부터 간단한 전환으로 이해할 수 있다.
※ 강세콜스프레드 전략(Call Bull Spread 전략)
(1) 행사가격이 낮은 콜옵션을 매수하고 행사가격이 높은 콜옵션을 매도한다.
  • 예 C(80)매수 & C(90)매도
(2) 비싼 콜옵션인 C(80)을 매수하고, 싼 옵션인 C(90)을 매도하므로 '초기순지출'이다. 즉, 돈을 내고 시작한다.
(3) 콜강세스프레드에서 콜과 풋을 바꾸면 '풋강세스프레드' 전략이 되고, 매수와 매도자리를 바꾸면 '콜약세스프레드' 전략이 된다.
  ㉠ C(80)매수 & C(90)매도 → P(80)매수 & P(90)매도 (→ 풋강세스프레드)
  ㉡ C(80)매수 & C(90)매도 → C(80)매도 & C(90)매수 (→ 콜약세스프레드)

79 ① 롱스트래들, ② 풋강세스프레드, ③ 콜강세스프레드, ④ 롱스트랭글(롱은 매수, 숏은 매도란 뜻)이다.
※ 롱스트래들과 롱스트랭글
(1) 롱스트랭글 전략(매수전략)은 방향성에 상관없는 변동성 전략으로 롱스트래들보다 초기투자비용(옵션 수수료 지급)을 절약할 수 있다. 그 대신 변동성이 롱스트래들보다 커야 하는 단점이 있다.
(2) 롱스트랭글은 롱스트래들의 매수비용을 완화하는 차원에서 등가격(ATM)이 아닌 외가격(OTM)을 매수한다. 대신 손익분기점(BEP)은 스트래들보다 늦게 실현된다.

80 옵션의 매수 포지션 민감도는 다음과 같다. 옵션의 매도 포지션은 아래 표와 반대로 표시된다.

옵션의 (매수) 포지션 민감도		
구 분	콜옵션	풋옵션
델타	+	−
감마	+	+
쎄타	−	−
베가	+	+
로	+	−

특징은 콜, 풋의 감마값은 매수일 경우 (+)로 동일하며, 쎄타(시간가치)는 (−)로 동일하다.

81 준거자산과 보장매도자 간의 상관관계가 높을 경우 준거자산이 부도 나면 보장매도자도 위험해지므로 확실한 보장을 받지 못하게 된다. 즉 둘 간의 상관관계가 높을수록 프리미엄이 낮아진다.

82 이론상 룩백옵션이 제일 비싸다.
※ 룩백콜옵션 VS 래더콜옵션

룩백콜옵션
$Max[S_T - \min(S_1, S_2, S_3, \cdots S_n)]$

래더콜옵션
$Max[S_T - \min(L_1, L_2, L_3, \cdots L_n)]$

• 룩백콜옵션은 만기동안 가장 낮은 기초자산 가격을 행사가격으로 하므로 이론상 가장 비싼 콜옵션이 된다. 래더콜옵션은 룩백과 비슷한 구조이나, 이미 정해진 래더 중에서 가장 낮은 가격을 행사가격으로 하는 것이므로 룩백보다는 가격이 낮아야 한다.

83 PI전략은 Positve Feedback이다. 즉 주가상승시 주식비중 증가, 주가하락시 주식비중 감소이다. 이때 채권비중과 주식비중의 가중치 합은 1이다. 즉 주식을 40% 편입하면 채권비중은 60%가 된다.
※ 포트폴리오 보험전략(PI전략)의 종류

방어적 풋	이자추출전략 (ELS와 유사)
$p_t + S_t$	$c_t + B_t$
동적자산배분 (옵션복제전략)	동적헤징
$w_S(S_t) + w_B(B_t) = 1$	선물매도 + 주식매수

84 BTB거래는 ELS발행사가 '시장위험, 자금유동성리스크'를 헤지하기 위한 거래이다. 그런데 BTB거래 자체가 장외거래이므로 'Global IB의 신용위험, 상품유동성리스크, 법률리스크'에 노출된다.

85 ELS에 대한 위험과 관련해 발행사는 '시장위험과 자금유동성리스크', 판매사는 '불완전판매위험'에 노출되며, 운용사는 이들 위험에 대해 직접 노출되는 것은 아니지만 투자자를 위한 '선관주의의무'를 부담한다.

86 개발사업의 추진과 사후관리를 위해서 법인격을 갖춘 회사형이 적합하다(투자회사와 투자유한회사가 일반적).

87 발기인이 설립하는 것은 투자회사가 유일하다.
② 유한회사는 감독이사가 없으므로 이사회가 없다.
③ 투자회사를 제외한 나머지 회사형은 사원총회를 개최한다.

88 환매금지형의 상장의무는 '투자신탁, 투자회사'에게만 부여된다.

89 담보물권에는 유치권, 질권, 저당권이 있으며 용익물권에는 지상권, 지역권, 전세권이 있다. 이들을 모두 제한물권으로서 소유권과는 구분된다.

90 주택법상 미분양주택은 집합투자규약에서 정하는 기간으로 한다.

91 '역내펀드(On Shore Fund) – 부동산투자유한회사 – 사전특정형 펀드'이다.

92 ② 너무 크면 미운용자금의 위험이, 너무 작으면 한두 개의 물건에 수익률이 좌우되는 집중리스크에 노출된다(적당한 규모가 바람직).
③ 광열비 등은 개량비용에 포함되지 않는다.
④ 개발형은 사업계획서를 제출해야 한다.

93 사전불특정형(Blinded)의 요건을 채우는 것은 경공매형이 유일하다. 경공매형도 경공매물건을 매입하여 임대를 하면 '라'가 된다. 임대 후 마지막에 처분하면 Income Gain과 Capital Gain을 모두 얻을 수 있다.

94 둘 다 임대형에 해당된다.

95 프로젝트 파이낸싱(PF)은 비소구금융 또는 제한적 소구금융이므로 채권자가 부담하는 대출위험은 큰 편이다. 따라서 채권자는 시행사가 시공사에 대해 신용보강을 요구하여 적정한 대출안전장치를 확보할 것이 권장된다(예 시공사의 지급보증, 책임준공 등).

96 ① 공간시장의 수요는 국가와 지역경제의 영향을 받는다. 그러나 공간시장의 공급은 건축완공물량에 의해 결정된다.
② 매수인 우위에서 매도인 우위로 전환되는 국면은 회복기이다.
④ 하향조정(LTV나 DTI비율의 강화)은 부동산시장의 경기진정책이다.

97 부동산시장은 수요·공급의 비조절성으로서 이는 부동산의 부증성으로 인하여 부동산의 공급이 비탄력적이기 때문에 수요 증가로 가격이 상승하더라도 일반 재화처럼 공급을 증가시키기 어렵다. 즉 수요와 공급의 자동조절 기능이 제대로 작용하지 못하여 부동산시장이 불완전한 시장이 되는 것이다.

98 부가가치전략이다.
※ 부동산투자전략(전통적인 4가지 전략)

핵심전략	저위험 저수익
핵심플러스전략	핵심전략보다 조금 더 높은 위험감수
부가가치전략	중위험 고수익
기회추구전략	고위험 고수익

99 대출형펀드의 재산은 차입으로 조성할 수 없다.

100 유동성 위험을 관리하는 방법으로 투자자가 부동산 매매계약을 맺으면서 일정기간이 지난 이후 이를 부동산 매도자에게 되팔 수 있는 권리(Put Back Option)를 활용하는 방안이 유동성 위험을 관리하는 방안이 될 수 있지만 이 경우에는 매매거래가 아닌 담보부 차입거래로 해석될 여지(True Sale Issue)가 있다.

01	02	03	04	05	06	07	08	09	10	11	12	13	14	15	16	17	18	19	20
④	②	③	①	①	②	③	③	②	①	④	②	③	④	②	④	②	③	③	③
21	22	23	24	25	26	27	28	29	30	31	32	33	34	35	36	37	38	39	40
③	④	③	④	②	③	④	③	①	③	④	④	③	②	①	③	③	③	①	④
41	42	43	44	45	46	47	48	49	50	51	52	53	54	55	56	57	58	59	60
①	③	①	①	②	④	②	③	③	③	①	③	②	③	③	④	③	④	④	④
61	62	63	64	65	66	67	68	69	70	71	72	73	74	75	76	77	78	79	80
②	③	②	②	③	②	①	③	①	④	④	②	④	④	④	③	①	①	④	③
81	82	83	84	85	86	87	88	89	90	91	92	93	94	95	96	97	98	99	100
③	④	④	④	①	①	③	④	③	③	③	③	③	②	①	④	④	③	④	②

01 판매업자의 변경은 법에서 정한 총회 의결사항이 아니므로 의결요건이 완화 적용된다('출석과반수 & 전체 1/5 이상'의 요건).

※ 수익자총회의 의결요건 비교

법에서 정한 총회 결의사항 → '출석과반수 & 전체 1/4' 이상으로 의결	그 외의 사항 → '출석과반수 & 전체 1/5' 이상으로 의결
• 합병, 환매연기, 신탁계약중요내용 변경	–
• 집합투자업자나 신탁업자의 변경	• 판매업자의 변경
• 보수나 수수료의 인상	• 규약에서 정한 보수나 수수료의 지급

02 수익증권의 납입은 금전으로 하는 것이 원칙이다. 단, 사모펀드의 경우 투자자 전원이 동의할 경우 실물납입도 가능하다.
 • 수익증권과 투자회사 주식은 '무액면 / 기명식'으로 발행한다.

03 연기수익자총회의 결의는 출석한 수익자의 의결권 과반수와 발행된 수익증권 총좌수의 8분의 1 이상(단, 신탁계약으로 정한 수익자총회의 결의사항에 대하여는 출석한 수익자의 의결권 과반수와 발행된 수익증권 총좌수의 10분의 1 이상)으로 결의할 수 있다.

04 ②·③·④가 환매연기사유이다. 대량환매 자체는 환매연기사유가 될 수 없으며, 대량환매로 인해 ②의 상황이 된다면 환매연기가 가능하다.

05 무한책임사원(GP)이 설립하고 운용한다.
 기관전용 사모펀드의 업무집행사원을 GP라고 하며, 금융투자업자가 아님에 유의한다.

06 투자신탁의 재산운용은 '운용자는 지시, 신탁업자가 지시실행'으로 수행되지만, 운용의 적시성과 효율성을 위해서 일부 대상에 대해서 운용자가 직접매매실행을 하는 예외를 둔다. 상장상품(③)이나 안전한 상품(①), 장외파생상품일 경우 위험회피목적에 한해서 허용된다(④). 그러나 비상장주식(②)은 예외가 허용되지 않는다.

07 40%가 아니라 50%이다.
 ※ 공모펀드의 자산운용제한

㉠ 동일법인 지분증권	각 10% & 전체 20%
㉡ 집합투자증권	각 20% & 전체 50%
㉢ 환매조건부채권 매도	증권총액의 50%

 • ㉡의 경우 투자하고자 하는 펀드가 재간접펀드(FOFs)이면 안 된다(∵ 재간접펀드에 투자하는 펀드는 '재재간접펀드'가 되는데 이 경우 간접투자의 전문성이 너무 희석되기 때문).
 • ㉢에서, 환매조건매채권 매도는 실질적인 차입에 해당하므로 운용제한을 둔다(즉, 환매조건부 매수는 운용제한이 없다).

08 펀드는 이해관계인(①·② 등)과 거래할 수 없다. ③에서 집합투자업자의 대주주는 이해관계인에 해당되나 일반주주는 이해관계인이 아니다(즉 거래가 가능함).
④는 3개월이 아니라 6개월이 적용된다.

09 ②의 경우에만 가능하다. ①은 아래 ⓛ의 요건을 위배, ③은 ⓒ, ④는 ⓔ의 요건을 위배한다.
※ 공모펀드의 성과보수 적용요건(2017. 5 개정)
　　ⓐ 금융위가 정하는 일정한 기준지표와 연동할 것
　　ⓑ 운용성과가 기준지표를 초과해야 함
　　ⓒ 운용성과가 기준지표를 초과하되, 마이너스 수익률인 상태이면 안 됨
　　ⓔ 운용성과가 기준지표를 초과하되, 성과보수 지급 후 마이너스 수익률이 되면 안 됨
　　ⓜ 최소존속기간이 1년 이상일 것
　　ⓗ 성과보수의 상한을 정할 것

10 의결권은 집합투자업자가 행사한다. 참고로, 의결권 행사규정(①·②·③·④)은 공모와 사모펀드 구분없이 적용된다.

11 수시공시는 ④의 3가지 방법 모두의 방법으로 이행해야 한다.

12 이익금의 분배방법 및 시기는 총회가 아니라 '집합투자규약'에서 정한다.
※ 이익금의 분배방법 3가지

정확한 분배	금전 또는 새로 발행하는 집합투자증권(재투자)으로 분배함
유 보	이익금의 분배를 유보할 수 있음(단, MMF는 유보불가)
초과분배	일정 수준까지는 초과분배가 가능함

13 존속하는 투자신탁(투자회사)의 집합투자업자가 금융위에 합병보고를 한 때에 효력이 발생한다. 합병으로 소멸하는 투자신탁(투자회사)은 합병과 동시에 해지(해산)된 것으로 간주된다.

14 부패인식지수(CPI : Corruption Perception Index)는 해당 국가 공공부문의 부패인식과 전문가 및 기업인 등의 견해를 반영해 사회전반의 부패인식을 조사한 것으로, 점수가 낮을수록 부패정도가 심한 것이다. 2012년부터 조사방법론이 바뀌었기 때문에 점수보다는 순위의 변동추이를 살펴보아야 한다.

※ 우리나라는 아직도 경제규모에 비해 윤리수준이 낮게 평가됨으로써 국제신인도와 국제경쟁력에 부정적인 영향을 미치고 있다.

15 ⓐ 신임의무(Fiduciary Duty)는 위임자(고객)의 신임을 받는 수임자(금융투자업자)로서 당연히 가지는 의무인데, 이는 법제화된 의무가 아니라 개념상의 의무이다.
ⓛ 선관주의의무 또한 개념상의 의무로 신임의무와 동일시된다(cf 충실의무 : 고객이익을 우선해야 하는 의무로 개념상 신임의무와 선관주의 의무와 크게 다르지 않으며, 역시 법제화된 의무가 아닌 개념상의 의무라고 할 수 있다).

16 대리인문제(Agency Problem)는 금융회사와 금융소비자 간의 이해상충이 아니라, 오너와 전문경영인 간의 이해상충에 해당된다.

17 금융투자회사의 금융소비자보호 표준내부통제기준 제9조(금융소비자보호 내부통제위원회의 설치 및 운영)의 내용이다.
※ 금융소비자보호 표준내부통제기준 제9조 요약
　• 회사는 금융소비자보호에 관한 내부통제를 수행하기 위하여 필요한 의사결정기구로서 '내부통제위원회'를 설치한다(예외가 인정되는 경우에는 설치하지 아니할 수 있다).
　• 금융소비자보호 내부통제위원회는 매 반기마다 1회 이상 의무적으로 개최하여야 하며, 개최 결과를 이사회에 보고하는 것은 물론 최소 5년 이상 관련 기록을 유지하여야 한다.
　• 내부통제위원회의 의결 및 심의사항은 다음과 같다.
　　－ 금융소비자보호에 관한 경영방향
　　－ 금융소비자보호 관련 주요 제도 변경사항
　　－ 임직원의 성과보상체계에 대한 금융소비자보호 측면에서의 평가
　　－ 금융상품의 개발, 영업방식 및 관련 정보공시에 관한 사항
　　－ 이 기준 및 법 제32조 제3항에 따른 금융소비자보호기준의 적정성·준수실태에 대한 점검·조치 결과
　　－ 법 제32조 제2항에 따른 평가(이하 "금융소비자보호 실태평가"라 한다), 감독(법 제48조 제1항에 따른 "감독"을 말한다) 및 검사(법 제50조에 따른 "검사"를 말한다) 결과의 후속조치에 관한 사항
　　－ 중요 민원·분쟁에 대한 대응 결과

- 광고물 제작 및 광고물 내부 심의에 대한 내부 규정(단, 준법감시인이 별도로 내부 규정 마련 시 제외할 수 있다)
- 금융소비자보호 총괄기관과 금융상품 개발·판매·사후관리 등 관련부서 간 협의 필요사항
- 기타 금융소비자보호 총괄기관 또는 기타 관련부서가 내부통제위원회에 보고한 사항의 처리에 관한 사항

18 ① 특정한 정보가 비밀정보인지 불명확할 경우 해당 준법감시인이 판단한다.
② 회사의 경영전략이나 새로운 상품 및 비즈니스에 관한 정보는 매체 여부와 무관하게 비밀정보로 본다.
④ 비밀정보가 포함된 서류는 복사인 경우 필요 이상으로 복사할 수 없다.

19 금융투자업종사자와 금융소비자 간의 정보비대칭이 존재하기 때문에 설명의무를 부과한다. 또한 자본시장법상 위반시 손해배상책임의무를 부과한 것도 설명의무가 유일한데, 그만큼 '정보비대칭'을 해소하는 수단으로써 설명의무를 중요하게 보기 때문이다.

20 '20일 – 20일'이다.

21 예외로 허용되는 것은 ①·②·④이며, ③은 손실보전의 금지조항에 해당된다.
투자자에게 일정한 이익을 사전에 약속하거나 사후에 보장하는 행위 등은 그 주체가 회사든, 임직원이든 모두 금지된다.

22 시장질서교란행위(목적성 여부와 무관)와 불공정거래행위(목적성이 있음)는 적용되는 범위가 다르므로 다른 의미이다.

23 문화활동을 할 수 있는 해당 용도로만 정해진 (사실상 현금화할 수 없는) 문화상품권 제공은 부당한 재산상 이익의 제공에 해당하지 아니한다.
참고 다음 어느 하나에 해당하는 경우에는 재산상 이익으로 보지 아니한다(금융투자회사의 영업 및 업무에 관한 규정, 제2-6조).
• 금융투자상품에 대한 가치분석·매매정보 또는 주문의 집행 등을 위하여 자체적으로 개발한 소프트웨어 및 해당 소프트웨어의 활용에 불가피한 컴퓨터 등 전산기기
• 금융투자회사가 자체적으로 작성한 조사분석자료

• 경제적 가치가 3만원 이하인 물품·식사·신유형 상품권(공정거래위원회의 신유형 상품권 표준약관에 따른 물품 제공형 신유형 상품권을 말한다)·거래실적에 연동되어 거래상대방에게 차별 없이 지급되는 포인트·마일리지
• 20만원 이하의 경조비 및 조화·화환
• 국내에서 불특정 다수를 대상으로 하여 개최되는 세미나 또는 설명회로서 1인당 재산상 이익의 제공금액을 산정하기 곤란한 경우 그 비용. 이 경우 대표이사 또는 준법감시인은 그 비용의 적정성 등을 사전에 확인하여야 한다.

24 일임매매는 일정한 경우에 예외적(투자자의 장기적 여행 등)으로 일부 허용이 되나, 임의매매는 예외 없이 금지된다.

25 분쟁조정기관은 중립적인 조정안을 제시하기 위해 통상적으로 (분쟁의 양당사자는 제외하고) 법조계, 학계, 소비자단체, 업계 전문가로 구성된 분쟁조정위원회를 구성하고 운영한다.

26 ① 명백하게 정보주체의 권리보다 우선하고 합리적인 범위를 초과하지 않는 범위 내에서 개인정보를 수집·이용할 수 있다.
② 최소한의 개인정보 수집이라는 입증책임은 개인정보처리자가 부담한다.
④ 공공기관이 법령 등에서 정하는 업무를 수행하고자 할 경우 별도의 동의가 필요 없다.

27 '금융거래목적과 자금거래원천'을 확인하는 것은 강화된 고객확인제도(EDD)로서, (1) 자금세탁우려가 있는 경우 (2) 위험기반접근법상 고위험고객·거래로 분류된 경우의 두 가지이다. 그리고 '신규개설 / 일회성 거래가 1,000만원(미화는 1만불) 이상인 경우'는 간소화된 고객확인제도(CDD)에 해당한다.

28 CDD에서는 '1회 1,000만원' 이상이 대상이지만, CTR에서는 '1거래일 1,000만원' 이상의 거래를 대상으로 한다.

29 차례대로 '10일 – 7일 – 20일'이다. 그리고 금융위가 등록을 심의·결정하는 20일의 기간 동안 서류의 흠결이 있어 보완하는 시간이 있다면 흠결기간은 20일에서 제외된다.

30 3등급에 포함된다.

※ 설정 3년 미만의 펀드의 상품군별 위험등급분류

등급	등급 분류 기준
1등급 (매우 높은 위험)	• 레버리지 등 수익구조가 특수하여 투자시 주의가 필요한 집합투자기구 • 최대손실률이 20%를 초과하는 파생결합증권에 주로 투자하는 집합투자기구
2등급 (높은 위험)	• 고위험자산에 80% 이상 투자하는 집합투자기구
3등급 (다소 높은 위험)	• 고위험자산에 80% 미만 투자하는 집합투자기구 • 최대손실률이 20% 이하인 파생결합증권에 주로 투자하는 집합투자기구
4등급 (보통 위험)	• 고위험자산에 50% 미만 투자하는 집합투자기구 • 중위험자산에 최소 60% 이상 투자하는 집합투자기구
5등급 (낮은 위험)	• 저위험자산에 최소 60% 이상 투자하는 집합투자기구 • 수익구조상 원금보존추구형 파생결합증권에 주로 투자하는 집합투자기구
6등급 (매우 낮은 위험)	• MMF • 단기 국공채 등에 주로 투자하는 집합투자기구

31 정액적립식 저축자가 계속하여 6개월 이상 저축금을 납입하지 아니한 때 저축자에게 14일 이상의 기간을 부여하여 저축금의 추가 납입을 요구하고 그 기간 동안 저축자가 적절한 조치를 취하지 아니한 경우와, 해당 집합투자규약에 따라 신탁계약이 해지된 경우에는 회사는 저축계약을 해지할 수 있다.

32 증권집합투자기구는 증권에 투자하되 '부동산펀드'와 '특별자산펀드'가 아닌 펀드를 말한다.

33 외화표시MMF는 OECD가입국가(속령 제외), 싱가폴, 홍콩, 중화인민공화국통화로 표시된 상품으로 한정한다. 하나의 MMF에서 원화와 외화 단기금융상품을 함께 투자할 수 없다. 즉 1개의 MMF에 원화표시와 외화표시 단기상품을 편입할 수 없다.

34 ① 10%가 아니라 20%이다(10%는 환매연기의 대상이 됨).

35 ETF(상장지수펀드)는 주식형, 채권형 모두 가능하다.

② ETF에는 두 가지 시장이 있는데, 기관투자가와의 거래는 발행과 해지거래를 하므로 개방형이라 한다.

③ ETF는 설정일로부터 30일 내로 상장해야 한다(상장되어 거래되는 펀드).

④ ETF는 지수를 구성하는 실물로 납입해도 무방하므로 실물형에도 해당된다.

36 동일종목은 30%, 동일증권의 지분증권 총수의 20%이다.

37 ①·②·④는 사모에서는 배제되는 규정이며, ③은 완화적용된다.

※ 파생상품운용특례 : 공모펀드는 파생상품 매매에 따른 위험평가액이 순자산총액의 100%를 초과할 수 없다. 그러나 사모펀드는 순자산액의 400%까지 가능하다.

38 액티브운용전략은 Top Down Approach(하향식), Bottom Up Approach(상향식)으로 나뉜다.

① 투자대상자산의 비중에 따른 분류 : 주식형, 채권형, 혼합형

② 펀드판매방법에 따른 분류 : 모집식, 매출식

④ 투자대상지역에 따른 분류 : 국내투자펀드, 해외투자펀드

39 판매수수료는 투자자가 부담하므로 펀드재산에 영향을 주지 않는다. 추적오차가 발생하는 원인으로는 1) 인덱스펀드에 부과되는 보수 등 비용, 2) 인덱스펀드의 포트폴리오를 구축하기 위한 거래 비용, 3) 인덱스펀드의 포트폴리오와 추적대상지수 포트폴리오의 차이, 4) 포트폴리오 구축시 적용되는 가격과 실제 매매 가격과의 차이 등이다.

40 전체에 대한 비과세는 아니다. 펀드의 수익 중 일부 손익과세제외에 해당하는 운용수익(비열거소득 : 주식이나 장내파생상품의 매매차익)은 비과세이지만, 채권의 이자소득이나 주식배당소득에 대해서는 과세한다.

41 매매형부동산펀드는 자본소득(Capital Gain)만을 목적으로 하는데, 실무적으로 거의 존재하지 않는 펀드이다.

42 상장회사의 주식은 무조건 증권집합투자기구에 해당한다.

> 참고 준부동산펀드, 준특별자산펀드
> (1) 부동산보유비중이 높은 상장회사 주식을 편입한 경우 '준부동산펀드', 선박보유비중이 높은 상장회사 주식을 편입한 경우 '준특별자산펀드'라고 명명한 바 있지만, 이는 자본시장법상의 분류가 아니며 내용을 반영한 의미에 불과하다. 즉, 이들은 자본시장법상으로는 증권집합투자기구에 속한다.
> (2) 기본서 개정으로 '준부동산펀드, 준특별자산펀드'는 더 이상 기본서에서 공식적으로 언급되지 않지만, 동 문항과 같은 개념차이는 이해하고 있어야 한다.

43 연금저축신탁은 원급보장형이지만 현재 판매가 중지되었다.
② 연금계좌제도가 도입되면서 소득세법으로 이관되었다.
③ 소득공제가 아니라 세액공제이다.
④ 주식을 최대 10%까지 편입할 수 있다(안정형 상품).

44 투자권유준칙을 보면, 투자권유불원고객이라도 파생상품 등을 매매하고자 할 경우에는 KYC Rule에 입각하여 투자정보확인서를 통한 정보제공을 반드시 해야 한다. 그런데 신탁상품을 권유할 경우, '파생상품 등'에 추가하여 '불특정금전신탁과 비지정형특정금전신탁'에 대해서는 투자권유불원고객이라도 반드시 정보제공을 해야 한다.

45 추출방식(Factor-out 방식)과 상담보고서방식은 투자자 유형에 대한 심층분석을 하므로, 굳이 특정유형(예 위험선호형, 적극형, 성장형, 안정성장형, 위험회피형)으로 분류할 필요가 없다.

46 회사는 해지를 요구받은 날로부터 10일 이내에 수락 여부를 통지하여야 한다. 금융소비자는 계약을 체결한 경우 5년 이내(안 날부터 1년 이내의 기간)에 서면 등으로 해당 계약의 해지를 요구할 수 있다. 이 경우 금융상품판매업자등은 해지를 요구받은 날부터 10일 이내에 금융소비자에게 수락 여부를 통지하여야 하며, 거절할 때에는 거절사유를 함께 통지하여야 한다.

47 만료되는 날의 다음날이다. 예를 들어 5월 10일에 가입하고 저축기간을 10일로 한다면 5월 20일이 되는데, 이를 문장으로 표현하면 '최초매수일로부터 계산하여 저축기간이 만료되는 날의 다음날'이 된다.

48 판매보수를 면제하지 않는다(우대조치라도 판매보수까지 면제하는 곳은 없다).

49 풀이
(1) $\dfrac{10,000,000}{1,200} \times 1,000 = 8,333,333.33$좌
(2) 그런데 고객에게 유리하게 적용하므로 8,333,334좌가 된다(좌수절상).
(3) 한편, 세금계산할 경우에는 금액절사를 적용하는데, 10원 미만단위 절사가 그 예이다(납부하는 세액은 적을수록 고객에게 유리하므로 절사함).

50 '소득세, 법인세, 부가가치세'는 '과세기간이 종료하는 때'에 납세의무가 성립한다. 상속세는 '상속이 개시되는 때', 증여세는 '증여재산을 취득하는 때', 종부세는 '과세기준일'로 한다.

51 ELD는 예금(비금융투자상품)이므로 이자소득으로 과세한다. 참고로 ELW는 종전에는 비열거소득으로 비과세 대상이었으나, 2016년 장내파생상품 과세제도 신설에 의해 코스피200 ELW에 한하여 탄력과세한다(양도소득세).

52 ETF의 매매차익, 코스피200을 기초자산으로 하지 않는 장내파생상품(예 ②, ④)은 직접투자에서 비과세이므로 '일부손익 과세제외'를 한다(즉, 펀드에서도 비과세). 그러나 채권의 매매차익(환차익, 장외파생상품 포함)은 직접투자에서 비과세임에도 불구하고 '일부손익 과세제외'를 하지 않는다(즉, 펀드에서는 과세를 함). '일부손익과세제외'는 직접투자와 간접투자의 형평성을 고려한 것이나, 채권의 매매차익의 경우 과세형평이 완전하게 실현되고 있지 않다는 것을 알 수 있다.

53 ②가 관행적복할인, ④가 이론적복할인방식이다. 만일 할인채라면 정답은 ①이다.

54 풀이
(1) 채권투자수익 = 매매차익 + 이자수익
(2) 이자수익은 5%이며, 매매차익은 +2%. 즉 7%이다.

- 매매차익 = (−) × 듀레이션 × dY(금리변화율)
  = (−)2년 × (−)1%
  = +2%

55 듀레이션은 '투자원금의 가중평균회수기간'의 의미가 있고, 이표채의 경우 만기 전에 현금흐름이 발생하므로 가중평균회수기간은 채권의 만기보다 항상 짧게 된다. 그런데 이표채가 아닌 경우 중도에 현금흐름이 발생하지 않으므로 '듀레이션 = 잔존만기'이다.
① 지방채의 이자율이 더 높다(우량할수록 지급이자율은 낮다).
② 내재이자율 또는 선도이자율이다.
④ 실제 채권가격은 항상 듀레이션보다 크다.

56 물가상승의 경우 무조건 주가하락으로 나타나는 것이 아니다. '일정한 수준의 인플레이션(또는 완만한 인플레이션)'은 기업의 매출증가로 이어져 주가상승으로 나타난다. 그러나 급격한 인플레이션의 경우 실질구매력의 하락으로 인해 기업매출로 연결되지 않는다. 즉 기업실적이 악화되고 주가는 하락하게 된다.

57 PER는 유량평가이고 PBR은 저량평가이다.
[부연설명] PER의 핵심변수 당기순이익(또는 주당순이익)은 일정기간의 경영성과를 말하므로 유량(Flow)평가이다. PBR의 핵심변수 자기자본은 재무상태표의 저량(Stock)평가에 기반한다.

58 수익률곡선타기전략에서 중·단기채에서의 기간 스프레드를 수익원으로 하는 전략은 숄더효과, 장기채에서의 기간 스프레드를 수익원으로 하는 전략은 롤링효과이다.
[cf] 장기채에서의 기간 스프레드는 단기채에 비하면 미미한 수준이므로 매매를 반복해야(Rolling) 일정한 수익률을 올릴 수 있다(→ 롤링효과).

59 포트폴리오분석은 포트폴리오의 결과물분석이 아닌 포트폴리오 그 자체의 특성을 분석한다(정성평가에 해당됨).
- [예] 집합투자규약상 최소 주식편입비중이 60%인데, 해당 펀드의 주식편입비중이 현재 90%라면, 해당 펀드는 매우 공격적인 운용을 하는 펀드임을 알 수 있다.

60 샤프비율을 계산하면 'A = 1.5, B = 2.0, C = 3.0, D = 4.0'이므로 D의 샤프비율이 가장 높다.

$$D의 \ 샤프비율 = \frac{13\% - 5\%}{2\%} = 4.0$$

61 선도(forward) 또는 선물(futures)에 해당한다.
※ '파생상품 등'을 구분하는 키워드

파생결합 증권	파생상품		
	선도, 선물	옵 션	스 왑
연계하여	인 도	권 리	교 환

62 단기금융펀드(MMF)는 단기금융상품(증권)에만 투자할 수 있다.

63 차례대로 '펀드자산총액, 10%, 펀드순자산총액, 100%'이다. 참고로 사모펀드의 파생상품 투자한도는 펀드순자산총액의 400%이다.

64 '적격투자자가 아닌 자와는 장외파생상품매매를 할 수 없다'는 규정은 공사모에 공동으로 적용되는 규제이다.
- 참고로 ①에서, 동일종목 파생결합증권에 대한 투자한도는 '공모는 30%, 사모는 100%'이다.

65 장외파생상품의 경우 거래체결시 합의하는 명목계약금액으로 산정한다.

66 '만기시점의 손익구조'에 대한 공시방법이다.

67 적합성원칙, 설명의무(①), 부당권유금지는 모든 금융투자상품에 동일하게 적용된다.

68 주가연계파생상품펀드는 ①·②·③·④로 분류되는데, 보기는 ③에 해당한다.

69 KI(낙인)이 높을수록(손실구간에 진입할 가능성 높을수록) 쿠폰이 높다. KI이 낮을수록 투자자에게 안정성이 높고 원금손실위험이 감소한다. 즉 KI이 낮을수록 쿠폰이 낮다. 예를 들어 손실구간에 진입하는 KI이 50%인 구조의 쿠폰이 연 12%라면, KI이 60%인 구조의 쿠폰은 연 16%로 높아진다.

70 상관관계는 낮을수록 쿠폰이 상승한다(두 자산의 상관관계가 낮을수록 요건을 채우기가 어렵기 때문).
※ 원금비보장형의 쿠폰과 변수와의 관계
'변동성, 상환조건, KO배리어, KI배리어가 높을수록', '상관관계는 낮을수록' 제시수익률이 상승한다.

71 인버스펀드(또는 리버스 인덱스 펀드)는 일일수익률의 반대를 적용하며, 특정구간 수익률의 반대를 적용하는 것은 아니다.

72 ① 금리연계파생상품펀드, ② 환율연계파생상품펀드, ③·④ 상품연계파생상품펀드

73 풀이(아래 표 참조).

구 분	X	Y
합병비율	0.8	1
현재주가	100,000원	70,000원
조정주가	80,000원 > 70,000원	
매도/매수 선정	매도	매수

74 ④는 멀티에셋펀드(Multi-asset Fund)의 특징이다.

75 해외펀드 만기연장시 환율이 불리하게 변하면 기한이 되어도 결제하지 않고, 선물환 계약을 연장한 후 환율이 유리하게 되면 비로소 결제하는 거래관행을 HRR이라고 하는데 이는 외국환거래법상 금지되어 있다.

76 현물시장의 변동성이 클 경우(이론가와 시가와의 불균형이 확대되는 상태), 차익거래의 기회가 되며, 차익거래를 통해 변동성이 감소하게 된다. 즉 효율성이 증대된다.

77 수출업자는 달러를 받아 원화로 환전해야 하므로 결제일 환율하락위험 노출 대비 선물환 매도헤지를 한다. 수입업자는 이와 반대로 매수헤지를 한다.

78 '근월물 매수 & 원월물 매도'이다(아래 풀이).
(1) 스프레드 확대포지션을 그린다.

(2) 가격이 비싼 월물을 위에, 가격이 싼 월물을 아래에 위치시킨다.
  • 주의할 것은, 정상시장(콘탱고시장)에서는 원월물이 비싸지만 역조시장(백워데이션시장)에서는 원월물이 싸게 된다.
(3) 비싼 월물을 매수하고 싼 월물을 매도한다(→ 근월물 매수 & 원월물 매도).

79 스프레드 전략이므로 매수와 매도가 함께 존재해야 한다. 비용이 발생하므로 낮은 행사가격(프리미엄이 높은)의 콜을 매입하고 높은 행사가격(프리미엄이 낮은)의 콜을 매도하면 비용이 발생(지출)한다.

80 콜레이쇼버티칼 스프레드는 예를 들어, 'C(80)매수 1개 & C(90)매도 2개'의 구성이므로 기초자산 가격이 올라갈 경우는 불리하다.
[cf] 콜백스프레드는 반대로 매수가 더 많으므로 기초자산 가격 상승시 유리하다.

81 FRA에서 FRA매수자는 차입자, FRA매도자는 대여자이다. FRA매도자는 자금의 운용자 내지는 대여자로서 미리 정한 금리를 받고 일정기간 자금의 사용권을 내주었다가(빌려주었다가) 만기에 가서 원금을 되돌려받는 경우이다. 이는 FRA매수자(차입자)의 상대방으로서 FRA매도자(대여자)가 되는 것이다. 금리차이에 대한 자금결제는 NDF 방식이다.

82 경영권은 이전되지 않는 장점이 있다.

83 선택옵션은 시간의존형 옵션이다.

84 증권 발행 이후 관련 법령의 제정·개정, 관련 법령의 해석 변경으로 본 거래가 위법하게 된 경우와 추가적인 조세부담이 발생하는 경우 및 발행사의 Event of Default(채무불이행 사유 : 해산, 파산, 화의 또는 회사정리 등의 절차가 개시되거나, 이러한 신청이 있는 등 발행사의 신용상태가 악화되는 경우) 발생 시에는 조기종결 요건이 된다.

85 자체헤지의 경우 장외파생상품을 활용할 수도 있으므로 그에 따른 상대방에 대한 신용 리스크가 발생할 수 있다(물론 BTB의 경우에도 파생결합증권을 매입한 운용사의 펀드는 발행증권사의 신용 리스크를 가지고 있다).

86 자본시장법에 따라 집합투자업자는 집합투자재산을 '시가'에 따라 평가하되, 평가일 현재 신뢰할 만한 시가가 없는 경우에는 '공정가액'으로 평가하여야 한다.

87 투자신탁은 수익자총회, 투자회사는 주주총회, 나머지 회사형은 사원총회, 투자합자조합과 투자익명조합은 조합원총회를 개최한다.

88 증권에 투자한 부동산집합투자기구는 '부동산 전문 3사(부동산투자회사, 부동산개발회사, 부동산투자목적회사)'에 국한된다. ④는 증권집합투자기구에 속한다.

89 부동산의 개별성(비동질성, 비대체성)에 대한 설명이다. 이는 부동산이 일물일가의 법칙이 적용되지 못하는 이유이기도 하다.

90 장부가액은 MMF에만 해당된다. 오피스빌딩은 공정가액(②·④)으로 평가하며 주식과 회사채는 시가(①)로 평가한다.

91 해외투자펀드를 말한다.
　※ 해외투자펀드의 분류 : 해외투자펀드 = 역내펀드 + 역외펀드
　　(1) 역내펀드 : 국내법에 의해 설정·설립되고, 국내법의 규제를 받는 펀드(국내펀드)
　　(2) 역외펀드 : 외국법에 의해 설정·설립되고, 외국법의 규제를 받는 펀드(해외펀드)

92 보기는 '가치주 투자스타일'을 말하는데, 부동산펀드에서는 경공매형이 가치투자형(Value투자)에 해당된다.

93 ③은 공실률위험에 대한 점검사항이다(임대형펀드의 주요 점검사항).

94 개량형과 경공매형은 인허가위험에 노출되지 않는다. 개발형은 인허가위험에 직접 노출되고 대출형은 개발사업의 모든 위험에 간접적으로 노출되며, 임대형부동산펀드의 경우 완공되기 전의 부동산을 매입할 경우 인허가위험에 노출될 수 있다.

95 PF는 전통적인 대출보다도 규모가 크다.

96 A부동산의 가격은 금년이 200억원(10억원/5%), 전년이 200억원(8억원/4%)으로 동일하다. 즉 가격의 확연한 상승이 없으므로 개발시장이 활성화될 만한 이유로는 부족하다.

97 불황기에 해당된다. 비교하여 후퇴기는 '공실률이 점차 늘어나고, 매도인 우위에서 매수인 우위로 전환하는 분위기가 나타난다'.
　※ 부동산경기별 매수인, 매도인 우위

회복기	매도인 우위로 전환 중
호황기	매도인 우위
후퇴기	매수인 우위로 전환 중
불황기	매수인 우위

98 LTV나 DTI규제의 강화(비율의 인하조정)는 부동산 수요를 감소시킨다(예 LTV 70% → 60%, 부동산수요 감소).
　• ①에서 아파트는 정상재, 다세대는 열등재이며, ②에서 주거용오피스텔과 소형아파트는 대체재가 된다.

99 ④는 정부실패의 원인에 속한다.
　※ 시장실패와 정부실패

시장실패의 원인	정부실패의 원인
독과점의 존재, 외부효과의 발생, 정보의 비대칭성	정부조직 간 이해충돌, 파생적 외부효과의 발생, 비용과 수익을 분리운영하는 정책의 비효율성

100 풋백옵션은 유동성위험의 관리방안에 속한다.
　※ 위험별 관리방안

가격변동위험	파생금융상품 활용
유동성위험	사전옵션계약 풋백옵션
부동산 임대 및 관리운영위험	장기임대계약 아웃소싱 리싱패키지
개발위험	턴키계약
비체계적위험	분산투자

　• 파생금융상품은 유동성이 풍부한 부동산선물지수가 없으므로 실효성이 부족함
　• 풋백옵션은 담보부 차입거래로 해석될 여지가 있다.

미래는 자신이 가진
꿈의 아름다움을 믿는 사람들의 것이다.

– 엘리노어 루즈벨트 –

참고문헌

※ 본 교재는 '펀드투자권유자문인력 기본서(한국금융투자협회 발행)'에 준거한 문제집입니다.

1. 펀드투자권유자문인력 기본서(금융투자협회, 2024).

2. 파생상품투자권유자문인력 기본서(금융투자협회, 2024)

3. 투자자산운용사 기본서(금융투자협회, 2024)

4. 은행FP 기본교재(한국금융연수원, 2024)

5. AFPK기본교재 – 세금설계, 상속설계(한국FPSB, 2024)

6. 재무분석(김철중, 한국금융연수원, 2016)

7. 증권투자론(장영광, 신영사, 2012)

8. 자본시장법 법령(금융감독원법규정보시스템, http://law.fss.or.kr)

9. 한국투자자보호재단 홈페이지(www.invedu.or.kr)

10. 전국투자자교육협의회(www.kcie.or.kr)

11. 펀드닥터(www.funddoctor.co.kr)

12. 모닝스타코리아(www.morningstar.co.kr)

13. 자금세탁방지업무 검사매뉴얼(금융감독원, 2012.5)

14. 투자권유준칙(자본시장법 제50조, 도이치은행 서울지점)

15. 투자자정보확인서 등 투자권유메뉴얼(신영증권)

2024~2025 SD에듀 펀드투자권유자문인력 한권으로 끝내기

개정12판1쇄 발행	2024년 05월 10일 (인쇄 2024년 04월 24일)
초 판 발 행	2015년 04월 20일 (인쇄 2015년 03월 24일)
발 행 인	박영일
책 임 편 집	이해욱
편 저	유창호 · 강성국
편 집 진 행	김준일 · 이보영
표지디자인	하연주
편집디자인	하한우 · 장하늬
발 행 처	(주)시대고시기획
출 판 등 록	제10-1521호
주 소	서울시 마포구 큰우물로 75 [도화동 538 성지 B/D] 9F
전 화	1600-3600
팩 스	02-701-8823
홈 페 이 지	www.sdedu.co.kr
I S B N	979-11-383-7086-8 (13320)
정 가	30,000

SD에듀 금융시리즈

SD에듀 금융, 경제 · 경영과 함께라면 쉽고 빠르게 단기 합격!

금융투자협회	펀드투자권유대행인 한권으로 끝내기	18,000원
	펀드투자권유대행인 핵심유형 총정리	24,000원
	펀드투자권유대행인 출제동형 100문항 + 모의고사 3회분 + 특별부록 PASSCODE	18,000원
	증권투자권유대행인 한권으로 끝내기	18,000원
	증권투자권유대행인 출제동형 100문항 + 모의고사 3회분 + 특별부록 PASSCODE	18,000원
	펀드투자권유자문인력 한권으로 끝내기	30,000원
	펀드투자권유자문인력 실제유형 모의고사 4회분 + 특별부록 PASSCODE	21,000원
	증권투자권유자문인력 한권으로 끝내기	30,000원
	증권투자권유자문인력 실제유형 모의고사 3회분 + 특별부록 PASSCODE	21,000원
	파생상품투자권유자문인력 한권으로 끝내기	30,000원
	투자자산운용사 한권으로 끝내기(전2권)	38,000원
	투자자산운용사 실제유형 모의고사 + 특별부록 PASSCODE	55,000원
금융연수원	신용분석사 1부 한권으로 끝내기 + 무료동영상	24,000원
	신용분석사 2부 한권으로 끝내기 + 무료동영상	24,000원
	은행FP 자산관리사 1부 한권으로 끝내기	20,000원
	은행FP 자산관리사 1부 출제동형 100문항 + 모의고사 3회분 + 특별부록 PASSCODE	17,000원
	은행FP 자산관리사 2부 한권으로 끝내기	20,000원
	은행FP 자산관리사 2부 출제동형 100문항 + 모의고사 3회분 + 특별부록 PASSCODE	17,000원
	은행텔러 한권으로 끝내기	23,000원
	한승연의 외환전문역 I종 한권으로 끝내기 + 무료동영상	25,000원
	한승연의 외환전문역 I종 실제유형 모의고사 4회분 PASSCODE	20,000원
	한승연의 외환전문역 II종 한권으로 끝내기 + 무료동영상	25,000원
기술보증기금	기술신용평가사 3급 한권으로 끝내기	31,000원
	기술신용평가사 3급 최종모의고사 4회분	15,000원
매일경제신문사	매경TEST 단기완성 필수이론 + 출제예상문제 + 히든노트	30,000원
	매경TEST 600점 뛰어넘기	23,000원
한국경제신문사	TESAT(테셋) 한권으로 끝내기	28,000원
	TESAT(테셋) 초단기완성	23,000원
신용회복위원회	신용상담사 한권으로 끝내기	27,000원
생명보험협회	변액보험판매관리사 한권으로 끝내기	18,000원
한국정보통신진흥협회	SNS광고마케터 1급 7일 단기완성	19,000원
	검색광고마케터 1급 7일 단기완성	20,000원

※ 도서의 제목 및 가격은 변동될 수 있습니다.

SD에듀 금융자격증 시리즈

SD에듀 금융자격증 도서 시리즈는 짧은 시간 안에 넓은 시험범위를 가장 효율적으로
학습할 수 있도록 구성하여 시험장을 나올 그 순간까지 독자님들의 합격을 도와드립니다.

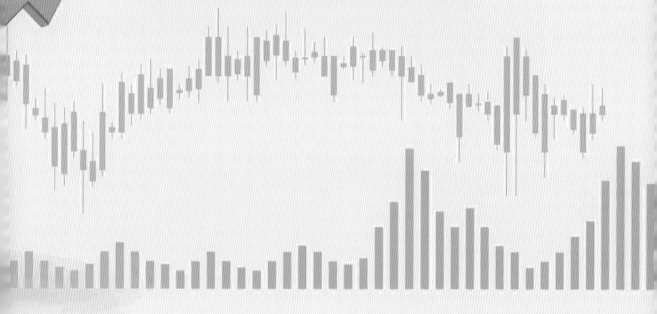

투자자산운용사
한권으로 끝내기 &
실제유형 모의고사 + 특별부록 PASSCODE

펀드투자권유자문인력
한권으로 끝내기 &
실제유형 모의고사 PASSCODE

매경TEST & TESAT
단기완성 & 한권으로 끝내기

매회 최신시험 출제경향을 완벽하게
반영한 종합본과 모의고사!

단기합격을 위한 이론부터 실전까지
완벽하게 끝내는 종합본과 모의고사!

단순 암기보다는 기본에 충실하자!
자기주도 학습형 종합서!